Vilfredo Pareto

Ausgewählte Schriften

Vilfredo Pareto

Ausgewählte Schriften

herausgegeben von
Carlo Mongardini

VS VERLAG FÜR SOZIALWISSENSCHAFTEN

Bibliografische Information Der Deutschen Nationalbibliothek
Die Deutsche Nationalbibliothek verzeichnet diese Publikation in der Deutschen Nationalbibliografie; detaillierte bibliografische Daten sind im Internet über <http://dnb.d-nb.de> abrufbar.

1. Auflage 2007

Lektorat: Frank Engelhardt/Tanja Köhler

Der VS Verlag für Sozialwissenschaften ist ein Unternehmen von Springer Science+Business Media.
www.vs-verlag.de

Umschlaggestaltung: KünkelLopka Medienentwicklung, Heidelberg
Druck und buchbinderische Verarbeitung: Krips b.v., Meppel

ISBN 978-3-531-15053-6

Inhalt

Vorwort

Das Werk von Vilfredo Pareto gehört zur Periode des großen Umschwungs der europäischen klassischen Soziologie: Die Epoche von Max Weber, Georg Simmel, Ferdinand Tönnies und Emile Durkheim. Dieses Werk ist ein Fall für sich, sei es wegen seiner Eigenschaften oder des Geistes des Autors. Deshalb erscheint es unter den Standardwerken mehr als Zitat, statt als ein Gegenstand der Diskussion oder der Interpretation, und man unterscheidet im Allgemeinen zwischen Hagiographie und oberflächlicher Kritik (dies meist mit Vorurteilen). Die Gründe dieser Unterscheidung sind bekannt, allem voran die Schwierigkeit der Verständlichkeit der Texte – wie z.B. des Werkes „Trattato di sociologia generale“ (Abhandlung der allgemeinen Soziologie). In diesem hat Pareto – reich an humanistischer Kultur – die Manie, zu versuchen, alles überschwänglich an historischen, ökonomischen, statistischen und alltäglichen Beispielen zu beweisen, und dadurch ist das Werk schwer zu lesen. Des Weiteren ist Pareto ein unruhiger Geist, so wie alle großen Beobachter des menschlichen Verhaltens. In dieser Unruhe spiegelt sich der Doppelsinn Machiavellis wider. Er war unschlüssig zwischen dem Wunsch, alle Formen der Macht zu entlarven, und dem Glauben, daß man schließlich und endlich jemandem oder einer politischen Bewegung vertrauen könnte, um der eigenen Zeit Kraft und Wert zurückzugeben. Gerade die starke kritische Natur in Paretos Werk, besonders aber die Kritik der vorherrschenden Ideologie, macht das Werk für die Zeiten des großen Umbruchs oder der Krise geeignet, und weniger für die Zeiten, in denen die soziale Organisation oder die politische Ordnung ein Gleichgewicht entwickeln und erreichen. Während die Werke von Durkheim oder Weber eine logische Kontinuität zeigen, ist das Werk Paretos reich an Brüchen und Kontrasten, welches keinen einfachen Einblick zuläßt. Der Übergang von der Ökonomie zur Soziologie, die verschiedenen Auslegungen der Soziologie, die Aufmerksamkeit auf die politische Gesellschaft und deren Veränderung, geben Anlaß zu seiner Unruhe als Beobachter, sich in verschiedenen Bereichen zu versuchen. Von weiteren Studien getrieben, übertrumpfte er die schon erreichten theoretischen Positionen.

Zwischen Positivismus und Historizismus, zwischen Aufklärung und Gegenaufklärung, zwischen Utilitarismus und Psychologismus, zwischen der Kritik der marxistischen Ökonomie und der Bewunderung für den Soziologen Marx scheint es, als ob Pareto sich auf einem dritten Weg befindet. Auch wenn er sich auf den Individualismus und die Theorie der sozialen Aktion bezieht, beschäftigt er sich doch mit einem reicheren und weiteren Feld der Intuitionen und Erfindungen, welches man heute als Gut der Soziologie des Erkenntnisses und der Soziologie der Kultur bezeichnen könnte.

Aufgrund dieses vielfältigen Reichtums sind die Werke Paretos für die Zeiten des Wandels und der Krise geeignet, welche die sozialen, kulturellen und politischen Phänomene freilegen. Diese Zeiten entfachen ein neues Interesse am Werk des italienischen Soziologen, der selbst Zeitzeuge eines neuerlichen Verfalls des bürgerlichen Adelstandes, deren Werte er im eigenen Blut trug, war.[1] Das Interesse an Pareto erneuerte sich in den 70 Jahren des letzten Jahrhunderts und wiederholt sich heute, da sich die Zeichen für eine erneute Veränderung des Kapitalismus, der Verbreitung einer ökonomistischen Mentalität, des Übergangs vom bürgerlichen Regime zum Massenregime und einer tieferen Trennung zwischen Macht und Autorität abzeichnen. Es gibt daher neue und wichtige Beiträge zum Wiederlesen des Werkes Paretos, etwa der Band von Maurizio Bach in Deutschland und von Bernard Valade in Frankreich[2], welche die schon zuvor von Giovanni Busino und Gottfried Eisermann in vielen Jahren zum Paretischen Werk angepackten Thematiken in einer neuen Perspektive entwickeln. Sogar die englische Soziologie, immer sehr vorsichtig gegenüber den Werken Paretos, erinnert sich an ihn.

Ein Kapitalismus, der sich nur auf die Kauflust bezieht, eine Radikalisierung der Moderne, welche uns zu einem totalen Rationalismus führt, dem sich die verschiedenen Fundamentalismen widersetzen und die Entleerung der sozialen und politischen Institutionen, die steigende persönliche Macht und eine Demokratie, welche sich auf reine deklamatorische und rituelle Handlungen reduziert, bringen viele Themen der paretischen Werke in Erinnerung.

Dieses Werk beginnt in der Logik der Ökonomie mit dem „Cours d'économie politique" (1897), welcher auch Kapitel und Paragraphen beinhaltet, die sich auf rein soziologische Probleme beziehen.[3] Seit 1893 lehrte Pareto an der Universität von Lausanne Ökonomie als Nachfolger von Leon Walras. Auf Anfrage der Universität lehrte er ab 1897 auch Soziologie, wobei er in dieser Disziplin mit einer Einführung in das Studium der Ökonomie begann. Sofort, so schreibt er darüber später, zeigen sich die erheblichen Einschränkungen einer rein ökonomistischen und rationalistischen Betrachtung des menschlichen Verhaltens. „Man stößt" – so schreibt er in seinem „Manuale d'economia politica"

---

[1] Siehe G. Santonastaso, La notion de décadence chez les penseurs politiques de l'Italie au XXe siècle: Ferrero Orlando, Pareto, Mosca in „Cahiers Vilfredo Pareto" 1966 Nr. 9.

[2] M. Bach, Jenseits des rationalen Handelns. Zur Soziologie Vilfredo Paretos, Wiesbaden, VS Verlag für Sozialwissenschaften, 2004; B. Valade, Pareto. La naissance d'une autre sociologie, Paris, PUF, 1990.

[3] Für eine Bibliografie der Schriften von Pareto verweise ich auf die in den „Bio-bibliographischen Hinweisen" zitierten Werke, und auf das zitierte Werk von Maurizio Bach.

(Handbuch der politischen Ökonomie) – „auf eine Wissenschaft, die der reinen, angewandten Ökonomie ähnelt, leider fällt dies unter dem Gesichtspunkt der Verbindung mit der Realität weg."[4] Anschließend schreibt er noch: „Für fast kein Phänomen kann man die Theorie aus der Ökonomie allein bilden. Das Geld erscheint wirklich als ein dem Wesen nach ökonomisches Phänomen, und doch kann man darüber keine Theorie bilden, ohne die Soziologie zu Hilfe zu nehmen."[5] Es ist darauf hinzuweisen, daß dies heute nichts anderes als das Thema der cognitive economics ist, die sich auf die Studien der komplexen und dynamischen Systeme, aber auch auf die Daten der neurologischen Wissenschaften, Computerberechnungen und Simulationen von künstlichen intelligenten Formen stützt.

Um dem Thema nahe zu bleiben, wendet Pareto eine komplexe Vision der sozialen Handlung an. Von Anfang an schien ihm dies unterteilbar in logische und unlogische Aktionen, letztere geschützt von einem logischen Präsentationsprozess durch den Gebrauch der *Derivationen*. Die ausschlaggebenden Elemente der logischen Aktionen sind die Interessen mit den empirisch beweisbaren Verkettungen von Ursachen und Wirkungen. Die Elemente der unlogischen Aktionen sind die Einflüsse von Instinkten, Gefühlen, Passionen und Glauben, die Pareto in deren Auswirkungen auf das Handeln erforscht und mit dem Konzept der *Residuen* vereint. Aus dem Kontext des Positivismus und aus den Studien der Ökonomie führt Pareto den Begriff des Sozialsystems und des Gleichgewichts in die Soziologie ein. Da Pareto sein Interesse auf die soziale Aktion konzentriert, werden diese Begriffe bald als Begriffe des *sozialen Prozesses* und *unstabilen Gleichgewichts* ausgedrückt, weil dieses letztere von Kräften beeinflußt wird, die es konstant in Frage stellen und in psychologische Situationen, kulturelle und historische Verhältnisse und in ideale Projektionen zurückversetzt. Dies ist der Grund, warum Maurizio Bach die ausschlaggebenden Interessen der Soziologie Paretos in eine systematische Theorie der Aktionen, Emotionen und *Residuen* sowie in eine Theorie der *Derivationen* eingeteilt hat.[6] In Bezug auf die Theorie der Aktion ist das „soziale System" nur eine Darstellung der Synthese, zu der verschiedene Elemente beitragen, welche aber nur eine *einzelne* reale historische Situation darstellen können. Sie setzen sich nämlich aus einer wandelbaren *Konfiguration* zusammen.[7] Sind wir auch gezwungen ein ausgewogenes System darzustellen, benötigen wir jedenfalls einen Anhaltspunkt der aktiven Kräfte,

---

[4] Zitat in J. Freund, Pareto, La Théorie de l'équilibre, Paris, 1974, S. 53

[5] Vgl. hier: Epilog, Seite 354.

[6] Siehe M. Bach, a.a.O. S. 321. Für eine Analyse der paretianischen Theorie der Derivationen siehe meinen Band, *Ideologia e società*, Roma, Bulzoni 1969, S. 93 ff.

[7] Vgl. dazu G. Eisermann, Vilfredo Pareto, Ein Klassiker der *Soziologie*, Tübingen Mohr, 1987, S. 109 ff.

welche es andauernd zerlegen und wieder zusammenzulegen versuchen. „An der sozialen Morphologie" – so hat Norberto Bobbio festgehalten – „ist Pareto desinteressiert, denn die einzige Gesellschaft, die er im Sinn hat, ist die Politische, gekennzeichnet durch das Verhältnis zwischen Regierenden und Regierten, so daß Pareto heute mehr als ein Zeitgenosse von Machiavelli, denn als ein Zeitgenosse Durkheims scheint."[8] Wenn man die Zusammensetzung der politischen Gesellschaft in Betracht zieht, entstehen Kräfte, welche von Mal zu Mal ihre Konfiguration bestimmen: „In jeder menschlichen Gemeinschaft stehen zwei Kräfte zueinander im Gegensatz. Eine, die man als zentripetal bezeichnen könnte, treibt zur Konzentration der Zentralgewalt, die andere, die man als zentrifugal bezeichnet, treibt zu ihrer Aufteilung".[9]

Verfolgen wir also die Weiterentwicklung der Soziologie Paretos. Wenn das soziale System eine Darstellung der Synthese ist, sind seine verschiedenen realen Gestaltungen ohne Bezug auf die es bestimmenden Kräfte und auf die Zusammensetzung der sozialen Handlungen nicht verständlich. Diese Wirkungen sind darstellbar durch deren „Gleichförmigkeiten", sowie im Gegenteil durch die Veränderungen, die sie durch den Einfluß gewisser Elemente erfahren. Die Isolierung eines einzigen Aspektes würde bedeuten, aus der Realität zu gleiten. Die „Gleichförmigkeiten", welche uns die Stabilität und das Gleichgewicht präsentierten, würden den Blick auf die Natur der Prozesse verlieren lassen und diese letzteren, dagegen, mit ihren Spannungen und Verwandlungen würden den Blick auf die „Gleichförmigkeiten" verlieren lassen. Gegenteilige Tendenzen können nur so verstanden werden, wenn man die Existenz von zwei verschiedenen Typen von sozialen Handlungen zugibt: Der logischen Handlung und der unlogischen Handlung, welche einem Aspekt der humanen Natur gleichkommt und oft die rationale Ordnung erschüttert, wodurch die Individuen auf Grund der dominierenden, vorläufigen Werte versuchen, die Gesellschaft zu fixieren. Wenn die Werte also der Anhaltspunkt des wirkenden Subjekts sind, so ist der Mensch ein „ideologisches Tier", dem wir die meiste Aufmerksamkeit zuwenden müssen, und gerade dies stellt das Hauptinteresse Paretos dar.[10] Dies führt ihn in der Ökonomie dazu, das Verhalten der Rentiers dem der Spekulanten gegenüberzustellen sowie die Unterscheidung Machiavellis zwischen „Wölfen" und „Löwen" in der Dynamik der Gruppen und der politischen Eliten aufzunehmen. Der Mensch, als „ideologisches Tier" dem Einfluß der idealen Motivationen und unrationalen Impulse ausgesetzt, wird somit zur Verständnisstütze der Handlungstheorie Paretos. Von diesem Gesichtspunkt aus muß ich die im folgenden Aufsatz des Jahres

---

8 N. Bobbio, Einführung in: V. Pareto, *Trattato di sociologia generale*, Milano, Edizioni di Comunità, S. XVIII.

9 Vgl. hier, Seite 324.

10 Vgl. N. Bobbio a.a.O. S. XXXII.

1975 ausgedrückte Feststellung zurücknehmen, wonach die Handlungstheorie Paretos heute „unbrauchbar" sei.[11] Auf der Basis des ideologischen Menschen entwickelt Pareto ein ganzes System der Soziologie der Erkenntnis[12], Analyse und Kritik der Ideologien. Dieses System bietet uns noch heute weite Felder des Nachdenkens über dieses zentrale Phänomen der kollektiven Erfahrung. Hier muß darauf hingewiesen werden, daß dieser Aspekt des paretianischen Werkes vollends, seit der Veröffentlichung der *Sistemi socialisti* (Sozialistische Systeme) hervortritt.[13] In diesem Werk versucht Pareto, den Unterschied zwischen dem ideologischen Teil des Werkes von Marx, der einer neuen humanitären Religion sehr nahe kommt, den Mängeln seiner ökonomischen Theorie und dem soziologischen Teil, der wissenschaftlicher und interessanter ist, zu beweisen.

Natürlich bleibt das ideologische Phänomen ein zentrales Element der paretianischen Analyse der politischen Gesellschaft. Mit dem einem Übergang der Souveränität Gottes zum Volk, also nach der französischen Revolution (wegen einer stillen Vereinbarung der Oberherrschaft zwischen Herrschenden und Beherrschten) braucht die Ausübung der Macht immer eine Rechtfertigung, die sie legitimiert, und diese Rechtfertigung wird zum tiefsten Aspekt der Politik: Dies wird benötigt, um Einverständnis zu erlangen und jene Rechtmäβigkeit zu gewinnen, die die Macht in Autorität verwandelt und welche etwas anderes ist als Gesetzlichkeit, welche den formellen Prozeß der Demokratie bildet. Zwischen denjenigen, die die Macht ausüben, deren Privilegien genießen und die Verantwortung der Repräsentanz und der Entscheidung haben, und denjenigen hingegen, die die formale Souveränität haben, aber nicht imstande sind, sie direkt auszuüben, bildet sich ein Prozeß der Osmose, der nur dann funktioniert, wenn die erstellten Vereinbarungen respektiert und eingehalten werden. Dies genügt einem beidseitigen Fehlverhalten: dem einer Minderheit, welche in der Unterzahl ist, aber entscheiden kann, und dem einer Mehrheit, die, obwohl sie in der Überzahl ist, nicht fähig ist zu entscheiden, weil der Raum der bürgerlichen Gesellschaft der Raum der Zerteilungen, der Auseinandersetzungen und der Konflikte ist, dem sich die politische Gesellschaft widersetzt, indem sie versucht, die Einheit der Gruppe zu konstruieren. „Selbst wenn man zugibt" – schreibt Pareto – „was von mehreren Autoren bestritten wird, daß die Mehrheit fähig ist einen Willen zu haben, zeigt die Erfahrung, daß dieser Wille, dem Anschein nach allmächtig, es in Wirklichkeit kaum ist und daß er durch die Listen und Ränke der Regierenden zunichte gemacht wird: es ist möglich, daß er herrscht, es ist sicher, daß er nicht regiert".[14]

---

[11] Vgl hier S. 68

[12] Vgl. G. Eisermann a.a.O. S. 170 ff.

[13] V. Pareto, *Les Systèmes socialistes*, Paris, Giard et Brières, 1902.

[14] Vgl. hier, S. 389

Die Achtung der stillen Vereinbarung der Macht ist deshalb wesentlich, um die politische Gesellschaft zu erhalten aber: 1) um sie herum bewegt sich eine ideologische Welt, die überzeugen, rechtfertigen, abwiegen und kritisieren möchte; 2) sie wird sehr leicht verletzt sowohl durch die Machthabenden, die mehr an ihren eigenen Interessen festhalten, als am öffentlichen Wohle, als auch durch die Regierten, die sich nicht ausreichend repräsentiert fühlen und dadurch anarchistisches Verhalten entwickeln. So erscheint die politische Formel der repräsentativen Demokratie die mehr raffinierte und moderne aber schlußendlich die schwächste Form der politischen Organisation, wie Guglielmo Ferrero sagen wird.[15] Sehr leicht gibt sie Grund zu Cäsarismus und Diktaturen auf einer Seite und zu revolutionärem Aufruhr und anarchischen Bewegungen auf der anderen Seite.

Pareto widmete die letzte Periode seines Lebens nach dem ersten Weltkrieg der genauen Analyse der kapitalistischen Entwicklung und der parlamentarischen Demokratie. „Wir sind heute an einen Punkt gelangt" – schreibt er in einem Artikel mit dem Titel „Libertà" (Freiheit), welcher 1923 erscheint, einen Monat vor seinem Tod – „wo man im kommenden Nebel, das Prinzip der Veränderung der Demokratie, des Parlamentarismus, des Zyklus der demagogischen Plutokratie erkennt. Besonders Italien, welches schon Mutter verschiedener zivilisierter Formen ist, könnte einen großen Anteil haben eine neue Zivilisation zu gebären".[16] Speziell in der sozialen und politischen Diagnose, die Pareto in *Trasformazioni della Democrazia* (Transformation der Demokratie) stellt (1921), ist das neue Regime, das die parlamentarischen Demokratien ersetzt, ein Regime der Masse, wobei die Plutokratie, der Populismus und die sozial starken Mächte vorherrschen werden, welche imstande sind, das „Abbröckeln der zentralen Souveränität" zu provozieren.

Wenn die Analyse aufrichtig und erbarmungslos war, hat Pareto sich der Illusion des Wiederauflebens der ehemaligen bürgerlichen Aristokratie und ihrer Werte hingegeben, so wie auch andere Intellektuelle seiner Zeit. Verschiedene Zeitgenossen mit ihm, wie Croce, Salvemini und Amendola, welche sich als Gegner des Faschismus entpuppten, sehen in ihm, am Anfang der Bewegung, eine bürgerliche Reaktion auf den Niedergang des Staates[17] und geradezu eine Grenze von der Volksdemagogie. Und tatsächlich formiert sich die erste faschis-

---

15 Vgl. G. Ferrero, *Pouvoir. Les génies invisibles de la cité*, New York, Brentano, 1942.

16 Vgl. V. Pareto, *Libertà* in "Gerarchia", Juli 1923; abgedruckt in: ID, *Scritti sociologici*, herausgegeben von G. Busino, Turin, UTET, 1966, S. 1210.

17 Norberto Bobbio schreibt: „Pareto ist viel zu früh verstorben (wenige Monate nach dem Marsch auf Rom), um eine abschließende Kritik über das neue Regime abzugeben. Viele maßgebliche Vertreter der italienischen Kultur, welche angeblich unflexible Gegner wurden, wie Croce, waren in den ersten Monaten mehr der Zustimmung denn der Abneigung." (N. Bobbio, a.a.O. S. XXX).

tische Ideologie nach 1923 als „historische und moralische Rechtfertigung der bürgerlichen Gewalttätigkeit".[18]

Bleibt die Zweideutigkeit Paretos zwischen dem Realismus in der Entmystifikation der Ideologien und den Idealismen im Glauben, daß eine innovative Bewegung im Stande sei, eine Wiedergeburt von Idealen und Werten der Vergangenheit darzustellen.

Die Veränderungen unserer Zeit machen die wiederholte Lesung Paretos Werke und des Großteils seiner Theorien wieder aktuell: von den totalitären Gefahren, die sich im Massenregime verstecken, bis zu den Grenzen eines Kapitalismus, welcher sich zu Ökonomizismus reduziert, sowie bis zu den Reserven einer der Gegenwart begrenzten Kultur und bis zu der Aufmerksamkeit auf eine mögliche Kapitulation der Politik an die Plutokratie. „Die Evolution der plutokratischen, demokratischen oder demagogischen Regierung" – schrieb er in einem Artikel des Jahres 1915 – „wird in allen zivilen Ländern geschehen. Diese Regierung wird eine Ende haben, indem sie sich selbst verzehren und an Hindernisse stoßen wird, die den Anfang in seiner eigenen Entwicklung finden, wie dies auch in der Vergangenheit ähnlichen Regierungen geschah. Diese Argumente sollten jedoch anderen Orts diskutiert werden".[19] Es gibt sehr viel neu zu überdenken an der paretischen Theorie, und manches ist noch neu zu entdecken, wie die *Theorie der Beraubung*, vorhanden im letzten Teil des *Cours*, leider sehr wenig von den Soziologen und noch weniger von den Ökonomen gelesen, welche sich hauptsächlich auf das *Manuale di economia politica* (Handbuch der politischen Ökonomie) beziehen. Dem Leser bleibt die Aufgabe, abgesehen von dem Soziologen des bürgerlichen Verfalles, den Wert der „Gleichförmigkeiten" zu überdenken, die Pareto durch seine Theorien als Kennzeichen unserer Zeit darstellt.

****

Ich habe in der Ausgabe des Jahres 1975 das Geschriebene, welches diesem Vorwort vorausgeht, bewußt erhalten wollen, und dies sollte als systematische Präsentation des Werkes und der Theorien Paretos dienen. Ich habe für diese neue Ausgabe bevorzugt, eine kleine Einführung zu schreiben, um die Aktualität des italienischen Soziologen hervorzuheben. Ich danke dem Verlag sehr, daß er dieses Buch erneut wieder auflegt.

Rom, 20. Juli 2006

---

[18] Ebenda.

[19] V. Pareto, La guerra e i suoi principali fattori sociologici, in: „Scientia", März 1915, Neuausgabe ID. Scritti sociologici, S. 705.

Carlo Mongardini: Paretos Soziologie um die Jahrhundertwende

I. Prämissen der Soziologie Paretos. – II. Die Entwicklung seines soziologischen Denkens. – III. Pareto zwischen Positivismus und Probabilismus. – IV. Das soziale Handeln. – V. Die Ideologien. – VI. Die Theorie der *Eliten*. – VII. Aktualität Paretos.

I. Der Anfang dieses Jahrhunderts war in der Geschichte der soziologischen Erkenntnis charakterisiert durch die vielfachen Versuche, die marxistische Auffassung von der Gesellschaft zu überwinden. Unter diese Versuche fügt sich das Werk Vilfredo Paretos[1] neben den Werken von Weber und Simmel[2] ein. Dieser ordnete mit der Veröffentlichung von *Les Systèmes socialistes* genau in den Jahren 1901-1902 systematisch seine eigene Kritik am Marxismus, die er schon in den Jahren davor, sowohl in seinen ökonomischen Arbeiten als auch in seinen politischen Streitschriften entwickelt hatte. Er versuchte, die Einseitigkeit der marxistischen Perspektive aufzuzeigen und jene Beziehung zwischen dem ökonomischen und dem Sozialen, die Marx als Ursache-Wirkung-Relation gesehen hatte, in Begriffen von Interdependenz und Interaktion mit anderen sozialen Faktoren zu lösen. Pareto versuchte so, wie Simmel und Weber, die marxistische Sicht der Gesellschaft durch seine in gewisser Hinsicht offenere und probabilistischere Konzeption zu überwinden. Aber der fruchtbaren Arbeit, die von einem großen Teil der europäischen Soziologie zu Anfang des Jahrhunderts geleistet wurde, war auf diesem Wege keine unmittelbare Weiterentwicklung beschieden. Nach den zwanziger Jahren wandte man sich, vor allem durch die Aufarbeitung der Auffassungen Durkheims, von neuem wieder den „großen theoretischen Entwürfen“ zu, die mehr noch als auf die Überwindung des Marxismus darauf abzielten, ihm ein alternatives wissenschaftliches Modell entgegenzustellen, das ebenso geschlossen und ausschließlich ist, ohne Konzessionen probabilistischer oder relativistischer Art. In diesem Rahmen konnte auch der Bezug auf Pareto, wie auf Weber, nur einen instrumentellen Charakter haben, nämlich den der Suche nach den adäquaten Grundpfeilern für eine große theoretische Systemati-

[1] Vgl. die bio-bibliographische Notiz auf Seite 417.

[2] Vgl. C. MONGARDINI, *Aspetti della sociologia di Georg Simmel*, in G. SIMMEL, *Il conflitto della cultura moderna e altri saggi*, herausgegeben von C. Mongardini, Rom, Bulzoni, 1974.

sierung mit der Isolierung jener Intuitionen, die sich besser dafür eigneten, wie Mosaiksteine in das funktionalistische Konzept eingefügt zu werden. Heute scheinen jedoch die nach Einheit strebenden und die antagonistischen Konzeptionen der Sozialwissenschaften einerseits in den Sackgassen des ideologischen Kampfes und andererseits in einem methodologischen Purismus zu enden, der von den realen Bedingtheiten so weit entfernt ist, daß er schließlich selbst den Begriff vom realen Leben, das Gegenstand des eigenen Studiums ist, aus den Augen verliert. An diesem Punkt kann uns die erneute Lektüre Paretos wie die Simmels und Webers das Werkzeug liefern für eine Neubelebung jenes *probalistischen Humanismus*, der zwischen Marxismus und mehr oder weniger funktionalistischem Positivismus zweifellos einen dritten Weg zur Soziologie gewiesen hat.

In diesem Sinne ist es heute für uns nicht so interessant, das System der Soziologie Paretos in seiner Gesamtheit zu erfassen. Und dies ist keinesfalls die Aufgabe der vorliegenden Anthologie. Die Struktur von Paretos System trägt die Zeichen der Jahre und leidet in beträchtlichem Maße unter dem Einfluß einer Problematik, wie der des Logischen und Nicht-Logischen, die eng mit den kognitiven Bedürfnissen der Epoche verbunden ist, in der es entworfen worden war. Uns interessiert vielmehr jene Reihe von Intuitionen ohne systematischen Anspruch, die Pareto in vielen Teilen seines Werkes entwickelt. Dies ist zum Beispiel der Fall bei der von ihm dargestellten Beziehung zwischen subjektivem Phänomen und objektivem Phänomen im Erkenntnisprozeß, bei der Analyse der Ideologien und nicht zuletzt bei seiner Analyse der Formen der Macht, die vielleicht nach wie vor der für uns interessanteste und aktuellste Teil seines *Trattato di sociologia generale* ist. Aber man kann sich auch mit diesen Themen von Paretos Soziologie nur auseinandersetzen, wenn man sich den wechselhaften Werdegang Paretos vergegenwärtigt. Zum Beispiel ist die Tatsache, daß sein erster soziologischer Artikel veröffentlicht wird, als der Autor nunmehr fünfzig Jahre alt ist und daß er das Ergebnis der Unzufriedenheit des Ökonomen ist, dem es nicht gelingt, die Diskrepanz zwischen den realen Verhaltensweisen und denen, die das ökonomische Modellsystem für rational hält, zu erklären, für das Verständnis der Bedeutung seiner Theorien äußerst wichtig. Zuerst Ingenieur, dann Ökonom, Anhänger von Spencer, bei einem Leben in rein positivistischem Klima, zeigt der Ökonom Pareto, oder besser der Autor des *Cours*, die Tendenz, auf die Sozialwissenschaften die Kategorien der Naturwissenschaften zu übertragen, ohne sich das Problem zu stellen, daß in den beiden Bereichen ein verschiedenes Verhältnis zwischen Subjekt und Objekt des Erkenntnisprozesses besteht.[3]

[3] Schon 1877 bemerkte Pareto in einer seiner ersten Schriften, daß „die Entwicklung der menschlichen Gesellschaft sich nach festen und bestimmten Gesetzen vollzieht wie die, die uns schon die

Der für die Naturwissenschaften gültige kategoriale Apparat wird für absolut gültig gehalten und wird auch für die Sozialwissenschaften zum Prüfstein für die Rationalität des Realen. Wie wir sehen werden, wird es der Kern seines soziologischen Problems sein zu erklären, warum sich das menschliche Handeln so oft außerhalb dieses modellhaften Reiches der Vernunft stellt, das von ihr gebildet wird. Es mag vielleicht das Problem der Beziehung zwischen mechanizistischen und organizistischen Modellen auftauchen. Aber, schreibt Pareto im *Cours*, die Anwendung der einen schließt die Anwendung der anderen nicht aus. Einige Phänomene versteht man nur, wenn man die Gesellschaft mit einem System von materiellen Punkten vergleicht, andere kann man nur interpretieren, wenn man sie mit einem lebenden Organismus vergleicht. Es wird von Fall zu Fall darum gehen, daß man sich über das adäquateste Interpretationsmodell einigt[4]. Die Kriterien, an die man sich halten soll, sind die Erfahrungswahrheit und die Evidenz der Fakten. Wie er zuerst an die reine Ökonomie glaubte, hat Pareto später an die reine Wissenschaft geglaubt, „die sich ausschließlich auf die Fakten bezieht und fähig ist, jegliches Werturteil und jegliche Interpretation zu vermeiden"[5]. Aber die Fakten und das Verhalten der Menschen erweisen sich als weit entfernt von dem „rationalen" Verhalten, das Pareto durch die ökonomischen Kategorien kodifiziert hat. Er versichert mehrfach, er wolle seine Ideen mit den Fakten vergleichen, und schreibt an den Freund Pantaleoni anläßlich der Veröffentlichung seines ersten bedeutenden soziologischen Artikels, er wolle durch kontinuierliche Konfrontierung seiner Ideen mit der Realität unter ihnen eine Selektion vornehmen[6]. Diese reale Welt wird für ihn zu einem Fetisch, angesichts dessen er meint, der Beobachter könne ohne weiteres kontinuierlich die eigenen Ideen durch die Erfahrung revidieren. Er macht sich über die Schwierigkeiten dieses Prozesses nichts vor, aber er hält ihn ohne weiteres für möglich. Im Gegensatz zu Marx verlangt er in jener Periode die Autonomie des erkennenden Subjekts, aber er sieht wie Marx die Wahrheit nicht als eine Beziehung, sondern

---

Physik enthüllt hat" (vgl. GIOVANNI BUSINO, *Introducion à une histoire de la sociologie de Pareto*, Genf, Droz, 1968, S. 13).

4 Vgl. V. PARETO, *Cours d'économie politique*. Genf, Droz, 1964, § 619 und folgende.

5 JULIEN FREUND, *Pareto, La théorie de l'équilibre*. Paris, Seghers, 1974, S. 15.

6 „Meine Gedanken", schreibt er an Pantaleoni, „reifen langsam, und ich treffe unter ihnen eine Auswahl, ich lasse die beiseite, die nicht mit den Fakten in Einklang stehen, ich behalte die anderen bei, um zu sehen, ob der Einklang anhält, und allmählich lege ich das dar, was mir nicht allzu schlecht erscheint. So kam jetzt der Artikel in der *Rivista Italiana di Sociologia* heraus, den ich Dir nach der Veröffentlichung schicken werde. (V. PARETO, Brief an Maffeo Pantaleoni, vom 18. Juli 1900, in V. PARETO, *Briefe an Maffeo Pantaleoni*. herausgegeben von Gabriele De Rosa, Rom, Edizioni di Storia e Letteratura, 1962, Bd. II, S. 320-321. Im folgenden wird dieses Werk mit der Abkürzung L.P.P. zitiert, vgl. S. 517).

als eine außerhalb von uns existierende Realität, eine Realität, die man also nur zu suchen braucht, um sie finden zu können[7].

Was er die Revidierung seiner Ideen auf der Grundlage des Vergleichs mit den Fakten nennt, ist in Wirklichkeit für Pareto nur die stetige Suche nach einer Erklärung dafür, daß sich die Realität verschieden darstellt und daß das Verhalten der Menschen sich von den Modellen entfernt, die er konstruiert hat und die er für logisch hält. Seine ganze Soziologie ist nichts anderes als die Suche nach Erklärungen für die Divergenzen zwischen „logischen" Hypothesen und Phänomenen des Verhaltens. Aber auch die Erklärungen sind nicht befriedigend, und der geistige Weg Paretos ist mit Enttäuschungen und unbefriedigenden Ergebnissen gepflastert, während er mit großer Konsequenz und Liebe zur Wissenschaft eine ununterbrochene Bemühung um die Suche nach der Wahrheit vorantreibt.

Obwohl er erklärt, er wolle bei der Suche nach Erklärungen für die Divergenzen zwischen Hypothesen und Realität sich an die Fakten halten, benutzt er in Wirklichkeit die Fakten in bezug auf das Erkenntnisprinzip, das er nicht in Frage stellen zu müssen glaubt. Er will die Realität erfassen, aber er verwendet immer das gleiche Netz, ohne sich zu fragen, ob dieses, nämlich ein determiniertes Verhältnis zwischen Subjekt und Objekt der Erkenntnis, zufällig inadäquat ist. Daher die dauernde Unzufriedenheit, der Pessimismus, die dauernde, fast strafende Distanz gegenüber einer Realität, die sich nicht in ihrer Ganzheit begreifen läßt. So entsteht sein Konzept von der „nicht-logischen" Handlung[8]. Die nicht-logischen Handlungen sind jene, die *außerhalb des Systems, das Pareto für logisch hält und als solches hypostasiert, bleiben.* Das Selektionskriterium bleibt die Adäquatheit von Mitteln und Zwecken, und dieses Kriterium wird von einem Selektionselement mit breiteren Erkenntnissen angewandt. In Wirklichkeit jedoch sind die Zwecke in ihrer Gesamtheit nichts anderes als die Projektion eines veränderlichen Systems von Bedürfnissen. Es ist daher schwierig, die Veränderungen des individuellen Systems der Bedürfnisse und damit der Zwecke zu

---

[7] Später wird Pareto dazu gelangen, daß er sagt, im Grunde sei jede Erkenntnis subjektiv, aber er wird sich wohl davor hüten, die Konsequenzen dieses Prinzips weiterzuentwickeln.

[8] „Es gibt", schreibt Pareto, „Handlungen, die aus Mitteln bestehen, die dem Zweck entsprechen und die Mittel mit dem Zweck logisch verbinden; es gibt andere, denen dieses Merkmal abgeht. Diese beiden Kategorien von Handlungen sind sehr verschieden, je nachdem ob man sie unter dem objektiven oder unter dem subjektiven Aspekt betrachtet. Unter letzterem Aspekt gehören fast alle menschlichen Handlungen zur ersten Kategorie ... Wir werden den Handlungen, die die Handlungen logisch mit dem Zweck verbinden, nicht nur im Hinblick auf das Subjekt, das die Handlung begeht, sondern auch im Hinblick auf die, welche umfassendere Kenntnisse haben, den Namen 'logische Handlungen' geben, das heißt den logischen Handlungen, die subjektiv und objektiv den oben erklärten Sinn haben. Die anderen Handlungen werden 'nicht-logische' genannt werden, was keineswegs unlogisch bedeuten will" (V. PARETO, *Le azioni non logiche*, in „Rivista Italiana di Sociologia", Mai-August 1910, jetzt in C. MONGARDINI, *Vilfredo Pareto dall'economia alla sociologia*, Rom, Bulzoni, 1973, S. 235).

verfolgen und von Fall zu Fall sagen zu können, ob die Mittel dem Erreichen eines Zweckes adäquat sind, der vielleicht X zu der Zeit T war und Y zu der Zeit T'. Außerdem wird angenommen, daß das Selektionselement eine Objektivität besitzt, die es in Wirklichkeit nicht besitzen kann. Doch die Unterscheidung erweist sich als nutzlos, wenn wir von dem System der Bedürfnisse ausgehen und das Handeln direkt mit diesem System und seinen Veränderungen in Verbindung bringen. Mit dem Vorwand, die Adäquatheit der Mittel für die Zwecke zu erkennen, und bei der Veränderlichkeit dieser in bezug auf die Bedürfnisse wertet man schließlich sogar indirekt die „Logizität" der Bedürfnisse selbst und läßt jene Wertung, die man zur Tür hinausjagen wollte, durchs Fenster wieder herein.

Mit der oben erwähnten Individuierung des Nicht-Logischen steht sowohl das von Pareto begonnene Studium der Soziologie als auch sein gleichzeitig aufkommendes Interesse für die Psychologie und seine Theorie von den Residuen in enger Verbindung. Dem Ökonomen Pareto gelingt es nicht mehr zu denken, ohne sich mit dem „Nicht-Logischen" auseinanderzusetzen und damit, ohne sich mit Soziologie zu beschäftigen. 1913 wird er an Emanuele Sella schreiben: „Ich war auf einige *ökonomische* Probleme gestoßen, die ich keineswegs mit der *Ökonomie* allein lösen konnte. Außerdem bemerkte ich, daß ich bei dem Studium der Ökonomie mich vieler soziologischer Prinzipien bediente, die in der Luft hingen, solange sie nicht das Ergebnis einer experimentellen Untersuchung waren."[9]

Auf der anderen Seite wird in dieser Periode das Interesse für die Psychologie klar ausgesprochen[10]. Es wird sich wahrscheinlich unter dem Einfluß von Le

---

[9] Vgl. S. 415. In der anläßlich seines Jubiläums in Lausanne gehaltenen Rede wird er sagen: „Als ich einen gewissen Punkt meiner Forschung in der politischen Ökonomie erreicht hatte, befand ich mich in einer Sackgasse. Ich sah die experimentelle Wahrheit vor mir und konnte nicht zu ihr gelangen. Verschiedene Hindernisse hielten mich zurück; unter anderem die wechselseitige Abhängigkeit der sozialen Phänomene voneinander, die es unmöglich macht, die Untersuchungen der verschiedenen Arten von Phänomenen völlig isoliert zu betrachten und die dem unbegrenzten Fortschritt einer einzelnen unter ihnen entgegensteht, wenn sie nicht mehr die Unterstützung der anderen hat. So sind heute, zum Beispiel, die Fortschritte der Theorie in der Chemie gebunden an die der Theorie der Elektrizität und umgekehrt" (vgl. S. 272). Und an Pantaleoni schrieb er noch 1908: „... bis vor etwa zehn Jahren waren meine Gedanken ganz anders als meine heutigen: Weil ich bis dahin ein Mensch meines Jahrhunderts war und seine optimistische Vorstellung teilte; dann, nach dem Studium der Geschichte und der Betrachtung der Gegenwart erschien mir diese Vorstellung als falsch; und mit der Änderung meiner Prämissen änderte ich notwendigerweise auch meine Schlußfolgerungen" (L.P.P., III, S. 108-109, vgl. S. 263 ff.).

[10] Schon im *Cours* (1896-1897) korrigiert Pareto die rein ökonomische Interpretation der Wirtschaftskrisen durch eine umfassendere, die auch psychologische Komponenten aufnimmt. „In meinem *Cours d'économie politique*", wird er später schreiben, „äußerte ich die Meinung, in der neue Studien mich bestärkten – daß sie [die Wirtschaftskrisen] nicht nur von ausschließlich ökonomischen Ursachen abhängig sind, sondern auch von der menschlichen Natur, und daß sie nichts anderes sind

Bon entwickeln, der vielleicht Pareto zu seiner Theorie von den Residuen angeregt hat[11]. So ist eines der ersten Themen der Soziologie Paretos die Untersuchung von Handlungen, die mit bestimmten Anschauungen in Zusammenhang stehen und die daher vom Standpunkt der ökonomischen Logik als nicht-logisch erscheinen. Und das Studium der Wirksamkeit und des Nutzens der Ideologien, welcher Art und welchen Ursprungs auch immer, wird stets eines der wichtigsten Themen von Paretos Soziologie sein. Die alte Polemik des Ökonomen und Anhängers der freien Wirtschaft gegen den Marxismus verwandelt sich in den *Systèmes socialistes* in die logische Analyse einer Art von Ideologie und ihrem Grad an Wahrheit, Nutzen und Wirksamkeit. Aber auch hier bleibt der Ausgangspunkt der ganzen Arbeit Paretos die angenommene Entsprechung zwischen Naturwissenschaften und Sozialwissenschaften. Der wissenschaftliche Weg Paretos, der sich konsequent auf dieser Voraussetzung entwickelt, erscheint mit unbefriedigenden Lösungen und unzureichenden Schlüssen gepflastert, die er mit einer gewiß außergewöhnlichen wissenschaftlichen Redlichkeit immer wieder hervorhebt. Fortgesetzt fragt er sich, warum die von den Naturwissenschaften auf die Ökonomie und die Soziologie übertragenen Modelle dort nicht die gleichen Resultate ergeben. Diese Fragestellung treibt ihn, wie gesagt, zur Einführung und Entwicklung der ganzen Theorie der nicht-logischen Handlung. Er stellt sich nicht die Frage nach den Grenzen seiner Perspektive, noch prüft er die Möglichkeit, daß eine im Vergleich zu den Naturwissenschaften andere Natur des Objekts der Sozialwissenschaften die Forschungsmethode bedingt. So führt ihn die unkritische Annahme des positivistischen Postulats von der methodologischen Gleichheit von Naturwissenschaften und Sozialwissenschaften zu Werturteilen, die bestimmt außerhalb des „logisch-experimentellen" Bereichs liegen, über den Irrationalismus der Geschichte und die überwiegende Irrationalität der Triebkräfte des Handelns. „Die Geschichte", schreibt er, „lehrt uns, daß nicht die Überlegung die großen Menschenmassen mitreißt und in Bewegung bringt, sondern vielmehr die Emotion, die sich ihrer unter gewissen herrschenden Umstän-

als eine der zahlreichen Manifestationen des psychologischen Rhythmus. Wie ich ebenfalls damals bemerkte, erscheint dieser Rhythmus auch in anderen Fällen; und in der Moral, in der Religion, in der Politik beobachtet man Oszillationen, die diesen ökonomischen vollständig gleichen". Das Problem der Beziehungen zur Psychologie besteht vor allem darin: „Dem rationalen Denken und dem Gefühl bei den gesellschaftlichen Phänomenen ihren Platz zuweisen, jedem einen fest umrissenen Platz zuordnen" (vgl. S. 131 ff.). Denn „Der Mensch ist nicht nur ein reines Verstandeswesen, er ist ebenfalls ein mit Gefühlen und Glauben ausgestattetes Wesen ... Die Lösungen, die das Gefühl für Fragen liefert, die sich den wissenschaftlichen, oder, was auf dasselbe hinausläuft, experimentellen Untersuchungen entziehen, haben mit Wissenschaft überhaupt nichts zu tun. Immer wenn sie versucht hat, ihre Sphäre zu verlassen, hat sie nur Streitereien um Worte hervorgebracht" (vgl. S. 129).

[11] Vgl. C. MONGARDINI, *Vilfredo Pareto etc.*, cit. S. 80-81. Tommissen ist mit dieser Hypothese nicht einverstanden (vgl. PIET TOMMISSEN, *Dall' economia alla sociologia*, in „Intervent", Februar/März 1974).

den und in einer für sie günstigen Umgebung bemächtigt."[12] Wenn die Methode der Naturwissenschaften die einzig adäquate ist, so wird ein entsprechender Abstand des Beobachters von der Realität und sein Verzicht darauf, diese Realität ändern zu wollen, hinreichen, um zur Wahrheit zu gelangen[13].

II. Diese Prämisse für die Methodologie und ihren Zusammenhang mit dem Problem des Nicht-Logischen bei Pareto ist wesentlich dafür, daß man die in dieser Anthologie gesammelten Schriften lesen kann, und sie wird vor die Prüfung der anderen Theorien des italienischen Soziologen gestellt, die ebenfalls von der kontinuierlichen Entwicklung seines Denkens zeugen. Der Glaube, der ihn an die Voraussetzungen der positivistischen Soziologie gebunden hielt, ist deutlich erkennbar, außer in der Bewahrung eines Erkenntnisprinzips auch noch im Wandel des Denkens, auch in Paretos stetigem Bestreben, gelehrte Exemplifizierungen und Zitate im Überfluß zu liefern. Diese tragen nicht immer zur Klarheit der Darlegung seiner Theorien bei. Häufig scheinen die grundlegenden

[12] Vgl. J. FREUND, a.a.O., S. 19.

[13] Pareto insistiert mehrmals darauf, was für ein Glück es für ihn bedeutete, in der Schweiz leben zu können und materiell unabhängig zu sein, Bedingungen, die die Objektivität seiner soziologischen Analyse garantiert haben. Einmal schreibt er an Pantaleoni: „Für das Studium der Soziologie bedarf es zum *gegenwärtigen* historischen Zeitpunkt (ich sage nicht immer), daß man absolut außerhalb des aktiven Lebens steht und wie ein Eremit lebt, so wie ich in Céligny. Dies hat mir meine eigene Erfahrung bewiesen. Solange ich die Absicht gehabt hatte, etwas zu *tun*, das soziale Leben praktisch zu verändern, solange ich unter den Parteien gelebt habe, habe ich von der Soziologie nichts verstanden; erst als ich jedweden Gedanken an Praxis aufgegeben habe, habe ich etwas von Soziologie verstanden: Und dieses Etwas, so wenig es sein mag, genügt, um mich alle Gedanken, die ich früher hatte, für dumm und bar jedes gesunden Menschenverstandes halten zu lassen. Meine Erkenntnisse sind wenig gewachsen. In meinem Alter nimmt die Intelligenz ab, nicht zu, also kann dieses Phänomen mit nichts anderem in Beziehung stehen als mit meiner Lebensweise. Wissenschaftlich war es für mich ein Glück, daß mein Land mich abgelehnt hat, daß seine Magnaten mich verachtet haben. Ich habe jetzt einen Monat in Italien verbracht, und ich habe begriffen, daß ich, wenn ich dort lebte, nur schwer der Versuchung widerstehen könnte, mich praktisch mit dem sozialen Leben zu befassen, was mich mit Gewißheit wieder in die alten Irrtümer verfallen ließe ... Der Mensch braucht für seine Unabhängigkeit zuerst einmal Geld. In Italien gibt es einige hunderttausend Personen, die in dieser Hinsicht unabhängig sein könnten. Man muß dann noch frei sein von Ehrgeiz und Eitelkeit und dem Wunsch nach öffentlichen Ämtern und Ehren. Man darf sich nicht eine gewisse Stellung in der Gesellschaft wünschen, nicht wünschen, gelobt zu werden, nicht wünschen, „einflußreich" zu sein, nicht wünschen, bei den Magnaten gut aufgenommen zu werden, man darf sie *nie* brauchen, die Gunst von *niemandem* suchen. Und diese ganzen Bedingungen reduzieren die Hunderttausende auf wenige Hunderte, – vielleicht Dutzende – von Einheiten. Und von diesen wenigen befaßt sich einer mit Kunst, einer mit Landwirtschaft, mit Jagd, Sport, Tänzerinnen, etc. Der Zufall wollte es, daß es zu Beginn des 20. Jahrhunderts ein Original gab, das sich nicht mit all diesen schönen Dingen befaßte, sondern mit Soziologie. Wer weiß, wie viele Jahre es noch dauern wird, bis es noch einen weiteren von dieser Sorte gibt. Inzwischen ist es wissenschaftlich notwendig, daß aus dem Existierenden soviel wie möglich herausgeholt wird" (vgl. L.P.P., III, S. 70-71, Brief vom 26. Oktober 1907, vgl. S. 255).

Aussagen in dem analytischen Verfahren zu ersticken[14]. Pareto scheint entgegen jener These, die – wie wir sehen werden – eine seiner Hauptthesen in der Soziologie ist, nämlich die Unterscheidung zwischen Wahrheit und Wirksamkeit einer Theorie, fast von seiner Bemühung um Verifizierung durch die Fakten zu erwarten, daß die Theorie, die er von Mal zu Mal formuliert, dadurch außer wahr auch noch wirksam wird.

Neben diesem weiteren Hindernis, das bei der Lektüre Paretos überwunden werden muß, gibt es noch das, das von der Entwicklung seines Denkens konstituiert wird. Aufgrund dessen haben wir die vorliegende Anthologie in zwei Teile unterteilt: Der erste reicht chronologisch bis kurz vor die Veröffentlichung des *Trattato di Sociologia generale*, der zweite reicht von diesem Datum bis zu Paretos Tod (1923). Aber nicht nur die Tatsache, daß der *Trattato* das größte Werk des italienischen Soziologen war, hat uns bewogen, die Aufteilung an ihm zu orientieren, sondern gerade der Weg der Soziologie Paretos selbst, die nach den Jahren des systematischen Aufbaus sich vor allem der empirischen Überprüfung der erzielten Resultate zuwendet. Die Jahre von 1900 bis 1914 sind daher für den Werdegang des Soziologen Pareto entscheidende Jahre. Aber die Voraussetzungen für diesen Werdegang gehen noch weiter zurück. Man muß nur die *Cronache* von 1893 bis 1897[15] wieder lesen, die monatlich für das „Giornale degli Economisti" geschrieben wurden; man muß nur einige Kapitel des *Cours*[16] durchblättern oder sich vergegenwärtigen, daß er schon 1897 an der Universität Lausanne die erste soziologische Vorlesung hält und den ersten Artikel veröffentlicht, der Ergebnis dieser neuen Studien ist[17]. In den darauffolgenden Jahren nehmen Interesse und Engagement für die soziologischen Studien ständig zu. Eine beträchtliche Erbschaft macht ihn frei von jeglichen materiellen Sorgen. Pareto möchte auch die Verpflichtungen an der Universität abgeben, um sich völlig der Forschung zu widmen. Mehrmals denkt er daran, ganz auf die Lehrtätigkeit zu verzichten, und oft skizziert er den Plan, einen soziologischen Traktat zu schreiben. Weder das eine noch das andere Projekt werden sofort realisiert. Einerseits werden seine Verpflichtungen an der Universität erheblich reduziert, vor allem aufgrund des vollen Verständnisses und der Dankbarkeit, die ihm an der Universität Lausanne entgegengebracht werden. Andererseits schreibt er

---

[14] Man betrachte als Beispiel hierfür den Aufsatz über *Die Methode in der Soziologie*, in der die langen gelehrten Abschweifungen fast die Thesen überdecken, die Pareto beweisen möchte.

[15] Vgl. V. PARETO, *Cronache italiane*, herausgegeben von C. Mongardini, Brescia, Morcelliana, 1965.

[16] V. PARETO, *Cours d'économie politique*, Lausanne, Rouge, 1896 bis 1897, 2 Bd., neue Auflage herausgegeben von G. H. Bousquet und G. Busino, cit.

[17] V. PARETO, *Il compito della sociologia fra le scienze sociali*, in „Rivista italiana di sociologia", Juli 1897.

einige Artikel, in denen er von Mal zu Mal seine soziologischen Forschungen ausarbeitet. Dies sind Artikel, die uns erlauben, den konstanten Wandel des Paretoschen Denkens bis zu seiner endgültigen Systematisierung kurz vor der Veröffentlichung des *Trattato* zu bestimmen. Neben diesen Artikeln erscheinen in jenen Jahren drei ziemlich engagierte Arbeiten: *Les systèmes socialistes*[18], das *Manuale di economia politica*[19] und *Le mythe vertuiste et la littérature immorale*[20]. Diese Arbeiten sind das Ergebnis von Studien, die man als solche „im geschlossenen Zyklus" definieren kann, in dem Sinne, daß sie weniger der Soziologie Paretos neue Wege eröffnen als vorhergehende Erfahrungen zum Abschluß bringen oder dazu dienen, vorhergehende Erfahrungen unter neuen Hypothesen wiederzulesen. *Les systèmes socialistes* entstehen aus einer Universitätsvorlesung, die 1899 in Lausanne beginnt. Der erste Band erscheint im Mai 1902 in Paris, aber die Einleitung, die auch in dieser Anthologie wiedergegeben ist, war schon in italienischer Übersetzung im November 1901 in der von Luigi Einaudi geleiteten Zeitschrift *La Riforma sociale* erschienen. In den *Systèmes* bemüht sich Pareto von den ersten Seiten an, eine objektive und nicht ideologische Arbeit zu schreiben. Durch die Unterscheidung der wissenschaftlichen Gültigkeit und des praktischen Nutzens der sozialistischen Lehren scheint er zum Teil die Rechtfertigung für seine vorige, in gewissem Sinne ambivalente Haltung gegenüber dem Sozialismus zu suchen, zum Teil diese Haltung zu korrigieren, zum Teil noch im Lichte der neuen soziologischen Studien alle jene Kritik zusammenzutragen und zu systematisieren, die er in verschiedener Weise und bei verschiedenen Anlässen an den ökonomischen, sozialen und politischen Theorien des Sozialismus geübt hatte. Was die Entwicklung der Theorien Paretos betrifft, so entfaltet er in den *Systèmes* sein Prinzip vom Kreislauf der *Eliten*, das schon in dem Artikel eine *Anwendungsform soziologischer Theorien* skizziert wurde. In der hier wiedergegebenen Einleitung verifiziert Pareto diese Theorie im Lichte der Geschichte des antiken Roms und verwendet dabei Werke von Historikern wie Niebuhr, Mommsen, Duruy, die, wie er schreibt, „diese Theorie nicht kannten und Auffassungen vertraten, die ihr gänzlich zuwiderlaufen".

Die zweite Arbeit, von der wir gesprochen haben, das *Manuale* (1906), stellt die Revidierung des *Cours* dar, in dem Sinne, daß, während in diesem Werk die soziologische Perspektive nicht mehr als eine Voraussetzung für das

---

[18] V. PARETO, *Les systèmes socialistes*, Paris Giard et Brière, 1901 bis 1902, italienische Übersetzung, *Il sistemi socialisti*, mit einem Vorwort von G. H. Bousquet, Turin, UTET, 1951.

[19] V. PARETO, *Manuale di economia politica*, Mailand, Societa Editrice Libraria, 1906 (neuere Ausgaben sind in dem Verlag Bizzarri, Rom, 1965 und im Verlag UTET, herausgegeben von Giuseppe Palomba, Turin, 1971, erschienen).

[20] V. PARETO, *Le mythe vertuiste et la littérature immorale*, Paris Rivière, 1911. Die endgültige Ausgabe ist die italienische, *Il mito virtuista e la letteratura immorale*, Rom, B. Lux, 1914.

Studium der politischen Ökonomie war, im *Manuale* diese Perspektive die unersetzbare Ergänzung zum Studium der realen ökonomischen Prozesse wird[21]. Die dritte erwähnte Arbeit, der *Mito virtuista e la letteratura immorale* wurde von Pareto im Sommer 1910 in wenig mehr als vier Wochen geschrieben, als eine Pause bei der Abfassung des *Trattato* eintrat[22]. Die kleine Schrift Paretos ist gleichzeitig eine Analyse des Gebrauchs der „Derivationen“ in der Moral und eine heftige Kritik an den Moralisten jeglicher Couleur. Giovanni Busino hat zu Recht geschrieben, daß bei einer kritischen Ausgabe das von Pareto verwendete gelehrte historische Material sich als chaotisch und teilweise konfus erweisen würde[23]. Für unsere Erfordernisse haben wir es daher vorgezogen, nur die Hypothesen und die Schlußfolgerungen dieser Arbeit wiederzugeben.

Neben diesen wichtigsten Schriften bringt Pareto in der Periode bis 1916 eine reiche Aufsatzreihe zum Abschluß, von denen einige Aufsätze, wie der sehr umfangreiche über *Le azioni non logiche*[24] in den *Trattato* wieder Eingang finden werden, während andere von der Entwicklung des Paretoschen Denkens zeugen. Von diesen Aufsätzen haben wir in diese Anthologie vier von den bezeichnendsten aufgenommen. Der erste *Eine Anwendungsform soziologischer Theorien* stellt eine erste organische und zusammenhängende Darlegung der Soziologie Paretos dar. Fast alle später im *Trattato* entwickelten Theorien sind hier zumindest im Keim enthalten. Wenn auch noch hier und da die politische Leidenschaft wieder anklingt, die das Leitmotiv der *Cronache* war, so wendet Pareto doch eine beachtliche Anstrengung auf, um Gedanken zu ordnen und zusammenzustellen, die bis zu diesem Zeitpunkt in einer Vielfalt von Schriften zerstreut waren. Einige grundlegende Themen von Paretos Soziologie, wie die Unterscheidung zwischen „subjektivem Phänomen“ und „objektivem Phänomen“ werden hier zum ersten Mal präsentiert, während man bemerkt, daß das Grundmotiv des ganzen Aufsatzes, wie übrigens in den *Sistemi socialisti*, das Studium des Einflusses der religiösen Gefühle auf die wissenschaftliche Forschung, auf das Leben der Gesellschaft und auf den Kampf der Aristokraten um die Eroberung und für die Verteidigung der Macht[25] ist.

---

[21] Vgl. dazu GOTTFRIED EISERMANN, *Vilfredo Paretos System der allgemeinen Soziologie*, Stuttgart, Enke, 1962, S. 21-22, und LUIGI D'AMATO, *L'economica del potere*, Rom, Verlag Esedra, 1971, S. 66.

[22] Zu der italienischen Übersetzung von Trevisonno und die Änderungen, Zusätze und Verbesserungen von Pareto (vgl. die Anmerkung von Giovanni Busino, in V. PARETO, *Scritti sociologici*, Turin, UTET, 1966, S. 483).

[23] Vgl. G. BUSINO, Einführung zu V. PARETO, *Scritti sociologici*, cit., S. 41.

[24] Vgl. V. PARETO, *Le azioni non logiche*, cit.

[25] Vgl. weitere Betrachtungen zu diesem Aufsatz in C. MONGARDINI, *V. Pareto etc.*, cit. S. 61 und folgende.

Der zweite Aufsatz mit dem Titel *Das Individuelle und das Soziale* wurde von Pareto anläßlich seiner Teilnahme an dem im September 1904 in Genf abgehaltenen internationalen Kongreß für Philosophie geschrieben. Auch hier finden wir wieder die wesentlichen Elemente von Paretos Soziologie. Gegen jedes alte und neue Philosophem bekräftigt Pareto, daß keine andere Realität existiert, die Gegenstand der Forschung sein könnte, außer dem Individuum, das in der Gesellschaft lebt. Einerseits erwirbt das Individuum durch das Leben in der Gemeinschaft neue Charakterzüge, fast einen speziellen *Habitus*, und man kann es sich außerhalb dieses Habitus noch nicht einmal vorstellen. Andererseits jedoch muß, entgegen den herrschenden Theorien Durkheims[26] und seiner Anhänger, die Existenz eines sozialen Lebens, einer Gesellschaft als abstrakte Entität, eine Existenz, die nur die Frucht der solidarischen Ideologie ist, ausgeschlossen werden[27]. Es gibt keine Gesellschaft getrennt von den Individuen, die sie zusammensetzen, deren Handeln ihr Zusammenhalt und Leben verleiht. Also gehört auch der Konflikt dazu, insofern als er bei den individuellen Interaktionen immer

[26] Wir haben an anderer Stelle versucht, die sich aufdrängende Hypothese, daß Pareto mit dieser Schrift in den heimlichen Streit zwischen Simmel und Durkheim eingreift, zu entwickeln (vgl. C. MONGARDINI, *Aspetti della sociologia di Georg Simmel*, cit.). Jedoch kann bis jetzt diese Hypothese nur durch die überraschende Übereinstimmung der Argumente der Texte erhärtet werden. Es ist verhältnismäßig wenig bekannt, daß Emile Durkheim auf den berühmten Artikel von Georg Simmel, *Das Problem der Soziologie*, (in „Jahrbuch für Gesetzgebung, Verwaltung und Volkswirtschaft im Deutschen Reich", 1894), der im gleichen Jahr ins Französische und 1899 in „La Riforma sociale" ins Italienische übersetzt wurde, in der „Rivista Italiana di Sociologia" mit einem heftigen kritischen Artikel auf Simmels Position antwortete (*La sociologia e il suo dominio scientifico*, in „Rivista Italiana di Sociologia", März/April 1900). Simmel antwortete wie gewöhnlich nicht direkt, aber sicher zeigt sein berühmter Aufsatz *Wie ist Gesellschaft möglich?* (in Soziologie, Leipzig, Duncker & Humblot, 1908, S. 27 und folgende) in mehreren Punkten einen genauen Bezug auf die Thesen Durkheims. Auch Paretos Aufsatz scheint sich offensichtlich auf die Argumentation Durkheims in der „Rivista Italiana di Sociologia" zu beziehen. Natürlich konnten sich Simmel und Pareto nicht auf derselben analytischen Ebene treffen, aber gegen Durkheim vereinte sie die erneute Behauptung der Omnipräsenz und der Unvermeidlichkeit des Konflikts und der Unmöglichkeit, die Gesellschaftlichkeit der Individuen in einen Apparat von Funktionen und Rollen aufzulösen.

[27] Pareto schreibt in diesem Aufsatz: „Von jeher haben Theoretiker versucht, die Gegensätzlichkeit der Interessen zwischen verschiedenen Gruppen des sozialen Aggregats zu leugnen, zu vertuschen oder zumindest zu verharmlosen. Derartige Versuche beruhen im Allgemeinen auf einem Zirkelschluß: Man setzt den betreffenden Sachverhalt voraus, indem man behauptet, daß das *wahre* Glück eines Menschen darin liegt, das zu tun, was der 'Gesellschaft' nützt, und davon ausgehend erklärt man, daß jeder, der sich anders verhält, nur nach einem *falschen Glück* trachtet, und daß man ihn daran hindern muß, den anderen und sich selbst auf diese Weise zu schaden. Seit Plato sind uns ähnliche Gedanken in allen Formen vorgesetzt worden. Eine moderne sogenannte Theorie der *Solidarität* ist nichts weiter als eine – nebenbei bemerkt ziemlich unbeholfene – Neuauflage dieser Vorstellungen. Manche Leute weisen darauf hin, daß die moralische, intellektuelle und religiöse *Einheit* der Gesellschaft etwas sehr wünschenswertes sei; in der Regel verlangen sie allerdings, daß diese Uniformität durch die Durchsetzung ihrer Ideen hergestellt wird" (vgl. S. 180).

gegenwärtig ist, nicht nur im funktionalen Sinne, sondern auch als Element der Erneuerung.

Ebenfalls um das Thema des Konflikts, auf politischer Ebene analysiert, geht es in dem letzten Aufsatz des ersten Teils dieser Anthologie, *Rentiers und Spekulanten*[28]. Es handelt sich um einen Artikel, der zwischen Februar und April 1911 für eine den Ideen von Georges Sorel sehr nahestehende französische Zeitschrift geschrieben wurde. Ein Artikel, in dem Pareto den politischen Konflikt als Gegensatz der beiden ökonomischen Kategorien sieht, der Rentiers, die konservativ und nationalistisch, und der Spekulanten, die fortschrittlich und internationalistisch sind. Aber Rentiers und Spekulanten werden noch zu etwas mehr als rein ökonomischen Kategorien; sie werden im Grunde zu der Verallgemeinerung der zwei psychologischen Haltungen, die schon Machiavelli herausgearbeitet hatte, als er im *Principe* schrieb, daß der, der regiert, mal „Fuchs", mal „Löwe" sein muß. Pareto verallgemeinert die Dichotomie von Machiavelli und dehnt sie auf alle Akteure des politischen Dramas aus. Dabei kommt eine äußerst scharfsinnige Analyse heraus, deren Gültigkeit dadurch bezeugt wird, daß sie noch heute nichts von ihrer Bedeutung als Hypothese der Annäherung an das Reale verloren hat.

Schließlich ist der Aufsatz über die *Methode in der Soziologie* sowohl vom biographischen Standpunkt aus bedeutend, insofern als es sich bei ihm um die erste einer Reihe von soziologischen Vorlesungen handelt, die Pareto an einer italienischen Universität halten durfte[29], als auch vom wissenschaftlichen Standpunkt aus, weil sie uns das Modell des Wissenschaftlers präsentiert, das Pareto sich zu eigen macht.

Der zweite Teil der Anthologie wird eröffnet mit der von Pareto anläßlich seines Jubiläums an der Universität Lausanne, das im Juli 1917 gefeiert wurde, gehaltenen Rede. Diese Rede wird zu Recht als eines der wichtigsten autobiographischen Dokumente betrachtet. Es stellte sich dann die Frage, welcher Raum dem *Trattato di sociologia generale* eingeräumt werden sollte. Die neuere Kritik scheint geneigt, die Bedeutung des *Trattato* in der wissenschaftlichen Produktion Paretos zu schmälern. Zu Recht betont man, daß es ein schwerer Fehler war, das soziologische Denken Paretos ausschließlich auf dieses Werk zu beschränken[30] und die soziologische Arbeit des Autors mit diesem Werk als abgeschlossen zu betrachten. Hierzu hat vor kurzem Giovanni Busino geschrieben: „Die Schriften der Periode 1917-1923 sind den Wissenschaftlern praktisch unbekannt und wer-

[28] In „L'Indépendance", 1. Mai 1911.

[29] Die Initiative ging von der Juristischen Fakultät von Bologna aus. Pareto wurde eingeladen, eine Reihe soziologischer Vorlesungen in dieser Universität zu halten. Die erste, eben *Die Methode in der Soziologie*, wurde in der „Libertà Economica" vom 16. März 1906 veröffentlicht.

[30] Vgl. JULIEN FREUND, a.a.O. S. 21.

den von ihnen ignoriert, sie lesen im besten Fall weiterhin den *Trattato* ... als ob er das letzte Stadium von Paretos Denken gewesen wäre. Kein Soziologe hat bis jetzt den Epilog von *Fatti e Teorie* und die *Trasformazione della democrazia* betrachtet, ganz zu schweigen von den Dutzenden und aber Dutzenden von Artikeln, die als Verifizierungen, Proben und Gegenproben, aber auch als Korrekturen des *Trattato* herausgekommen sind. Ob es beliebt oder nicht, der *Trattato* ... ist nicht die letzte geistige Botschaft Paretos, und die Aporien dieses Buches müssen so gelöst werden wie bei allen Autoren der Welt, nämlich indem man auf andere Schriften des untersuchten Autors rekurriert, Texte mit anderen Texten vergleicht, und nicht die Soziologie Paretos mit der von Durkheim oder Marx, was leider oft und immer wieder geschieht."[31]

Der *Trattato* ist das fragmentarischste und zusammenhangloseste Werk Paretos. Auf die Überschätzung, die ihm zuteil wurde, können wir heute sagen, daß wir nicht viel und gewiß nicht den bedeutendsten Teil von Paretos Denken verloren hätten, wenn dieses Werk nicht geschrieben worden wäre. Hier widmet er den größten Teil seiner Arbeit dem Problem der Motivationen des menschlichen Handelns. Doch erweist sich immer noch der letzte Teil als der am meisten organische und an noch heute interessanten Elementen reiche, in dem Pareto die politische Analyse in Angriff nimmt. Als Ingenieur, der vielfach dem positivistischen Geist verhaftet ist, kann Pareto nicht der Versuchung widerstehen, ein „soziales System" darzustellen, wobei er verallgemeinernde und abstrahierende Linien zieht, die ihn zwangsläufig über jenes logisch-experimentelle Feld hinausführen, das er nicht verlassen wollte. In seinem Versuch einer systematischen Synthese bleibt Pareto mehr denn je an die Erkenntnismuster seiner Epoche gebunden, und daher bleibt dieses Werk hinter anderen zurück, in denen es sich vorwiegend um eine Analyse begrenzter Situationen handelt. Diese Analyse liefert uns seine gelungensten Intuitionen[32].

Über die Bedeutung der nach 1916 veröffentlichten Schriften ist schon weiter oben etwas gesagt worden. Zuerst der Krieg, dann die dramatische Erfahrung der Nachkriegszeit hielten die Aufmerksamkeit Paretos auf den Schauplatz der Politik gebannt; dieser wollte in jenem Rhythmus sich überstürzender Ereignisse eine Bestätigung für seine soziologischen Theorien finden. Die Leidenschaft seiner Jugendzeit für die Politik packt ihn wieder, und man hat zu Recht gesagt, daß seine letzten geistigen Interessen rein politische waren[33]. Er betrachtet die

---

[31] GIOVANNI BUSINO, *Gli studi su Vilfredo Pareto oggi*, Rom, Bulzoni, 1974, S. 347.

[32] Auch im *Trattato*, schreibt Busino, „finden wir, daß der beste Teil in der mikroskopischen Analyse des menschlichen Handelns, in der Interpretation der modernen Geschichte, in der Schau der langfristigen historischen Entwicklung besteht" (vgl. G. BUSINO, Einführung zu V. PARETO, *Scritti sociologici*, cit., S. 56).

[33] Vgl. G. BUSINO, a.a.O. S. 55.

zeitgenössischen Ereignisse mit der Haltung eines Menschen, der Mühe hat, seine eigenen Leidenschaften zu zügeln und dem dies nicht immer gelingt. So faßt er 1920 eine Reihe von Aufsätzen unter dem Titel *Fatti e teorie* zusammen, denen er einen *Epilog* von großer Bedeutung hinzufügt, den wir in dieser Anthologie wiedergeben. So schreibt er in derselben Periode die *Trasformazione della democrazia*, eine der interessantesten Analysen einer Epoche der Dekadenz. Und zu diesen Werken fügt er eine Reihe von Aufsätzen hinzu, in denen, angesichts der sich überstürzenden Ereignisse, das Problem der Voraussage auf mittlere und lange Frist besticht.

Der Tod ereilt ihn einige Monate nach der Machtergreifung Mussolinis. Es sind einige Bücher über das Verhältnis Paretos zum Faschismus geschrieben worden[34], und wahrscheinlich werden noch viele weitere geschrieben werden. Wenn man die Arbeiten und Briefe Paretos liest, der, wie gesagt, in der letzten Periode zwischen Leidenschaft und Vernunft hin- und hergerissen wurde, so kann man viele Beweise dafür finden, daß er Faschist war und viele dafür, daß er es nicht war[35]. Dies ist wahrscheinlich bei vielen italienischen Intellektuellen jener Zeit möglich. Die Tatsache, daß Pareto für eine so kurze Zeit Faschist war oder nicht Faschist war, dürfte die Tatsache, daß seine Hypothesen einen gewissen Grad an Zuverlässigkeit besitzen oder nicht, weder irgendwie bereichern noch irgendwie beeinträchtigen. Und doch hat kein Thema von Paretos Soziologie so lebhafte Diskussionen hervorgerufen wie das Rätsel der politischen Überzeugung des späten Pareto. Will man so, indem man sich auf Emotionen zurückzieht, die äußerst vielschichtigen Probleme seiner politischen Analyse lösen[36]? Wahrscheinlich. Aber sicher repräsentiert diese Wendung der Kritik an Pareto das schönste Beispiel und den schönsten Beweis für die von ihm bei Machiavelli aufgegriffene Unterscheidung zwischen Realität und Bild, zwischen subjektivem und objektivem Phänomen: Die Realität von Paretos Werk und das Bild, das man

[34] An neueren Veröffentlichungen vgl. LUIGI MONTINI, *Vilfredo Pareto e il fascismo*, Rom, Volpe, 1974. Siehe außerdem: MARCELLO LUCHETTI, Einleitung zu V. PARETO *lettere ad Arturo Linaker*, Rom, Edizioni di Storia e Letteratura, 1972.

[35] Man beachte jedoch, daß Pareto sein ganzes Leben lang für die Minderheit eingetreten ist, für sozialistische, katholische oder faschistische, nie für die institutionelle Macht.

[36] Freund schreibt: „Wenn man die nach 1945 erfolgten Diskriminierungen analysiert und die Nachsicht gegenüber einigen Autoren und die Strenge gegenüber anderen, die manchmal viel weniger engagiert waren als erstere, feststellt, so muß man in den Vorwürfen gegen Pareto zwangsläufig einen Vorwand sehen, der einen viel tieferen latenten Antagonismus verschleiern soll“ (J. FREUND, a.a.O. S. 10-11).

von ihm verbreiten will, ein Bild, von dem vorliegende Anthologie sich zu distanzieren versucht[37].

III. Es wurde schon gesagt, daß die Grundprägung der Soziologie Paretos durch die positivistische Ausbildung gegeben ist, zu der die breite humanistische Bildung Paretos, seine leidenschaftliche Begeisterung für die Geschichte und seine besondere Sensibilität für den Relativismus, der damals in den sogenannten exakten Wissenschaften die ersten Schritte tat, fast so etwas wie ein Gegengewicht bilden. Paretos Positivismus, der seine Soziologie fest mit dem kulturellen Kontext des ausgehenden letzten Jahrhunderts verbindet, entspringt zumindest aus zwei Voraussetzungen, die seinen kognitiven Apparat stützen. Erstens die Auffassung von der Soziologie als Wissenschaft der Synthese, *scientia scientiarum*, deren Studium alles umfassen sollte, „was mit der Ordnung, dem Leben, der Entwicklung der menschlichen Gesellschaft zu tun hat"[38]. Zweitens Paretos konstanter Versuch, auf die Sozialwissenschaften die Modelle der Naturwissenschaften anzuwenden, wenn er auch zuweilen die Grenzen dessen erkennt. „Das Hauptziel meiner wissenschaftlichen Bemühungen", wird er in dem Vortrag, den er anläßlich seines Jubiläums als Lehrer an der Universität Lausanne hält, sagen, „war immer die Anwendung der experimentellen Methode, die in den Naturwissenschaften so glänzende Ergebnisse gezeitigt hat, auf die Sozialwissenschaften – von denen die Wirtschaftswissenschaften nur ein Teil sind."[39]

Die Grenzen, oder wenn man so will, die Modernität von Paretos Positivismus werden vor allem von dem humanistischen Erbe des Menschen Pareto konstituiert, das ihn, wenn es auch manchmal die Lektüre seiner Werke durch die Fülle der Zitate und Hinweise besonders mühsam macht, andererseits daran hindert, sich in der Analyse zu leichten, aber unproduktiven Schematismen hinreißen zu lassen, von denen uns viele Beispiele in der positivistischen Strömung

---

[37] In den Schriften der Anthologie haben wir die Anmerkungen wie im Original beibehalten. Auch wenn sie abgekürzt wurden, so handelt es sich meistens um Zitate aus leicht zugänglichen Werken. Nur wo es unbedingt notwendig war, haben wir Paretos Zitat in eckiger Klammer vervollständigt.

[38] Vgl. V. PARETO, *Trattato di sociologici generale*, Mailand, Comunità, 1964, Paragraph 1 und folgende. Zu diesem Punkt vgl. GABRIELE DE ROSA, *Sociologia e esperienza storica in Vilfredo Pareto*, in „Ricerche di storia sociale e religiosa", Januar bis Juni 1973. Die Kritik Simmels an dieser Konzeption von der Soziologie ist bekannt. Diese Konzeption, schreibt er, „bedeutet nur, daß alle historischen, psychologischen, normativen Wissenschaften in einen großen Topf geschüttet werden und diesem das Etikett: Soziologie – aufgeheftet wird. Damit wäre also nur ein neuer *Name* gewonnen, während alles, was er bezeichnet, in seinem Inhalt und seinen Verhältnissen schon feststeht oder innerhalb der bisherigen Forschungsprovinzen produziert wird" (G. SIMMEL, *Soziologie*, cit. S. 2-3). Andererseits, wenn man die Soziologie als eine Methode betrachtet, so sieht man nicht, auf welche Grundlage man das absurde Wuchern spezieller Soziologien stellen soll, für das es natürlich eine soziologische Erklärung gibt, aber sicher keinen wissenschaftlichen Sinn; denn nichts hindert, daß jede neue Methode im Bereich der traditionellen Disziplinen rezipiert wird.

[39] Vgl. S. 269.

begegnen. So sehr im großen und ganzen sein Versuch, eine gewisse gleiche Distanz zur Metaphysik und zum reinen Empirismus zu halten[40] gelungen ist, so sehr trennt ihn seine konstante Anwendung – in einer Weise, die man ihm oft zum Vorwurf gemacht hat – der historisch-komparativen[41] Methode vom traditionellen Positivismus. Eine noch ausgeprägtere Trennung, sowohl deshalb, weil Pareto immer Wert darauf legt, die Verschiedenheit der Ebenen der wissenschaftlichen Erkenntnis und des sozialen Handelns[42] klar zu betonen, als auch aufgrund seiner Auffassung von der Wissenschaft als Werden und als Veränderung der Hypothesen und der kognitiven Instrumente[43], bewog ihn, den Begriff des Gesetzes durch den der Gleichförmigkeit zu ersetzen[44] und diesem jenen probabilistischen Charakter zu verleihen, der in gewissem Sinne mit der absoluten Sicherheit, die der klassische Positivismus den Ergebnissen der Beobachtung zusprach, unvereinbar ist.

---

[40] In der Rede von Lausanne sagt er: „Ich habe versucht, aus den Sozialwissenschaften sowohl die emotionale und metaphysische Betrachtungsweise als auch den reinen Empirismus zu verbannen" ... (vgl. S. 270).

[41] Pareto lehnt sowohl eine Soziologie des Alltags, die taub und blind für die Vergangenheit ist, ab, als auch eine Soziologie, die in der Gegenwart die Wiederholung vergangener Ereignisse sucht. In der *Trasformazione* schreibt er deutlich: „Das nun Folgende stellt keine Einzelfälle dar, und um es richtig zu verstehen, muß man es in die historischen Abläufe einordnen, in die es gehört. Wir dürfen nicht der Neigung folgen, dem, was sich vor unseren Augen abspielt, übertriebene Bedeutung beizumessen und dabei das, woran uns die Vergangenheit erinnert, für unwichtig zu halten; wir müssen auch den entgegengesetzten Fehler vermeiden, der in der Annahme bestünde, daß die Gegenwart als getreue und genaue Nachahmung der Vergangenheit zu sehen sei" (vgl. S. 337). Und in dem Vortrag von 1917 hatte er über die Nützlichkeit und die Anwendung der Geschichte gesagt: „Die Darstellung der Vergangenheit nennt man in den Sozialwissenschaften Geschichte, und eben in der Geschichte finden wir ein wesentliches Element dieser Wissenschaften, aber wir verlangen von ihr nicht nur Deskriptionen, sondern wir suchen in ihr nach Kenntnissen über die Gleichförmigkeit der sozialen Phänomene, und sie wird uns die Fakten und ihre Beziehungen untereinander lehren" (vgl. S. 270).

[42] Diese Trennung sollte jedoch für Pareto nicht den Vorrang der Theorie vor der Praxis bedeuten. „Wir sind völlig einer Meinung", schreibt er an Pantaleoni, „über das, was Du über das Handeln und das Beobachten sagst. In der Beurteilung des relativen Nutzens der beiden Verfahrensweisen gehe ich sogar noch weiter als Du, und ich halte ersteres für höchst nützlich, zweiteres weit weniger", (vgl. S. 402).

[43] In dem Vortrag von Lausanne sagt er: „Die Erfahrungswissenschaft ist ein unaufhörliches Werden. Sie gleicht einem ständig fließenden Fluß, der sich in einen Sumpf verwandeln würde, wenn seine Wasser stehenblieben. Nicht in der dogmatischen Starre, sondern in der Bewegung der Erfahrung liegt das Leben der Wissenschaft" (vgl. S. 270).

[44] In dem Aufsatz über *Das Voraussehen sozialer Phänomene* bemerkt er: „Die Aussagen, die in den Sozialwissenschaften *Gesetze* genannt werden, sind einfach der Ausdruck für eine bei den Gegebenheiten beobachtete Gleichförmigkeit, und die Beifügung des Adjektivs *allgemein* soll nur angeben, daß sie eine sehr große Anzahl von Gegebenheiten zusammenfassen" (vgl. S. 365).

Paretos Probabilismus hat oft die Aufmerksamkeit der Kritik erregt. Man sah sogar in Pareto einen Vorläufer der probabilistischen Revolution[45]. Und tatsächlich, während er durch die kognitiven Positionen in seinem Werk mit der wissenschaftlichen Erfahrung des XIX. Jahrhunderts verbunden bleibt, so antizipiert er auf dem Gebiet des Probabilismus und des Relativismus, die zu den vorhergehenden Prämissen fast im Widerspruch zu stehen scheinen, die modernsten Positionen. Für Pareto scheint der Probabilismus fast das einzige Instrument der Verteidigung gegen die Versuchungen der Metaphysik darzustellen. „Hier", schreibt er in der *Trasformazione*, „sind wir an den Grenzen des Wahrscheinlichen angelangt, und es beginnt das Reich des nur Möglichen. Wir wollen uns hüten, die Grenzen zu überschreiten, wir wollen die Gefahr vermeiden, auch noch über den Bereich des Möglichen hinauszugehen und in den unermeßlichen Gefilden der Imagination zu schweifen."[46] Wie wir sehen werden, wird es nur auf dieser Grundlage möglich sein, sich mit Hypothesen über die Voraussage auseinanderzusetzen. „Nur die Theologie und die Metaphysik", schreibt er in *Fatti e teorie*, „kennen das Absolute und ganz Präzise, die Erfahrungswissenschaft kennt nur das Relative und Approximative."[47] Hinsichtlich seiner Theorien erklärt er, daß er sie sehr behutsam formuliert und verteidigt, „denn", schreibt er an Pantaleoni, „die Materie ist so schwierig, daß ich alles, was ich schreibe, nur für *ein wenig* wahrscheinlich halte."[48] Aber in Wirklichkeit wird Pareto, in dem sich Vernunft und Leidenschaft immer bekämpfen, sich nicht selten zu heftigen Polemiken gegen seine Gegner hinreißen lassen, Polemiken, die im allgemeinen für das Wahrscheinliche und das Relative wenig oder gar keinen Raum lassen. Dabei wiederholen sich seine Erklärungen immer im gleichen Sinn. „Mein *Trattato di sociologia*", schreibt er an Pantaleoni über dieses Werk, „ist ein sehr unvollkommener Versuch, in die Sozialwissenschaften jene *Relativität* einzuführen, die in sehr viel vollkommenerer Weise jetzt in die Physik eingeführt wird."[49] „Die Erfahrungswissenschaft", schreibt er in einem seiner Artikel, „ist ihrem Wesen nach relativ ... Unter einem gewissen Aspekt führt sie in die Sozialwissenschaften den *Relativismus* ein, der schon länger in den mathematischen und physikalischen Wissenschaften zum Tragen kommt und sie immer mehr durchdringt."[50] In den Sozialwissenschaften müssen der Probabilismus und der Relativismus um so mehr als der einzige Kompaß betrachtet werden, der zur Orientie-

45 Vgl. LUIGI D'AMATO, *Pareto precursore della rivoluzione probabilistica*, in *L'economica del potere*, cit. S. 35 und folgende.

46 Vgl. S. 335.

47 Vgl. S. 350.

48 Vgl. S. 250.

49 Vgl. S. 410.

50 Vgl. S. 365.

rung der Erfahrung geeignet ist. „Von dem, was sich außerhalb der Erfahrung befindet“, schreibt er, „ist hier nicht die Rede; aber wenn man innerhalb ihres Bereichs bleibt, wenn man denkt, daß wir nicht einmal sicher sind, ob die Welt, in der wir leben, drei Dimensionen hat, ob sie euklidisch ist, ob in ihr die Gerade existiert, ob das Licht der Schwerkraft unterworfen ist oder nicht etc., und daß man der Ethik, dem Recht und anderen schönen Dingen absoluten Wert beimessen will, indem man die Fakten von der Intuition oder noch besser von der Phantasie beherrschen läßt, so kann man sagen: *Ich weiß nicht, soll ich lachen oder weinen.*“[51]

Vom Probabilismus abgeleitet ist, daß die Gesetze „keineswegs notwendige Konsequenzen sind. Die experimentelle Wissenschaft kennt das Absolute nicht. Es handelt sich indessen um einfache Begriffe von Gleichförmigkeit, die, nachdem sie in der Vergangenheit festgestellt wurden, uns ermöglichen, mit mehr oder weniger großer Wahrscheinlichkeit die Zukunft vorauszusehen.“[52] Das Problem des Voraussehens in der Soziologie nimmt, wie gesagt, einen großen Raum in den Betrachtungen und Schriften des späten Pareto ein. So beginnt er zum Beispiel seinen Aufsatz *L'Avenir de l'Europe:* „Die Voraussagen von Ereignissen sind im allgemeinen eine Synthese von vielen und verschiedenartigen Elementen. Die einen, wenn sie sich auf einzelne Ereignisse beziehen, und nicht die unzuverlässigsten sind, entspringen mehr dem Instinkt der Praktiker als den logischen Schlüssen der Theoretiker. Andere, deren Wert sich vor allem dann zeigt, wenn es darum geht, die allgemeine Tendenz der Entwicklung zu bestimmen, haben ihren Ursprung hauptsächlich in theoretischen Überlegungen. Bei allen, von sehr wenigen Ausnahmen abgesehen, findet man Gefühle, die einen leicht dazu bringen, das vorauszusehen, was man sich wünscht oder was sich mit den eigenen Anschauungen, Prinzipien, Vorurteilen in Übereinstimmung befindet. Das Element der Erfahrung – oder Pseudoerfahrung – fehlt selten, es sei denn, es handelt sich um die reinen Prophetien, die heutzutage sehr selten sind. Hier möchte ich mich bemühen, meinen Ausführungen ausschließlich die Erfahrung zugrunde zu legen.“[53] Im Grunde wird auch diese Beziehung zwischen

---

[51] Vgl. S. 351.

[52] Vgl. S. 272.

[53] Vgl. S. 387. Über Erfahrung und Voraussage hatte er in *Fatti e Teorie* folgendes geschrieben: „Die Erfahrung kann aus direkten Beobachtungen, Statistiken etc. oder auch aus historischen Berichten bestehen. Der Empirismus glaubt zuweilen diesen die Kenntnis der Zukunft entnehmen zu können, indem er voraussetzt, daß die zukünftigen Geschehnisse die genaue Kopie der vergangenen seien; die Erfahrungswissenschaft weiß, daß dies nicht zutrifft und daß man durch die Analyse die konstanten Elemente der Phänomene finden und dann mit Hilfe der Synthese diese und andere Elemente wieder zusammenfügen muß, um die in Zeit und Raum verschiedenen Phänomene zu erkennen. Auf diese Weise erkennt man nur Mittelwerte. Die Wahrscheinlichkeitsrechnung befähigt uns nicht dazu zu

Erfahrung und Voraussage von Pareto wieder mit der grundlegenden Dichotomie von Gefühl und Vernunft auf kognitiver Ebene, das heißt für ihn, subjektivem und objektivem Phänomen, verknüpft.

In den Mittelpunkt von Paretos Soziologie gestellt, bezieht sich diese Dichotomie auf eine klar definierte anthropologische Konzeption. Für sie kann jedes soziale Phänomen, und damit das menschliche Handeln selbst, nur dann Gegenstand soziologischer Forschung sein, wenn zuvor die Variation zwischen den realen Dimensionen eines Phänomens, die sich natürlich nur in seinen Interrelationen mit anderen verifizieren läßt, und der Form, in der es auftritt, das heißt, die Modalität, in der es in den Augen dessen „erscheint", der handelt oder an einem bestimmten soziokulturellen System partizipiert, festgestellt und studiert wird. Dieses Kriterium „ist nicht allein entscheidend für das Verständnis der Wissenssoziologie Paretos, sondern allgemein für das ganze Gebäude seiner soziologischen Theoreme."[54] Indem er so mehr auf einen konstanten Bezug auf den handelnden Menschen und auf die Beziehungen, die dieser zu dem sozialen Phänomen als Gegenstand der eigenen Erfahrung herstellt, als auf das Verständnis der Natur des Phänomens selbst abzielt, will Pareto jener Gefahr aus dem Wege gehen, der sich die Theoretiker ausgesetzt hatten, die, als sie eine fertige Theorie der Gesellschaft liefern wollten und die sozialen Phänomene wie Fakten studieren wollten, sich dann in den meisten Fällen in Wirklichkeit darauf beschränkt hatten, die auf diesen Fakten aufgebauten Theorien zu studieren[55].

Mit der Unterscheidung zwischen subjektivem und objektivem Phänomen „eröffnet sich erst die grundlegende Distinktion, mit deren Hilfe Pareto die soziologische Analyse zu einer strengen wissenschaftlichen Anforderungen genügenden zu machen hofft."[56] Von einem historischen Standpunkt aus gesehen stellt diese Position Paretos ein bedeutendes Moment in der soziologischen Forschung dar, weil sie, auf einem ähnlichen Weg wie Simmel, die kritische Überwindung der Soziologie marxistischer Provenienz einerseits, die Aufstellung einer Alternative von Bedeutung zu der Soziologie Durkheims und seiner Schule andererseits ermöglicht. Indem er den Panrationalismus hegelianischer Provenienz nicht mittels des Irrationalismus, sondern durch diesen Aspekt seiner Theorien, durch die Pluridimensionalität der möglichen Beziehungen zwischen Subjekt und Objekt in eine Krise brachte, stellte er das Postulat in Frage, von dem sich sowohl die soziologischen Theorien marxistischen Typus als auch jene posi-

wissen, wann ein Mensch sterben wird, aber die Berechnungen über die wahrscheinliche Sterblichkeit sind die Grundlage aller Lebensversicherungen" (vgl. S. 351).

[54] GOTTFRIED EISERMANN, *Vilfredo Pareto als Wissenssoziologe*, in *Bedeutende Soziologen*, Stuttgart, Enke, 1968, S. 113.

[55] Vgl. V. PARETO, Trattato di sociologia generale, cit. § 1402.

[56] G. EISERMANN, a.a.O. S. 113.

tivistischen Typus, die sich direkt oder indirekt auf Durkheim berufen, leiten ließen und lassen.

Pareto ist übrigens nicht der einzige, der in jenem historischen Moment beginnt, neue Wege der Forschung zu suchen, die den Kanon der marxistischen Soziologie oder den „idealistischen Sozialismus“[57], bei dem Durkheim schon in den *Règles de la méthode sociologique* (1895) angelangt ist, überwinden. Wenn die Unterscheidung zwischen subjektivem und objektivem Phänomen sich bei Pareto während jener Zeit konkretisiert, in der er an der Universität Lausanne seine Vorlesung über den Sozialismus hält, also in der Zeit, in der er die erste Fassung der *Systèmes socialistes* vorbereitet, die dann 1902 veröffentlicht werden, so schreibt in jener selben Zeit (1898-1902), neben den Werken Webers und Simmels, die wir erwähnt haben, Sorel, dessen Beziehung zu Pareto kurz nach der Veröffentlichung des *Cours* (1896)[58] beginnt und bis zum Tode dauert[59], die *Saggi di critica al marxismo*[60]. Darin stellt Sorel der marxistischen Dialektik von der Entwicklung des objektiven Phänomens die Feststellung entgegen, daß „die äußeren Verhältnisse nur in einer Weise auf den menschlichen Geist einwirken, die den formalen Gesetzen unserer geistigen Entwicklung unterworfen ist“ und daß „die Logik der Imagination“, wie schon Vico erkannt hatte, „sich zu allen Zeiten und in allen Ländern reproduziert“, und wenn „sie uns erlaubt, zu klassifizieren, neuzuordnen, Verbindungen herzustellen“, so „liefert sie“ jedoch „keine Fakten.“[61]

Für Pareto hat also „jedes soziologische Phänomen zwei ganz verschiedene und oft völlig unterschiedliche Formen, nämlich eine objektive Form, die Beziehungen zwischen realen Objekten herstellt, und eine subjektive Form, die Beziehungen zwischen psychischen Zuständen herstellt. Nehmen wir an, wir haben einen gewölbten Spiegel, die Gegenstände werden von ihm verzerrt reflektiert, was in Wirklichkeit gerade ist, erscheint krumm, was klein ist, erscheint groß oder umgekehrt; ähnlich wird das objektive Phänomen im menschlichen Be-

---

[57] Vgl. L. LICHNOWSKY, *Emile Durkheim*, in A. WEBER, *Einführung in die Soziologie*, München 1955.

[58] Vgl. DINO FIOROT, *Il realismo politico di Vilfredo Pareto*, Mailand, Comunità, 1969, S. 42 und folgende, und TOMMASO GIACALONE-MONACO, *Pareto e Sorel. Riflessioni e ricerche*, Padua, Cedam, 1960-1961, 2 Bd.

[59] Anläßlich von Sorels Tod schrieb Pareto einen langen Artikel für die Zeitschrift „La Ronda“. Vgl. V. PARETO, *Georges Sorel*, in „La Ronda“, Oktober 1922. Was von der Korrespondenz Pareto-Sorel erhalten ist, ist in *Carteggi paretiani 1892-1923*, herausgegeben von Gabriele de Rosa, gesammelt. Rom Edizioni di Storia e Letteratura, 1964.

[60] Die *Saggi di critica al marxismo* werden dann von V. Racca, dem Mitarbeiter Paretos, gesammelt, herausgegeben und mit einem Vorwort versehen (Mailand, Sandron, 1903).

[61] GEORGES SOREL, *Y-a-t-il de l'utopie dans le marxisme?* in „Revue de Métaphysique et de Morale“, März 1899, dann wieder abgedruckt in *Saggi di critica al marxismo*. cit.

wußtsein reflektiert, und die Geschichte oder die Zeugnisse der Zeitgenossen teilen es uns mit."[62] Dies könnte als einfache Vervollständigung des positivistischen Musters erscheinen. Doch Pareto wird hingegen 1910 in bezug auf die Unterscheidung zwischen subjektivem und objektivem Phänomen schreiben: „Die Namen, die man diesen beiden Kategorien gegeben hat, dürfen uns nicht beirren. In Wirklichkeit sind beide subjektiv, weil jede menschliche Erkenntnis subjektiv ist, und sie unterscheiden sich nicht durch eine Verschiedenheit ihrer Natur, sondern durch eine mehr oder weniger große Menge an Kenntnissen von Fakten."[63] Die Unterscheidung von subjektivem und objektivem Phänomen ist bei Pareto eng verbunden mit der anderen Dichotomie von logischen und nichtlogischen Handlungen. „Es gibt", schreibt er tatsächlich, „Handlungen, die aus Mitteln bestehen, die dem Zweck entsprechen und Mittel und Zweck logisch verbinden; es gibt andere, denen dieses Merkmal fehlt. Diese beiden Kategorien von Handlungen sind sehr verschieden, je nachdem, ob man sie unter objektivem oder subjektivem Aspekt betrachtet. Unter diesem letzteren Aspekt fallen fast alle menschlichen Handlungen unter die erste Kategorie. ... Wir werden den Handlungen, die logisch die Handlungen mit dem Zweck verbinden, den Namen 'logische Handlungen' geben, nicht nur im Hinblick auf das Subjekt, das die Handlungen ausführt, sondern auch im Hinblick auf diejenigen, die umfassendere Kenntnisse haben, nämlich auf die logischen Handlungen, die subjektiv und objektiv den oben erklärten Sinn haben. Die anderen Handlungen werden als 'nicht-logisch' bezeichnet, was keinesfalls unlogisch heißen will."[64] An anderer Stelle unterstreicht Pareto noch, daß die Ursache für einen großen Teil der in den Sozialwissenschaften begangenen Irrtümer gerade auf die fehlende oder unzureichende Einschätzung des Einflusses des Subjektiven auf die Erkenntnis der sozialen Phänomene zurückgeführt werden muß. „Die andere Quelle der Irrtümer", schreibt er genau im *Manuale*, „ist weniger offenkundig, und von den meisten, sogar von fast allen, wird sie nicht für eine Quelle des Irrtums, sondern für eine Quelle der Wahrheit gehalten. Sie besteht darin, daß man die formulierten Aussagen fast ausschließlich als objektiv angesehen hat, ohne dem subjektiven Phänomen die notwendige Berücksichtigung zukommen zu lassen. Nehmen wir irgendeine Aussage ... Die Theoretiker pflegen ... zu meinen, daß die Wirkung dieser Aussage auf eine Gesellschaft nur davon abhängt, ob sie objektiv wahr oder falsch ist, und ob sie der Mehrzahl der Menschen, die zu dieser Gesellschaft gehören, bekannt oder unbekannt ist. Also muß man, wenn man das gefunden hat, was man für die Wahrheit hält, sich nur noch darum kümmern, diese Lehre

---

[62] Vgl. S. 77 ff.

[63] V. PARETO, *Le azioni non logiche*, in „Rivista italiana di sociologia", Mai-August 1910, Jetzt in C. MONGARDINI, *V. Pareto etc.*, cit. S. 234.

[64] V. PARETO, *Le azioni non logiche*, cit. S. 235.

zu verbreiten. Diese Meinung, die überaus häufig vertreten wird, zeichnet sich sehr klar in den Schriften der französischen Philosophen des ausgehenden XVIII. Jahrhunderts und in vielen Schriften der sogenannten klassischen Ökonomen ab. Sie verträgt sich gut mit den Gefühlen der Humanität und der Philanthropie, und es wäre wirklich wünschenswert, daß sie wahr wäre; aber unglücklicherweise gibt es vielleicht in der ganzen Sozialwissenschaft keine Meinung, die mehr den Fakten widerspricht und zu ihnen im Gegensatz steht. In vielen vielen Fällen treibt der Glaube oder die Weltanschauung der Menschen sie aus eigener Kraft und unabhängig von seinem objektiven Inhalt dazu, in einer bestimmten Weise vorzugehen. Zu den beiden von mir erwähnten Fragestellungen muß man also noch eine dritte hinzufügen und erforschen, welche Wirkung gewisse Anschauungen auf die Menschen haben. Dann sollte man untersuchen, auf welche Weise diese Anschauungen entstehen und sich ausbreiten; diese beiden Vorgänge stehen für sich und sind nicht notwendigerweise mit der objektiven Realität der Aussage verbunden ... der die Menschen Glauben schenken. Dies alles wurde von dem Autor der *Systèmes socialistes* verstanden, aber derselbe Autor hat es sich nicht immer vergegenwärtigt, als er den *Cours* schrieb, der deshalb in dieser Hinsicht als unzulänglich erscheint."[65] Es ist klar, daß ein großer Teil der Kategorien der Soziologie Paretos mit der Unterscheidung Realität-Bild, das heißt mit dem Verhältnis zwischen subjektivem und objektivem Phänomen verknüpft sein werden[66]. Wie wahr dies ist und welche Bedeutung die erwähnte Unterscheidung für Paretos Soziologie hat, wird uns von Pareto selbst bezeugt, der 1908 in einem Brief an seinen Freund Pantaleoni schreibt: „Meine Haupttheorie in der Soziologie ist die, daß man das objektive Phänomen vom subjektiven Phänomen und innerhalb des objektiven Phänomens den Inhalt von der Form unterscheiden muß. In einem Land gibt es eine bestimmte Bewegung P; sie erscheint nacheinander in verschiedenen Formen und mit verschiedenen Theorien: A, B, C ... Hin und wieder taucht eine auf und geht wieder unter, und dann taucht eine andere auf. Angenommen, ‚derselbe' Mann, der Dich heute weißgekleidet um Geld bittet um Gottes willen, bittet Dich morgen als sozialistischer Genosse darum; tags darauf will er es, in einen großen Mantel gehüllt, von Dir für die Rochette-Spekulationen und noch einen Tag später will er es in Hemdsärmeln für die Lemoine-Diamanten und so fort. Es wandelt sich das Kleid, es wandeln sich die Theorien, aber im Grunde ist es immer derselbe Mann, der Geld aus Dir herausholen will. Man muß also sein Augenmerk auf den Inhalt richten. Und auch über ihn habe ich eine Theorie, so gut oder schlecht sie sein mag: Ich sage, daß die großen sozialen Bewegungen sich immer in das Gewand eines Glaubens hüllen.

[65] V. PARETO, *Manuale di economia politica*, Rom, Bizzarri, 1965, S. XXXVII-XXXVIII.

[66] Vgl. zum Beispiel V. PARETO, *Trattato etc.*, cit. § 13 und folgende.

Gerade die Soziologie muß den Inhalt, der hinter diesem Glauben steht, wiederfinden."[67]

IV. Auch in der Theorie des sozialen Handelns spiegelt sich, wie man gesehen hat, die Unterscheidung zwischen subjektivem und objektivem Phänomen[68]. Subjektiv, das heißt vom Blickpunkt dessen aus, der die Handlung begeht, sind alle Handlungen logisch; objektiv hingegen haben die meisten Handlungen ihren Ursprung nicht in der „Überlegung", sondern in den „Gefühlen" und Interessen. Pareto schreibt: „Die Illusionen, die sich die Menschen hinsichtlich der Motive machen, die ihre Handlungen bestimmen, haben mannigfaltige Quellen. Eine der wichtigsten ist die Tatsache, daß sehr viele menschliche Handlungen nicht die Konsequenz rationalen Denkens sind. Diese Handlungen sind rein instinktiv, der sie vollziehende Mensch empfindet indes Vergnügen, wenn er ihnen – übrigens willkürlich – logische Ursachen zugrunde legt. Er ist im allgemeinen nicht gerade anspruchsvoll bezüglich der Qualität dieser Logik und gibt sich sehr leicht mit einem Anschein von logischer Überlegung zufrieden. Aber es wäre ihm unange-

---

[67] Vgl. S. 260. In den *Systèmes* erklärt Pareto: „Die Untersuchung des objektiven Phänomens besteht darin, die wechselseitige Abhängigkeit zu erforschen, die zwischen den realen Fakten A und B besteht. Die Untersuchung des subjektiven Phänomens zielt darauf ab, die Beziehungen zu entdecken, die die Menschen an die Stelle der realen Beziehungen setzen ... und sogar solche Beziehungen aufzufinden, die die Autoren zwischen zwei gleichermaßen imaginären Fakten C und E herstellen" (vgl. S. 145).

[68] So in dem Vergleich zwischen dem 'Individuellen' und dem 'Sozialen'. Diese Terminologie, schreibt Pareto, „entspricht häufiger den von ihr geweckten Gefühlen als objektiven Realitäten. Daher die Notwendigkeit, die Begriffe dieser Wissenschaften einer zweifachen Untersuchung zu unterziehen: Zum einen gilt es herauszufinden, welchen objektiven Gegebenheiten sie entsprechen können, zum anderen muß man die Gefühle kennen, die mit ihrer Hilfe zum Ausdruck gebracht werden. Der Begriff *Individuum* ist präzise: er dient zur Bezeichnung von Lebewesen, die isoliert voneinander betrachtet werden. Der Begriff *Gesellschaft* ist ein wenig ungenau: Er bezeichnet im allgemeinen ein Aggregat dieser Individuen, die in ihrer Gesamtheit gesehen werden ... selten versteht man unter *Gesellschaft* die Gesamtheit aller Menschen, die zu einem gegebenen Zeitpunkt auf der Erde leben. Man meint häufig die Gesamtheit der Menschen, die einen gegebenen Staat im politischen Sinne konstituieren, ohne daß dies jedoch explizit gesagt wird. Als nächstes ist die zeitliche Ausdehnung in Betracht zu ziehen; es muß unbedingt verdeutlicht werden, ob man von allen in einem bestimmten Augenblick lebenden Menschen sprechen will oder aber von allen, die in einem bestimmten Zeitraum gelebt haben, leben oder leben werden. Die Adjektive *individuell* und *sozial* sind unpräziser als die entsprechenden Substantive. Von einem bestimmten Standpunkt aus kann man sagen, daß der Mensch, der in der Gesellschaft lebt, ausschließlich individuelle Eigenschaften besitzt; betrachtet man dasselbe Phänomen unter einem anderen Gesichtspunkt, kann man sagen, daß alle Eigenschaften des Menschen sozialer Natur sind ... Hinsichtlich der durch sie geweckten Gefühle bezeichnen die Begriffe *individuell* und *sozial* sehr oft einen Gegensatz zwischen zwei Teilen des sozialen Aggregats: Von dem ersten heißt es, er bestehe aus Individuen, während der zweite mit der *Gesellschaft* gleichgesetzt wird ... Der Gegensatz zwischen dem Individuellen und dem Sozialen wird dann zu dem Gegensatz zwischen einer bestimmten Minderheit und einer in einer gewissen Form repräsentierten, mehr oder weniger realen Mehrheit" (vgl. S. 179 ff.).

nehm, ganz darauf zu verzichten.“[69] Für Pareto entspringt also das menschliche Handeln zwei Hauptquellen: Den „Aktivitäten des Gefühls“ und dem Suchen nach Erfahrungswerten. „Die Bedeutung der ersteren“, schreibt Pareto, „ist klar. Es ist das Gefühl, das zur Tat treibt, das den Regeln der Moral, der Frömmigkeit und den Religionen in allen ihren verschiedenen und komplizierten Formen Leben verleiht. Und durch das Streben der Menschen nach dem Ideal bestehen die menschlichen Gesellschaften fort und entwickeln sich weiter. Aber die zweite, nämlich das Suchen nach Erfahrungswerten, ist ebenfalls wesentlich für diese Gesellschaften; sie liefern die Materie, die das Gefühl in Bewegung setzt; wir verdanken ihnen die Erkenntnisse, die der Tat ihre Wirksamkeit verleihen und nützliche Veränderungen des Gefühls selbst, durch die es sich – wenn auch langsam – an die Bedingungen der Umwelt anpasst.“[70] Die Bedeutung der experimentellen Erkenntnis darf uns jedoch nicht dazu bringen, die Wirksamkeit, die sie auf die Veränderung des menschlichen Handelns ausübt, zu überschätzen. Nur wenn die Theorien die Gefühle treffen, schreibt er an Pantaleoni, „können sie die Handlungen verändern.“[71] Und wieder an Pantaleoni schreibt er einige Jahre später: „Weder tausend, noch zehntausend, noch hunderttausend Exemplare eines Buches können ‚die Köpfe reformieren'. Wenn sie dies könnten, wäre die Grundtheorie meiner *Sociologia* falsch. Ich glaube, und jeden Tag bestärkt mich die Erfahrung mehr darin, daß die Menschen von Gefühlen und Interessen bewegt handeln und sehr wenig aufgrund von Überlegungen. Es ist mir unmöglich, die Geschichte ohne dieses Prinzip zu verstehen, mit seiner Hilfe hingegen scheint mir vieles leicht verständlich. Wir glauben, der Vernunft nachzugeben, weil wir sehr gut sind im Erfinden von Argumenten, um *a posteriori* die Handlungen zu rechtfertigen, zu denen uns Gefühle und Interessen trieben.“[72] Die Trennung zwischen dem Erkennen und dem Handeln wird bei Pareto ganz klar vollzogen. Im Laufe der Jahre wird sie noch mehr betont[73]. Wer sich an die Wis-

[69] Vgl. S. 143. „Wenn ich in meiner Theorie“, bemerkt Pareto an anderer Stelle, „die Frage hauptsächlich unter dem wissenschaftlichen Aspekt behandelt habe, das heißt, mich ausschließlich an die Fakten und ihre logischen Konsequenzen gehalten habe, [ist] dies keineswegs geschehen, weil ich auch nur im geringsten den Einfluß des Gefühls auf die menschlichen Handlungen verkenne. Ich messe ihm im Gegenteil eine Bedeutung bei, die viele für übertrieben halten werden. Ich glaube nämlich, daß sich die Menschen in ihrem Handeln in erster Linie durch das Gefühl, die Leidenschaft und das Eigeninteresse leiten lassen und erst in zweiter Linie durch den Verstand“ (vgl. S. 184).

[70] Vgl. S. 270.

[71] Vgl. L.P.P., III, S. 22 und folgende. Brief von Pareto an Pantaleoni vom 15. März 1902.

[72] Vgl. S. 401.

[73] 1918 schreibt er noch an Pantaleoni: „Hier sind wir uns ebenfalls einig, aber mit einer wesentlichen Einschränkung hinsichtlich der Art und Weise, in der man wirksam den Geist anderer beeinflussen kann. Die Einschränkung besteht darin, daß nur die Logik des Gefühls, nicht die wissenschaftliche wirksam ist: Wirksam sind die Derivationen, nicht die logisch-experimentellen Überlegungen ... In der *Sociologia* habe ich ausführlich aufgezeigt, daß in der Logik des Gefühls zwei einander entge-

senschaft wendet, um die Beziehungen der Menschen untereinander zu ändern, versteht überhaupt nichts von Wissenschaft und bedient sich nur des Mythos von der Wissenschaft. Wenn er zu irgendeinem Resultat gelangt, so nicht deshalb, weil die experimentelle Erkenntnis in irgendeiner Weise das Handeln der Menschen verändert hat, sondern weil der Glaube an die Macht der Wissenschaft sie bewogen hat, wie jeder andere Glaube, in irgendeiner Weise ihr Handeln zu ändern. Die Erkenntnis liefert uns also keine Instrumente für das Handeln, sondern sie ist Selbstzweck, so sehr auch eine Interdependenz zwischen ihr und den Gefühlen besteht, die sie antreiben und die sie indirekt stimuliert.

Mit der Unterscheidung zwischen logischen Formen und nicht-logischen Formen des Handelns und der sich daraus ergebenden Unterscheidung zwischen „Residuen“ oder Stimuli, die zum nicht-logischen Handeln treiben, und „Derivationen“, oder Komplex von Argumenten und Handlungen, mit denen das nicht-logische Handeln als logisches präsentiert wird, legt uns Pareto eine Neuformulierung der Theorie des sozialen Handelns vor, die nur scheinbar „wertfrei“ ist und sich aus den Bindungen jedweder Weltanschauung zu befreien scheint. Seit den Anfängen der Soziologie, ungefähr in der Mitte des XVIII. Jahrhunderts, hat man Hypothesen über die elementaren Bestandteile des sozialen Handelns, über das Element oder die Elemente, die seine letzte Komponente darstellen, aufgestellt. Und gerade die Lösung dieses Problems, die notwendigerweise eine empirisch nicht zu begründende Entscheidung impliziert und daher eng an eine bestimmte Weltanschauung gebunden ist, hat dann die Richtung der entsprechenden Gesellschaftstheorie festgelegt. Der „Stolz“ oder die „Herrschsucht“ bei Mandeville, die „Sympathien“ bei Shaftesbury, die „Interessen“ bei Marx, die „Imitation“ bei Tarde, die „Residuen“ bei Pareto, die „Triebe“ bei Freud sind lauter leuchtende Beispiele für diese Bindung. Und wenn wir die Wertung anerkennen, die sich aus der Annahme dieses oder jenes Prinzips ergibt, so können wir uns auch bewußt machen, daß eine Diskussion über die vorrangige Bedeutung der Interessen, der Triebe, der Imitation oder der sogenannten Residuen für das menschliche Handeln lange dauern würde und sicher zu keiner akzeptablen Lösung gelangen könnte. Es gäbe keine – oder es gäbe vielleicht zuviele, aber untereinander divergierende Elemente, die die eine Hypothese eher empirisch bestätigen als die andere. Pareto hat vielleicht mehr als die anderen Soziologen seiner Zeit das Erfordernis, zu einer Lösung für diesen Punkt zu gelangen, empfunden. So hat er mit seiner Theorie des Gleichgewichts[74] versucht, irgendwie verschiedene Elemente durch Interdependenz einander anzunähern. Andererseits

gengesetzte Aussagen nebeneinander bestehen können, was für die experimentelle Logik nicht zutrifft“ (vgl. S. 403).

[74] Wesentliche Komponenten des sozialen Gleichgewichts sind für Pareto: a) Residuen; b) Interessen; c) Derivationen; d) soziale Heterogenität und Zirkulation.

könnte man sagen, daß er versucht hat, das Problem des treibenden Elements des sozialen Handelns zu lösen, indem er ein Element durch ein System von Elementen substituierte, unter denen jedoch eines, und sicher das unbestimmteste, den anderen gegenüber bevorzugt wird. Aber wenn er versucht hat, durch die Substitution eines Elements durch ein System von Elementen die Kausalität in Interdependenz zu übersetzen, so hat Pareto, vielleicht wegen eines rationalistischen Anklangs „malgré lui", seine Soziologie auch in den Sumpf einer noch breiteren, noch unbestimmteren und verworreneren und noch weniger experimentellen Diskussion über die Beziehungen zwischen Residuen, Interessen, Derivationen etc. geführt. Die Begründung eines ganzen theoretischen Systems auf den Begriff des Residuums[75] als letztes Partikel des Handelns – wie Pareto sie vorgenommen hatte – ein Partikel, das undefiniert und undefinierbar ist, unter dem dann jeder im Grunde das verstehen kann, was er will, hat nicht die Lösung des Problems des treibenden Elements des Handelns bedeutet, sondern es ins Unendliche potenziert. Man ist so von der Approximation der kausalen Einseitigkeit zur Einseitigkeit der Approximation übergegangen, hinter der jedwede Lösung möglich ist[76]. Der Realismus Paretos, der übrigens in vielen Teilen seines Werkes sehr ausgeprägt ist, bleibt so durch einen nutzlosen alchimistischen Versuch in Optionen gefangen, die sich notwendigerweise außerhalb der Erfahrungswissenschaft befinden. Sein beachtliches Kritikvermögen gegenüber den realen Situationen geht völlig verloren, wenn es darum geht, einen komplizierten theoretischen Apparat zu konzipieren. Hier zeigt die „Ingenieursarbeit" Paretos ihre Grenzen und erweist sich als unfähig, für das Menschliche kognitive Instrumente bereitzustellen, die von den in den Naturwissenschaften verwendeten verschieden sind. Und doch war Pareto gerade aufgrund seiner langen Erfahrung als Ökonom einer befriedigenden Lösung greifbar nahe, der, auf die sich dann die ökonomische Analyse gründet. Denn der Ökonom hält sich nicht damit auf, die Residuen von den Interessen zu unterscheiden. Dafür besteht für ihn keine Not-

---

[75] Vgl. V. PARETO, *Trattato di sociologia generale*, cit. § 842 und folgende. Für Pareto ist das Residuum das, was als konstanter Stimulus der (nicht-logischen) Handlung übrig bleibt, wenn alle die Rechtfertigungen und Verschleierungen, die diese Handlung als logische darstellen sollen, eliminiert wurden. Von der Veränderung der Residuen wird die Veränderung der Verhaltensweisen der Menschen, ihrer Handlungen, der sozialen Positionen, der Zirkulation der *Eliten* etc. abhängig gemacht. Praktisch alles, was man unter sozialem Wandel versteht. So schreibt Pareto zum Beispiel über die Zirkulation der *Eliten:* „Wenn in der ausgewählten Klasse sich das Verhältnis zwischen den Residuen der Klasse I und der Klasse II ändert, zeigt uns die Geschichte, wie die Bewegungen nicht unbestimmt in eine Richtung weitergehen, sondern früher oder später durch Bewegungen in entgegengesetzter Richtung ersetzt werden" (vgl. S. 288). Daher bleibt *de facto* in Paretos System die Kausalität eindeutig erhalten dadurch, daß *jede Form sozialen Wandels de facto auf eine Veränderung der Residuen zurückgeführt wird.*

[76] Noch tragen Paretos Klassifizierungen der Residuen zu größerer Klarheit bei. Er selbst erkennt an, daß die seine eine von vielen möglichen Klassifizierungen ist.

wendigkeit. Für ihn ist es nur notwendig, die Handlung auf das *Bedürfnis*, das sie hervorgebracht hat, zurückzuführen, und möglicherweise die Intensität dieses Bedürfnisses im Hinblick auf andere Bedürfnisse desselben Subjekts zu messen. So daß die Handlung sich immer als einem in ständigem Wechsel begriffenen *System von Bedürfnissen* adäquat erweist. Von diesem Standpunkt aus wird die Unterscheidung zwischen logisch und nicht-logisch unnötig, und sie wird übertragen auf die ausschließliche Betrachtung der Relation zwischen den beiden Momenten t und t' und auf die relative Variation des Systems Bedürfnisse-Zwecke. Auch in diesem Fall hat für Pareto die Wahrheit, oder besser das „Gelangen zu Wahrheit" ein einziges, unteilbares Faktum repräsentiert. Wegen dieses positivistischen Erbes bleibt er noch zum Teil ein Denker des XIX. Jahrhunderts, während er, wie man gesehen hat, bei anderen Aspekten seines Werkes die modernsten Theorien antizipiert. Er hat sich oft abgemüht, seine Hypothesen zu konsolidieren, indem er sie auf einem Gebäude von Fakten errichtete, als ob diese Hypothesen die einzig annehmbaren oder gar die einzig verifizierbaren wären. Jenes bedeutende Prinzip der Interdependenz, das er so eifrig auf die Fakten anzuwenden versucht, gedenkt er keinesfalls auf methodologischer Ebene auch auf die Hypothesen zu übertragen, die zur Interpretation dieser Fakten aufgestellt werden, Hypothesen, die ein „System" von Theorien in gegenseitiger Abhängigkeit bilden, aus deren Interaktions- und Autokorrektionsbeziehung sich die Wissenschaft entwickelt. Dies finden wir in den Aspekten von Paretos Werk, in denen im Kontakt mit der Vielfalt des Realen der Probabilismus entspringt, wir finden es keinesfalls, wenn er eine allgemeine Theorie der Gesellschaft formulieren will. Denn, wie gesagt, Pareto ist immer dann überzeugender, wenn er reale Situationen analysiert und dabei vielleicht zu idealtypischen Modellen kommt, als wenn er weitergehende Verallgemeinerungen ausarbeitet, um eine systematische Abhandlung zu präsentieren. So erscheint uns heute jene spezifischere Analyse, die er quasi als Prämisse seiner politischen Theorie durchführt, einleuchtender als seine ganz allgemeine Theorie des sozialen Handelns. Wie immer scheint ihn die politische Analyse der Realität um eine Stufe näherzubringen. In seinem Artikel *Rentiers und Spekulanten* bietet Pareto eine Antizipation jener Kategorien von Residuen, die im *Trattato* die beiden wesentlichen sein werden. Er vereint hier die Generalisierung von zwei abstrakten Gestalten der Ökonomie, der Rentiers und der Spekulanten, mit der Universalisierung mit jenem Bild, das Machiavelli dem idealen Verhalten des Fürsten beigab, halb *Fuchs*, halb *Löwe*. Doch Pareto beschränkt sich nicht auf eine abstrakte Typisierung dieser beiden Gestalten. Es scheint sogar, daß er diese Typisierung von dem aktuellen historischen Prozeß herleitet, der den Übergang von der Vorherrschaft der *Rentiers* zu der der *Spekulanten* anzuzeigen scheint. In Wirklichkeit bringt jede Phase des Aufstiegs der neuen Eliten einen solchen Übergang hervor, wie er besser im *Trattato* erklären wird. Die Kategorie der Rentiers ist zum großen Teil konservativ, Neuerungen gegenüber feindlich gesonnen, von denen sie alles zu befürchten hat, patriotisch und nationalistisch. Die andere hingegen ist Neuerungen gegenüber aufgeschlossen, immer auf der Suche nach guten Geschäften, internationalistisch, wobei es ihr gelingt, überall die eigene Industrie zu betreiben, und im Grunde hat für sie das Geld kein Vaterland[77]. In der ersten Kategorie findet man die „Eingewurzelten", in der zweiten die „Entwurzelten". Pareto schreibt: „Die extremen Typen sind selten, die in der Mitte liegenden alltäglich, und unter den Fehlern, über die sich die Literaten mit schwungvoller Feder auslassen, befinden sich Qualitäten, die für die Gesellschaft von großer Bedeutung sind."[78] Die ausgeglichene Verteilung der Bevölkerung auf diese beiden Kategorien trägt nach Pareto zur Prosperität der Völker bei, während ein exzessives Mißverhältnis schwere Gefahren für das soziale Gleichgewicht bringt. Die Spekulanten stehen am Ursprung der wirtschaftlichen und sozialen Veränderungen und Fortschritte[79], während die Rentiers die Stabilität sichern, indem sie die Gefahren ausschalten, die von einer zu schnellen Änderung kommen könnten. Die aktuelle historische Entwicklung, bemerkt Pareto, scheint den fortschreitenden und unaufhaltsamen Erfolg der Spekulanten zu zeigen. Diese Kategorie, bemerkt er, „ist feige, wie es im Mittelalter die Juden und Wucherer waren. Ihre Waffe ist das Gold und nicht das Eisen. Sie versteht sich auf die List, aber nicht auf den Kampf. An einer Stelle vertrieben, kommt sie an der anderen wieder hervor, ohne jemals der Gefahr ins Auge zu sehen. Ihr Reichtum nimmt zu, während ihre Energie schwindet. Durch den wirtschaftlichen Materialismus ausge-

---

[77] Vgl. S. 240. Pareto schreibt: „Unter einem abstrakten und wissenschaftlichen Aspekt kann man zwischen dem 'Sparer', der allein von den Zinsen seiner Ersparnisse lebt, und dem Unternehmen unterscheiden, der auf dem Markt sowohl die Dienstleistungen der Ersparnisse und andere Kapitalien anbietet als auch die Arbeit der Arbeiter anmietet. Das wären die beiden Kategorien, auf die wir unser Augenmerk richten. Wir wollen zwei Typen unter einem konkreten Gesichtspunkt betrachten: 1) Individuen, deren einzige oder hauptsächliche Einnahmequelle Zinsen aus Staatspapieren, aus Obligationen von Handels- oder Industriegesellschaften, feste Löhne, Renten etc. sind; 2) Individuen, deren einzige oder wichtigste Einnahmen aus Aktien von Handels- oder Industriegesellschaften, direkter Unternehmertätigkeit in Handel und Industrie, Börsengeschäften, Mieten von in aufstrebenden Städten gelegenen Häusern, Spekulationen mit städtischem oder landwirtschaftlichem Grund und Boden stammen, letztlich aus allem, was seinem Wesen nach Veränderungen unterliegt und von der Geschicklichkeit der Person abhängig ist, die sich damit beschäftigt" (vgl. S. 240).

[78] Vgl. S. 241.

[79] Pareto schreibt: „Man kann ohne Zögern anerkennen, daß all dies der zweiten Kategorie [der Spekulanten] zu verdanken ist. Die wirtschaftliche Dynamik, die sie der Welt aufgeprägt hat, zwingt jeden, seine Energie und seine Kapitalien so nutzbringend wie möglich einzusetzen. Das Ansteigen der Lebenskosten, der Steuern, des Luxus trifft die Zurückbleibenden mit unerbittlicher Härte. Derjenige, der vor einigen Jahren wohlhabend war und sich einem friedlichen sanften Schlaf überlassen hatte, wacht heute verarmt auf. Alles hat sich vorwärtsbewegt, während er stagnierte" (vgl. S. 243).

zehrt, kommt ihr der Idealismus der Gefühle immer mehr abhanden."[80] Ihre Wandlungs- und Anpassungsfähigkeit bringen sie in einer Epoche wie der unseren, in der die soziale Veränderung beschleunigt ist, zum Erfolg. Er schreibt, und man scheint dasselbe auch heute sagen zu können, „man gibt sich mit Worten zufrieden, wenn man in den gegenwärtigen Ereignissen in Italien einen Kampf zwischen 'Demokratie' und 'Reaktion' sieht. Es handelt sich lediglich um einen Kampf zwischen zwei Fraktionen der zweiten Kategorie, die divergierende Ansichten über die beste Art und Weise haben, ihre Geschäfte zu tätigen"[81]. Andererseits können bei der zunehmenden Schwächung dieser Klasse ihre Erfolge nicht unendlich lange dauern. Es ist wahrscheinlich, bemerkt Pareto noch, daß solange, wie man mit Geschick und List kämpfen kann, „die Macht der Leute der zweiten Kategorie nicht zu erschüttern sein wird. Aber es gibt eine Klippe, an der sie zerschellen könnte: Die der brutalen Gewalt".[82] Pareto sagt, bemerkenswert sei die Haltung der Kategorie der Spekulanten gegenüber dem Sozialismus, der sich ihr entgegenzustellen schien. Pareto schreibt: „Anfangs haben sie ihn bekämpft, zum Schluß haben sie sich seiner bedient. Das wilde Tier wurde gezähmt und erweist seinen Dompteuren sehr gute Dienste. Eine Veränderung auf wirtschaftlichem Gebiet, die die Preise der Produkte stärker steigen läßt als ihre Produktionskosten, ist für die Produzenten von Vorteil. Sie wäre noch vorteilhafter, wenn die Produktionskosten überhaupt nicht steigen würden. Daraus erklärt sich, warum die Unternehmer sich den Forderungen der Arbeiter immer widersetzt haben. Dann kam der Tag, an dem sie erkannten, daß das Nachgeben mehr Vorteile brachte als das Kämpfen, daß die Linie des schwächsten Widerstandes auf der Seite der Verbraucher lag, und daß die Preise in der Weise erhöht werden konnten, daß sowohl die Unternehmer als auch die Arbeiter dabei ihren Vorteil fanden. So sind Großindustrielle, Kaufleute, Wechselmakler, Bankiers etc. Radikaldemokraten, Radikalsozialisten und selbst Sozialisten geworden. Darüber hinaus profitieren die großen Spekulanten von gestiegenen Produktionskosten sowie von der Progressivsteuer, weil diese Belastungen hauptsächlich die Kleinen und Mittleren treffen, weil sie eine gewisse Anzahl von ihnen vernichten und auf diese Weise eine für die großen Spekulanten schädliche Konkurrenz ausschalten. Es ist ein unbestreitbares Faktum: Seit 50 Jahren ist in Frankreich und Italien der Einfluß der Sozialisten in der Regierung, der anfangs gleich null war, stetig gewachsen, und die Gewinne der Unternehmer und der Spekulanten ebenfalls."[83]

---

[80] Vgl. S. 243.
[81] Vgl. S. 246.
[82] Vgl. S. 247.
[83] Vgl. S. 245

V. Einer der zweifellos interessantesten Aspekte von Paretos Soziologie ist das Studium des ideologischen Phänomens. Diese Forschung, die einen großen Teil seines soziologischen Schaffens ausmachen wird, entsteht vor allem aus dem tief erlebten inneren Widerspruch des Menschen Pareto, zwischen dem Ingenieur, dem Mathematiker, dem Positivisten, dem Ökonomen auf der einen Seite und dem Politiker Pareto, dem heftigen Polemiker, dem Mann, der das Ideal sucht und bereit ist, sich dafür zu entflammen, auf der anderen. Im Grunde basiert die Dichotomie zwischen Ökonomie und Soziologie, zwischen logischen Handlungen und nicht-logischen Handlungen in seiner wissenschaftlichen Arbeit auf diesem Widerspruch. Im Leben Paretos ist es überraschend, wie, je mehr er die Ideale und die aktive Politik aufgibt, desto mehr dieser Mangel an politischem Engagement, fast als Kompensation, in seiner wissenschaftlichen Arbeit einhergeht mit dem Studium des Nicht-Logischen und der Architektur der politischen Welt. Und das ideologische Phänomen erscheint ihm gerade in dieser Zeit als ein wesentliches Element des politischen Handelns, das es ermöglicht, auf die Grundlagen des Nicht-Logischen zurückzugehen und einen seiner determinierenden Faktoren konstituiert[84].

Pareto gebraucht nicht den Ausdruck „Ideologie", sondern den Ausdruck „Derivation", der eine größere anthropologische Bedeutung hat und ihm ansonsten auch dazu dient, wie er selbst im *Trattato* schreibt, „der in den Sozialwissenschaften immer drohenden Gefahr auszuweichen, daß ein anderer die Bedeutung der Vokabeln nicht in der gegebenen objektiven Definition suchen will, sondern im umgangssprachlichen Gebrauch und in der Etymologie"[85]. Wie wir gesehen haben, sind nach Pareto vom subjektiven Standpunkt aus alle menschlichen Handlungen logisch. Für die griechischen Matrosen „waren die Opfergaben für Poseidon und das Rudern gleichermaßen logische Mittel dazu, daß das Schiff

[84] Über das Nicht-Logische, behauptet Pareto, spricht man für gewöhnlich wenig. Alle geben zu, daß es existiert, und viele geben auch zu, daß es einen großen Teil der menschlichen Handlungen betrifft. Aber dann, wenn man zur Analyse der Fakten übergeht, tut man so, als existiere es nicht und für gewöhnlich neigt man dazu, die Realität des Nicht-Logischen damit zu verbergen, daß man einen logischen Zwang annimmt. „Es geschieht etwas Sonderbares" schreibt Pareto, „implizit erkennen alle an, daß es nichtlogische Handlungen gibt. Und wer leugnet, daß die Handlungen des Menschen von seiner Natur, seinem Charakter, seinen Gefühlen abhängen? Aber dann denkt und spricht man, als ob er nur aus seinen Erkenntnissen und den von ihm daraus gezogenen logischen Folgerungen handeln würde. Wenn er also etwas tut, von dem man meint, daß es Tadel verdient, so wird dafür nur seine Unwissenheit angeklagt, man geht von dem Axiom aus, daß wenn man ihn aufklärte, er nach bestimmten, für logisch und gut gehaltenen Normen handeln würde. Zwar greift man, um das Absurde einer solchen Ansicht zu verschleiern, zu dem Ausweg, daß man nicht über das spricht, was geschieht, sondern über das, was geschehen *sollte*. Diese Ausflucht ist höchst nützlich und ruft unendlich viele Derivationen hervor; es ist schwierig, Werke der Ökonomie oder der Soziologie zu finden, in denen sie fehlt" (vgl. S. 341).

[85] Vgl. V. PARETO, *Trattato di sociologia generale*, cit., § 119.

führ". Aber von einem objektiven Standpunkt aus, das heißt dem von Beobachtern, die über ein umfangreicheres Wissen verfügen" oder die „mit einer mehr unikomprehensiven Erkenntnis ausgestattet sind", ist es möglich festzustellen, daß die Handlungen, die „aus dem Zweck entsprechenden Mittel bestehen und die Mittel mit dem Zweck logisch verknüpfen", nämlich die logischen Handlungen, im Vergleich zu den nicht-logischen Handlungen eine Minderheit darstellen, wobei es Aufgabe des Psychologen ist, sich mit deren Wurzeln zu befassen, während der Soziologe „von dieser Sachlage ausgeht, ohne tiefer schürfen zu wollen"[86]. Dieselben Beobachter werden die „ganz ausgeprägte Tendenz" der Menschen bemerken können, „die nicht-logischen Handlungen in logische Handlungen verwandeln zu wollen"[87], indem sie auf moralische, religiöse oder ähnliche Theorien rekurrieren, die geeignet sind, die nicht-logischen Handlungen zu erklären oder zu rechtfertigen. Bei dieser letzten Kategorie von Handlungen können wir so die *Residuen*, das heißt die psychischen Strukturen, aus denen die Handlung entspringt, und die *Derivationen*, das heißt die Erklärungen, die die Handlung zur logischen machen wollen, unterscheiden. Während erstere für lange Zeiträume konstant bleiben oder sich nur sehr langsam verändern, neigen die Derivationen, die sich grundlegend und oft schnell ändern, dazu, die Merkmale einer bestimmten Epoche und einer bestimmten Gesellschaft anzunehmen, und „man könnte sie mit den Kleidern vergleichen, die von den Menschen zu jener Zeit getragen werden"[88]. Nach Pareto wird man es also mit Derivationen zu tun haben „immer dann, wenn man sein Augenmerk darauf richtet, auf welche Weise die Menschen danach streben, die Merkmale, die bestimmten ihrer Handlungsweisen eigen sind, zu verbergen, zu verändern, zu erklären"[89]. Diese Neigung entspricht, wie gesagt, einem unausrottbaren Bedürfnis der menschlichen Natur. „Das Tier, das nicht denkt und spricht", schreibt Pareto, „das nur aufgrund von Instinkten handelt, hat keine Derivationen; der Mensch hingegen

---

[86] V. PARETO, *Trattato etc.*, cit., § 162.

[87] *Ibidem*, § 162.

[88] Hinsichtlich der Beziehungen zwischen ideologischem Phänomen und realen Situationen muß man, schreibt Pareto an Pantaleoni, sich folgende Prinzipien vergegenwärtigen: „1) Die Theorien, die Anschauungen der Menschen sind die äußere Hülle der Gefühle, die allein die wirksamen Triebkräfte des menschlichen Handelns sind. 2) Bei der sozialen Entwicklung kann man zu ebendemselben Ziel durch verschiedene, einander entgegengesetzte, zueinander in offenkundigem Widerspruch stehende Theorien und Weltanschauungen gelangen. 3) Die Theorien sind die Sprache des Gefühls. Zwar reagiert die Sprache auf die Begriffe; aber die Begriffe sind die Hauptsache, die Sprache, in der sie ausgedrückt werden, die Nebensache. 4) Wie eine Sprache einer anderen weicht (das Lateinische dem Italienischen), so weicht eine Theorie einer anderen (der Marxismus einer Theorie X). 5) Manchmal besteht die Spaltung auch in der Form (Heidentum und Christentum), manchmal besteht sie im Inhalt (die rationalistischen Protestanten halten sich für Christen, Sorel hält sich für einen Marxisten)" (vgl. S. 264).

[89] V. PARETO, *Trattato etc.*, cit., § 1397.

empfindet das Bedürfnis zu argumentieren und außerdem einen Schleier über seine Triebe und seine Gefühle zu breiten; ihm fehlt es daher selten an Derivationen – zumindest in keimhafter Form – wie es ihm auch nicht an Residuen fehlt."[90] Außerdem ist die Derivation nicht nur Mystifizierung, sie ist kein Betrug, und wenn sie es wäre, so wäre sie vor allem Selbstbetrug. Es ist falsch zu glauben, schreibt Pareto, „daß der Mensch, der auf diese Weise andere täuscht, immer unredlich ist. Das ist im Gegenteil sehr selten der Fall, meistens ist dieser Mensch erst einmal einer Selbsttäuschung erlegen, und mit der denkbar größten Aufrichtigkeit glaubt er an die Existenz dieser eingebildeten Ursachen und betrachtet sie als die Faktoren, die sein Handeln bestimmt haben"[91]. Der Mensch lebt also, wie schon Machiavelli geschrieben hatte, gleichzeitig von Wirklichkeit und Imagination, und er bedarf der einen so sehr wie der anderen. Pareto überprüft und betont diese beiden lebenswichtigen Bedürfnisse innerhalb des Moleküls des sozialen Lebens, das die menschliche Handlung ist. Bei ihr stellt das Residuum den Impuls zur Handlung dar, die Derivation das Bedürfnis der logischen Darstellung des eigenen Sozialverhaltens, das der Mensch ewig beibehält.

An diesem Punkt wäre es angebracht, das Verhältnis zwischen Derivation und Ideologie wieder aufzugreifen, das weiter oben erwähnt wurde. Zuerst muß gesagt werden, daß es ein vielbegangener Irrtum ist, wenn man den Begriff der Derivation mit dem der Ideologie gleichzusetzen versuchte[92]. Die Derivationen können vor allem nicht mit dem Begriff der Ideologie in seinem allgemeinen Sinn als Konditionierung des Denkens durch die Realität gleichgesetzt werden, insofern als sie sich nicht mit den tragenden Werten eines soziokulturellen Kontextes identifizieren. Sie können sich allenfalls in ihrer Form auf eine von diesen

---

[90] V. PARETO, a.a.O., § 1400. Dem Bedürfnis der Individuen nach Derivationen entspricht für Pareto das Bedürfnis der Völker nach *Idealen*. Nichts ist im Leben der Gesellschaft so real und praktisch wie das Ideal, dessen Realität sich nicht im Ideal selbst befindet, sondern in den Gefühlen, die es offenbart (vgl. S. 218). Sorel, schreibt Pareto, „hat sehr gut die überragende Bedeutung des Mythos im Leben der Völker aufgezeigt. Und das Ideal, das sich in der Form des Mythos manifestiert, feuert sie an, reißt sie mit, gibt ihnen Halt und befähigt sie zu großen geschichtlichen Taten. Das Volk, das keine Ideale und Mythen mehr hat, vegetiert dahin und ist seinem Ende nahe" (vgl. S. 226). Der logische Gehalt des Ideals ist von geringer Bedeutung. Was wichtiger ist, ist der psychische Zustand, den es offenbart, das heißt, die Gefühle, von denen es ausgeht. Ihrer sind sich die Menschen oft nicht bewußt, und sie neigen dazu, für ihre Handlungen imaginäre Ursachen anzugeben, die oft von den realen Ursachen sehr verschieden sind. Es sind daher die Gefühle, „die den konstanten und bedeutenden Teil des Phänomens bilden; die christliche oder islamische Theologie bilden den variablen und im großen und ganzen ziemlich sekundären Teil. Es kommt also darauf an, die Gefühle zu studieren, wenn man die Entwicklungsgesetze der Gesellschaft entdecken will, während die Formen der Mythen, denen man bis heute große Bedeutung beigemessen hat, nur sekundär sind (vgl. S. 239).

[91] Vgl. S. 140.

[92] Wir selbst sind in diese Vereinfachung verfallen, die wir heute selbstverständlich nicht mehr unterschreiben wollen. Vgl. CARLO MONGARDINI, *Ideologia e società*, Rom, Bulzoni, 1969, S. 94 und folgende.

Werten erzeugte geistige Haltung beziehen. Andererseits können die Derivationen zu keinem Äquivalent der Ideologie in ihrem engeren, das heißt politischen Sinn werden, da sie in unserem Fall nicht notwendigerweise zur Tat anspornen wollen, sondern vielmehr deren Zweck verschleiern wollen. Sie sind nicht notwendigerweise emotional belastet, sondern dienen allenfalls dazu, die im Handeln gegenwärtigen Emotionen zu verhüllen. Sie setzen also die Handlung eher voraus, als daß sie zu ihr treiben, und enthalten keine mythischen oder utopischen Elemente wie die Ideologie[93]. Man kann also sagen, daß die Ideologien einen besonderen Typus von Derivationen darstellen, oder besser, daß das Phänomen der Derivationen *eine anthropologische Voraussetzung gegenüber dem ideologischen Phänomen darstellt*, das so von Pareto auf die wesentlichen Komponenten des Menschlichen übertragen und der negativen Wertung des Marxismus entzogen wird, der in ihm nur das Künstliche, den Irrtum, den Überbau sah. Eine Paretosche Theorie der Ideologie kann also von der Theorie der Derivationen abgeleitet werden, aber sie ist mit dieser nicht identisch. Folglich ist es nicht richtig, dem ideologischen Phänomen im Bereich des sozialen Gleichgewichts die im Grunde so geringe Bedeutung beizumessen, die Pareto den Derivationen beimißt. Andererseits bewegt sich Paretos Analyse der Derivationen, wie wir andernorts ausführlich gezeigt haben[94], zwischen großen Ungewißheiten und ist nicht frei von Widersprüchen. Indem er mal von „Derivationen", mal von „Derivaten"[95] spricht, indem er zwischen den beiden Begriffen sehr verworrene Beziehungen herstellt und unter Derivation mal einfach den logischen Anstrich der nicht-logischen Handlungen, mal hingegen ein weitaus vielschichtigeres Phänomen versteht, bei dem ein „Zweck" der „Residuen" mit hineinspielt, von denen er ausgeht, und einer „Derivation" im engeren Sinn als einfacher verbaler Apparat zur logischen Rechtfertigung[96], trägt Pareto sicher nicht zur Klärung der Gedanken bei, wahrscheinlich bei ihm selbst noch eher als bei anderen. Und dies ist ein weiterer Grund dafür, daß die Theorie der Ideologie Paretos eher von der Theorie der Derivationen abgeleitet als mit ihr gleichgesetzt werden muß. Übrigens beweist dies auch der Gegensatz zwischen der geringen Bedeutung, die den Derivationen beigemessen wird, und der großen Beachtung, die Pareto den Religionen, den Weltanschauungen und den großen Ideologien schenkt. Paretos Theorie der Ideologie zeichnet sich daher letzten Endes sehr viel besser bei allen Beispielen ab, in denen Pareto eine Analyse der Religionen und der Weltan-

[93] Vgl. dazu C. MONGARDINI, *Ideologia e società*, cit., S. 295 und folgende.

[94] C. MONGARDINI, a.a.O., S. 100-106.

[95] Vgl. auch G. EISERMANN, *Vilfredo Pareto als Wissenssoziologe*, cit.

[96] Vgl. V. PARETO, *Trattato etc.*, cit., § 1414 und 1416. Bezugnehmend auf das ganze Phänomen schließt Pareto, daß „das Residuum und der Zweck die Hauptsachen sind, die Derivation – oft um sehr viel – sekundärer".

schauungen durchführt, als in seiner Theorie der Derivationen. Auch hier gelingt Pareto eine sehr scharfsinnige Analyse, während er sich in dem Moment der theoretischen Systematisierung und der Synthese in groben Vereinfachungen verliert.

Gerade wenn wir uns auf die Analyse beziehen, können wir Paretos bedeutendsten Beitrag zum Studium des ideologischen Phänomens in richtigeren Dimensionen erfassen. Ein Beitrag, der im Grunde viel bedeutender ist als die ganze Theorie der Derivationen. Wir beziehen uns hier auf Paretos Unterscheidung zwischen *Wahrheit, Wirksamkeit und Nützlichkeit der Theorien*, die es vor allem ermöglicht, daß eine Lösung für das Problem der Beziehungen zwischen Wissenschaft und Glaube, zwischen empirischer Welt und Welt der Werte angeboten wird, unter der Bedingung, daß man sich immer die erste und grundlegende Unterscheidung Paretos vor Augen hält, von der viele andere abhängen, nämlich die zwischen subjektivem und objektivem Phänomen. Der objektive Aspekt der Phänomene, die sich in den Vorstellungen der Menschen zeigen, läßt sich also hinsichtlich der *Wahrheit* der Theorien messen, das heißt der größeren oder geringeren Übereinstimmung bestimmter Aussagen mit der Erfahrung. Der subjektive Aspekt dieser Vorstellungen, die, man merke, für denjenigen, der sie sich zu eigen macht, eine *existentielle Wahrheit* darstellen, läßt sich nur hinsichtlich der *Wirksamkeit* messen, indem man sich fragt, warum manche Menschen bestimmte ideologische Vorstellungen formulieren und andere sie für wahr halten; und schließlich hinsichtlich der *Nützlichkeit*, das heißt indem man untersucht, welche Vorteile sie denen bringen, die sie aussprechen, und denen, die sie aufnehmen[97]. „Ein beliebiges geistiges Erzeugnis", schreibt Pareto 1915 in der Zeitschrift *Scientia*, „kann unter verschiedenen Aspekten betrachtet werden, von denen wir folgende notieren wollen: 1) Seine Übereinstimmung mit der Erfahrungswirklichkeit; 2) sein Einklang mit den Gefühlen bestimmter Personen ... Zu den Gefühlen muß man noch die Interessen hinzufügen, die als Triebkraft für das Handeln der Menschen einen mächtigen Einfluß haben, sich aber oft in Gefühle verwandeln und unter dieser Form erscheinen; 3) sein sozialer Nutzen."[98] Die Annahme der oben erwähnten Unterscheidung impliziert für Pareto folglich, daß a) die Tatsache, daß eine Theorie wahr ist, nicht impliziert, daß sie wirksam und nützlich ist, und umgekehrt, wenn eine Theorie falsch ist, damit nicht gesagt ist, daß sie wirkungslos oder schädlich ist; b) die Tatsache, daß eine Theorie wirksam ist, nicht impliziert, daß sie wahr oder nützlich ist, und umgekehrt, wenn eine Theorie wirkungslos ist, damit nicht gesagt ist, daß sie falsch oder schädlich ist; c) die Tatsache, daß eine Theorie nützlich ist, nicht impliziert, daß sie wahr

---

[97] Vgl. V. PARETO, *Trattato etc.*, cit., § 14. V. PARETO.

[98] V. PARETO, *La guerra e i suoi principali fattori sociologici*, in „Scientia", März 1915, jetzt in *Scritti sociologici*, herausgegeben von G. Busino, cit., S. 685.

und wirksam ist, und umgekehrt, wenn eine Theorie schädlich ist, damit nicht gesagt ist, daß sie falsch oder wirkungslos ist.

Pareto äußert sich mehrfach über die Bedeutung, die er dieser Unterscheidung beimißt. 1916 schreibt er an Pantaleoni: „Du wirst gesehen haben, daß einer der wesentlichen Punkte meiner Theorien die Unterscheidung zwischen der Erfahrungswirklichkeit einer Lehre und ihrem sozialen Nutzen ist. Daraus folgt, daß derjenige, der sich der Erforschung der ersteren widmet, sich schlecht mit dem zweiten befassen kann und umgekehrt. Dies wird durch die Tatsache erhärtet, daß die hervorragenden Männer der Geschichte keine Theoretiker waren.“[99] In *Fatti e teorie* schreibt er: „In der *Sociologia* habe ich ausführlich ein Prinzip dargelegt, das mir für die Wissenschaft von grundlegender Bedeutung zu sein scheint, nämlich das Prinzip von der Nützlichkeit der Weltanschauungen für die Praxis und von ihrer schädlichen Wirkung auf die Erkenntnis der Erfahrungswirklichkeit. Man darf also nicht, wie es üblich ist, den Glauben als der Skepsis der Wissenschaft entgegengesetzt betrachten, denn beide sind von Nutzen, je nach dem verfolgten Zweck.“[100] Und weiter unten fährt er fort: „Für die Entdeckung geometrischer Relationen ist ein Euklid wertvoller als ein Apostel Paulus; für die Bekehrung und Aktivierung von Menschen ist ein Apostel Paulus wertvoller als ein Euklid. Wenn man die Bewegungen der Himmelskörper erkennen will, ist ein Laplace wertvoller als ein Danton, will man die Massen entflammen, ist ein Danton wertvoller als ein Laplace. Das logisch-experimentelle Denken ist nützlich für die Entdeckung von Beziehungen sozialer Gegebenheiten untereinander, die Derivationen sind nützlich dafür, sie zu schaffen.“[101] Man muß also diese beiden Ebenen der Erkenntnis immer trennen, denn „derjenige, der glaubte, die sozialen Auswirkungen einer Lehre nach ihrem logischen Wert beurteilen zu können, würde sich gewaltigen Irrtümern aussetzen“[102], und umgekehrt treiben uns Leidenschaften und Interessen immer dazu, die Fakten nicht so zu beschreiben, wie sie sind, sondern im Hinblick auf ihre Nützlichkeit, „und es fehlt nie an Autoren, die bereitwillig zu ihrem und anderer Vorteil Fakten und Theorien zu verdrehen wissen“[103]. Oft jedoch erweckt Pareto selbst den Eindruck, daß er die obenerwähnten Ebenen der Erkenntnis verwechselt. So wenn er sich abzumühen scheint, seine Darlegungen mit Fakten zu überladen, als hoffe er, sie dadurch überzeugender zu machen. Er teilt noch die Überzeugung des Positivismus, daß die Wahrheit eins und nur von einem Standpunkt aus erkennbar ist. Wenn er auch unter gewissen Aspekten die Bedeutung des Probabilismus wahrnimmt, so

---

99 Vgl. S. 398.
100 Vgl. S. 344.
101 Vgl. S. 349.
102 Vgl. S. 145.
103 Vgl. S. 347.

ist er noch weit davon entfernt, die Soziologie als eine Pluralität komplementärer Theorien zu betrachten, von denen jeder der folgt, die ihm die geringste Irrtumswahrscheinlichkeit aufzuweisen scheint[104]. Und dennoch hält er fest an dem Prinzip der Trennung der verschiedenen Ebenen der Erkenntnis und vor allem der der wissenschaftlichen Wahrheit und der existentiellen Wahrheit: Die erste Ergebnis eines begrenzten Ausschnitts der Wirklichkeit, von der wir eine historisch bedingte Erfahrung haben, die zweite Ergebnis unserer Weltanschauung, die eng mit unserer Stellung in der Welt verbunden ist[105]. Noch heute scheint sich dieses Prinzip schwer durchzusetzen. Indem man das Moment der Erkenntnis nicht von dem Moment der Entscheidung trennen will, indem man das Moment des „Vergleichs“ (Nietzsche) leugnet, verkennt man noch den Wert von Paretos Unterscheidung, nach der die Erkenntnis nach dem Kriterium der *Wahrheit* verfährt und die Entscheidung hingegen dem Kriterium der *Nützlichkeit* folgt. In der Verwechslung von Wahrheit und Nützlichkeit liegt eines der groben Mißverständnisse der modernen Wissenschaft und auch der Grund für das heute bestehende ungeheure Mißverhältnis zwischen den Erwartungen, die man im Hinblick auf die Sozialwissenschaften hegt und dem, was diese Wissenschaften effektiv leisten können. Vielleicht wünschte sich Pareto gerade wegen der Schwierigkeit, die Unterscheidung zwischen verschiedenen Ebenen der Erkenntnis durchzusetzen, daß die Wahrheit nur wenigen zugänglich wäre, und er fragte sich, ob dies nicht der Fall wäre, wenn sie auf lateinisch geschrieben wäre, um so

---

104 Er schreibt in *Fatti e Teorie:* „Im allgemeinen sind die wissenschaftlichen Theorien nicht ein willkürliches Produkt des menschlichen Geistes, sie werden von zweierlei Kräften determiniert, nämlich von der Übereinstimmung mit den Gefühlen des Autors und der Gemeinschaft, zu der er gehört, und von der Übereinstimmung mit der Erfahrung. In der Vergangenheit hat die erste Art von Kraft in allen Theorien die Oberhand; heute ist sie aus den Naturwissenschaften fast verschwunden; aber in den Sozialwissenschaften ist sie nach wie vor lebendig. Die *Sociologia* ist ein Versuch, sich aus ihrem Joch zu befreien“ (vgl. S. 354). Jedoch ist sein Zugeständnis in einem Brief von 1920 bereits bezeichnend: „Die *objektive* Wahrheit hat viele Seiten“ (vgl. S. 406).

105 Diese Unterscheidung findet bemerkenswerte Beispiele auch im neunzehnten Jahrhundert. Unter anderen ist jene von Rivarol während der Zeit der Französischen Revolution bemerkenswert. Eine wahre Religion, schreibt Rivarol, gibt es nicht, wenn es eine wahre Religion gäbe, wäre sie die einzige auf der Erde, wie die Geometrie oder vielmehr, wäre sie keine Religion. Wenn eine Religion nicht bewiesen ist und sei es nur, daß ihre Notwendigkeit bewiesen wird, so genießt sie eine ‚politische Wahrheit'. Ich wage zu behaupten, fährt Rivarol fort, daß es auf der Erde keine falsche Religion gibt, in dem Sinne, daß jede Religion eine echte Religion ist, so wie jedes Gedicht ein echtes Gedicht ist. „Eine bewiesene Religion würde sich nicht von der Physik oder von der Geometrie unterscheiden, oder vielmehr, sie wäre keine Religion.“ „Es geht nicht darum“, schreibt Rivarol weiter, „ob eine Religion wahr oder falsch ist, sondern darum, ob sie notwendig ist.“ Und weiter: „Wenn es stimmt, daß ich einen Glauben brauche, stimmt es genauso, daß ich keinen Beweis brauche. Und da es ein Betrug an den Völkern wäre, sie ohne Religion zusammenzufügen, ist es recht sinnlos von den Philosophen zu sagen, die Religion betrüge die Völker.“ (Über Rivarol und das Problem der Ideologie vgl. C. MONGARDINI, *Ideologia e società*, cit., S. 35 und folgende.)

wenig wie möglich gelesen zu werden und so den Anklagen der Priester aller Religionen auszuweichen. Dies wird noch die Anhänger des zeitgenössischen Rationalismus schockieren, die einer hypothetischen abstrakten und universalen Vernunft ergeben sind, die jede Erkenntnis für jeden zugänglich halten und darüber hinaus noch annehmen, daß alle sich in den Postulaten der Vernunft erkennen *wollen*. Natürlich ist das Bedürfnis, zu denken und sprechen, allen gemeinsam und die Grundlage der Wissenschaft, aber es ist sicher schwierig, ein Segment des Menschlichen so auszuweiten, daß es dieses ganze unendlich kleine Partikel des Universums, das der Mensch ist, umfaßt. Die Unterscheidung Paretos zwischen Wahrheit und Nützlichkeit ist so wichtig, daß es gut sein wird, wenn wir unserem Autor Punkt für Punkt bei seinen Erklärungen folgen. An diesem Punkt, schreibt er, gipfelt die ganze Zweideutigkeit, mit der die Propheten aller Ideologien spielen, aber er ist auch das Prinzip, auf das der Wissenschaftler eindeutig beharren muß. Die Trennung der beiden kognitiven Ebenen muß absolut bleiben. Und Pareto zeigt mehrfach auf, daß der Versuch vieler Wissenschaftler, den sozialen Wert der Religionen oder irgendeiner anderen Theorie von dem logischen oder rationalen Wert ihrer Dogmen abzuleiten, ein schwerer Irrtum ist[106]. „Der Wert der heiligen Bücher aller Religionen", schreibt er im *Manuale*, „liegt nicht in ihrer historischen Präzision, sondern in den Gefühlen, die sie im Herzen ihrer Leser erwecken können, und der leidgeprüfte Mensch, der Hilfe bei der Religion sucht, will keine gelehrte historische Abhandlung, von der er nichts verstehen würde, sondern Worte des Trostes und der Hoffnung."[107] Andererseits gibt es im Hinblick auf die Erfahrungswirklichkeit keinen Glauben und keine Ideologie, die wissenschaftlicher sind als andere. Und in dem dynamischen Wandel der Ideen, der Ideale, der Ideologien, wie Pareto bemerkt, „folgen neue Metaphysiken auf die vergangenen, und jede wird für viel 'wahrer', viel 'besser' gehalten als die vorhergehenden. Und es kann sein, daß sie in gewissen Fällen tatsächlich 'besser' sind, wenn man unter diesem Begriff versteht, daß sie dem Nutzen der Gesellschaft angemessener sind, aber 'wahrer' nicht, wenn man unter diesem Begriff den Einklang mit der Erfahrungswirklichkeit versteht. Es gibt keinen Glauben, der wissenschaftlicher ist als ein anderer"[108]. Die Wahrheit eines Glaubens beurteilt man also nach Pareto auf der existentiellen Ebene, und die existentielle Wahrheit, die zum Beispiel für den Unterdrückten die ist, die ihn von der Unterdrückung befreit und für den Leidenden die, die ihm Trost und Hoffnung gibt, deckt sich mit der Nützlichkeit. Die wissenschaftliche Wahrheit kann dazu gelangen, daß sie eine Konstante ist, in den

---

[106] Vgl. V. PARETO, *Trattato etc.*, cit., § 167.

[107] V. PARETO, *Manuel d'économie politique*, Paris, II. Auflage, 1927, S. 78.

[108] V. PARETO, *Trattato etc.*, cit., § 616.

Grenzen der kognitiven Möglichkeiten einer Gesellschaft; die existentielle Wahrheit ist eine Funktion der Stellung, die der einzelne in einer Gesellschaft einnimmt. Jene wird erfahren, diese ist, in einer Paraphrase Pirandellos, „die, für die sie sich hält". Jene wird mittels von Beweisen akzeptiert, diese breitet sich aus, sofern sie Gefühle klar ausdrückt, deren sich die Leute in verworrener Form innewerden, bis einer, wie H. Taine schreibt, mit lauter Stimme sagt, was sie im stillen denken. Aber wenn die kognitiven Ebenen der wissenschaftlichen Wahrheit und der ideologischen Wahrheit getrennt sind, so werden nur wenige die Notwendigkeit der wissenschaftlichen Erkenntnis gewahr, während die Notwendigkeit, eine ideologische Wahrheit anzunehmen, bei allen besteht. Hier hat die Forschungsarbeit der Zeitgenossen die Intuition Paretos weiterentwickelt. Der Mensch, der dem Druck der Realität unterworfen ist, die ihm durch die Erfahrung nur zu einem ganz geringen Teil zugänglich ist, greift auf die ideologische Wahrheit zurück, um das Unbekannte zu überwinden und sich eine Erfahrung anzueignen, die ihm versagt ist. Auf diese Weise, durch die ideologische Wahrheit, erwirbt er wieder die Sicherheit, während bei der wissenschaftlichen Wahrheit alles relativ ist, alles wieder zur Diskussion gestellt werden kann und wieder zum Problem werden kann, weil der Weg der Wissenschaft nichts anderes als ein Prozeß der Autokorrektion von Fehlern ist. Und daher schrieb Pareto richtig: „Warum soll man dem den Glauben nehmen, der glaubt, daß Jupiter die Schicksale der Menschen im Herzen trägt, oder daß ihn die heilige Demokratie regiert? Der Glaube ist angenehm, er kann nützlich sein, also wollen wir ihn respektieren"[109]. Pareto läßt hier an die Haltung Sigmund Freuds denken, der sich gern bei seinen Hörern entschuldigte „keinerlei Trost bringen zu können, denn das ist das, was im Grunde alle verlangen, die stolzesten Revolutionäre mit nicht geringerer Leidenschaft als die tugendhaftesten Gläubigen"[110].

Jeder Glaube, jede Ideologie wird also respektiert und als integrierter und nicht eliminierbarer Bestandteil der menschlichen Struktur betrachtet. Die Ideologie, schreibt Pareto eines der wenigen Male, wo er diesen Begriff verwendet, „ist integrierter Bestandteil des zivilisierten Menschen. Wollte man diese Gefühle, diese *Ideologie* und alles, was mit ihr verbunden ist, gänzlich verbannen, so hieße das in den Irrtum der Leute verfallen, die meinen, der Mensch könne völlig ohne Religion auskommen und sie einfach durch wissenschaftliche Begriffe ersetzen"[111]. In Wirklichkeit vermag, nach Pareto, die Wissenschaft, das Feld der

[109] V. PARETO, Brief an V. Pansini vom 26. Juni 1919, in *Carteggi paretiani*, herausgegeben von G. De Rosa, Rom, Edizioni di Storia e Letteratura, 1964, S. 163.

[110] Cit. in ERNST TOPITSCH, *Mythos, Philosophie, Politik. Zur Naturgeschichte der Illusion*, Freiburg i. Br., Rombach, 1969, S. 10.
V. PARETO, *Il sistemi socialisti*, cit., S. 526.

[111] V. PARETO, *Il sistemi socialisti*, cit., S. 526.

Wahrscheinlichkeit und der Hypothese, nichts gegen die Ideologie, das Feld absoluter Wahrheiten. Diese, schreibt er, läßt zu, „daß ihre Wahrheiten von der Wissenschaft bestätigt werden, aber sie duldet nicht, daß die Wissenschaft sie widerlegt“[112]. Andererseits kann die Ideologie als das auf das Handeln gerichtete Denken, wie man gesehen hat, sozial nützlich sein und darf als solche nicht als ein böser Geist dargestellt werden, sondern wird auch vom Wissenschaftler in ihrer sozialen Funktion respektiert. „Die experimentelle Soziologie“, schreibt Pareto, „zielt so wenig darauf ab, Mythen, Theologien, Weltanschauungen, Metaphysiken, Gefühle abzuwerten und zu diskreditieren, daß sie, da sie die Übereinstimmung mit den Fakten von der sozialen Nützlichkeit unterscheidet, bestätigt, der Erfahrung entnommen zu haben, daß solche Gebilde neben den Interessen Hauptfaktoren des sozialen Geschehens sind, so daß sich in unseren Gesellschaften ohne sie nichts vollziehen kann.“[113] Wenn man als absurd zugegeben hat, daß die wissenschaftliche Wahrheit eine Ideologie zerstören könnte, zu welchem anderen Ergebnis könnte man denn dann kommen, als zu dem, daß eine neue Ideologie die vorhergehende substituiert und dabei die Natur des menschlichen Handelns unverändert läßt[114]? Diese Natur ist also unabdingbar auf ideologische Formeln begründet, und der Kampf eines bestimmten Typs von Intellektualismus gegen die religiösen oder politischen Ideologien ist ein Kampf gegen Windmühlenflügel. „In unserer Zeit“, schreibt Pareto, „gibt es gute Leute, die sich eingebildet haben, man könne das Christentum zerstören, wenn man nur beweise, daß die Gestalt Christi keine historische Realität besitzt, und dies war nur ein Schlag ins Wasser. Sie merken nicht, daß ihre genauen Darlegungen über einen äußerst begrenzten Kreis von Wissenschaftlern nicht hinausreichen und nie beim Volk, bei der Mehrzahl der Gläubigen anlangen. Sie überzeugen gewöhnlich nur die, die schon überzeugt sind.“[115] Wenn der Kampf gegen Ideologien, Aberglauben, Weltanschauungen einen Sinn haben kann, dann nur innerhalb der Wissenschaft. Deshalb wehrt sich Pareto heftig gegen jedes utopische Projekt einer rationalisierten Gesellschaft. Wenn Wissenschaft und Ideologie zwei verschiedene Formen der Erkenntnis repräsentieren, wovon eine der Erfahrung

---

112 *Ibidem*, S. 478.

113 V. PARETO, *Il fenomeno del bolscevismo*, in „Rivista di Milano“, 20. Mai 1919, jetzt in *Scritti sociologici*, cit. S. 817.

114 „Die Menschen werden vom Gefühl und vom Gedanken an ihren Vorteil bewegt, aber sie bilden sich gern ein, sie ließen sich von der Vernunft leiten: Daher suchen sie – und finden sie immer – eine Theorie, die *a posteriori* ihren Handlungen irgendeinen logischen Anstrich gibt. Sofern man diese Theorie wissenschaftlich vernichten könnte, würde man damit nur eine andere erhalten, die an ihre Stelle gesetzt wird, für den gewünschten Zweck: Man würde statt des alten einen neuen Anstrich verwenden, aber die Handlungen würden sich nicht ändern“ (V. PARETO, *Manuale di economia politica*, Rom, Bizzarri, 1965, S. 108).

115 V. PARETO, *Trattato etc.*, cit., § 1455.

entspricht, die andere dem Einklang mit den Gefühlen, schreibt Pareto, „so vermag die Erfahrung nichts gegen den Glauben, noch der Glaube etwas gegen die Erfahrung, so daß jede in ihrem Bereich bleibt“[116]. Zwar bleibt die Gefahr, die zu uns näherliegenden Zeiten immer mehr bemerkt wurde, daß die ideologischen Anschauungen sich mit dem Anschein der Wissenschaftlichkeit umgeben. Zwar ist das Reich der wissenschaftlichen Forschung äußerst begrenzt und in starkem Maße Bedingungen unterworfen im Vergleich zu dem äußerst breiten Wirkungsbereich der Ideologien, aber andererseits ist ihr Besitz in einer Epoche, die sich auf die Mythen von Fortschritt und Effizienz gründet, sehr willkommen. Pareto hat, wie übrigens auch Weber, das Erkennen vom Handeln klar getrennt, um jede Verwechslung zwischen wissenschaftlicher Erkenntnis und ideologischer Erkenntnis zu vermeiden und hebt sich auch hier völlig von der marxistischen Theorie der Ideologie ab[117].

Schließlich wollen wir noch der Analyse, die Pareto hier und da der Ideologie als eher spezifisch politischem Phänomen vorbehält, ein wenig unsere Aufmerksamkeit widmen. Wie ist die Ideologie in das politische Verhältnis zwischen der regierenden Klasse und der regierten Klasse einzuordnen, und welche Funktionen erfüllt sie darin? Welcher Unterschied besteht zwischen der Konzeption Paretos und der Marx', der in der Ideologie ein reines Instrument der Mystifizierung sah, das nur geeignet war, die Interessen der herrschenden Klasse zu verschleiern? Pareto bestreitet, daß man die marxistische Vereinfachung akzeptieren könne. Er schreibt: „Zu glauben, daß die Ideologien immer die Zwecke derer repräsentieren, die sich ihrer bedienen, und zu glauben, daß sie sie nie repräsentieren, ist gleichermaßen ein Irrtum.“[118] „Die Gründer der Religionen“, erklärt er im *Trattato*, „sind keine listigen Heuchler, die auf geheimen Wegen zu bestimmten Zwecken gelangen wollen. Der Apostel ist überdies ein Mann, der von seiner Religion überzeugt ist, und dies ist sogar eine fast unerläßliche Bedingung dafür, daß er andere überzeugen kann; daher ist es nach aller Wahrscheinlichkeit weit von der Wahrheit entfernt, wenn man ihm listige und schlaue Absichten unterstellt, sofern man keine Dokumente dafür besitzt.“[119] Welches ist also die Funktion der Ideologie in der Beziehung zwischen Regierenden und Regierten? Diese Beziehung, bemerkt Pareto, auf die sich jedes soziale System gründet, oszilliert zwischen den beiden entgegengesetzten Polen von Konsensus und Stärke. Eine der Quellen des Konsensus entspringt aus einem Komplex von

[116] Ibidem, § 43.
[117] Vgl. H. ZIEGLER, *Ideologienlehre*, in „Archiv für Sozialwissenschaft und Sozialpolitik“, 1927.
[118] V. PARETO, *Il supposto principio di nazionalità*, in „Rivista d'Italia“, 31. Juli 1918, abgedruckt in *Scritti sociologici*, cit., S. 796.
[119] V. PARETO, *Trattato etc.*, cit., § 1124.
Vgl. V. PARETO, *Trasformazione della democrazia*, Bologna, Cappelli, 1964, S. 94.

religiösen Gefühlen, Sitten und Bräuchen, Vorurteilen und, allgemeiner gesagt, Residuen, die sich auf das ideologische Phänomen übertragen, das in gewissem Grad Regierende und Regierte bindet[120]. Im Grunde hat man also mit der ideologischen Formel die ideale Projektion einer bestimmten sozialen Ordnung, die für die einen die Macht rechtfertigt, für die anderen sie bekräftigt.

Wenn man diese Form der Analyse der politischen Ideologie vorantreibt, so kann man noch viel weiter kommen. Man kann nämlich, wie Mannheim, eine wichtige Feststellung Machiavellis wiederaufgreifen, die jedoch Mannheim selbst nicht in ihrer ganzen Tragweite anzuwenden verstand. Mannheim erinnert in der Geschichte des Ideologiebegriffs an Machiavelli als denjenigen, der die Unterschiedlichkeit der menschlichen Denkweisen einem Faktor zuschreibt, den man als soziologisch bezeichnen könnte, indem er sich „zur Aufgabe [macht], die Unterschiede in den Meinungen der Menschen auf die entsprechenden Unterschiede ihrer Interessen zu beziehen“[121] und damit, wollen wir hinzufügen, auf die entsprechenden Unterschiede ihrer sozialen Stellung in bezug auf die Macht, das heißt, auf ihren Status als Regierende und Regierte. Wenn nun dieses heißen soll, daß die soziale Pyramide als Ausdruck verschiedener sozialer Stellungen, auch als eine Pyramide verschiedener *kognitiver Möglichkeiten* verstanden werden muß, so wird, um Machiavellis Terminologie zu verwenden, nur wenigen die Möglichkeit gegeben sein, über die „effektive Realität der Dinge“ zu denken und zu sprechen, während die Mehrzahl über die „Vorstellungen“ von diesen denken und sprechen muß. Und hierfür repräsentiert auch die Ideologie das wirksamste *Kommunikationsinstrument* zwischen der regierenden Klasse und der regierten Klasse. Die Ideologie wird also zum Kommunikationsinstrument, bevor sie ein Transmissionsriemen des Konsensus zu den tragenden Werten eines bestimmten soziokulturellen Kontextes wird.

Auch bei der Analyse des ideologischen Phänomens erweist sich Pareto also, wie Nietzsche, Freud und Weber, als einer der großen Erforscher des Menschen, der zu einer Generation gehört, die nie die Vielfältigkeit der Dimensionen, die die Phänomenologie des Menschlichen aufweist, aus den Augen verlor; gerade diese Vielfältigkeit der Dimensionen, die die zeitgenössische Welt vergessen zu haben scheint. Gerade durch diesen kontinuierlichen Bezug auf die Multidimensionalität des Menschlichen ist es möglich gewesen, das ideologische Phänomen als wesentliche Komponente der Existenz zu begreifen. Dazu bedurfte es der Einnahme einer Position, die weniger antireligiös als „nicht-religiös“ war, gegenüber allen Ideologien, mit allen Konsequenzen. Und richtig schrieb Papini über diese Haltung Paretos: „Das grundlegende Merkmal von Paretos Denken

[120] Vgl. V. PARETO, *Trasformazione della democrazia*, Bologna, Cappelli, 1964, S. 94.

[121] KARL MANNHEIM, *Ideology and Utopia*, Ital. Übersetzung, *Ideologia e utopia*, Bologna, II. Aufl., 1965, S. 63-64.

ist, daß es 'nicht-religiös' ist. Wohlgemerkt: Nichtreligiös und keineswegs antireligiös. Es ist eine bekannte Wahrheit, zumindest bei denen, die es gewohnt sind nachzudenken, daß die Antireligiösen fanatische Anhänger anderer Formen des Glaubens sind. Wenn die Menschen von 'Religionen' sprechen oder sprechen hören, so verstehen sie darunter nur die alten Religionen mit Mythen, Offenbarungen, ordentlichem Klerus und anerkanntem Kult. Aber die Intelligenten wissen seit einiger Zeit, daß neben diesen alten Religionen neue Religionen entstanden sind und sich vermehrt haben, die wir, wenn man so will, weltlich nennen wollen, die nicht weniger dogmatisch, intolerant, sentimental, mythologisch und metaphysisch sind als jene anderen ... Pareto gehört fast als einziger in Europa keiner dieser Religionen an, weder den alten, noch den neuen. Er ist der perfekte Atheist gegenüber diesen glücklichen und siegreichen Gottheiten."[122]

Aber ein Atheist, der ständig das Bedürfnis nach einem Glauben gewahr wird, der ständig auf der Suche ist nach einem Ideal, das sich mit dem historizistischen Realismus seiner soziologischen und politischen Analyse vereinbaren läßt. Dies erklärt seine zweideutige und zuweilen widersprüchliche Haltung gegenüber den Ideologien unserer Zeit. Der junge gläubige Anhänger des demokratischen Prinzips, als der er sich später erkennen wird, macht langsam dem heftigen Kritiker der Mythen der Demokratie und schließlich dem distanzierten Interpreten der „Transformation der Demokratie" Platz. „Es stimmt nicht", schreibt er 1904, „daß die Mehrheit eines Parlaments die Mehrheit der Wähler repräsentiert ... Ein Gottesgnadentum der Massen tritt an die Stelle des Gottesgnadentums der Könige. Beide haben ihren Ursprung ausschließlich im Gefühl und besitzen nicht die geringste wissenschaftliche Basis."[123] Und in „Die Zukunft Europas" bemerkt er, daß wenn man zugibt, was von mehreren Autoren bestritten wird, „daß die Mehrheit fähig ist, einen Willen zu haben, zeigt die Erfahrung, daß dieser Wille, dem Anschein nach allmächtig, es in Wirklichkeit kaum ist und daß er durch die Listen und Ränke der Regierenden zunichte gemacht wird: Es ist möglich, daß er herrscht, es ist sicher, daß er nicht regiert"[124].

---

[122] GIOVANNI PAPINI, *Vilfredo Pareto,* in „La Libertà economica", 31. Januar 1917.

[123] Vgl. S. 182.

[124] Vgl. S. 389. In den letzten Jahren und besonders in der *Trasformazione* verweilt er gern bei der wachsenden Einschränkung der Freiheit und der damit Hand in Hand gehenden Durchsetzung eines neuen Feudalismus. „In den ersten zwei Dritteln des XIX. Jahrhunderts ungefähr", schreibt er in *Le mythe vertuiste*, „war die Bewegung der Völker für die Freiheit allgemein, dann, nur allmählich, schwenkte diese Bewegung um, und heute geht sie in die Richtung wachsender Einschränkung der Freiheit. Nichts gibt Anlaß zu glauben, daß wir einem erneuten Wechsel nahe sind, und es scheint sogar, daß der Wechsel noch weiter in die jetzige Richtung treiben soll" (vgl. S. 213). „Der Fortschritt des Feudalwesens", bemerkt er dann in der *Trasformazione*, „hat einige Ähnlichkeit mit dem Fortschritt unserer Gewerkschaften" (vgl. S. 328). Es ist bemerkenswert, daß die mehrmals bei Pareto auftauchende Interpretation der modernen Gewerkschaftsbewegung als ein neuer Feudalismus einer

Angesichts der Ausbreitung des Sozialismus nimmt er eine ähnliche Haltung ein. Im ersten Augenblick, und zwar in den Jahren der *Cronache*, spricht Pareto den sozialistischen Theorien eine wichtige soziale Funktion in Italien zu, wo man, wie er schreibt, vor dem Dilemma steht, „entweder unlauter oder Sozialist zu sein“[125], obwohl er ihre wissenschaftliche Gültigkeit leugnet. Als Freund bekannter Exponenten des Sozialismus wie Turati und Cicotti hilft er 1898 aufopfernd den italienischen Flüchtlingen[126]. In jenen Jahren schreibt er in *Les Systèmes socialistes*: „Jeder unparteiische Beobachter kann erkennen, daß der Sozialismus durch Maßnahmen, die er direkt inspiriert hätte, zwar nichts Positives hat bewirken können, daß er aber ein wesentliches Element des Fortschritts in unseren Gesellschaften gewesen ist, und dies unabhängig von dem logischen Wert, den seine Theorien an sich haben mögen. Von einem gewissen Standpunkt aus betrachtet, ist es von geringem Belang, ob sie falsch sind, wenn die durch sie geweckten Gefühle nützlich sind. Nun: Die sozialistische Religion hat dazu gedient, den Proletariern die Energie und die Kraft zu geben, die zur Verteidigung ihrer Rechte notwendig sind; darüber hinaus hat sie ihre Moral gehoben. Der Sozialismus scheint gegenwärtig die religiöse Form zu sein, die dem Milieu der Arbeiter der Großindustrie am besten entspricht. Überall dort, wo diese entsteht, tritt die sozialistische Religion in Erscheinung und gewinnt im Verhältnis zum Wachstum dieser Industrie neue Anhänger. Der Sozialismus erleichtert die Organisation der aus den unteren Schichten aufsteigenden Eliten und ist in unserer Zeit eines der besten Erziehungsinstrumente dieser Klassen“[127]. Sein Lob der Sozialisten galt vor allem ihrer Redlichkeit, dem Zusammenhalt und der Funkti-

der Punkte war, aus denen sich der Streit mit Gaetano Mosca entwickelte, der doch mehrmals dieselbe Feststellung betont hatte. Zu diesem Streit vgl. CARLO MONGARDINI, *Mosca, Pareto e Taine*, in „Cahiers Vilfredo Pareto“, 1965, Nr. 5, dann in *L'epoca della società*, Rom, Bulzoni, 1970, S. 265 und folgende. Zu den Schriften von Mosca über die Gewerkschaften vgl. nun GAETANO MOSCA, *Scritti sui sindacati*, herausgegeben von Francesco Perfetti und Maurizio Ortolani, Rom, Bulzoni, 1974.

[125] Vgl. V. PARETO, *Cronache italiane*, cit., S. 373.

[126] „Die Ereignisse von Mailand“, schreibt Giovanni Busino, „bilden die letzte Schlacht, in der Pareto auf Seiten der Demokraten und Sozialisten steht. Sobald sich jedoch die Situation verhärtet hat und die Gründe für die gemeinsame Revolte partikularisiert und individualisiert wurden, kommt es zur unausweichlichen Klärung und mit der Klärung zur Trennung, zur endgültigen Distanzierung. Für Pareto ist nun eine Phase abgeschlossen, nun geht es darum, Bilanz zu ziehen, auch ideell. Und daran wird er sich die letzten Jahre des Jahrhunderts machen: Der Sozialismus wird ihm dann als eine neue, säkulare Form des ewigen menschlichen Bedürfnisses, 'religiös' zu fühlen und zu glauben, auf die Menschen einzuwirken, indem man den Hebel an dem einzig wirklich festen und kräftigen Angelpunkt ansetzt: dem Gefühl, erscheinen“ GIOVANNI BUSINO, *Gli studi su Vilfredo Pareto, oggi*, cit., S. 213-214.

[127] Vgl. S. 171.

on, die sie für die Erziehung und den Fortschritt der Massen erfüllten[128]. Aber diese Haltung sollte sich im Laufe weniger Jahre ändern. „Die heroischen Zeiten des Sozialismus", schreibt Pareto in *Le mythe*, „sind vorbei, die Rebellen von gestern sind die Zufriedenen von heute."[129] Und in der *Trasformazione* erklärt er, daß der Sozialismus „auf ideellem Gebiet verlor, weil sich die Sozialisten für einen kurzlebigen praktischen Vorteil den 'Demokraten' angenähert haben und unter verschiedenen patriotischen Vorwänden nicht nur im Krieg, sondern auch in der Regierung mit ihnen zusammengearbeitet hatten"[130]. Pareto ist zweifellos der Mann der Opposition gegen die Macht und nicht der Opposition im Hinblick auf ein alternatives System, aber der Opposition gegen jegliches System. Er ist der Soziologe der Minderheiten, nicht nur als Theoretiker der herrschenden Minderheiten, sondern auch insofern, als er sein ganzes Leben lang mit seinem politischen Engagement für die Verteidigung der Minderheiten eingetreten ist. Die Kritik Paretos ist eine Kritik der Macht, die natürlich nicht *wertfrei* ist, aber deren Wertentscheidungen immer ideell bleiben und sich nie in Menschen oder Parteien verkörpern.

Diese wechselhafte ideologische Haltung Paretos gegenüber dem Sozialismus wiederholt sich *grosso modo* gegenüber dem Faschismus gleichermaßen, nur daß sie hier vom Tod unterbrochen wurde, gerade als Pareto in seinen allerletzten Schriften begann, gegenüber der neuen Regierung eine immer größere Vorsicht an den Tag zu legen. Darüber, daß das leidige und unlösbare Problem, ob Pareto ein Faschist war oder nicht, wissenschaftlich bedeutungslos ist, haben wir schon gesprochen: Bedeutungslos vom objektiven Standpunkt aus, aber von ungeheurer Bedeutung vom subjektiven Standpunkt aus, wenn man bedenkt, wie

---

128 In den *Cronache* schreibt er noch: „Die sozialistischen Wähler sind die einzigen, die in Italien ihre Stimme für eine Idee und nicht für Geld oder einen anderen direkten materiellen Vorteil abgeben. Also müssen wir Liberalen gestehen, daß wenn das italienische Volk erzogen wird und zu einem besseren Leben kommen wird, dies zu einem großen Teil, fast könnte man sagen ausschließlich, das Verdienst der Sozialisten ist. Seit langer Zeit sagen wir immer wieder, daß, wenn wir auch den ökonomischen Irrtum, der uns in dem Konzept von der kollektivistischen Ordnung der Produktion zu liegen scheint, bekämpfen, viele andere Lehren der Sozialisten wahr sind und der menschlichen Gesellschaft zum Wohl gereichen" vgl. V. PARETO, *Cronache italiane*, cit., S. 486. Über Pareto und den Sozialismus vgl. auch P. M. ARCARI, *Socialismo e democrazia nel pensiero di Vilfredo Pareto*, Rom, Volpe, 1966.

129 Vgl. S. 217.

130 Vgl. S. 334. Er schreibt noch in der *Trasformazione:* „Das Urteil über die politischen und sozialen Werke darf nicht gesprochen werden ... über den klassischen Sozialismus aufgrund seiner Theorien ... Der Glaube ist etwas anderes als die Priester" (vgl. S. 334). Und Pantaleoni gegenüber erklärt er: „Es bestand nie die geringste Gefahr, daß die sozialistischen Theorien zur Praxis werden. Sie waren nur die äußere Hülle einer neuen Bourgeoisie, die der alten ihren Besitz nehmen will" (vgl. S. 264).

emotional belastet seine Lösung ist[131]. Gibt es eben für Paretos Theorien einen besseren Beweis? Daher mußte man in neuerer Zeit mit einiger Bitterkeit erleben, wie das alte Thema von Pareto und dem Faschismus wieder ins Gespräch kam. Eine Bitterkeit, die aufkommt, wenn man betrachtet, wie ideologisch verarmt und überaltert Europa ist, das auch unter diesem Gesichtswinkel zeigt, daß es sich absolut nicht im geistigen Leben dem Rhythmus der materiellen Neuerungen unserer Zeit anpassen kann, wenn es noch möglich ist, sich bei der Beurteilung eines Autors auf Ideologien zu stützen, die nunmehr viele Jahre alt sind. Und dies wäre nicht schlimm, wenn nicht die ideologische Verarmung gleichzeitig paradoxerweise einen zunehmenden Rückgang der Kultur und damit der Freiheit mit sich brächte.

Eine ähnliche emotionale Haltung wie die zu Paretos Verhältnis zum Faschismus wird auch oft eingenommen bei der Einschätzung eines Werkes, das die Kritik gern unbeachtet läßt, weil es zu „unbequem" ist, nämlich *Le mythe vertuiste*. Auch in neuerer Zeit haben sogar die, die eine vorwiegend an Pareto orientierte Richtung der Soziologie verfolgen, diesem Werk gegenüber eine Zustimmung an den Tag gelegt, die viel mehr emotional als kritisch ist; sie haben viel mehr auf den spezifischen Inhalt des Werkes als auf den Typus von Interaktion geachtet, den Pareto damit illustrieren wollte.

Wir haben bereits gesagt, daß dieses Werk 1910 auf Französisch geschrieben und sofort ins Italienische übersetzt wurde[132]. In ihm fragt sich Pareto, nachdem er die „praktischen Absurditäten" und „die Lächerlichkeit des Virtuismus" aufgezeigt hat, ob es nicht angebracht wäre, den Virtuismus selbst als Ideal, als Mythos zu betrachten, nämlich als „eine der Kräfte, die die Gesellschaft zu verändern vermögen". Doch Pareto stellt sich einigermaßen kritisch das Problem der Bewertung der Funktion des Virtuismus als Ideologie. „Das Problem ist es wert, näher untersucht zu werden. Wir wollen vor allem allgemein festhalten, daß man aus der Tatsache, daß die Gesellschaften durch Mythen verändert werden, nicht zu schließen braucht, daß jeder Mythos diese Aufgabe erfüllen kann. Es gibt wirksame und unwirksame. Es fragt sich nur, in welcher Kategorie der Mythos des Virtuismus eingeordnet werden muß."[133] Pareto sieht in diesem Mythos, der die Selbstkontrolle der Werte durch das Gesetz und den Zwang substi-

---

131 Eisermann entnimmt der Haltung Paretos im *Mito*, „wie unsinnig das dumme, in Deutschland verbreitete Gerede ist, Pareto sei ein Faschist gewesen" (G. EISERMANN, Einführung zu V. PARETO, *Der Tugend-Mythos und die unmoralische Literatur*, Neuwied, Luchterhand, 1968, S. 39).

132 Da der italienische Text von Pareto revidiert und überarbeitet wurde, müßte er die endgültige Ausgabe repräsentieren, wenn nicht, wie Giovanni Busino festgestellt hat, es dem italienischen Übersetzer mißlungen wäre, die Nuancen, die *Verve* und die Klarheit des französischen Textes wiederzugeben. Deshalb nehmen viele Bezug auf die erste Ausgabe, und auch die von G. Eisermann besorgte Übersetzung ins Deutsche bezieht sich auf sie.

133 Vgl. S. 226.

tuiert, eher das Symptom für den Niedergang einer Gesellschaft als einen Wert, der als aktives Element der sozialen Entwicklung wirken kann. Im Grunde sieht er im Mythos des Virtuismus einen Typus negativer Ideologie, deren einzige Wirkung darin liegt, daß es ihr gelingt, die Gegner gewisser Verhaltensweisen miteinander zu verbünden[134]. Nach Paretos Analyse werden in einer historischen Form auf dem Höhepunkt ihrer Entwicklung die natürlichen Triebe des Menschen nicht unterdrückt, sondern von den sozialen Werten, die diese Form stützen, eingedämmt. Wenn eine Gesellschaft verfällt, brechen die Triebe das Gleichgewicht zwischen „Individuum und Gesellschaft" und eben der Mythos des Virtuismus dient dann nicht nur nicht dazu, das moralische Verhalten zu kontrollieren, sondern dazu, das unmoralische zu verbergen[135]. „Wenn eine Gesellschaft", schreibt Pareto im *Trattato*, „schwächer wird, weil es ihr an Residuen der Klasse II fehlt, aus Humanitarismus, weil die Energie zum Gebrauch der Stärke nachläßt, kommt es oft, und sei es auch in einem nur kleinen Teil von ihr, zu einer Reaktion; aber es ist bemerkenswert, daß diese, anstatt die Residuen zu fördern und zu vermehren, die der Gesellschaft größere Kraft verleihen würden, wie es sein müßte, wenn es sich um eine logische Reaktion handeln würde, sich hauptsächlich darin manifestiert, daß sie die Kraft der Residuen steigert, die zur Erhaltung der Gesellschaft so gut wie nichts beitragen, und beweist damit ihren nicht-logischen Ursprung. Unter den Residuen, die auf diese Weise neu gestärkt

---

[134] Hier ist nicht der Ort für eine ausführliche Definition des Begriffs der *negativen Ideologie*, deren Kern hauptsächlich in den Gefühlen der Aversion gegen etwas besteht und deren Fähigkeit, Zusammenhalt zu schaffen, folglich von begrenzter Reichweite ist, wenn sie auch eine sehr intensive Wirkung hat. Bei dieser Art von Ideologien muß man also unterscheiden: a) wie sehr es ihnen gelingt, die Gruppe, deren Ausdruck sie sind, zu stärken oder zu festigen; b) wie sehr sie dazu dienen können, die Gruppe zu stärken, *gegen* die sie gerichtet sind. Es handelt sich um eine äußerst wichtige, wenn auch nicht leichte Einschätzung, wenn man bedenkt, daß sie eine Reihe variabler Faktoren in den verschiedenen historischen Momenten betrifft. Es ist häufig der Fall, daß im Niedergang begriffene Gruppen glauben, sie würden aus der Verbreitung einer negativen Ideologie gestärkt hervorgehen und daß sie im Gegenteil schließlich die gegnerische Gruppe stärken, die nicht selten daran interessiert ist, den ideologischen Angriff von seiten der anderen Gruppe zu stimulieren. Pareto geht auch auf die *negative Ideologie* in bezug auf den Antikapitalismus ein (vgl. V. PARETO, *Trattato etc.*, cit., § 1890). In diesen Fällen erreicht man den Zusammenhalt der Gruppe, indem man ihr eine Art Geist des Bösen entgegenstellt, der bekämpft und besiegt werden muß wie der Teufel in der Religion. So wird eine künstliche Form des Konflikts geschaffen, die besonders in diesen Fällen ihre sozialisierende Kraft zeigt, wie Simmel richtig gesehen hat.

[135] Das Problem der Moral wird hier so behandelt wie bei Machiavelli. Pareto schreibt: „Es ist wesentlich, daß wir hier nicht erforschen, welche Moral 'besser' ist, wir forschen, was davon sehr verschieden ist, ob es für alle Zeiten und jeden Ort eine einzige gab oder ob es mehrere gibt. Wenn es mehrere Arten von Moral gibt – und die Erfahrungswissenschaft erlaubt die Annahme keiner anderen Hypothese – so ist es unbestreitbar, daß die Moral zur Ansichtssache wird, wie es gegenwärtig die Politik und die Religion sind, und daß nichts eine unterschiedliche Behandlung rechtfertigt, solange man sich nicht zu der Annahme entschließt, daß der Staat, wenn er schon keine orthodoxe Doktrin in Sachen Religion und Politik aufzuzwingen hat, noch eine für die Moral hat" (vgl. S. 210).

werden, ist fast immer die sexuelle Religion, die gewiß für die Gesellschaft am wenigsten nützlich ist, man kann sogar sagen, sie ist geradezu unnütz."[136] Nicht ein von außen aufgezwungener Verzicht, der sich auf Gefühle gründet, die in der Gemeinschaft nachgelassen haben, bringt eine Betonung dieser Gefühle und die Prosperität eines Volkes hervor. Übrigens stimmt es, daß jedes prosperierende Volk tiefe Gefühle und Ideale aufweist, auf die sich auch der Virtuismus gründet[137]. Daher, schließt Pareto, kommt man, wenn man die soziale Nützlichkeit des Virtuismus untersuchen will[138], zu der Erkenntnis, daß diese Nützlichkeit nicht eine ihm innewohnende Qualität ist, sondern daß sie resultiert „aus den Gefühlen, die sich unter anderem im Virtuismus manifestieren. Sind diese Gefühle oberflächlich, einfach *Prüderie*, Klatsch, passiver Verzicht, Askese? Dann haben sie keinen Nutzeffekt für die Gesellschaft. Sind diese Gefühle hingegen tief, so daß sie die Menschen dazu bewegen, sich für ihr Vaterland, für die Zukunft ihrer Rasse, für das Wohl ihrer Nachkommen, für ein Ideal, das über die Genüsse des Augenblicks hinausreicht, zu opfern? Dann können sie für die Gesellschaft nützlich, äußerst nützlich sein, und sie sind die Kennzeichen eines starken, blühenden, sieghaften Volkes"[139].

Die von Pareto durchgeführte Analyse des Virtuismus ist daher vor allem Analyse einer ideologischen Form, die sich überwiegend als negative Ideologie manifestiert. Dieses Werk ist im geistigen Werdegang Paretos also kein Divertimento und keine lange Abschweifung, sondern ein bedeutendes Moment seiner Analyse des ideologischen Phänomens.

VI. Ein weiterer wesentlicher Aspekt der soziologischen Analyse Paretos wird von seiner Theorie der Eliten gebildet, die nachdem sie hier und da intuitiv

[136] Vgl. V. PARETO, *Trattato etc.*, cit., § 2521.

[137] Vgl. S. 238.

[138] Diese Nützlichkeit müßte auch, sagt Pareto, im Hinblick auf die verschiedenen sozialen Klassen studiert werden „denn es ist keinesfalls *a priori* selbstverständlich, daß es nützlich ist, wenn sie die gleichen Mythen haben. Im Gegenteil geben einige Tatsachen zu der Meinung Anlaß, daß gewisse Unterschiede zwischen der *Elite* und der übrigen Bevölkerung nützlich sein können" (vgl. S. 234).

[139] Vgl. S. 217. Auf den gleichen Seiten schreibt er: „Es ist falsch, wenn man sagt, Genf sei groß wegen Calvins Virtuismus. Wenn man sagt, es sei groß aufgrund der Gefühle die sich unter anderem im Virtuismus manifestierten, so ist das wahr. Es ist falsch zu sagen, Calvins Virtuismus sei nutzlos gewesen, weil er im Grunde lächerlich war. Wenn man sagt, dieser Virtuismus sei nützlich gewesen, insofern er die Gefühle stärkte, die sich unter anderem in ihm manifestierten, so ist das wahr ... Die Gesetzgeber, die ein ausschweifendes Leben führen und virtuistische Gesetze verabschieden, die Richter, die, nachdem sie aus den Armen der Kokotten kommen, die unglücklichen Kartenverkäufer verurteilen, sind ziemlich lächerlich und auch ein bißchen verachtenswert. Man könnte in der Tat eine merkwürdige Statistik über die Summe von virtuistischem Geld, das den Luxus der Halbweltdamen und der Prostituierten in den großen Städten speist, aufstellen ... Im allgemeinen kann man sagen, daß die kultischen Handlungen, die Ausdruck eines tiefen Glaubens sind, selten lächerlich sind, während sie es fast immer sind, wenn der Glaube verschwindet und nur sie übrigbleiben" (vgl. S. 236).

in früheren Schriften antizipiert worden war, ab 1900 entfaltet wird, angefangen mit seinem Aufsatz über *Eine Anwendungsform soziologischer Theorien*. „Ob es gewissen Theoretikern gefallen mag oder nicht", schreibt Pareto im *Trattato*, „es steht fest, daß die menschliche Gesellschaft nicht homogen ist, daß die Menschen physisch, moralisch, geistig verschieden sind; hier wollen wir die realen Phänomene untersuchen, also müssen wir dieser Tatsache Rechnung tragen."[140] Es ist teilweise eben diese Art von Heterogenität, die die soziale Ungleichheit in jener Form der Schichtung hervorbringt, die von Mal zu Mal von den herrschenden Bedürfnissen der Gesellschaft determiniert wird. Neben diesem Faktor gibt es noch einen anderen, der darin besteht, in wie verschiedenem Befähigungsgrad die Menschen ihre verschiedenen Tätigkeiten entfalten. Bei jeder, erlaubten oder unerlaubten, Tätigkeit könnte man dem Individuum, das sie ausübt, einen Index zuweisen[141]. So bekommen wir soviele Schichtungen wie es menschliche Tätigkeiten gibt, und alle werden sich in der allgemeinen sozialen Schichtung reproduzieren, mit einem Gewicht, das von Mal zu Mal von der Hierarchie der in einer Gesellschaft herrschenden Werte determiniert wird. Es wird daher auch eine Schichtung in bezug auf die politische Tätigkeit und daher auf die Verteilung der Macht geben. Wie bei der Kurve der Verteilung des Reichtums hat auch die Verteilung der Macht eine Form, die beinahe konstant in der Zeit bleibt[142]. So ist es möglich, als Konstante in der Morphologie der Macht eine regierende Minderheit oder eine politische *Elite* und eine regierte Mehrheit festzustellen. „Wenn man die Ausnahmen wegläßt, die spärlich und von kurzer Dauer sind", schreibt Pareto im *Trattato*, „so hat man vor allem eine zahlenmäßig schwache regierende Klasse, die sich zum Teil durch ihre Stärke, zum Teil durch den Kon-

---

[140] Vgl. S. 244.

[141] Vgl. S. 375 ff.

[142] Bekanntlich ist eine der bedeutendsten Entdeckungen des Ökonomen Pareto gerade das Gesetz von der Verteilung der Einkommen, nach dem die Form dieser Verteilung in verschiedenen Gesellschaften und zu verschiedenen Zeiten eine *Invariante* darstellt, obwohl diese Form verschiedene Dimensionen annehmen kann. Vieles, schreibt Pareto in dem Aufsatz *Das Voraussehen sozialer Phänomene*, deutet auf die Annahme, daß ähnliche Gesetze wie die für die Einkommensverteilung „für die anderen Manifestationen der anderen physischen, geistigen, moralischen Aktivitäten der Menschen gelten ... Die *genaue* Form kann man nie erhalten, weil sie durch unendlich viele Akzidentien modifiziert wird, und es ist wirklich ein höchst bemerkenswerter Fall, daß diese die Einkommenskurve so schwach beeinflussen ... Wenn man die Menschen nach dem Grad ihrer Fähigkeiten anordnet, so erhält man nicht eine Pyramide mit geradlinigen Kanten, sondern eine scharf zulaufende Spitzsäule ... Es müssen noch zwei Merkmale hinzugefügt werden. Das erste ist die Tatsache, daß die Spitzsäule eine Form mit stabilem Gleichgewicht ist, die dazu tendiert, sich nach einer Erschütterung sofort wieder zu konstituieren ... Das zweite Merkmal ist die Tatsache, daß innerhalb dieser Spitzsäule eine ständige Bewegung vonstatten geht, die die verschiedenen Schichten mischt. Ein spezieller Fall dieser Bewegung ist der Kreislauf der ausgewählten Elemente (Eliten)" (vgl. S. 375 ff.).

sensus der regierten Klasse, die sehr viel zahlreicher ist, an der Macht hält. Die Unterschiede liegen hauptsächlich: Hinsichtlich des Inhalts, in den Proportionen der Stärke und des Konsensus; hinsichtlich der Form, in der Art und Weise, mit der die Stärke angewandt und der Konsensus erzielt wird."[143]

Pareto sagt, wenn wir unsere Aufmerksamkeit auf die regierende Klasse richteten, sei die erste Beobachtung, die wir machen könnten, daß sie nicht homogen sei. „Die regierende Klasse", schreibt er im *Trattato*, „ist nicht homogen; sie hat selbst eine Regierung und eine beschränktere Klasse oder einen Führer, ein Komitee, die effektiv und praktisch herrschen. Mal ist diese Tatsache offenkundig, ... mal ist sie zum Teil verborgen ... viele stellen sich die regierende Klasse quasi als eine Person oder zumindest als eine konkrete Einheit vor und nehmen an, daß sie einen einheitlichen Willen hat und mit logischen Maßnahmen die entworfenen Pläne verwirklicht."[144] Die regierende Klasse hält sich an der Macht durch den Konsensus und die Stärke, die nach Pareto, in der ganzen Geschichte, „als Mittel der Regierung ... auftauchen".[145] Und doch gelingt es den regierenden Klassen nicht, die Macht unbegrenzt zu behalten. „Die Aristokraten", schreibt Pareto im *Trattato*, „sind nicht von Dauer. Es ist unbestreitbar, daß sie, aus welchen Ursachen auch immer, nach einer gewissen Zeit verschwinden. Die Geschichte ist ein Friedhof von Aristokratien."[146] Ein Zeichen, das immer die Dekadenz einer Aristokratie ankündigt, „ist das Eindringen humanitärer Gefühle und manierierter Gefühlsduselei, weil sie sie unfähig machen, ihre Positionen zu verteidigen"[147]. Die Dekadenz alter Aristokratien wird begleitet von dem Phänomen neuer Eliten, die den unteren Schichten der Gesellschaft entstammen

[143] Vgl. S. 297. Zu der Unterscheidung von ausgewählter Klasse und nicht ausgewählter Klasse so wie zu den anderen Dichotomien, die sich aus der Betrachtung der einzelnen politischen, wirtschaftlichen etc. Schichtung herleiten lassen, schreibt Pareto: „Das Wenige ist mehr wert als gar nichts, und es ist sinnvoll, von der Jugend und vom Erwachsenenalter zu sprechen, von der *ausgewählten* und der *nicht ausgewählten* Klasse, vom Reichtum und von der Armut etc., und es wäre sogar lächerlich zu fragen, wo sich genau dieser Punkt befindet. Die Präzision der Metaphysik ist Illusion, die Approximation der Erfahrungswissenschaft ist Realität" (vgl. S. 350).

[144] Vgl. S. 298. Pareto unterstreicht mehrmals dieses Prinzip, daß die politische Klasse nicht homogen ist, und trotzdem begegnet man nicht selten Kritikern, vor allem aus den Vereinigten Staaten (zum Beispiel Robert Dahl), die nicht über diese Aussage hinweggehen, sondern der Theorie von der politischen Klasse gerade deshalb die Gültigkeit abstreiten, weil die sogenannten politischen Klassen nicht homogen seien!

[145] Vgl. S. 298. „Man braucht nicht, wie es so oft geschieht", schreibt Pareto ebenfalls, „die Überzeugung und die Stärke in bezug auf den Erfolg eines Wandels der Institutionen zueinander in Gegensatz zu bringen. Die Überzeugung ist nur ein Mittel, sich Stärke zu verschaffen" (vgl. S. 155).

[146] In *Les Systemen socialistes* hatte er geschrieben: „Für die soziale Physiologie ist es von höchster Bedeutung, daß die Aristokratien nicht von Dauer sind. Sie verfallen alle mehr oder weniger schnell. Wir müssen hier nur nach den Ursachen dieser Tatsache suchen" (vgl. S. 134).

[147] Vgl. S. 153.

und in einer unaufhörlichen Kreislaufbewegung in die höheren Schichten aufsteigen und sich dort ausbreiten. Nach und nach verfallen auch sie und verschwinden. Dies, sagt Pareto, „ist ein wesentliches Faktum der Geschichte, und zum Verständnis der großen sozialen Bewegungen ist es unerläßlich, sich dieses zu vergegenwärtigen“[148]. Jede Form von Konflikt spielt sich für Pareto also in dem allgemeineren Rahmen der Kreislaufbewegung der *Eliten* ab, jeder Kampf um die Macht ist Kampf „zwischen einer Aristokratie und einer anderen“, während „die Aristokratie an der Macht fortgesetzt wechselt, wobei die heutige nach einem gewissen Zeitraum von ihren Gegnern ersetzt wird“[149]. Jeder Prozeß politischer Interaktion wird so auf den Kreislauf der *Eliten* bezogen, der jedoch nicht nur, wie zum Beispiel bei Spencer[150], als Substitution eines Typs von *Elite* durch einen anderen (zum Beispiel eine *Elite* von Kriegern wird ersetzt durch eine *Elite* von Kaufleuten oder Industriellen) verstanden wird, sondern als unaufhaltsamer innerer physiologischer Prozeß jeder Gesellschaft in jedem Moment ihrer Geschichte. Pareto schreibt in den *Systèmes:* „Selbst im tiefsten Frieden kommt der Prozeß der Zirkulation der *Eliten* nicht zum Stillstand; sogar die *Eliten*, die durch den Krieg keine Verluste erleiden, verschwinden, und manchmal geschieht dies ziemlich rasch. Es handelt sich nicht nur um den Untergang der Aristokratien durch das Übergewicht der Todesfälle über die Geburten, sondern auch um den inneren Verfall der Elemente, aus denen sie sich zusammensetzen. Die Aristokratien können demnach nur durch die Eliminierung dieser Elemente und den Zustrom neuer fortbestehen.“[151]

Der Zirkulationsprozeß der *Eliten* erscheint heute als eines der Elemente von größerer Aktualität in der politischen Analyse Paretos. Mehr als sonst zeigt Pareto hier wirklich die Richtung für ein *Studium des sozialen Wandels* auf, das heißt, für eine *prozessuale Konzeption von der Gesellschaft und der Geschichte.*

Auch die Konflikttheorie muß, wie gesagt, bei Pareto in Relation zu der Theorie vom Kreislauf der *Eliten* und der vom sozialen Gleichgewicht gesehen werden. Der Konflikt ist in dem Begriff der Gesellschaft selbst enthalten, insofern, als es in ihr immer einen Gegensatz zwischen den Interessen einiger Individuen und den Interessen anderer gibt. In jeder Gesellschaft finden wir daher gemeinsame Interessen und einander entgegengesetzte Interessen der Individuen vor. Pareto schreibt: „Die Menschen, aus denen sich die Gesellschaft zusammensetzt, haben demnach im Allgemeinen gewisse einander entgegengesetzte Inte-

[148] Vgl. S. 150.
[149] Vgl. S. 152.
[150] Man vergegenwärtige sich, daß sich Pareto bald von dem evolutionistischen Modell Spencers löst. Vgl. C. MONGARDINI, *Il modello dell'equilibrio sociale nell'opera di V. Pareto*, in *L'epoca della società*, cit.
[151] Vgl. S. 134.

ressen. Dies unterliegt keinem Zweifel, welches auch immer die Ursachen sein mögen. Schon aufgrund der geringsten Beobachtung erkennt man diesen Sachverhalt, und nur wenn die Gefühle uns dazu verleiten, unsere Wünsche für die Realität zu halten, können wir seine Existenz leugnen."[152] Manchmal wird der Gegensatz zwischen Gruppen von Individuen dargestellt als „Gegensatz zwischen den Individuen und der 'Gesellschaft'. So stellen sich diejenigen, die die moralische, intellektuelle und religiöse *Einheit* der Gesellschaft realisieren wollen, bescheiden als die Repräsentanten dieser Gesellschaft hin und erklären, daß diejenigen die sich ihnen widersetzen, nur 'unruhestiftende Individuen' sind. Unter diesen gibt es freilich einige, die es ihnen mit gleicher Münze heimzahlen, denn auch sie wollen eine *Einheit* der Gesellschaft verwirklichen, indem sie ihre Konzeptionen anderen 'unruhestiftenden Individuen' aufzwingen, die sie nicht freiwillig akzeptieren"[153]. In jeder sozialen Form finden wir daher den Gegensatz der Gruppen vor, die beabsichtigen, die Verteilung der begrenzten Mittel, die zur Befriedigung unbegrenzter Bedürfnisse zur Verfügung stehen, zu ihren Gunsten zu ändern: Dieselben Mittel, für deren Produktion dieselben Gruppen einen Kooperationsprozeß eingegangen sind[154]. In diesem Sinn stehen in jeder menschlichen Gemeinschaft „zwei Kräfte zueinander im Gegensatz. Eine, die man als zentripetal bezeichnen könnte, treibt zur Konzentration der Zentralgewalt, die andere, die man als zentrifugal bezeichnen könnte, treibt zu ihrer Aufteilung"[155]. Aus dem Gleichgewicht dieser beiden Kräfte ergibt sich für Pareto das „soziale System"[156], das daher nicht nur als ein Komplex von „Funktionen" betrachtet werden darf. Letztere partizipieren vielmehr an der Interdependenz der Elemente

[152] Vgl. S. 180.

[153] Vgl. S. 181 ff.

[154] Pareto schreibt: „Wenn die menschliche Gesellschaft ein Aggregat von heterogenen Teilen ist, die eine natürliche Tendenz haben, sich gegeneinander zu stellen, um sich Besitztümer aller Art zu verschaffen, wäre es offenbar notwendig, die menschliche Natur völlig zu verändern, um diese Rivalitäten zu beseitigen, und die Suche nach Mitteln, die geeignet sind, dieses Ziel zu erreichen, gleicht der Suche nach dem Lebenselixier" (vgl. S. 359 ff.).

[155] Vgl. S. 324. Auch Simmel formuliert dasselbe Prinzip bei der Analyse der sozialen Gruppen. Vgl. GEORG SIMMEL, *Comment les formes sociales se maintiennent*, in „L'année sociologique", 1897. Dieser Aufsatz unterscheidet sich beträchtlich von *Die Selbsterhaltung der sozialen Gruppe*, der von Simmel dann in der *Soziologie* wiedergegeben wird. In derselben Arbeit sieht man auch Simmels Position zu den Beziehungen zwischen „Individuellem" und „Sozialem", die der Paretos ganz analog ist. Vgl. C. MONGARDINI, *Aspetti della sociologia di Georg Simmel*, cit.

[156] „Jedenfalls, ob die Anzahl der von uns betrachteten Elemente klein oder groß ist, nehmen wir an, daß sie ein System bilden, das wir *soziales System* nennen werden, meinen wir dieses System sowohl in einem bestimmten Augenblick als auch in den aufeinanderfolgenden Veränderungen, denen es in einem bestimmten Zeitraum unterliegt." (Vgl. S. 285).

des Systems, so wie der Konflikt, der außer zu einer empirischen auch zu einer logischen Eigenheit des Systems selbst wird[157].

VII. Es ist heute noch schwierig, den Grund für die lebhafte erneute Beschäftigung mit Pareto in den letzten Jahren anzugeben. Es handelte sich nicht darum, Pareto Gerechtigkeit widerfahren zu lassen, oder um eine abstrakte Liebe zur Wahrheit. Jedes kognitive Bedürfnis im Bereich der Wissenschaft hat seinen Ursprung in der komplizierten Welt der Existenz. Es gibt Wahrheiten, die, obwohl sie greifbar nahe sind, durch Jahrhunderte hindurch unbekannt bleiben, solange sie nicht für das Leben des Menschen Bedeutung erlangen. So interessiert uns Paretos Werk heute nicht nur wegen seines Wahrheitsgehalts, sondern deshalb, weil es nach fünfzig Jahren für die zeitgenössische Welt der Wissenschaft wieder eine existentielle Bedeutung bekommt, die es zuvor verloren hatte. Und es ist noch interessanter, daß dies geschieht, obwohl gewisse Aspekte der Gestalt Paretos nicht aktuell sind und trotz der Entstellungen, denen sein Werk unterworfen war. Vor allem ist ein Soziologe, der fließend Lateinisch und Griechisch liest und zitiert, der sowohl die antike Geschichte als auch die zeitgenössischen Ereignisse verwendet, der die Ökonomie gründlich kennt und gleichzeitig Sinn und Verständnis für die griechische Literatur, für Dantes Göttliche Komödie oder die französische Geschichtsschreibung des neunzehnten Jahrhunderts hat, sehr weit von dem Bild entfernt, das man sich heute allgemein von dieser Kategorie von Wissenschaftlern macht. Heute sieht man für gewöhnlich den Soziologen als einen Mann, der voll in der Praxis steht, in der Welt des Alltäglichen und „Besonderen", ganz damit beschäftigt, die Probleme des Augenblicks zu lösen oder die Knoten der Politik aufzuknüpfen. Es ist nicht sein Ziel, theoretisch seine Arbeitshypothesen zu beweisen, sondern seine Optionen zu operationalisieren. Und dies steht voll im Gegensatz zu Paretos Haltung. Außerdem wird er als ideologisch suspekt dargestellt, und sein Werk wurde einerseits von den Funktionalisten instrumentalisiert, andererseits von den „reisenden Wundertätern der sogenannten 'kritischen Theorie'"[158] abgelehnt und schlechtgemacht.

Neben diesen Entstellungen durch die Kritik gibt es tatsächlich Aspekte, unter denen Paretos Werke heute nur noch als Zeugnis für die wissenschaftlichen Interessen seiner Zeit von Belang ist. Wir haben weiter oben gesehen, wie sein Werk zum Beispiel bedingt wurde durch die Beharrlichkeit, mit der er sich bemühte, in der Soziologie die Methoden der Naturwissenschaften anzuwenden, ohne übrigens aufzuzeigen, ob es möglich ist, die Gesellschaft auf die gleiche Weise zu studieren, in der man die Natur zum Studienobjekt macht. Man siehe

[157] Vgl. J. LOPREATO, *The Sociology of Vilfredo Pareto*, Morristown/N. Y., General Learning Press, 1973, und G. BUSINO, *Gli studi paretiani dal 1971 al 1973*, cit.

[158] Vgl. GOTTFRIED EISERMANN, *Un eccezionale contributo alla sociologia del XX secolo*, in „Intervento". Nr. 13, Februar/März 1974.

noch, wie Pareto dieses Prinzip im *Epilog* zu *Fatti e Teorie* bekräftigt. Er berücksichtigt nicht, daß im Unterschied zu den Naturwissenschaften, der Beobachter der Realität, die den Gegenstand seiner Untersuchung bildet, nicht indifferent gegenübersteht, sondern selbst Teil von ihr ist[159]. Jeder seiner Versuche, den Begriff der Erfahrung zu universalisieren und zu neutralisieren (daher die „logisch-experimentelle" Methode), mußte scheitern, da er diese als für alle gleich und von allen auf gleiche Weise erfaßbar darstellt. Das, was wir soziale Realität nennen, ist keineswegs, wie Pareto wollte, ein homogener Komplex von Fakten; es ist vielmehr ein Komplex von Erfahrungssegmenten[160], wobei der Beobachter für jedes von ihnen von eigenen *Gesichtspunkten* gelenkt wird, die es ihm nur teilweise zu überwinden gelingt[161]. Dadurch wird der Entwurf einer logisch-experimentellen Gesellschaftswissenschaft, deren Kriterien denen ähneln, die wir in den Naturwissenschaften anwenden, unmöglich. Wir müssen dagegen anerkennen, daß es für jeden historischen Kontext eine ganze Skala soziologischer Theorien gibt. Jeder von ihnen bietet sich die Möglichkeit, *einen Teil* der Wahrheit zu erfassen, während der Charakter der Wissenschaftlichkeit einer jeden durch die *Relativität* und die *Wahrscheinlichkeit* der Theorien gewährleistet wird, und die Gewißheit des Beobachters, der sie vertritt, beruht auf nichts anderem als auf dem *Glauben*, daß sie die *kleinste Irrtumswahrscheinlichkeit* aufweist.

Schließlich ist Paretos Theorie des sozialen Handelns in ihrer Gesamtheit heute nicht anwendbar. Man hat gesehen, wie Pareto diese Theorie in eine unbestimmte und verworrene Diskussion über die Beziehungen zwischen Residuen, Interessen, Derivationen etc. verwickelt hat und wie es seinem Realismus nicht gelungen ist, ihn von einem unnützen alchimistischen Versuch mit Optionen, die jenseits der Erfahrung liegen, abzubringen. Und dabei war Pareto aufgrund seiner Erfahrung als Ökonom, wie wir gesehen haben, einer in gewisser Weise befriedigenden Lösung greifbar nahe, nämlich der, auf die sich die ökonomische Analyse gründet. Aber er hat sie gestreift, ohne sie zu entdecken. Denn in der Soziologie wie in der Ökonomie ist es nicht möglich, ohne die Ebene der Erfahrung zu verlassen, über die Feststellung der Existenz eines individuellen Systems von Bedürfnissen, die in ständigem Wandel begriffen sind und von denen einige auch sozial sind, weil sie mehr oder weniger große Kreise von Individuen betreffen, hinauszugehen. Und auf den Begriff des Bedürfnisses müssen wir also rekurrieren als das letzte *nicht zerlegbare*, *nicht wertende*, empirisch verifizier-

---

159 Pareto ist oft bereit, dies auf der Ebene der Analyse zuzugeben, nicht jedoch auf methodologischer Ebene.

160 „Wir sind in unserem Gewebe, wir Spinnen, und das, was wir hier begreifen können, unterscheidet sich in nichts von dem, was in unser Netz fällt" (F. NIETZSCHE, *Morgenröte*, II, 117).

161 Auch das wird von Pareto bis zu einem gewissen Punkt zugegeben.

und meßbare Element, das uns das soziale Handeln begreifen läßt. Es ist klar, daß ein System von Bedürfnissen naturgemäß sowohl materielle als auch nichtmaterielle Bedürfnisse miteinschließt. Im Grunde erlaubt es uns durch seine empirischen Merkmale einerseits eine zu enge Konditionierung der Soziologie durch die Psychologie zu vermeiden, andererseits das unlösbare Problem, das am Anfang jedes Systems von Bedürfnissen steht, der ursprünglichen rationalen oder nicht rationalen Motivation des menschlichen Handelns (Beziehung Triebe-Interessen), als für uns irrelevant beiseitezuschieben. Die Bedürfnisse sind diese und jene, und damit genug. Und da sie auf zu verfolgende Ziele projiziert werden, kann sich die Diskussion des analytischen Denkens *höchstens* mit dem Problem der *angenommenen* oder *realen* Kongruenz (subjektives Phänomen und objektives Phänomen) der Mittel zur Befriedigung dieser Bedürfnisse befassen. Außerdem stehen die Bedürfnisse in enger Korrelation mit den Werten. Der Wert ist nur *das, dem wir Wert verleihen*, das heißt das, was hinsichtlich der Bedürfnisse, deren Träger wir sind, von Bedeutung ist. So wird das System der Bedürfnisse auf ein Wertesystem projiziert, das zu ihm nicht in einer Ursache-Wirkung-Relation, sondern in wechselseitiger Abhängigkeit steht. Diese Abhängigkeit entwickelt sich in der historischen Dynamik, in der sich diese Systeme fortgesetzt ändern und indem sie sich ändern, die Verhaltensweisen, die Rollen und die Institutionen umwandeln und die Bildung von Gruppen, ihre soziale Mobilität und ihre Auflösung hervorrufen[162].

Die Bedeutung, die wir Pareto heute beimessen, beruht also nicht darauf, daß wir heute seine wissenschaftlichen Theorien für wahrer halten als gestern. Sie beruht vielmehr darauf, daß der historische Augenblick, in dem wir leben, uns wieder besonders empfänglich gemacht hat für das menschliche Drama Paretos, der einerseits unerschütterlich Ideologien und Mythen entschleierte, die wie heute zu Leerformeln geworden waren, und andererseits ein extremes Bedürfnis hatte zu glauben, wie übrigens jeder Mensch. Diese Notwendigkeit, jene Gewiß-

[162] Über Pareto hinausgehend, aber im Rahmen der von ihm aufgezeigten Erfahrung, scheint sich heute auf dieser Grundlage die Möglichkeit der Eröffnung eines neuen Weges für die soziologische Erkenntnis anzudeuten. Heute besteht in diesem Bereich noch eine beachtliche Verwirrung, und sie spiegelt sich in den Ungewißheiten der Soziologie. Es ist kein Zufall, daß man sowohl bei der kritischen Theorie als auch beim kritischen Rationalismus die häufige Erwähnung von Bedürfnissen und Interessen feststellt. Es wäre sicher interessant, von diesen Autoren zu erfahren, welchen Unterschied sie zwischen Bedürfnissen und Interessen sehen. Über dieses Thema müßte noch viel diskutiert werden, aber gewiß *rekonstituiert* eine Theorie der Bedürfnisse *die Integralität des Menschen* als Grundlage der Soziologie. Ohne die uns vorausgegangenen Erfahrungen zu verleugnen, *fügt sie wieder die Soziologie in die Wissenschaften vom Menschen im historischen Sinne ein.* Sie macht aus dem Menschen nicht einfach ein Produkt, sondern Produkt und Produzent gleichzeitig, wodurch, nach dem Ausdruck Mandevilles, *fabricando fabri sumus.* Mit der Neuformulierung einer Theorie der Bedürfnisse ist es unseres Erachtens möglich, einen 'wertfreien' Ausgangspunkt – innerhalb der obengenannten Grenzen – für die Lösung der aktuellen Krise der Soziologie zu bieten.

heiten zu finden, in denen sich die soziale Funktion jeder Weltanschauung manifestiert, treibt Pareto dazu, nie endgültig zuzugeben, daß uns nicht einmal die Wissenschaft mehr absolute Wahrheiten liefern kann, und sich an jeden Anschein von Ideologie zu klammern, die irgendeine Möglichkeit, sozial *nützlich* zu sein, aufweist, während die Beschleunigung des historischen Prozesses den ideologischen Formen kaum mehr Raum läßt, sich zu konsolidieren.

In den letzten Jahren hat eine ganze Generation, die dem Zweiten Weltkrieg entronnen ist, versucht, die Vergangenheit auszulöschen, anstatt die Verantwortung für sie zu übernehmen, und aus dem Nichts eine neue Gesellschaft zu *erfinden*. Das, wenn auch noch so mutige, Experiment ist gescheitert, und wir beginnen heute den Preis für dieses Scheitern zu bezahlen, das sicher nicht weniger unheilvoll ist als der verlorene Krieg. Vielleicht wird es mehr als eine Generation brauchen, um die Zerrissenheit dieser letzten Jahre zu heilen und die Kosten für dieses neue Abenteuer des menschlichen Geistes zu tragen. Die Voraussetzungen für den unternommenen Versuch sind heute wohl verständlich[163], aber eine Kultur kann nichts anderes sein als das Produkt ihrer Tradition. Jeder Versuch, sie heute oder morgen der Phantasie des Menschen entspringen zu lassen, außerhalb des langsamen Prozesses, in dem das Leben seinen Niederschlag bildet, muß zwangsläufig eine Utopie und damit einen starreren Dogmatismus als den, der der Tradition entspringt, hervorbringen. Wir sind das Produkt unserer Vergangenheit, und jede Neuerung, die eine Eroberung von Freiheit ist, muß von dieser Vergangenheit ausgehen und ihr historisches Produkt sein. Alle Versuche, eine Tradition total zu zerstören, mit der wir schicksalhaft verbunden sind, wenn sie auch menschlich verständlich sind und den ewigen Mythos vom Menschen, der zu Gott wird, indem er sich aus der Bedingtheit durch die Geschichte befreit, reproduzieren[164], sind zu elendigem Scheitern verurteilt.

In analogen Situationen hat Pareto, der keinesfalls Furcht vor der Erneuerung hatte, aber besorgt war um den Preis für die Utopie, die Prämissen für einen neuen wissenschaftlichen Humanismus formuliert, einen Humanismus ohne

---

163 Nach dem tiefen politischen, sozialen und geistigen Bruch im Europa des XX. Jahrhunderts hat Karl Bosl geschrieben, „ist es eine verständliche und menschliche Reaktion, daß die Menschen glauben, die Gegenwart und die Zukunft erobern zu können, indem sie die Vergangenheit vergessen und den Ballast der Geschichte abwerfen. Die exzessive Überschätzung der Gegenwart hindert die Menschen auf gefährliche Weise daran, sich an die *Relativität* und an die *Entwicklung* der eigenen Situation und Existenz zu erinnern. Aber die Geschichte ist lebendiges Bewußtsein der Relativität und der Entwicklung der menschlichen Existenz, sie kann nicht reine Theorie sein; sie muß praktisch in einem weiten Sinn sein, sie kann nicht nur eine heile Welt darstellen und sie kann nicht in Utopien münden, welches Übergewicht diese gegenwärtig auch zu haben scheinen" (KARL BOSL, *Crisi della coscienza storica*, in „Quaderni della Fondazione G. Volpe", Nr. 8).

164 Vgl. ERNST TOPITSCH, *Gottwerdung und Revolution*, Pullach bei München, Dokumentation Verlag, 1973.

Illusionen, der sich der Kontingenzen, der Grenzen und der Irrationalität des Humanen bewußt ist[165]. Der heutige Moment macht uns für seinen Versuch wieder besonders empfänglich. Zwar ist dieser, wie in allen Epochen der Dekadenz, kein Ideal, das den Wissenschaftler selbst zufriedenstellt. Er verurteilt uns dazu, die Ideale zu opfern, auch das von der Wissenschaft als dem Reich der Gewißheiten. Aber die Straße der Realität ist mit Enttäuschungen gepflastert, wie schon der schrieb, der angesichts ihrer sicher nicht aufgab: „Oh, Betrachter der Dinge, rühme Dich nicht der Erkenntnis der Dinge, die gewöhnlich die Natur selbst lenkt, sondern freue Dich, das Ziel der Dinge zu erkennen, die von Deinem Geist entworfen werden."[166]

---

165 Vgl. GIOVANNI BUSINO, Einführung zu V. PARETO, *Mythes et idéologies*, cit., S. 62. „Folglich hofft man vergebens", schreibt Pareto in *Die Zukunft Europas*, „Europa von seinen heutigen Übeln zu heilen, indem man entweder einfache wirtschaftliche oder andere, ausschließlich moralische, juristische, politische etc. Maßnahmen trifft. Um effizient zu sein, müssen diese beiden Arten von Maßnahmen miteinander kombiniert werden. Der reine historische Materialismus und der reine Idealismus beinhalten beide zum Teil Wahres und zum Teil Falsches" (vgl. S. 392).

166 Leonardo da Vinci, cit. in VALERIO TONINI, *La vita e la ragione. Dialogo sul caso e la necessità*, Rom, Bulzoni, 1973, S. 132.

Vilfredo Pareto:

Ausgewählte Schriften

I. Teil: Die Anfänge der Soziologie Paretos (1900-1914)

Eine Anwendungsform soziologischer Theorien*

Das Ziel der vorliegenden Untersuchung ist rein objektiver Natur, und es sollen einzig und allein bestimmte soziologische Theorien an Fakten gemessen werden.

Normalerweise will derjenige, der über Soziologie oder politische Ökonomie schreibt, die Apologie irgendeiner praktischen Ordnung verfassen; ich möchte dies hier auch nicht tadeln, sondern ich will nur darauf hinweisen, daß ich diesen Weg nicht einschlage. Und es ist angebracht, auf diese Tatsache zu verweisen, weil die Folge jener Gepflogenheit war, daß die Worte eines Autors in einem viel weiteren Sinne als dem wörtlichen verstanden wurden. Wenn er so irgendeinen Fehler der Ordnung A beschreibt, liest man daraus, daß er im Allgemeinen und im Gesamten die Ordnung A verurteilt, und oft geht man dabei noch weiter und liest daraus, daß er Anhänger einer bestimmten anderen Ordnung B ist, die zu A im Gegensatz steht.

Wenn jemand am allgemeinen Wahlrecht etwas auszusetzen hat, so entnimmt man dem, daß er für das beschränkte Wahlrecht ist, wenn jemand von den Nachteilen der Demokratie berichtet, so entnimmt man dem, daß er für die Herrschaft des Adels eintritt, wer sich in einigen Punkten lobend über die Monarchie ausspricht, ist gewiß gegen die Republik oder umgekehrt, kurz, aus jeder im wörtlichen Sinne partiellen Äußerung schließt man auf eine generelle Bedeutung. Dies ist nicht ganz falsch, oft ist es sogar zutreffend, weil der Autor mit Vorbedacht gerade das Wenige sagt, damit man das Mehr herausliest, und dieses Verfahren ist in der Literatur lobenswert, in der Wissenschaft sehr viel weniger. Daher ist mir daran gelegen, zum Ausdruck zu bringen, daß in der vorliegenden Schrift keine Aussage mehr als ihre eigene Bedeutung beinhaltet noch in irgendeiner Weise in weiterem Sinne verstanden werden soll.

Ich möchte noch mit einigen Worten erklären, warum ich Ereignisse der Gegenwart gewählt habe, anstatt nur Ereignisse der Vergangenheit zu studieren. Diese haben tatsächlich den sehr großen Vorzug, daß man sie mit kühlerem Kopf und ohne daß sie mit unseren Gefühlen und Vorurteilen allzusehr in Gegensatz geraten, betrachten kann; aber sie haben den schwerwiegenden Nachteil, uns nur

---

* Eine Erklärung für diese Bezeichnung konnte nicht gefunden werden. [Anm. d. Übers, u. Herausg.]

in sehr unvollkommener Weise bekannt zu sein. Außerdem ist der erwähnte Vorzug oft mehr scheinbar als wirklich vorhanden, denn wir übertragen die Affekte der Gegenwart auf die Vergangenheit, wodurch zum Beispiel der Historiker, der fanatisch für das römisch-germanische Reich ist, nicht zulassen wird, daß man Schlechtes über Cäsar oder Augustus sagt, und unser Demokrat hält es mit Aristophanes.

Wir wollen nun zur Sache kommen, indem wir zunächst einige soziologische Gesetze in Erinnerung rufen, an, die aus den Fakten induziert, nun durch die Deduktion erneut an diesen gemessen werden sollen. So folgen wir dem von Claude Bernard empfohlenen Weg, der von den Fakten zur Idee führt und dann von der Idee wieder zum Faktum zurückkehrt. In dem hier veröffentlichten Fragment wird der Leser nur den zweiten Teil vorfinden; der erste, sehr viel längere, wird in meinem geplanten soziologischen Traktat nicht fehlen, sofern es mir vergönnt sein wird, ihn zu vollenden und zu veröffentlichen. Für den Moment halte man die angeführten Gesetze für Hypothesen, die mehr oder weniger plausibel sind, und man wird sehen, ob es gelingt, mit ihnen die Fakten zu erklären.

Der größte Teil des menschlichen Handelns hat seinen Ursprung nicht in der logischen Überlegung, sondern im Gefühl. Dies trifft vor allem in der Hauptsache auf das Handeln zu, das einen nicht ökonomischen Zweck hat. Das Gegenteil ist der Fall bei den ökonomischen Aktivitäten, besonders bei denen des Handelns und der Großproduktion.

Der Mensch findet, obwohl es ihn nicht aus logischen Gründen zum Handeln treibt, Gefallen daran, sein Handeln logisch mit bestimmten Prinzipien zu verknüpfen, und oft erfindet er sie *a posteriori*, um diese Handlungen zu rechtfertigen. So kommt es vor, daß eine Handlung A, die in Wirklichkeit die Wirkung der Ursache B ist, von dem, der die Handlung begeht, als Wirkung einer Ursache C ausgegeben wird, die sehr oft imaginär ist. Der Mensch, der die anderen mit seinen eigenen Aussagen betrügt, hat zunächst einmal sich selbst betrogen, und er glaubt fest an das, was er behauptet.

Daraus folgt, daß jedes soziologische Phänomen zwei ganz verschiedene und oft völlig unterschiedliche Formen hat, nämlich eine objektive Form, die Beziehungen zwischen realen Objekten herstellt, und eine subjektive Form, die Beziehungen zwischen psychischen Zuständen herstellt. Nehmen wir an, wir haben einen gewölbten Spiegel, die Gegenstände werden von ihm verzerrt reflektiert, was in Wirklichkeit gerade ist, erscheint krumm, was klein ist, erscheint groß oder umgekehrt; ähnlich wird das objektive Phänomen im menschlichen Bewußtsein reflektiert, und die Geschichte oder die Zeugnisse der Zeitgenossen teilen es uns mit. Wenn wir also das objektive Phänomen erkennen wollen, dürfen wir uns nicht mit dem subjektiven Phänomen zufriedengeben, sondern müssen jenes von diesem deduzieren. Dies ist im Wesentlichen die Aufgabe der historischen Kritik, die weit über die materielle Kritik der Quellen hinausgeht und sogar bis zu der menschlichen Psyche vordringt.

Die Athener ließen aus Furcht vor der Invasion der Perser das Orakel von Delphi befragen, das unter anderem antwortete, daß Zeus der Tritogenia eine Mauer aus Holz gewährte, die allein unüberwindlich sein würde. Daher verließen sich die Athener auf die Flotte und siegten bei Salamis. So erschien das Phänomen vielen Zeitgenossen, und so wurde es uns von Herodot überliefert. Aber die objektive Form ist selbstverständlich ganz anders. Heute kann man hoffen, daß niemand mehr an Apollo, an Athene Tritogenia und auch nicht mehr an Zeus glaubt; daher muß man eine realere Ursache für die Erklärung des Sieges von Salamis suchen, der in Wirklichkeit von Themistokles vorbereitet wurde, als er die Athener überredete, das Geld des Staatsschatzes für die Flotte zu verwenden. Aber es ist bemerkenswert, daß Herodot, als er dies berichtete, nichts davon andeutete, daß diese reale Ursache mit im Spiel war; eine glückliche Fügung wollte es, daß die Schiffe bereitstanden, daher war es einfach, dem Orakel zu gehorchen, und nach unserem Autor zielten die verschiedenen Meinungen der Athener über die beste Lösung nur darauf ab, den richtigen Sinn der Antwort Apolls zu finden, wobei die einen glaubten, die Mauern aus Holz seien die des Felsens, andere behaupteten, daß der Gott auf die Flotte anspielte, und Themistokles selbst, immer noch nach Herodot, sprach nur über die Interpretation der Worte des Orakels. So zeigt sich mit größter Deutlichkeit der Kontrast zwischen dem realen und dem subjektiven Phänomen.

Es genügt nicht, die beiden Phänomene und ihr Verhältnis zueinander zu erforschen, ein drittes Problem taucht vor uns auf, das darin besteht, wie das reale Phänomen das subjektive Phänomen modifiziert und umgekehrt. Der Darwinismus gibt auf die Frage eine sehr einfache Antwort, aber unglücklicherweise ist sie nur zum Teil richtig. Nach dieser Theorie würde man diese beiden Phänomene miteinander in Übereinstimmung bringen, indem man die Individuen eliminiert, in denen diese Übereinstimmung nicht existiert.

Indessen gab es bei dem erwähnten Fall keine Eliminierung und wir werden nie erfahren, warum die Athener wirklich die eine und nicht die andere Interpretation des Orakels übernahmen, ja nicht einmal, ob Themistokles bei seiner Auslegung guten Glaubens war. Wenn in der Gegenwart ähnliche Dinge geschehen, gibt es weder eine absolute Gläubigkeit noch Ungläubigkeit, wodurch wir veranlaßt werden – wenn es zulässig ist, von den damaligen Menschen auf die heutigen zu schließen – zu glauben, daß der wirkliche Grund, nämlich die Seemacht Athens, Themistokles unbewußt beeinflußte und daß er daher erst sich selbst und dann die anderen überzeugte, daß der Gott auf die Flotte anspielen wollte.

Das von uns gewählte Beispiel mag manchem überflüssig vorkommen, weil es zu einleuchtend ist, aber wer so denkt, wird seine Meinung bald ändern, wenn wir ein Beispiel aus der Moderne anführen, das im Grunde mit jenem aus der Antike identisch ist[1]. Wieviele holen in Frankreich die „unsterblichen Prinzipien von 1789“ und die „Verteidigung der Republik“ oder in anderen Ländern die „Verteidigung der ruhmreichen Monarchie“ hervor, genauso wie Themistokles das Orakel interpretierte, und verweisen so auf imaginäre Ursachen ihres Handelns, während sie die wahren verschweigen? Der Spruch, daß man den Splitter in seines Bruders Auge eher sieht als den Balken im eigenen Auge, war immer schon wahr, und wer über den antiken Aberglauben lacht, hat ihn nur zu oft durch modernen Aberglauben ersetzt, der in nichts vernünftiger und wirklichkeitsgetreuer ist als der antike.

Wir wollen uns weniger bekannten Betrachtungen zuwenden, die wir dann mit den eben angeführten in Verbindung bringen müssen. Die Wirtschaftskrisen, die, um die Wahrheit zu sagen, einfach ein Sonderfall des Gesetzes vom Rhythmus sind, das Spencer in der Bewegung im Allgemeinen sah, wurden in unserer Zeit sehr sorgfältig untersucht, besonders von Jevons, Clement Juglar und anderen tüchtigen Männern. In meinem *Cours d'économie politique* (a) äußerte ich die Meinung – in der neue Studien mich bestärkten –, daß sie nicht nur von ausschließlich ökonomischen Ursachen abhängig sind, sondern auch von der menschlichen Natur, und daß sie nichts anderes sind als eine der zahlreichen Manifestationen des psychologischen Rhythmus. Wie ich ebenfalls damals bemerkte, erscheint dieser Rhythmus auch in anderen Fällen; und in der Moral, in der Religion, in der Politik beobachtet man Oszillationen, die diesen ökonomischen vollständig gleichen[2]. Diese entgingen nicht der Beobachtung der Histori-

---

[1] Es braucht nicht einmal modern zu sein, es genügt, wenn moderne Anschauungen darin vorkommen. So wagt es Boissier, über die Bekehrung von Konstantin zu schreiben: „So ist dieser erste Teil des Berichts von Eusebius sehr wahrscheinlich ... was das andere betrifft, nämlich die Erscheinung und den Traum, so möchte ich darüber nichts sagen; diese übernatürlichen Ereignisse entziehen sich der Kritik und gehören nicht in den eigentlichen Bereich der Geschichte. Jeder mag nach Belieben glauben, daß die von Eusebius berichteten Ereignisse wahr sind und daß wir es mit echten Wundern zu tun haben ...“ *(La fin du paganisme*, I., S. 39). Das ist wahrhaftig gut! Wenn also ein Autor Fabeln oder Wunder erzählt, so muß der Historiker respektvoll schweigen, weil „solche Ereignisse sich der Kritik entziehen und nicht in den eigentlichen Bereich der Geschichte gehören“!
Aber wenn wir die wunderbare Erscheinung, die Konstantin sah, nicht anzweifeln dürfen, warum sollte es dann erlaubt sein, daran zu zweifeln, daß, als sich in Salamis die griechischen Schiffe zurückzogen, ein weiblicher Geist erschien und rief:
„Elende! Wie weit wollt ihr noch die Schiffe zurückziehen?“
Ich für meinen Teil habe keine Gründe, Eusebius mehr Glauben zu schenken als Herodot; ja, da Boissier verlangt, daß an ersterem keine Kritik geübt werden soll, neige ich zu der Ansicht, daß dieser im großen und ganzen noch größere Lügen auftischt als der zweite.

[2] In der Literatur wurden sie in ausgezeichneter Weise von Professor G. RENARD, *La méthode scientifique de l'histoire littéraire*, Paris, 1900, festgestellt.

ker, aber außer in Theorien wie der von den Zyklen, die sich zu weit von der Wahrheit entfernen, wurden sie im Allgemeinen nicht als partielle Manifestationen der rhythmischen Bewegung aufgefaßt. Nur hier und da wird eine gewisse Analogie zwischen den auffallendsten unter ihnen festgestellt[3].

Alle, die sich mit der römischen Geschichte befaßt haben, haben die große Oszillation bemerkt, die die gebildeten Klassen von dem Unglauben, der sich gegen Ende der Republik und im ersten Jahrhundert unserer Zeitrechnung zeigte, zu der Gläubigkeit übergehen ließ, wie wir sie am Ende des Kaiserreichs vorfinden.

Die religiöse Strömung, aus der dann das Christentum hervorgeht, das nicht siegte, ohne sich tiefgreifend zu wandeln und nicht ohne in hohem Maße die Prinzipien der rivalisierenden Lehren zu assimilieren, war allumfassend und riß die ganze antike Welt mit sich. Heidnische Autoren haben so ausgeprägt christliche Gedanken und Maximen, daß man sogar Beziehungen zwischen Seneca und dem Apostel Paulus vermutet, um die Gefühle des ersteren zu erklären. Renan hat festgestellt, daß das Christentum nichts anderes war als eine der vielen Formen, die damals das religiöse Gefühl annahm[4]. Wir sind daran gewohnt, in der Geschichte jener Zeit einen Kampf zwischen dem Christentum und anderen Religionen und Weltanschauungen, von denen wir annehmen, daß sie wesentlich anders sind, zu sehen; und wir stellen uns vor, daß die moderne Geschichte gänzlich anders verlaufen wäre, wenn statt des Christentums der Mitraskult oder irgendein anderer orientalischer Kult gesiegt hätte, oder wenn das Heidentum wieder aufgeblüht wäre.

Dies alles hat weder Hand noch Fuß. Es gab dagegen einen erbitterten Kampf unter den Sekten A, B, C ..., die alle aus einer einzigen Ursache X hervorgegangen waren, nämlich dem gewachsenen religiösen Gefühl. Aber das Hauptfaktum ist gerade X, und die Fakten A, B, C ... sind nur sekundär. Man kann nicht sagen, daß sie ohne jede Bedeutung waren, da auch die Form dazu beiträgt, die vom Inhalt determinierten Phänomene zu modifizieren, aber der

---

[3] FRIEDLAENDER, *Civilisation et moeurs romaines* (nach der franz. Übersetzung von Vogel, IV., S. 167): „Ebenso wie die Strömung der antichristlichen Tendenzen rasch nachließ, nachdem sie ihren Höhepunkt erreicht hatte und wie auf sie eine Gegenströmung folgte, die unweigerlich auch einen großen Teil der gebildeten Gesellschaft mit sich zog, sehen wir in der griechisch-römischen Welt nach den Tendenzen, die in der Literatur des ersten Jahrhunderts vorherrschend gewesen waren, wie ein starkes Zurückgehen zum positiven Glauben die Oberhand gewinnt und sich auch der gleichen Kreise bemächtigt, ebenso wie gleichzeitig in vieler Hinsicht der Glaube entartet zu plumpem Aberglauben, Sehnsucht nach Wundern, Pietismus und Mystizismus.“

[4] Auch DURUY, *Hist. des rom.*, V., S. 702: „Wenn man die Geschichte des Christentums schreibt, so sieht man nur es, und man achtet nicht auf die große Erneuerung, die sich innerhalb der heidnischen Gesellschaft vollzog.“

Fehler besteht darin, daß man etwas den ersten Platz zuspricht, dem der zweite gebührt.

D'Orbigny sagt über Bolivien: „Am Eingang des Tales und auf der höchsten Stelle zu beiden Seiten bemerkte ich auf dem ganzen Wege mehr oder weniger große Steinhaufen, die oft ein Holzkreuz überragte ... Ich erfuhr – wie ich mich auch später, als ich sie in dem ganzen von Indianern bewohnten Teil der bolivianischen Republik wiederfand, überzeugen konnte –, daß es *apachectas* waren. Diese Steinhaufen gab es bereits, bevor die Spanier kamen. Sie sind von den schwer beladenen Eingeborenen errichtet worden, die, nachdem sie mühsam die steilen Anhöhen erklommen hatten, dem Pachacamac oder unsichtbaren Gott, dem Beweger aller Dinge, dafür ihren Dank erwiesen, daß er ihnen den Mut verliehen hatte, den Gipfel zu erreichen und ihn um neue Kräfte für ihren weiteren Weg baten. Sie hielten an, ruhten einen Augenblick aus, warfen einige Haare ihrer Augenbrauen in den Wind, oder auf den Steinhaufen die *Coca*, die sie kauten, als das Wertvollste, was sie hatten, oder aber, wenn sie arm waren, nahmen sie lediglich einen Stein aus der Umgebung und legten ihn zu den anderen. Heute hat sich nichts geändert, nur dankt der Eingeborene nicht mehr dem Pachacamac, sondern dem Gott der Christen, dessen Symbol das Kreuz ist[5]." – „In Sizilien", sagt Maury, „ergriff die Jungfrau Maria von allen Heiligtümern der Ceres und der Venus Besitz, und die heidnischen Riten wurden teilweise auf sie übertragen[6]." Hier ist offenkundig, daß es ein gemeinsames Gefühl gibt, das sich in verschiedenen Formen manifestiert, und diese Formen sind im Verhältnis zu dem Gefühl von sekundärer Bedeutung. „Die Quelle", fügt Maury hinzu, „erhält weiterhin im Namen eines Heiligen die Gaben, die sie früher als Gottheit erhielt[7]." Was ist in diesem Fall das Wesentliche? Das Gefühl, das die Menschen dazu bewegt, die Quelle für sich zu gewinnen oder der Ausdruck dieses Gefühls in der Form der Anrufung dieses oder jenes Heiligen, dieser oder jener Gottheit? Über die Antwort kann es keinen Zweifel geben. Der Glaube, daß das Eingreifen irgendeines göttlichen Wesens die Augen heilen kann, ist das Wesentliche, es ist sekundär, ob man sich dafür an Äskulap oder an die heilige Lucia wendet. So ist es auch die Anrufung des christlichen Dämons anstatt der heidnischen Hekate, während das Wesentliche darin liegt, daß an die Macht dieser Anrufung geglaubt wird. Es ist nicht ganz exakt, wenn man sich vorstellt, daß ein Glaube seinen Ursprung im anderen hat; wenn man feststellt, daß beide einen einzigen Ursprung haben, kommt dies der Wahrheit sehr viel näher, nämlich den Ursprung

5 *L'homme américain*, I.

6 *La magie et l'astrologie*, S. 153.

7 Loc. cit. S. 158.

im Gefühl des Menschen, der meint, er könne geheimnisvolle Mächte in seinen Dienst zwingen.

Nun scheint es offenkundig, wie der Sieg der Sekte A über die Sekten B, C ... oft ein Sieg der Form und nicht des Inhalts ist. Bei den Auffassungen von Lukian einerseits und denen der Bewunderer des Propheten Alexander andererseits, geht es gewiß um inhaltliche Fragen, und wenn die Auffassungen Lukians die Menschen für sich gewonnen hätten, wäre die Geschichte Europas ganz anders verlaufen als die uns bekannte; aber unter den Auffassungen der Bewunderer Alexanders und denen anderer Propheten geht es, wenn nicht ausschließlich, so doch fast ausschließlich, um die Form, und die Geschichte hätte sich nur wenig geändert, wenn diese oder jene gesiegt hätten, um so mehr als der Sieger, auch was die Form angeht, gezwungen ist, dem Besiegten Konzessionen zu machen.

Hier ist nicht der Ort zu untersuchen, wie diese großen emotionalen Strömungen entstehen und erstarken, ob sie, wie die materialistische Interpretation der Geschichte sagt, ihren Ursprung einzig und allein in den ökonomischen Verhältnissen haben oder ob, wenn man sie auf diese nicht zurückführen kann, anderes dazu beiträgt. Der Wunsch, alle Probleme auf einen Schlag zu lösen, ist dem Wesen nach unwissenschaftlich, man muß sie hingegen eines nach dem anderen studieren. Heute nehmen wir die Existenz dieser Strömungen als gegeben hin; zu anderer Zeit und an anderer Stelle werden wir uns bemühen, die Forschungen weiter voranzutreiben.

Die Menschen, die – für gewöhnlich unbewußt – von diesen Strömungen mitgerissen werden, und die, wie wir schon vorher bemerkten, den unwillkürlichen Akt als freiwilligen, das unlogische Handeln als logisch erscheinen lassen wollen, bringen merkwürdig imaginäre Gründe vor, mit denen sie sich und andere über die wahren Ursachen ihres Handelns betrügen. Oft lösen sich die formalen Kämpfe unter den Sekten A, B ... in zusammenhangloses Gerede auf. Wer sich zum Beispiel an das Studium der Kämpfe unter den christlichen Sekten der byzantinischen Ära begibt, hat schließlich den Eindruck, er sei in ein Irrenhaus geraten; und im allgemeinen wird – selbst wenn sich irgendeine inhaltliche Frage unter diesen formalen Problemen befinden sollte – man an das erinnert, was Montesquieu über die theologischen Bücher sagt: „In zweifacher Weise unverständlich, sowohl aufgrund des behandelten Gegenstandes als auch aufgrund der Art und Weise, wie er behandelt wird[8].“ Wenn man die Reden mancher französischer Nationalisten liest, bekommt man Zweifel, ob diese Leute noch bei Verstand sind, aber hinter diesen Worten, die abgeschmackt wirken und es auch sind, verbergen sich höchst schwerwiegende inhaltliche Probleme, denn der

---

[8] *Lettres persanes*, CXXXIV.

„Nationalismus" ist heute die einzige Form, in der in Frankreich dem Sozialismus Widerstand geleistet wird.

Auch wenn der Streit vernünftig ist, kommt es selten vor, daß sich die angegebenen Gründe auf den Inhalt beziehen. In Frankreich sprach man am Vortage der Revolution von 1789 von nichts anderem als von „Menschlichkeit", „Empfindsamkeit", „Brüderlichkeit", während faktisch die Morde und Plünderungen der Jakobiner vorbereitet wurden; heute beginnt das schöne Spiel von neuem, und unsere Bourgeoisie argumentiert elegant mit der „Solidarität" und bereitet ihr eigenes Unglück vor, das sie zunichte machen wird.

Die Völker werden immer, außer in zeitlich kurzen Intervallen, von einer Aristokratie regiert, wenn man diesen Begriff im etymologischen Sinn versteht und damit die Stärksten, Energischsten und Fähigsten meint – im Guten übrigens wie im Bösen. Aber aufgrund eines höchst bedeutenden physiologischen Gesetzes sind die Aristokratien nicht von Dauer, daher ist die Geschichte der Menschheit die Geschichte des Aufeinanderfolgens dieser Aristokratien; während die einen absinken, steigen die anderen auf. Dies ist das reale Phänomen, obwohl es uns oft in anderer Form erscheint. Die neue Aristokratie, die die alte verjagen oder auch nur an deren Ehre und Macht teilhaben will, bringt diese Absicht nicht klar zum Ausdruck, sondern stellt sich an die Spitze aller Unterdrückten, behauptet, sie wolle nicht für das eigene Wohl sorgen, sondern für das der Mehrheit; und sie geht nicht etwa im Namen der Rechte einer zahlenmäßig begrenzten Klasse zum Angriff über, sondern für die Rechte fast aller Staatsbürger. Es versteht sich, daß sie nach dem Sieg ihre Verbündeten wieder unterjocht oder ihnen höchstens irgendwelche formalen Zugeständnisse macht.

Dies ist die Geschichte der Kämpfe der Aristokratie des *plebs* und der *patres* in Rom, dies ist – und das wurde von den modernen Sozialisten wohl bemerkt – die Geschichte des Siegs der Bourgeoisie über die Aristokratie feudalen Ursprungs.

In einer neueren Schrift bestreitet Professor Pantaleoni[9], daß der Sozialismus siegen wird; ich habe behauptet, daß sein Sieg höchstwahrscheinlich und fast unvermeidlich sei[10]. Die beiden Ansichten scheinen einander zu widersprechen; dies ist aber nicht der Fall. Denn wir sprachen von verschiedenen Dingen: Pantaleoni meint das subjektive Phänomen, ich das objektive Phänomen. Im Grunde stimmen wir miteinander überein.

Nehmen wir an, daß während der Entstehung der ersten christlichen Gemeinden in Judäa jemand folgendes gesagt hätte:

---

[9] In: „*Flegrea*", 20. April 1900, *Il secolo ventesimo secondo un individualista*.

[10] „Journal des Economistes", Mai 1900 [V. PARETO, *Le péril socialiste*. Neudruck in V. PARETO, *Libre-échangisme, protectionnisme et socialisme*, herausgegeben von G. Busino, Genf, Droz, 1965].

„Diese werden nie die Herren der Welt sein. Es ist ein Märchenglaube, daß jeglicher Unterschied von Reichtum, Bildung, sozialer Stellung unter den Menschen verschwinden könne, eine Torheit anzunehmen, daß alle Menschen wirklich Brüder sein werden, daß sie auf alle Freuden der Sinne verzichten werden, daß sie im Fleisch des Weibes nur den Glanz des ewigen Lebens sehen. Ihr könnt sicher sein, daß es in tausend Jahren Reiche und Arme, Könige und Untertanen, Mächtige und Machtlose geben wird, daß sich zahlreiche Menschen noch von dem Gaumen, der Wollust, dem Zorn besiegen lassen und daß die neuen Brüder ihre Brüder auch meuchlings auslöschen werden." Dieser hätte richtig gesprochen, und sicher ist das Reich Christi, wie es sich die ersten Christen vorstellten, immer noch nicht gekommen; aber wer gesagt hätte, daß das Christentum siegen werde, hätte nichts Falsches gesagt, und dies beweisen die Fakten. Ein einziges Wort bezeichnet hier sehr verschiedene Dinge.

Einen eher vollständigen Vergleich kann man mit Zeiten anstellen, von denen uns mehr bekannt ist, weil sie uns näher liegen. Angenommen, wir sind in Frankreich bei Anbruch der Revolution von 1789. Jemand sagt: „Diese guten Leute, die den Staat reformieren wollen, sind Träumer. Aber wer kann an jenen *contrat social* (dt. Gesellschaftsvertrag, Anm. d. Übers.) glauben?" – „Der Gesamtwille kann nicht irren." – „Schön, und deshalb gibt es keinen noch so plumpen Irrtum, keinen unsinnigen Aberglauben, der nicht irgendwann und irgendwo ein ganzes Volk und oft fast alle Völker für sich gewonnen hätte." – „Die Menschen sind bei ihrer Geburt alle gut, nur die Priester und die Könige machen sie böse." – „Ja, diese Märchen glauben nicht einmal die Kinder; wenn Eure neue Regierung sich in der Hauptsache auf dieses schöne Prinzip stützt, könnt Ihr viele Jahrtausende darauf warten, daß es in der Praxis existiert." – „Es entsteht das Reich der Vernunft." – „Was seid Ihr für ein armseliger Psychologe; der größte Teil der menschlichen Handlungen wird weiterhin für viele, viele Jahrhunderte vom Gefühl bestimmt sein." – „Unter der Herrschaft der Vernunft werden die Guten, Tüchtigen, Anständigen, Tugendhaften, Empfindsamen aus dem Volk behutsam und ohne Erschütterungen den gegenwärtigen Zustand verändern[11]." – „Wer das glaubt, kann geradesogut daran glauben, daß die schlimmsten Raubtiere zu sanften Tauben geworden sind. Seht, Eure ganze Literatur geht von falschen Voraussetzungen aus, und Eure schönen Damen, die schmachtend von der Kraft des 'Naturmenschen' schwärmen, sind dumm und wissen nicht, was sie reden. Ihr könnt sicher sein, daß die Menschen im nächsten Jahrhundert

[11] 1759 schrieb d'Argenson: „Gedanken an eine freie und antimonarchistische Regierung ziehen heute durch die Philosophie; dies geht in das Denken ein, und es kann sein, daß diese Regierung schon in den Köpfen existiert, um bei der ersten Gelegenheit verwirklicht zu werden. Vielleicht würde die Revolution auf weniger Widerstand stoßen, als man denkt, vielleicht geschähe sie durch Akklamation."

ungefähr gleich wie in unserem sein werden und daß die von Euren Philosophen gewollte neue Ära keineswegs anbricht."

Ein anderer antwortet: „Ausgezeichnet, dies alles stimmt. Weder heute noch sonst irgendwann wird die Ochlokratie eine stabile Regierung bilden. Ihr habt recht, die Idylle von Frieden und Tugend, wie sie unsere Philosophen besingen, ist ungefähr so real wie ein Märchen. Aber seht, was sich hinter diesen Worten verbirgt, und ihr werdet erkennen, wie sich eine Oligarchie erhebt, die diejenige, die uns jetzt regiert, unterwerfen will, um ihren Platz einzunehmen. Der Sieg der neuen Oligarchie ist sicher, weil auf dieser Seite die Energie und die Kraft sind. Ein solcher Sieg könnte unblutig sein, sofern die alte Aristokratie stark und gleichzeitig tolerant und weise wäre, wenn sie an den Spruch denke: *si vis pacem para bellum*, wenn sie einerseits zeigte, daß sie gerüstet ist, mannhaft zu kämpfen, und andererseits verstünde, bei sich bietender Gelegenheit in die eigenen Reihen alle die aufzunehmen, die aus dem niederen Volk herausragen und die neue Aristokratie bilden werden[12]. Dagegen wird der Wechsel die alte Aristokratie viel Blut und Tränen kosten, weil sie einerseits, nahezu mit Wahnsinn geschlagen, sich durch ihre törichten humanitären Deklamationen der Waffen beraubt und schwächt und andererseits die neue Aristokratie zurückweist und damit zum Kampf zwingt."

Die folgenden Ereignisse zeigten genau, daß beide Ansichten richtig waren, die sich in nichts widersprechen.

De Tocqueville hat bemerkt, daß „die Französische Revolution eine politische Revolution war, die wie eine religiöse Revolution vorging und in gewisser Weise auch als solche erschien". Man kann über den Rest von Zweifel in dieser Aussage hinweggehen und kurz und bündig sagen, daß die Französische Revolution eine religiöse Revolution war, die von den gehobenen Klassen vorbereitet und dann gegen sie vollzogen wurde und die Macht einer neuen auserwählten Klasse, nämlich der Bourgeoisie, verlieh.

Man hat gesagt, daß die Revolution die Tochter Voltaires und der Enzyklopädisten war; dies stimmt nur zu einem kleinen Teil und nur in gewissem Sinne, insofern als der humanitäre Skeptizismus die oberen Klassen geschwächt hatte; der Einfluß Voltaires und der Enzyklopädisten auf die unteren Klassen war fast gleich Null, und die Revolution war in der Hauptsache eine Reaktion der religiösen Gefühle (im weiteren Sinn) der unteren Klassen gegen den Skeptizismus der oberen Klassen. So war es auch zum Teil zur Zeit der Reformation. Auch damals wurden die oberen theokratischen Klassen skeptisch, und die Päpste kümmerten

---

[12] Niebuhr sagt über die Iren, die er mit dem Staat der Römer der Antike vergleicht – und dies trifft auf jeden Raum und jede Zeit zu: „Das Leid und die Verzweiflung der Armen sind eine äußerst mächtige Waffe für ihre Führer, denen deren Probleme gleichgültig wären, wenn das Gesetz sie nicht zu einem Ganzen vereinigte."

sich um die irdischen Belange weitaus mehr als um die himmlischen. Nicht zufällig entstand die Reformation bei den rauhen Völkern des Nordens, wo das christliche religiöse Gefühl lebendiger war, und gewann wenig Anhänger im zivilisierten und skeptischen Italien. Damals hatte die religiöse Reaktion christliche Form; 1789 in Frankreich hatte sie die Form der sozialen, patriotischen, revolutionären und auch antichristlichen Religion. In beiden Fällen waren es Gefühle gleicher Art, die verschiedene Formen annahmen.

Die Herrschaft der neuen Aristokratie, die aus der Französischen Revolution hervorgegangen war, die der Bourgeoisie, hat nur kurze Zeit gedauert und weist, zumindest in Frankreich, kaum ein Jahrhundert nach ihrer Entstehung Anzeichen tiefgreifenden Verfalls auf. Allerdings hat sie in den Vereinigten Staaten von Amerika, in Deutschland und in anderen Ländern noch sehr viel Kraft bewahrt.

Wenn wir das Phänomen aus objektiver Sicht betrachten, so fallen uns drei große Kategorien von Fakten auf, und zwar:

1. Eine wachsende Intensität des religiösen Gefühls, was zeigt, daß wir uns in der aufsteigenden Periode der Krise befinden;
2. der Verfall der alten Aristokratie;
3. das Entstehen einer neuen Aristokratie.

Subjektiv wird die erste dieser großen Kategorien vom Bewußtsein ohne allzugroße Entstellung wahrgenommen; dagegen nehmen die anderen beiden Kategorien eine Form an, die sehr von der Wirklichkeit verschieden ist; der Verfall der alten Aristokratie erscheint als die Zunahme humanitärer und altruistischer Gefühle; das Entstehen der neuen Aristokratie als Forderung der Machtlosen und Schwachen gegen die Mächtigen und Starken.

Die aufsteigende Periode der religiösen Krise. – Es genügt eine auch nur höchst oberflächliche Beobachtung, um festzustellen, daß bei den zivilisierten Völkern seit einigen Jahren das religiöse Gefühl gewachsen ist und stets zunimmt. Dies kam nicht nur den bereits bestehenden religiösen Formen zugute, nämlich den verschiedenen christlichen Konfessionen, sondern hat hauptsächlich einer neuen Art von religiösen Gefühlen Kraft verliehen, die sich im Sozialismus manifestieren. Viele kluge Männer, sowohl unter den Sozialisten als auch unter ihren Gegnern, haben klar erkannt, daß der Sozialismus heute eine Religion ist; und wer die Geschichte studiert, muß anerkennen, daß dieses religiöse Phänomen zu den großartigsten gehört, die wir je gekannt haben und daß man es nur mit der Entstehung des Buddhismus, des Christentums, des Islam, der protestantischen Reformation, der Französischen Revolution vergleichen kann.

Außerdem hat sich der Patriotismus gesteigert und nimmt die Form einer Religion an, in Deutschland, wo eine namhafte Zeitschrift so weit geht, vom

„deutschen Gott“ zu sprechen, in England mit dem *Imperialismus*, in Frankreich mit dem *Nationalismus*, in den Vereinigten Staaten von Amerika mit dem *jingoism* etc.

Neben diesen großen Phänomenen, die sich zeigen im Wiederaufleben der alten Religionen und im Entstehen einer neuen und äußerst mächtigen, beweisen uns andere von geringerer Bedeutung, wie das religiöse Gefühl in alle Äußerungen des menschlichen Handelns einfließt, so daß es sogar den Anschein hat, als hätten diese nunmehr alle eine unüberwindliche Tendenz, religiöse Form anzunehmen[13].

Nehmen wir zum Beispiel die guten Leute, die der Ansicht sind, daß der Genuß alkoholischer Getränke der Menschheit schadet. Ihre Aktivität hält sich nicht bescheiden und maßvoll innerhalb der Grenzen irgendeiner Maßnahme für die Gesundheit, sondern geht noch über die des religiösen Eifers hinaus[14].

---

[13] Deherme schreibt offen in seiner Zeitung „Coopération des idées“: „Wir müssen von der Solidarität besessen sein, wie die Märtyrer von Christus besessen waren.“ Die Streikenden von Molinella haben die Heiligen- und Madonnenbilder weggeworfen und sie durch die Porträts von Marx und Prampolini ersetzt.

[14] Ich greife aufs Geratewohl irgendein Beispiel heraus: „Alkohol! Alkohol! Man bekämpft dich nicht genug, führt nicht einen erbitterten, tödlichen Krieg gegen dich. Man haßt dich, man fürchtet dich – zumindest sagt man es – aber man zögert, wenn es darum geht, dich zu beseitigen. Und dabei befleckst du erst die reinsten Seelen, verdirbst die klarsten Geister, fesselst die, die sich dir nähern und die dir hofieren (ein schönes dichterisches Bild), und dann verschlingst du sie. Ein großer Teil unseres Volkes schleppt sich, röchelt und läßt sich schließlich fallen, mit gebrochenen Knochen vor dem letzten Glas Gift, und krepiert, verfault bis ins Mark“ – *(Le bien social)*. Die letzten Worte sind vielleicht ein bißchen gewöhnlich für einen so hoch-poetischen Aufsatz.

„Da der Alkohol die Ursache von neun Zehnteln alles Unglücks der Menschheit ist (wer weiß, wie er diese Statistik anfertigen konnte), von dreiviertel aller Verbrechen (die Statistik der Verbrechen verblüfft durch ihre Präzision), da der Alkohol eine Unzahl von Menschen ins Elend bringt, durch Armut, Abstumpfung, Krankheiten, vorzeitige Senilität, da der Alkohol das Übel, die Geißel schlechthin ist, die Ursache für den Ruin der Familien, für das Dahinsiechen der Kinder, der Kalvarienberg der Frauen, da der Alkohol der Satan selbst ist, sollte man meinen, daß sich jedermann erheben müßte, um gegen ihn zu kämpfen (ist das nicht so, als ob ein Gläubiger über die Ketzer spräche?). Nichts dergleichen; und wie viele Ärzte gibt es, die Feinde dieses Giftes sind und es unbewußt und dumm unterstützen (dumm = bête, bêtement, Wörter, die die Gebildeten in Frankreich kaum gebrauchen: man sieht, daß man nicht unbedingt eine gepflegte Sprache bekommt, wenn man nur Wasser trinkt), indem sie pharmazeutische Weine verschreiben“ *(Le bien social)*. Diese glänzende Invektive hat ganz einfach den Zweck, die Anwendung von Chinarinde-Wein zu kritisieren ... *nascetur ridiculus mus*.

Eine Gesellschaft, der übrigens höchst achtbare Wissenschaftler angehören, veröffentlicht ein Rundschreiben, in dem steht: „... Der Alkohol ist vor allem Gift für das Gehirn ... Geringe Mengen verlangsamen unbestreitbar unsere intellektuellen Operationen, so wie man aus den Arbeiten von Kraeplin, Smith, Fürer etc. ersehen kann.“ In der Tat waren die intellektuellen Operationen Bismarcks, der sehr viel Bier trank, äußerst langsam, er begriff gar nichts; ebenso waren Napoleon I., Cromwell, Cäsar, Sokrates, Vergil, Horaz etc. halb schwachsinnig. Wie übrigens fast alle Männer, die wir für groß halten, dies gewesen sein müssen, da in Wirklichkeit nur ganz wenige nur Wasser tranken, nach allem, was man weiß. Aber wie ungeheuer genial müssen die sein, die vollkommen auf alkoholische

Es erheben sich Asketen, Apostel, Märtyrer, die zu jedem Opfer bereit sind, wenn sie nur ein menschliches Geschöpf daran hindern können, ein Glas Wein zu trinken; und wenn sie dies erreichen, sagen sie, sie hätten „einen Menschen gerettet", wie der christliche Apostel sagt, er habe „eine Seele gerettet"[15]. Es gibt Sekten, wie die der Anti-Alkoholiker namens *Guttempler*, die religiösen Vereinigungen wie der der Dominikaner, der Franziskaner oder anderen, ähnlichen vergleichbar sind. Sie haben Initiationsriten, kultische Zeremonien, mysteriöse Bande, und sie geben sich überspannten Exaltationen hin. Übrigens ereifern sich nicht wenige Gesundheitsfanatiker so sehr bei der Verteidigung ihrer Lehre, daß sie jedem, der nicht völlig jeden Funken Verstand verloren hat, wie von Sinnen erscheinen, und fast gar gehen sie noch so weit, den Menschen zu töten, um seine Gesundheit zu erhalten, was noch weniger Sinn hat als das Vorgehen der Inquisition, die ihn verbrannte, um seine Seele zu retten.

Andere haben sich darum bemüht, die „unmoralische Literatur" zu verfolgen, und auch sie gehen über die gemäßigten Grenzen einer anständigen Zensur hinaus, (b) Unter ihnen befinden sich sicher höchst achtbare und hochlöbliche Personen; aber es ist seltsam, daß es Leute gibt, die sich auf dieses Thema fixiert haben und die an nichts anderes mehr denken können. Diese drücken höchst moralische Auffassungen in höchst schamlosen Worten aus; irgendwo ließen sie junge Mittelschüler eine Petition für die Schließung der Freudenhäuser unterschreiben, und die Petition war in obszönen Worten abgefaßt. Wenn man manchmal mit einem der Fanatischsten spricht, sieht man sein Gesicht aufleuchten, seine Augen funkeln, kurz, alle die Anzeichen, die ein Mann aufweist, wenn er eine Frau begehrt, während dieser ohne Ende und Ziel von der Vereinigung der Geschlechter spricht und unglaublich intensiven Haß auf jeden Mann zum Ausdruck bringt, der die Freuden der Liebe genießt.

Getränke verzichten! Wenn diejenigen, die Wein trinken, dies noch nicht gemerkt haben, so vielleicht nur, weil ihre intellektuellen Operationen so langsam vonstatten gehen.
Wir wollen diese Beispiele, von denen man ohne Schwierigkeit noch mehr bringen könnte, deshalb anführen, weil wir zeigen wollten, daß hier nicht nur der Mißbrauch bekämpft werden soll, womit wir alle einverstanden wären, sondern auch der noch so bescheidene Genuß von Alkohol; und darin entdeckt man das religiöse und fanatische Gefühl.

[15] RENAN schreibt in Marc-Aurèle, S. 577 über den Mitraskult, der mit vielen anderen mit dem Christentum rivalisierte: „Seine Kapellen waren kleinen Kirchen sehr ähnlich. Er schuf unter den Eingeweihten einen Ort der Brüderlichkeit. Wir haben es schon zwanzig Mal gesagt, darin lag das große Bedürfnis jener Zeit. Man wollte Gemeinden, wo man füreinander sorgen, einander lieben und unterstützen konnte, Bruderschaften, die ein geschlossenes Feld (denn der Mensch ist nicht vollkommen) für alle Arten von kleinen Eitelkeiten, für die harmlose Entfaltung kindischen Ehrgeizes boten." Genau wie heute. Der Sekretär einer Gesellschaft, die die Gesundheit zum Vorwand nimmt, um irgendein törichtes Prinzip zu predigen, glaubt, er sei ein großer Mann. Es gibt Priester und Gemeinden, die sich darüber beklagen, daß ihre Gläubigen Tempel und Kirchen verlassen, um zu den Versammlungen der *Abstinenzler*, der *Ethiker* etc. zu gehen.

Aber außer dem religiösen Gefühl im allgemeinen vollzieht sich hier noch etwas anderes, und zwar, wenn ich nicht irre, folgendes: Es wurde schon bemerkt, wie sich manchmal das erotische Gefühl in das Gewand des religiösen Gefühls hüllt, und es wird von vielen solchen Fällen berichtet, vor allem von hysterischen Frauen. Heute kommt es vor, daß es Menschen gibt, die, wenn sie zu einer anderen Zeit gelebt hätten, zum Beispiel am Ende des XVIII. Jahrhunderts, ohne weiteres den erotischen Gefühlen nachgegeben hätten, die sie beherrschen, die aber heute unter den anderen historischen und sozialen Verhältnissen Gewissensbisse haben und darauf verzichten, so sehr sie können, und die unbezähmbare Begierde mit Worten besänftigen. Kurz, sie sind froh, eine Gelegenheit zu finden, sich moralisch mit der unmoralischen Sache befassen und sich mit ruhigem Gewissen einen in mancher Hinsicht gleichartigen Genuß verschaffen zu können[16]. Einer meiner Freunde kannte eine reiche und schöne Dame, die in ihren Jugendjahren nicht die Tugendhafteste war und die mit zunehmendem Alter, während sie jedoch noch immer Begierden entfachen konnte, tief und aufrichtig religiös wurde, und mit bewundernswertem Eifer und schweren Opfern widmete sie ihre ganze Zeit der Aufgabe, die Prostituierten vom Laster abzubringen. Mein Freund war von den ehrlichen Absichten der Dame überzeugt, und er erklärte die unglaubliche Leidenschaft, mit der sie sich diesem Apostelamt widmete, damit, daß sie auf diese Weise einen Abglanz der vergangenen und doch noch immer begehrten Genüsse erhielt, und dies nicht nur ohne die geringsten Gewissensbisse, sondern sogar in dem Bewußtsein, ein gutes Werk zu tun. Was den erbitterten Haß betrifft, den ein übertriebener Moralist gegen den weniger asketischen Mann an den Tag legt, so hat dieser seinen Ursprung nicht nur in jenem religiösen und fanatischen Gefühl, das den Ketzer auslöschen und vernichten will, sondern geht noch dazu von jenem Neid aus, den der Freudlose gegenüber dem Genießenden, der Eunuch gegenüber dem vollwertigen Manne unbewußt und unfreiwillig empfindet.

Die Vegetarier sind auch eine recht lächerliche Sekte. Sie haben ausgerechnet, daß der bebaute Boden sehr viel mehr Reis und Korn produzieren kann als Fleisch, folglich wollen sie uns das Fleisch wegnehmen, um eine größere Menge von Nahrungsmitteln zu haben. Es kam auch eine mystisch-soziale Sekte in Schwang, die sich auf gewisse physiologische Experimente zur Untermauerung ihrer These stützt und behauptet, wir alle äßen zuviel und uns eine strenge Diät

---

[16] RENAN, *Marc-Aurèle*, S. 244: „Die angebliche Keuschheit der Enkratiten war oft nur ein unbewußter Betrug." S. 245: „Sehr viel schlüpfriger und aufreizender ist der Roman der Heiligen Nereus und Achilleus; nie war man mit mehr Wollust keusch; nie behandelte man die Ehe mit naiverer Schamlosigkeit." S. 246: „Die Leute, die sich vor den Frauen fürchten, sind im allgemeinen die, die sie am meisten lieben. Wie viele Male kann man mit Recht zu dem Asketen sagen: *Fallit te incautum pietas tua.*"

auferlegen will. Damit, sagen diese wackeren Männer, wird die „soziale Frage" gelöst, denn dann gebe es für eine größere Anzahl von Menschen Nahrungsmittel und vor allem könne man dann sehr viele Kinder haben. Für diese armen Fanatiker gibt es kein größeres Verbrechen, als wenn ein Mann mit einer Frau verkehrt, ohne ein Kind zu zeugen, Malthus ist ihr Satan, sie würden am liebsten alle griechischen und lateinischen Dichter verbrennen, weil sie nicht keusch waren, ihr Ideal ist ein Volk von Asketen, das kein Fleisch ißt, keinen Wein trinkt, das keinerlei Liebesgefühle empfindet, es sei denn *liberorum quaerendorum causa*, und dessen einziges Verbrechen vielleicht das Singen von Solidaritätshymnen bleibt[17].

Solche Asketen sind für die Sozialisten das, was die Montanisten für die orthodoxe christliche Kirche waren. Diese hatte schon immer viel Mühe, diejenigen loszuwerden, die töricht ihre Lehre übertrieben; kaum waren sie auf der einen Seite verjagt, tauchten sie auf einer anderen wieder auf, bis zu den Flagellanten des Mittelalters und den jansenistischen Visionären[18].

---

[17] Solche Dummheiten beobachtet man bei allen Völkern. Manche Menschen empfinden große Freude dabei, sich und andere zu quälen. Man lese nur, was Buckle über den schottischen presbyterianischen Klerus schreibt, der übrigens demokratisch war wie unsere modernen Asketen. „Nach ihrem Kodex waren alle natürlichen Gefühle, alle geselligen Vergnügungen, jede Art von Unterhaltung, alle fröhlichen Regungen des menschlichen Herzens große Sünden ... Es ist ungebührlich, auch nur im geringsten an die Schönheit zu denken, oder besser gesagt, es gibt keine echte Schönheit. Was gibt es auf der Welt, das es verdiente, betrachtet zu werden? Nichts außer der schottischen Kirche, dem schönsten und unvergleichlichsten Gegenstand auf der Welt (heute hat man an die Stelle der schottischen Kirche einfach die *Solidarität* gesetzt) ... Wenn man sonntags von einer Stadt zur anderen ging, so war dies eine Sünde. Sonntags einen Freund zu besuchen, den Garten zu gießen, sich rasieren zu lassen, war eine Sünde. (Heute greift auch das Gesetz ein: In einer kleinen Gemeinde wurde einem Bürger der Prozeß gemacht, der für seinen eigenen Verbrauch zur Stunde des Gottesdienstes Wasser holen ging) ... Arm, schmutzig, ausgehungert sein ... immer seufzen und klagen ... in wenigen Worten, ständig niedergeschlagen sein ... das war das Zeichen der Heiligkeit; das Gegenteil das der Gottlosigkeit."
Und schon früher hatten die Mönche diese Art von Wahnsinn bis zu den letzten Grenzen getrieben. Wie Gibbon richtig sagt: „In der Sprache der Mönche waren Vergnügen und Verbrechen gleichbedeutend, und sie sind es auch für unsere modernen Asketen".

[18] Es genügt, von vielen Fällen an diesen folgenden zu erinnern, der sich ereignete, als der vorliegende Artikel gedruckt wurde. Der „Avanti!" vom 18. Juli 1900 berichtet von dem Beschluß einer Sektion der sozialistischen Partei: „Die örtliche Sektion der sozialistischen Partei schloß in ihrer Versammlung vom 11. des Monats die beiden Brüder B ... einstimmig aus ihren Reihen aus. Den ersten, weil er ... zwei Herausforderungen geschickt hat, ... und weil er sich als Sozialist hartnäckig im Recht glaubte, persönliche Streitigkeiten *durch einen Ehrenhandel* zu lösen. Der zweite ... weil er sich mit seinem Bruder völlig solidarisch erklärte ... und weil er gegenüber einigen Genossen eingestanden hatte, daß er das Duell bedingungslos bejahte." Die zitierte Zeitung sagt mit gesundem Menschenverstand: „Der Ausschluß des Bruders, weil er mit dem anderen Bruder gemeinsame Sache machte und das Duell bejahte", scheine ein falsches Konzept von dem, was eine Partei ist, zu implizieren ... Wenn man heute in den Katechismus der Partei aufnimmt, daß ein Sozialist sich nicht duellieren darf, so wird ein anderer morgen verlangen, daß man festsetzt, daß der Sozialist Absti-

Wer in Italien lebt und nicht lange genug im Ausland gewesen ist, um nicht nur die Mehrzahl, die geistig gesund ist, kennenzulernen, sondern auch die kleinen Vereinigungen von Exaltierten, kann sich keine klare Vorstellung von den Lehren der modernen Asketen machen und wird Erzählungen, die noch weit unter der Wahrheit bleiben, schon für übertrieben halten[19]. Italien ist schon seit der Römerzeit immer ein wenig religiöses Land gewesen. Wer weiß, ob es nicht eines Tages eine neue Renaissance hervorbringen wird, wie die, die zu bald von der protestantischen Reformation zum Stillstand gebracht wurde.

Der Spiritismus, der *Okkultismus* und andere derartige Formen des Aberglaubens haben nicht wenige Anhänger und bekommen Zuwachs durch die allgemeine Zunahme des religiösen Gefühls. Da gibt es jetzt Leute, die die Ergüsse einer armen Hysterikerin ernst nehmen, die in der Sprache schreibt, die auf dem Planeten Mars gesprochen wird; und über dieses schöne wissenschaftliche Thema werden Vorträge gehalten, zu denen sich Frauen und Mädchen drängen, die in den Mystizismus verliebt sind. Der Erzengel Gabriel lallt in Paris aus dem Mund einer jungen Dame, Scharlatane jeder Art heilen mit mystischen Mitteln die Kranken, und wenn wir auch keinen Lukian haben, der uns ihre Heldentaten erzählt, so mangelt es uns doch nicht an solchen, die die Rolle Alexanders von Abonotechia spielen.

Wenn man sich nicht in der aufsteigenden Periode der Krise befindet, gehen solche Phantasien nicht über einen kleinen Personenkreis hinaus und haben nur geringe Wirkung; aber in jener Periode nimmt ihre Wirkung stark zu und trägt zur Beschleunigung der allgemeinen Bewegung bei.

---

nenzler sein muß, übermorgen, daß er sich nicht kirchlich trauen lassen darf, und so würden nach und nach alle Bereiche des Privatlebens von der Gesetzgebung der Partei erfaßt. Auf diese Weise, glauben wir, verwandeln sich die Parteien in Sekten oder in kirchliche Orden.

Aber die Sektierer strecken nicht die Waffen. Die Entwicklung geht ihren Gang. Der „Avanti!" vom 30. Juli berichtet, daß die Sektion von Pisa den Ausschluß von drei „Genossen" beschlossen hat, weil sie öffentlich gegen den oben erwähnten Beschluß jener anderen Sektion protestiert hatten. Unter diesen „Genossen" war der Korrespondent des „Avanti!"; ihm half das, was er für die Partei getan hatte, nichts; er wurde exkommuniziert wie ein gewöhnlicher Bourgeois. Eines Tages werden wir vielleicht die Heilige Inquisition des sozialistischen Glaubens haben.

19 Welcher Italiener, zum Beispiel, wäre nicht erstaunt, wenn man ihm sagte, daß ein junges Mädchen, das von der anderen Seite des Atlantiks gekommen war, von höchstem Stand, ausgezeichneter Bildung und gehobener sozialer Herkunft, in einer öffentlichen Versammlung über die künstliche Befruchtung der Frau sprach und sagte, daß dies einerseits etwas höchst Moralisches sei, da dadurch der Liebe ihr materieller Anteil, das sinnliche Vergnügen, entzogen werde, und andererseits etwas äußerst Nützliches, weil dadurch ermöglicht werde, die menschliche Rasse sehr zu verbessern. Und doch ist dies eine wahre Tatsache.

Ein von gewissen Asketen und Moralisten sehr gelobtes Buch, nämlich *L'Ecole de la pureté*, von dem man sagt, es solle von jungen Mädchen gelesen werden, hat sicher die besten Absichten, aber spricht darüber in so sonderbarer Weise, die man nur schwerlich entschuldigen kann, es sei denn, man sagte, der Zweck heilige die Mittel.

In der Literatur, in der Kunst und in der Wissenschaft brechen sich der Mystizismus, der „Symbolismus“ und andere Spielereien, die so erscheinen, als wären sie von Bedeutung, Bahn. Man kann noch wählen, auf welche religiöse Form man eine Hymne anstimmen will[20]; aber diese Hymne darf nicht fehlen, sonst

[20] Für die sozialistische Form und für Frankreich wurde das Phänomen in „Avanti!“ vom 12. März 1900 gut beschrieben. „Die französische Kunst, die während der Agitation für und gegen Dreyfus für die Demokratie und die Freiheit eine schöne Schlacht geschlagen hat, hat das Feld nicht geräumt und leistet weiterhin den extremen Manifestationen des zeitgenössischen radikalen Denkens Hilfe. Anatole France und Octave Mirbeau, Maurice Bouchor und Laurent Taillade, Paul Adam und Camille Mauclair stellen gern ihre Namen neben die der wildesten revolutionären, sozialistischen und anarchistischen Agitatoren ... Auch jener Barrès und jener Lemaitre, die in der Dreyfuskampagne auf der Seite der mit Tressen geschmückten Lüge standen, sind außer sich vor lauter Sympathie für die Forderungen der Arbeiter. *Der vorherrschende Tenor der zeitgenössischen französischen Literatur ist eine ausgeprägt antibürgerliche Haltung.*“ [Die Unterstreichung stammt von mir; es ist nur zu wahr. Der Leser möge bemerken, daß es die Bürger sind, die diese antibürgerlichen Bücher kaufen und damit dafür sorgen, daß sie gedruckt werden. Später werden wir auf diese Beobachtung zurückkommen.] „Die französische Kunst stürzt sich nicht nur entschlossen in den sozialen Kampf, sondern übernimmt bewußt die Verteidigung der Armen und Schwachen. Die herkömmliche religiöse und politische Moral wird hart angegriffen; alle die Waghalsigkeiten und Unruhen der beginnenden Krise finden Aufnahme und Widerhall bei den beliebtesten Schriftstellern. In der neueren französischen Nachwuchsliteratur findet man einen Hauch von der von den französischen Schriftstellern des 18. Jahrhunderts unbewußt übernommenen Aufgabe: Die Agitation mit Ideen, die für die bestehende Ordnung gefährlich sind, durch den verführerischen Zauber des künstlerischen Kolorits ... Der von Mirbeau dargestellte Hexensabbat von Ideen und Gestalten vermittelt unmittelbar den Eindruck von der Notwendigkeit der Katastrophe. Diese Welt ist nicht fähig, sich zu bessern!“
„... Paul Adam ..., ist ebenfalls Anarchist und propagandiert die Notwendigkeit einer heilbringenden Revolution ... In seiner unendlichen Güte für alle Unterdrückten, neben dem zarten und sanften Mitgefühl mit all den Verworfenheiten, in die das Elend die einsame und notleidende Frau stürzt, gilt seine Verachtung und sein Haß einzig und allein dem Elenden, der sich mit seinem Schicksal abfindet und dem Reichen die Hand reicht – und dies nicht, um ihn kaltzumachen.“ [Und einstweilen, bis er „kaltgemacht“ wird, kauft der reiche und wohlhabende Bürger Adams Bücher und ist damit die wahre Ursache dafür, daß sie gedruckt werden, und so macht er sich auch zum Teil zum Komplizen ruchloser Verbrechen]. „Aber wenn man das eigentliche Feld der revolutionären Literatur verläßt, so begegnet einem dabei in gleicher Weise die antibürgerliche, neuerungswillige Tendenz der jungen Literatur. Wer hat die Familienbindungen mit grausamerer Ironie aufgelöst als Marcel Proust? ... Und diese ganze Literatur ist durchdrungen von einem gewaltigen Geist der Verachtung für alles Traditionelle, Alte, alles, was sich auf eine Autorität gründet, sich auf einen Kodex stützt, von Polizei und Magistrat sanktioniert wird.“ Hier sieht der Autor nur eine Seite des Problems. Wenn man die Autoren liest, die wie Brunetière zu alten religiösen Formen zurückkehren wollen, so stößt man auf die gleiche Verachtung, aber sie gilt anderen Objekten. Das gleiche kann man von den Nationalisten, den Antisemiten etc. sagen. Sie alle geraten einander knurrend in die Haare, wie es Sektierer zu allen Zeiten und in allen Ländern zu tun pflegen.
Der Autor fügt sehr treffend hinzu: „Diese Literatur läßt sich dann aus den Voraussetzungen erklären, die Paris dem Literaten bietet. Denn ... das Buch ist ein kommerzielles Unternehmen wie alle anderen auch ... in Italien gibt es den Beruf des *Schriftstellers* nicht, in Frankreich gibt es ihn.“ Aber er sagt nicht – und diese Beobachtung ist von großer Bedeutung – daß die Hauptkonsumenten, an die sich dieses *Unternehmen* wendet, gerade die Bürger sind, die in den von ihn veröffentlichten Büchern so beschimpft werden.

würde das Publikum das Buch nicht kaufen und daher würde es kein Verleger drucken wollen.

Unsere neuen Mystiker glauben zu denken, aber in Wirklichkeit verstoßen sie erheblich gegen die Logik, und sehr häufig können sie nichts anderes, als das Geschwätz der antiken Mystiker wiederholen. Um zum Beispiel zu beweisen – angenommen, daß an der Geschichte von der Transmigration eines menschlichen Wesens auf den Mars etwas Wahres ist, sagen sie höchst würdevoll, daß „die Wissenschaft nicht alles erklären kann". Das ist sehr wahr, aber weil Titius ein Phänomen nicht erklären kann, folgt daraus nicht logisch, daß er die Erklärung von Caius akzeptieren muß. Wenn Titius nicht weiß, was der Donner ist, so zwingt ihn deshalb nicht die Logik, der Ansicht von Caius beizupflichten, nach der er von Jupiter erzeugt wird. Andere, die gewitzter sind, wiederholen eine auch schon sehr alte Überlegung und sagen im Wesentlichen: „Dies muß wahr sein, weil es dem Menschen nützt, wenn es wahr ist." Man hat jetzt von neuem eine Wahrheit entdeckt, die bereits seit vielen Jahrhunderten bekannt ist, nämlich daß sich der Mensch mehr vom Gefühl als von der Vernunft leiten läßt. Davon kann man ableiten, daß das religiöse Gefühl einen beträchtlichen Anteil an der Aufrechterhaltung der sozialen Ordnung hat, aber daraus allein kann man nicht erkennen, wie groß genau dieser Anteil sein muß, damit man das Maximum an sozialem Nutzen erhält, und weniger denn je kann man ableiten, daß die Form A dem Menschen eher nützt als die Formen B, C ... Eine Überlegung, derzufolge im Wesentlichen der Mensch zum großen Teil vom Gefühl gelenkt wird und sich daher ganz einer Religion unterwerfen muß, die also A sein muß, gehört zur Kategorie unlogischer Überlegungen. Die Antialkoholiker injizieren einem Tierchen Wein, worauf es unter Konvulsionen stirbt, und davon leiten sie als logische Konsequenz ab, daß der Mensch keinen Wein trinken darf! Sie machen auch Experimente am Menschen. Sie beobachten, daß bei jemand, der alkoholische Getränke zu sich genommen hat, die Übertragung der sinnlichen Wahrnehmungen über das Gehirn sich für kurze Zeit verlangsamt. Sie leiten davon ab, daß der Alkohol für das Nervensystem Gift ist und daß der Mensch darauf verzichten muß. Wenn diese Überlegung logisch ist, dann ist es auch die folgende: Kurz nach dem Essen und während der Verdauung wird das Gehirn träge und jede intellektuelle Operation wird langsamer, also ist die Nahrung Gift für das Nervensystem, also muß der Mensch darauf verzichten ... und Hungers sterben. Wenn, wie manche sagen, der Genuß alkoholischer Getränke die Art in wenigen Jahren vernichtet, brauchen diejenigen, die nur Wasser trinken, nur die Zeit arbeiten zu lassen, in Kürze werden sie durch natürliche Selektion allein auf der Welt zurückbleiben; es ist sogar ein Wunder, daß dies seit Noahs Zeiten nicht bereits geschehen ist.

Man sagt, im Namen der „Solidarität" müsse A dem B Geld geben, weil A seine Freude in dem Wohl von B finden soll; aber aus demselben Grund müßte B, immer noch im Namen der Solidarität, sich weigern, A zu berauben und ihm schweren Schaden und Kummer zuzufügen. Man bemerkt, daß die Gesellschaft ein organisches Ganzes ist und daß das Unglück eines Teiles B von diesem Ganzen seine Auswirkungen auf den Teil A hat, und davon leitet man ab, daß A B helfen muß und daß er B auf bestimmte Art und Weise helfen muß. Die Konsequenz ist nicht logisch. 1. A könnte auch B eliminieren, so wie sich jemand ein Glied amputieren läßt, das vom Brand befallen ist. 2. Wenn diese Art und Weise B zu helfen die degenerierten und nicht in die Umwelt angepaßten Individuen sich unendlich vermehren läßt, so fügt die von A an B geleistete Hilfe nicht nur dem Teil A, sondern der gesamten Gesellschaft Schaden zu.

Es ist vergebliche Mühe, solche Überlegungen als falsch aufzuzeigen, denn die Menschen, die auf sie zurückgreifen, sind nicht durch sie überzeugt worden, sondern sie haben sie sich ausgedacht, um *a posteriori* das zu rechtfertigen, wovon sie schon überzeugt waren; wodurch, selbst wenn der höchst einzigartige Fall eintreten würde, daß die Beweisführung so klar und so mächtig wäre, daß sie sich dem Geist dieser Menschen aufzwingen würde und sie damit genötigt wären, diese Überlegungen aufzugeben, man nichts erreichen würde, als daß sie von anderen, gleichermaßen oder noch mehr falschen ersetzt werden, während, bis auf ganz wenige Ausnahmen, der Glaube dieser Menschen in keiner Weise geändert würde, da er einen ganz anderen Ursprung hat.

Nicht einmal die positiven Wissenschaften sind gegen das überall um sich greifende religiöse Gefühl gefeit. Ein ausgezeichneter Astronom, H. Faye, hat das Bedürfnis, über den Ursprung des Sonnensystems folgendes zu sagen: „Wir wollen diese ersten Zeiten nicht verlassen, ohne das erste Kapitel der Genesis zu würdigen. Es beweist, daß die Menschheit nicht mit den Albernheiten des Fetischismus, noch mit den reizenden Absurditäten des Polytheismus oder mit den erniedrigenden Träumen der Astrologie begonnen hat[21]." Wer weiß, ob der Autor wirklich glaubt, daß das erste Kapitel der Genesis die ersten Menschen beschreibt? Sollte er nie etwas von den historischen Forschungen über die antiken Völker noch von den Studien über die prähistorischen Menschen gehört haben? Er schließt sein Buch mit der Aussage, daß das Leben ein Ende haben wird, „aber wir hoffen, wir glauben, daß es mit den Werken des Geistes, die uns unserem göttlichen Vorbild angenähert haben, nicht ebenso gehen wird. Jene brauchen zum Überleben weder Licht noch Wärme, noch eine neue Erde; sie sind gesammelt, um nicht unterzugehen." Man weiß nicht, was der Autor sagen will und wie die „Werke des Geistes" es anstellen werden zu überleben, wenn alles

[21] *Sur l'origine du monde*. S. 24.

Leben erloschen sein wird. Angesichts dieses Gefasels ist die Lehre von der Seelenwanderung ein Modell wissenschaftlicher Präzision. Zum Glück hat der Autor unter den „Werken des Geistes“, die überleben sollen, wenn die Erde von allem Lebendigen verlassen sein wird, nicht die „Solidarität“ hervorgeholt; wir hoffen, daß sie in irgendeinem anderen astronomischen Traktat zum Vorschein kommen wird. Ein Laplace sprach anders als Faye, aber verschiedene Zeiten haben verschiedene Gelehrte.

Sogar die Theorien von Kopernikus und Galilei sind heute, zumindest indirekt, bedroht. Mansion, der ein fähiger Mathematiker ist, müht sich in einem Beitrag zum internationalen wissenschaftlichen Kongreß der Katholiken (4. April 1891) damit ab, zu beweisen, daß letzten Endes das ptolemäische System so viel, oder aber nicht viel weniger wert sei wie das moderne System: „Ein tiefer Grund für die Wahl des geozentrischen Systems ist folgender: Die Alten trennten klar die *Astronomie* als Wissenschaft von den *Erscheinungen* am Himmel von der Erforschung der *Ursachen* für die Bewegungen der Gestirne. Von daher war die Wahl astronomischer Hypothesen für sie eine gleichgültige Angelegenheit, und nichts sprach dagegen, den geozentrischen Standpunkt einzunehmen, der dem Augenschein angemessener war und sich direkter anwenden ließ als der andere.“ Es gehört übrigens ein ganz schöner Mut dazu, uns auf diese Art weismachen zu wollen, daß die Gelehrten der Antike, wenn sie nur gewollt hätten, der Newtonschen Theorie hatten folgen können und daß sie sich für die des Ptolemäus entschieden, weil sie „dem Augenschein angemessener war und sich direkter anwenden ließ“.

Bruntière, der von Astronomie wenig genug versteht, ruft aus: „Laßt uns in Frieden mit Eurem Galilei“; unser Autor, der ein tüchtiger Wissenschaftler ist, windet sich in subtilen Unterscheidungen: „Im XVI. und XVII. Jahrhundert, vor und nach dem Prozeß gegen Galilei, war die Unterscheidung zwischen der philosophischen Erklärung der astronomischen Phänomene den Gelehrten vertraut; zu jener Zeit verstand man aufgrund dieser Unterscheidung vollkommen, daß Galilei im Namen der Philosophie verurteilt wurde, ohne daß dies im geringsten die astronomischen Forschungen beeinträchtigte[22].“ Armer Galilei, wenn er wieder

[22] Der Trugschluß des Autors liegt darin; es ist sehr wahr, daß alle unsere Theorien hypothetisch sind und daß wir nichts Absolutes kennen. Es ist also sehr wahr, daß die Theorie Newtons ebenso eine Hypothese ist wie die des Ptolemäus oder die der Thegonie von Hesiod; aber darauf folgt nicht, daß unter den verschiedenen Hypothesen nicht solche sind, die anderen wissenschaftlich vorzuziehen sind. „Als ein Mitglied fragte, ob es vom Standpunkt der modernen Wissenschaft aus gleichgültig sei zu sagen, daß dieser Stern um jenen kreise oder umgekehrt, antwortet der Verfasser des vorhergehenden Beitrags, daß, solange man sich nur mit den Phänomenen, ihrer systematischen Beschreibung oder ihrer kinematischen Erklärung befaßt, dies in der Tat gleichgültig ist.“ Sicher, wenn ein Mann eine Straße entlanggeht, kann man, unter kinematischem Aspekt, annehmen: 1) Daß die Häuser am Straßenrand feststehen und der Mann sich bewegt; 2) daß dagegen der Mann steht und die Häuser

lebendig würde, wären unsere Neo-Katholiken imstande, ihn sofort wieder ins Gefängnis zu jagen! Dieser Herr Mansion ist recht ergötzlich, wenn er uns sagt, daß die Verurteilung und Gefangennahme Galileis „nicht die astronomischen Forschungen beeinträchtigte".

Wenn man nun diese zweitrangigen Anzeichen beiseite läßt und sich wieder den hauptsächlichen zuwendet, so scheint es wahrscheinlich, daß die Zunahme des religiösen Gefühls dem Sozialismus, der eine neue Form ist, eher zugute kommen wird als den alten religiösen Formen. So geschieht es wenigstens im allgemeinen bei den großen religiösen Krisen. Ob dann dieser Vorteil so weit reicht, daß die alten Anschauungen beseitigt werden, wie das Heidentum durch das Christentum, oder aber ob man sie bestehen läßt wie der Buddhismus oder die protestantische Reformation, ist noch unklar. Ich halte die zweite Hypothese für wahrscheinlicher, unter der Voraussetzung wohlgemerkt, daß der Sozialismus sich modifizieren und von den rivalisierenden Religionen viel übernehmen muß.

Die Ähnlichkeit, die die sozialistische Bewegung mit dem Entstehen des Christentums aufweist, wurde oft bemerkt, aber die Ähnlichkeit mit der protestantischen Reformation, die weniger bekannt ist, ist nicht weniger wahr; und man beachte wohl, daß wir bei diesen Analogien nicht stehenbleiben müssen, sondern daß wir überall, wo sich eine große religiöse Krise zeigt, ähnliche finden werden; und in Kürze werden wir sehen, daß die Analogie über das rein religiöse Phänomen hinausreicht.

Es ist einzigartig, wie es sogar in manchen Einzelheiten genaue Entsprechungen gibt. Es ist bekannt, daß die ersten Christen glaubten, das Reich Christi auf Erden müsse sehr bald kommen, und daß die Sozialisten vor wenigen Jahren den Sieg ihrer Lehre ebenso nah glaubten; Engels gab darüber Prophezeiungen ab, die die Wirklichkeit bereits widerlegt hat, und jetzt tauchen sie für eine etwas fernere Zeit wieder auf, wie ähnliche Prophezeiungen bei den *tausendjährigen* Christen. „Wenn", schreibt Lactantius[23], „der Erdkreis unterdrückt sein wird und es den Menschen an Kraft fehlen wird, um sich den Tyrannen zu widersetzen, die mit einem großen Heer von Dieben die Welt unterworfen halten, wird soviel Unglück der göttlichen Hilfe bedürfen." Wenn – sagten und sagen die Sozialis-

sich bewegen. Diese zweite Hypothese wird zuweilen von Betrunkenen angenommen, aber bis jetzt hat man noch nie gehört, daß ein Mensch *compos sui* sie vertreten hat. Sicher, wenn eine Lokomotive auf den Eisenbahnschienen fährt, kann man, unter kinematischem Aspekt, annehmen: 1) Daß sich die Lokomotive bewegt und die Gleise nicht; 2) daß dagegen die Lokomotive steht und die Gleise sich bewegen. Aber damit will man uns foppen, man will uns weismachen, daß eine Theorie der Bewegung der Lokomotive sich ebensogut nach dieser wie nach jener Hypothese entwerfen läßt.
Der Autor hat sich nicht die Mühe gemacht, uns zu erklären, wie Le Verrier, wenn er der Hypothese des Ptolemäus gefolgt wäre, es angestellt hätte, den Planeten Neptun zu entdecken.

[23] *Divin. instit.*, VII. 19.

ten – der Reichtum in wenigen Händen konzentriert sein wird und die ökonomischen Krisen häufiger und intensiver werden, wird der Kollektivismus notwendigerweise der Welt zu Hilfe kommen müssen. „Die Erde“, sagt Lactantius[24], „wird ihre Fruchtbarkeit zeigen und von selbst eine reichliche Fülle von Früchten erzeugen. Aus den Felsen der Berge wird Honig quellen, der Wein wird in Bächen fließen, und Ströme von Milch werden alles überfluten; die Welt wird sich endlich freuen, und alles in der Natur wird froh sein, befreit von der Herrschaft des Bösen, der Gottlosigkeit, des Verbrechens und des Irrtums.“ Eine ähnliche Glückseligkeit erwartet die Welt unter der Herrschaft des Kollektivismus, und dies wurde von vielen beschrieben, man braucht nur an De Amicis zu erinnern.

Ein Teil der Christen wurde es überdrüssig, auf das baldige Reich Christi auf Erden zu warten, und die vernünftigsten unter ihnen verstanden, daß man, um seine Gegner zu besiegen, praktischer und nachgiebiger sein muß, worauf sie zwar die ursprüngliche Lehre als Idealziel bewahrten, aber konkret sich den gewöhnlichen Lebensformen und Ansichten annäherten. Ähnlich gehen die Sozialisten mit dem Minimalprogramm vor, und Bernstein zeigt klar den neuen Weg auf. In Holland verschwindet der revolutionäre und starre Sozialismus und macht dem Staatssozialismus Platz. Andere Formen drängten sich und drängen sich heute noch weiter vor und nähern sich weitgehend den weltlichen an. In Frankreich sind die Sozialisten Regierungspartei geworden und Millerand gehört dem Kabinett Waldeck-Rousseau an; in England stimmte die Mehrheit der *Fabians* für den Imperialismus; in Deutschland gibt es viele Sozialisten, die sich gern mit dem Reich einlassen würden; der Pastor Naumann predigt in seinem Buch *Demokratie und Kaisertum* offen, der Kaiser solle Oberhaupt der Sozialisten sein, und jener kollektivistische Christ predigt sogar den Militarismus, Krieg und Ausrottung der Feinde Deutschlands und auch derer, die zwar keine Feinde Deutschlands sind, aber auch nicht dessen Sklaven sein wollen[25]. Seit dem Tag, an dem Jesus Liebe und Frieden in Galiläa predigte, bis zu dem, an dem die kriegerischen Prälaten die Stola mit dem Panzer vertauschten und im Namen des

[24] Loc. cit., 24.

[25] Es ist bekannt, daß es lange vor der Zeit Konstantins Christen gab, die das Kaisertum heiß und innig liebten. RENAN, *Marc-Aurèle*, S. 282-283: „Wir haben schon gesehen, wie Meliton dem Kaisertum ungewöhnlich entgegenkam für den Fall, daß es zum Beschützer der Wahrheit werden wollte. In der *Apologie* ist dieses Entgegenkommen noch ausgeprägter.“ Meliton ist ein würdiger Vorläufer Naumanns; er sagt zu Marc-Aurel, daß der Augenblick, in dem das Christentum entstand, für das Kaiserreich glücklich war. Tatsächlich entstand an diesem Punkt die ungeheure Macht Roms, deren würdiger Erbe Marc-Aurel und sein Sohn waren. Weiter sagt Renan, *idem*, S. 384: „Das charakteristische Merkmal von Athenagoras, wie das aller Apologeten, ist die höchste Ergebenheit, ja fast Unterwürfigkeit gegenüber dem Kaisertum.“ Und S. 618: „Der Haß zwischen dem Christentum und dem Kaisertum ist wie der Haß zwischen Menschen, die einander später lieben werden. Unter den Severern blieb die Sprache der Kirche so wie unter den Antoninern klagend und sanft.“ Eben dies beginnt man heute in Deutschland zu sehen.

göttlichen Meisters töteten, sind einige Jahrhunderte vergangen; aber seit dem Tag, an dem der Deutsche Marx den Proletariern die Frohe Botschaft brachte, bis zu dem, an dem manche Sozialisten das Motto: Proletarier, vereinigt euch, mit dem: Proletarier, tötet einander, vertauschten, sind nur wenige Jahre vergangen.

Aus diesen Tatsachen werden wir später noch andere Folgerungen ziehen, für jetzt genügt es festzustellen, daß sich, wie in den Wirtschaftskrisen, in der gegenwärtigen aufsteigenden Periode der religiösen Krise schon die Anzeichen für die Kräfte zeigen, die die absteigende Periode hervorbringen werden. Naumann und seine Freunde sind nicht religiös, weder Christen noch Sozialisten, sie sind kluge Leute, die sich die Anschauungen anderer zunutze machen wollen, wie die Päpste die Spenden der Christen für den Bau von Sankt Peter verwendeten oder, noch schlimmer, für heidnische Feste ausgaben. Wenn diese politisch-praktischen Sozialisten das Übergewicht haben werden, wird mancher Mann, der den alten sozialistischen Glauben bewahrt hat, wieder sagen: „Oh! Konstantin, wieviel Übel hat er hervorgebracht!" bei dem, was folgte, und er könnte auch noch hinzufügen:

> „Ach, sage mir nun, welchen Schatz
> verlangte unser Herr von Petrus
> bevor er ihm die Schlüssel übergab?
> Er verlangte sicher nur: Folge mir nach!"

Also, welchen Schatz verlangte Marx von Liebknecht oder Bebel, damit er sie zu seinen Jüngern weihte?

Ein weiteres Zeichen, das sich sicher in der absteigenden Periode zeigen wird, nämlich die Heuchelei, fehlt heute völlig bei dem sozialistischen Glauben der Länder wie Italien, wo der Sozialismus verfolgt wird; aber in anderen Ländern wie Frankreich, wo die Sozialisten mit an der Regierung sind kündigt sie sich schon an. Viele Politisierer (it. *politicanti*, Anm. d. Übers.) sind Sozialisten geworden, um sich in irgendein öffentliches Amt wählen zu lassen, viele Literaten, um ihre Bücher zu verkaufen, viele Dramatiker, um ihrem Publikum zu gefallen, viele Professoren, um einen Lehrstuhl zu bekommen. Weiter hat das Übel noch nicht zu sehr um sich gegriffen. In den Ländern wie Italien und Deutschland[26], wo der sozialistische Glaube Opfer erfordert, halten sich Heuchler von ihm fern; sie werden ihm scharenweise zulaufen, wenn er dagegen zu Ehren, Macht und Reichtum verhelfen wird.

[26] In Deutschland könnte man Lassalle zitieren, der Bismarck bewunderte, oder Miguel, der einmal Sozialist war und heute dem Kaisertum ergeben ist. Aber das letztere Beispiel ist nicht zutreffend, weil Miguel einfach den alten Glauben aufgibt und sehr wohl in gutem Glauben Konvertierter sein kann.

In den Bereichen, die wir als sekundäre Manifestationen des religiösen Gefühls erwähnten, fehlt es nicht an Heuchlern. In einer Stadt, deren Namen nicht genannt zu werden braucht, mußte der Präsident einer Gesellschaft „für die Hebung der Moral", die die geschlechtliche Vereinigung außerhalb der rechtmäßigen Ehe als größtes Verbrechen verurteilt, die Flucht ergreifen, weil ihn eine Dirne zur Rede gestellt hatte, die angab, sie habe ein Kind von ihm. In einem Kongreß gegen die unmoralische Literatur war der Präsident gezwungen, die Teilnehmer zu ermahnen, daß gewisse obszöne Druckerzeugnisse dem Kongreß nur vorgelegt worden waren, um heilige Entrüstung hervorzurufen und nicht dazu, daß einige sie heimlich an sich nahmen. In Paris gibt es Studenten und junge Ärzte, die in der Öffentlichkeit vorgeben, keine alkoholischen Getränke zu sich zu nehmen, um das Wohlwollen ihrer fanatisch antialkoholisch eingestellten Professoren zu gewinnen, und die privat in großen Mengen nicht nur Wein, sondern auch Liköre zu sich nehmen. Ein Unbekannter, der sich anscheinend dem alles durchdringenden religiösen Gefühl entzog, hinterließ in der griechischen Anthologie ein Epigramm, in dem scherzhaft über Irene, einen Frauennamen, der Frieden bedeutet, steht: „Friede für alle, sagt der Bischof; wie kann diese mit allen sein, die er für sich selbst verschlossen hält[27]?" So schnell war der böse Same gekeimt, der dann eine so reiche Ernte ergab. Wartet noch eine Weile, und die von Boccaccio verspotteten Mönche werden würdige Nachfolger haben.

Zu allen Zeiten pflegte das menschliche Denken sich in den in der Gesellschaft üblichen Formen zu manifestieren. So kleidete sich vor einigen Jahrhunderten jede Rede in die Form der christlichen Religion. Machiavelli macht sich über diese Mode lustig, als er in Mandragola Bruder Timotheus die heiligen Autoren und die christliche Lehre zitieren ließ, um Donna Lucrezia dazu zu überreden, dem Begehren ihres Liebhabers nachzugeben. Heute hätte Bruder Timotheus die „Solidarität" und die humanitären Maximen[28] hervorgekramt.

[27] *Anth. Planud.*, II

[28] Dies ist bereits geschehen. Einer, der das Geld anderer für sich arbeiten lassen will durch eine jener Operationen, die man *Schneeballsystem* nennt, veröffentlicht folgendes, in „Siecle" vom 20. Juni 1900 wiedergegebenes Rundschreiben: „Keiner hat ein Anrecht auf den Mehrwert, solange nicht jeder das Notwendigste hat. Dies sind die großen Prinzipien, die uns veranlaßt haben, für die arbeitende Klasse, das Opfer der menschlichen Ungleichheit, ein spezielles System zu schaffen, durch das wir das Mittel zur Verfügung stellen, sich umsonst und ohne einen Centime auszugeben, das zu verschaffen, was das Wohl des Mannes, der Frau und des Kindes ausmacht. Wir sind und werden immer der Freund der Armen sein und nichts weiter. Wir empfehlen unser spezielles System den Arbeitern ... in einem Wort, allen arbeitenden Menschen, die sein *humanitäres* Ziel verstehen; und durch diese geniale Anwendung der fruchtbaren Idee der *Gegenseitigkeit* haben wir hier alles, was das Wohl bildet und was bisher nur der privilegierten, demokratisierten etc. Klasse zugänglich war." Unter meinen Papieren habe ich ein Rundschreiben verlegt, das ein Schneider hatte drucken lassen, in dem er bittet, daß man bei ihm seine Kleidung kaufen möge „im Namen der *Solidarität*, die die

Man bemerke auch die Ähnlichkeit zwischen der gegenwärtigen Krise und anderen, nämlich das Überhandnehmen der Sekten. Das Frühchristentum erhielt die Einheit und die Orthodoxie durch die Institution des Papstes aufrecht. Bis jetzt konnten die sozialistische Kongresse oder vielmehr sozialistischen ökumenischen Konzile eine gewisse Einheit aufrechterhalten, und in Deutschland konnten Bebel und Liebknecht die Ketzerei zumindest eindämmen, wo sie sie nicht austreiben konnten; aber das Problem wird in der Zukunft nach einer Lösung verlangen, und es wird unsere Aufmerksamkeit verdienen, auf welche Weise man zu ihr gelangen wird.

Der Niedergang der alten Aristokratie. Diese, die noch die herrschende Klasse ist, wird hauptsächlich vom Bürgertum und zu einem kleinen Teil von Überbleibseln anderer Aristokratien gebildet.

Wenn eine Aristokratie im Abstieg begriffen ist, stellt man im allgemeinen zwei Anzeichen fest, die gemeinsam auftreten, und zwar: 1. Diese Aristokratie wird milder, zahmer, menschlicher und verliert immer mehr die Fähigkeit, die eigene Macht zu verteidigen. 2. Andererseits läßt bei ihr die Raubgier und die Gier nach fremdem Besitz nicht nach, und sie neigt umso mehr dazu, sich soviel sie kann unrechtmäßig anzueignen, in großer Menge staatlichen Besitz zu usurpieren. So macht sie auf der einen Seite ihr Joch immer schwerer, auf der anderen Seite hat sie weniger Kraft, es zu tragen. Gerade aus diesen beiden Gründen entspringt die Katastrophe, in der diese Aristokratie untergeht, die dagegen gedeihen könnte, wenn einer der beiden Gründe entfiele. Wenn so die eigene Kraft nicht nachläßt, sondern wächst, können auch die Aneignungen zunehmen, und wenn diese nachlassen, kann auch, wenn allerdings seltener, ihre Herrschaft mit weniger Kraft aufrechterhalten werden. So konnte der feudale Adel, als er aufkam, in zunehmendem Maße Eigentum usurpieren, weil seine Stärke zunahm, so konnte die römische und die englische Aristokratie sich ihre Macht erhalten, indem sie Eigentum im günstigen Moment abgab. Die französische Aristokratie hingegen, die sich gierig ihre Privilegien erhalten und sie womöglich noch vermehren wollte, während ihre Kraft, sie zu verteidigen, nachließ, rief die gewaltsame Revolution am Ende des XVIII. Jahrhunderts hervor. Kurz, es muß ein gewisses Gleichgewicht bestehen zwischen der Macht, die eine soziale Klasse hat, und der Stärke, über die sie zu ihrer Verteidigung verfügt. Die Macht ohne die Stärke ist etwas, das nicht von Dauer sein kann.

Die Aristokratien sind am Ende oft anämisch, sie bewahren noch einen gewissen passiven Mut, aber der aktive fehlt ihnen gänzlich. Man staunt darüber, wie im kaiserlichen Rom die Männer der Aristokratie, ohne den geringsten Versuch, sich zu verteidigen, Selbstmord begingen oder sich töten ließen, nur weil es

Arbeiter, die von den Kapitalisten ausgebeutet werden, mit dem ehrlichen Kaufmann vereinigen muß, der das Opfer der Juden und der großen Kaufhäuser ist.“

Cäsar so gefiel; das gleiche Staunen ergreift uns darüber, wieviel Adlige in Frankreich unter der Guillotine starben, anstatt kämpfend mit den Waffen in der Hand zu sterben[29].

Mit großer Verwunderung sah Rom, wie mit Silanus die Kraft der alten Aristokratie wiederauflebte. Als jener in Bari eingeschlossen war und der Zenturio ihn überreden wollte, er solle sich die Adern öffnen lassen *(suadentique venas abrumpere)*, antwortete er, er sei bereit zu sterben, aber auch zu kämpfen, und obwohl er unbewaffnet war, verteidigte er sich unermüdlich und schlug mit bloßen Händen zu, bis er wie in der Schlacht fiel, durchbohrt von Hieben, die ihn von vorn getroffen hatten[30].

---

29 DURUY, *Hist. des rom.*, IV., S. 522, fügt seiner Erzählung von der Feigheit der aristokratischen Verschwörer unter Nero hinzu: „Das ist der große Mut der stolzen Republikaner! Angesichts der Folter, der geringsten Prüfung verlieren sie jegliche Würde, und um ihr Leben zu retten, liefern sie ihre Freunde, ihre Angehörigen dem Henker aus. Ist Lucanus, der seine unschuldige Mutter anklagt, nicht ebenso ein Muttermörder wie Nero? Welche Feigheit hatten Despotismus und Korruption in die scheinbar noch so gefestigten Seelen gesenkt? Noch nie war die Welt moralisch so tief gesunken."
Diese letzten Bemerkungen sind rein rhetorische Deklamationen. Wenn auch die Aristokratie feige war, im Volk zeigte sich der Mut. Duruy deutet das selbst an: „Eine Frau, eine Kurtisane beschämte diese unwürdigen Römer ... Auch Soldaten bewahrten noch etwas von den alten Tugenden."
Da ist einerseits Piso, der sich die Adern öffnen läßt und in seinem Testament Nero lobpreist: *Testamentum foedis adversus Neronem adulationibus amori uxoris dedit.* (TACITUS, Ann., XV., 59); und andererseits ein einfacher Zenturio, Subrio, der den Mut hat, Nero die Verbrechen, die dieser begangen hat, ins Gesicht zu schleudern: *„odisse coepi, postquam parricida matris et uxoris, auriga et histrio et incendiarius exstitisti" (Idem*, 67). Wer sieht in diesem Gegensatz nicht eine sterbende Aristokratie und eine neue, im Entstehen begriffene? TAINE *L'anc. reg.*, S. 219: „Die allmächtige Erziehung hat den Instinkt selbst unterdrückt, eingedämmt, geschwächt. Angesichts des nahenden Todes zeigen sie (die französischen Adligen) nicht das Aufbäumen blutiger Wut, die allgemeine und plötzliche Zusammenballung aller Kräfte, den mörderischen Anfall, das unwiderstehliche und blinde Bedürfnis zurückzuschlagen. Niemals wird man erleben, daß ein Adliger, der bei sich zu Hause verhaftet wird, den Jakobiner, der ihn festnimmt, erschlägt. (Anmerkung: Ein Beispiel, was der bewaffnete Widerstand eines jeden bei sich und für sich hätte bewirken können. Ein Adliger von Marseille, der sich in sein Landhaus zurückgezogen hatte und gegen den ein Haftbefehl vorlag, bewaffnete sich mit einem Gewehr, einem Paar Pistolen und einem Säbel, ging nie mehr ohne diese Bewaffnung aus und erklärte, daß man ihn nicht lebendig bekommen werde. Niemand wagte es, den Haftbefehl zu vollstrecken.) Sie werden sich ergreifen lassen, brav ins Gefängnis gehen: Es wäre ein Zeichen schlechten Geschmacks, Aufsehen zu erregen, und vor allem geht es ihnen darum, das zu bleiben, was sie sind, nämlich Leute mit guten Manieren ... Vor den Richtern, auf dem Karren werden sie ihre Würde und ihr Lächeln bewahren; vor allem die Frauen werden so ungezwungen aufs Schafott gehen wie auf eine Abendgesellschaft." Taine kommt der Wahrheit näher als Duruy, aber er trifft nicht ganz den Kern der Sache. Nicht nur die Erziehung nahm jenen den aktiven Mut, sondern ein Zusammenwirken von Faktoren, darunter ihre dummen Sentimentalitäten. So wie die Bürger der Gegenwart, die in Wort und Schrift das Loblied der Feinde singen und den „kleinen und einfachen Leuten" die Füße küssen, reif sind für den Strang und sich, ohne Widerstand zu leisten, ausrauben und töten lassen werden.

30 *Nec omisit Silanus obniti et intendere ictus, quantum manibus nudis valebat, donec a centurione vulneribus adversis, tamquam in pugna, caderet* (TACITUS, *Ann.*, XVI., 9).

Wenn Ludwig XVI. den Mut von Silanus gehabt hätte, hätte er sich und die Seinen gerettet und vielleicht der Nation vicl Blutvergießen und Leid erspart. Auch am 10. August hätte er noch mit der Aussicht zu siegen kämpfen können. „Wenn der König hätte kämpfen wollen, so hätte er sich noch verteidigen, sich retten und sogar siegen können", sagte Taine[31]. Aber die damalige Aristokratie glich vollkommen der heutigen Bourgeoisie, was man in Ländern wie Frankreich beobachtet, wo die demokratische Entwicklung ausgeprägter ist. Taine spricht von jener Zeit, und seine Worte schildern genau den gegenwärtigen Zustand Frankreichs, wenn er sagt: „Am Ende des XVIII. Jahrhunderts hatte man in der oberen und sogar in der mittleren Klasse Abscheu vor dem Blutvergießen; die sanften Sitten und die idyllische Träumerei hatten den Kampfeswillen geschwächt. [Und auch heute träumt die französische Bourgeoisie wieder süß.] Überall vergaßen die Richter, daß die Erhaltung der Gesellschaft und der Zivilisation ein Gut ist, das unendlich über dem Leben einer Handvoll von Gaunern und Irren steht, daß das vorrangige Ziel der Regierung, wie auch der Polizei, die Aufrechterhaltung der Ordnung durch die Gewalt ist[32]."

Das gleiche Phänomen beobachtete man in Rom, und es bereitete den Niedergang des Kaiserreichs vor[33], und so wiederholt es sich von neuem bei unserer Bourgeoisie, wobei es wahrscheinlich scheint, daß das Ende nicht verschieden sein wird, von dem, das in anderen Fällen beobachtet wurde[34].

Gegenwärtig kann man dieses Phänomen bei allen zivilisierten Staaten feststellen; aber am besten bemerkt man es in Frankreich und Belgien, Länder, bei denen die radikalsozialistische Entwicklung am weitesten fortgeschritten ist und die in gewisser Weise das Ziel aufzeigen, auf das die Entwicklung im allgemeinen zustrebt.

Es genügt eine oberflächliche Beobachtung, um zu sehen, daß in diesen Ländern die herrschende Klasse von einem Strom der Sentimentalität und des Humanitarismus fortgerissen wird, der ganz dem gleicht, den es zu Ende des XVIII. Jahrhunderts gab. Die Sensibilität dieser Klasse ist fast krankhaft gewor-

---

[31] *La conq. Jacob.*, S. 240.

[32] *Ibidem*, S. 242.

[33] RENAN, *L'église ehret.*, S. 206: „Jeder wurde ein besserer Mensch. ... es wurde allgemeines Anliegen, den Leidenden zu helfen ... An die Stelle der grausamen römischen Aristokratie trat eine provinzielle Aristokratie von rechtschaffenen Leuten, die das Gute wollten. Die Gewalt und der Hochmut der antiken Welt verschwanden (nur zu wahr, und wenn die Gewalt verschwunden ist, welcher Grund bleibt dann für die Herrschaft?); man wurde gut, sanft, geduldig, menschlich (in einem Wort: schwach; aber dann muß man abtreten und den Starken Platz machen). Wie immer profitierten die sozialistischen Ideen von dieser Freisinnigkeit und traten in Erscheinung ..."

[34] LE BON, *Psych, du soe.*, S. 384: „Die Gegner der neuen Barbaren haben nichts anderes im Sinn, als mit ihnen zu verhandeln und ihr Leben durch eine Reihe von Konzessionen zu verlängern, was diejenigen, die zum Angriff gegen sie rüsten, nur ermutigt und deren Verachtung hervorruft."

den und droht, den Strafgesetzen jede Wirksamkeit zu rauben. Jeden Tag werden neue Gesetze erfunden, um den armen Dieben, den sympathischen Mördern zu Hilfe zu kommen, und wo ein neues Gesetz fehlt, hilft eine passende Interpretation des alten. In Château-Tierry läßt ein nunmehr berühmter Richter das Recht beiseite und richtet mit den blinden Leidenschaften der Masse[35]. Die Bourgeoisie resigniert und schweigt. Wenn irgendein anderer Richter seine Pflicht tun will, so ist er nicht gern gesehen, und er wird sogar auf der Bühne verspottet. Da jegliche Repression fehlt, sind die Landstreicher auf dem Land zur wahren Plage geworden, in den einsam gelegenen Hütten betteln sie unter Drohungen; aus Rache, bösartiger Gewalttätigkeit oder auch einfach aus Unvorsichtigkeit zünden sie die Schlösser der Reichen an; die Brandstiftungen nehmen nunmehr überhand. Die Behörden sehen zu und bleiben passiv, weil sie wissen, daß die strenge Erfüllung ihrer Pflicht zu Anfragen in der Kammer führt und vielleicht zum Sturz der Regierung. Seltsamer noch ist das Verhalten der Opfer, die sich schweigend damit abfinden, wie mit Krankheiten, gegen die es kein Heilmittel gibt. Die mutigsten geben sich mit der Hoffnung zufrieden, daß irgendein General das Vorgehen Napoleons III. wiederholen wird, und daß er dafür sorgen wird, daß sie von dieser Pest befreit werden.

Die Verbrechen, die anläßlich von Streiks verübt werden, bleiben unbestraft, die Richter sprechen manchmal eine Verurteilung aus, aber dies ist eine formale Verurteilung, sofort darauf folgt die von den Arbeitern erzwungene oder spontan von der Regierung gewährte Begnadigung „um die Gemüter zu besänftigen". Die Arbeiter haben die Privilegien der Edelleute vergangener Zeiten geerbt, sie stehen in der Tat über dem Gesetz. Sie haben auch ihr eigenes Sondergericht, das der Schiedsrichter, die mit Sicherheit die „Unternehmer" und den

---

[35] In einem seiner letzten Urteilssprüche, in einer Klage gegen einen Zeugen, der der Falschaussage beschuldigt wurde, sagt er: „In Anbetracht dessen, daß X, als er diese verabscheuungswürdige falsche Zeugenaussage abgab, sich bewußt zum Werkzeug einer Familie und besonders einer Einzelperson gemacht hat, die glaubte, daß sie dank ihres Vermögens, *dessen Ursprung, nach dem, was der Bürgermeister der Gemeinde angibt, auf die Invasion von 1870-1871 zurückgeht,* leicht sich den Verpflichtungen entziehen könne, indem sie das Gericht irreführte, etc. ..."
Was hat hier juristisch die Vermutung über den Ursprung des Vermögens zu suchen? Welcher Zusammenhang besteht zwischen diesem Ursprung, der übrigens nicht bewiesen ist und sich nur auf Klatsch stützt, und der Tatsache, über die allein der Richter urteilen sollte, nämlich, ob ein Zeuge bestochen war oder nicht? Aber man muß festhalten, daß sich die angeblich falsche Zeugenaussage auf eine Verführung bezieht. Wir haben hier also statt eines Urteilsspruchs ein schlechtes Theaterstück. Auf der einen Seite steht der Verräter, der Tyrann, bei dem jedes Wort, jede Handlung ein Verbrechen ist, und um das Bild zu vervollständigen, zeigt ihn uns der Dichter als Erbe eines Vermögens, das durch den Verrat am Vaterland erworben worden war; auf der anderen Seite die unschuldige Taube, die verfolgt wird und an der alles eitel Tugend ist.
Jener Richter wird jetzt bei dem *Congrès de l'humanité* den Vorsitz führen. Dort werden seine Deklamationen besser hinpassen als in juristische Urteilssprüche.

„Bourgeois" verurteilen, auch wenn diese noch so sehr im Recht sind. Wo diese Parodie von Gerechtigkeit herrscht, wird einem der anständige Rechtsanwalt von einem Prozeß abraten, weil man mit Bestimmtheit verlieren wird. Natürlich will die sozialistische Demokratie die Kompetenz dieses Sondergerichts erweitern. Das Kirchengericht hat man abgeschafft, und nun ist das Arbeitergericht entstanden. Die Demokratie Athens ruinierte die Reichen mit den Prozessen, sie wurde imitiert von den Demokratien der italienischen Republiken[36] und wird heute von der modernen Demokratie imitiert. Übrigens haben die Aristokraten, wenn sie die Macht hatten, noch Schlimmeres getan, man kann diesen Gegebenheiten also nichts gegen das eine oder andere Regime entnehmen[37], sie sind nur ein Anzei-

[36] G. SALVEMINI, *Magnati e popolani in Firenze dal 1280 al 1795*, S. 178, bemerkt, daß in Florenz für die Vergehen der Magnaten gegen Leute aus dem Volk die doppelte Strafe festgesetzt war „nur im Falle schwerer Verwundung mit Blutvergießen; in den anderen Fällen wird die Strafe verfünffacht und versechsfacht. Auch in der *Carla del Popolo* von Orvieto vom Beginn des XIII. Jahrhunderts wird allgemein festgesetzt, daß die Strafe für einen Adligen, der sich gegen einen Mann aus dem Volk vergeht, das Vierfache der in normalen Fällen auferlegten Strafe beträgt; und in dem Statut von Lucca von 1308 wird bei einigen Vergehen die Strafe verdoppelt, in anderen wird sie mit drei oder vier oder fünf multipliziert"; S. 213: „Wenn ein Mann aus dein Volk einen Magnaten anklagte, konnten ihn die Rhetoren nicht so leicht freisprechen, weil sie sonst sofort der Parteilichkeit für die Großen beschuldigt wurden ...; deshalb sprachen die Richter immer schuldig und gaben immer dem Geschädigten oder angeblich Geschädigten recht." Genau das spielt sich heute vor einigen Schiedsgerichten oder auch bei normalen, vom Volk direkt oder indirekt gewählten Richtern ab. Einer dieser Richter entschuldigte sich für einen Urteilsspruch, der von ihm selbst als ungerecht erkannt wurde, mit den Worten: „Ich konnte nicht meiner Partei schaden und mich meinen Wählern gegenüber nicht undankbar zeigen."

Unser Autor fährt fort: „Darüber beklagten sich die Großen und sagten: 'Ein Pferd trabt und schlägt mit dem Schwanz einem einfachen Mann ins Gesicht, und in einem Gedränge rempelt einer einen anderen ohne böse Absicht an, oder mehr noch, kleine Kinder streiten miteinander; sollen diese wegen solcher Kleinigkeiten zugrunde gerichtet werden? '„ Und als Anmerkung: „Ein Beispiel dafür, wie die Gesetze interpretiert wurden, liefert uns NERI STRINATI, *Cronichetta*, S. 122 und folgende. 1294 hatte Neri bei der Compagnia degli Scali für Lamberto Cipriani die Bürgschaft für eine Schuld von 550 Pfund zusammen mit fünf anderen Partnern, darunter zwei Männer aus dem Volk, übernommen als der Hauptschuldner zahlungsunfähig war und die Bürgen zahlen mußten, war der eine Mann aus dem Volk gestorben, und der andere weigerte sich; „und es geschah, daß ich und Maffeo Brunelleschi (ein anderer Bürge) zu den Großen gehörten und nicht gegen Gone und die Erben von Goso (die beiden Männer aus dem Volk) klagen konnten, die aus dem Volke waren ... die Verordnungen des Volkes waren gegen die Großen gemacht." Wenigstens beklagten sich die Opfer, heute schweigen sie. Ich weiß noch mehr Fälle, und ich kann sie hier nicht wiedergeben, weil es mir die Kleinmütigkeit derer verbietet, die nach erlittenem Unrecht auch noch befürchten, daß es ihnen erneut als Schuld angerechnet wird, wenn sie sich auch nur beklagen.

[37] Wenn in Rom die Senatoren als Richter korrupt waren, so waren die Ritter am allerkorruptesten: „Das Recht, Urteil zu sprechen, erhob die Ritter in den Rang von Herren und ließ die Senatoren zu Untertanen herabsinken. Die neuen Richter stellten sich bei den Abstimmungen auf die Seite der Volkstribunen, und als Gegenleistung für ihre Stimmen erhielten sie von den Tribunen alles, was sie wollten (genau wie heute). Sie gaben sich nicht mit der politischen Herrschaft zufrieden. Bei Gericht begingen sie offene Ungerechtigkeiten gegen die Senatoren (wie heute die Schiedsrichter gegen die

chen dafür, welche Klasse absteigt und welche aufsteigt. Wo die Klasse A rechtliche Privilegien hat und man die Gesetze ungerecht zu ihren Gunsten und zuungunsten der Klasse B interpretiert, ist es offenkundig, daß A B beherrscht oder bald beherrschen wird und umgekehrt.

Auch die Gerichtsurteile deuten in diese Richtung und zeigen, daß die Bourgeoisie sich die schlechtesten Gefühle des niedrigen Volkes zu eigen macht.

Wo dann noch etwas Romanhaftes dazukommt, wird die dumme Schlechtigkeit der bürgerlichen Sentimentalität offenkundig. Es genügt, wenn wir unter vielen Beispielen eines aus neuerer Zeit hier anführen. Ein Ehrenmann, auch er von kindischer Sentimentalität, heiratet eine Prostituierte, um sie zu „rehabilitieren"; als dann das Zusammenleben unmöglich wurde, will er sich scheiden lassen; seine Frau bringt ihn um. Das Gericht spricht sie frei, und man vernehme die guten Gründe der Angeklagten: „Man bedauert einen Mann nicht, der gegen Ende seines Lebens das gute Werk, das er begonnen hat, nicht zu Ende führt. Was ich bedaure, ist, daß ich gezwungen war, ihn zu töten, weil er mich verlassen hatte. Ich habe ihn auch deshalb getötet, weil er die Scheidung verlangt hatte, weil er Schande über mich gebracht hat, und gleichzeitig seinen Namen in den Schmutz zog. Scheidenlassen, ich, niemals! Es gab also nur eine Lösung[38]." Man erkennt den Einfluß der Frauenbewegung und der Deklamationen für die Dirnen auf der Bühne, in Roman und Presse. Der Ermordete war von ähnlichen Theorien angesteckt, er schrieb seiner Frau: „Ich habe Dich für *Fantine* aus den *Miserables* gehalten, und ich habe an Deine Rehabilitierung geglaubt." Dieser gute Mann hätte besser daran getan, ein anständiges Mädchen zu heiraten, anstatt auf Victor Hugo und Dumas fils und andere Lobredner der gefallenen Frau zu hören; und sicher verdiente seine Schuld, die darin bestand, diesen leeren Deklamationen Glauben zu schenken, eine Strafe; aber die Todesstrafe war vielleicht etwas übertrieben, und dazu verletzt die Form und die Person, durch die sie vollstreckt

---

Bürger). Die Korruption wurde ihnen zur Gewohnheit, und nachdem sie das Vergnügen, viel zu verdienen, einmal gekostet hatten, betrieben sie sie noch schändlicher als die früheren Richter." BELOT, *Hist. des chev. rom.*, II, S. 238.

[38] Der Mann hieß Victor Buurmans; er wurde in Courbevoie von der Frau ermordet, die sich als Mann verkleidet hatte, um zu ihm zu gelangen. Bei dem Prozeß wurde ein Brief von Elisée Reclus verlesen, der im Figaro vom 13. April 1900 abgedruckt wurde. Der berühmte Geograph und Utopist sagt: „Ich habe Buurmans oft bei ihm zu Hause besucht, und ich habe immer sein gütiges, sanftes, edles Verhalten gegenüber seiner Frau bewundert und die würdige Zurückhaltung, die er wahrte, wenn er auf sie zu sprechen kam. Er beklagte sich nie, und sein Leiden muß den Höhepunkt erreicht haben, damit er sich entschloß, den erschütternden Brief zu schreiben, in dem er seinen Freunden seine Gründe für das Verlassen des ehelichen Heimes darlegte ..."
Die zitierte Zeitung sagt: „Victor Buurmans, der in die Ereignisse um die Kommune verwickelt war, Gelegenheitsdichter, heiratete vor siebenunddreißig Jahren die Insassin eines jener Häuser, in denen Idyllen selten ihren Ursprung haben. Aber der humanitäre Philosoph hatte den hochherzigen Traum gehabt, Elisa vor der Schande zu retten ..."

wurde, die Gerechtigkeit. Es mag demjenigen, dem die „humanitären“ Lehren noch nicht völlig den Verstand geraubt haben, scheinen, daß diese guten, sentimentalen, feministischen Geschworenen doch ein wenig hätten zweifeln können an der Theorie, nach der jemand, „der ein gutes Werk nicht zu Ende führt“, es verdient, von der Person, deren Wohltäter er war, ermordet zu werden.

Das Schicksal dieses übel belohnten Menschenfreundes ist das Ebenbild dessen, das den humanitären französischen Aristokraten während der Revolution zustieß und das unsere Bourgeoisie erwartet, die sicher die Schuld „das gute Werk nicht zu Ende geführt zu haben“, wonach heute alle, wenn nicht mit Taten, so doch zumindest mit Worten streben, mit Ausplünderung, ja vielleicht mit dem Strang oder der Guillotine sühnen wird – das gute Werk, das die Elenden, Heruntergekommenen, Lasterhaften und Verbrecher emporheben, rehabilitieren und preisen soll.

... Solange die Sonne über dem Unglück der Menschen leuchten wird, wird das Schaf vom Wolf gefressen werden[39]; dem, der dies weiß, bleibt, so er kann, nur die Möglichkeit, kein Schaf zu werden.

Millerand begann bei dem Bankett des republikanischen Komitees für Handel und Industrie, das am 22. Juni 1900 stattfand, mit den üblichen Phrasen und sagte, er sei bewegt über den Hinweis „auf die von mir versuchten Bemühungen, einigen Fortschritt auf dem Wege zur *sozialen Gerechtigkeit* zu erzielen, den die Republik stets und unaufhaltsam beschreiten muß, und bei dem Werk der *sozialen Wiedergutmachung*, das darin besteht, sich den Unglücklichen zuzuwenden und zu versuchen, ihnen mehr Gerechtigkeit und Wohlstand zukommen zu lassen“, und dann stellte er sich gut mit der Bourgeosie und sprach zu ihr von einem Bündnis: „Unsere Regierung hat die Notwendigkeit des Bündnisses zwischen der Bourgeoisie und den Arbeitern gezeigt, und man muß stolz darauf sein.“ Keiner der Anwesenden erinnerte sich an die antike Fabel:

Nunquam est fidelis cum potente societas;

---

[39] G. LE BON sagt sehr richtig in *Psych, du socialis.*, S. 475: „Man gewinnt sie auch nicht für sich (die Massen), indem man ihnen mit der demütigendsten Unterwürfigkeit schmeichelt, wie man es heute tut. Sie dulden die, die ihnen schmeicheln, aber sie dulden sie mit berechtigter Verachtung, und je exzessiver die Schmeicheleien werden, um so mehr treiben sie sogleich ihre Forderungen in die Höhe.“ Und noch, S. 369: „Wenn der Proletarier an seiner eigenen Logik zweifeln sollte, so würde es nicht an Schönrednern fehlen, die ihm gegenüber noch unterwürfiger sind als die Höflinge gegenüber einem orientalischen Despoten und die bereit sind, ihn unaufhörlich an seine imaginären Rechte zu erinnern.“

Le Bon sagt richtige Dinge über den Sozialismus, aber er ist einfach ein Anhänger einer gewissen anthropologisch-patriotischen Religion, und von dieser spricht er mit dem Enthusiasmus eines Gläubigen. Er bekämpft den Sozialismus, weil er eine konkurrierende Religion ist. Er ähnelt etwas dem Kaiser Julian, der das Christentum bekämpfte – nicht als Freidenker, sondern als Gläubiger seiner eigenen heidnischen Religion.

und wagte dem Bürger, „Genossen" und Minister zu sagen: „Wenn wir Euch geholfen haben werden, die Nationalisten zu bezwingen, werdet Ihr es machen wie der Löwe in der Fabel und alles nehmen:

Sic totam praedam sola improbitas abstulit.

Ihr habt sogar bereits damit begonnen. Ihr nennt uns Verbündete und laßt uns ausplündern, ohne die Schuldigen zu strafen. Um das Maß vollzumachen, schlägt Euer Freund Jaures, den Ihr aufgefordert habt, am *Office du Travail* mitzuarbeiten, vor, daß sofern die Mehrheit der Arbeiter streiken will, die Minderheit von der Staatsgewalt zum Gehorsam gezwungen werden soll, und den Industriellen wird verboten, einen Teil der streikenden Arbeiter oder Arbeiter, die mit dem Streik nichts zu tun haben, arbeiten zu lassen." Es waren viele Industrielle anwesend, und keiner traute sich, auch nur ein Wörtchen zu sagen. Leute, die sowenig Mut haben, verdienen wirklich keine Rücksicht, und Millerand hätte sich bei dem Gedanken an sie an den Ausspruch des Tiberius erinnern können, der sich auf eine andere degenerierte Aristokratie bezog:

O homines ad servitutem paratos.

Es ist mitleiderregend zu sehen, wie alle Parteien das Volk umwerben und umschmeicheln. Sogar ein Mann wie Galliffet sagt vor der französischen Kammer, er sei Sozialist! Alle werfen sich dem neuen Herrscher zu Füßen und erniedrigen sich vor ihm[40].

---

[40] Warum soll man Worte verschwenden, um das zu beschreiben, was schon einmal ausgezeichnet beschrieben wurde? Ich gebe hier lieber einige Verse aus den *Rittern* von Aristophanes wieder, und ich entnehme sie der Übersetzung von Augusto Franchetti, die wundervoll textgetreu, von angenehm hellenistischem Geist und in jeder Hinsicht völlig perfekt ist: (In diesem Falle geben wir zunächst den italienischen Text wieder. Anm. d. Übers.)

PAFLAGONE

773 O Demo, e havvi chi t'ami più di me? che, da quando m'hai consiglier, t'ho empito le casse d'or straziando questi, strozzando quelli, beccando là reparti, né de' privati dandomi pensier, pur di giovarti.

SALSICCIAIO

777 Non è miracol, Demo; fare altrettanto io so: rubando i pani altrui, ben te li servirò.

SALSICCIAIO

960 Io t'offro un vasetto d'unguento, onde puoi le piaghe agli stinchi spalmar tutt'intorno.

PAFLAGONE

Io, svelto il crin bianco, te giovine torno.

SALSICCIAIO

Ti netta gli occhiuzzi, con questa codetta.

PAFLAGONE

1910 La man sul mio capo dal moccio ti netta.

SALSICCIAIO

Sul mio, deh!, sul mio!

(bei der deutschen Übersetzung werden die Gestalten P und S abgekürzt, Anm. d. Übers.)

In dieser ständig zunehmenden Schwäche der Bourgeoisie liegt zum Teil der Ursprung für die neue religiöse Inbrunst, die diese Klasse durchdringt, und damit auch eine der vielen Ursachen für die gegenwärtige religiöse Krise. Man hat oft gesagt, daß der Teufel im Alter zum Mönch wird; oft zieht eine Kurtisane, wenn sie älter wird, sich vom Laster zurück und wird Betschwester. Bei unserer Bourgeoisie liegt der Fall etwas anders; denn sie ist wohl zur Betschwester geworden, hat sich aber überhaupt nicht vom Laster entfernt.

Die von ihr zur Schau getragenen Gefühle humanitärer Sensibilität sind unecht, künstlich und falsch. Es mag wohl sein, daß die Prostituierten, die Diebe, die Mörder Mitleid verdienen, aber sind die anständigen Ehefrauen und Mütter, die Ehrenmänner nicht auch achtbar? Es ist eine schöne und edle Sache, am Leid des Armen teilzunehmen und zu versuchen, es zu lindern; aber das Leid des Armen von morgen, das heißt des Mannes, der heute wohlhabend ist und den man berauben und ins Elend bringen will – ist das vielleicht von anderer Art? In Wirklichkeit blickt unsere heutige Bourgeoisie nicht weit genug, sie genießt die Gegenwart und läßt die Sintflut kommen, ihre Sensibilität erschöpft sich in Worten und dient oft zur Verschleierung unrechtmäßiger Gewinne. Für gewöhnlich sind die Schwachen auch feige, sie begehen ihre Diebstähle mit List und Geschick und wagen es nicht, bis zum bewaffneten Raubüberfall zu gehen.

Die untergehenden Aristokratien pflegen humanitäre Gefühle und große Güte an den Tag zu legen; doch diese Güte ist, wo sie nicht einfach Schwäche ist, mehr scheinbar als wirklich. Seneca war ein perfekter Stoiker, aber er hatte ungeheure Reichtümer, wunderschöne Paläste, zahllose Sklaven. Die französischen Adligen, die Rousseau Beifall spendeten, verstanden es, sich von ihren „fermiers“ (dt. Pachtbauern, Anm. d. Übers.) gut bezahlen zu lassen, und die neue Liebe zur Tugend hinderte sie nicht daran, das aus den verhungernden Bauern herausgepreßte Geld für Orgien und Dirnen zu verschwenden. Heute läßt sich ein Grundbesitzer in Frankreich über die Getreide- und Viehzölle ein paar tausend Lire von seinen Mitbürgern bezahlen, spendet hundert Lire oder mehr für eine „Volksuniversität“, und so füllt er sich den Beutel, beruhigt sein Gewissen und hofft auch, irgendwann vom Volk gewählt zu werden. Das Mitleid mit

---

P Oh, Demos, wer liebt dich mehr als ich? Der, seit du mich zum Ratgeber hast, ich dir die Kisten mit Gold gefüllt habe, diesen zerfleischt, jenen erwürgt, dort Anteile errafft, nicht der Beraubten gedacht, nur um Dir zunutze zu sein.

S Dies ist kein Wunder, Demos, gleiches kann auch ich gern leg ich vor dir anderen geraubtes Brot.

S Ich schenke dir einen Tiegel Salbe, damit kannst du die Wunden an den Schienbeinen ganz bestreichen.

P Wenn dein weißes Haar fällt, mache ich dich wieder jung.

S Reinige dir die Äuglein mit diesem Schwänzchen.

P Wisch mit der Hand auf meinem Kopf den Rotz ab.

S Auf meinem! Ach! Auf meinem!

den Armen und Notleidenden ist, wenn man von Luxus umgeben ist, ein angenehmer Sinnenreiz. Wie viele sind heute Besitzende – und Sozialisten für die Zukunft –, so haben sie zwei Eisen im Feuer. Diese Zukunft ist so fern, wer weiß, wann sie eintreten wird! Inzwischen ist es angenehm, den eigenen Reichtum zu genießen und von Gleichheit zu sprechen, Freundschaften zu knüpfen, öffentliche Ämter zu übernehmen, manchmal auch gute Gelegenheit zu finden, Gewinne zu machen, und mit Worten und Versprechungen auf eine ferne Zeit dafür zu zahlen. Es ist immer gewinnträchtig, sich einen sicheren Wert gegen Wechsel einzuhandeln, die auf eine so lange und ungewisse Fälligkeit unterschrieben sind.

Die Summe, die sich die herrschende Klasse unrechtmäßig durch die Schutzzölle, die Abgaben für Schiffahrt und Zucker und ähnliches, die vom Staat subventionierten Unternehmen, die Gewerkschaften, die *trusts* etc. (c) aneignet, ist enorm und sicher mit der Summe vergleichbar, die andere herrschende Klassen zu anderer Zeiten herauspreßten. Der einzige Vorteil für die Nation liegt darin, daß die Methode, nach der man die Schafe schert, perfektioniert wurde, wonach bei der gleichen Menge ausgepreßten Reichtums die Menge, die verschwendet wird, geringer ist. Der Feudalherr, der die Reisenden ausraubt, verhinderte die Zunahme des Handels, er raubte ein paar Soldi und vernichtete indirekt viele Lire; sein Nachfolger, der indirekt in den Genuß der Schutzzölle kommt, eignet sich unrechtmäßig eine größere Menge Reichtum an und vernichtet indirekt weniger.

Unsere herrschende Klasse ist unersättlich, und je mehr ihre Macht schwindet, desto mehr nimmt ihre Veruntreuung von Geldern zu; in Frankreich, in Italien, in Deutschland, in Amerika verlangt sie täglich neue Verschärfungen der Zölle, neue Maßnahmen zur Bevormundung der Kaufleute, neue Behinderungen des Handels unter dem Vorwand hygienischer Maßnahmen, neue Unterstützungen aller Art. In Italien schickte die Regierung unter Depretis die Soldaten zum Mähen auf die Felder der Grundbesitzer, die nicht die von den freien Mäharbeitern geforderten Löhne zahlen wollten, und heute greift man erneut zu diesem schönen Mittel. Es scheint, daß die Fronarbeit der Feudalzeit wiederkehrt. Anstatt nur für die Verteidigung des Vaterlandes eingesetzt zu werden, dienen die Soldaten den Herren Grundbesitzern dazu, die Löhner niedriger zu halten, als sie der freie Wettbewerb festgesetzt hätte.

Auf solche Weise rauben unsere ausgezeichneten „Menschenfreunde" den Armen aus. Die Kongresse gegen die Tuberkulose sind eine gute Sache, aber es wäre eine noch bessere Sache, wenn man dem Hungernden nicht das Brot vom Mund rauben würde, und es wäre besser, wenn man entweder ein bißchen weniger „humanitär" wäre oder wenn man fremdes Eigentum ein bißchen mehr achten würde.

Es gibt nicht das geringste Anzeichen dafür, daß die herrschende Klasse im Begriff ist, den schlechten Weg zu verlassen, und man muß glauben, daß sie auf ihm weitergehen wird bis zum katastrophalen Ende. Dies sah man in Frankreich schon bei der alten Aristokratie. Bis direkt zum Vortage der Revolution belagerte sie jenen unglückseligen Ludwig XVI. und ließ sich von ihm Geld geben[41]. Wenn heute in diesem Land der Sozialismus um sich greift, wütet der Protektionismus. In Italien erlebte man unter Depretis systematisch angeordneten Raub und Plünderung. Vom Gewählten zum Wähler, alle verkauften sich und kauften einander. Die Verschärfung des Protektionismus war 1887 das Mittel, um das Recht, den Bürgern private Tribute aufzuerlegen, zu versteigern und an den Meistbietenden zu verkaufen; andere hatten Eisenbahnen, Banken, Stahlwerke, die Handelsmarine auszubeuten. Die ganze herrschende Klasse drängte sich um die Regierung und verlangte laut schreiend nach einem Knochen zum Abnagen. So wurde der böse Same gesät, dessen Früchte im Mai 1898 Blut und Tränen waren, und der in der Zukunft vielleicht bitterere Früchte bringen wird. Auf die unrechtmäßigen Bereicherungen der herrschenden Klasse antworteten die Gewalttätigkeiten des Pöbels, die durch ungerechte Unterdrückungsmaßnahmen gebändigt, aber nicht beseitigt wurden. Ich sage ungerecht, weil sie nicht dem Schutz der Ordnung und des Eigentums galten, sondern der Verteidigung der Privilegien, der Perpetuierung des Raubes und der Ermöglichung skandalöser Ereignisse, wie des Prozesses Notarbartolo. (d)

---

[41] Augeard sagt: „De Calonne war kaum eingetreten, als er schon ein Darlehen von hundert Millionen aufnahm, von dem ein Viertel nicht in den königlichen Schatz gelangte; der Rest wurde von den Höflingen verschlungen; man schätzt, daß er d'Artois sechsundfünfzig Millionen gegeben hat, der Anteil von Monsieur (Titel des jüngeren Bruders des französischen Königs, Anm. d. Übers) fünfundzwanzig Millionen betrug etc."; und CH. GOMEL, *Les derniers réceveurs généraux*, S. 155: „Er verteilte immer noch mehr Geld an die Höflinge; niemals lehnte er eine Bitte um Geld ab; die finanziellen Gunstbezeigungen schienen ihn nichts zu kosten ... Mit Verschwendung wurden die Gnadenbeweise verteilt; ein Fürst sagte später: „Als ich sah, daß alle die Hand ausstreckten, hielt ich meinen Hut hin." So wurden Millionen unter die verteilt, die sich an den Finanzminister (Calonne) wandten, manchmal gingen die großzügigen Spenden auf seine eigene Initiative zurück ... Da der Krieg zu Ende war und der Handel blühte, wurden die übermäßigen Ausgaben Calonnes allgemein als ein Beweis für den immensen Umfang der staatlichen Mittel angesehen und riefen keineswegs Erstaunen oder Tadel hervor." Dies kommt auch zu anderen Zeiten und in anderen Ländern vor.
Weiter, S. 197: „Um sich andere große Herren zu verpflichten, nahm er mal Käufe, mal Tauschaktionen vor, und bei den Schätzungen zeigte er sich äußerst gefällig: Denn das Ziel, das er bei diesen Geschäften verfolgte, war nicht die Vergrößerung oder Bereicherung der königlichen Domäne, sondern die Erfüllung der Bitten der Verkäufer und der Tauschhändler. Schmähschriften haben behauptet, daß das Entgegenkommen des Finanzministers teuer erkauft worden war ... Diese Beschuldigung wurde von Calonne entrüstet zurückgewiesen ... und scheint nicht gerechtfertigt zu sein." Dasselbe kann man von den anderen Ministern sagen, die großzügig die Vergünstigungen des Zoll- und Bankschutzes verteilten, während sie wenig oder gar nichts dafür erhielten. Übrigens kommt es oft vor, daß korrupte Klassen sich von mehr oder weniger anständigen Ministern dienen lassen.

Der Leser möge beachten, daß wir, wofern wir vom Nachlassen der Kraft der herrschenden Klasse sprechen, keinesfalls ein Nachlassen der Gewalt meinen; es kommt sogar äußerst oft vor, daß gerade die Schwachen gewalttätig sind. Keiner ist grausamer und gewalttätiger als der Feigling. Kraft und Gewalt sind gänzlich verschiedene Dinge. Trajan war stark und nicht gewalttätig; Nero war gewalttätig und nicht stark.

Wenn, wie es wahrscheinlich sein mag, dieser Gegensatz zwischen der Mißwirtschaft, die ständig zunimmt, und der Beherztheit, dem Mut, der Kraft, die heute abnehmen, sich weiterhin verschärft, so kann das Ende nur eine gewaltsame Katastrophe sein, die das so schwer gestörte Gleichgewicht wiederherstellen wird.

Das Aufkommen einer neuen Aristokratie. Es ist eine Illusion, zu glauben, daß der herrschenden Klasse gegenwärtig das Volk gegenübersteht; ihr gegenüber steht, und das ist etwas ganz anderes, eine neue, zukünftige Aristokratie, die sich auf das Volk stützt; und es zeigen sich sogar schon schwache Anzeichen eines Gegensatzes zwischen dieser neuen Aristokratie und der übrigen Bevölkerung, die voraussehen lassen, daß im Laufe der Zeit dieser dem gleichen wird, der sich in Rom zwischen der Aristokratie des *plebs* und seinem übrigen Teil zeigte und in die italienischen Republiken zwischen den hohen und niederen Zünften. Diese letzteren Kämpfe gleichen jenen, die man in England zwischen den alten und neuen *Trade-Unions* beobachtet.

Überall, wo Arbeiter gut bezahlte Berufe ausüben, versuchen sie, die übrige Bevölkerung davon auszuschließen, indem die Anzahl derer von ihnen streng begrenzt wird, die die Erlaubnis haben, das Handwerk zu lehren. Glaser, Buchdrucker und Angehörige ähnlicher Handwerksberufe bilden geschlossene Kasten. Viele Streiks haben ihren Ursprung darin, daß die Arbeiter, die Mitglieder einer Gewerkschaft sind, die Arbeiter, die nicht Mitglieder sind, ablehnen. Kurz, man sieht die amorphe Materie, die sich spaltet und in verschiedenen Schichten ordnet, wobei die oberen eben die neue Aristokratie bilden.

Es ist bemerkenswert, daß bis jetzt die Führer der neuen Aristokratie fast alle Bürger sind, das heißt, der alten Aristokratie entstammen, deren Charakter zwar heruntergekommen ist, nicht aber ihre Intelligenz. Übrigens liegt eine Ursache hierfür auch in dem falschen Vorgehen unserer Bourgeoisie, wodurch ihr bester Teil auf die Seite der Gegner getrieben wurde, wer sie auch immer sein mochten, worauf so von neuem die herrschende Klasse zunehmend schwächer wurde, die ausblutet und ihre stärksten, anständigsten und ehrlichsten Männer verliert. Wenn, wie es in Italien geschieht, ein Ehrenmann sich in dem Dilemma befindet, entweder wirkliche, echte Verbrechen, wie die Unterschlagungen der Banken oder die Machenschaften um den Prozeß Notarbartolo, zu billigen oder aber mit den Sozialisten zu gehen, so treibt es ihn unwiderstehlich zu diesen.

Es scheint wahrscheinlich, daß das gegenwärtige Verhältnis zwischen den bürgerlichen Führern und den Führern aus der Arbeiterklasse in der neuen Aristokratie sich ändern wird und daß die Anzahl der Arbeiter zunehmen wird, und zwar, weil die Arbeiterklasse immer aktiver, gebildeter und stärker wird.

Schon in den ersten Jahren des XIX. Jahrhunderts konnte man die gegenwärtige Entwicklung voraussehen. Es ist mit größter Sicherheit eine Gesetzmäßigkeit bei den lebenden Organismen und den sozialen Organismen, daß zwischen den Nahrungsorganen und der allgemeinen Form des Körpers ein enger Zusammenhang besteht[42]. Niemand wird glauben, daß ein Fleischfresser und ein Pflanzenfresser völlig gleiche Form haben sollten, und so kann man auch nicht glauben, daß eine militärische Gesellschaft und eine industrielle Gesellschaft die gleiche soziale Ordnung haben sollten. Unsere Gesellschaften sind sicherlich viel mehr industriell und weniger militärisch als die Gesellschaften des vorigen Jahrhunderts und daher mußte sich ihre Ordnung verändern. Wo es eine blühende Industrie gibt, muß die Arbeiterklasse früher oder später zu großer Macht kommen. Man denke nur an das, was in den Ländern geschieht, in denen politische Wahlen stattfinden: Wenn eine Stadt Industriestadt wird, ist es fast sicher, daß sie sozialistische oder zumindest radikale Abgeordnete ins Parlament schicken wird. In Italien wählen Mailand, das früher den *„consorti"* anhing, und Turin, das monarchistisch war, heute Sozialisten, Republikaner, Radikale, weil die Industrie in diesen Städten überaus gewachsen ist. Florenz, wo ihr Wachstum sehr viel geringer ist, hält den Gemäßigten mehr die Treue.

Diese allgemeine Tendenz ist schon so oft bemerkt worden, daß es nicht nötig ist, dabei länger zu verweilen; aber eine andere Bewegung, die ebenfalls von großer Bedeutung ist, konnte man erst in jüngster Zeit untersuchen. Ich meine damit die Bewegung, durch die ein Teil der Arbeiterklasse dazu gelangt, hohe Löhne zu verdienen und damit den ersten Kern der neuen Aristokratie bildet.

Die hauptsächliche Ursache hierfür muß man in dem enormen Anwachsen von Spargeldern und Kapital suchen. Nach 1870 gab es keine großen europäischen Kriege mehr, unter denen die Spargelder große Einbußen erlitten hatten, und wenn ihre Zunahme auch gebremst wurde durch die Verschwendung des Staatssozialismus, des Protektionismus und anderer Formen der Mißwirtschaft der herrschenden Klasse, so konnte dies alles nicht verhindern, daß ihr Volumen zunahm. Da sich hierdurch das Verhältnis zwischen Kapital und Arbeit verändert hatte, wurde ersteres weniger wertvoll, zweiteres jedoch wertvoller. Wo es immer technisch möglich ist, ersetzt man die menschliche Arbeitskraft durch die Maschine, und dies kann man ökonomisch durchführen, weil es eben nicht an

42 Der Leser beachte, daß wir von gegenseitiger Abhängigkeit und nicht etwa von einer einfachen Ursache-Wirkung-Relation sprechen.

Kapital bei den zivilisierten Völkern fehlt; bei den anderen ist die Transformation, die technisch möglich wäre, ökonomisch unmöglich, und der Mensch hat an der materiellen Arbeit größeren Anteil. Wo also allgemein großer Überfluß an Kapital herrscht, wird der Mensch auf die Arbeiten verwiesen, bei denen die Maschine nicht mit ihm konkurrieren kann, nämlich die Arbeiten, für die man Sinn und Verstand braucht. Außerdem ist es angezeigt, eine strenge Auswahl zu treffen und durch hohe Bezahlung dafür zu sorgen, daß die Maschinen von Menschen gelenkt werden, die ungewöhnliche Geistesgaben haben. Ein Erdarbeiter braucht nur zwei starke Arme, und wenn er ein Herkules ist, der so stark ist wie zwei gewöhnliche Männer, so kann man ihm das Doppelte bezahlen, aber nicht mehr, denn seine Arbeit könnte ebensogut von zwei anderen Männern getan werden. Für die Lenkung einer Lokomotive braucht man dagegen einen Mann mit Sinn und Verstand, und wenn es ihm daran ein wenig fehlt, so kann man dem nicht abhelfen, indem man zwei Lokomotivführer auf die Lokomotive stellt statt einen; zwei, drei oder auch vier schlechte *monteurs* leisten keinesfalls so gute Arbeit wie ein fähiger und intelligenter *monteur*. Für eine Fabrik, die chemische Erzeugnisse herstellt, wiegen zehn Chemiker ohne Kenntnisse einen guten Chemiker nicht auf. Hier ist eine äußerst mächtige Kraft ständig am Werk und teilt die Arbeiter in verschiedene Klassen, wobei den oberen Klassen sehr große Vorteile zukommen – und darin liegt die Hauptursache für die Bildung einer neuen Aristokratie.

Die Staatssozialisten, die das Kapital vergeuden wollen, achten darauf nicht und merken nicht, wie sie, ohne es zu wollen, der alten Aristokratie in die Hände arbeiten, wenn sie dem Aufkommen der neuen Hindernisse in den Weg legen, die sich nur dort stark formiert, wo das Kapital im Überfluß vorhanden ist. Die Marxisten haben ein richtigeres Konzept von den Phänomenen, und sie haben, wenn nicht wissenschaftlich, so doch instinktiv begriffen, daß es zu ihrem Sieg nur kommen kann, wenn er vom Überfluß des Kapitals vorbereitet wird, oder, wie sie sagen, die sozialistische Entwicklung muß eine „kapitalistische" Phase durchmachen.

Eine weitere sehr strenge Auswahl, die ebenfalls für die Bildung der neuen Aristokratie arbeitet, wird von den Arbeitervereinen und den Gewerkschaften getroffen. Dies kann man als Konsequenz des vorher Gesagten betrachten, denn diese Vereine und Gewerkschaften können nur da entstehen und gedeihen, wo der Überfluß des Kapitals das Aufkommen und Prosperieren der Großindustrie ermöglicht hat, so daß am Ursprung immer der Überfluß an Spargeldern und Kapital steht. Vergessen wir übrigens nicht, daß wenn dies Ursache des Phänomens zu sein scheint und zum Teil auch tatsächlich ist, so ist es ebenfalls zum Teil Wirkung, denn eben die Entwicklung der Industrie und die Bildung der neuen Arbeiteraristokratie tragen dazu bei, die Summe von Spargeldern und Kapital zu erhöhen.

Paul de Rousiers hat ausgezeichnet die Merkmale der Entwicklung der Arbeiter in England festgehalten, und wenn man sie sorgsam studiert, so sieht man, daß es auch die der Bildung der neuen Aristokratie sind. Über die Führer der *Trade-Unions* sagt er: „Die erste Eigenschaft, die sich bei ihnen bemerkbar macht, ist ein Sinn für das Praktische, Klare und Exakte, das Gefühl für das Mögliche, der solide gesunde Menschenverstand, der zur erfolgreichen Arbeit führt[43]." Genau, ganz genau die Eigenschaften, die der alten, sterbenden Aristokratie abgehen. „Selbst die, die an die Notwendigkeit einer tiefgreifenden Umwälzung der Gesellschaft glauben und die sich von den am weitesten fortgeschrittenen sozialistischen Ideen verführen lassen, bewahren in ihrem Geist das erträumte Ideal, bemühen sich aber im Bereich des Faktischen, zu Ergebnissen im Kleinen zu gelangen ... Darüber hinaus beschränken sich viele von ihnen völlig darauf, nach Vorteilen zu streben, die die Neuordnung der gesellschaftlichen Institutionen in keiner Weise voraussetzen." Sie sprechen als die Starken und haben nicht die schwächlichen Gefühle des *Humanitarismus* unserer Bürger; sie sagen, daß man nur „die Lage der Schwachen verbessern kann, wenn diese selbst gegen ihre Schwäche kämpfen ... es bedarf eines energischen Bewußtseins, eines mannhaften Gefühls für ihre moralische Verantwortung. ... Sinn für das Praktische, hochstehende Moral, intellektuelle Bildung – dies sind die drei hauptsächlichsten Qualitäten, die den Führern der Trade-Unions ihren Erfolg sichern[44]". Sind es nicht eben diese Qualitäten, die die *Aristokratie* (verstanden im etymologischen Sinn, nämlich: Der Besten) von den übrigen Menschen unterscheiden?

Nach den Generälen kommen die Hauptleute, die Unteroffiziere, die Soldaten, und alle sind ausgewählte Männer. Um uns präzise auszudrücken, es gibt niemals eine aristokratische Klasse, es gibt verschiedene geschichtete Klassen, die die Aristokratie konstituieren.

„Man muß bis zu den gewöhnlichen Mitgliedern gehen, bis zu den einfachen Arbeitern, um zu sehen, welchen tiefen Ursachen eine Trade-Union ihren Erfolg verdankt. Zunächst ihre Regelmäßigkeit bei der Zahlung der wöchentlichen Beiträge, die die finanzielle Prosperität, die erste unerläßliche materielle Basis schafft. Die Arbeiter, die sich in England in einer Gewerkschaft organisieren, gehen eine ernsthafte Verpflichtung ein und kommen ihr pünktlich nach. Nach einigen Wochen wird das säumige Gewerkschaftsmitglied schlicht und einfach gestrichen, wenn es nicht, wohlverstanden, wegen Arbeitslosigkeit, Un-

[43] P. DE ROUSIERS, *Le Trade-unionisme en Angleterre*, S. 29.

[44] *Ibidem*, S. 29, 34, 38.

fall, Krankheit etc. unterstützt wird." Und jener, wo geht er hin? Er fällt ab zu einem *neuen* Proletariat, das sich neben der *neuen* Aristokratie bildet, und wo wahrscheinlich die Söhne der gegenwärtigen Bourgeoisie enden werden, wenn sie sich von der neuen Aristokratie haben ausplündern lassen. „Ich insistiere auf der materiellen Tatsache der Regelmäßigkeit der Beitragszahlung" – sagt Rousiers weiter – „weil sie mehr noch als den Unions die finanzielle Macht zu sichern, den Wert der Männer, aus denen sie sich zusammensetzen, zeigt. Wir werden oft die Gelegenheit haben, festzustellen, daß die Gewerkschaftsmitglieder das Ergebnis einer Selektion sind: *The best men belong to the Union*, die besten Arbeiter gehören zur Union. Diese Männer, die sich freiwillig zusammengefunden haben für ein Ziel, das sie verstehen ... sind die wahre Grundlage des Erfolgs[45]." Wie kann man anders beschreiben, wie eine Aristokratie sich formiert?

Die italienischen Sozialisten haben mehrmals gesagt, daß dort, wo sich ihre Lehre verbreitet, die Arbeiter moralischer, anständiger, weniger gewalttätig *werden*, ihre Ehefrau nicht mehr schlagen, sonst *werden sie ausgeschlossen*; daß sie sich bilden und informieren, anstatt sich im Wirtshaus zu betrinken. Dies alles ist richtig, außer daß sie nicht so *werden*, sondern so *ausgewählt* werden, und das ist etwas ganz anderes. Wir wollen nicht leugnen, daß ein Mensch sein Verhalten ändern kann, aber alle wissen nunmehr, daß dies die Ausnahme ist; die Regel ist, daß das Individuum, wenn die Art sich langsam, sehr langsam verändern kann, sich nur ganz geringfügig wandelt. Um einen guten Mathematiker zu erhalten, muß man ihn *auswählen*, man kann wahrhaftig nicht machen, daß irgendein Schwachsinniger durch eine gute Erziehung dazu *wird*. Wer kann einen Feigling in einen tapferen Mann verwandeln, ein liederliches Frauenzimmer in eine ehrbare Matrone, einen Unvorsichtigen in einen Vorsichtigen?

Damit wollen wir nicht sagen, daß die Sozialisten nicht die Anzahl der guten und anständigen Arbeiter erhöhen; sie erhöhen diese Anzahl, weil sie den Arbeitern, die so sind, die Möglichkeit verschaffen, sich zu manifestieren; um sehr großzügig zu sein, nehmen wir auch an, daß sie den einen oder anderen radikal ändern; doch schließlich bleibt ein Rest von Leuten übrig, denen es an Charakter, Ehrlichkeit, Moral, Intelligenz fehlt und die das neue Proletariat bilden werden.

Einer meiner Bekannten, der in Frankreich eine Zeitung leitet und der stolz darauf ist, ein Gegner der Arbeitergewerkschaften zu sein, sagte, er finde sich soeben damit ab, wegen seiner Zeitung mit der Druckergewerkschaft zu verhandeln, „weil die 'Sarazenen'* wirklich zu undisziplinierte Leute waren, auf die

---

[45] Ibidem, S. 40, 41.
* Eine Erklärung für diese Bezeichnung konnte nicht gefunden werden. [Anm. d. Übers. u. Herausg.]

man sich nie verlassen konnte." Und dies ist der gleiche Grund, aus dem *nolens volens* die „Sarazenen" aus den Gewerkschaften ausgeschlossen werden, ihnen die Arbeit versagt wird und man sie aus der Aristokratie ihrer Klasse entfernt und ins Proletariat verweist.

Diese Auswahlverfahren nehmen immer größere Ausmaße an, da ihre Ursachen, nämlich die Zunahme des Kapitals und der industrielle Wandel immer stärker werden.

Andererseits waren der Auslese der neuen Aristokratie die Verfolgung durch Bismarck in Deutschland, durch die bürgerliche Regierung in Italien förderlich. Durch diese Verfolgungen wurden viele Männer, deren Überzeugung zweifelhaft und deren Charakter nicht gefestigt war, eliminiert und die Politisierer abgehalten. Dagegen mischen sich in Frankreich, wo der Sozialismus an der Regierung teilhat, diese bereits in großer Anzahl unter die Sozialisten. Früher oder später wird dieses Übel, das immer eine Begleiterscheinung des Sieges ist, die neue Aristokratie in anderen Ländern befallen, aber es ist besser für sie, dies trifft später ein, wenn sie sich schon stark formiert hat, und nicht früher, während sie noch im Entstehen begriffen und schwach ist.

Das Aufkommen der neuen Aristokratie zeigt sich auch in dem, was wir über die religiöse Krise erwähnten. Ein Teil der Sozialisten ist in Frankreich an die Regierung gelangt; der Teil, der leer ausgegangen ist, bildet den Anfang des neuen Proletariats, schreit und tobt, nimmt Anträge gegen Millerand und seine Freunde an, die über diesen Tadel spotten. Wenn der kühnere Entwurf Naumanns Wirklichkeit werden sollte, so würde sich sofort eine neue Aristokratie erheben, sich um ihren Konstantin scharen und dem neuen Proletariat, das weiterhin die alten humanitären Phrasen ernst nehmen würde, mit Säbelhieben und Flintenschüssen begegnen[46].

---

[46] Es gibt dafür sekundäre Anzeichen, aber sie dürfen nicht gänzlich übergangen werden; zum Beispiel ist es jetzt in Frankreich üblich, die Gewalttätigkeiten und Verbrechen, zu denen es während der Streiks kam, damit zu entschuldigen, daß man den „Anarchisten" die Schuld daran gibt. In anderen Worten, die neuen Proletarier dienen der neuen Aristokratie als Sündenbock. Der „Figaro", eine bürgerliche Zeitung, die ziemlich sozialistisch geworden ist, seitdem Millerand Minister ist, brachte am 5. Juni 1900: „Die Unruhen von Châlon-sur-Saône haben eine Tatsache gezeigt, die Gegenstand einer ganz besonderen Untersuchung ist. Nicht die streikenden Arbeiter haben an den Unruhen teilgenommen (aber welcher Unmensch konnte das denn von diesen vollkommenen und unfehlbaren Geschöpfen glauben?), die beinahe in eine blutige Auseinandersetzung ausgeartet sind. Es ist nur gerecht, sie von der Verantwortung dafür freizusprechen; es waren indessen die Anarchisten (früher hießen diese *villani* [dt. Unruhestifter, Rowdies, Anm. d. Übers.], heute heißen sie *Anarchisten*, man muß sich das gut merken) ... Diese Verbrecher sind zu etwa 300 in die Gegend gekommen; sie haben geheime Versammlungen abgehalten, den Streik angestiftet (es wäre besser gewesen, diese Taste nicht zu drücken; da er zuviel beweisen will, läßt der Journalist seine Maske fallen), und ihr plötzliches Eingreifen hat dieses arbeitsame Gebiet von Saône-et-Loire in Aufruhr gebracht etc."

Auf ihren Kongressen schließen die Sozialisten gewaltsam, in London auch mit Hilfe der *policemen* der Bourgeoisie, die Anarchisten und andere Dissidenten oder Häretiker aus, und sie tun gut daran und können es auch nicht anders machen; denn ohne Anwendung von Gewalt kann keine Ordnung von Dauer sein. Nur diese unglückseligen Bourgeois erträumen sich eine Regierung aus lauter Milch und Honig und bilden sich ein, die Karabinieri ließen sich lange steinigen und warteten, bis einige der ihren tot umgesunken sind, bevor sie von den Waffen Gebrauch machen. Man kann sicher sein, daß die Polizei der zukünftigen Aristokratie nicht so geduldig sein wird, weil die Gedanken der neuen Befehlshaber Gedanken junger, kraftvoller Menschen sein werden und nicht solche kindisch gewordener Greise.

Lenken wir unser Augenmerk auf die Länder, in denen die Demokratie und der Sozialismus weiter fortgeschritten sind, wie zum Beispiel in Frankreich, und wir werden bald erkennen, daß über den Ausgang des Kampfes zwischen der neuen und der alten Aristokratie kein Zweifel bestehen kann; denn die neue ist voll Kraft und Stärke, während die alte geschwächt ist, die neue proklamiert kühn und mutig den „Klassenkampf", die alte lobt kindisch die „Solidarität", neigt dankend das Haupt unter den erhaltenen Schlägen, anstatt sie zu erwidern.

Man betrachte die Presse. Die entstehende Aristokratie hat Zeitungen, die ihre *ehrlichen und allgemeinen* Interessen verteidigen; um sie am Leben zu erhalten, sparen sich Leute, die kaum zu essen haben, das Brot vom Munde ab; die Bourgeoisie hat die notwendigen finanziellen Opfer für eine solche Zeitung nicht zu bringen verstanden noch bringen wollen. Zum Beispiel halten wenige bürgerliche Zeitungen einem Vergleich mit dem „Avanti" stand. Die Bourgeoisie bezahlt zwar viele Zeitungen, aber diese werden nicht für *ehrliche* und *allgemeine* Interessen unterhalten. Sie werden bezahlt für die Geschäftemacherei mit dem Panamakanal, mit den Eisenbahnabkommen, mit den Stahlwerken, mit den Prämien für die Handelsmarine, mit den Schutzzöllen; sie werden getragen von diebischen Unternehmern, die das Staatsvermögen plündern, von irgendwelchen eitlen Ehrgeizlingen, die Senator, Abgeordneter oder auch nur Stadtrat sind oder werden wollen; schließlich dienen sie Einzelinteressen, die alles andere als ehrlich sind.

Man betrachte die Streiks. Die Arbeiter halten ihren Kameraden die Treue, sie leiden bittere Not und Hunger, um nicht zur Arbeit zurückzukehren, bevor nicht alle ihre Kameraden wiederaufgenommen werden, und erst wenn jeder Widerstand unmöglich geworden ist, geben sie sich geschlagen. Dagegen fehlt es den Unternehmern für gewöhnlich an Treue gegenüber den Arbeitern, die sie hatten kommen lassen, um die Streikenden zu ersetzen, sie opfern sie ohne die geringsten Skrupel, ohne jede Scham. Unter zahllosen Beispielen genügt es, an das der Londoner Stukkateurunternehmer zu erinnern, die letztes Jahr, nachdem sie sich mit ihren Arbeitern wieder geeinigt hatten, die italienischen Arbeiter, die sie hatten kommen lassen, auf die Straße warfen.

Man betrachte die Abgeordneten in gewissen Ländern. Man sieht in Italien sozialistische Abgeordnete, deren Leben würdig und hochanständig ist, und man vergleiche sie mit den politisierenden Abgeordneten, die die Ministerien belagern, um Vergünstigungen zu erhalten, und die, wenn es zu ihrem Vorteil wäre, Christus jeden Tag für dreißig Silberlinge verkaufen würden.

Man betrachte die kraftvolle Disziplin der neuen Aristokratie. Wenn sich unter ihren Männern ein Schuldiger befindet, schließt sie ihn sofort aus. Die Bourgeoisie hingegen glaubt, weise zu handeln, wenn sie die Augen vor den finstersten Verbrechen der Ihren verschließt. In Italien fanden die Männer, die die Banken ausraubten, diejenigen, die die Mörder von Notarbartolo schützten, keinerlei Strafe, ganz im Gegenteil, sie stehen hoch oben, und jeder verbeugt sich vor ihnen.

De Rousiers berichtet über die Union der Gipsarbeiter: „Die Strenge der Vorschriften wendet sich gegen die säumigen Zahler. Ich habe selbst eines Tages ein solches Beispiel erlebt, als ich den Sekretär der Union, Mr. D., bei seinem Besuch auf den Baustellen begleitete. Wir gingen in eine dieser von *jerry-builders* hastig gebauten Häuserreihen, als wir einem Arbeiter begegneten, den das Kommen meines Begleiters peinlich zu berühren schien. Es war ein Gipser, der mit dem Verputzen einer Zwischenwand beschäftigt war. ‘Also’, sagte Mr. D. zu ihm, ‘sind Sie zu dem bereit, was Sie mir letzten Samstag versprochen haben?’ ‘Nein’, antwortete der arme Teufel und senkte traurig seinen Kopf. ‘Ich habe Sie gewarnt’, fährt Mr. D. fort, ‘wenn Sie also folglich heute Unannehmlichkeiten haben, geben Sie zu, daß Sie allein dafür verantwortlich sind, daß es allein Ihr Fehler ist?’ ‘Ja.’ Und ohne Rücksicht auf sein Unglück sagte Mr. D. zu mir: ‘Das ist eines dieser armen Geschöpfe, die nicht für sich selbst sorgen können *(who are not able to take care for themselves)*’ ... Glücklicherweise kam der Unternehmer hinzu. Er nahm fünf Shillings aus seiner Tasche, gab sie dem Gipser als Vorschuß zu seinem Lohn, und nachdem dieser Mr. D. seine verspäteten Beiträge damit angezahlt hatte, konnte er seine Arbeit fortsetzen. ‘Sonst hätte ich nicht gezögert, ihn von der Arbeit zu suspendieren’ sagte Mr. D. zu mir[47].“

Wenn jener Sekretär, jener Richter, die von den *Trade-Unions* dafür bezahlt werden, daß sie für die Durchführung ihrer Gesetze sorgen, der Richter von Château-Tierry gewesen wäre, der von einer bürgerlichen Regierung dafür bezahlt wird, daß er das Gesetz anwendet, wäre er nicht mit solcher Strenge vorgegangen, sondern hätte statt dessen einige schöne rhetorische Sätze über die Not jenes armen Teufels gesagt. Wenn die Mitglieder der Union unseren Bürgern ähneln

---

[47] P. DE ROUSIERS, *Loc. cit.* S. 91, 92.

würden, würde ein Teil von ihnen, anstatt ihren Sekretär zu unterstützen, ausgezeichnete ethische Darlegungen liefern, die „Solidarität" mit dem, der nicht das bezahlt, was er muß, beschwören, und die Vorschriften mit dummen und nichtssagenden Reden zunichte machen; ein Teil von ihnen würde es noch schlimmer treiben und von dem Sekretär verlangen, er solle sich nicht etwa um die ehrlichen und allgemeinen Interessen der Union, sondern um die besonderen und wenig ehrlichen irgendeines Mitgliedes der Union kümmern. In diesem Fall hätte der Sekretär anstelle der soeben angeführten Worte zu dem mit seiner Beitragszahlung in Verzug geratenen Mitglied gesagt: „Bei den nächsten Wahlen werden Sie für Damiani, der für Crispi ist, stimmen (so drückte sich ein italienischer General aus); in diesem Fall, machen Sie, was Sie wollen, andernfalls bezahlen Sie."

Wenn man sagen würde: „Hier sind zwei Heere, A und B, die einander gegenüberstehen. A hat überhaupt keine Disziplin, wenig Mut, keine Kraft, keine Treue zur eigenen Fahne. Diese Leute wagen nicht einmal klar zu sagen, daß sie B bekämpfen, sondern wollen so tun, als seien sie im Frieden, während sie sich im Krieg befinden, sie nehmen Anleihen auf, um B Waffen zu verschaffen und wollen keinen Heller für die eigenen ausgeben. Der eine schwätzt und verliert sich in Gefasel, der andere lenkt das Wasser auf seine Mühle und versucht, etwas zusammenzuraffen. Die besten Soldaten von A verlassen dieses Lager und gehen in das von B. – Auf der anderen Seite wissen die Männer in B, was sie wollen, und sie wollen es mit Macht, sie halten die Disziplin aufrecht, sie sind ihrer eigenen Fahne treu, sie halten sie hoch, sie sagen ganz klar, daß sie das Heer A besiegen, vernichten, zerschlagen wollen. Sie halten zusammen wie Pech und Schwefel, und jeder ist zu jedem erdenklichen Opfer für seine Kameraden und für die Fahne bereit. Nimmermehr denken sie daran, den Feinden zu helfen, sie beschaffen Waffen für sich selbst und nicht für andere. Ihre Anzahl nimmt ständig zu." Und wenn man dann fragen würde: „Wer von beiden wird siegen?" Gäbe es da bei der Antwort noch Zweifel?

Unsere Bourgeoisie verschwendet Geld und Mühe, nur um den Feinden zu helfen. In unmäßig großer Anzahl entstehen Gesellschaften, die den Lasterhaften, Unfähigen, Entarteten helfen, und unter sovielen Gesellschaften haben die Bürger nicht den Mut gehabt, eine, nur eine einzige zur Verteidigung ihrer Rechte zu bilden. Aber haben sie denn Rechte? Nein, scheint es, weil sie sich schämen, davon zu sprechen, und gerade die Besitzenden leugnen das Recht auf Eigentum und schenken den *Volksuniversitäten* Geld, wo gelehrt wird, daß sie ausgeraubt werden müssen. Unter einem gewissen Aspekt könnte man sagen, daß sie keine Rechte haben, da sie sie nicht verteidigen können.

Die neue Aristokratie ist jetzt nachgiebig und für alle offen; aber nach dem Sieg wird bei ihr das folgen, was bei den anderen folgte, nämlich, daß sie starrer und geschlossener wird. Man beachte, daß der Buddhismus, der die Gleichheit aller Menschen proklamierte, die Theokratie von Tibet hervorgebracht hat und daß die Religion Christi, die gerade für die Armen und Einfachen bestimmt zu sein schien, die römische Theokratie hervorgebracht hat. Diese wurde ihrerseits von einer neuen Aristokratie bekämpft, in der Zeit der Reformation, aber da sie noch nicht gänzlich verfallen war, erlitt sie nur eine partielle Niederlage. Den Verfall der alten Aristokratie und ihre zunehmenden Gewalttätigkeiten zur Zeit der Reformation sieht man klar am Aufkommen der *Raubritter*; Sickingen und Hutten sind zwei Typen dieses revolutionären Rittertums. Wie gewöhnlich stützte sich die neue Aristokratie auf die „Armen" und „einfachen Leute", wie gewöhnlich glaubten diese an die Versprechungen, die man ihnen machte, wie gewöhnlich wurden sie betrogen, und auf ihrem Nacken lastet ein noch schwereres Joch als zuvor[48]. Ähnlich noch hat die Revolution von 1789 die jakobinische Oligarchie gebracht und endete schließlich im kaiserlichen Despotismus[49]. Es ist immer so geschehen, und es gibt keinen Grund zu glauben, daß der übliche Lauf der Ereignisse sich jetzt ändern muß. Viele Jahrhunderte sind seit dem Tag vergangen, an dem die Sibyllinischen Sprüche den Menschen versprachen, daß „es weder Arme noch Reiche, weder Tyrannen noch Sklaven, weder Höhere noch Niedrigere, keine Könige und keine Herzöge geben wird, alles wird allen gehören"[50], und immer noch warten die Notleidenden darauf, daß diese Versprechen Wirklichkeit werden; es ist wahrscheinlich, daß die neuen großzügigen Versprechungen auf nichts anderes abzielen und dies gewiß auch erreichen werden. Nach dem Sieg wird die neue Aristokratie vielleicht einige formale und verbale Konzessionen gegenüber den neuen Proletariern machen, das heißt, gegenüber den Schwachen, Unvorsichtigen, Unfähigen; aber im Grunde werden diese wahr-

---

[48] Ein beliebtes Lied aus jener Zeit, das von Jansen zitiert wird, lautet: „Lange Zeit war das Leben leicht und bequem, aber plötzlich wollte man nicht mehr den Zehnten zahlen. ... man wollte die Besitztümer aufteilen ... aber die Strafe folgte schnell ... dies ist das Ende vom Lied, eine barbarische Tyrannei. Ach! Herr und Gott! Gebt uns Frieden!"
Ein anderes Lied lautet: „Man hat uns gesagt: Ihr werdet reich werden, ihr werdet glücklich und angesehen sein, man hat uns alle möglichen Güter versprochen. So haben sie uns betrogen. Sind wir reich geworden? Daß Gott erbarm'. Das Wenige, das wir hatten, ist verloren. Jetzt sind wir arm."

[49] Die „armen und einfachen Leute" hatten in Rom wenig Nutzen davon, daß sich die Ritter über die Senatoren erhoben haben und die richterliche Gewalt erhielten. Diodorus Siculus erzählt, wie Q. Mutius Scaevola mit seinem Questor Rutilius Rufus gegen die Habgier der Zöllner in Asien vorging und die Mißwirtschaft, die sie mit Hilfe der Ritter auf Kosten des Volkes trieben, bremste. Die Ritter rächten sich, indem sie den ehrlichen und unbescholtenen Rutilius verurteilten. ASC. *In divinat.*, 17: „*Scaevolam significat. Hujus quaestor, Rutilius Rufus, damnatus est, quod cum praetore consenserit suo, ne publicani aliquid agerent in provincia sua, quo cognito, equites Romani (nam tum ante Sullana tempora indicabant) damnarunt eum.*

[50] II. S. 322-324.

scheinlich ein schwereres Joch tragen als ihr heutiges. Die neuen Herren werden, zumindest für einige Zeit, nicht die senile Schwäche unserer Bourgeoisie haben.

Le Bon[51] sagt: „Der heutige Arbeiter befindet sich in einer Phase, die er nicht wieder erleben wird, in der er seine Gesetze diktieren und ungestraft das Huhn, das goldene Eier legt, schlachten kann." Dies trifft nicht generell zu – man braucht als Beispiel nur Rußland und Italien anzuführen – aber es trifft auf einige Völker zu, bei denen der Staatssozialismus weiter fortgeschritten ist. Es ist sonderbar, wenn man beobachtet, wie an manchen Orten, wo es die Progressivsteuer gibt, dieses mit wiederholten Versuchen bis an die Grenze dessen gesteigert wird, was den Herrschenden den größten Gewinn bringt. Die Erfahrung hatte die römischen Herren gelehrt, daß es für sie vorteilhaft war, dem Sklaven einen Spargroschen zu lassen, da er so zum Arbeiten getrieben wurde und für seinen Herrn mehr produzierte. Ähnlich hat die Erfahrung manche demokratischen Regierungen gelehrt, daß es eben gerade heißt, das Huhn, das die goldenen Eier legt, schlachten, wenn man den Bauunternehmer und den Kapitalisten gänzlich ausraubt. Sie lassen ihnen also einen gewissen Spargroschen und geben sich damit zufrieden, ihnen soviel zu nehmen, wie möglich ist, ohne daß sie davon abgebracht werden, ihre geistigen Gaben und ihre Reichtümer für die wirtschaftliche Produktion zu verwenden. Auf diese Weise beuten sie sie auf die bestmögliche Art aus, wie es der Herr mit dem Sklaven machte. Es ist nicht sicher, ob die neue Aristokratie sich mit soviel Geduld ausrauben lassen wird wie die gegenwärtige, damit trifft die Beobachtung Le Bons nur für diese zu.

Jener Autor macht auch eine Bemerkung über die stehenden Heere, die ebenfalls nur zu einem kleinen Teil wahr ist. Er glaubt, daß die stehenden Heere, falls sie alle Bürger umfassen, schließlich zu einer Maschine des sozialistischen Krieges werden. „Hier liegt die Gefahr, die die Regierungen noch nicht erkennen und auf die zu insistieren folglich ganz sinnlos wäre." Und weiter: „Die Entwicklung der Dinge hat die Fundamente des Gebäudes der vergangenen Zeitalter ausgehöhlt. Die Armee, die letzte Säule dieses Gebäudes, die einzige, die es noch stützen konnte, zerfällt von Tag zu Tag mehr[52]. Dies mag auf Frankreich zutreffen, aber nicht auf Deutschland. Nichts erlaubt uns die Voraussage, daß das deutsche Heer zerfallen wird, ja nach allem, was uns bekannt ist, erscheint es uns mit seinen fast ausschließlich aus den oberen Klassen stammenden Offizieren sogar als unverletzlich, und es ist höchstwahrscheinlich, daß der einzige Weg, auf dem der Sozialismus in Deutschland siegen kann, der von Naumann aufgezeigte ist.

Man darf übrigens, im Hinblick auf die Formen, nicht vergessen, daß unsere spärlichen wissenschaftlichen Kenntnisse uns wenig oder nichts vorauszusehen

[51] *Psych, du soc.* S. 356.

[52] *Op. cit.* S. 389, 391.

erlauben und daß wir kaum irgendeine Vorstellung von der Substanz des Phänomens haben.

Das subjektive Phänomen. – Die religiöse Krise wird im Bewußtsein nicht zu sehr deformiert, und daher entfernt sich das subjektive Phänomen nicht viel vom realen, außer vielleicht in den sekundären Manifestationen. Katholiken, Protestanten, Sozialisten fühlen sich mehr oder weniger von der religiösen Welle getragen. Zwar insistieren die Sozialisten sehr auf die wissenschaftliche Seite ihrer Religion, aber dies tun auch einige protestantische Sekten. Es ist sonderbar, daß sich unter diesen einige befinden, die schon früher zu einem reinen Rationalismus gelangt waren. Jesus Christus ist für sie kein göttliches Wesen mehr, sondern der beste aller Menschen; die Wunder werden mit Naturgesetzen erklärt. Diese Bewegung vollzog sich, seitdem wir uns in der absteigenden Periode des religiösen Glaubens befanden; die Jahre nach 1860 gehören zu jener Periode; als die aufsteigende Periode wiederkehrte, gingen jene Sekten nicht den bereits zurückgelegten Weg wieder zurück, sondern sie wandten sich der Religion auf einem anderen Wege wieder zu; sie haben nämlich jetzt eine soziale Religion, die, wenn sie das auch nicht hören wollen, nichts anderes ist als der Sozialismus. Für sie verschwindet im Werk Christi alles Übernatürliche und es bleibt nur das, was auf die Erhöhung der Armen abzielt und das man sozial nennen kann.

Wahrscheinlich werden sich jene Sekten schließlich als kleine Bäche in dem großen sozialistischen Strom verlieren, weil ihre Lehren im Grunde kein menschliches Bedürfnis befriedigen. Diejenigen, die das Übernatürliche wollen, und das sind viele, wenden sich den Lehren zu, die den göttlichen Charakter Christi bewahren; diejenigen, die nicht gläubig sind, wenden sich direkt dem Sozialismus zu und bleiben nicht auf halbem Wege stehen. Tatsächlich sind diese Sekten schon heute ein Heer von Hauptleuten ohne Soldaten; sie werden vom Volk weder gehört noch gewollt.

Vielen Bürgern erscheint die christliche religiöse Welle, die sie mitreißt, als Mittel zur Bekämpfung des Sozialismus. Das heißt, unter den vielen Manifestationen des religiösen Gefühls wählen sie, oder glauben sie zu wählen, diejenige, die sich ihren Interessen am wenigsten entgegenstellt. Diese Ursache für die Wahl hat sicher irgendeine Wirkung gehabt, aber sehr viel weniger als man glauben mag. Manchmal existierte sie *a priori*, aber öfter wird sie *a posteriori* gefunden, um die religiöse Bewegung zu erklären. Jedenfalls, wenn hier eine strategische Überlegung vorlag, so brachte sie nicht den gewünschten Effekt hervor. Die herrschenden Klassen wollten die alten religiösen Formen benutzen, um das Volk unterworfen zu halten, und nun ist es so gekommen, daß sich das Volk immer mehr von diesen Formen löst und sich den neuen, hauptsächlich der sozialistischen, zuwendet; der Einfluß der Bourgeoisie hatte nur Wirkung auf die Bourgeoisie selbst. Nehmen wir einmal an, ein General wollte die feindlichen

Soldaten hypnotisieren, um sie leichter besiegen zu können, er gibt sich viel Mühe, aber er hypnotisiert keinen Feind, dagegen hypnotisiert er die eigenen Soldaten und läßt sie dadurch leichte Beute für den Feind werden. So war, nach allem, was bekannt ist, die Bourgeoisie vorgegangen, nicht nur in bezug auf die alten Formen der Religion, sondern auch auf die neuen[53].

Die Societé d'économie politique von Paris hat festgestellt, daß in Frankreich das Wirken der Abstinenzler im Volk geringen oder gar keinen Erfolg hatte und nur bei den wohlhabenden Klassen gewirkt hatte. Der Mißbrauch geht weiter wie zuvor, nur der mäßige und vernünftige Genuß hat ziemlich nachgelassen. Diese ganze Askese der gehobenen Klassen wird nur den einzigen Effekt haben, daß sie dadurch noch ein wenig anämischer, noch ein wenig feiger, noch ein wenig unfähiger, sich zu verteidigen, werden. Was soll man anfangen mit Männern, die kein Fleisch essen, keinen Wein trinken und bescheiden die Augen niederschlagen, wenn sie eine schöne Frau sehen? Diese können als Mönche in die Einsiedelei gehen, aber nicht in den Schlachten des Lebens kämpfen und siegen.

Für viele Bürger nimmt die Arbeit der Sozialisten subjektiv die Form einer Arbeit an, die darauf gerichtet ist, den „sozialen Frieden", das „soziale Wohl", die „soziale Gerechtigkeit" und andere, ähnlich „soziale" Dinge zu sichern. Der Sozialismus ist fast ausschließlich durch das Verhalten und die Trägheit der Bourgeois gewachsen, hat an Kraft gewonnen und gewinnt weiterhin. Wenn man sieht, wie diese sich abmühen, um etwas zu vollbringen, was nur ihren Untergang und ihr Verderben zum Ziel hat, kommt einem Dantes Beschreibung von Filippo Argenti in den Sinn:

Der Florentiner wunderlichen Sinnes
schlug seine Zähne in sein eignes Fleisch.

---

[53] LE BON, *Psych, du soc*, S. 461, sagt vortrefflich: „Der gegenwärtige Sozialismus ist viel mehr eine geistige Verfassung als eine Theorie. Was ihn so bedrohlich macht, das sind nicht die noch sehr schwachen Veränderungen, die er in der Seele des Volkes hervorgerufen hat, sondern die schon sehr großen Veränderungen, die er in der Seele der herrschenden Klasse herbeigeführt hat."

a V. PARETO, *Cours d'économie politique*, Lausanne, Rouge, 1896 bis 1897 (2 Bd.)

b Hier klingt schon das Interesse für dieses Problem an, das dann in dem Bändchen *Le mythe vertuiste et la littérature immorale*, (Paris, Rivière, 1911) ausführlich behandelt wird.

c Zu der Kritik Paretos an der herrschenden Klasse Italiens zu seiner Zeit (vgl. besonders: V. PARETO, *Cronache italiane*, herausgegeben von C. Mongardini, Brescia, Morcelliana, 1965).

d Der Prozeß um die Ermordung von Emanuele Notarbartolo, dem ehemaligen Direktor der Bank von Sizilien, die 1893 geschah und deren der ehemalige Abgeordnete Raffaele Palizzolo angeklagt wurde, sollte erst im September 1901 beginnen.

e Bekanntlich stellte Arius der vom Konzil zu Nicäa (325) angenommenen Lehre, nach der Christus dem Vater „konsubstantiell" sei, die Lehre entgegen, nach der Christus dem Vater „ähnlich" war.

Wenn diese Bürger wüßten, wo ihr Handeln hinführt, wären sie Helden und Märtyrer, aber da sic ihren eigenen Untergang betreiben, ohne es zu wissen, sind sie einfach töricht.

Was die sekundären Manifestationen des religiösen Gefühls betrifft, pflegen die Menschen heute zu glauben, daß sie ausschließlich von wissenschaftlichem Denken gelenkt werden; daher bleibt in solchen Fällen das reale Phänomen subjektiv sehr deformiert.

Um die psychologische Verfassung dieser Menschen richtig zu verstehen, muß man sein Augenmerk auf das richten, was sich in den ökonomischen Krisen abspielt. In der aufsteigenden Periode wird jedes Argument, das beweisen soll, daß ein Unternehmen Geld bringen wird, günstig aufgenommen; in der absteigenden Periode wird es absolut verworfen. Die Finanzleute, denen dies wohlbekannt ist, bezeichnen dies mit dem Ausdruck, der Markt sei lebhaft oder stockend. Ein Mann, der sich weigert, in der absteigenden Periode bestimmte Aktien zu zeichnen, meint, er lasse sich ausschließlich von der Vernunft leiten und weiß nicht, daß er unbewußt den tausend kleinen Eindrücken nachgibt, die er in gewissem Sinne von den täglichen wirtschaftlichen Daten empfängt. Wenn er dann in der aufsteigenden Periode jene gleichen oder andere, ähnliche Aktien zeichnen wird, bei denen vernünftigerweise keine größere Hoffnung auf erfolgreichen Gewinn besteht, so wird er wieder glauben, daß er nur das tut, was ihm die Vernunft diktiert und wird nicht bemerken, daß sein Hinüberwechseln von Mißtrauen zu Vertrauen von Gefühlen abhängt, die von der Stimmung seiner Umgebung hervorgerufen werden.

An der Börse ist es wohlbekannt, daß das breite Publikum nur zu Zeiten der Hausse kauft und in Zeiten der Baisse verkauft; die Finanzleute, die mit mehr Vernunft vorgehen, weil sie sich in solchen Geschäften besser auskennen, obwohl auch sie sich zuweilen vom Gefühl mitreißen lassen, machen es umgekehrt, und dies ist die Hauptquelle ihrer Gewinne. Wenn wir uns nun in einer Hausse befinden, überzeugen die weniger guten Argumente, die uns glauben lassen, daß diese Hausse von längerer Dauer sein wird, sofort, und wenn man zu jemand sagt, daß schließlich diese Preise nicht weiterhin ins Endlose steigen können, so findet man mit Sicherheit kein Gehör. In der Baisse sind es die Argumente, die glauben lassen, daß alles schlecht geht und daß die Preise der Wertpapiere fallen müssen, die überzeugen. Jedes Argument, das diesen Ängstlichen Mut machen soll, ist umsonst.

Ähnliches geschieht in den moralischen und religiösen Krisen. Ein fanatischer Feind des Alkohols meint guten Glaubens, er lasse sich von wissenschaftlichen Überlegungen leiten, er bemerkt nicht, daß diese gleichen Argumente, die ihm so überzeugend vorkommen, wenn er sie anstelle von heute zu einer Zeit der allgemeinen Skepsis gehört hätte, ihn nicht berührt hätten und er ihnen nicht das geringste Gehör geschenkt hätte.

Dafür gibt es viele Ursachen: Die Nachahmung spielt dabei sicher eine große Rolle, aber es spielen noch andere subjektive und objektive Ursachen mit hinein. Es ist hier nicht angebracht, auf dieses Thema näher einzugehen; es genügt uns; diese Fakten aufzuzeigen, welches auch ihre Ursachen sein mögen.

Der Niedergang der gegenwärtigen Aristokratie und das Aufkommen der neuen erscheint dem Bewußtsein und dem Verstand der Menschen in einer Weise, die sich sehr von der Realität unterscheidet; in diesem Fall weicht das subjektive Phänomen stark vom objektiven Phänomen ab.

Wir haben schon einige Unterschiede bemerkt. Viele „Humanitäre" sind gänzlich guten Glaubens, sie bilden sich ein, sie opferten sich, um die altruistischen Gefühle zu stärken, und sie merken nicht, daß sie einzig und allein den Sieg des Egoismus der neuen Aristokratie fördern. Der Egoismus von A und der von B befinden sich im Widerstreit, warum nennt man es *Altruismus*, wenn man den einen mehr begünstigt als den anderen? Aber man sagt: „Wenn A Altruist wäre, würde er B etwas geben." Sicher, aber man könnte den Satz umdrehen; mehr noch, wenn B auch Altruist wäre, würde B das Opfer von A ablehnen. Viele Gesundheitsapostel sind völlig von ihren Theorien überzeugt und glauben, sie hätten nur das Wohl des Menschengeschlechts im Sinn. Viele „Ethiker" sind überzeugt, daß sie sich für irgendeine moralische Abstraktion einsetzen, und es kommt ihnen nicht der geringste Verdacht, sie könnten ihre Klasse verraten und den Sieg einer neuen Aristokratie begünstigen, die nach errungenem Sieg keine bessere Moral haben wird als die gegenwärtige.

In Frankreich sieht man bei der Dreyfus*affäre* deutlich den Gegensatz zwischen dem subjektiven und dem objektiven Phänomen. Wer nur die Geschichte der subjektiven Phänomene schreibt, also der Ideen, wie sie für gewöhnlich genannt werden, wird erzählen, wie sich an der unrechtmäßigen Verurteilung eines Unschuldigen ein erbitterter Kampf um die von antisemitischen und „nationalistischen" Vorurteilen verletzte Gerechtigkeit entzündet. Aber wer glaubt, daß hinter diesen Worten nichts anderes steckt und daß das objektive Phänomen sich wenig oder gar nicht von dem eben beschriebenen unterscheidet, mag wohl auch glauben, daß die blutigen Kämpfe unter dem Byzantinischen Kaiserreich einzig und allein eine theologische Spitzfindigkeit zur Ursache hatten und daß sich keinerlei politische Rivalität hinter ihnen verbarg, (e)

In Wahrheit ist es ganz anders. Die Dreyfus*affäre* ist nur eine Episode im Kampf zwischen der alten und der zukünftigen Aristokratie. Ein, allerdings nicht großer, Teil der gegenwärtigen Aristokratie hatte vor allem in den Jahren zwischen 1850 und 1870 versucht, auf die Freiheit, die Vernunft, den gesunden Menschenverstand zu vertrauen. Jetzt hat sie ihren Irrtum eingesehen und hat begriffen, daß die Menschen nicht von der Vernunft, sondern von den Gefühlen gelenkt werden; die einzig mögliche Wahl ist also die zwischen den Arten von Gefühlen oder besser, den Arten von Religionen. Diese bürgerliche Minderheit hat sich also wieder der Mehrheit angenähert, die immer schon, bewußt oder unbewußt, ähnliche Ansichten hatte.

Was soll man der um sich greifenden sozialistischen Religion entgegenhalten? Die gehobene Klasse in Frankreich hatte keine große Auswahl. Sie versuchte, die alten religiösen Formen, vor allem die katholische, neuzubeleben, sie bemühte sich, bestimmte Haßgefühle gegen die Sozialisten zu ihren Gunsten zu wenden, und daraus entstand der Antisemitismus, schließlich hatte auch sie eine neue Religion mit dem „Nationalismus". Diese hatte den großen Vorteil, daß sie das Heer für sich gewinnen konnte. Man beachte wohl, daß ich nicht sage, dieser Plan wäre im voraus gefaßt worden und danach mit entschlossenem Wollen durchgeführt worden: Im Gegenteil beweisen die Fakten, daß der größte Teil derer, die einem solchen Plane folgen, es unter dem Zwang der Umstände, in denen sie sich befinden, und ohne sich dessen bewußt zu sein, tun. Vielleicht, daß irgendein Führer, der scharfsinniger und schlauer ist, merkt, worum es geht, aber er hütet sich sehr, davon etwas verlauten zu lassen, um nicht den blinden Glauben seiner Gefährten zu schwächen.

Als es zu der Dreyfus*affäre* kam, verstanden die Nationalisten sofort, welchen Nutzen sie daraus ziehen konnten; sie bot eine ausgezeichnete Gelegenheit, sich das Heer gewogen zu machen und somit Gewalt anzuwenden. Nachdem Napoleon I. sich auf St. Helena den *Britannicus* von Racine hatte vorlesen lassen, machte er die kluge Bemerkung, „daß man immer dann die Entschlüsse der Fürsten am meisten beeinflußt, wenn man ihre Eigenliebe verletzt". Als die „Nationalisten" die verletzte Eigenliebe der Führer des Heeres zu ihrer eigenen Sache machten, griffen sie also zu einem guten Mittel. Im Grunde war ihr Plan nicht schlecht, und wenn nicht der Tod von Félix Faure dazwischengekommen wäre, hätte er vielleicht zu einem ersprießlichen Erfolg geführt.

Das objektive Phänomen ist also einfach der Kampf zwischen den beiden erwähnten Aristokratien, und in der Tat ist die Dreyfus*affäre* so gut wie beendet, aber dieser Kampf ist noch keineswegs zur Ruhe gekommen. Heute, während wir dieses schreiben, sind die Sozialisten dank Waldeck-Rousseau im Begriff zu siegen; aber man kann nicht sagen, was morgen geschehen wird. Alle Wechselfälle des Kampfes sind völlig unvorhersehbar. Waldeck-Rousseau spielt gegenüber der sozialen Klasse, der er angehört, genau die gleiche Rolle wie Lafayette gegenüber seiner eigenen. Solche unbewußte Verbündete sind für die neuen Aristokratien, die die alten niederwerfen wollen, überaus kostbar.

Am 15. Juni 1900 gab es in der französischen Kammer eine Anfrage zu gewissen Ereignissen anläßlich des Streiks von Châlon-sur-Sâone. Das Kabinett, das tatsächlich gewisse Gewalttätigkeiten ein wenig spät hatte niederschlagen lassen, nahm eine Tagesordnung an, die teilweise gegen die Polizeibeamten gerichtet war, mit dem Wortlaut: „Die Kammer zählt auf die Regierung, was die Verfolgung der Verantwortlichen, die die richterliche Ermittlung feststellen wird, betrifft und geht zur Tagesordnung über."

Die Tagesordnung wurde gebilligt mit einem Zusatz des Abgeordneten Massabuau, mit dem Wortlaut: „Die Kammer ... und verurteilt die kollektivistischen Lehren, mit deren Hilfe man die Arbeiter irreführt und geht zur Tagesordnung über." Es kam vor, daß einige konservative Abgeordnete gegen das Kabinett stimmten, also scheinbar gegen die Aufrechterhaltung der Ordnung, und daß einige sozialistisch-kollektivistische Abgeordnete für das Kabinett stimmten, also scheinbar gegen den Kollektivismus. Im Grunde hatten beide Seiten völlig recht, da das Kabinett Waldeck-Rousseau sich mit großem Erfolg bemühte, den Sozialisten zum baldigen Sieg zu verhelfen. Bemerkenswert sind die Stimmenthaltungen der führenden Männer der Großindustrie: A. Reille, de Solage, Schneider. Dies bestätigt das, was wir über den mangelnden Mut der gegenwärtigen Aristokratie gesagt haben. Sie werden die ersten Opfer des Sozialismus sein. Und schon setzt man ihnen stark zu, aber sie wagen es nicht, klar zu sprechen, aus Furcht, sich die Vergünstigungen der Regierung zu verscherzen, die ihnen die Verluste, die ihnen die Sozialisten beigebracht haben, wieder von anderer Seite wettmachen. Wenn es in Italien eine Regierung gäbe, die nur leicht dem Sozialismus zugewandt wäre, würde man erleben, wie diejenigen dafür stimmen, die die Schifffahrtsprämien, die Schutzzölle etc. einnehmen und die sich heute als höchst stolze Gegner des Sozialismus gebärden. Diese guten Männer sind wie die Wetterfahne, und sie drehen sich stets nach dem Wind, von dem sie sich Gewinne erhoffen.

Die Divergenz zwischen dem subjektiven Phänomen und dem objektiven Phänomen ruft viele Illusionen hervor. So bilden sich viele ein, man könne den Sozialismus wirksam bekämpfen, indem man die Theorien von Marx bekämpft, wie andere glauben mochten, man könne das Christentum wirksam bekämpfen, indem man die wissenschaftlichen Irrtümer der Bibel aufzeigt. Unter den gebildeten Menschen gibt es heute wenige, die diese Irrtümer nicht zugeben, nun, und was hat das der christlichen Religion geschadet? Gar nichts, sie ist lebendiger denn je. Die Werttheorie von Marx ist unhaltbar; und unter den gebildetsten Marxisten sehen wir einige, die nach verschiedenen subtilen Interpretationsversuchen sogar soweit gehen zu sagen, Marx habe nie eine Werttheorie aufstellen wollen. Dies hat dem sozialistischen Glauben so gut wie gar nichts geschadet. Nicht das Buch von Marx hat die Sozialisten hervorgebracht, sondern die Sozialisten haben dem Buch von Marx zum Ruhm verholfen. Nicht die Werke Voltaires sind die Ursache für die Ungläubigkeit der Menschen zu Ende des XVIII.

Jahrhunderts; diese Ungläubigkeit war die Ursache dafür, daß die Schriften Voltaires auf Resonanz stießen. Dies darf man nur als Beschreibung des wichtigsten Teils des Phänomens verstehen, denn man muß hinzufügen, daß auch die Form etwas gilt, und Voltaire und die Enzyklopädisten trugen damit, daß sie den Gefühlen, die in der französischen Oberklasse bestanden, erlesene Form verliehen, dazu bei, diesem Gefühl neue Kraft zu verleihen. Ähnliches muß auch in bezug auf Marx bemerkt werden.

Gegenwärtig ist sicher die Entkräftung der gehobenen Klassen die Ursache für die humanitäre und vielleicht auch für die religiöse Strömung; aber die humanitären Gefühle wirken ihrerseits und werden zur Ursache noch größerer Entkräftung. Dagegen ist das Wirken der revolutionären Sozialisten geeignet, diese erschöpften Körper wieder ein wenig zu kräftigen. Für die französische Bourgeoisie wäre eine Regierung Jules Guesde viel ungefährlicher als eine Regierung Waldeck-Rousseau. In Deutschland ist der christliche Sozialismus eine ausgezeichnete Vorbereitung für den Volkssozialismus. Im allgemeinen hat die gegenwärtige Aristokratie keine schlimmeren Feinde, die zukünftige Aristokratie keine besseren Freunde als diesen Haufen von Humanitären, Sentimentalen und Ethikern.

Ein Element der zukünftigen sozialen Veränderungen bleibt immer noch unbekannt, und zwar die Wandlungen, die lange Kriege zwischen den zivilisierten Völkern hervorbringen könnten. Diese hätten wahrscheinlich die Auswirkung, daß einige europäische Völker unter eine Militärdiktatur gezwungen werden. Aber wir wissen nicht, was für Beziehungen zwischen jenen Diktaturen und der neuen Aristokratie bestehen würden. Für diejenigen, die bei ihrem Urteil nur von dem subjektiven Phänomen ausgehen, wird feststehen, daß die Militärdiktatur der gegenwärtigen Aristokratie nur nutzen kann; aber wer hauptsächlich auf das objektive Phänomen abhebt, wird diese Hypothese nicht ohne zahlreiche Zweifel akzeptieren.

Über all dies kann man heute nur schwer mit sicherer Grundlage sprechen. Es genügt uns – wenn auch nur nebelhaft – das grandiose Phänomen des Niedergangs einer Aristokratie und der Entstehung einer neuen zu sehen, das sich nahezu unbemerkt vor unseren Augen abspielt, und wir wollen den nutzlosen Versuch, den Schleier zu lüften, der die Zukunft noch zum Teil verhüllt, unterlassen.

Einleitung zu 'Les Systèmes Socialistes'*

Zweck des Werkes. – Der wissenschaftliche Standpunkt. – Einfluß des Gefühls. – Es darf nicht in die Wissenschaft einfließen. -Zusammenfassung einiger Prinzipien sozialer Physiologie. – Die Verteilung des Reichtums. – Die sozialen Hierarchien. – Die Aufeinanderfolge der Eliten. – Niedergang der Eliten. – Die Aristokratien müssen sich ständig erneuern. – Schon eine Verzögerung in dem Kreislauf der Eliten hat einen verhängnisvollen Einfluß auf die Gesellschaft. – Die Eliten können von außen kommen oder in der Gesellschaft gebildet werden. – Sie kommen hauptsächlich aus den ländlichen Klassen und sind das Produkt einer strengen Selektion. – Wie das Phänomen des Kreislaufs der Eliten sich dem Bewußtsein der Menschen darstellt. – Im allgemeinen unterscheiden sich das objektive und das subjektive Phänomen. – Die Geschichtswissenschaft und die Soziologie müssen das erstere aus dem letzteren ableiten. – Sehr oft sind sich die Menschen der Kräfte nicht bewußt, die sie zum Handeln treiben. – Eine große Anzahl ihrer Handlungen entspringt nicht dem rationalen Denken. – Aber die Menschen bilden sich gerne ein, daß sie von ihm abhängen. – Sie finden imaginäre Ursachen. – Wir werden alle diese Fragen vom objektiven und vom subjektiven Standpunkt aus behandeln. – Die materialistische Geschichtstheorie. – Ihre Unzulänglichkeit. – Wellenförmige, rhythmische Bewegung. – Beispiel. – Man darf die höchst variable Form der Gefühle nicht mit ihrem viel beständigeren Inhalt verwechseln. – Die Elite, die eine andere von der Macht vertreiben will, tritt häufig als Verteidiger der Unterdrückten auf. – Aber kaum an der Macht, unterdrückt sie sie ihrerseits. – Diesbezügliche Illusionen. – Das Eindringen der humanitären Gefühle ist oft ein Zeichen, das den Verfall einer Elite ankündigt. – Das Recht wird durch die Stärke verwirklicht. – Beispiel eines konkreten Falls der Aufeinanderfolge der Eliten. – Quelle der sozialistischen Gefühle. – Die Gefühle der unteren Klassen. – Die Gefühle der oberen Klassen. – Die wissenschaftlichen Ideen.

---

* Die Einleitung zu *Les Systèmes Socialistes* wurde von Pareto zusammen mit dem ersten Band des Werkes veröffentlicht (Paris, Giard & Brière, 1902). Doch sie war schon am 30. November 1901 in italienischer Übersetzung in der Zeitschrift *La Riforma sociale* erschienen. Die zweite Ausgabe der *Systèmes*, die von dem Herausgeber G. H. Bousquet 1926 nach Paretos Tod veröffentlicht wurde, weist einige Änderungen, auch bei der Anordnung der Abschnitte der Einleitung, auf vgl. G. BUSINO, Nota storica a V. PARETO, *I Sistemi socialisti*, Turin, UTET, 1974, S. 121). Der vorliegende Text ist dem fünften Band der „Œuvres complètes" von V. Pareto (Genf, Droz, 1965) entnommen, der korrekt der ersten Ausgabe von 1902 folgt.

Dieses Buch wurde zu einem ausschließlich wissenschaftlichen Zweck geschrieben. Mit ihm ist keinerlei Absicht verbunden, eine Doktrin, eine Tendenz zu verteidigen oder andere zu bekämpfen. Mir liegt nicht einmal daran, irgend jemand zu überzeugen, sondern ich habe nur den Wunsch, objektiv die Wahrheit zu suchen.

Die Wissenschaft befaßt sich nur damit, die Beziehungen zwischen den Dingen, den Phänomenen aufzufinden und die Gleichförmigkeiten zu entdecken, die diese Beziehungen aufweisen. Die Untersuchung dessen, was man *Ursachen* nennt, wenn man darunter Fakten versteht, die in gewissen Beziehungen zu anderen Fakten stehen, gehört zur Wissenschaft und fällt in die vorhergehende Kategorie der Gleichförmigkeiten. Aber das, was man die *ersten Ursachen* genannt hat, und im allgemeinen sämtliche Entitäten, die die Grenzen der Erfahrung überschreiten, liegen gerade deswegen außerhalb des Bereichs der Wissenschaft.

Oft ist die Rede von einer liberalen, christlichen, katholischen, sozialistischen etc. politischen Ökonomie. Vom wissenschaftlichen Standpunkt aus ist das unsinnig. Ein wissenschaftlicher Satz ist wahr oder falsch, er kann darüber hinaus keine andere Bedingung erfüllen, wie die, liberal oder sozialistisch zu sein. Die Gleichungen der Bewegung der Himmelskörper durch die Einführung einer katholischen oder atheistischen Kondition integrieren zu wollen, wäre reine Torheit.

Aber wenn solche akzessorischen Merkmale den wissenschaftlichen Theorien selbst absolut fremd sind, so fehlen sie jedoch niemals bei den Menschen, die diese Theorien studieren.

Der Mensch ist nicht nur ein reines Verstandeswesen, er ist ebenfalls ein mit Gefühlen und Glauben ausgestattetes Wesen, und der Vernünftigste kann sich nicht davon freimachen – vielleicht sogar, ohne sich dessen deutlich bewußt zu sein –, zumindest bei einigen Problemen Partei zu ergreifen, deren Lösung jenseits der Grenzen der Wissenschaft liegt. Es gibt keine katholische und atheistische Astronomie, aber es gibt katholische und atheistische Astronomen.

Die Lösungen, die das Gefühl für Fragen liefert, die sich den wissenschaftlichen, oder, was auf dasselbe hinausläuft, experimentellen Untersuchungen entziehen, haben mit Wissenschaft überhaupt nichts zu tun. Immer wenn sie versucht hat, ihre Sphäre zu verlassen, hat sie nur Streitereien um Worte hervorgebracht. Ebenso hat das Gefühl in den wissenschaftlichen Forschungen keinen Platz, und wenn es, was leider nur allzu oft geschehen ist, in den Bereich der Wissenschaft eindringen wollte, hat es die Suche nach der Wahrheit schwerwiegend behindert und war eine unerschöpfliche Quelle von Irrtümern und Phantastereien. Es wäre völlig abwegig, den Lehrsatz von dem Quadrat über der Hypotenuse durch einen Appell an die „unsterblichen Prinzipien von 1789" oder an „den Glauben in die Zukunft des Vaterlandes" beweisen zu wollen. Ebenso abwegig ist es, sich auf den sozialistischen Glauben zu berufen, um zu zeigen, nach welchem Gesetz in unseren Gesellschaften die Verteilung des Reichtums erfolgt. Der katholische Glaube hat sich schließlich und endlich mit den Resultaten abgefunden, zu denen die Astronomie und Geologie führen; möge sich der Glaube der Marxisten und der *Ethiker* ebenfalls bemühen, sich mit den von der Wirtschaftswissenschaft gelieferten Resultaten zu versöhnen. Die Exegese gibt dafür hervorragende Hilfsmittel an die Hand. Man hat bereits entdeckt, daß Marx niemals eine Theorie des Wertes aufstellen wollte. Mit ein wenig gutem Willen könnte man noch viele andere ähnliche Entdeckungen machen. Das sind Dinge, um die sich die Wissenschaft nicht sonderlich kümmert.

Das Eindringen des Gefühls in die Domaine der Naturwissenschaften hat deren Fortschritt stets verzögert und mitunter völlig aufgehalten. Erst seit wenigen Jahren konnten sich diese Wissenschaften diesem verderblichen Einfluß ganz entziehen, und von dem Zeitpunkt an ist der wahrhaft außergewöhnliche Aufschwung zu verzeichnen, den sie in unserer Zeit genommen haben. Die Sozialwissenschaften dagegen sind nur zu sehr dem Gefühl unterworfen geblieben[1],

---

[1] L. DE SAUSSURE, *Le point de vue scientifique en sociologie (Revue scientifique*, 12. Januar 1901) sagt sehr richtig: „In unseren Tagen befinden sich die soziologischen Wissenschaften noch in einem Frühstadium; da sie jungen Datums sind, sind sie weder vom gefühlsmäßigen noch vom utilitaristischen Standpunkt aus frei." Aber er hätte hinzufügen müssen, daß einige – leider noch zu wenige – soziologische Werke beginnen, sich davon zu lösen. Zwar gibt es gegenwärtig eine Gegenreaktion, die, mit dem Positivismus angefangen, sich unter dem Einfluß der religiös-sozialistischen Gefühle fortsetzt. Auf der anderen Seite macht die politische Ökonomie beträchtliche Fortschritte im rein wissenschaftlichen Sinne. Werke wie *Mathematical psychics* von F. L. Edgeworth, *Principii di economia pura* von Maffeo Pantaleoni, *Mathematical investigation in the theory of value and prices* von Irving Fisher etc. sind unter einem ausschließlich wissenschaftlichen Aspekt geschrieben. Einen ähnlichen Versuch stellt mein *Cours* dar; im ersten, im Jahre 1896 veröffentlichten Band sagte ich: „In allen Abhandlungen auf dem Gebiet politischer Ökonomie bildet die Wissenschaft der Ophelmität[a] und die des Nutzens den wesentlichen Teil. Möglicherweise sollte man diese beiden Wissenschaften noch nicht voneinander trennen; *doch scheint uns der Augenblick gekommen zu sein, sie nicht mehr mit den moralischen und juristischen Zusätzen zu vermischen, mit denen man sie bislang über und über belastet hat.*

Mit Recht entfernt L. de Saussure den *gefühlsmäßigen* und *utilitaristischen* Gesichtspunkt aus der Wissenschaft. Genau darum habe ich mich schon für den Bereich der politischen Ökonomie bemüht, und hier unternehme ich diesen Versuch erneut für einen ganz kleinen Teil der Soziologie.

G. NEGRI, *L'imperatore Giuliano l'apostata*, sagt mit Recht: „Derjenige, der kritisch veranlagt ist, ist imstande, die geistigen Phänomene mit derselben beobachtenden Distanz zu betrachten, mit der der Chemiker einen Stoff analysiert und der Astronom die Bahn eines Gestirns bestimmt. Das Gefühl ist eine Sache, der Verstand eine andere. Die wahre Ursache der Verwirrung, die die menschlichen Urteile trübt, besteht darin, daß die Menschen dort das Gefühl einsetzen, wo sie nur den Verstand einsetzen sollten. Das ist ein verhängnisvoller Fehler, der allerdings nicht verhängnisvoller ist als der Irrtum der Denker, die glauben, daß die Vernunft das ganze Universum umfaßt, und die aufgrund ihrer Kurzsichtigkeit nicht sehen, daß neben ihr ein großer und unbekannter Raum existiert, in dem das Gefühl eine absolute und unbezwingbare Herrschaft ausübt."

dessen Einfluß, der hier ebenso verhängnisvoll ist wie bei den Naturwissenschaften, in der zweiten Hälfte des 19. Jahrhunderts aufgrund eines Wiederauflebens der „ethischen" Gefühle und der Fortschritte des sozialistischen Glaubens zugenommen hat.

Dieses Phänomen ist leicht zu erklären. Es ist für einen Menschen viel leichter, bei einer Frage im Bereich der Astronomie, Physik oder Chemie von seinen Gefühlen zu abstrahieren als bei einer Frage, die seine sozialen Interessen betrifft, seine Leidenschaften anrührt. Augustin Cauchy war glühender Katholik und Royalist; man kann vernünftigerweise annehmen, daß es ihm leicht fiel, diese Gefühle nicht in die bewundernswerten Entdeckungen einfließen zu lassen, die die Mathematik ihm zu verdanken hat. Es wäre ihm viel schwerer gefallen, sich dem zu entziehen, wenn er an einer sozialen oder politischen Untersuchung gearbeitet hätte.

Wenn man dem rationalen Denken und dem Gefühl bei den gesellschaftlichen Phänomenen ihren Platz zuweist, jedem einen fest umrissenen Bereich zuordnet, dann heißt das keineswegs, daß man die Absicht hat, das eine oder andere abzuwerten. Da ich mich beim Schreiben eines wissenschaftlichen Buches selbstverständlich und notwendigerweise im Bereich des logischen Denkens bewege, bedeutet das keineswegs, daß ich die Existenz der Sphäre des Gefühls und des Glaubens leugne. Im Gegenteil, der Leser wird sehen, daß ich ihr einen Umfang zubillige, den mehrere Personen vielleicht für übertrieben halten werden. Was ich vermeiden möchte, sind Abhandlungen, die in den Gesellschaftswissenschaften nur allzu üblich sind, und in denen das Denken sich mit dem Gefühl in einer seltsamen Legierung vermischt.

Das ist nicht leicht. In jedem von uns steckt ein geheimer Widersacher, der uns davon abhalten will, diesen Weg zu beschreiten und unsere eigenen Gefühle nicht mit den logischen Ableitungen der Fakten zu vermischen. Indem ich allgemein auf diesen Fehler verweise, weiß ich sehr wohl, daß ich nicht frei von ihm bin. Meine Gefühle drängen mich zur Freiheit; folglich habe ich Wert darauf

---

[a] Pareto verwendet den Ausdruck „ofelimità", um den ökonomischen Begriff des Nutzens zu bezeichnen. Er schreibt in den §§ 4 und 5 seines *Cours d'economie politique:* „Bei den Autoren, die sich mit den neuen Theorien befaßt haben, hat der Nutzen im allgemeinen die Bedeutung einer Übereinstimmung zwischen einer Sache und einem Menschen. Aber da in der Umgangssprache das *Nützliche* dem *Schädlichen* entgegengesetzt ist und aus diesen beiden verschiedenen Bedeutungen ein und desselben Begriffs zahlreiche Doppeldeutigkeiten resultieren, müssen wir es in Kauf nehmen, dem *Nutzen*, mit dem wir uns speziell beschäftigen wollen, eine neue Bezeichnung zu verleihen. Wir werden den Begriff *Ophelmität* verwenden, um die Beziehung von Übereinstimmung zum Ausdruck zu bringen, die bewirkt, daß eine Sache einen Wunsch oder ein Bedürfnis befriedigt, die sowohl legitim als auch nicht-legitim sein können. Dieser neue Begriff ist für uns um so wichtiger, als wir auch den Ausdruck *nützlich* in seiner gewöhnlichen Bedeutung werden gebrauchen müssen, das heißt um die Eigenschaft einer Sache zu bezeichnen, die darin besteht, der Entwicklung und der Wohlfahrt eines Menschen, einer Rasse oder der gesamten Menschheit förderlich zu sein."

gelegt, ihnen entgegenzuwirken. Aber dabei habe ich möglicherweise das Maß überschritten, und aus Furcht, den Argumenten zugunsten der Freiheit zu großes Gewicht zu geben, habe ich ihnen nicht genug gegeben. Auch ist es möglich, daß ich aus Furcht, Gefühle zu sehr herabzusetzen, die ich nicht teile, ihnen zu großen Wert beigemessen habe. Da ich nicht ganz sicher bin, daß mir dieser Fehler nicht unterlaufen ist, war es auf jeden Fall meine Pflicht, den Leser darauf aufmerksam zu machen.

Die in diesem Buch enthaltenen kritischen Untersuchungen setzen gewisse Prinzipien sozialer Physiologie als bekannt voraus, die teilweise schon in meinem *Cours d'économie politique*[2] dargestellt worden sind. Es wird von Nutzen sein, sie hier unter Berücksichtigung der Zusätze zusammenzufassen, die ich aufgrund neuer Studien hinzugefügt habe.

Die Kurve der Verteilung des Reichtums weist in unseren Gesellschaften von einer Epoche zur anderen sehr wenige Veränderungen auf. Das, was man die *soziale Pyramide* genannt hat, ist in Wirklichkeit eine Art Kreisel, von dem die hier aufgezeichnete Figur eine Vorstellung vermitteln kann.

Die Reichen nehmen die Spitze ein, die Armen befinden sich an der Basis. Der Teil *abcgf* der Kurve ist der einzige, der uns dank der statistischen Daten gut bekannt ist. Der Teil *adef* beruht nur auf Vermutungen. Wir haben die angegebene Form von Otto Ammon übernommen, und sie erscheint uns recht wahrscheinlich.

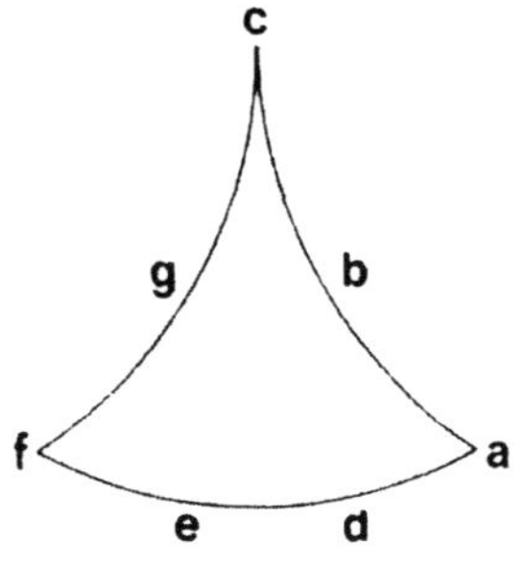

[2] Lausanne, 1896 und 1897, Rouge, éditeur. Dieses Werk wird hier einfach unter der Bezeichnung *Cours* zitiert werden.

Die Form der Kurve entspringt keineswegs dem Zufall, das ist sicher[3]. Sie hängt wahrscheinlich von der Verteilung der physiologischen und psychologischen Merkmale der Menschen ab. Andererseits kann man sie teilweise mit den Theorien der reinen Ökonomie in Zusammenhang bringen, das heißt mit den Wahlhandlungen der Menschen (diese Wahlhandlungen stehen in direktem Bezug zu den physiologischen und psychologischen Merkmalen) und den Hindernissen, auf die die Produktion stößt.

Wenn man annimmt, daß die Menschen je nach ihrem Reichtum in Schichten gegliedert sind, stellt die Figur *abcgfed* die äußere Form des sozialen Organismus dar. Wie wir soeben gesagt haben, verändert sich diese Form kaum; sie kann als Durchschnitt und für eine relativ kurze Zeit als nahezu konstant angenommen werden. Aber die Moleküle, aus denen das soziale Aggregat besteht, verharren nicht in der Ruhe; gewisse Individuen werden reicher, andere verarmen. Ziemlich weitreichende Bewegungen wirken demnach im Inneren des sozialen Organismus, der darin einem lebendigen Organismus ähnelt. In diesem geraten gewisse Moleküle durch die Blutzirkulation in schnelle Bewegung, die Assimilations- und Sekretionsvorgänge verändern unaufhörlich die Moleküle, aus denen das Gewebe besteht, während die äußere Form des Organismus, zum Beispiel eines ausgewachsenen Tieres, nur unbedeutende Veränderungen durchmacht.

Wenn man davon ausgeht, daß die Menschen aufgrund anderer Merkmale in Schichten unterteilt sind, beispielsweise nach ihrer Intelligenz, ihrer Befähigung zum Mathematikstudium, ihrer musikalischen, schriftstellerischen, dichterischen Begabung, ihren moralischen Qualitäten usw., wird man wahrscheinlich Kurven haben, die ähnlich geformt sind wie die, die wir vorhin für die Verteilung des Reichtums gefunden haben[4]. Diese ist eine Kurve, die aus einer ziemlich großen Anzahl von – übrigens guten oder schlechten – Eigenschaften resultiert, die in ihrer Gesamtheit dem Erfolg des Individuums förderlich sind, das nach Reichtum strebt oder ihn bewahrt, nachdem es ihn erworben hat.

Dieselben Individuen nehmen in den Figuren, die wir soeben hypothesenartig gezeichnet haben, nicht denselben Platz ein. Es wäre offensichtlich absurd zu sagen, daß die Individuen, die die oberen Schichten in der Figur ausmachen, die die Verteilung des mathematischen oder dichterischen Talents darstellt, dieselben sind, die in der die Verteilung des Reichtums darstellenden Figur die oberen Schichten bilden. Über diese unterschiedliche Verteilung der geistig-seelischen Qualitäten – oder die, die als solche gelten – und Verteilung des Reichtums hat

---

[3] Der Beweis kann nur mit Hilfe der Mathematik erbracht werden. Man wird ihn im *Cours*, Band N, § 962[1] finden.

[4] Siehe einen wichtigen Artikel von R. Benini, *Gerarchie sociali* (Rivista italiana di sociologia, Rom, Januar 1899).

man sich endlos ausgelassen. Dabei ist das nur zu verständlich. Ein heiliger Franz von Assisi hat andere Eigenschaften als beispielsweise ein Krupp. Die Leute, die aus Stahl gefertigte Kanonen kaufen, brauchen einen Krupp und keinen heiligen Franz von Assisi.

Gliedert man die Menschen jedoch nach dem Grad ihres Einflusses und ihrer politischen und gesellschaftlichen Macht, dann werden es in den meisten Gesellschaften, zumindest teilweise, dieselben Menschen sein, die in dieser Figur und in der der Verteilung des Reichtums denselben Platz einnehmen. Die sogenannten *oberen* Klassen sind im allgemeinen auch die reichsten Klassen. Diese Klassen stellen eine Elite, eine Aristokratie[5] (im etymologischen Sinn: besser) dar. Solange das gesellschaftliche Gleichgewicht stabil ist, scheint die Mehrzahl der Individuen, die diese Klassen bilden, in hervorragender Weise mit gewissen – übrigens guten oder schlechten – Eigenschaften begabt zu sein, die die Macht sichern.

Es gibt ein Faktum, das für die soziale Physiologie von höchster Bedeutung ist, nämlich, daß die Aristokratien nicht von Dauer sind. Sie erliegen alle einem mehr oder weniger schnellen Verfall. Wir haben hier nicht die Ursachen dieses Phänomens zu erforschen[6], es genügt uns, seine Existenz festzustellen, und zwar nicht nur hinsichtlich der Eliten, deren Fortbestand auf Vererbung beruht, sondern auch, wenn auch in geringerem Maße, in bezug auf diejenigen, die ihre Reihen durch Kooptation auffüllen.

Der Krieg ist eine Ursache, die in starkem Maße für den Untergang der kriegerischen Eliten[7] verantwortlich ist. Diese Tatsache war von jeher bekannt, und man war sogar versucht, diesen Grund als den einzigen zu betrachten, der diese Eliten auslöschte. Aber das stimmt nicht. Selbst im tiefsten Frieden kommt der Prozeß der Zirkulation der Eliten nicht zum Stillstand; sogar die Eliten, die durch den Krieg keine Verluste erleiden, verschwinden, und manchmal geschieht

---

[5] Gute Beobachtungen über die Eliten sind in *Conscience et volonté sociales* von J. Novicow [Paris, Giard et Brière, 1897] enthalten.

[6] Siehe u. a. Kapitel XXX des ersten Teils in dem ausgezeichneten Werk von OTTO AMMON, *l'ordre social*. Dieses ganze Buch verdient, aufmerksam gelesen und reflektiert zu werden. [OTTO AMMON, *Die Gesellschaftsordnung und ihre natürlichen Grundlagen*, Jena, 1895, Pareto zitiert die französische Ausgabe von 1900.]

[7] ARISTOTELES vermerkt, daß in Athen zur Zeit der Reformen des Ephialtes die herrschende Partei durch den Krieg stark dezimiert worden war, da jeder Feldzug zum Tode von zwei- oder dreitausend Angehörigen dieser Elite führte. Der Rosenkrieg in England raffte große Teile der Aristokratie dahin. Schon zu der Zeit des Theognis von Megara sieht man eine aufsteigende und eine andere, absteigende Elite. Wie im Mittelalter in Florenz, im 18. Jahrhundert in Frankreich usw. handelte es sich um eine Elite von Neureichen. Theognis sagt: „Der Mann aus gutem Hause weist nicht die Heirat mit der Tochter eines Mannes von niederem Stand zurück, wenn sie viel Geld besitzt“ (185-186). Der Reichtum vermischt die Stände (190). Boccaccio, VII, 22, zeigt uns einen florentinischen Georges Dandin, einen reich gewordenen Kaufmann, der eine Frau aus der alten Elite geheiratet hatte.

dies ziemlich rasch. Es handelt sich nicht nur um den Untergang der Aristokratien durch das Übergewicht der Todesfälle über die Geburten, sondern auch um den inneren Verfall der Elemente, aus denen sie sich zusammensetzen[8].

Die Aristokratien können demnach nur durch die Eliminierung dieser Elemente und den Zustrom neuer fortbestehen. Das ist ein Prozeß, der dem ähnelt, der beim lebenden Tier zu beobachten ist, welches nur dadurch weiterbesteht, daß es gewisse Elemente eliminiert und sie durch andere ersetzt, die es assimiliert. Wenn dieser Kreislauf aufhört, stirbt das Tier, ist es zerstört. Ebenso verhält es sich bei der gesellschaftlichen *Elite*, und wenn sich ihre Destruktion auch langsamer vollziehen kann, so tritt sie doch mit Bestimmtheit ein.

Schon eine Verzögerung in diesem Kreislauf kann zur Folge haben, daß die Zahl degenerierter Elemente in den Klassen, die noch die Macht haben, erheblich zunimmt, und auf der anderen Seite die Zahl höherwertiger Elemente in den unterworfenen Klassen beträchtlich ansteigt. In diesem Falle verliert das soziale Gleichgewicht seine Stabilität. Der geringste Schock, ob er nun von außen oder

---

[8] Das haben von jeher die Schriftsteller und Wissenschaftler gewußt. Jacoby (von de Lapouge zitiert, *Les sélections sociales*, S. 474) „hat nachgewiesen, daß jede Aristokratie in Schwachsinn, Neurose oder Wahnsinn endet." Das ist zwar übertrieben, enthält aber auch etwas Wahres.
Der 12. Band des *Bulletin de l'institut international de statistique* enthält eine wichtige Studie von P. E. Fahlbeck über den schwedischen Adel. Er stellt das Überleben der Familien auf folgender Tabelle dar:
Er kommt zu dem Schluß, daß man die folgenden Entartungserscheinungen: Mißbildungen, Alkoholismus, Neurose, Wahnsinn bei dem schwedischen Adel nicht „in einem höherem Maße [festgestellt hat] als bei der Gesamtbevölkerung. Die Stammväter der adeligen Familien haben im allgemeinen eine soziale Auslese gebildet; und obwohl ihre Nachkommenschaft nicht ihre hervorragenden natürlichen Eigenschaften geerbt hat, zeigt sie andererseits keineswegs Spuren der von uns erwähnten Entartungserscheinungen. Der Verfall, den man bei den schwedischen. Adelsgeschlechtern beobachten kann, hängt einzig und allein mit der Fruchtbarkeit zusammen: Diese geht immer mehr zurück, und mit ihr nimmt auch die Vitalität der Kinder ab ... Die Gründe dafür lassen sich nur rein hypothetisch erklären. Man kann sie generell in einer übermäßigen Anspannung des Gehirns und der Nerven oder in verfeinerten Lebensgewohnheiten sehen. Zeigt sich dieselbe Art von Verfall nicht immer und überall in allen höheren Klassen?"

Jahre	Einfacher Adel	Grafen und Barone
0	1000	1000
25	797	764
30	626	630
75	513	537
100	431	470
125	358	427
150	309	398
175	266	
200	237	
225	230	

von innen kommt, zerstört es. Eine Eroberung oder eine Revolution stürzen alles um, bringen eine neue Elite an die Macht und stellen ein neues Gleichgewicht her, das während eines kürzeren oder längeren Zeitraums stabil bleiben wird.

Ammon und de Lapouge gehen zu sehr ins Einzelne, wenn sie uns die anthropologischen Merkmale dieser Eliten, dieser rassisch Hochwertigen, geben und sie mit den blonden Dolichozephalen gleichsetzen wollen. Vorläufig liegt dieser Punkt noch im Dunkeln, und langwierige Untersuchungen sind noch erforderlich, bis die Frage entschieden werden kann, ob die psychischen Eigenschaften der Eliten sich in äußeren anthropometrischen Merkmalen niederschlagen, und um wissen zu können, um welche Merkmale es sich dabei genau handelt.

Für die zeitgenössischen europäischen Gesellschaften hat die Eroberung durch fremde hochwertige Rassen seit den letzten großen Invasionen der Barbaren jegliche Bedeutung verloren, und nichts deutet darauf hin, daß sie in Zukunft noch eintreten könnte. Sollten sich die europäischen Gesellschaften nach dem den Ethikern so teuren Ideal wandeln, sollte man dahin gelangen, die Selektion zu hemmen, systematisch die Schwachen, die Lasterhaften, die Faulen, die schlecht Angepaßten, die „kleinen und einfachen Leute", wie unsere Philanthropen sie nennen, auf Kosten der starken, energischen Menschen zu fördern, die die Elite bilden, wäre eine neue Eroberung durch neue „Barbaren" keineswegs unmöglich.

Heute kommt in unseren Gesellschaften der Zustrom der neuen Elemente, die für den Fortbestand der Elite unerläßlich sind, aus den unteren und hauptsächlich ländlichen Klassen[9]. Diese sind der Tiegel, in dem im Verborgenen die zukünftigen Eliten gebildet werden. Sie sind wie die Wurzeln der Pflanze, deren Blüte die Elite ist; diese Blüte vergeht und verwelkt, aber sie wird bald durch eine andere ersetzt, wenn die Wurzeln nicht beschädigt sind.

Der Sachverhalt steht fest, über seine Ursachen weiß man noch nicht recht Bescheid. Doch erscheint es sehr wahrscheinlich, daß die strenge Selektion, die in den unteren Klassen, vor allem bei den Kindern, stattfindet, einen höchst bedeutsamen Einfluß hat[10]. Die Reichen haben wenige Kinder, und diese werden fast alle am Leben erhalten. Die Armen haben viele Kinder und verlieren viele von denjenigen, die nicht besonders robust und gut veranlagt sind. Das ist derselbe Grund, weshalb die edlen Pflanzen- und Tierarten im Vergleich zu den

[9] OTTO AMMON, *loc. cit.*, S. 210 der französischen Übersetzung: „Der Aufstieg der unteren Klassen und letztlich des Bauernstandes, der Untergang der oberen Klassen sind zwei in enger Korrelation stehende Phänomene im Gesellschaftskörper." Weiter auf S. 215: „Das gleichmäßige Funktionieren der sozialen Maschine setzt voraus, daß die unteren sozialen Schichten fortfahren, wirklich das für die Erneuerung der Oberschichten notwendige Material zu liefern. Sollte dieses Material einmal fehlen, würde auch die vollkommenste Organisation nichts nützen." Besser könnte es nicht gesagt werden.

[10] Siehe Kapitel X.

gemeinen Arten sehr empfindlich sind. Warum sind die Angorakatzen viel empfindlichere Tiere als die gewöhnlichen streunenden Katzen? Weil sie gehegt und gepflegt werden. Von dem Wurf einer Angorakatze versucht man, alle Jungen zu retten, während von dem Wurf einer unglücklichen streunenden und ausgehungerten Katze nur die Jungen überleben, die von hervorragender Gesundheit sind. Aufgrund der Pflege, die man seit vielen Jahrhunderten dem Weizen angedeihen läßt, ist er unfähig, sich im Lebenskampf zu behaupten: wilden Weizen gibt es nicht.

Die Ethiker, die die reichen Klassen unserer Gesellschaften überreden wollen, viele Kinder zu haben, die Menschenfreunde, die mit Recht gewisse Arten der Selektion vermeiden wollen, denken keineswegs daran, sie durch andere zu ersetzen, arbeiten, ohne sich dessen bewußt zu sein, auf die Schwächung der Rasse, auf ihren Verfall hin. Wenn in unseren Gesellschaften die reichen Klassen viele Kinder hätten, würden sie sie vermutlich alle aufziehen, selbst die schwächlichsten und unbegabtesten. Dadurch würden die degenerierten Elemente in den Oberklassen in demselben Maße zunehmen, und der Aufstieg der aus den Unterklassen stammenden Elite würde sich verzögern. Würde die Selektion in den Unterklassen nicht mehr ihre Wirkung tun, würden diese aufhören, Eliten hervorzubringen, und die durchschnittliche Qualität der Gesellschaft würde beträchtlich sinken.

Weniger leicht läßt sich erklären, warum von den unteren Klassen gerade die ländlichen Klassen diejenigen sind, die das Privileg zu haben scheinen, ausgewählte Individuen hervorzubringen[11]. Es gibt im übrigen viele analoge Phänomene bei den Pflanzen und Tieren, die unerklärlich bleiben, obgleich sie sicher erwiesen sind: So zum Beispiel die Notwendigkeit, den Samen des Flachses aus Riga zu verwenden, um gewisse Flachssorten zu erzeugen. Der Samen des Weizens, der, in der Toskana angepflanzt, das sogenannte Florentiner Stroh ergibt, kommt aus der Romagna und degeneriert schnell. Die schönsten Hyazinthenzwiebeln werden in Holland gezogen und degenerieren in anderen Ländern.

Gerade die Tatsache, daß die ländlichen Klassen ihre Muskeln entwickeln und ihr Gehirn ruhen lassen, hat möglicherweise zur Folge, daß Individuen entstehen, die ihre Muskeln ruhen und ihr Gehirn außerordentlich arbeiten lassen können. Auf jeden Fall scheint das ländliche Leben hervorragend geeignet zu sein, die Reserven zu erzeugen, die das überaus aktive Leben der großen zivilisierten Zentren verschlingt.

---

[11] OTTO AMMON, *loc. cit.*, S. 209: „Man sieht folglich die große Bedeutung des Bauernstandes für den Staat und die Gesellschaft. Der Bauernstand muß letztlich alle anderen Schichten, die unfähig sind, sich selbst zu erhalten, mit neuen Elementen versorgen." Man muß jedoch hinzufügen, daß in England und Amerika die moderne Industrie Arbeiterklassen entstehen läßt, die solche *Eliten* hervorbringen können wie die der Arbeiter der Trade-Unions.

Die Dekadenz der Eliten, die sich durch Kooptation oder irgendeinen ähnlichen Modus erneuern, hat verschiedene und zum Teil ungeklärte Ursachen. Das Beispiel, das man hinsichtlich dieser Eliten sofort vor Augen hat, ist das des katholischen Klerus. Welch tiefgehenden Verfallsprozeß hat diese Elite vom 9. bis zum 18. Jahrhundert durchgemacht! An diesem Phänomen ist die Vererbung völlig unbeteiligt. Die Dekadenz hat ihren Ursprung darin, daß die Elite für ihre Erneuerung Individuen von immer geringerer Qualität auswählte. Dies liegt zum Teil daran, daß diese Elite nach und nach ihr Ideal aus den Augen verlor, daß sie immer weniger durch den Glauben und den Opfergeist getragen wurde; zum Teil sind auch äußere Umstände dafür verantwortlich: daß andere Eliten aufstiegen und der im Verfall begriffenen Elite die ausgewählten Individuen entzogen. Da das Verhältnis dieser Individuen zur übrigen Bevölkerung nahezu unverändert bleibt, fehlen sie auf der einen Seite, wenn sie sich der anderen Seite zuwenden. Wenn Handel, Industrie, Verwaltung etc. ihnen ein weites Betätigungsfeld bieten, werden sie notwendigerweise einer anderen Elite, beispielsweise dem Klerus, fehlen.

Dieses Phänomen der neuen Eliten, die in einer unaufhörlichen Kreislaufbewegung aus den Unterschichten der Gesellschaft emporkommen, in die Oberschichten aufsteigen, sich dort entfalten und dann in Verfall geraten, ins Nichts zurücksinken, verschwinden, ist einer der wesentlichsten Faktoren der Geschichte, und es ist unerläßlich, ihm Rechnung zu tragen, um die großen gesellschaftlichen Bewegungen zu begreifen.

Die Existenz dieses Phänomens wird sehr häufig durch unsere Leidenschaften und Vorurteile verschleiert, und die Art und Weise, in der wir es wahrnehmen, weicht erheblich von der Realität ab.

Im allgemeinen muß man stets zwischen dem objektiven konkreten Phänomen und der Form unterscheiden, in der unser Geist es erfaßt; diese Form stellt ein anderes Phänomen dar, das man subjektiv nennen kann. Um die Sache durch ein alltägliches Beispiel zu erhellen: Das Eintauchen eines geraden Stabes in das Wasser ist das objektive Phänomen; wir sehen diesen Stab als wäre er gebrochen, und wenn wir unseren Irrtum nicht kennen würden, würden wir ihn als gebrochen beschreiben: das ist das subjektive Phänomen.

Titus-Livius sieht einen Stab gebrochen, der in Wirklichkeit gerade war, wenn er eine Anekdote erzählt, um gewisse Geschehnisse zu erklären, die den Aufstieg der plebejischen Familien zur Macht kennzeichneten. Ein kleiner Vorfall ereignete sich, sagt er, der, wie es oft der Fall ist, schwerwiegende Folgen hatte. Der Neid zwischen den beiden Töchtern des M. Fabius Ambustus, von denen die eine mit einem Patrizier, die andere mit einem Plebejer verheiratet war, hatte zur Folge, daß den Plebejern die Ehren zugänglich gemacht wurden, die ihnen bis dahin vorenthalten worden waren[12]. Aber die Erkenntnis der modernen Historiker biegt den Stab wieder zurecht[13]. Niebuhr ist einer der ersten, der die Aufstiegsbewegung der neuen Elite in Rom, das heißt des plebejischen Adels, richtig verstanden hat. Er hat sich vor allem durch die Analogie der Kämpfe zwischen der Bourgeoisie und dem Volk bei uns leiten lassen. Diese Analogie ist tatsächlich gegeben, denn es sind alles besondere Fälle eines einzigen, allgemeinen Phänomens.

Die Konzeption, die darin besteht, den großen historischen Ereignissen kleine persönliche Ursachen zuzuschreiben, wird heute im allgemeinen kaum noch vertreten; doch tritt häufig ein anderer Irrtum an ihre Stelle: Man leugnet jeglichen Einfluß des Individuums. Wahrscheinlich hätte die Schlacht von Austerlitz auch ein anderer General als Napoleon gewinnen können, wenn dieser andere General ein großer Feldherr gewesen wäre, aber wenn die Franzosen von einem unfähigen General befehligt worden wären, hätten sie die Schlacht bestimmt verloren. Man entrinnt nicht dadurch einem Fehler, daß man in den entgegengesetzten verfällt. Weil es gerade Stäbe gibt, die uns als gebrochen erscheinen, darf man nicht meinen, daß es in der Realität keine gebrochenen Stäbe gibt. Das subjektive Phänomen fällt zum Teil mit dem objektiven zusammen, zum Teil weicht es von ihm ab. Unsere mangelnden Kenntnisse über die Fakten, unsere Leidenschaften, Vorurteile, die Ideen, die in den Gesellschaften im Schwange sind, in denen wir leben, die Ereignisse, die uns stark berühren und tausend andere Umstände verschleiern uns die Wahrheit und verhindern, daß unsere Eindrücke das exakte Abbild des objektiven Phänomens sind, das sie überhaupt erzeugt hat. Wir sind in der Situation eines Menschen, der Objekte in einem gekrümmten Spiegel sieht; ein Teil ihrer Proportionen ist verzerrt. Nun muß man anmerken, daß uns meistens allein das subjektive, das heißt das deformierte objektive Phänomen bekannt ist, entweder direkt durch eine Untersuchung der geistigen Verfassung der Menschen, die einem Ereignis beigewohnt haben, oder indirekt durch das Zeugnis eines Historikers, der diese Untersuchung durchgeführt hat. Das von der historischen Kritik zu lösende Problem liegt also keinesfalls nur in der Textkritik, sondern besteht angesichts des deformierten

[12] Titus-Livius, VI, 34.

[13] DURUY, *Hist. des Romains*, I, S. 262: „Die sich anbahnende Revolution rührte ebensowenig von einer weiblichen Eifersucht her, wie der Trojanische Krieg durch Helenas Entführung verursacht worden war; sie war der letzte Akt eines hundertzwanzigjährigen Kampfes, der nicht einen Tag aufgehört hatte."

Bildes des Gegenstandes hauptsächlich darin, den Gegenstand selbst zu rekonstruieren[14].

Das ist ein schwieriges und heikles Unterfangen, das durch einen besonderen Umstand noch erschwert wird[15]. Sehr oft sind sich die Menschen der Kräfte nicht bewußt, die sie zum Handeln treiben[16]. Sie führen ihre Handlungen auf vermeintliche Ursachen zurück, die sich von den wirklichen Ursachen sehr unterscheiden. Es ist falsch, zu glauben, daß der Mensch, der auf diese Weise andere täuscht, immer unredlich ist. Das ist im Gegenteil sehr selten der Fall; meistens ist dieser Mensch erst einmal einer Selbsttäuschung erlegen, und mit der denkbar größten Aufrichtigkeit glaubt er an die Existenz dieser eingebildeten Ursachen und betrachtet sie als die Faktoren, die sein Handeln bestimmt haben[17]. Die Aussagen der Menschen, die eine gewisse soziale Entwicklung miterlebt haben und sogar an ihr beteiligt waren, dürfen mithin nicht vorbehaltlos akzeptiert werden, was die wirklichen Ursachen dieser Entwicklung angeht. Diese

---

[14] R. VON JHERING, *L'esprit du droit romain*, stellt diesen Grundsatz sehr gut im Blick auf das Recht dar. „Wären wir im Besitz dieser sämtlichen Vorschriften [des Rechts], so hätten wir dennoch kein getreues Abbild seines Rechts [einer gegebenen Epoche].
Was sie uns vermitteln, ist das Bewußtsein, das diese Zeit von ihrem Recht hatte, nicht das Recht selbst ... Es ist scheinbar widersinnig, einen Rechtsgrundsatz lange nach dem Ende seines Bestehens entdecken zu wollen. Aber ist es in Wirklichkeit ein so kühnes Unterfangen? Wie viele historische Ereignisse sind zum ersten Mal begriffen worden, als sie längst vergangen waren." Einleitung, Tit. II, Kap. I, § 3.

[15] In: *Un applicazione di teorie sociologiche (Rivista italiana di sociologia*, Rom, Juli-August 1900) habe ich diesen Punkt entwickelt und einige Anwendungsformen dargestellt.

[16] R. VON JHERING, *L'esprit du droit romain*, Einleitung, Tit. II, Kap. I § 3: „Welch große Fähigkeiten die klassischen römischen Rechtsgelehrten auch gehabt haben mögen, es gab dennoch sogar zu ihrer Zeit Rechtsregeln, die ihnen unbekannt blieben und die zum ersten Mal dank der Bemühungen der heutigen Rechtswissenschaft ans Licht gebracht wurden: Ich nenne sie die *latenten* Regeln des Rechts. Ist das möglich? wird man uns fragen und einwenden, daß man diese Regeln kennen mußte, um sie anzuwenden. Statt einer Antwort können wir uns darauf beschränken, auf die Gesetze der Sprache zu verweisen. Tausende von Menschen *wenden* täglich diese Gesetze *an*, von denen sie niemals etwas gehört haben, derer sich der Wissenschaftler selbst nicht immer voll bewußt ist; aber das, was dem Verständnis fehlt, wird durch das Gefühl, durch den grammatikalischen Instinkt ersetzt." J. BENTHAM, *Tactique des assemb. polit. suivie d'un traité des soph. polit.*, II, S. 228: „Aber kann es sein, daß die Motive, die unaufhörlich auf den Geist eines Menschen einwirken, für ihn selbst ein Geheimnis sind? Ja, das ist sicherlich möglich. Nichts Leichteres, nichts Alltäglicheres; gehen wir noch weiter und sagen: nicht die Unkenntnis der Motive ist selten, sondern das Wissen um sie."

[17] GROTE, *Hist. de la Grèce*, Band VI, Kap. VI, sagt über Pythagoras, daß keine Veranlassung besteht, ihn als einen Schwindler zu betrachten, „weil die Erfahrung zu beweisen scheint, daß wenn es zu gewissen Zeiten für einen Menschen nicht schwer ist, jemand anders davon zu überzeugen, daß er inspiriert ist, es noch weniger schwer für ihn ist, sich selbst davon zu überzeugen".
Zwei Menschen können ein und dieselbe Tatsache auf zwei sehr unterschiedliche Arten berichten, ohne irgendeine Täuschungsabsicht zu haben. Sie sehen sie lediglich durch das Prisma ihrer Leidenschaften und Vorurteile.

Menschen können unwissentlich die wirklichen Gründe außer acht lassen und der Bewegung imaginäre Ursachen zuschreiben.

Mehr als ein Edelmann, der sich zu den Kreuzzügen aufmachte, konnte der ehrlichen Überzeugung sein, daß er einem reinen religiösen Gefühl gehorchte. Er ahnte nicht, daß er einem Instinkt seiner Gattung nachgab, den schon Tacitus beschrieben hatte, als er von den alten Germanen sagte: „Wenn die Siedlung, in der sie geboren sind, in Frieden und Müßiggang dahinlebt, bietet eine große Zahl von Jünglingen ihre Dienste den Nationen an, die im Krieg stehen, denn die Ruhe fällt diesen Völkern schwer, und es ist leicht, sich in gewagten Unternehmungen auszuzeichnen." (Germ. 14).

Als die Athener die Invasion der Perser befürchteten, ließen sie das Orakel von Delphi befragen, das antwortete: „... Zeus, der alles sieht, gibt der Tritogenia eine Mauer aus Holz, die allein unbezwingbar sein wird ... Oh, göttliches Salamis, auch du wirst die Kinder der Frauen verderben ..." Was hatte der Gott sagen wollen? Das war die Frage, die sich die Athener, Herodots Erzählung zufolge, stellten, und sie scheinen sie keineswegs unter dem praktischen Aspekt diskutiert zu haben, wie sie ihr Leben und ihr Hab und Gut am besten retten konnten. Die einen sagten, daß die „Mauer aus Holz" der Holzzaun sei, der einstmals die Festung umgab, die anderen sagten, es sei die Flotte. Themistokles machte sich letztere Meinung zu eigen. Er fügte hinzu, daß der Gott den Athenern einen Sieg voraussagte, denn wenn sie es seien, die bei Salamis zugrunde gehen sollten, hätte die Pythia nicht gesagt: *Oh, göttliches Salamis*, sondern hätte irgendeinen Ausdruck gebraucht, der etwa gelautet hätte: *Oh, unglückliches Salamis*[18].

Man muß hoffen, daß es heute niemanden mehr gibt, der an Apollo, Tritogenia oder selbst Zeus glaubt. Es kann also frei über diese Sache gesprochen werden, und man darf sagen, daß die zu entscheidende Frage alles andere als eine Frage der Exegese war. Es gab etwas viel Realeres: die Existenz einer starken Flotte. Herodot (VII, 144) merkt dieses Faktum als bloße Koinzidenz an: „Früher hatte eine andere Meinung des Themistokles glücklicherweise die Oberhand gewonnen." Er hatte den Athenern geraten, den Staatsschatz für den Bau von zweihundert Kriegsschiffen zu verwenden. Herodot beschreibt einzig und allein das subjektive Phänomen; und viele andere Personen seiner Zeit müssen seiner Ansicht gewesen sein. Das Orakel des Apollo war der ausschlaggebende Faktor, in dem der bei Salamis errungene Sieg durch eine Kette von logischen Deduktionen seinen Ursprung hatte. Den Athenern kommt das Verdienst zu, die richtige Interpretation entdeckt zu haben, wie Euklid die Lehrsätze der Geometrie entdeckt hat.

[18] Herodot, VII, 143.

Man kann schwerlich glauben, daß die praktischen Motive, die Themistokles veranlaßt hatten, die Schiffe bauen zu lassen, überhaupt keinen Einfluß hatten, als es um die Entscheidung ging, ob man sie bei Salamis einsetzen sollte. Man wäre also versucht anzunehmen, daß er nur zum Schein und um sich bei den Athenern Gehör zu verschaffen, auf die Exegese des Orakels zurückgegriffen hat. Das ist zwar möglich, und wir werden niemals wissen, was Themistokles in diesem Punkt wirklich dachte, aber nach dem zu urteilen, was in unseren Tagen geschieht, ist es auch denkbar, daß er es mit seiner Exegese ehrlich gemeint hat. Man interpretiert leicht und ohne es zu ahnen nicht nur die Orakel, sondern auch die wissenschaftlichen Sätze in dem Sinne, den man wünscht[19]. Themistokles mußte den Wunsch gehabt haben, aus der Flotte Nutzen zu ziehen, die er hatte bauen lassen, und mehr oder weniger instinktiv wird er das Orakel in seinem Sinn interpretiert haben. So wird er anfänglich sich selbst überzeugt haben, um dann in ehrlichem Glauben die anderen zu überzeugen.

Wir beobachten jeden Tag vergleichbare Dinge. Wenn die Lebensbedingungen eines Menschen gegeben sind, kann man damit rechnen, daß er gewisse Ansichten äußert; ihm ist dieser Bezug freilich nicht bewußt, und er versucht, seine Ansichten durch ganz andere Gründe zu rechtfertigen.

[19] An den Vorwürfen, die Nietzsche den Philosophen macht, ist etwas Wahres: „Sie alle tun so, als hätten sie ihre Ansichten entdeckt aufgrund der spontanen Entwicklung einer kalten, reinen, göttlich unbekümmerten Dialektik (darin von den kleinen und großen Mystikern unterschieden, die ehrlicher und schwerfälliger als sie von ‚Inspiration' sprechen): während sie im Grunde genommen eine antizipierte These, eine Idee, eine Eingebung, meistens einen abstrakten und gesiebten Herzenswunsch verteidigen, der mit emsig zusammengesuchten Gründen gestützt wird ...“ *Par delà le bien et le mal*, französische Übersetzung, S. 7.
G. SOREL. *Les aspects juridiques du socialisme (Revue socialiste November 1900)* sagt über einen Gedanken von Pecqueur: „Dieser Gedanke ist sehr fesselnd, weil er viel mehr unsere dichterischen als unsere kritischen oder wissenschaftlichen Fähigkeiten anspricht.“ Pecqueur sagt: „Die Materie ist uns *gemeinsam* und *zu gleichen Teilen* von Gott gegeben worden; aber die Arbeit, das ist der Mensch. Paulus sagt, daß derjenige, der nicht arbeiten will, auch nicht das Recht hat, zu essen. *In diesem Satz liegt keimhaft die ganze soziale und politische Ökonomie der Zukunft.*“ Dazu bemerkt G. Sorel zu Recht: „Es liegt auf der Hand, daß jeder, der diese Formel akzeptiert, die Legitimität des kapitalistischen Profits nicht anerkennen wird; aber es liegt ebenfalls auf der Hand, daß, wenn Pecqueur diese Formel akzeptiert, er es tut, weil er das kapitalistische System ablehnt. Wenn er nicht zuallererst ein Gegner des Kapitalismus wäre, würde er nicht sagen, daß ‘die Materie uns gemeinsam und zu gleichen Teilen gegeben worden ist’. Bernstein hat sehr wohl gesehen, daß selbst bei seinem Meister Marx trotz eines wissenschaftlicheren Gebarens die Schlußfolgerungen oftmals vor die Beweisführung gesetzt worden waren.“

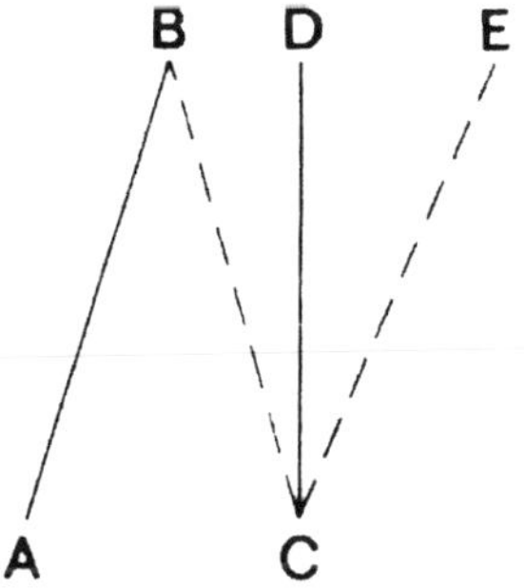

Viele Menschen sind nicht deswegen Sozialisten, weil sie durch bestimmte Überlegungen überzeugt worden sind, sondern, was etwas ganz anderes ist, sie bejahen diese Überlegungen, weil sie Sozialisten sind.

Die Illusionen, die sich die Menschen hinsichtlich der Motive machen, die ihre Handlungen bestimmen, haben mannigfaltige Quellen. Eine der wichtigsten ist die Tatsache, daß sehr viele menschliche Handlungen nicht die Konsequenz rationalen Denkens sind[20]. Diese Handlungen sind rein instinktiv, der sie vollziehende Mensch empfindet indes Vergnügen, wenn er ihnen – übrigens willkürlich – logische Ursachen zugrunde legt. Er ist im allgemeinen nicht gerade anspruchsvoll bezüglich der Qualität dieser Logik und gibt sich sehr leicht mit einem Anschein von logischer Überlegung zufrieden. Aber es wäre ihm unangenehm, ganz darauf zu verzichten.

---

[20] Dieser Gesichtspunkt wird sehr gut von Herbert Spencer zusammen gefaßt: „Die Ideen regieren die Welt nicht, noch stürzen sie sie um; die Welt wird durch die Gefühle regiert oder umgestürzt, denen die Ideen nur als Wegweiser dienen. Der gesellschaftliche Mechanismus basiert letztlich nicht auf Meinungen, sondern fast gänzlich auf dem Charakter." *Statique sociale*, nachgedruckt in *Classific. des sciences*, französische Übersetzung S. 115-116.
G. LE BON, *Lois psych. de l'évolution des peuples, S. 30:* „Der Charakter eines Volkes und nicht seine Intelligenz lenkt seine Entwicklung in der Geschichte und bestimmt sein Schicksal ... Der Einfluß des Charakters ist im Leben der Völker absolut beherrschend, während der der Intelligenz in Wahrheit sehr schwach ist." Diese Sätze enthalten etwas Wahres, aber auch viel Übertreibung. Indem Le Bon einem gängigen Fehler entgehen will, verfällt er in den entgegengesetzten. Um seine Aussage zu beweisen, fügt er hinzu: „Die Römer der Dekadenz besaßen eine viel verfeinertere Intelligenz als ihre rauhen Vorfahren, aber sie hatten die charakterlichen Qualitäten verloren ..." Diese Behauptung wird durch die Fakten widerlegt. Wie kann man sagen, daß die Zeitgenossen des Kaisers Gratian und des Apollinaris Sidonius „eine viel verfeinertere Intelligenz besaßen" als die Zeitgenossen des Cäsar, Cicero, Augustus, Horaz! Die Römer der Dekadenz konnten nicht einmal mehr die lateinische Sprache korrekt schreiben. Was hat der „Charakter" damit zu tun? Kann man vernünftigerweise behaupten, daß Ausonius „eine viel verfeinertere Intelligenz" hatte als Vergil? Wir beziehen uns auf die Epoche des Augustus, weil in ihr die Macht Roms ihren Höhepunkt erreicht.

Eine graphische Darstellung trägt vielleicht zum besseren Verständnis der Sache bei. A ist die reale Ursache, aus der das gleichfalls reale Phänomen B folgt. Die Menschen kennen den realen Bezug zwischen A und B nicht, oder wollen ihn nicht kennen, empfinden aber das Bedürfnis, B mit irgendeiner Ursache zu verknüpfen, und sie geben B als die Folge von C aus. Mehrere Fälle können auftreten: 1. C existiert wirklich, aber B folgt nicht aus C. Das kommt ziemlich häufig bei vorschnellen Generalisierungen, mangelhaften Beobachtungen, fehlerhaften Schlußfolgerungen vor. Die Verbindung CB existiert nur in der Vorstellung der Personen, die sie beschreiben. Diese Personen wissen nicht, daß in Wirklichkeit die Folge von C D ist. In anderen Fällen weiß man dies sehr wohl, aber man möchte es nicht zugeben, und zu diesem Zweck stellt man die Verbindung CB her. Hier liegt einer der Ursprünge der Kasuistik[21]. 2. C ist imaginär, aber die Verbindung zwischen C und B ist streng logisch, das heißt wenn C existierte, würde B aus C folgen. Warum steigt das Wasser in einer Pumpe hoch? Weil die Natur einen horror vacui hat. Die Tatsache B, daß das Wasser in einer Saugpumpe hochsteigt, ist real. Daß sie aus dem horror vacui folgt, ist logisch. Aber die Dame Natur und ihr horror vacui sind imaginäre Wesenheiten. Die Fakten, die man durch die *force vitale* (Lebenskraft – Anm. des Übersetzers) erklärte, waren oft real, die Begründung konnte durchaus richtig sein, aber die *force vitale* ist etwas Unbekanntes. Zuweilen bedient man sich ganz bewußt einer imaginären Ursache C, zum Beispiel bei den Rechts*fiktionen*[22]. 3. Nicht nur C ist imaginär, sondern darüber hinaus ist die Verbindung zwischen B und C nicht logisch. Dieser Fehler taucht häufig bei den Metaphysikern auf. So treten in der *Philosophie der Natur* von Hegel gewisse unbekannte Entitäten auf, aus denen mittels unbegreiflicher Schlußfolgerungen die Erklärung realer Phänomene abgeleitet wird. Auf die Spitze getrieben arten solche Abhandlungen in reine Phantastereien aus. Der Grund, warum die griechische Mythologie für Menschen mit einem klaren Verstand, die sich von den orientalischen Mythologien abgestoßen fühlen, Anziehungskraft besitzt, liegt vielleicht zum Teil darin, daß sich die griechische Mythologie mehr dem zweiten Fall annähert, und die orientalischen Mythologien mehr dem dritten. Die Götter des Homer, Äschylos, Sophokles bestehen nur in der Vorstellung, aber wenn man ihre Existenz einmal akzeptiert hat, sieht man, daß sie nicht allzu unlogisch handeln. Bei den orientalischen Göttern hingegen muß man sich nicht nur Mühe geben, überhaupt ihre Existenz anzunehmen, sondern man muß dieses Bemühen immerzu erneuern, da man ihre Handlungsweise absolut nicht versteht. 4. Zum Schluß wären noch die Fälle zu betrachten, bei denen das Ergebnis selbst, das man erklären will, näm-

21 Siehe S. 27.

22 Siehe Kap. IV.

lich B, imaginär ist. Man kann es mit einer realen oder imaginären Ursache verknüpfen und dies durch streng logische Schlußfolgerungen tun oder durch solche, denen es an Folgerichtigkeit und Präzision fehlt[23].

Die Untersuchung des objektiven Phänomens besteht darin, die wechselseitige Abhängigkeit zu erforschen, die zwischen den realen Fakten A und B besteht. Die Untersuchung des subjektiven Phänomens zielt darauf ab, die Beziehungen CB zu entdecken, die die Menschen an die Stelle der realen Beziehungen setzen, und sogar solche Beziehungen wie die zwischen C und E aufzufinden, die die Autoren zwischen zwei gleichermaßen imaginären Fakten C und E herstellen.

In diesem Werk werden alle Fragen so weit wie möglich nacheinander unter diesem doppelten Gesichtspunkt betrachtet werden, das heißt unter einem Gesichtspunkt, den wir objektiv nennen werden und unter einem anderen, den wir subjektiv nennen werden. Auf der einen Seite werden wir die realen Fakten erforschen, die die Entstehung gewisser sozialer Systeme oder die Herausbildung von Entwürfen sozialer Systeme begünstigt haben, mit anderen Worten: die Dinge und Sachverhalte, die sich uns in diesen Formen erschließen. Auf der anderen Seite werden wir die Argumentationen untersuchen, die man benutzt hat, um diese Systeme oder Systementwürfe zu rechtfertigen, und wir werden sehen, bis zu welchem Grade die Prämissen aus der Erfahrung gewonnen und die Deduktionen logisch sind.

Der jeweilige Umfang der verschiedenen Teile dieser Untersuchung kann leider nicht ihrer praktischen Bedeutung entsprechen. In dieser Hinsicht müßte man sich fast auf die objektive und allenfalls auf den Teil der subjektiven Untersuchung beschränken, der uns Aufschluß über die Begründungen gibt, mit denen sich die Anhänger der verschiedenen Systeme zufriedengeben. Was die Untersuchung des logischen Wertes dieser Begründungen angeht – und sie wird einen großen Teil dieses Buches ausmachen –, so ist sie als philosophische Spekulation interessant und wissenswert, hat aber nur eine ganz geringfügige praktische Bedeutung. Die Verbreitung einer Lehre hängt so gut wie gar nicht von ihrem logischen Wert ab. Mehr noch: Derjenige, der glaubte, die sozialen Auswirkungen einer Lehre nach ihrem logischen Wert beurteilen zu können, würde sich gewaltigen Irrtümern aussetzen[24].

---

[23] Diese Untersuchung ist für die Soziologie äußerst wichtig. Wir werden sie an anderer Stelle wiederaufnehmen. Hier stellen wir nur das dar, was für den von uns behandelten Gegenstand absolut unerläßlich ist.

[24] L. DE MORRENS (L. DE SAUSSURE), *Les milieux et les races*, Februar 1901. S. 41: „Um ihren Lesern die Ereignisse in China nahezubringen, stellte eine Zeitung die Lehren des Fong-Shoui dar: Versteht das Publikum das Verhalten der Chinesen nach dieser Lektüre besser? Sie vermittelt ihm wahrscheinlich einen neuen Einblick in den Unterschied zwischen den chinesischen Verhältnissen und seinen eigenen; aber sie informiert ihn nur mangelhaft über die Kausalbeziehung zwischen den

Nicht auf diese Weise spiegelt sich das Phänomen im Bewußtsein der Menschen wider. Wenn diese durch gewisse religiöse, moralische, humanitäre Gefühle bewegt werden, sind sie fast alle der ganz ehrlichen Überzeugung, daß ihre Überzeugungen durch eine Folge von streng logischen Syllogismen gebildet worden sind, deren Ausgangspunkt reale und unbestreitbare Fakten sind.

Wir werden uns davor hüten, diese Illusion zu teilen, und wir werden alles daransetzen, um ihre Quellen zu entdecken. Diese Suche wird uns oft zu der Erkenntnis bringen, daß es die ökonomischen Fakten sind, die die gesellschaftlichen Institutionen und die Theorien verändern, und die sich auf die Weise im Bewußtsein der Menschen widerspiegeln, so wie es die „materialistische Geschichtstheorie“ will[25]. Aber wir werden auch ziemlich häufig finden, daß es andere Fakten sind, die, zumindest bei dem derzeitigen Stand unseres Wissens, nicht auf reine ökonomische Faktoren zu reduzieren sind.

Die „materialistische Theorie“ der Geschichte geht also auf ein Prinzip zurück, das richtig ist, aber sie hat den Fehler begangen, daß sie zu sehr ins Einzelne gehen wollte und daß sie so über die Schlußfolgerungen hinausgegangen ist, die legitimerweise aus der Erfahrung gezogen werden können. Dies scheint für den menschlichen Geist ziemlich natürlich zu sein, man findet nämlich einen ähnlichen Fehler in der Theorie von Malthus, in der der *Rente* von Ricardo und in vielen anderen. Nur durch sukzessive Korrekturen und das Zurechtstutzen von einzelnen Sätzen, die sich als falsch erwiesen haben, ist man zur Wahrheit gelangt.

Die Menschen pflegen ihre sämtlichen Handlungen nach einer kleinen Anzahl von Lebensregeln auszurichten, an die sie wie an eine Religion glauben. Das muß so sein, da die große Masse der Menschen weder über die Intelligenz noch den Charakter verfügt, die notwendig sind, um diese Handlungen mit ihren wirklichen Ursachen verknüpfen zu können; nebenbei bemerkt sind sogar die intelligentesten Menschen gezwungen, ihre Lebensregeln in einer kleinen Anzahl von

Anschauungen der Chinesen und ihrem Verhalten, denn auf den Boden der Lehre gestellt, wird der Leser den *Fong-Shoui als Lehre* beurteilen, das heißt unter dem Gesichtspunkt der Logik ... er wird in der Logik dieser Lehre eine Erklärung für das Verhalten der Chinesen suchen. Nun ist diese Lehre in höchstem Maße unlogisch; der Leser wird daher aufgrund dieser Information einen lächerlichen Eindruck von der chinesischen Zivilisation gewinnen, anstatt ihre kraftvolle Stabilität zu begreifen ... Diese Urteile, die durch die logische Dürftigkeit des Fong-Shoui hervorgerufen werden, sind sicherlich in sich nicht falsch, weil die Logik eine unbestreitbare Rolle bei dem *Betriff* spielt, der den Gefühlen ihre Richtung weist. Aber sie lassen die Hauptsache außer acht, wenn sie die Erklärung für das Verhalten allein in der Logik des *Begriffs* suchen, und vergessen, daß diese Erklärung vor allem in den Gefühlen der Chinesen liegt, Gefühle, über die wir hier weder durch die Intuition noch durch die reine Logik des Begriffs Aufschluß erhalten.“

[25] Das ist der Sinn der populärwissenschaftlichen Interpretation, die im übrigen durch Passagen von Marx und Engels gestützt wird. Es gibt eine wissenschaftliche Exegese, die in eine ganz andere Richtung geht. S. Kap. XV.

Axiomen zusammenzufassen, denn wenn man handeln muß, hat man wahrhaftig keine Zeit, lange und subtile theoretische Überlegungen anzustellen.

Doch die Ursachen der sozialen Phänomene sind unvergleichlich zahlreicher und vielfältiger als die kleine Zahl von so gesetzten religiösen oder sonstigen Axiomen. Alle seine Handlungen mit diesen Axiomen verknüpfen zu wollen, wie man es zu tun gezwungen ist, führt also notwendigerweise dazu, daß diesen Handlungen fiktive Ursachen zugeschrieben werden. Daraus ergibt sich als eine von verschiedenen Konsequenzen die Notwendigkeit einer Kasuistik. Das soziale Leben macht es unmöglich, sämtliche logischen Konsequenzen der Prinzipien zu akzeptieren, die man respektieren will; folglich muß eine Möglichkeit gefunden werden, diese Prinzipien so zu interpretieren, daß ihre Konsequenzen den Bedingungen des realen Lebens nicht allzu sehr zuwiderlaufen. Mit anderen Worten, aus einem gewissen Prinzip X, an das die Menschen in religiöser Weise glauben, folgen als logische Konsequenz die Aktionen M, N etc., die für die Gesellschaft von Nutzen sind, und ebenso andere Aktionen P, Q etc., die zu stark mit den Bedingungen des sozialen Lebens kollidieren würden. X zurückzuweisen, um P und Q zu vermeiden, ist im allgemeinen ein schlechter Weg, denn X wird notwendigerweise durch Z ersetzt werden müssen, das unter Umständen noch schlimmere logische Konsequenzen haben wird als P, Q ...[26]. Gemeinhin verfährt man infolgedessen so, daß die Logik leicht verdreht wird, so daß P, Q als Konsequenzen von X ausgeschlossen werden. Das ist das Werk der Kasuisten und der Exegeten; beurteilt man es unter dem Gesichtspunkt der Logik, ist es gänzlich wertlos, beurteilt man es unter dem der Praxis, ist es unerläßlich, und in der Tat ist dieses Verfahren von jeher praktiziert worden. Als der griechisch-lateinische Polytheismus einen gewissen Entwicklungsstand erreicht hatte, bemühte man sich, mit Hilfe interpretatorischer Kunststücke eine geläuterte Moral mit den von der Sage überlieferten Schandtaten der Götter in Einklang zu bringen. Als das Christentum eine enorme Zunahme der Zahl seiner Proselyten in der römischen Welt erlebte, mußte es beträchtliche Anstrengungen unternehmen, um seine Lehren, die zweifelsohne ausschließlich für die ganz kleinen Leute bestimmt waren, mit den Lebensbedingungen einer Gesellschaft in Über-

---

[26] Die Spartaner glaubten, sie seien es ihrer Ehre schuldig, nicht vor dem Feind zurückzuweichen. Das ist das Prinzip X. Es hatte zahlreiche, für Sparta positive Konsequenzen, es inspirierte die Helden der Thermophylen, die Simonides sagen läßt, daß sie gefallen sind, um Spartas Gesetzen zu gehorchen, *Anth.* Epigramm, sepul. 249
Aber es hätte bei Platäa beinahe verhängnisvolle Folgen gehabt. Amompharetos wollte eine von seinem Befehlshaber Pausanias befohlene strategische Bewegung nicht ausführen, weil diese Bewegung ihn zwang, vor dem Feind zurückzugehen! Pausanias schöpfte wahrscheinlich alle Möglichkeiten der Kasuistik aus, um ihn zu überzeugen, und da er das nicht schaffte, nannte er diesen starrsinnigen und unnachgiebigen Logiker schließlich wahnsinnig und töricht:
Herod. IX, 55, 3.

einstimmung zu bringen, in der es an Reichen und Mächtigen nicht fehlte[27]. Wir werden in Kapitel XV sehen, daß der Sozialismus jetzt ebenfalls im Begriff ist, in diese Phase einzutreten.

Vom logischen Standpunkt aus hat Pascal in seinen *Provinciales* recht; vom praktischen oder synthetischen Standpunkt aus wird man sehen, daß seine Gegner zumindest in einigen Fällen nicht im Unrecht sind. Sie suchten gewisse religiöse Prinzipien mit den Existenzbedingungen einer zivilisierten, kriegerischen, nach Reichtum strebenden Gesellschaft in Einklang zu bringen, und wenn sie sich auch bisweilen zu tadelnswerten Exzessen hinreißen ließen, so ist es dennoch richtig, daß das Prinzip der Vermittlung selbst eine Notwendigkeit ist[28].

Das ist nur ein Beispiel für die scheinbar widersprüchlichen Schlußfolgerungen, zu denen man gelangt, wenn man das soziale Phänomen unter verschiedenen Aspekten betrachtet. Die häufigste Ursache für Irrtümer liegt gerade in der Einseitigkeit, mit der man normalerweise diese Untersuchungen durchführt.

Die großen Strömungen, von denen die Menschen erfaßt werden, und die sich uns durch die in einer gegebenen Epoche dominierenden Konzeptionen und Meinungen, durch die geistige Verfassung und das Handeln dieser Menschen erschließen, sind nicht gleichmäßig. Ihre Intensität ist sehr variabel und weist von einer Epoche zur anderen große Unterschiede auf. Aus teilweise bekannten und teilweise unbekannten Gründen, von denen einige jedoch durch die psychologische Konstitution des Menschen bedingt zu sein scheinen, handelt es sich bei

---

[27] RENAN, *Marc-Aurèle*, S. 601: „Es war der Reiche, der auf der ganzen Linie geopfert wurde. Es traten wenige Reiche in die Kirche ein, und sie hatten dort einen sehr schweren Stand. Die Armen, stolz auf die Verheißungen des Evangeliums, behandelten sie in einer Art, die anmaßend erscheinen mochte. Der Reiche mußte sich seinen Reichtum wie einen Verstoß gegen den Geist des Evangeliums vergeben lassen."
Als zum ersten Mal ein Konsul zum Christentum übertrat, muß der Fall mindestens so heikel gewesen sein wie der Umstand, daß Millerand Mitglied eines „bürgerlichen" Kabinetts wurde. Mancher reiche Christ muß in den ersten Zeiten des Christentums Schwierigkeiten erlebt haben, die denen vergleichbar sind, die Jaurès widerfuhren, weil er die Kommunion seiner Tochter gestattet hatte, und die der sozialistischen Kasuistik Gelegenheit zum Brillieren gaben.

[28] G. BOISSIER, *La religion romaine*, II, S. 98, stellt fest, daß die Stoiker „Bücher verfaßt hatten, in denen sie schwierige moralische Probleme aufwarfen, und sie können als die wahren Schöpfer der Kasuistik gelten". Er irrt sich, die Kasuistik ist viel älter. Euripides läßt Hippolytos sagen: „Es ist mein Mund, der geschworen hat, mein Geist hat nicht geschworen" (612). Mit dieser reservatio mentalis sollten die *Provinciales* nicht behaftet sein, und Aristophanes prangert sie an, *Thesmoph.*, 275-276, wie Pascal die eines Jesuiten anprangern sollte. Im übrigen waren die Griechen und Römer Meister in der Kunst ähnlicher reservationes mentalis geworden, und sie verstanden es perfekt, die Versprechen zu umgehen, die ihnen lästig waren. Gewisse Sektierer unter unseren Zeitgenossen glauben naiverweise, daß die Jesuiten das Prinzip erfunden haben, daß der Zweck die Mittel heiligt. Es ist so alt wie die Welt selbst. Selbst der „göttliche" Plato verschmähte es nicht, davon Gebrauch zu machen. Er sagt, *De rep.*, S. 459 *c*, *d*, „daß die Beamten des Staates häufig die Lüge und die List werden gebrauchen müssen", und er erinnert daran, daß er an anderer Stelle gesagt hat, „daß es nützliche Dinge seien, wenn man sie als Heilmittel anwendete".

der religiösen und moralischen sowie der ökonomischen Bewegung um eine rhythmische Bewegung. Der Rhythmus der ökonomischen Bewegung bringt die Wirtschaftskrisen hervor, die in unserer Zeit sorgfältig untersucht worden sind, und über die man heute recht gute Kenntnisse besitzt[29]. Der Rhythmus der religiösen und moralischen Bewegung hingegen ist oft unbemerkt geblieben; doch es genügt, die Geschichte zu durchstreifen, um ihn sehr deutlich zu erkennen[30]. Man sieht zum Beispiel, daß in ein und demselben Land zahlreiche Perioden der Gläubigkeit und der Ungläubigkeit aufeinander folgen. Manchmal erreicht die Bewegung eine große Schwingungsweite, dann wird sie von allen Historikern vermerkt. Diese sehen jedoch darin meistens nur einen Einzelfall, während es sich um eine Manifestation des allgemeinen Gesetzes des Rhythmus' handelt.

Da die soziale Bewegung einen wellenförmigen Verlauf nimmt, ist es schwierig, aufgrund der Geschehnisse der Vergangenheit die zukünftige Richtung dieser Bewegung vorauszusehen[31]. Man findet einen gewissen Zug, der sich in der Literatur, der Moral, dem Recht immer stärker ausprägt, man würde zu Unrecht daraus schließen, daß sich diese Bewegung unendlich fortsetzt, und daß die Gesellschaft einem bestimmten Ziel zustrebt. Die Gegenwirkung kann unmittelbar bevorstehen, und eine Bewegung in entgegengesetzter Richtung kann schon bald einsetzen. Wenn ferner eine Bewegung im Begriff ist, die Richtung zu ändern, beginnt sie im allgemeinen nicht damit, an Intensität zu verlieren, was die Voraussagen erleichtern würde, sondern es kommt im Gegenteil häufig vor, daß die Bewegung ihre größte Intensität genau in dem Augenblick erreicht, der der Richtungsänderung vorausgeht.

Alle Autoren, die sich mit der Erforschung der römischen Geschichte befaßt haben, haben die starke Oszillation bemerkt, die von der Ungläubigkeit am Ende der Republik zur Gläubigkeit des späten Kaiserreiches geführt hat. Friendlaender hat festgestellt, daß die Ungläubigkeit fast nur die Oberschichten der Gesellschaften erfaßt hatte. Dies ist eine allgemeine Feststellung, die ausgedehnt werden muß. Diese Bewegungen sind vor allem in den gehobenen sozialen Klassen wahrnehmbar und erreichen in viel geringerem Maße die unteren Klassen, welche dennoch die Auswirkungen mehr oder weniger zu spüren bekommen. Gibbon sagt (Kap. XV): „Als das Volk sah, wie seine Götter durch diejenigen verworfen und verspottet wurden, deren Stellung und deren Fähigkeiten es zu respektieren pflegte, bildeten sich in ihm Mißtrauen und Zweifel hinsichtlich der Wahrheit der Lehre, die es mit dem selbstverständlichsten Glauben angenommen hatte." Renan hat sehr gut die allgemeine religiöse Bewegung gesehen, die sogar

[29] *Cours*, § 925 ff.

[30] Für die Literatur hat G. RENARD, *La méthode scientifique de l'histoire littéraire*, Paris, 1900, die rhythmische Bewegung festgestellt und sehr gut beschrieben.

[31] S. Kap. VI.

philosophische Lehren wie den Stoizismus einschloß, und die schließlich zum Sieg einer der konkurrierenden Religionen geführt hat. Die Werke der heidnischen Philosophen enthalten häufig „christliche" Gedanken; aber das ist keine Übernahme, sondern einzig und allein die Form, die bei ihnen ein Gedankengut annimmt, das den Menschen dieser Zeit gemeinsam ist. Die Religion, die den Sieg davongetragen hat, zeigt sich uns demnach in der Form der Synthese und der Krönung der allgemeinen Entwicklung; und im übrigen mußte sie, um sich durchzusetzen, einen tiefgreifenden Wandel durchmachen und von ihren Rivalen zahlreiche Elemente übernehmen.

Es ist wichtig, das religiöse Gefühl der Menschen nicht mit den Formen zu verwechseln, die es annimmt. Die Oszillationen bestehen sowohl für das erstere als auch für letztere, aber das trifft im allgemeinen weniger stark für das Gefühl selbst als für gewisse Formen zu. Wenn man sieht, daß eine religiöse Form schwächer wird, muß man sich also vor der Schlußfolgerung hüten, daß das Gefühl selbst im Schwinden begriffen ist; seine Intensität kann fast unverändert geblieben sein, während es sich in anderen Formen manifestiert.

Die Autoren, die die Geschichte des ausgehenden 18. Jahrhunderts und des beginnenden 19. Jahrhunderts studiert haben, haben eine starke Oszillation der religiösen Überzeugungen festgestellt, aber sie verwechseln häufig die Form mit dem Inhalt. Wenn gewisse religiöse Formen an Boden verlieren, sehen sie nicht, daß es hinsichtlich des allgemeinen religiösen Gefühls eine partielle Kompensation gibt, die daher rührt, daß andere religiöse Formen an Boden gewinnen.

Unter diesem Vorbehalt beschreibt de Tocqueville (*L'anc. reg.*, S. 220) sehr gut die Periode irreligiöser Oszillation, die der französischen Revolution vorausging: „Man kann allgemein sagen, daß das Christentum im 18. Jahrhundert auf dem ganzen europäischen Kontinent einen Großteil seiner Macht verloren hatte ... Die Irreligiosität war unter den Fürsten und den Schöngeistern verbreitet ... Außer in Frankreich war die Irreligiosität noch nirgends zu einer allgemeinen, mit Intoleranz und Unterdrückung einhergehenden Leidenschaft geworden[32]." Weiter auf Seite 226: „Unsere irreligiöse Philosophie wurde ihnen [den Engländern] gepredigt, bevor die meisten unserer Philosophen auf die Welt kamen: Es war Bolingbroke, der Voltaires Schulung vollendete. Im Verlauf des ganzen 18. Jahrhunderts hatte die Ungläubigkeit berühmte Repräsentanten in England." Das ist ein Zug, den die großen moralischen Krisen mit den ökonomischen gemeinsam haben. Die einen wie die anderen sind allgemeiner und nicht lokaler Natur. Der Umschwung in entgegengesetzter Richtung stand dicht bevor. Im übrigen war die Oszillation der religiösen Gefühle im allgemeinen weniger stark als diejenige, die für eine besondere Form dieser Gefühle, das heißt für die christli-

[32] Diese Zeilen scheinen für das heutige Frankreich geschrieben worden zu sein.

che Religion festgestellt wurde. Was diese eingebüßt hatte, hatte die Religion der „Natur", der „Humanität", der „Sensibilität", der Okkultismus gewonnen. Die französische Revolution war eine religiöse Revolution. De Tocqueville ist zu zaghaft, wenn er sagt (S. 16): „Die französische Revolution ist also eine politische Revolution, die sich wie eine religiöse Revolution vollzogen und sich gleichsam als solche dargestellt hat." Es handelt sich hier nicht nur um eine Analogie, sondern um eine Identität. Seitdem hat sich die rhythmische Bewegung fortgesetzt, und wie es bei den Wirtschaftskrisen der Fall ist, sind viele kleine Oszillationen mit den großen einhergegangen. Heute, im Jahre 1901, befinden wir uns in der Anstiegsperiode der Intensität der religiösen Gefühle. Ihr Wiederaufleben ist nur in geringem Maße den alten Religionen zugute gekommen; eine neue Religion: der Sozialismus und andere „humanitäre" Überzeugungen derselben Art, der Spiritismus etc. haben fast den ganzen Nutzen davon gehabt.

Friendlaender hat die Analogie dieser Bewegungen zu denen gesehen, die die Heraufkunft des Christentums kennzeichneten. Er sagt: „So wie die Flut der antichristlichen Tendenzen des letzten Jahrhunderts rasch sank, nachdem sie ihren Höchststand erreicht hatte, und darauf ein mächtiger Rückfluß folgte, der einen großen Teil der gebildeten Gesellschaft unwiderstehlich mit sich zog, so sehen wir, wie in der griechisch-römischen Welt nach den Tendenzen, die seit dem ersten Jahrhundert vorherrschend gewesen waren, eine starke Hinwendung zum positiven Glauben die Oberhand gewinnt und sich auch dort derselben Kreise bemächtigt[33]."

Die Kreislaufbewegung, die die aus den Unterschichten stammenden Eliten nach oben trägt und die an der Macht befindlichen Eliten herabsteigen und verschwinden läßt, wird meistens durch mehrere Umstände verschleiert. Zunächst: Da sie sich generell recht langsam vollzieht, kann man die allgemeine Richtung und die großen Linien dieser Bewegung nur wahrnehmen, wenn man die Geschichte über einen langen, mitunter mehrere Jahrhunderte umfassenden Zeitraum hinweg untersucht. Der zeitgenössische Beobachter, derjenige, der sein Augenmerk nur auf eine kurze Zeitspanne richtet, gewahrt lediglich die akzidentellen Umstände. Er sieht Rivalitäten zwischen Kasten, die Unterdrückung durch einen Tyrannen, Volkserhebungen, liberale Forderungen, Aristokratien, Theokratien, Ochlokratien, aber das allgemeine Phänomen, um dessen besondere Aspekte es sich hierbei nur handelt, entgeht ihm oft gänzlich.

Unter den Illusionen, die auf diese Weise entstehen, gibt es einige, die besonders häufig auftreten und die es daher verdienen, festgehalten zu werden.

Damit der Einfluß des Gefühls, dem man sich schwer entziehen kann, wenn es sich um einen konkreten Fall handelt, unsere Überlegung nicht beeinträchtigt,

[33] *Civilisation et moeurs romaines*, Übersetzung von Ch. Vogel, IV, S. 167.

wollen wir uns auf eine abstrakte Art ausdrücken. A sei die Elite, die an der Macht ist, B diejenige, die sie von der Macht vertreiben will, um selbst an die Macht zu kommen, C die restliche Bevölkerung, die die Unangepaßten umfaßt, die Menschen, denen es an Energie, Charakter, Intelligenz, fehlt, und die im Grunde genommen das sind, was übrig bleibt, wenn man die Eliten ausnimmt. A und B sind Führer, auf C zählen sie, um sich Anhänger, Instrumente zu verschaffen. Die C allein wären machtlos, sie sind eine Armee ohne Führer, sie erlangen nur Bedeutung, wenn sie von A oder B geführt werden. Sehr oft, fast immer sind es die B, die sich an ihre Spitze stellen, während sich die A in einer falschen Sicherheit wiegen oder die C verachten. Außerdem sind es die B, die die C besser ködern können, und zwar genau, weil sie nicht an der Macht sind, und ihre Versprechungen daher längerfristig sind. Doch mitunter versuchen die A, die B zu überbieten in der Hoffnung, die C durch scheinbare Konzessionen zufriedenstellen zu können, ohne zu viele wirkliche Konzessionen zu machen. Wenn die B nach und nach durch eine langsame Infiltration den Platz der A einnehmen, wenn die soziale Zirkulationsbewegung nicht unterbrochen ist, sind die C der Führer beraubt, die sie zur Revolte treiben könnten, und man stellt eine Periode der Prosperität fest. Die A versuchen im allgemeinen, sich dieser Infiltration zu widersetzen, aber ihr Widerstand kann wirkungslos sein und lediglich auf einen folgenlosen Verdruß hinauslaufen.

Ist der Widerstand erfolgreich, können die B die Stellung nur erobern, wenn sie mit Hilfe der C den Kampf aufnehmen. Wenn sie es geschafft haben und die Macht in ihren Händen haben, wird sich eine neue Elite D bilden und ihnen gegenüber dieselbe Rolle spielen, die sie gegenüber A gespielt haben, und so geht es weiter.

Die Mehrzahl der Historiker sieht diese Bewegung nicht. Sie beschreiben das Phänomen so, als sei es der Kampf stets ein und derselben Aristokratie oder Oligarchie gegen stets ein und dasselbe Volk. Nun ist es in Wirklichkeit so: 1. Es handelt sich um einen Kampf zwischen zwei Aristokratien. 2. Die an der Macht befindliche Aristokratie wechselt ständig; die heutige wird nach einem gewissen Zeitraum durch ihre Gegner ersetzt.

Wenn die B an die Macht kommen und eine im Verfall begriffene Elite A ersetzen, ist gewöhnlich eine Periode großer Prosperität festzustellen. Einige Historiker schreiben das ganze Verdienst daran dem „Volk“ zu, das heißt den C. Das einzig Richtige daran ist, daß die Unterklassen neue Eliten hervorbringen; was diese Klassen selbst betrifft, so sind sie zum Regieren unfähig, und die Ochlokratie ist immer nur auf einen völligen Bankrott hinausgelaufen.

Aber bedeutsamer als die Illusion der Menschen, die die Dinge aus der Ferne sehen, ist die der Menschen, die von der Bewegung erfaßt werden und aktiv an ihr beteiligt sind. Viele B sind der aufrichtigen Überzeugung, daß sie, anstatt einen persönlichen Vorteil für sich oder ihre Klasse zu suchen, C nützen wollen, und daß sic nur für das kämpfen, was sie Gerechtigkeit, Freiheit, Menschlichkeit nennen. Diese Illusion wirkt auch auf die A ein. Etliche von ihnen verraten die Interessen ihrer Klasse, glauben, für die Verwirklichung dieser schönen Prinzipien zu streiten und den unglücklichen C zu Hilfe zu kommen, während ihr Handeln in Wirklichkeit einzig und allein zur Folge hat, den B zur Macht zu verhelfen, woraufhin dann die C häufig ein noch härteres Joch zu ertragen haben als unter den A.

Diejenigen, die dieses Endergebnis schließlich erkennen, beschuldigen entweder die B oder die A der Heuchelei, da diese versicherten, daß nur der Wunsch, den C zu helfen, sie geleitet habe. Dies geschieht jedoch im allgemeinen zu Unrecht, und viele dieser A und B sind unter dem Gesichtspunkt der Aufrichtigkeit untadelig.

Ein Zeichen, das fast immer die Dekadenz einer Aristokratie ankündigt, ist das Eindringen humanitärer Gefühle und manierierter Gefühlsduselei, die sie unfähig machen, ihre Positionen zu verteidigen[34]. Man darf nicht Gewalt mit Stärke verwechseln. Die Gewalt geht oft mit Schwäche einher. Manche Individuen und Klassen, die die Stärke verloren haben, sich an der Macht zu halten, machen sich, indem sie blind drauflosschlagen, durch ihre Gewalttätigkeit immer verhaßter. Der Starke schlägt nur dann zu, wenn es unbedingt notwendig ist, aber dann hält ihn nichts auf. Trajan war stark und nicht gewalttätig; Caligula war gewalttätig und nicht stark.

Wenn ein Lebewesen die Gefühle verliert, die es unter bestimmten Umständen braucht, um sich im Existenzkampf zu behaupten, so ist das ein gewisses Zeichen der Degeneration, denn das Fehlen dieser Gefühle wird in näherer oder fernerer Zukunft die Vernichtung der Art nach sich ziehen. Das Lebewesen, das Furcht davor hat, Schlag um Schlag zurückzugeben und das Blut seiner Feinde

---

[34] RENAN, *L'église chrét.*, S. 96: „Jeder wurde ein besserer Mensch ..." Erleichterung für die Leidenden wurde das allgemeine Anliegen. An die Stelle der grausamen römischen Aristokratie trat eine provinzielle Aristokratie von rechtschaffenen Leuten, die das Gute wollten. Die Stärke und Erhabenheit der antiken Welt schwanden dahin; man wurde gut, sanft, geduldig, menschlich. Wie immer kam diese Freisinnigkeit den sozialistischen Ideen zugute, die in Erscheinung traten.
TAINE, *L'ancien régime*, S. 242: „Zu Ende des 18. Jahrhunderts bestand in der Ober- und selbst in der Mittelschicht Abscheu vor dem Blutvergießen; die sanften Sitten und die idyllische Träumerei hatten den Kampfwillen geschwächt. Allerorten vergaßen die Richter, daß die Aufrechterhaltung der Gesellschaft und der Zivilisation ein Gut ist, das unendlich höher steht als das Leben von einer Handvoll von Gaunern und Irren, daß die vordringliche Aufgabe der Regierung sowie der Polizei die Wahrung der Ordnung durch die Gewalt ist."
LE BON, *Psych, du social*, S. 384: „... Die Gegner der neuen Barbaren denken nur daran, mit ihnen zu unterhandeln und ihre Existenz durch eine Reihe von Konzessionen zu verlängern, die diejenigen nur ermutigen, die gegen sie zum Angriff antreten und ihre Verachtung hervorrufen."
Nicht der Zufall ist es demnach, der diese drei Zitate miteinander verbindet.

zu vergießen, liefert sich gerade dadurch diesem Feind aus. Das Schaf hat immer einen Wolf gefunden, der bereit war, es zu verschlingen, und wenn es heute dieser Gefahr entrinnt, dann aus dem einfachen Grund, weil der Mensch es sich für seine Weiden vorbehält. Jedes Volk, das das Blutvergießen so sehr verabscheut, daß es nicht imstande ist, sich zu verteidigen, wird früher oder später die Beute irgendeines kriegerischen Volkes werden. Es gibt auf unserem Erdball vielleicht keinen einzigen Fuß Land, der nicht mit dem Schwert erobert worden ist und wo die Völker, die ihn besitzen, sich nicht durch Stärke gehalten haben. Wären die Neger stärker als die Europäer, wären es die Neger, die sich Europa teilen würden und nicht die Europäer, die sich Afrika teilen. Es ist völlig lächerlich, wenn die Völker, die sich selbst die Bezeichnung „zivilisiert" verleihen, sich das „Recht" anmaßen, andere Völker zu erobern, die sie gerne „unzivilisiert" nennen, oder besser gesagt, dieses Recht ist nichts anderes als Stärke. Solange die Europäer stärker sind als die Chinesen, zwingen sie ihnen ihren Willen auf; würden die Chinesen jedoch stärker als die Europäer, wären die Rollen vertauscht, und es ist keineswegs wahrscheinlich, daß hochtrabende humanitäre Phrasen jemals mit einiger Wirksamkeit einer Armee entgegengestellt werden können.

So bedarf auch in der Gesellschaft das Recht der Stärke, um eine Realität zu sein. Ob es sich spontan entwickelt oder das Werk einer Minderheit ist, den Dissidenten kann es nur durch Stärke aufgezwungen werden. Die Nützlichkeit gewisser Institutionen, die Gefühle, die sie vermitteln, bereiten ihre Entstehung vor; damit sie aber eine unumstößliche Tatsache werden, müssen diejenigen, die diese Institutionen wollen, natürlich die Macht haben, sie denjenigen aufzuzwingen, die sie nicht wollen. Anton Menger glaubt den Beweis zu erbringen, daß unser derzeitiges Recht geändert werden muß, weil es „fast ausschließlich auf überlieferten, auf Stärke gegründeten Beziehungen basiert". Aber das ist ein Kennzeichen aller Rechtsordnungen, die existiert haben, und wenn diejenige, die unser Autor wünscht, jemals Realität wird, dann einzig und allein aus dem Grund, weil sie ihrerseits die Stärke auf ihrer Seite haben wird, andernfalls wird sie immer ein Traum bleiben. Am Anfang des Rechts stand die Stärke vereinzelter Individuen, heute wird es durch die Stärke der Gemeinschaft verwirklicht, aber immer ist es die Stärke[35].

---

[35] SIR HENRY SUMNER MAINE, *Etudes sur l'hist. des inst. prim.*, französische Übersetzung, S. 337, sagt, daß für die ersten Schöpfer des Rechtsfortschritts „derjenige, von dem es hieß, er habe das gute Recht auf seiner Seite, ein Mann war, der sich vielen Gefahren stellte, um zu seinem Recht zu kommen, der vor der Volksversammlung Klage führte, der sich am Stadttor niederließ und lautstark vom König Gerechtigkeit forderte". Über das alte isländische Recht sagt er auf Seite 51, daß „das Fehlen jeglicher Sanktion oftmals eine der größten Schwierigkeiten ist, die sich dem Verständnis des brehonischen Rechts entgegenstellt". Es war Sache der Kontrahenten, das Urteil selbst zu vollstrecken. R. von Jhering zeigt uns auch im römischen Recht „eine Epoche, wo die Partei selbst ihr Recht

Man darf nicht, wie es oft gemacht wird, die Überzeugung der Stärke gegenüberstellen, wenn es um die erfolgreiche Veränderung von Institutionen geht. Die Überzeugung ist nur ein Mittel, um sich Stärke zu verschaffen. Man hat niemals ausnahmslos alle Mitglieder einer Gesellschaft überzeugt; um sich den Erfolg zu sichern, hat man nur einen Teil dieser Menschen überzeugt: den Teil, der Stärke besitzt, sei es, weil er der zahlreichste ist, sei es aus irgendeinem anderen Grund.

Durch Stärke werden die sozialen Institutionen errichtet, durch Stärke werden sie aufrechterhalten.

Jede Elite, die nicht bereit ist, für die Verteidigung ihrer Stellung zu kämpfen, ist im Verfall begriffen, es bleibt ihr nichts anderes übrig, als ihren Platz an eine andere Elite abzutreten, die die Mannhaftigkeit besitzt, die ihr fehlt. Es ist reine Träumerei, wenn sie sich einbildet, daß man die von ihr proklamierten humanitären Prinzipien auf sie anwenden wird: die Sieger werden ihr das unerbittliche *vae victis* entgegenhalten. Das Fallbeil der Guillotine wurde im verborgenen geschärft, als die herrschenden Klassen in Frankreich sich zu Ende des letzten Jahrhunderts befleißigten, ihre „Sensibilität" zu entwickeln. Diese frivole, dem Müßiggang ergebene Gesellschaft, die in dem Lande als Parasit lebte, sprach bei ihren eleganten Soupers davon, die Welt vom „Aberglauben zu befreien und die Niedertracht zu beseitigen", ohne zu ahnen, daß sie selbst beseitigt werden würde.

Parallel zu dem Phänomen der Aufeinanderfolge der Eliten stellt man bei den zivilisierten Völkern ein anderes, sehr bedeutsames fest. Die Produktion wirtschaftlicher Güter nimmt immer mehr zu, vor allem dank des Wachstums der beweglichen Kapitalien, deren durchschnittliche Größe pro Kopf der Bevölkerung eines der sichersten Indizien für Zivilisation und Fortschritt ist. Der materielle Wohlstand breitet sich so immer mehr aus. Auf der anderen Seite gehen die zwischenstaatlichen Kriege sowie die Bürgerkriege, die eine immer weniger lukrative Industrie werden, an Zahl und Intensität zurück. Folglich verfeinern sich die Sitten und läutert sich die Moral. Außerhalb der fruchtlosen Agitationen der Politiker vollzieht sich auf diese Weise das, was G. de Molinari „die lautlose Revolution" genannt hat[36], das heißt die langsame Umwandlung und Verbesserung der sozialen Bedingungen. Dieser Prozeß wird durch die Verschwendungen

realisiert." Sir Henry Maine Summer, *Etudes sur l'ancien droit et la coutume prim.*, französische Übersetzung S. 521: „Die Achtung von ihren Verordnungen [der Gerichtshöfe] ist so sehr in unsere Lebensgewohnheiten eingegangen ... daß die Gerichte selten auf materielle Zwangsmaßnahmen zurückgreifen müssen, um sich Gehorsam zu verschaffen ... Gewiß steht die Gewalt immer im Dienst des Rechts, aber man hält sie in Reserve, sozusagen in kondensierter Form, durch die sie den Blicken entzogen werden kann."

[36] *Wie die soziale Frage gelost werden wird,* Paris, 1896.

des Staatssozialismus, durch alle erdenklichen protektionistischen Gesetze gehemmt und bisweilen aufgehalten, aber dennoch ist er eine Realität, und alle Statistiken der zivilisiertesten Völker lassen ihn erkennen.

Nachdem dargestellt worden ist, welche Bedeutung das Phänomen der Aufeinanderfolge der Eliten in der Geschichte hat, darf man nicht in den nur allzu häufigen Fehler verfallen, den Anspruch zu erheben, alles durch diese eine Ursache zu erklären. Die soziale Entwicklung ist äußerst komplex. Es lassen sich bei ihr mehrere Hauptströmungen ausmachen, und sie auf eine einzige reduzieren zu wollen, ist zumindest für den Augenblick ein kühnes Unterfangen. Man muß unterdessen diese großen Klassen von Phänomenen untersuchen und sich bemühen, ihre Beziehungen aufzufinden.

Es wird nützlich sein, die allgemeine Untersuchung, die wir über die Aufeinanderfolge der Eliten angestellt haben, durch die Betrachtung einiger konkreter Fälle zu ergänzen.

Die römische Geschichte zeigt uns eine große Zahl von Eliten, die nacheinander an die Macht gekommen sind. Sie kommen zunächst aus den ländlichen Klassen Roms[37] und Latiums, dann, als deren Reserven erschöpft sind[38], aus den übrigen Teilen Italiens, aus Gallien, Spanien, und schließlich sind es selbst die Barbaren, die in Anspruch genommen werden.

Schon in frühester Zeit zeichnet sich ein Kampf zwischen den *majores gentes* und einer neuen Elite ab: den *minores gentes*, die Tarquinius der Ältere aufgerufen haben soll, mit den *majores gentes* den Senat zu bilden. Chr. Lécrivain sagt[39]: „Die patrizischen Familien scheinen nicht sehr fruchtbar gewesen zu sein. Man hat zu Unrecht behauptet, daß die normale Zahl der Kinder fünf war ... Die Geschichte der patrizischen Familien gelangt ... zu derselben Schlußfolgerung; das Patriziat der Königszeit und der Republik ist kontinuierlich im Schwinden begriffen ... Man kann somit annehmen, daß Tarquinius die Lücken des Senats dadurch gefüllt hat, daß er die *minores gentes* in den Stand des Patriziats erhob.“ Es würde sich hier folglich um eine Infiltration handeln, die übrigens ihren Ur-

---

[37] Vielleicht spielte das mehr oder weniger vage Wissen um die Tatsache, daß die ländlichen Klassen Eliten erzeugen, eine Rolle bei der gängigen Meinung, die von Cato in *De re rustica* ausgedrückt wird: *At ex agricolis et viri fortissimi et milites strenuissimi gignuntur, maximeque pius quaestus stabilissimusque consequitur, minimeque invidiosus: minimeque male cogitantes sunt, qui in eo studio occupati sunt.*
Für Athen vermerkt H. Francotte, *L'industrie dans le Grèce ancienne*, II, S. 327, mit Recht: „Die Polis schöpfte aus ihren bäuerlichen Bevölkerungsteilen eine Kraft, die sie verjüngte, und es bedurfte eines langen Zeitraums, bis diese Kraft gänzlich erschöpft war.“

[38] De Lapouge zufolge, *Les sélections sociales*, S. 87, handelt es sich um einen Verbrauch von rassisch hochwertigen Menschen. Es fehlen die Fakten, um diese Ansicht uneingeschränkt zu akzeptieren oder zu verwerfen.

[39] Dict. Daremb. Saglio, s. v. *Gens*, S. 1514.

sprung in der Annexion des Palatin und Quirinal gehabt zu haben scheint. Gleichwohl fehlt es nicht an Anzeichen von Rivalität zwischen den *majores gentes* und den *minores gentes*[40]. Als die *minores* sich mit den *majores* die Macht teilten, wurden sie gegen das übrige Volk ebenso hart wie diese[41].

Kaum ist die Republik errichtet, beginnt nach landläufiger Auffassung der Kampf zwischen „der Aristokratie" und dem „Volk"[42], in Wirklichkeit zwischen der alten Aristokratie und einer neuen Aristokratie, die aus den unteren Ständen aufsteigt. „Der Kampf bewegt sich innerhalb der Bürgerschaft. Daneben entwickelt sich eine andere Bewegung, die der Nichtbürger, die nach dem vollen Bürgerrecht streben. Daher die Agitationen der Plebejer, der Latiner, der Italiker, der Freigelassenen. Alle, mochten sie schon die Bezeichnung Bürger tragen, wie die Plebejer oder Freigelassenen, oder mochte sie ihnen noch verweigert werden, wie den Latinern und Italikern, empfinden das Bedürfnis nach politischer Gleichheit und fordern sie."[43] Das ist nur ein Teil der Wahrheit. Es sind die neuen Eliten, die ihre Truppen zum Angriff treiben und ihnen die politische Gleichheit und, mehr noch, den Besitz der Gegner versprechen. „Die Verzweiflung ihrer Armen ist die stärkste Waffe ihrer Führer, deren Konflikte den ersteren gleichgültig wären, wenn die Gesetze sie nicht in einer einzigen Korporation

[40] NIEBUHR, *Hist. rom.*, französische Übersetzung, H, S. 153: „Im Jahre 253 nehmen die *minores gentes* wieder den zweiten Platz [des Konsuln] in Besitz; dennoch brachte man ihnen nicht mehr Vertrauen entgegen, als sie selbst bei ihrer Vereinigung mit ihren früheren Unterdrückern dann der Bürgerschaft entgegenbrachten, und mehr als einmal wurden sie von der Stellung verdrängt, die ihnen zukam"; S. 209: „Wir gehen sicherlich nicht fehl in der Annahme, daß im Jahre 269 die völlige Unterjochung der Bürgerschaft dadurch verhindert wurde, daß ein großer Teil der Oligarchie, der vom Konsulat ausgeschlossen war, sich mit ihr vereinigte." Das sind also die B, die mit den C zusammengehen. Kaum haben sie erhalten, was sie wollten, wenden sie sich gegen die C; S. 211: „Alles deutet darauf hin, daß die *majores gentes* daraufhin die Konsequenzen der Spaltung begriffen, die sich unter den Patriziern vollzogen hatte, und daß es eine Versöhnung gab, die durch nichts mehr getrübt wurde: Von dem Augenblick an sind es genau die *minores*, die gegenüber 'der Bürgerschaft die größte Feindseligkeit an den Tag legten." Was Niebuhr „die Kommune" nennt, ist nichts anderes als die Gesamtheit einer neuen Elite der D und C.
Die Aussagen von Historikern wie Mommsen, Niebuhr, Duruy etc. zugunsten unserer Theorie sind wertvoll, denn da diese Wissenschaftler diese Theorie nicht kannten und sogar Auffassungen vertreten, die ihr völlig entgegengesetzt sind, konnten sie sich nicht durch vorgefaßte Ideen leiten lassen, um die Ereignisse im Sinne dieser Theorie zu interpretieren und Argumente zu ihren Gunsten zu finden, sondern mußten durch die unwiderstehliche Kraft der Fakten dazu gebracht werden.

[41] TITUS-LIVIUS, III, 65: *Quiescenti plebi ab junioribus patrum injuriae fieri coeptae*. Man darf *juniores patrum* nicht mit „die jungen Patrizier" übersetzen; es handelt sich um die *minores gentes*.

[42] E. BELOT, *Hist. des Chevaliers* rom., Paris, 1873, II, S. 8, schreibt: „In Frankreich ist man es noch nicht gewohnt, den durch die Plebs unterstützten Kampf zunächst gegen das Patriziat, sodann gegen die Nobilität als den Kampf von zwei fast gleich stolzen und mächtigen Aristokratien zu betrachten. Dennoch wäre es schwierig, sich vorzustellen, daß er etwas anderes hat sein können."

[43] MOMMSEN, *Hist. rom.*, französische Übersetzung, II, S. 3-4.

vereinigen würden[44]." Die Armen in Rom folgten ihren Führern, weil sie sich „die Befreiung von Schulden und etwas Landbesitz[45]" erhofften. Jedermann weiß, daß es einen plebejischen Adel gab, der ebenfalls reich war und genauso mächtig werden wollte wie der alte. „Die Kraft des Volkes war in die Plebs, oder die Menge, übergegangen, die schon viele reiche und angesehene Männer in ihren Reihen hatte[46]." Es ist die neue Elite, die zur Eroberung der Macht schreitet. Sie verbirgt ihre ehrgeizigen Ziele unter einem Schleier von Forderungen zugunsten der Menge, aber diese sind nur ein Mittel, kein Ziel. Der Menge werden ihre Führer Agrargesetze und die Befreiung von Schulden versprechen, genau wie später diejenigen, die die Kaiserherrschaft anstreben, den Legionären ein *donativum* versprechen werden.

Die Elite der Plebejer trat in den Senat ein, und wenn die Überlieferung richtig ist, hatte sie dort etwa die Hälfte der Sitze. Dann „sieht man natürlich, wie die ganzen materiellen Vorteile, zu denen der Adel seine politischen Privilegien mißbraucht hat, den Reichen insgesamt zugute kamen; und der Druck lastete um so schwerer auf dem Mann des Volkes, als durch den Eintritt in den Senat die Persönlichkeiten mit den größten Fähigkeiten und der größten Widerstandskraft von den Unterdrückten zu den Unterdrückern übertraten[47]". Aber die alte Aristokratie behielt noch Rechte, derer sie sich allein erfreuen wollte. Der Kampf entbrannte also von neuem um die Verteilung der kurulischen Ämter. Er währte lange, „denn hier ging es nicht mehr darum, allgemeine Interessen zu befriedigen, sondern lediglich den Ehrgeiz einiger Führer des Volkes. Daher wurde der Angriff zwar heftig geführt, fand aber nur wenig Unterstützung; und die Plebejer, mit dem Namen zufrieden, ließen die Sache lange auf sich beruhen. Wir werden sehen, wie sie im letzten Augenblick bereit sind, Licinius Stolo und das Konsulat für einige Morgen Land preiszugeben[48]." Sie hatten vielleicht nicht unrecht; die Morgen Land waren wenigstens ein greifbares Gut. So sind heute in Frankreich viele Sozialisten nicht der Ansicht, daß die Ehre, die man einem ihrer Führer hat zuteil werden lassen, indem man Waldeck-Rousseau in die Regierung

---

[44] NIEBUHR, *Hist. rom.*, I, S. 550. Er spricht von den Iren und vergleicht sie mit den Römern.

[45] NIEBUHR, *ibidem*, S. 551.

[46] MOMMSEN, *Hist. rom.*, II, S. 16.

[47] MOMMSEN, *ibidem*, II, S. 35. Die Begriffe *Unterdrückte* und *Unterdrücker* sind zu stark. Es handelt sich lediglich um eine neue Elite, die an die Macht kommt.
Die Zahl der plebejischen Senatoren nahm immer mehr zu. Die alte Aristokratie verschwand, die neue nahm ihren Platz ein. Nach Willems, *Le sénat de la république romaine*, waren im Jahre 179 von 304 Senatoren 98 Patrizier und 216 Plebejer. „Sulla" – sagt Niebuhr, III, S. 280 – „konnte mit der Verfassung nicht hinter das Gesetz des Licinius zurückgehen, da die patrizischen Familien größtenteils erloschen waren und die plebejischen Familien in seinem System ebenfalls Vorteile finden wollten."

[48] DURUY, *Hist. des Rom.*, I, S. 223.

aufgenommen hat, die Aufteilung der Besitztümer der Bourgeoisie ersetzen kann.

„Seitdem sich [in Rom – V. P.] die plebejische Aristokratie des Tribunats bemächtigt und dieses für ihre Zwecke benutzt hatte, waren die Agrar- und Kreditgesetze gewissermaßen beiseite gelassen worden – dabei fehlte es weder an neu erobertem Territorium noch an armen oder verarmenden Bürgern auf dem Land[49]." Aber wie sich zu einer gewissen Zeit jeder Anwärter auf den Kaiserthron schließlich davon überzeugen wird, daß nichts auszurichten ist, wenn die Soldaten nicht bezahlt werden, so „schloß endlich eines Tages die plebejische Aristokratie, die bis dahin von den Vorteilen der politischen Gleichheit durch den Widerstand der Adeligen ausgeschlossen war, denen die Indifferenz des Volkes zu Hilfe gekommen war, ein Bündnis mit der unglücklichen, isolierten und gegenüber dem Patriziat ohnmächtigen Masse[50]".

Die neue Aristokratie siegt. Die *Licinisch-sextischen* Gesetze stellen scheinbar die Gleichheit zwischen den Bürgern her; in Wirklichkeit „blieb die Regierung nach wie vor aristokratisch[51]". Der Zufall verleiht oft gewissen abstrakten Beziehungen eine konkrete Form. Der Schöpfer der neuen Gesetze, Gaius Licinius Stolo, wurde als erster kraft seines Gesetzes verurteilt[52]; es muß ihn erstaunt haben, daß man ein Gesetz auf ihn anwendete, das nur zu dem Zweck geschaffen worden war, seinem Stand Truppen zu verschaffen.

Die Kreislaufbewegung der Eliten setzt von neuem ein. „Eine neue aristokratische Regierung hatte sich gebildet; ihr gegenüber erhob sich sogleich eine Oppositionspartei ... sie [die neuen Opponenten, V. P.] nehmen sich der Sache der kleinen Leute an, vor allem der Kleinbauern[53]." Das heißt, daß die neue Elite dort Anhänger wirbt, wo sie welche finden kann, dort, wo im übrigen auch die Elite ihre Anhänger gewonnen hatte, die gerade an die Macht gekommen war.

Eine andere Elite betritt die Bühne. Der römische Bauernstand im eigentlichen Sinne ging immer weiter zurück und war im Verschwinden begriffen. „Un-

---

[49] MOMMSEN, *Hist. rom.*, II, S. 67.

[50] MOMMSEN, *Hist. rom.*, II, S. 69.

[51] MOMMSEN, *ibidem*, S. 83.

[52] VAL MAX., VIII, 6, 3. In diesem Punkt hat Niebuhr einen merkwürdigen Standpunkt. Anfänglich empört er sich, III, S. 1-2, über die Verleumder von G. Licinius Stolo; dann, als erinnere er sich nicht mehr an das zuvor Gesagte, fügt er hinzu, nachdem der die Verurteilung von Licinius Stolo angeführt hat: „Das ist ein trauriges Beispiel für die Macht der Habsucht selbst über diejenigen, die die Ehre am meisten vor ihr warnen sollte; oder, wenn man so will, dieses Beispiel beweist, daß die Wohltaten nicht immer aus den reinsten Händen kommen."

[53] MOMMSEN, *ibidem*, S. 84. Weiter auf S. 85: „Schon inmitten der soeben eroberten Gleichheit in der Frage des Bürgerrechts hatten sich die ersten Elemente einer neuen aristokratischen und einer neuen demokratischen Partei gezeigt." Damit beschreibt Mommsen, ohne es zu wissen, das Phänomen der Eliten, die aufeinander folgen.

ter dem zum Quiriten gewordenen Plebejer, außerhalb der Zenturien und der Tribus lebten die Freigelassenen[54], die sich schon stark vermehrten, die Handwerker, die Händler, die Bewohner der Munizipien *sine suffragio*, die sich in Rom niedergelassen hatten, schließlich die *aerarii*, ... unter denen reiche, aktive, intelligente Männer waren[55]." Niebuhr sagt sehr richtig, daß „die Munizipien die Nation verjüngten, indem sie ihr neue Familien zuführten[56]" (III, S. 11). Fortan wird dieses wichtige Faktum die römische Geschichte beherrschen. Nach und nach wird sich Rom Eliten der Nachbarvölker einverleiben[57]; es wird untergehen, wenn es sie alle verschlungen haben wird.

Die *patres* versuchten, sich auf die Elite dieser neuen Klassen zu stützen. Dieses Phänomen tritt häufig auf; die Reste der alten Aristokratien sind bestrebt, sich durch ähnliche Mittel Verbündete zu verschaffen.

Als Appius Zensor war, schrieb er die Männer der neuen Klassen in die Tribus ein[58] und rief dadurch die Empörung der plebejischen Nobilität hervor, die sich, seitdem sie an der Macht war, nicht sonderlich um die „kleinen und einfa-

---

[54] Die Freigelassenen sind zweifelsohne eine Elite der Sklaven. Ein sehr kleiner Teil der Freigelassenen wird die Freiheit dem Laster zu verdanken gehabt haben, die Mehrzahl verdankte sie charakterlichen und geistigen Qualitäten, ihrem Arbeitseifer, ihrer Befähigung zu verschiedenen Tätigkeiten. Unter dem moralisch-ethischen Gesichtspunkt handelte es sich freilich um eine Elite minderer Qualität.

[55] DURUY, *Hist. des Rom.*, I, S. 287.

[56] Es fand eine kluge Selektion statt. Diejenigen, die in ihrem Munizipium ein Amt erhielten, wurden römische Bürger. GAIUS, I, 96: *Ei qui honorem aliquem aut magistratum gerunt, civitatem romanam consecuntur.* CIC, *Philipp, tertia*, VI, 15: *Videte, quam despiciamur omnes, qui sumus e municipiis, id est, omnes plane: quotus enim quisque non est?*

[57] DURUY, *Hist. des Rom.*, V, S. 529: „Aufgrund eines unabwendbaren Gesetzes, das die Ausstrahlung der römischen Zivilisation auf die Gebiete außerhalb Italiens erzeugte, und infolge der allgemeinen Prosperität kam für jede Provinz der Augenblick, wo der Staat die Männer, die durch die Ausübung von Verwaltungsämtern in den Munizipien geformt oder durch den Handel reich geworden waren, für seine verschiedenen Dienste beanspruchte. Im 2. Jahrhundert saß diese neue Elite in Rom im Senat, im Heer, im Prätorium, überall in den hohen Verwaltungsämtern."
Die Fakten stimmen; die Interpretation gehört zu der Kategorie von Interpretationen, die aus der Rhetorik und der Metaphysik geschöpft werden und für die die Historiker leider immer noch eine Vorliebe haben. „Das unabwendbare Gesetz, das die Ausstrahlung der römischen Zivilisation erzeugte" kann sich dem „horror vacui" der alten Physiker zugesellen. Wie unterscheiden sich „unabwendbare Gesetze" von nicht-unabwendbaren Gesetzen? Das besagt nichts. Es handelt sich um rein verbale Explikationen.
Die Ausübung von Verwaltungsämtern in den Munizipien hatte die Mitglieder der neuen Elite nicht nur „geformt"; der Handel hatte sie nicht nur „reich gemacht"; dies waren vor allen Dingen Selektionsmittel, es waren Mechanismen zur Auslese der Besten und Zurückdrängung der Schlechtesten. Die Begriffe *besser* und *schlechter* beziehen sich hier natürlich allein auf die Funktionen, die diese Männer erfüllen mußten.

[58] TITUS LIVIUS, IX, 46, sagt über das Zensorat des Appius: *qui senatum primus libertinorum filiis lectis inquinaverat; et postquam eam lectionem nemo ratam habuit; ... humilibus per omnes tribus divisis, Forum et Campum corrupit.*

chen Leute" kümmerte. Zur neuen Elite gehörte der Schreiber Cn. Flavius, „zweifelsohne einer der markantesten Männer der Zeit". (Niebuhr, III, S. 227).

Die Reform des Appius war zum Teil verfrüht; eine Änderung des Einschreibungsverfahrens der neuen Bürger, die die Bedeutung ihrer Stimmabgabe verminderte, fand wenig später statt. Bald setzte die Bewegung von neuem ein, um nicht mehr zum Stillstand zu kommen.

Aber wir müssen viele Details kürzen und auslassen, wenngleich sie interessant wären, weil andernfalls die Darstellung dieses Beispiels einen Umfang annehmen würde, der in keinem Verhältnis zu dem übrigen Teil des Werkes stehen würde.

Je nach den ökonomischen und sozialen Lebensbedingungen treten die Eliten auf mehrere Arten in Erscheinung. Erwerb von Reichtum bei den Industrie und Handel treibenden Völkern, militärischer Erfolg bei den kriegerischen Völkern, politisches Geschick und häufig Ränkesucht und Charakterlosigkeit bei den Autokratien, den Demokratien und Demagogien, literarischer Erfolg bei den Chinesen, die Erlangung kirchlicher Würden im Mittelalter etc., all das sind Mittel, durch die sich die Selektion der Menschen vollzieht.

In Rom gehen die Ritter *equo privato* nach dem Tribunat der Gracchen bis zum Ende der Republik in der Mehrzahl aus den ländlichen Tribus hervor und sind ein Produkt der plutokratischen Selektion[59]; die reich gewordenen Steuerpächter haben dann noch ihre Zahl erhöht.

Aber neben dieser Elite bildete sich eine andere heraus, die den Milizen entstammte. Alle Bürger *sine suffragio* sowie die *socii* wurden zum Militärdienst herangezogen; auf diese Weise erstreckte sich die Selektion bald auf alle Italiker, und ihre Führer, die *praefecti sociorum*, wurden von Rechts wegen römische Bürger. Die Selektion wurde intensiver, als der Militärdienst, anstatt eine vorübergehende Tätigkeit der Bürger zu sein, ein Beruf wurde[60]. Das beginnt mit Marius. der „als erster nicht mehr auf die bis dahin geforderten Vermögensverhältnisse geblickt hatte: er hatte die Legion dem ärmsten Freiwilligen aus dem Bürgerstand geöffnet, vorausgesetzt, daß er sich als guter Soldat erwies[61]". Marius, Sulla, Cäsar, Octavian, repräsentieren verschiedene politische Prinzipien, aber im Grunde genommen sind sie alle gleichermaßen die Führer der neuen

[59] CIC., *Pro Q. Rose, comoe.*, XIV, 42: *Quem tu si ex censu spectas: eques romanus est; si ex vita: homo clarissimus est.*

[60] ARRIUS MENANDER, *Dig.* XLIX, 16, 4, § 10: *Sed multato statu militae recessum a capitis poena est, quia plerumque voluntario milite numeri supplentur.*

[61] MOMMSEN, *Hist. rom.*, V, S. 120. Weiter, S. 167: „Ich bin der Auffassung, daß Marius durch die Einführung der Aushebungen im Inneren den Staat militärisch gerettet hat, wie viele Jahrhunderte später Stilicho und Arbogast durch die auswärtigen Aushebungen seinen Bestand noch für einige Zeit verlängern werden."

Elite, die aus der militärischen Selektion hervorgegangen ist, und die im Bündnis mit der Ritterelite das Kaiserreich gründen und über Jahrhunderte erhalten wird.

Sulla, der Restaurator der aristokratischen Regierung, verdankte den neuen Männern seinen Sieg. Als in Nola zwei Tribunen kamen, um ihm seine Legionen zu nehmen und sie Marius für den Krieg in Asien zu geben, lassen die Offiziere bis auf einen Quästor Sulla im Stich, aber die Soldaten bleiben ihm treu, und an ihrer Spitze zieht er in Rom ein und zwingt seinen Willen auf. Lange stellte die Armee eine Elite dar, die wie alle Elite aus den unteren Klassen emporstieg. Duruy sagt im Hinblick auf das Kaiserreich[62]: „Es war unvermeidlich, daß die militärische Gewalt, die inmitten der Zerrüttung der anderen Institutionen des Augustus als einzige lebendig geblieben war, alles beherrschte. Die Zeitgenossen verwunderte das nicht. Jahrhundertelang war das Heer, das römische Volk unter Waffen gewesen; diese entfernte Erinnerung war keineswegs erloschen, und trotz seiner Zusammensetzung war das Heer, das das Kaiserreich verteidigte, der einzige Faktor, der würdig schien, es zu repräsentieren. Der heilige Hieronymus dachte so, denn er vergleicht die Wahl des Bischofs durch die Priester mit der Wahl des Kaisers durch die Soldaten."

Das ist im übrigen ein allgemeiner Umstand, der in der gesellschaftlichen Entwicklung häufig auftritt. „Die ersten griechischen Republiken nach dem Ende der Königszeit wurden durch die Krieger gebildet[63]." In Europa konzentriert im Mittelalter der Feudaladel die Macht von neuem bei einer aus Kriegern gebildeten Elite.

Claudius dehnte die Wahl der Elite auf Gallien, Vespasian auf die anderen Provinzen aus, um die Kurie zu füllen. Mit Trajan gab Spanien Rom einen Kaiser, danach legten sogar die Barbaren den Purpur an.

Im späten Kaiserreich kam der Kreislauf der Eliten durch Verordnungen, die jeden Mann an seinen Beruf banden, weitgehend zum Stillstand. Der Bauer konnte sein Feld nicht mehr verlassen, der Handwerker seine Korporation, der Dekurio seine Dekurie. Im Jahre 400 befiehlt Kaiser Honorius, die *collegiati* zu suchen und sie überall, wo man sie findet *(ubicumque terrarum reperti fuerint)*, ausnahmslos zu ihrem Beruf zurückzubringen *(ad officio sua sine ullius nisu exceptionis revocentur)*[64]. Im Jahre 458 erläßt Kaiser Majorian erneut ähnliche Verordnungen; er will, daß alle diejenigen, „die nicht sein wollen, was sie durch Geburt sind" *(qui nolunt esse, quod nati sunt)*[65], in ihre angestammten Verhältnisse zurückversetzt werden. H. Wallon sagt[66]: „Das Band der Herkunft ist das

[62] *Hist. des Rom.*, VI, S. 361-362.

[63] Aristoteles, *Polit.*, IV, 10, 10.

[64] *Cod. Theod.*, XII, 19, 1.

[65] Nov. Major., VII, § 7.

[66] *Hist. de l'escl.*, III, S. 220.

einzige, das inmitten dieser Auflösung aller Dinge stark und umfassend genug zu sein scheint, um den Staat zu umschließen; das Schicksal der Geburt, das ist das oberste Gesetz des Kaiserreichs ... Rom war durch die griechische Zivilisation gegangen, um dann zu dem orientalischen Kastenwesen zu gelangen." Die Verschwendungen des Staatssozialismus[67] zerstörten den Reichtum, die Institution der Kasten hielt die Menschen an ihrem Platz fest, die neuen Eliten konnten folglich weder entstehen noch aufsteigen und an die Stelle der regierenden, absolut degenerierten Elite treten. „Die Aufstiegsbewegung, die die Mittel- und Oberklasse erneuert und erhält, wurde aufgehalten", so Waltzing[68].

Diese Gesellschaft war in ihren lebenswichtigen Bereichen getroffen: sie war ein sterbender Körper. Die Invasion der Barbaren rettete sie, und zwar nicht nur, weil sie ihr von außen eine Elite zuführte, sondern vor allem, weil sie die Barrieren zerbrach, die dem Kreislauf der Eliten im Wege standen. Die Handwerker und Bürger, die die blühenden italienischen Republiken schaffen werden, sind keine von außen gekommene Elite; sie stammen von den Einheimischen ab, nur hätte die Verfassung des späten Kaiserreichs ihren Aufstieg verhindert. Das, was man die *Anarchie* des Mittelalters genannt hat, erlaubt ihn. Der Kreislauf der Eliten beginnt von neuem, und mit ihm kehrt wieder der Wohlstand ein.

Gegen Ende des römischen Kaiserreichs tritt ein Selektionsmodus auf, der sich in vieler Hinsicht von denen unterscheidet, die bis dahin gewirkt haben: die Kirche. Diese wird im Mittelalter nahezu alle gebildeten und intelligenten Männer an sich ziehen[69]. In dieser Zeit wird es kaum andere Mittel der Auslese geben als die kirchliche und militärische Laufbahn. Ein wenig später werden dank eines dritten Selektionsmodus, nämlich Industrie und Handel, die Gemeinden entstehen. Diese neue Elite wird nach und nach den Platz der beiden anderen einnehmen.

Die Selektion, die innerhalb der christlichen Gemeinden vonstatten ging, ist den meisten Historikern nicht entgangen. „Bereits im 3. Jahrhundert bildeten die Oberhäupter der Gemeinden, das heißt die Ältesten und die Wächter, die ständige und unabsetzbare Würdenträger geworden waren, unter sich eine richtige Korporation, einen Klerus, der sich von dem Volk, das heißt den Laien, unterschied und von ihm losgelöst war ... Priester und Bischöfe wurden von den Laien gewählt. Sie waren gegenüber der religiösen Gemeinschaft ein Führungskörper, eine Regierung; aber diese Regierung ging aus keiner anderen Quelle als der

---

[67] S. Kap. III.

[68] *Etude hist. sur les corpor. prof. chez les Romains*, II, S. 263.

[69] Diejenigen, die man heute in Frankreich die „Intellektuellen" nennt, wissen nicht, daß sie, zumindest teilweise, das darstellen, was im Mittelalter die der Kirche angehörenden Männer waren. Wenn man jede dieser Eliten mit der übrigen Bevölkerung vergleicht, so scheinen letztere den „Intellektuellen" unserer Tage freilich überlegen gewesen zu sein.

religiösen Gemeinschaft selbst hervor[70]." Die Wahl wurde übrigens nicht nach ausschließlich religiösen Prinzipien vorgenommen, häufig wurden Mitglieder der weltlichen Elite gewählt.

„Die kirchliche Laufbahn stand allen offen, insbesondere vom 5. bis zum 12. Jahrhundert. Die Kirche gewann ihren Nachwuchs aus allen Schichten, den niederen wie den höheren, häufiger sogar aus den niederen[71]. Um sie herum stand alles unter der Herrschaft des Privilegs; sie allein hielt das Prinzip der Gleichheit, der Konkurrenz aufrecht[72]; sie brachte jeden in den Besitz der Macht, der eine legitime Überlegenheit aufzuweisen hatte[73]."

Die Führung der Kirche wird nach und nach immer aristokratischer, alsdann neigt sie zur Monarchie, und es entsteht die Oberhoheit des Bischofs von Rom. Dadurch wird jedoch nicht die Herausbildung neuer Eliten im Schoß der Kirche selbst verhindert. Diese kleiden ihre Forderungen in eine religiöse Form, da dies die Sprache war, in der die gesellschaftlichen Auseinandersetzungen geführt wurden, manchmal trennen sie sich vollständig von der alten Elite, woraufhin es zu Schismen oder Häresien kommt, mitunter gelingt es der alten Elite, sie zu absorbieren und ihre Energie zur Festigung ihrer Macht zu benutzen. So treten etwa im 11. Jahrhundert die Katharer in Erscheinung, und im 13. Jahrhundert gipfelt der Kampf in den Kreuzzügen gegen die Albigenser. Auf der anderen Seite gelingt es Rom, die Reformationsbewegung des heiligen Franz von Assisi umzulenken und die neue Elite zu absorbieren. Es ist noch mächtig und kraftvoll genug, um nach dem Prinzip: *parcere subjectis et debellare superbos* zu verfahren.

Das Mittelalter erlebte einen äußerst interessanten Versuch: den einer Organisation, bei der die Macht ausschließlich von einer gewissen intellektuellen Elite ausgeübt worden wäre. Wäre dieser Versuch erfolgreich gewesen, hätten die Päpste ihre Pläne absoluter Herrschaft über die ganze Christenheit realisieren können, wäre der religiöse Charakter der herrschenden Elite möglicherweise

---

[70] FUSTEL DE COULANGES, *L'invasion germanique*, S. 67.

[71] Die neuen Eliten steigen aus den Unterschichten auf.

[72] Die Konkurrenz ist das einzige uns bekannte Mittel für eine wirksame Selektion.

[73] GUIZOT, *Hist. de la civil, en Europe*, S. 139-140. Der Verfasser hätte diese Auffassung nur verallgemeinern müssen, und er wäre zur Theorie der Eliten gelangt.
Was in solchen Fällen die Entdeckung der Wahrheit verhindert. ist die Tatsache, daß man, anstatt ausschließlich die zwischen den Fakten bestehenden Beziehungen zu erforschen, diese unter einem moralischen oder praktischen Gesichtspunkt betrachtet. Hier denkt Guizot hauptsächlich an die Verdienste und die negativen Seiten, die die Kirche gehabt haben mag, und daran, wie sich diese Überlegungen heute anwenden lassen. Da er durch diese Gedanken völlig gefangengenommen ist, entgehen ihm die rein objektiven Beziehungen der Fakten. Er verhält sich wie der Bauer, der die Pflanzen in Nutzpflanzen und in Unkraut einteilt, ohne sich ansonsten um ihre botanische Klassifizierung zu kümmern.

nach und nach zurückgetreten, und literarische und wissenschaftliche Qualitäten hätten die Oberhand gewonnen. Das gegenwärtige Europa würde in mancher Beziehung China ähneln. Die Entwicklung verlief nicht so, weil sich einerseits, und das ist das wichtigste Faktum[74], die Kriegselite nicht entmachten ließ, und weil andererseits die Mitglieder der geistigen Eliten ihre Einheit nicht bewahrten. Eine Entwicklung trat ein, die dahin tendierte, die religiöse Elite immer mehr von der geistigen Elite zu trennen, welche neue Wirkungsbereiche im Studium des Rechts, in der wissenschaftlichen Forschung und vor allem in wirtschaftlichen Betätigungen fand. Zeitweilig waren die religiöse und die geistige Elite ganz miteinander verschmolzen, eines Tages wurden sie Rivalen, Gegner, und mit diesem Tag beginnt der Niedergang der religiösen Elite. Nachdem diese geschwächt worden war, versöhnte sie sich nicht nur mit ihrer einstigen Rivalin: der Kriegselite, sondern ordnete sich ihr völlig unter.

Man kann diese Geschehnisse überhaupt nicht begreifen, wenn man nicht Inhalt und Form voneinander trennt. Der Inhalt ist die Kreislaufbewegung der Eliten, die Form ist diejenige, die in der Gesellschaft dominiert, in der die Bewegung stattfindet. Das wird in China ein Gelehrtendisput sein, im antiken Rom ein politischer Kampf, im Mittelalter eine religiöse Kontroverse, in unseren Tagen ein sozialer Kampf. Jemand, der unzufrieden war und im Mittelalter lebte, drückte damals sein Reformbedürfnis durch religiöse Reflexionen aus und schöpfte seine Argumente aus dem Evangelium; lebte er heute, würde er dasselbe Bedürfnis durch sozialistische Theorien ausdrücken und seine Argumente aus den Werken von Marx schöpfen[75].

Wenn dies aber der Inhalt der Gefühle ist, die die Menschen zum Handeln treiben, so wird die Auslese der Eliten durch die gesellschaftlichen Formen bestimmt. Diese Eliten sind nichts Absolutes; es kann eine Elite von Räubern wie

---

[74] Der Rechtsgelehrte, der Mediziner, der Alchimist und später der Schriftsteller werden vom Fürsten vor der Kirche geschützt.
Man konnte sich der Herrschaft der römischen Kirche nur dank des Schutzes der kriegerischen Elite entziehen, die sich spaltete und Rom nicht geschlossen die Treue hielt. Dem Schwert der Fürsten verdankt die Reformation ihren Erfolg in Deutschland; ohne diese Unterstützung hätte sie dasselbe Ende gehabt wie die Häresie der Albigenser.

[75] J. JANNSEN gibt dem V. Band seines Werkes *L'Allemagne et la réforme* das Zitat von La Huguerye „Die Religion dient nur noch als Maske für die Geschäfte unserer Zeit" als Motto.
GUIZOT, *Hist. de la civil. en Europe*, S. 171: „Geht die Geschichte vom 5. bis 16. Jahrhundert durch: es ist die Theologie, die den menschlichen Geist beherrscht und lenkt." Man müßte sagen, daß die Manifestationen des Geistes eine theologische Form annehmen. „Alle Ansichten tragen den Stempel der Theologie; die philosophischen, politischen, historischen Fragen werden stets unter einem theologischen Gesichtspunkt betrachtet."
Selbst die Liebesangelegenheiten nehmen eine etwas theologische Form an. Eine großartige Satire über diese Tendenz findet sich bei Boccaccio und vor allem in den Reden von *Fra Timoteo*, in *Mandragola* von Machiavelli.

eine Elite von Heiligen geben. Zur Zeit der Katharer und später des heiligen Franz von Assisi war der Klerus korrupt und unmoralisch, während der Selektionsmodus nominell die religiöse und sittliche Vollkommenheit blieb. Nun, in dieser Hinsicht waren die Katharer und Franziskaner wirklich eine Elite, obgleich der Klerus ihnen bei all seiner Korruptheit in anderer Beziehung, wie zum Beispiel hinsichtlich des ökonomischen und sozialen Fortschritts, überlegen sein mochte. Später, als die große religiöse Oszillation des 16. Jahrhunderts einsetzte, ging mit der Heraufkunft einer neuen Elite nicht nur in den Gegenden, die sich von Rom lossagten, sondern auch und vor allem in Rom selbst die glänzende Epoche der Renaissance zu Ende, und die Herstellung der religiösen Toleranz wurde vielleicht um mehrere Jahrhunderte verzögert.

Die weltliche Selektion, die in Gallien im 4. Jahrhundert noch mit der religiösen Selektion konkurrierte, verschwand an der Schwelle zum 5. Jahrhundert. „Es waren vor allem die jungen Männer der Oberschichten, die die Schulen besuchten: diese Schichten waren indes ... in voller Auflösung begriffen. Die Schulen gingen mit ihnen unter; die Institutionen bestanden weiter, waren aber entleert; die Seele hatte den Körper verlassen[76]."

Eine ähnliche Entwicklung machte die militärische Gesellschaft durch. Diese hatte sich schließlich alles untergeordnet, was nicht zur religiösen Gesellschaft zählte; aber dann begann ihr Niedergang, hauptsächlich unter dem Einfluß ökonomischer Kräfte. In Italien läßt sich das Phänomen am besten beobachten, weil in diesem Land die wirtschaftliche Blütezeit beginnt.

Schon zur Zeit Dantes war der alte florentinische Adel im Verfall begriffen, und eine neue Elite nahm seinen Platz ein[77]. Die reiche Bourgeoisie nimmt den

---

[76] GUIZOT, *Hist. de la civil, en France*, I, S. 118.

[77] Inferno XVI
(73) La gente nuova e i subiti guadagni
Orgoglio e dismisura han generata
Fiorenza, in te, si che tu già ten piagni.
Im 16. Gesang des *Paradiso* beschreibt er das Vordringen der neuen Elite:
61) Tal fatto è fiorentino, e cambia e merca,
Che si sarebbe volto a Simifonti,
Là dove andava l'avolo alla cerca.
und die Dekadenz der alten Elite:
(76) Udir come le schiatte si disfanno
Non ti parrà nuova cosa nè forte,
Poscia che le cittadi termino hanno.
Er fährt fort, indem er vormals reiche und mächtige Familien nennt, die zu seiner Zeit dem Verfall preisgegeben waren.
SALVEMINI, *Magnati e popolani in Firenze*, S. 24, führt andere Beispiele an. Villani spricht von Adligen, die gezwungen waren, Landarbeit zu verrichten. Die Grafen von Tintinnano lebten gegen Ende des 13. Jahrhunderts von Almosen, nachdem sie ihr Schloß an die Salimbeni verkauft hatten.

Kampf gegen den Feudaladel auf. Aber schon bald will sich eine neue Schicht den Weg bahnen, und der Kampf entbrennt zwischen der Bourgeoisie und dem Volk[78]. Jedem, der die Geschichte von Florenz studiert, fällt die Parallelität der sozialen Entwicklung in der Republik Florenz und in der römischen Republik auf; die Analogie erstreckt sich sogar auf sekundäre Punkte: die Herrschaft der Medici setzt in Florenz der Ochlokratie ein Ende, wie das Prinzipat des Augustus in Rom der Ochlokratie ein Ende setzte[79].

Da wir aufgrund der Fakten von allen Seiten zu dieser Feststellung gelangen, müssen wir noch einmal wiederholen, daß die Historiker häufig diese Ereignisse nur durch den Schleier ihrer Leidenschaften und Vorurteile sehen und uns einen bloßen Kampf zwischen zwei konkurrierenden Eliten als einen Kampf für die Eroberung der Freiheit beschreiben. Sie glauben und wollen uns glauben machen, daß die Elite, die in Wirklichkeit die Macht an sich bringen will, um sie im gleichen Maße zu gebrauchen und zu mißbrauchen wie die Elite, die sie entmachten will, aus reiner Nächstenliebe handelt, oder, wenn man sich der Phraseologie unserer Zeit bedienen will, aus dem Wunsch heraus, „den kleinen und einfachen Leuten" Gutes zu tun. Nur wenn sie gewisse Gegner bekämpfen wol-

---

SALVEMINI hat die Kämpfe zwischen den verschiedenen Eliten recht gut beschrieben, ohne jedoch die allgemeine Bewegung zu sehen. Man wird in seinem Buch viel Wissenswertes finden. Er geht indes völlig fehl, wenn er sich vorstellt, daß die italienischen Kommunen keine wirtschaftliche Freiheit besaßen und daher ihre Properität nicht dieser Freiheit zu verdanken hatten. In den reichsten Republiken wie Venedig und Florenz gab es nicht nur eine bessere Währung und bestanden weniger Beschränkungen hinsichtlich der Geldprägung als anderswo, sondern gerade die Tatsache – die niemand bestreitet –, daß sie einen ausgedehnten Handel trieben, beweist, daß wirksame Maßnahmen zur Beschränkung dieses Handels nicht angenommen worden waren. Die *wirkliche* Freiheit des Außenhandels bemißt sich an der Ausdehnung dieses Handels. Das Ziel des Protektionismus, oder Schutzzollsystems, besteht eben darin, diesem Handel Beschränkungen aufzuerlegen, und nur in dem Maße, in dem dieses Ziel erreicht wird, sind diese Systeme wirksam.
In Kap. XV findet man andere, vergleichbare Fehler, die von dieser vereinfachten Betrachtung der Dinge und der Ersetzung der quantitativen Beziehungen durch qualitative herrühren.

[78] Diese ebenso zahlreichen wie wohlbekannten Fakten lassen sich in allen Ländern beobachten. A. LUCHAIRE, *Hist. des inst. monarch. de la* France, II, S. 161: „Man muß sich davor hüten, die übertriebene Bewunderung gewisser Historiker für den liberalen und demokratischen Charakter der geistigen Strömung zu teilen, die die Kommunen hervorgebracht hat. Diese Gesellschaften von Kaufleuten, richtige Baronien im kleinen, wurden sehr rasch und fast überall zu erblichen Kasten, rissen alle kommunalen Ämter an sich, tyrannisierten die niedere Bevölkerung (generell aus Gilden, Handwerkern bestehend), indem sie ihr alle Steuern aufbürdeten, und riefen so den wütenden Haß und die Aufstände hervor, die im 14. Jahrhundert zur mehr oder weniger gewaltsamen Umwandlung der Kommunen im demokratischen Sinne führten. Im allgemeinen sind die unabhängigen Gemeindeverwaltungen des 12. Jahrhunderts schon engherzige und eifersüchtige Aristokratien, ebenso bereit, die Freiheit dem Volk zu verweigern wie dem Herrscher abzuverlangen."
Was Luchaire „die Umwandlung im demokratischen Sinne" nennt, ist lediglich die Heraufkunft einer neuen Elite.

[79] Man darf in diesen Dingen nicht zu stark generalisieren. Doch ist es nicht unmöglich, daß auf die jakobinische Ochlokratie, die jetzt zu sprießen beginnt, ein ähnliches Ende wartet.

len, entdecken diese Historiker die Wahrheit – zumindest was diese Gegner betrifft. So durchschaut Taine die hochtrabenden Phrasen der Jakobiner und zeigt uns die habgierigen Interessen, die sich dahinter verbargen. Ebenso zeigt uns Jean Janssen theologische Auseinandersetzungen, die lediglich in sehr durchsichtiger Weise ausschließlich weltliche Interessen verschleiern. In seinem Werk ist bemerkenswert beschrieben, wie die neuen Eliten, wenn sie an die Macht kommen, ihre gestrigen Verbündeten, „die einfachen und kleinen Leute“, behandeln, die nur unter ein anderes Joch gekommen sind[80]. So haben auch in unseren Tagen die Sozialisten sehr wohl gesehen, daß die Revolution des ausgehenden 18. Jahrhunderts lediglich die Bourgeoisie an die Stelle der alten Elite gesetzt hatte, und sie haben sogar die Unterdrückung durch die neuen Herren beträchtlich übertrieben, aber sie sind der aufrichtigen Überzeugung, daß eine neue Elite von Politikern ihre Versprechen besser halten wird als die Eliten, die bis auf den

---

[80] Dieser Autor, II, S. 608, französische Übersetzung, zitiert ein nach dem Aufstand der Bauern entstandenes Lied:
Man hatte uns gesagt: Ihr werdet reich sein,
Ihr werdet glücklich sein und angesehen!
Man hatte uns hundert Freuden versprochen;
So hat man uns in die Irre geführt!
Sind wir reich geworden?
Oh, Gott möge Mitleid mit uns haben!
Das Wenige, was wir hatten, haben wir verloren!
Jetzt sind wir arm.
Man wird vielleicht noch etwas Ähnliches nach der sozialen Revolution singen können, die sich gegenwärtig anbahnt.
DE GONCOURT, *Hist. de la soc. franc. pendant le Directoire*, S. 394: „So hat sie sich denn selbst über die Vorstellung des Propheten hinaus durch das spöttische Schicksal bewahrheitet, nämlich die Prophezeiung von Dumouriez, 'daß eine neue Aristokratie die der Monarchie ersetzen würde ...' Daß ein kleiner Patentanwalt 15 oder 18 Millionen zusammengebracht hat, daß der Republikaner, Vater von vier Kindern, einer seiner Töchter eine Mitgift von 800 000 Livres gibt, daß der aus dem Direktorium kommende Republikaner für seine zukünftigen Feste ein Porzellanservice im Wert von 12 000 Livres mitbringt ...“ Diese *sensiblen* Menschenfreunde verstanden sich darauf, das Leben zu genießen.
PH. BUONAROTI, *Conspiration pour l'égalité dite de Babeuf*, beklagt sich bitter über das Joch, das die neue jakobinische Elite dem Volk auferlegt hatte, S. 48: „Sobald die neue revolutionäre Regierung in die Hände der Egoisten übergegangen war, wurde sie zu einer richtigen öffentlichen Geißel. Ihr Tun und Lassen ... demoralisiert alles; mit ihr kehrten wieder der Luxus, die verweichlichten Sitten, die Räuberei ein; sie verschleuderte den öffentlichen Grund und Boden ... Zu dieser Zeit zielten die Bestrebungen der herrschenden Partei offensichtlich darauf ab, die Ungleichheit aufrechtzuerhalten und den Adel zu stützen.“ S. 66: „Nach dem Kampf des 13. Vendémiaire forderten diejenigen, die die Liebe zur Gleichheit zum Sieg geführt hatte, die Führer dieses Tages auf, ihr Versprechen zu halten, nämlich die Rechte des Volkes wiederherzustellen; es war umsonst.“
Wenn Buonarotis Freunde an die Macht gekommen wären, hätten andere das über sie gesagt, was Buonaroti über die Regierenden sagt, was Jules Guesde über die im Jahre 1900 an die Macht gekommenen Sozialisten sagt.

heutigen Tag aufeinander gefolgt sind. Nebenbei bemerkt verkünden alle Revolutionäre der Reihe nach, daß die vergangenen Revolutionen letztlich nur darauf hinausgelaufen sind, das Volk zu betrügen; allein diejenige, die sie im Auge haben, wird die *wahre* Revolution sein[81]. Im Jahre 1848 stand im Manifest der Kommunistischen Partei: „Alle bisherigen geschichtlichen Bewegungen waren Bewegungen von Minoritäten im Interesse von Minoritäten. Die proletarische Bewegung ist die spontane Bewegung der ungeheuren Mehrheit im Interesse der ungeheuren Mehrheit." Unglücklicherweise ist diese *wahre* Revolution, die den Menschen ein ungetrübtes Glück bringen soll, nur eine enttäuschende Fata Morgana, die niemals Realität wird. Sie ähnelt dem 1000jährigen goldenen Zeitalter; immer erwartet, verliert sie sich immerfort in den Nebeln der Zukunft, stets entgleitet sie denen, die an sie glauben, in dem Augenblick, wo sie meinen, sie errungen zu haben.

Der Sozialismus hat gewisse Ursachen, die sich in nahezu allen Klassen finden, und andere, die je nach den Klassen verschieden sind.

Zu der ersten Kategorie von Ursachen sind die Gefühle zu zählen, die die Menschen dazu bewegen, mit dem Unglück ihrer Mitmenschen Mitleid zu empfinden und nach Abhilfe zu suchen. Dieses Gefühl ist äußerst respektabel und für die Gesellschaft von größtem Nutzen, ist eigentlich das, was die Gesellschaft zusammenhält.

Heutzutage ergeht sich fast jeder in Lobeshymnen über die Sozialisten, weil sie mächtig geworden sind. Aber vor noch nicht allzu langer Zeit sahen viele Menschen in ihnen kaum mehr als Verbrecher. Nichts ist falscher als ein solcher Standpunkt. Bisher waren die Sozialisten den Mitgliedern der „bourgeoisen" Parteien gewiß nicht moralisch unterlegen, vor allem nicht denen der Parteien, die sich des Gesetzes bedienen, um den anderen Bürgern Tribute aufzuerlegen, und die das darstellen, was man den „Bourgeois-Sozialismus" nennen kann. Wenn die „Bourgeois" von demselben Geist der Entsagung und Opferbereitschaft zugunsten ihrer Klasse beseelt wären, wie die Sozialisten es zugunsten ihrer Klasse sind, wäre der Sozialismus bei weitem nicht so bedrohlich, wie er es gegenwärtig ist. Daß der Sozialismus heute die neue Elite stellt, wird genau durch die moralischen Qualitäten bekundet, die seine Anhänger aufweisen, und

[81] Man würde einen Band brauchen, um all die Beispiele anzuführen. Hier eines der jüngsten: P. KROPOTKINE, *La conquête du pain*, Paris, 1894, S. 65: „Wenn die nächste Revolution eine soziale sein soll, wird sie sich von den vorhergehenden Erhebungen nicht nur durch ihr Ziel, sondern auch durch die Art ihres Vollzugs unterscheiden ... Das Volk kämpft, um das alte Herrschaftssystem zu stürzen; es vergießt sein kostbares Blut. Alsdann tritt es ins Dunkel zurück, nachdem es alle Kräfte aufgeboten hat. Eine aus mehr oder weniger redlichen Männern bestehende Regierung konstituiert sich und übernimmt die Organisation."

die es ihnen ermöglicht haben, siegreich die harten Prüfungen zahlreicher Verfolgungen zu bestehen.

Das Wohlwollen, das die Menschen gegenüber ihren Mitmenschen empfinden, und ohne das die Gesellschaft wahrscheinlich nicht existieren würde, ist keinesfalls mit dem Prinzip des Klassenkampfes unvereinbar. Eine sogar sehr entschiedene Verteidigung seiner eigenen Rechte kann sehr wohl mit dem Respekt vor denen des Nachbarn Hand in Hand gehen. Jede Klasse muß, wenn sie es vermeiden will, unterdrückt zu werden, die Stärke besitzen, ihre Interessen zu verteidigen, aber das impliziert keineswegs, daß sie das Ziel haben muß, die anderen Klassen zu unterdrücken. Im Gegenteil, die Erfahrung könnte sie lehren, daß eines der besten Mittel der Verteidigung dieser Ziele genau darin besteht, ihnen nach dem Grundsatz von Recht und Billigkeit und sogar mit Wohlwollen Rechnung zu tragen.

Leider ist dieses Wohlwollen nicht immer mit großer Aufgeklärtheit verbunden; die Menschen, die es empfinden, ähneln manchmal den Frauen, die sich um einen Kranken drängen, dem jede von ihnen ein Heilmittel empfiehlt. Ihr Wunsch, dem Kranken nützlich zu sein, steht außer Zweifel, nur die Wirksamkeit der Heilmittel ist zweifelhaft. Selbst die hingebungsvollste Zuneigung, die sie dem Kranken entgegenbringen mögen, kann ihnen nicht die medizinischen Kenntnisse verschaffen, die ihnen fehlen. Wenn sie sich an Leute wenden, die sich in derselben geistigen Verfassung befinden wie sie selbst, sucht man schließlich fast aufs Geratewohl ein Heilmittel aus, da man ja „etwas tun“ muß; und der Kranke kann von Glück sagen, wenn sich sein Leiden nicht verschlimmert.

So liegen auch die Dinge bei den Fragen sozialer Pathologie. Die glühendste Nächstenliebe, der lebhafteste Wunsch, seinem Mitmenschen nützlich zu sein, können unter keinen Umständen den Mangel an Wissen ersetzen, der uns daran hindert, die Gewißheit zu haben, daß die von uns vorgeschlagenen Maßnahmen nicht eine Wirkung haben, die der entgegengesetzt ist, die wir erhoffen, und daß sie am Ende nicht das Übel verschlimmern, dem wir abhelfen wollen. Die Menschen jedoch, deren Triebfeder die Leidenschaft ist, ertragen es nur schwer, daß man zu ihnen die Sprache der Vernunft spricht. Sie wollen „etwas tun“, irgend etwas, und sind von ehrlicher Empörung gegenüber den besonnenen Leuten erfüllt, die sich nicht von dieser Leidenschaft mitreißen lassen.

Jeder unparteiische Beobachter kann erkennen, daß der Sozialismus durch Maßnahmen, die er direkt inspiriert hätte, zwar nichts Positives hat bewirken können, daß er aber ein wesentliches Element des Fortschritts in unseren Gesellschaften gewesen ist, und dies unabhängig von dem logischen Wert, den seine Theorien an sich haben mögen. Von einem gewissen Standpunkt aus betrachtet, ist es von geringem Belang, ob sie falsch sind, wenn die durch sie geweckten

Gefühle nützlich sind. Nun: die sozialistische Religion hat dazu gedient, den Proletariern die Energie und die Kraft zu geben, die zur Verteidigung ihrer Rechte notwendig sind; darüber hinaus hat sie ihre Moral gehoben. Dabei hat sie, wenn man den englischen Trade-Unionismus einmal ausnimmt, kaum ernsthafte Konkurrenten gehabt, es sei denn unter den alten Religionen, deren Eifer zugunsten der Volksklassen durch sie angespornt worden ist. Der Sozialismus scheint gegenwärtig die religiöse Form zu sein, die dem Milieu der Arbeiter der Großindustrie am besten entspricht. Überall dort, wo diese entsteht, tritt die sozialistische Religion in Erscheinung und gewinnt im Verhältnis zum Wachstum dieser Industrie neue Anhänger. Der Sozialismus erleichtert die Organisation der aus den unteren Schichten aufsteigenden Eliten und ist in unserer Zeit eines der besten Erziehungsinstrumente dieser Klassen.

Das soeben Gesagte wird von den Personen nicht akzeptiert werden, die noch Erziehung mit Bildung verwechseln, und die darauf beharren, den sozialen Wert einer Religion nach dem logischen Wert ihrer Dogmen beurteilen zu wollen. Die Sozialwissenschaft lehrt uns indes, daß das gründliche Irrtümer sind.

Andere, je nach den verschiedenen Klassen anders geartete Gründe begünstigen die Entwicklung des Sozialismus. Indem wir auf die edlen Gefühle verwiesen haben, die häufig eine Ursache des sozialistischen Glaubens sind, wollten wir keineswegs behaupten, daß dieses Gold rein und unvermischt wäre, und daß der Sozialismus durch eine wahrhaftig einmalige Ausnahme dem Einfluß entzogen wäre, den unsere Leidenschaften und Interessen auf unsere Anschauungen in mehr oder weniger geringem Maße ausüben.

Unter diesem Aspekt kann man sehen, daß die sozialistischen Gefühle geradezu zwei Hauptströme bilden. Der eine tritt aus den unteren Schichten der Gesellschaft hervor; er hat seine Quellen in den Leiden, die die Menschen dieser Schichten erdulden und in ihrem Wunsch, ihnen ein Ende zu setzen, indem sie sich der Güter bemächtigen, in deren Genuß die Menschen der oberen Schichten sind, oder ganz einfach in dem Begehren der Güter anderer. Früher waren es nicht nur die wirtschaftlichen Güter, sondern auch die Frauen, die die unteren Schichten den oberen neideten. Die Gütergemeinschaft ging fast immer mit der Frauengemeinschaft Hand in Hand. Heute bleibt dieser zweite Teil der von den Volksklassen erhobenen Forderungen im Dunkeln[82]. Es wäre interessant, zu erforschen, wo der Grund für dieses Phänomen liegt. Der andere Strom kommt aus den Oberschichten; er hat zahlreiche Quellen. Der Gesellschaftstrieb, den es in allen sozialen Klassen gibt, hat zur Folge, daß die meisten Menschen Gefühle des Wohlwollens gegenüber ihren Mitmenschen hegen. Wie wir gesehen haben,

---

[82] Heutzutage stellen sich die Verfechter der „freien Liebe" gern auf den Standpunkt des Interesses der Frauen. Früher war die Frauengemeinschaft hauptsächlich vom Standpunkt des Interesses der Männer aus verboten.

sind diese Empfindungen den sozialistischen Systemen generell förderlich; im einzelnen nehmen sie allerdings in den Oberklassen eine andere Form an als in den Unterklassen, und diese Verschiedenheit ist um so größer, als die Dekadenz der Oberklassen ausgeprägter ist.

Die Menschen, die glücklich sind, möchten, daß ihre Mitmenschen es auch sind, und dieses Wohlwollen erstreckt sich bis auf die Haustiere. Nichts ist respektabler und nützlicher; nur das Übermaß ist schädlich, wie übrigens bei allen Dingen. Es ist gut, wenn die Eltern ihre Kinder lieben, es ist schlecht, wenn sie sie verwöhnen. Diese Empfindungen des Wohlwollens arten häufig in sentimentale Träumereien aus, und dort ist der Ursprung der Utopien, die, ihren Verfassern zufolge, bewirken, daß auf der Erde das Glück waltet. Die Wege zur Erreichung dieses Ziels sind im allgemeinen sehr einfach: sie bestehen im wesentlichen darin, daß die Abschaffung gewisser Institutionen dekretiert wird, die zur gleichen Zeit existieren wie die Mißstände, die man beseitigen will, und die nach dem Grundsatz *post hoc, propter hoc* als die Ursache dieser Mißstände betrachtet werden. Der Mensch ist in der Gesellschaft unglücklich, kehren wir zum Naturzustand zurück, und er wird glücklich sein. Die Habgierigen trachten nach Gold, schaffen wir das Gold ab, und wir werden die Habgier abgeschafft haben. Die Ehe hat ihre schlechten Seiten wie jede andere menschliche Institution, setzen wir „die freie Liebe“ an ihre Stelle. Solange die Elite voller Saft und Kraft ist, finden diese krausen Ideen nur in einem kleinen Kreis von Schriftstellern, Dichtern, Literaturfreunden Anklang; ist die Elite hingegen im Verfall begriffen, machen sie sich die meisten Individuen zu eigen, die die Elite bilden. Man darf nicht das Wohlwollen des Starken mit der Feigheit des Schwachen verwechseln. Imstande zu sein, seine Interessen und sein Recht zu verteidigen und genügend Selbstbeherrschung und Wohlwollen für seine Mitmenschen zu haben, um gerade an dem Punkt stehen zu bleiben, wo man beginnen würde, die Interessen und das Recht anderer zu verletzen, das ist das Kennzeichen des Starken. Nicht den notwendigen Mut für die Selbstverteidigung zu besitzen, auf jeglichen Widerstand zu verzichten, sich auf die Generosität des Siegers zu verlassen, ja mehr noch, in seiner Feigheit so weit zu gehen, ihm zu helfen und ihm den Sieg zu erleichtern, das ist dagegen das Kennzeichen des schwachen und degenerierten Individuums. Dieses verdient nichts als Verachtung, und um des Wohls der Gesellschaft willen ist es gut, wenn es möglichst schnell verschwindet.

Wie wir gesehen haben, ist das Hauptsymptom der Dekadenz nicht nur die Schwächung der Mannhaftigkeit, die man für den Existenzkampf braucht, sondern zudem entwickelt sie lasterhafte Neigungen, die die Menschen dazu treiben, neue und ausgefallene Genüsse zu suchen. Unter diesem gibt es einen, der, zumindest bei unseren Rassen, in den Zeiten der Dekadenz auftritt. Man empfindet eine herbe Wollust dabei, sich selbst zu erniedrigen, sich herabzuwürdigen, die

Klasse zu verunglimpfen, der man angehört, alles lächerlich zu machen, was bislang als achtbar angesehen worden war. Die Römer der Dekadenz stiegen auf die Ebene der Histrionen herab. Schon unter Tiberius war den Senatoren der Besuch im Haus der Pantomimen untersagt worden, den Rittern war es verboten worden, sie zu umgeben, wenn sie sich in der Öffentlichkeit zeigten[83]. Domitian verjagte einen ehemaligen Quästor, der eine Leidenschaft für die Pantomime besaß[84]. Römische Matronen ließen sich als Prostituierte registrieren[85]. Es erübrigt sich, an die Vorstellungen und Sitten der französischen Oberklassen zu Ende des 18. Jahrhunderts zu erinnern. Diejenigen, die sie nur aus den Büchern kennen und sehen wollen, wie sie in der Realität sind, brauchen nur einen kleinen Teil der heutigen Großbourgeoisie zu beobachten. Die Oberklassen des ausgehenden 18. Jahrhunderts waren glücklich darüber, von Beaumarchais auf der Bühne verhöhnt zu werden; heute sieht man, wie in einigen Ländern die Bourgeoisie die Autoren mit Gold überhäuft, die sie im Theater tagtäglich beleidigen, die die Robe des Richters mit Schmutz bewerfen, die alles besudeln, was die Stärke der Gesellschaft ausmacht. Sie ergötzt sich an schmutzigen Büchern, gegen die *Satyricon* züchtig erscheint, und in denen sie in widerwärtiger Weise insultiert wird. Nicht nur die Obszönität zieht sie an, sondern die perverse Lust daran, daß alles in den Schmutz gezogen wird, was sie bis dahin respektiert hatte, daß die Grundfesten der sozialen Ordnung erschüttert werden. Die Frivolitäten des Theaters sind wieder die Hauptbeschäftigung einer degenerierten Gesellschaft geworden[86], die jegliche Würde verloren hat.

---

[83] TACIT., *Ann.*, I, 77: *Ne domos pantomimorum senator introiret*; *ne egredientes in publicum, equiles romani cingerent.*
Cato, von GELL., XI, 2 zitiert, sagt, daß bei den alten Römern die Dichtung nicht sehr geachtet wurde; wenn sich jemand damit befaßte und den Tischfreuden zugetan war, nannte man ihn einen Parasiten.

[84] SUET., *Domit.*, 8.

[85] TACIT., *Ann.*, II, 85. *Dig.* XLVIII, 5, 11 (10), § 2, SUET., *Tib.*, 35: *Feminae famosae, ut ad evitandas legum poenas jure ac dignitate matronali exsolvenrentur, lenocinium profiteri coeperant*; *et ex juventute utriusque ordinis profligatissimus quisque, quo minus in opera scenae arenaeque edenda senatusconsulto tenerentur famosi judicii notam sponte subibant.* „Um den Strafen des Gesetzes (gegen den Ehebruch) zu entgehen und um sich der Stellung und Würde der Matrone zu entledigen, hatten sich ehrlose Frauen als Prostituierte registrieren lassen. Junge Männer aus beiden Ständen hatten durch ein Gericht freiwillig ihre Ehrlosigkeit feststellen lassen, um trotz des Senatsbeschlusses das Theater und die Arena besuchen zu können."

[86] Im 18. Jahrhundert gab es wenigstens noch etwas Widerstand. Bachaumont hat die Couplets des Ritters von Bouffiers über einen gewissen Schauspieler Mole aufbewahrt:
Welch anderes Spielzeug vertreibt Euch die Zeit?
Wer schon anders als Molet
oder der Affe von Nicolet
Generäle, Dirnen, Magistraten
Große Dichter, fromme Prälaten

Ein Richter wagt es, in seinen Urteilen diejenigen zu rügen, die sich weigern, die Liebschaften der unverheirateten Mütter zu bewundern, und ihm applaudieren die Kunstfreunde, die jedoch verzweifelt wären, wenn ihre Töchter oder Schwestern diesen schönen Beispielen folgen würden. Weil das Gesetz die Scheidung erlaubt, verfällt man in einen einzigartigen Sophismus und behauptet, daß derjenige, der die Frau bevorzugt, die dieses Recht nicht in Anspruch nimmt, ein Verächter der Gesetze und des „republikanischen Geistes" ist. Wenn es in Rom Frauen gab, die die Jahre nicht nach den Konsulaten, sondern nach ihren Ehemännern zählten, so gab es doch auch solche, die sich rühmten, *univirae*[87] gewesen zu sein, ohne daß eine degenerierte Gesellschaft glaubte, daß sie die Gesetze beleidigten.

Die oberen Klassen glauben, sich gefahrlos diesen sozialistischen Gedankenspielen hingeben zu können; und wenn sie mitunter das Vorhandensein irgendeiner Gefahr zugeben, halten sie sie für sehr gering, und sie dient nur dazu, das Vergnügen, das ihnen dieser *Sport* verschafft, prickelnder zu machen.

All das ist von sentimentalem Getue begleitet. Von Luxus umgeben, unterhält man sich wohlig über das Elend. Der Verfasser von *Satyricon* muß eine Künstelei dieser Art parodieren wollen, wenn er Trimalchion sagen läßt: „Meine Freunde, die Sklaven sind auch Menschen, und sie haben dieselbe Milch getrunken wie wir, obwohl sie vom Schicksal unterdrückt worden sind[88]." Aber kurz vorher hatte Trimalchion ohne mit der Wimper zu zucken vernommen, daß sein Sklave Mithridates gekreuzigt worden war, weil er den Schutzgeist seines Herrn gelästert hatte. Die Reichen, die heute mit ihrem Geld Institutionen unterstützen, wo gelehrt wird, daß der Besitz der Bourgeoisie unrechtmäßig erworben ist, und daß man ihnen diesen Besitz nehmen muß, sind zumindest inkonsequent. Wenn sie tatsächlich der Ansicht sind, daß diese Güter der Gemeinschaft widerrechtlich geraubt worden sind, müssen sie sie in vollem Umfang zurückerstatten und nicht nur einen kleinen Teil davon hergeben. Ist es nicht pikant, wenn Leute gegen „das Kapital" zu Felde ziehen, die ausschließlich von den Revenuen dieses „Kapitals" leben? Die meisten Leute, die sich über das Recht der Arbeiter auf den vollen Arbeitsertrag auslassen, sind nicht nur keine Arbeiter, sondern machen

Damen des Hofes tiefbewegt
Alle schmeicheln ihm unentwegt
Wem denn anders als Molet
oder dem Affen von Nicolet.
Aber wer würde es heute wagen, für die Schauspieler so wenig schmeichelhafte Verse zu schreiben?

[87] ORELLI, 2742: Q. *Ragionae Cyriaceti coniugi dulcissime et incomparibili, uni viriae, caste bone* etc. Einige unserer Bourgeoissozialisten hätten vielleicht diese Inschrift anbringen lassen. Anth. lat., II, S. 275: *Celsino nupta univira unanimis. Anth. Palat. Epigr. sepul.*, 324: „... ich ruhe unter diesem Stein, mein Leib hat nur einem Gatten gehört."

[88] *Satyricon*, 71.

mit ihren zwei Händen absolut nichts Nützliches. *Quis tulerit Gracchos de seditione querentes?*

Die fehlende Mannhaftigkeit zeigt sich noch deutlicher in dem absurden Mitleid für die Gesetzesbrecher. Diese sind im übrigen – und das mag bis zu einem gewissen Grad die Sympathie erklären, derer sie sich heutzutage erfreuen – oft degenerierte Individuen, wie viele Mitglieder der dekadenten Eliten.

Wenn ein Mensch einen anderen tötet oder zu töten versucht, wendet sich das Mitgefühl unserer Philanthropen ausschließlich dem Mörder zu. Niemand beklagt das Opfer, aber mit dem Mörder beschäftigt man sich. Verfolgt der Richter den armen Menschen auch nicht zu sehr? Muß er auch keine „moralischen Torturen" ertragen? Gibt man ihn bald der Gesellschaft zurück, damit er – wahrscheinlich – die Kette seiner Heldentaten fortsetzen kann[89]? Auch die bedauernswerten Diebe bekommen etwas von dem ungeheuren Mitleid ab, auf das die Bestohlenen offensichtlich kein Recht haben. Man ist so weit gekommen, in gewissen Fällen das Recht auf Diebstahl zu proklamieren. Der Mensch, der aus Not ein Brot stiehlt, ist zwar einiger Nachsicht würdig, zumindest dann, wenn er nicht freiwillig, durch eigenes Verschulden, in diese traurige Lage geraten ist; aber verdient der Bäcker, der sich auf diese Weise seines Eigentums beraubt sieht, kein Interesse? Wenn alle Bedürftigen ihm sein Brot nehmen, wird er in den Bankrott getrieben werden und mit seiner Familie ins Elend geraten. Gehen wir einmal davon aus, daß die Gesellschaft verpflichtet ist, all diesen Bedürftigen Brot zu geben: Warum ist es ausschließlich Sache der Bäcker, eine Schuld zu begleichen, die die aller Bürger ist? Aber es ist zwecklos, sich mit den Leuten auseinandersetzen zu wollen, die von dem Wahn der Gefühlsduselei befallen sind.

---

[89] Im September des Jahres 1901 hat der Freimaurerkonvent des Grand-Orient „das Prinzip einer Modifizierung des Artikels 463 des Strafgesetzbuches gebilligt, die dem Richter die Möglichkeit geben würde, die Schuldigen durch Anwendung der bereits neu eingeführten Grundsätze großherziger Humanität freizusprechen". Der Konvent erachtete es nicht für nötig, sich mit der Frage zu befassen, welche Maßnahmen geeignet sind, das Unglück der Opfer dieser vortrefflichen „Schuldigen" zu mildern. Es ist schwer zu begreifen, warum sie von der „Anwendung der Grundsätze großherziger Humanität" ausgeschlossen werden. Gehört man etwa nicht mehr zum menschlichen Geschlecht, nur weil man von einem Verbrecher bestohlen oder verwundet worden ist?
Das auf diese Weise geforderte Gesetz ist den Kammern vorgeschlagen worden; man nennt es in der sentimentalen Phraseologie unserer Zeit „loi de pardon" (Gesetz des Verzeihens – Anm. des Übersetzers). Sein Ziel ist es, die Richter der schmerzhaften Notwendigkeit zu entheben, die Bestimmungen der Strafgesetze auf die werten Gesetzesbrecher anzuwenden. Das ist reine Heuchelei; man wagt es noch nicht, diese Bestimmungen explizit abzuschaffen; in dem Streben nach einer ungesunden Popularität erlaubt man den Richtern, sie zu umgehen.
Das mag noch angehen; aber wir werden sicherlich eine Unzahl von Leuten haben, die ihren Scharfsinn darauf verwenden, sich gegenseitig zu übertrumpfen und für die Verbrecher immer vorteilhaftere Maßnahmen ausfindig zu machen.

Eine andere Quelle des Sozialismus der Eliten liegt in dem Interesse eines Teils ihrer Mitglieder. Keine soziale Klasse ist in sich homogen, es gibt in ihr stets Rivalitäten, und eine der Gruppierungen, die auf diese Weise zustande kommt, kann ihren Stützpunkt in den unteren Klassen suchen. Das ist ein sehr verbreitetes Phänomen. In fast allen Revolutionen waren die Anführer abtrünnige Mitglieder einer Elite.

Wenn die Doktrinen und Religionen bis zu einem gewissen Punkt fortgeschritten sind, werden sie ein Mittel zur Erlangung von Vorteilen in der Gesellschaft, und viele Konvertierungen sind dann nur noch eine Sache des Eigeninteresses. Der Sozialismus konnte dieser allgemeinen Regel nicht entrinnen, und in einigen Ländern ist er eine Karriere geworden, auf die man sich durch geeignete Studien und Übungen vorbereitet[90]. Von den Individuen, die diesen Weg gehen, sind die einen nur darauf aus, sich bei der Regierung beliebt zu machen, andere wollen einen Platz unter den Gesetzgebern oder wenigstens unter den Mitgliedern der lokalen Verwaltungsbehörden einnehmen. Streiks stellen für die Politiker ausgezeichnete Aufstiegsmöglichkeiten dar, wie Kriege für die Militärs.

Solange das Christentum verfolgt wurde, konvertierten im allgemeinen nur die Menschen, die fähig waren, ihre Interessen ihren Überzeugungen zu opfern. Das geschieht in unseren Tagen hinsichtlich des Sozialismus in den Ländern, wo er verfolgt wird. Kaum wurde das Christentum zur herrschenden Religion, zog es Leute an, für die die Religion in erster Linie eine Sache des Eigennutzes war[91]. Auch das spielt sich heute in einigen Ländern in bezug auf den Sozialismus ab.

Überdies kommt es häufig vor, daß, wenn eine Lehre viele Anhänger hat, wenn gewisse Gefühle sehr verbreitet sind, manche Leute denken, daß es geschickt ist, diese Lehre oder diese Gefühle für ihre Zwecke zu benutzen, ihre Form zu respektieren und gleichzeitig den Inhalt zu verändern. Eines der bemerkenswertesten Beispiele dafür ist Augustus, der in Rom das Prinzipat errichtete und nach außen die republikanische Form wahrte. Die Entwicklung der Religionen weist ebenfalls viele Beispiele dieser Art auf. Zu Beginn und während der ersten Hälfte des 19. Jahrhunderts waren die Oberklassen bestrebt, die sozialistische Idee zu unterdrücken, heute wollen sie sich ihrer bedienen. Bald wird es schwierig sein, jemanden zu finden, der sich nicht als Sozialist bezeichnet. Es gibt einen christlichen oder protestantischen Sozialismus, einen katholischen

[90] Siehe G. FERRERO, *L'Europa giovane* [Milano, Treves, 1897].

[91] Jeder weiß, was AMMIEN MARCELLIN, XXVII, 3, über die Wahl des Bischofs von Rom sagt: „Wenn ich bedenke, welche Bedeutung diese Würde in Rom hat, nimmt es mich nicht wunder, daß die Bewerber sie so sehr begehren. Derjenige, der sie erringt, hat die Gewißheit, durch die großzügigen Meßopfer der Matronen etc. reich zu werden." Eine Verfassung von JULIAN, *Cod. Theod.*, XII, 1, 50, ordnet an, die Dekurione zur Dekurie zurückzubringen, die versuchten, sich ihr zu entziehen, indem sie Mitglieder des Klerus wurden.

Sozialismus, einen Sozialismus à la Tolstoi, mehrere Spielarten des ethischen Sozialismus, einen republikanischen Staatssozialismus, einen demagogischen, einen monarchistischen, in England vor allem einen *imperialistischen* Sozialismus, verschiedene Arten des anarchistischen, des literarischen Sozialismus. Der Roman und die Komödie lösen die schwerwiegendsten ökonomischen Probleme, im sozialistischen Sinne versteht sich. Wenn diese Schwärmerei vorüber ist, werden uns wahrscheinlich viele unserer literarischen Produkte ebenso lächerlich und sinnentleert vorkommen, wie uns heute gewisse Sentimentalitäten des ausgehenden 18. Jahrhunderts anmuten.

Nicht allein Eigennutz und Berechnung bringen die Menschen dazu, Anhänger einer Lehre zu werden, sondern auch der Nachahmungstrieb und etliche andere Gründe, von denen man – in dem Fall, der uns beschäftigt – nicht die Existenz dessen vergessen darf, was man ein *intellektuelles Proletariat* genannt hat. Alle diese Umstände zusammen bilden eine überaus starke Strömung, die alles mit sich fortreißt, was sich auf ihrem Weg befindet.

Der wissenschaftliche Sozialismus entspringt dem Bedürfnis, den humanitären Bestrebungen eine wissenschaftliche Form zu geben. Man muß bedenken, daß heutzutage die wissenschaftliche Form in Mode gekommen ist, wie es früher bei der religiösen Form der Fall war. Wenngleich der wissenschaftliche Sozialismus unter dem Gesichtspunkt der Doktrinen sehr bedeutsam ist, ist er in praktischer Hinsicht viel weniger wichtig. Niemals hat die Wissenschaft die Massen in Bewegung gebracht oder in Begeisterung versetzt.

Bis jetzt scheint der Sozialismus größeren Einfluß auf die oberen als auf die unteren Klassen der Gesellschaft gehabt zu haben. Es ist kein Zufall, daß überall in Europa die sozialistischen Führer hauptsächlich aus der Bourgeoisie kommen. Die Theorien des Sozialismus gehen nicht aus den Arbeiterklassen hervor.

Die Schwächung jeglichen Widerstandsgeistes in den Oberklassen und darüber hinaus die Anstrengungen, die sie fortwährend unternehmen, ihren eigenen Untergang zu beschleunigen, ohne sich dessen bewußt zu sein, ist eines der interessantesten Phänomene unserer Zeit. Das ist freilich keine Ausnahmeerscheinung. Die Geschichte liefert dafür mehrere Beispiele und wird wahrscheinlich noch weitere liefern, solange der Kreislauf der Eliten andauern wird, das heißt soweit unsere Voraussagen in die Zukunft hineinreichen können.

Céligny (Genf), am 30. November 1901.

Das Individuelle und das Soziale*

Die Bedeutung dieser Begriffe scheint eindeutig zu sein; doch man braucht nur ein wenig darüber nachzudenken, um festzustellen, daß es ihnen zumindest in einigen Fällen an Präzision fehlt. Dies ist übrigens kein Einzelphänomen, sondern trifft für den allergrößten Teil der sozialwissenschaftlichen Terminologie zu; diese entspricht nämlich häufiger den von ihr geweckten Gefühlen als objektiven Realitäten. Daher die Notwendigkeit, die Begriffe dieser Wissenschaften einer zweifachen Untersuchung zu unterziehen: Zum einen gilt es herauszufinden, welchen objektiven Gegebenheiten sie entsprechen können, zum anderen muß man die Gefühle kennen, die mit ihrer Hilfe zum Ausdruck gebracht werden.

Der Begriff *Individuum* ist präzise; er dient zur Bezeichnung von Lebewesen, die isoliert voneinander betrachtet werden. Der Begriff *Gesellschaft* ist ein wenig ungenau: Er bezeichnet im allgemeinen ein Aggregat dieser Individuen, die in ihrer Gesamtheit gesehen werden. Mehrere Umstände müssen allerdings genau bestimmt werden. Zunächst die räumliche Ausdehnung dieses Aggregats; selten versteht man unter *Gesellschaft* die Gesamtheit aller Menschen, die zu einem gegebenen Zeitpunkt auf der Erde leben. Man meint häufig die Gesamtheit der Menschen, die einen gegebenen Staat im politischen Sinne konstituieren, ohne daß dies jedoch explizit gesagt wird. Als nächstes ist die zeitliche Ausdehnung in Betracht zu ziehen; es muß unbedingt verdeutlicht werden, ob man von allen in einem bestimmten Augenblick lebenden Menschen sprechen will oder aber von all denen, die in einem bestimmten Zeitraum gelebt haben, leben oder leben werden.

Die Adjektive *individuell* und *sozial* sind unpräziser als die entsprechenden Substantive. Von einem bestimmten Standpunkt aus kann man sagen, daß der Mensch, der in der Gesellschaft lebt, ausschließlich individuelle Eigenschaften besitzt; betrachtet man dasselbe Phänomen unter einem anderen Gesichtspunkt, kann man sagen, daß alle Eigenschaften des Menschen sozialer Natur sind. Letztlich gibt es kein zuverlässiges Mittel, die beiden Kategorien von Eigen-

* Dies ist der Wortlaut von Vilfredo Paretos Beitrag zum Internationalen Kongreß für Philosophie, de rim September 1904 in Genf abgehalten wurde. Wir haben es nicht für sinnvoll gehalten, hier die Diskussion wiederzugeben, die auf den Beitrag folgte, sondern haben uns auf die Antwort Paretos beschränkt. Vgl. *Congrès international de philosophie. IIème session tenue à Genève du 4 au 8 septembre 1904. Rapports et comptes rendus publiée par le soins du Dr. E. Claparède, secrétaire du Congrès, Genève, H. Kündig, 1905. VIème séance générale. Mercredi 7 septembre à 2 heures après-midi. Présidence MM. Merten et Iwanowsky, pp. 125-139*

schaften voneinander zu trennen. Und wenn man glaubt, diese Trennung doch vollziehen zu können, läßt man sich von Überlegungen ganz anderer Art leiten.

Es ist eine banale und vielfach gemachte Beobachtung, daß eine Gesellschaft nicht ein einfaches Nebeneinander von Individuen ist, und daß diese allein aufgrund der Tatsache, daß sie in der Gesellschaft leben, neue Eigenschaften annehmen. Wenn wir folglich Menschen beobachten könnten, die vereinzelt existieren und solche, die in Gesellschaften leben, hätten wir die Möglichkeit zu erkennen, wodurch sie sich unterscheiden und wären imstande, das Individuelle vom Sozialen zu trennen. Jedoch liegt uns für den ersten Punkt dieses Vergleichs kein einziges Beispiel vor, und der zweite Fall ist der einzige uns bekannte.

Hinsichtlich der durch sie geweckten Gefühle bezeichnen die Begriffe *individuell* und *sozial* sehr oft einen Gegensatz zwischen zwei Teilen des sozialen Aggregats. Von dem ersten heißt es, er bestehe aus Individuen, während der zweite mit der *Gesellschaft* gleichgesetzt wird. Darüber hinaus gibt es die moderne Tendenz, in einer Mehrheit oder Pseudomehrheit, die in einer bestimmten Art und Weise repräsentiert wird, die Gesellschaft selbst zu sehen. Der Gegensatz zwischen dem Individuellen und dem Sozialen wird dann zu dem Gegensatz zwischen einer bestimmten Minderheit und einer in einer gewissen Form repräsentierten, mehr oder weniger realen Mehrheit.

Bezieht sich der Begriff *Gesellschaft* auf Menschen, die zu einem gegebenen Zeitpunkt in einem bestimmten Raum leben, kann es unmöglich einen Gegensatz zwischen all den Individuen, die diese Gesellschaft bilden, und dieser Gesellschaft selbst geben. Aber wenn sich der Begriff Gesellschaft in die Zeit hinein erstreckt und ebenso die Menschen meint, die noch geboren werden, kann ein Interessengegensatz zwischen allen zu einem gegebenen Zeitpunkt lebenden Individuen und den Interessen der Menschen bestehen, die in Zukunft leben werden.

Für eine beliebige Tiergattung kann es zwei sehr unterschiedliche Möglichkeiten einer gedeihlichen Entwicklung geben, wenn man darunter versteht, daß sich die Art zahlenmäßig vermehrt und ihren Lebensraum ausdehnt: Sie kann eine geringe Vermehrung und eine noch geringere Sterblichkeit oder eine sehr starke Sterblichkeit und eine noch stärkere Vermehrung aufweisen. Die zweite Möglichkeit ist für die zu einem gegebenen Zeitpunkt existierenden Lebewesen natürlich weniger günstig als die erste. Ihr verdanken einige Insektenarten das Überleben im Kampf gegen den Menschen, und in diesem Sinne konnte man sagen, daß sehr oft das Einzelwesen der Gattung geopfert wird. So gibt es bestimmt auch bei den Menschen einige Dinge, bei denen die Interessen der gegenwärtigen Generationen und die der künftigen Generationen in Einklang stehen und andere Dinge, bei denen sie im Widerstreit liegen. So verstanden können also die Interessen der Menschen einer bestimmten Zeit zu denen der *Gesellschaft* im Widerspruch stehen.

Wenn man von der ersten Bedeutung des Begriffs *Gesellschaft* ausgeht, ist es auch möglich, daß es zwischen zwei Teilen der Gesellschaft einen Interessengegensatz gibt. Dies wird sogar häufig der Fall sein. Die Individuen, die eine Gesellschaft bilden, haben einige gemeinsame und einige konträre Interessen.

Nehmen wir beispielsweise einmal an, daß eine Gesellschaft über ein gewisses Maß an Reichtum verfügt, der in einer bestimmten Art und Weise verteilt ist[1]. Das Prinzip, nach dem diese Verteilung erfolgt, bleibt unverändert, während sich der Gesamtreichtum erhöht; in diesem Falle wird jedes Individuum mehr erhalten als es vorher besaß, und alle werden an der Vermehrung des Gesamtreichtums interessiert sein. Ändert sich hingegen der Verteilungsmodus, können zwei verschiedene Phänomene zutage treten: 1. Infolge der neuen Verteilung erhält jeder mehr als er vorher hatte. Dieser Fall ähnelt dem vorhergehenden, und alle werden ein Interesse an der hier angenommenen Steigerung des Reichtums haben. 2. Die einen erhalten mehr, die anderen weniger als vorher. In diesem Falle haben sie ganz offensichtlich konträre Interessen hinsichtlich der Zunahme des Gesamtreichtums.

Nicht nur ist der Reichtum keineswegs das einzige Interesse, das die Menschen haben können, sondern selbst wenn wir unsere Betrachtung auf ihn beschränken, stellt die absolute Summe, die jeder einzelne besitzt, nicht seine ganzen Interessen dar. Man sollte sich auch die relative Bedeutung des Besitzes eines jeden Menschen vergegenwärtigen. So kann es selbst dann zu einem Interessengegensatz kommen, wenn sich für jedes Mitglied der Gesellschaft der Reichtum vergrößert. Einige, von denen jeder nur mit einem geringfügigen Anteil an der Steigerung des Reichtums teilhat, können auf ihn verzichten wollen, vorausgesetzt, daß andere Personen um den beträchtlichen Anteil gebracht werden, auf den sie Anspruch hätten.

Die Menschen, aus denen sich eine Gesellschaft zusammensetzt, haben demnach im allgemeinen gewisse einander entgegengesetzte Interessen. Dies unterliegt keinem Zweifel, welches im übrigen auch immer die Ursachen sein mögen. Schon aufgrund der geringsten Beobachtung erkennt man diesen Sach-

---

[1] Pareto bezieht sich hier auf das berühmte Gesetz über die Verteilungskurve des Reichtums. Die äußere Form der Figur, die die Verteilung des Reichtums innerhalb jeder Gesellschaft darstellt und die ähnlich aussieht wie die Spitze eines Kreisels, verändert sich, Pareto zufolge, nicht in der Zeit und im Raum. Die Darlegung und die nähere Ausführung des Paretoschen Gesetzes, das in einigen Schriften von 1895 bis 1896 schon angedeutet wird, befindet sich im *Cours d'économie politique*, Lausanne, Rouge, Band II, 1897, S. 299 und folgende (jetzt in *Œuvres complètes de V. Pareto*, veröffentlicht unter der Leitung von Giovanni Busino, Band I, Genf, Droz, 1964).

verhalt, und nur wenn die Gefühle uns dazu verleiten, unsere Wünsche für die Realität zu halten, können wir seine Existenz leugnen.

Man nimmt an – aber das ist, offen gesagt, nur eine Hypothese –, daß die totale Übereinstimmung der Interessen aller Einzelwesen in den Insektengesellschaften verwirklicht ist, und zwar dank der Entwicklung des Instinkts, der bewirkt, daß jedes Insekt seine Befriedigung darin findet, das zu tun, was zum Wohle aller beiträgt. Es ist keinesfalls abwegig anzunehmen, daß es einen derartigen Zustand, oder zumindest annähernd einen solchen Zustand, auch für menschliche Gesellschaften geben könnte. Unsere fehlenden Kenntnisse hinsichtlich ihrer physiologischen Gesetze dehnen den Bereich dessen, was wir für möglich halten, gewaltig aus. Man muß jedoch festhalten, daß weder gegenwärtige noch vergangene menschliche Gesellschaften ähnliche Erscheinungen aufweisen.

Von jeher haben Theoretiker versucht, die Gegensätzlichkeit der Interessen zwischen verschiedenen Gruppen des sozialen Aggregats zu leugnen, zu vertuschen oder zumindest zu verharmlosen. Derartige Versuche beruhen im allgemeinen auf einem Zirkelschluß: Man setzt den betreffenden Sachverhalt voraus, indem man behauptet, daß das *wahre* Glück eines Menschen darin liegt, das zu tun, was der „Gesellschaft" nützt, und davon ausgehend erklärt man, daß jeder, der sich anders verhält, nur nach einem *falschen* Glück trachtet und daß man ihn daran hindern muß, den anderen und sich selbst auf diese Weise zu schaden. Seit Plato sind uns ähnliche Gedanken in jeder Form vorgesetzt worden. Eine moderne sogenannte Theorie der *Solidarität* ist nichts weiter als eine – nebenbei bemerkt ziemlich unbeholfene – Neuauflage dieser Vorstellungen.

Manche Leute weisen darauf hin, daß die moralische, intellektuelle und religiöse *Einheit* der Gesellschaft etwas sehr Wünschenswertes sei; in der Regel verlangen sie allerdings, daß diese Uniformität durch die Durchsetzung ihrer Ideen hergestellt wird. Infolgedessen sind die von ihnen vorgebrachten Thesen lediglich ein euphemistischer Ausdruck dafür, daß jeder gezwungen werden soll, so zu denken wie sie.

Der Gegensatz zwischen den beiden Gruppen von Individuen, aus denen sich ein Aggregat zusammensetzt, wird häufig als Gegensatz zwischen Individuen und der „Gesellschaft" gewertet. So stellen sich diejenigen, die die moralische, intellektuelle und religiöse *Einheit* der Gesellschaft realisieren wollen, bescheiden als die Repräsentanten dieser Gesellschaft hin und erklären, daß diejenigen, die sich widersetzen, nur „unruhestiftende Individuen" sind. Unter diesen gibt es freilich einige, die es ihnen mit gleicher Münze heimzahlen, denn auch sie wollen eine *Einheit* der Gesellschaft verwirklichen, indem sie ihre Konzeptionen den „unruhestiftenden Individuen" aufzwingen, die sie nicht freiwillig akzeptieren.

Da so einem Teil des Aggregats die Bezeichnung *Individuen* und dem anderen die der *Gesellschaft* zugeschrieben wird, gilt es zwischen ihnen eine Unterscheidung zu treffen. Gegenwärtig herrscht die Auffassung, daß es lediglich auf die Anzahl von Personen ankomme, die jeder Teil umfaßt; die Minderheit muß sich mit der ein wenig verrufenen Bezeichnung *Individuen* begnügen, während die Mehrheit auf den ehrenwerten Titel *Gesellschaft* Anspruch hat. Da sich diese Mehrheit oft nur auf mehr oder weniger indirekte und komplizierte Weise manifestiert, kann sie übrigens eine bloße Pseudomehrheit sein. Es ist z. B. nicht richtig, daß die Mehrheit eines Parlaments die Mehrheit der Wähler repräsentiert. So ist in der Schweiz ein Gesetz, das bis auf eine Stimme einstimmig vom Nationalrat verabschiedet worden war, in einer Volksabstimmung mit großer Mehrheit abgelehnt worden.

Heutzutage wird auch so ziemlich allgemein anerkannt, daß die Interessen der Wenigen den Interessen der Vielen geopfert werden müssen. Dies verfestigt sich allmählich zu einem Glaubensartikel, den man nicht mehr ungefährdet wird leugnen können. Ein Gottesgnadentum der Massen tritt an die Stelle des Gottesgnadentums der Könige. Beide haben ihren Ursprung ausschließlich im Gefühl und besitzen nicht die geringste wissenschaftliche Basis.

Glücklicherweise beziehen sich die soeben angeführten und andere ähnliche Thesen nur auf eine Gesellschaft, die eine Nation im politischen Sinne bildet; sie verlieren jegliche Bedeutung in den internationalen Beziehungen, ohne daß man genau weiß warum. Widersprüche dieser Art sind charakteristisch für die Konzeptionen, die im Gefühl wurzeln.

Man muß außerdem darauf hinweisen, daß die betreffenden Thesen nur in gewissen Grenzen Gültigkeit haben; man vertritt z. B. nicht die Ansicht, daß die Mehrheit die Minderheit versklaven kann. Diese Grenzen bleiben unbestimmt und sehr vage.

Es ist versucht worden, dieser Unbestimmtheit zu entrinnen. Man hat gesagt, das *Individuum* habe angeborene, natürliche Rechte, die die *Gesellschaft* nicht verletzen dürfe. Es erübrigt sich, dem hinzuzufügen, daß die Schwierigkeit, der man ausweichen wollte, in ihrem ganzen Umfang wieder auftritt, sobald man diese Rechte genau bestimmen will. Alle Theorien, die es je zu diesem Thema gegeben hat, sind auf einen reinen Streit um Worte hinausgelaufen. Der Begriff des Rechts, der in der Gesellschaft entstanden ist und sich mit den sozialen Verhältnissen wandeln kann, ist ein völlig untaugliches Instrument, um das Individuelle vom Sozialen zu trennen.

Eine Theorie, die vorübergehend im Schwange war, heute jedoch überholt ist, ist die eines Gesellschaftsvertrages, der am Anfang der Gesellschaften gestanden hätte. Danach wäre die Gesellschaft also zu irgendeinem Zeitpunkt durch den einmütigen Zusammenschluß der Menschen gebildet worden, aus denen sie bestand. Ihre Nachkommen werden als ihre Erben betrachtet, und man arbeitet mit gewissen Begriffen, die in unseren Gesellschaften mit dem Faktum der Erbschaft in Verbindung gebracht werden. Man nimmt an, daß diese Nachfahren Schulden und Forderungen von ihren Vätern geerbt haben, mit anderen Worten: ihre Pflichten und Rechte gegenüber der „Gesellschaft“. Diese, so meint man in Analogie zu dem, was für die Handelsgesellschaften gilt, wird durch eine gewisse Mehrheit repräsentiert. Indes hört die Analogie bei dem Modus der Stimmenzählung auf, ohne daß man weiß warum. Es scheint, daß man sie in den menschlichen Gesellschaften pro Kopf zählen muß, während sie in den Handelsgesellschaften nach Anteilen gezählt werden.

Man beobachtet in der Gesellschaft, daß die wechselseitige Abhängigkeit der Menschen immer mehr zunimmt, und daß die Individuen ihre Tätigkeiten in immer größerem Maße spezialisieren, wodurch diese an Effizienz gewinnen. Dies sind zwei verschiedene Arten, ein und dasselbe Phänomen auszudrücken. Betrachtet man es so, wie wir es zuerst ausgeführt haben, wird man sagen, daß das Soziale die Tendenz hat, das Übergewicht über das Individuelle zu gewinnen; sieht man es unter dem zweiten Aspekt, wird man sagen, daß das Individuelle die Tendenz hat, immer größere Bedeutung gegenüber dem Sozialen zu erlangen. Wenn man aber in seinem Denken exakt sein will, wird man diese Ausdrucksweisen sorgfältig vermeiden und bestrebt sein, nur solche Begriffe zu verwenden, die klar definierten, konkreten Realitäten entsprechen, und so jeder Zweideutigkeit den Boden entziehen. Und anstatt nach Mitteln zu suchen, auf die Gefühle einzuwirken, wird man versuchen, die Gleichförmigkeiten zu entdecken, die die gesellschaftlichen Erscheinungen aufweisen, und diese Gleichförmigkeiten oder diese Gesetze so präzise wie möglich auszudrücken[2].

Das Referat, das Sie vor sich haben, kann Ihnen genügend Aufschluß über den Standpunkt geben, auf den ich mich gestellt habe, um die Ihnen vorgelegte Frage zu behandeln. Ich werde also Ihre Geduld nicht über Gebühr in Anspruch nehmen und mich sehr kurz fassen. Ich möchte Ihre Aufmerksamkeit nur auf einige Nebenpunkte lenken.

Zunächst möchte ich Sie bitten, in diesem Referat nur die Dinge zu sehen, die auch explizit darin enthalten sind. Die sozialen Fragen werden im allgemeinen unter dem Einfluß des Gefühls, der Leidenschaft behandelt, und dabei wird eine Linie verfolgt, die einem im voraus festgelegten Ziel zustrebt. Wenn man die Partei kennt, zu der ein Autor gehört, weiß man auch nahezu, welches Ziel er erreichen will und welcher Weg ihn dahin führen wird. Diese Partei nun wird für uns häufig durch einen einfachen Ausdruck, einige Worte, eine bestimmte Art,

[2] Hier endet das schriftliche Referat. Vor Beginn der Diskussion fügt Pareto noch einige Bemerkungen hinzu.

die Fakten zu untersuchen, erkennbar. Es ist folglich legitim, von diesen Indizien ausgehend auf einen ganzen Komplex von Anschauungen zu schließen, die dem Autor eigen sind.

Ich lege Wert auf die Feststellung, daß das bei mir nicht der Fall ist. Was ich zu sagen hatte, habe ich so klar ausgedrückt wie es mir möglich war, und meine Theorien gehen nicht über das hinaus, was ich ausdrücklich versichere.

Als Konsequenz des Vorhergehenden möchte ich sodann darauf hinweisen, daß, wenn ich die Frage hauptsächlich unter dem wissenschaftlichen Aspekt behandelt habe, d. h., mich ausschließlich an die Fakten und ihre logischen Konsequenzen gehalten habe, dies keineswegs geschehen ist, weil ich auch nur im geringsten den Einfluß des Gefühls auf die menschlichen Handlungen verkenne. Ich messe ihm im Gegenteil eine Bedeutung bei, die viele für übertrieben halten werden. Ich glaube nämlich, daß sich die Menschen in ihrem Handeln in erster Linie durch das Gefühl, die Leidenschaft und das Eigeninteresse leiten lassen und erst in zweiter Linie durch den Verstand. Auch scheint mir, der Analyse der Fakten nach, daß die einzige wahrhaft wirksame Art, die größtmögliche Anzahl von Menschen zu überzeugen, darin besteht, auf ihre Emotionen einzuwirken. Aber ich weigere mich, mich freiwillig selbst zu betrügen und andere in die Irre zu führen, indem ich diesen Mitteln der gefühlsmäßigen Beeinflussung den Charakter der Logik und Erfahrung zuschreibe, der ihnen gänzlich abgeht. Und wenn sich Leidenschaften, sektiererische Bestrebungen, mehr oder weniger legitime Interessen hinter vagen Begriffen ohne Erfahrungsgehalt wie *sozial* und *individuell* verbergen, will ich mich nicht durch Worte täuschen lassen, sondern herausfinden, was sie in Wirklichkeit darstellen, und was hinter den Pseudoreflexionen steckt, bei denen man sie verwendet.

Es gibt keine anderen Mittel und Wege, die Gleichförmigkeiten zu erkennen, die die Fakten aufweisen, d. h. ihre Gesetze. Und das ist ausschließlich der Gegenstand der Sozialwissenschaft[3]. Ich konnte mir keine besseren Beweise für die Richtigkeit der Ihnen vorgetragenen Thesen wünschen als die Beiträge, die Sie soeben gehört haben.

Ich hatte in meinem Referat gesagt, ich habe es vorhin wiederholt, daß, wenn man den von den Verfassern dieser Beiträge gewählten Weg beschreitet, man auf keine Gleichförmigkeit, keine Gesetzmäßigkeit der gesellschaftlichen Gegebenheiten stößt. Nun denn, suchen Sie in diesen Reden irgendeine Gleichförmigkeit, irgendein Gesetz der sozialen Phänomene: Sie werden kein einziges finden.

---

[3] Hier wird die Diskussion über das Referat von Pareto eröffnet, an der sich beteiligten: Koslowski (Genf); Stein (Bern) und Halévy (Paris). Es folgt die Replik Paretos. Der vollständige Text ist abgedruckt in C. MONGARDINI, *V. Pareto dall' economia alla sociologia*, Rom, Bulzoni, 1973, pp. 193-215.

Entschuldigen Sie bitte, wenn ich auf die poetische Rede von Professor Koslowski keine Antwort finde. Der Redner schwebt in Sphären, die für mein Verständnis zu hoch sind, und ich muß demütig gestehen, daß ich absolut nicht weiß, auf welche konkreten Realitäten er mit den meisten von ihm gebrauchten Begriffen anspielt.

Was die Rede von Professor Stein betrifft ... oh, seien Sie unbesorgt, ich werde ihm nicht auf das von ihm gewählte Terrain folgen, und ich habe keineswegs die Absicht, die alten Dispute über den *Nominalismus* und *Realismus* hier wieder aufleben zu lassen. Die Schatten von Bérenger von Tours, Roscellinus, Abälard, Occam und vielen anderen Gelehrten des Mittelalters können in Frieden ruhen, ich werde ihren Schlaf nicht stören.

Ich muß ein wenig länger bei der klaren, deutlichen, ich wage zu sagen, glänzenden Rede von Halévy verweilen. Ich gestehe, daß ein solcher Gegner mir durchaus einige Furcht einflößen kann. Aber glücklicherweise erlaubt ihm die Verschwommenheit der von ihm verfochtenen Theorien nicht, seine ganzen Kräfte voll zu entfalten.

Zunächst: Sie sehen, wie das von mir soeben Ausgeführte in einem Punkt bestätigt wird. Halévy will zwischen den Zeilen meines Referats lesen; er unterstellt, daß ich ein *Individualist* sei und fragt mich, in welchem präzisen Sinn ich das Wort „Individualismus“ gebrauche.

Meine Antwort darauf ist ganz einfach. Gerade weil ich die genaue Bedeutung nicht kenne, vermeide ich es sorgsam, in wissenschaftlichen Aussagen den Begriff „Individualismus“ zu verwenden. Ich habe ein langes Referat geschrieben und vor Ihnen eine Rede gehalten, die Ihnen, wie ich fürchte, ebenfalls lang erschienen ist, um zu versuchen, diejenigen eines Besseren zu belehren, die rigoros diesen Begriff und andere ähnliche, deren Bedeutung ungenau und schlecht definiert ist, verwenden wollen.

Wenn die Zeit nicht so fortgeschritten wäre, könnte ich in der Rede von Halévy neue Beweise für die Gefahr finden, die in dem Gebrauch dieser Begriffe liegt. Er spricht von der „Emanzipation der Individuen“. Ich möchte gern wissen, was diese „Emanzipation“ eigentlich ist. Es gibt Länder, wo die Jakobiner die Leute ins Gefängnis sperren, um sie von dem religiösen Aberglauben zu *emanzipieren*. Ich streite niemals über die Begriffe und bin bereit, jede vorgeschlagene Definition zu akzeptieren. Ich wünsche nur, daß sie klar und eindeutig ist, und ich möchte gerne die „Emanzipation“, die mich ins Gefängnis bringt, wenn ich nicht die Leidenschaften gewisser Sektierer teile, von der „Emanzipation“ unterscheiden, die es mir erlaubt, die von mir bevorzugten Meinungen zu vertreten. Das scheinen mir zwei verschiedene Dinge zu sein.

Ich weiß nicht, wo Halévy gefunden hat, daß die *ganze* politische Ökonomie das Produkt der Untersuchung „der Individuen [ist], die geistig so beschaffen sind, wie ich mir selbst durch die Beobachtung meines eigenen Bewußtseins erscheine".

Aber ich weiß genau, daß das nicht die Methode des von mir veröffentlichten *Cours d'économie politique* ist, und ich weiß auch, daß ich sie in meinen *Systèmes socialistes* ganz explizit verworfen habe. Man könnte sogar meinen, daß ich ins entgegengesetzte Extrem verfalle, denn ich habe die Behauptung aufgestellt, daß die Menschen, ohne sich dessen bewußt zu sein, am häufigsten durch das Gefühl und das Eigeninteresse geleitet werden. Halévys Vorwurf trifft mich somit nicht, und er trifft auch nicht die von mir vertretene Wissenschaft. Mögen diejenigen darauf antworten, an die er sich wendet.

Ich stimme mit Halévy darin überein, daß hinter diesen Begriffen des *Sozialen* und *Individuellen*, die ich für sehr vage halte, stehen können: Erstens eine theoretische Methode zur Untersuchung der gesellschaftlichen Phänomene; zweitens eine Lehre, die die zu verfolgenden *Zwecke* zum Inhalt hat (diese *Zwecke*, wie die *Emanzipation*, erscheinen mir reichlich nebulös); und drittens ein Mittel, um hinsichtlich der Menschen ein bestimmtes Ziel zu erreichen. Nur, anstatt die metaphysischen Euphemismen zu verwenden, derer sich Halévy bedient, um dieses Ziel anzugeben, ziehe ich es vor – weil es klarer ist –, ohne jede Beschönigung zu sagen, daß dieses Ziel sehr oft darin besteht, seinen Mitmenschen gewisse Anschauungen und Handlungsweisen aufzuzwingen und, vor allem, sie um ihr Hab und Gut zu bringen. Das ist es, was sich sehr oft hinter diesen moralisch verschwommenen Reden verbirgt und was ich mit aller Deutlichkeit zum Ausdruck bringen wollte.

Die Methode in der Soziologie*

Dem Wohlwollen Ihrer juristischen Fakultät verdanke ich die große und unerwartete Ehre, in dieser Universität sprechen zu dürfen, deren gegenwärtiger Ruhm würdig die Tradition der Vergangenheit fortsetzt.

Normalerweise müßte ich in einer Antrittsvorlesung in allgemeiner und literarischer Form Betrachtungen über den Gegenstand, den ich behandeln werde, anstellen; aber ich bitte Sie, mir ausnahmsweise zu gestatten, daß ich mich nicht an diese Gepflogenheit halte und mich sofort anschicke, den Gegenstand selbst zu untersuchen.

Es sind in der Hauptsache zwei Gründe, die mich dazu veranlassen: Der erste beruht auf dem Mißverhältnis zwischen den vielen Dingen, die wir studieren müssen und der kurzen Zeit, die uns dafür zur Verfügung steht; der zweite hat seine Ursache in meinem Wunsch, das Thema so weit wie möglich ausschließlich wissenschaftlich zu behandeln; ich würde mir also selbst widersprechen, wenn ich nicht von Anfang an alles eliminierte, was als schmückendes Beiwerk fern von der strengen Exaktheit der Wissenschaft erscheint. Für diese Exaktheit, die bis heute in der Soziologie wenig oder gar nicht angewandt wurde, haben Sie in der Lehre Ihrer juristischen Fakultät ausgezeichnete Beispiele und, um von einem Fach zu sprechen, das mit der Soziologie eng verbunden ist, in den Lehrveranstaltungen, die mein hervorragender Freund Tullio Martello über die politische Ökonomie abhielt. Auf diese Vorbilder ist mein Sinn gerichtet, und ich werde mich bemühen, ihnen in dem, was ich sagen werde, zu folgen, soweit es meine Kräfte zulassen.

Die Soziologie im weiten Sinne müßte das Studium all dessen umfassen, was mit der Ordnung, dem Leben, der Entwicklung der menschlichen Gesellschaft zu tun hat; aber es ist klar, daß man damit das Gebiet dieser Wissenschaft übertrieben ausweiten würde, die dann die politische Ökonomie, das Recht, die Religionswissenschaft und andere Zweige unseres Wissens umfassen würde, die für sich bereits ein selbständiges und gedeihliches Leben führen.

In engerem Sinne umfaßt die Soziologie: 1. Das synthetische Studium der menschlichen Gesellschaften, und um dies durchzuführen, verwendet man die Ergebnisse, zu denen die Einzelwissenschaften gekommen sind. 2. Das Studium der Spezialgebiete, die sich noch nicht von der Soziologie getrennt haben; oder

* In: „La Libertà economica", 16. März 1906. Es handelt sich um die erste Veranstaltung einer Vorlesungsreihe, die Pareto an der juristischen Fakultät der Universität Bologna hielt.

aber, zu einem bestimmten Zweck, das Studium einiger Teilgebiete der Spezialgebiete, die ein selbständiges Leben führen.

Wir wollen festhalten, daß alle Definitionen der Wissenschaften mehr oder weniger willkürlich sind. Das Phänomen ist in sich einheitlich, und nur wir sind es, die unter dem Zwang der Unvollkommenheit unseres Geistes es in Teile zerlegen, in Scheiben schneiden; aber der Schnitt ist willkürlich und kann nach Belieben vorgenommen werden, ein wenig mehr in diese Richtung oder ein wenig mehr in jene.

Es ist schwierig, ja sogar unmöglich, sich mit der Soziologie zu befassen, wenn man gewisse Fragen, die eigentlich in die Philosophie gehören, d. h. in eine allgemeine Theorie der menschlichen Kenntnisse ausklammert. Jede Soziologie setzt eine Philosophie voraus, die implizit dem Studium seine Normen verleiht; und es ist besser, wenn dies explizit geschieht, weil man, wenn man Fehler vermeiden will, den Weg, den man gehen will, klar erkennen sollte. Wir werden uns also mit philosophischen Fragen zu befassen haben, aber wir werden darüber nur so viel sagen, wie dringend dafür notwendig ist, daß wir unser angestrebtes Ziel erreichen.

Bis jetzt hat sich jede Soziologie auf einen Glauben gestützt. Ich spreche nicht von den Fällen, in denen dies offensichtlich ist, wie bei den katholischen, protestantischen, theistischen, sozialistischen oder anderen ähnlicher Art; sondern begegnet man auch in allen anderen Soziologien bis zurück zu den Anfängen etwas, worüber der Autor die Diskussion verweigert und woran er glaubt wie der Gläubige an seine Dogmen. Sehr bekannt ist der Fall der sogenannten positivistischen Soziologien von Comte und Spencer, die, während sie von manchen für experimentell gehalten werden, von *apriorischen* Prinzipien ausgehen und bei den echten und wahren menschlichen Religionen aufhören.

In unseren Tagen verbirgt sich der Glaube oft unter einem pseudowissenschaftlichen Mäntelchen, aber man muß nur ein wenig aufmerksam sein, um seinen Charakter zu erkennen. Um dieses Argument näher zu erklären, ein Beispiel:

Palgrave berichtet auf seiner Arabienreise von einem Gespräch mit einem Arzt der Sekte der Waabiten: „Die erste der großen Sünden", sagte dieser, „besteht darin, einer menschlichen Kreatur göttliche Ehren zu erweisen."

„Gewiß", antwortete Palgrave, „es gibt keinerlei Veranlassung, daran zu zweifeln, daß dies ein schwerwiegendes Vergehen ist; aber welches ist die zweite große Sünde?"

„Die Schande zu erleiden" (mit dieser Wendung spielte der waabitische Arzt auf das Tabakrauchen an).

„Und der Mord, der Ehebruch, das falsche Zeugnis?"

„Gott ist barmherzig", sagte der waabitische Arzt und gab damit zu verstehen, daß er solche Sünden für geringfügig hielt.

Diese Unterredung wurde als ein Beispiel dafür zitiert, was für merkwürdige moralische Begriffe manche Primitive haben; aber ähnliche Dinge sind keine Einzelfälle, man begegnet ihnen sogar zu jeder Zeit und bei allen Völkern, sie sind nicht merkwürdig, sondern der Beweis dafür, daß der lebhafte Glaube den Menschen die Fähigkeit nimmt, die Absurdität gewisser Aussagen zu erkennen.

In der Zeitung „L'Essor" vom 20. Januar dieses Jahres kann man lesen: „Es gibt Fragen der Moral, deren Lösung sich jedem aufdrängt, der redlich und guten Willens ist. Wenn man zum Beispiel den Alkoholismus, die offizielle und inoffizielle Prostitution, die Glücksspiele oder die doppelte Moral (darunter versteht man eine andere Moral für den Mann als für die Frau) betrachtet, ist der Zweifel nicht zulässig und die Neutralität wäre ein Verbrechen."

Hier sind also Leute, die den Genuß von Alkohol genauso für ein Verbrechen halten wie der waabitische Arzt es für ein Verbrechen hielt, Tabak zu rauchen. Weder der Widerspruch, noch der Zweifel wird von diesen oder jenen zugelassen. Der Glaube reicht offensichtlich über die Vernunft hinaus.

Auf diesem Gebiet möchte ich mich absolut von der üblichen Verfahrensweise distanzieren und Ihnen eine ausschließlich auf Erfahrung gegründete Soziologie vorstellen; dabei gibt es kein religiöses, ethisches, humanitäres, soziales Prinzip, das ich mich anzuzweifeln weigere und das ich der Kritik entziehen will.

Hier muß ich abschweifen, um einen Feind zu bekämpfen, der leider oft zum Angriff übergehen wird. Ich möchte sprechen von der Interpretation, die man den von einem Autor geäußerten Aussagen geben will, indem man über ihre ausdrückliche Bedeutung hinausgeht und implizit andere Aussagen miteinbezieht, die der Autor keineswegs gemacht hat.

Wer hört, daß ich eine ausschließlich auf Erfahrung gegründete Soziologie vorstellen möchte, wird zu der Meinung veranlaßt, daß meines Erachtens eine solche Soziologie die einzig gute sei, während die anderen Soziologien schlecht seien; und das ist natürlich, denn wer über diesen Gegenstand spricht, hat normalerweise einen Glauben, und der Glaube ist ausschließlich. Wenn jemand sich ausdrücklich als Christ bezeichnet, will er damit implizit manifestieren, daß er die christliche Religion für besser hält als die islamische, die buddhistische oder jedwede andere, die er kennt; und der ausgesprochene Satz hat diesen anderen, verschwiegenen, zur Konsequenz.

Aber in streng wissenschaftlicher Sprache ist das anders, und man darf einer Aussage nur das entnehmen, was klar ausgedrückt ist, ohne es dann auszuschmücken. Wenn es meine Meinung wäre, daß die ausschließlich auf Erfahrung gegründete Soziologie in jedem Fall besser ist als die anderen, hätte ich es klar ausgedrückt; ich habe es nicht gesagt, weil ich es nicht denke. Vielmehr scheint es mir vom wissenschaftlichen Standpunkt aus so, daß man sich gegenseitig akzeptieren soll, und ich lege sie deshalb dar, weil ich vor Personen spreche, die wissenschaftlich gebildet sind. Ich meine, daß vom Standpunkt des sozialen Nutzens aus gesehen, die Soziologien besser sind, die von bestimmten *apriorischen* Prinzipien ausgehen, weshalb ich mich zum Beispiel weigern würde, die Dinge, die ich hier frei ausspreche, in einer Mittelschule zu wiederholen. Wenn ich die Lehren der Geschichte nicht falsch interpretiere, scheint mir, daß die Erfahrung gezeigt hat, daß es niemals ein großes, blühendes Volk gab, das nicht von irgendeinem Glauben getragen war, und wenn er in nichts anderem bestand als in einem hohen Sinn für den Patriotismus. Und wenn vom Standpunkt der Wissenschaft aus der Zweifel jedes Prinzip angreifen kann und muß, so muß man vom Standpunkt des sozialen Nutzens aus sich ruhig verhalten und diese Prinzipien, die das Gedeihen der sozialen Systeme gewährleisten, unangetastet lassen.

Über all dies werden wir später ausführlich sprechen müssen; denn das Thema, das uns heute auf diesem Wege begegnet ist, ist ein Sonderfall einer viel allgemeineren Theorie, und wenn ich geglaubt habe, teilweise den Dingen vorgreifen zu sollen, die wir im folgenden studieren müssen, so nur, um von Anfang an ein Mißverständnis auszuräumen, das, wenn wir es außer acht gelassen hätten, jede folgende Überlegung unklar gemacht hätte.

Ich muß auch bemerken, daß ich keinen Begriff verwenden will, wenn nicht klar angegeben ist, welcher Sache er entspricht. Und auch hier wiederhole ich, daß diese Verfahrensweise nur die Konsequenz eines ausschließlich wissenschaftlichen oder experimentellen Standpunktes ist. Wer nicht darauf abzielt, die Beziehungen der Dinge oder der Fakten zu suchen, sondern nur darauf, andere zu überzeugen, kann, ja muß Begriffe verwenden, die geeignet sind, in anderen gewisse Gefühle auszulösen, ohne sich darum zu kümmern, ob diese Begriffe präzise und exakt sind; denn der Wert seiner Sprache bemißt sich an der Intensität der Gefühle, die sie in Gang setzt. Wer aber dagegen ausschließlich darauf abzielt, diese Beziehungen zwischen Dingen oder Fakten zu suchen, muß hauptsächlich darauf achten, präzise Begriffe zu gebrauchen, die ohne geringste Doppeldeutigkeit die Dinge oder die Fakten angeben, die er bezeichnen will.

Wer sich an das Gefühl wendet, kann zum Beispiel sehr gut die Begriffe *gerecht* und *ungerecht*, *moralisch* und *unmoralisch*, *gut* und *böse* gebrauchen, auch braucht er nicht anzugeben, welchen Sinn er ihnen geben möchte; seine Sprache ist klar, wenn nicht sogar exakt, und erreicht ihren Zweck, nämlich in seinen Hörern gewisse Emotionen zu wecken.

Aber wer eine wissenschaftliche Forschungsarbeit vornimmt, muß absolut auf den Gebrauch dieser und ähnlicher Begriffe verzichten, wenn er nicht zuvor klar definiert hat, welchen realen Dingen er sie zuordnen möchte.

Eine solche Definition ist übrigens willkürlich, ich für meinen Teil werde mich wohl über die Dinge streiten, aber nie über die Namen, die derjenige, der über sie spricht, ihnen geben möchte; und dies ist eine weitere Konsequenz des ausschließlich experimentellen Standpunktes. Der Chemiker streitet nicht über den Namen, den er dem Sauerstoff gibt, weder sucht er, was der *wirkliche* Sauerstoff ist; man kann diesem Stoff jeden beliebigen Namen geben, seine Eigenschaften werden sich gewiß nicht verändern, noch seine Beziehungen zu anderen Stoffen. Und es sind diese Eigenschaften und diese Beziehungen, mit denen sich die Wissenschaft allein befaßt. Sogar der Begriff der *Wahrheit* muß definiert werden, und wir halten uns damit auf zu erklären, welche realen Dinge wir angeben wollen, wenn wir sagen, eine Theorie sei wahr oder falsch.

An diesem Punkt angelangt, kommt es mir so vor, als würde irgendein Metaphysiker unterbrechen und mich beschuldigen, ich wolle auf diese Art und Weise implizit die Frage der Existenz der äußeren oder realen Welt lösen, deren Existenz von hochangesehenen Denkern bezweifelt oder negiert wird.

Ich antworte, daß ich nie daran gedacht habe, diese Frage zu lösen, und sei es nur deswegen, weil es mir nicht gelingt zu verstehen, worauf sich die Begriffe beziehen, aus denen sie sich zusammensetzt, und ich ziehe es vor, über Dinge, die ich nicht verstehe, nichts zu sagen. Außerdem ist die angedeutete Lösung nicht im geringsten für unser Studium erforderlich.

Wenn jemand glauben möchte, daß nur psychische Zustände existieren, so möge er das tun; aber die Erfahrung lehrt uns, daß es sehr verschiedene Kategorien dieser Zustände gibt, die wir zum besseren Verständnis A und B nennen wollen. Unter der Kategorie A wollen wir die Zustände zusammenfassen, die allen Menschen eigen sind, wenn sie auf sie achten und bei denen man invariable Zusammenhänge beobachten kann, dergestalt, daß einer von ihnen mit Sicherheit andere mit sich bringt; unter der Kategorie B die, die einem Menschen oder einigen Menschen eigen sind und die nicht die invariablen Zusammenhänge der Kategorie A aufweisen.

Ich streite nicht darüber, ob der Skudo, mit dem jemand den Wirt, der ihm eine Mahlzeit gereicht hat, bezahlt, ein reales Ding oder ein psychischer Zustand ist; ich sage, daß, um den Wirt mit Sicherheit zufriedenzustellen, er zumindest ein psychischer Zustand der Kategorie A sein muß; und wer nur psychische Zustände der Kategorie B zur Verfügung hat, kann auf das Essen verzichten. Es kann sein, daß der Diamant nur ein psychischer Zustand ist; aber es ist gewiß, daß er nicht verwechselt werden darf mit dem psychischen Zustand dessen, der ein Stück Glas hat und glaubt, einen Diamanten zu haben. Der erste Zustand gehört zur Kategorie A, er ist unveränderlich mit bestimmten Gegebenheiten verbunden – oder wenn man so will, mit anderen, bestimmten, psychischen Gegebenheiten –, mit physikalischen und chemischen Eigenschaften, mit denen der zweite Zustand nicht verbunden ist.

Solche experimentellen und praktischen Überlegungen reichen aus, um uns zu überzeugen, daß es unerläßlich ist, die Dinge A von den Dingen B sorgsam zu unterscheiden; für unser Studium genügt diese Unterscheidung, und wir brauchen nicht weiter in die ebenso sublimen wie obskuren Regionen der Metaphysik einzudringen.

Nachdem wir uns nun klar ausgedrückt haben, spricht nichts dagegen, daß wir wieder die Begriffe des Vokabulars gebrauchen, und es ist gut, wenn man ohne absolute und dringende Notwendigkeit keine neuen schafft. Damit sagen wir, daß die psychischen Zustände der Kategorie A realen Dingen entsprechen, objektiven Phänomenen, während die Zustände B ihnen nicht entsprechen, aber wir gebrauchen diese Begriffe wie der Astronom, der sagt, daß die Sonne auf- und untergeht, das heißt also, ohne Rücksicht auf den wörtlichen Sinn zu nehmen.

Hier sofort ein Beispiel, das zeigt, wie die dargelegten Erwägungen für soziologische Themen nutzbar gemacht werden können.

Mario Calderoni, ein Autor von ungewöhnlicher Begabung und Bildung, schreibt in einem soeben erschienenen Buch*: „In der Moral wie in der Wissenschaft ist die Evidenz, die wir bestimmten Aussagen oder Prinzipien zusprechen, nichts anderes als eine Ausdrucksform für die *Tatsachen, daß es Personen gibt*, die bereit sind, sie für *richtig oder wahr*† zu halten, ohne daß es einer weiteren Rechtfertigung bedarf." Er täuscht sich. Die Wissenschaft schafft Aussagen von der Art, die wir A nannten, ab, die Moral Aussagen vom Typ B. Wenn einer sagte, 4 sei gleich 5, so würde man ihm sehr zu denken geben, wenn man zu ihm sagte: „Da hast du 4 Louisdors, gib mir die gleiche Anzahl zurück, also 5", und dann von neuem diese lukrative Operation unendlich wiederholte. Dagegen gibt es keine Möglichkeit, den Anhänger Nietzsches zu ähnlichem Nachdenken zu bringen, der entgegen der geltenden Moral behauptet, der Übermensch brauche sich keinesfalls um das Wohl der Kleinen und Unbedeutenden zu kümmern.

Die Soziologie ist noch zu einem großen Teil metaphysisch, das heißt, sie nimmt Prinzipien und Gedankengänge auf, die die Erfahrung transzendieren. Von der Antike bis in unsere Tage haben sich die metaphysischen Gedanken unendlich erneuert und wiederholen immer wieder das gleiche, wobei sie nur die Form variieren, was daraus folgt, daß ein Kriterium fehlt, kraft dessen der eine akzeptiert werden muß und die anderen eliminiert werden müssen. Dieses Kriterium existiert jedoch für die wissenschaftlichen Gedanken, und es liegt in der

* „Disarmonie economiche e disarmonie morali."

† Unterstreichung des Autors.

Übereinstimmung mit der Erfahrung, bzw. der Nichtübereinstimmung. Man akzeptiert nur den, der mit der Erfahrung übereinstimmt, die anderen werden verworfen. Und der Gedanke, der aufgenommen wird, wird dies nur vorübergehend, das heißt, solange seine Übereinstimmung mit der Erfahrung anhält, da er, sobald diese Übereinstimmung entfällt, ebenfalls ohne weiteres eliminiert wird. Wenn wir also sagen, eine Theorie sei *wahr*, so wollen wir nur ausdrücken, daß sie mit der Erfahrung in den uns bekannten Grenzen des Raumes und der Zeit übereinstimmt.

Die metaphysischen Begriffe beherrschen so sehr den menschlichen Geist, daß sogar der Skeptizismus zu einer Art Metaphysik werden und sich in Forschungen verlieren konnte, die außerhalb der Erfahrung liegen, und dies kann man schon bei Denkern des antiken Griechenlands feststellen, zum Beispiel bei Sextus Empiricus.

In unseren Tagen lebt der alte Streit der Scholastik wieder auf. Unsere modernen *Realisten* haben ein wunderschönes *Universale* entdeckt, dem sie den Namen *Gesellschaft* verliehen, und indem sie sich in seinen Dienst stellten, lehren sie uns in seinem Namen, was wir denken, essen und trinken sollen. Andere indessen verbergen hinter dem Schleier metaphysischer Begriffe ihre Gier nach fremdem Besitz. Und da diejenigen, deren Sinn nur auf die Spekulationen der sozialen Metaphysik gerichtet ist, sich nicht eine andere Denkweise vorstellen können, so meinen sie, daß sich ihren metaphysischen nur andere metaphysische Theorien entgegensetzen lassen. Daher kann, wer ihnen nicht zustimmt, nur ein *Individualist* sein, der für ein Abstraktum kämpft, das dem Abstraktum der Gesellschaft entgegengesetzt wird, wie das Prinzip des Bösen dem Prinzip des Guten entgegengesetzt wird. Es gibt keine Möglichkeit, ihnen klarzumachen, daß es eine andere Weise, die Dinge zu sehen, gibt, die sich ausschließlich auf Erfahrung stützt.

Im Mittelalter diskutierte man über das aristotelische Problem des *principium individuationis:* Liegt es in der *Materie* oder in der *Form*? Wir werden uns von einem so schönen Streitgespräch fernhalten, zumindest solange, bis man uns mitgeteilt hat, was genau dieses *principium*, diese *Materie*, diese *Form* ist.

In ähnlicher Weise diskutiert man in der Moderne über die *Rechte* der *Gesellschaft* und die *Rechte* des *Individuums*; aber bevor man weiß, welche Theorie man akzeptieren und welche verwerfen soll, ist es zuerst notwendig zu wissen, was diese Ausdrücke genau bedeuten.

Erfahrungsgemäß sehen wir Menschen und beobachten, wie sie sich zusammenfinden, oder wenn man so will, in Gesellschaft leben. Wir wissen nicht, was die Menschen, besonders die zivilisiert genannten, wären, wenn sie von Geburt an völlig isoliert leben würden; und niemand hat jemals eine Gesellschaft gesehen, die von den Menschen, die sie zusammensetzen, getrennt ist. Gewiß, wir erleben Menschen, die von sich behaupten, sie würden die Gedanken und den Willen dieser Gesellschaft ausdrücken; aber es gab auch Menschen, die von sich behaupteten, sie würden die Gedanken und den Willen Apolls ausdrücken; und vielleicht sind diese beiden Phänomene voneinander nicht so verschieden, wie mancher glauben mag.

Auch wenn die Soziologie bestrebt ist, sich ausschließlich auf die Erfahrung zu stützen, kommt es oft vor, daß sie die Grenzen der bekannten Erfahrungen sprengt, um sich von vorgefaßten Meinungen leiten zu lassen.

Hierzu mag ein Beispiel genügen. Man versuchte, die Ursprünge der Vorstellungen zu finden, die die verschiedenen Völker von ihren Göttern und deren Heldentaten haben, und dies macht einen nicht geringen Anteil im Studium der modernen Soziologen aus. Wir haben eine sogenannte Mythologentheorie, die in den Erzählungen von den Göttern nur Allegorien, Symbole sieht. Eine andere Theorie, deren berühmter Vertreter Max Müller war, lehrt, daß diese Mythen ihren Ursprung in der Sprache haben, während sie dann die Interpretation mit Hilfe des Sonnenmythos mißbraucht. Spencer, der die sogenannte Euhemerismustheorie wieder aufgreift, glaubt, daß die Götter nur zu Göttern erklärte Menschen seien. Schließlich kommt dann noch Reinach, der überall den Totemismus sieht.

Es ist offenkundig, daß diese Theorien, die einander gegenseitig ausschließen, nicht gleichzeitig alle wahr sein können; daher erhebt sich die Frage, wie ihre Autoren, unter denen sich sicherlich Männer befinden, die sich durch Geist und Bildung auszeichnen, in solche Irrtümer verfallen konnten.

Mir scheint, die Ursache hierfür liegt darin, daß diese Autoren als Kriterium für die Wahrheit ihrer Theorien nicht ausschließlich die Übereinstimmung mit den Fakten, sondern, wenn auch vielleicht ohne ihr Wissen, die Übereinstimmung mit ihren Gefühlen genommen haben, die natürlich bei jedem Autor einer Theorie eben für diese Theorie sprechen.

Hier ein konkreter Fall. Die Griechen hatten einen Gott, dem sie den Namen Uranos gaben, und sie haben uns Erzählungen überliefert, die sich auf ihn beziehen. Diodorus Siculus berichtet von einer Überlieferung der Insel Kreta, aus der, wenn nicht explizit, so doch implizit, hervorgeht, daß Uranos ein Mensch war. Eine solche Erzählung ist aus der Luft gegriffen und ihr fehlt auch nur der geringste Beweis. Herbert Spencer fügt etwas hinzu; er zeigt auf, daß dies möglich ist; aber sein Fehler liegt darin, daß er dieses möglich synonym mit sehr wahrscheinlich oder aber auch gewiß gebraucht. Er bringt Fakten, aus denen hervorgeht, daß es vorgekommen ist, daß Menschen zu Göttern erklärt wurden. Was einmal geschehen ist, kann ein weiteres Mal geschehen, also ist es nicht unmöglich, daß Uranos ein Mensch war. Soviel läßt sich aus den Fakten schließen, weiter kann man nicht gehen.

Max Müller sagt: „In der Sprache von Hesiod ist Uranos einer der Namen für den Himmel ... wird gesagt, daß Uranos alles bedeckt und, wenn die Nacht kommt, sich überall ausbreitet und die Erde umarmt. Es scheint, daß der griechische Mythos eine entfernte Erinnerung an den mythologischen Sinn von Uranos bewahrt hat. Denn Uranos ist in Sanskrit *Varuna*, was von einer Wurzel *var* kommt, die *bedecken* heißt. Varuna ist auch in den Veden einer der Namen für den Himmel, hauptsächlich verbunden mit dem Gedanken der Nacht, und *Mitras*, das heißt dem Tag, entgegengesetzt."

Auch hier haben wir nur einfach eine Möglichkeit vor uns, oder, wenn wir bis zum Äußersten Zugeständnisse machen wollen, eine beträchtliche Wahrscheinlichkeit; niemals eine zwingende Konsequenz.

Man muß in der Tat daran erinnern, wie irreführend diese etymologischen Ableitungen sind. Dafür gibt es beliebig viele Beispiele.

Nehmen wir an, in einigen Jahrtausenden wären fast alle Dokumente, die etwas über unsere Zeit aussagen könnten, verschwunden. Irgendein Wissenschaftler entdeckt, daß wir etwas hatten, was Oxygenium genannt wurde; er kann aufzeigen, daß dies ein Sonnenmythos ist, mit stringenteren und, wenn man so will, wahrscheinlicheren Argumenten als alle, die Max Müller angeführt hat.

Die Etymologie von Oxygenium ist unbestreitbar; dieser Terminus bedeutet Erzeuger von ὀξύς. Die Wurzel dieses Wortes ist ἀχ, was *scharf*, *stechend* bedeutet; dies ist auch die Bedeutung von ὀξύς; in den Hymnen Homers und bei Hesiod kommt ὀξύς als Bezeichnung für die stechende Hitze der Sonnenstrahlen vor; also ist das Oxygenium der Erzeuger der Sonnenstrahlen, das heißt, es ist die Sonne. Es kommt noch hinzu, daß diese Vokabel von gewissen Menschen gebraucht wurde, die man Chemiker nannte, von denen man annimmt, daß sie die Nachfolger der Alchimisten sind, von denen uns Werke erhalten bleiben, in denen unaufhörlich von der Sonne die Rede ist.

Eine Beweisführung, die so leicht zu falschen Schlüssen führt, muß jedem suspekt sein, der konsequente experimentelle Deduktionen anwenden will.

Wählen wir einen anderen konkreten Fall, in dem die Theorie von den naturalistischen Mythen ziemlich wahrscheinlich erscheint. Die griechische Antike hat uns verschiedene, oft einander widersprechende Erzählungen über Adonis überliefert. Unter anderem sind die wesentlichen Punkte ein Streit zwischen Aphrodite und Persephone um die Gunst des Adonis, der Tod des Adonis, die Klagen Aphrodites, die Auferstehung des Adonis, der aus den unterirdischen Gefilden wieder an das Licht der Sonne zurückkehrt.

Die Feiern zu Ehren von Adonis fanden gegen die Sommersonnwende statt. Aufgrund dieser Tatsache und anderer, die ich nicht anführe, weil ich mich kurz fassen möchte, erscheint es sehr wahrscheinlich, daß im Mythos von Adonis eine Allegorie des Wechsels der Jahreszeiten enthalten ist, des Verschwindens der

Vegetation im Winter, ihrer Wiederkehr im Sommer; aber wir haben nicht genügend Anhaltspunkte, um zu entscheiden, ob diese Auffassung die ursprüngliche ist oder später hinzukam. Daher gehen die Autoren, die wie Maury Adonis den Sonnengott nennen, vielleicht über das hinaus, was wir den Tatsachen entnehmen können.

Wenn sie nur die Analogien mit dem Kalender im Auge hatten, so will Reinach, der ebenfalls ausschließlich, aber in einem anderen Sinne ist, sein Augenmerk nur auf den Tod und die Auferstehung von Adonis richten. Er sagt: „Wo wir also Riten vorfinden, die sich auf den Tod eines Gottes beziehen, auf die Klagen, deren Ursache dieser Tod ist, dann die laute Freude, mit der die Auferstehung begrüßt wird, so haben wir Überreste des Totemismus vor uns; dies ließe sich leicht durch eine Analyse der Riten bei den Feiern des syrischen Adonai aufzeigen ...[‡]“ Das *Totem*, sagt Reinach, ist eine Art von Gegenständen, die von den Mitgliedern eines Stammes als Schutz betrachtet werden. Er bemerkt, daß zuweilen der Stamm das Tier, das sein Totem darstellt, tötet und es, nachdem er es nach einem bestimmten religiösen Ritus getötet hat, beweint; und nur in diesen Tatsachen sucht Reinach Analogien. Ein derart irriges Vorgehen findet man auch bei anderen Interpretationen, und wir haben uns seiner freiwillig bedient, als wir soeben die etymologische Bedeutung der Vokabel Oxygenium suchten; wir haben nur eine der Bedeutungen von ὀξύς beachtet, das heißt, nach der Regel von Müller die ursprüngliche, aber ὀξύς heißt auch scharfer Geschmack, wovon ὀξος, Essig, abgeleitet ist, und wenn wir dem Weg nachgegangen wären, den uns diese Bedeutung eröffnet, hätten wir uns der Wahrheit viel mehr genähert als auf dem von uns eingeschlagenen Weg.

Diese kühnen Exkursionen in unbekanntes Gebiet, zu denen uns die ausschließliche Anwendung bestimmter Betrachtungsweisen führt, können für die Erfindung nützlich sein und sind es tatsächlich oft; sie sind auch sinnvoll, um die Aufmerksamkeit auf Theorien zu lenken, die man sonst vielleicht übergangen hätte, aber sie sind ohne Wert für die Beweisführung, und man darf nicht vergessen, daß auf die Erfindung der Beweis folgen muß.

Der Wissenschaftler muß sein erster Kritiker sein und suchen, was seine Theorie widerlegt. Wenn Reinach nach dieser Methode verfahren wäre, hätte er bemerkt, daß die Wahrscheinlichkeit gewisser Phänomene eine Sache ist, ihre zwingende Notwendigkeit eine andere.

Aber diese wie auch immer unvollkommene Methode ist notwendig für das bessere Verständnis der Wahrheit. Wenn ein Wissenschaftler ein neues Prinzip entdeckt, so will er damit das gesamte Universum erklären. Dies ist natürlich übertrieben, aber es macht das Prinzip deutlich, das andere vorher nicht kannten,

[‡] *Cultes, Mythes et Religions*, I, S. 15. Siehe auch S. 20. Reinach zitiert auch Frazer.

und die Zeit wird kommen, wo man die Wahrheit unter diesen Fehlern finden wird. So folgte auf den Darwinismus ein großer Fortschritt, revolutionierte alles Wissen, aber dann sah man, daß er in vielen Dingen über die Erfahrungswirklichkeit hinausging, und es waren gerade die Neo-Darwinisten, die seine Fehler korrigierten.

Dies mag man gleichfalls von der Evolution sagen. Warum soll sie einzig sein? Warum sollen wir nicht noch Evolutionen der Ehe, verschiedene Evolutionen des Eigentums und so fort haben? Beweist es. Es ist jedoch nützlich, daß für diese Zeiten diese Theorien entworfen wurden, die den Wissenschaftler zu der Entdeckung neuer Wahrheiten trieben. In meiner Vorlesung will ich also die Übereinstimmung der Theorien mit den Fakten suchen, sie ablehnen, wenn sie über die Erfahrung hinausgehen, doch dabei die Wissenschaftler bewundern, die als erste Theorien entdeckten, die heute mangelhaft erscheinen, wie es wahrscheinlich auch die eines Tages werden, die ich heute darlege.

Der Tugendmythos und die unmoralische Literatur*

I. Die Kriterien, nach denen man Schriften, Zeichnungen, Fotografien, Werke der bildenden Kunst usw. verbieten oder gestatten kann, lassen sich in mehrere Arten einteilen, je nachdem, ob sich die betreffenden Gegenstände auf die Religion, die Politik, das Eigentum, die Familie oder auf die Sitten beziehen.

Um unnötige Längen zu vermeiden, beziehen wir uns der Einfachheit halber nur auf die Schriften, doch das Gesagte soll gleichfalls für Zeichnungen, Stiche, Bilder, Fotografien, Tiefenreliefs, Statuen, alle Arten von bildender Kunst usw. gelten.

Die restriktiven Kriterien im Hinblick auf die Schriften schwanken zwischen zwei extremen Lösungen, je nachdem, ob man a) auf die Art der Schriften selbst oder b) auf die Art und Weise abstellt, mit der sie der Öffentlichkeit zur Kenntnis gebracht werden.

a) Wenn man auf die Art der Schriften abzielt, so muß der Gesetzgeber notwendigerweise dazu Stellung nehmen. Er etabliert dann eine bestimmte orthodoxe Doktrin, die nicht zur Diskussion gestellt werden darf. Außerhalb dieser Doktrin ist die Diskussion erlaubt.

Für dieses Faktum besitzen wir eine Fülle von historischen Beispielen – der katholische Staat wird nie erlauben, die katholische Religion in Frage zu stellen; der christliche Staat wird keine Diskussion über die christliche Religion gestatten, auch wenn er es seinen Untertanen freistellt, die verschiedenen Richtungen dieser Religion zu diskutieren. Der monarchische Staat wird die Erörterung der monarchischen Regierungsform im allgemeinen oder einer besonderen Form der Monarchie verbieten; der republikanische Staat wird es nicht dulden, daß man die Republik in Frage stellt. Noch bis vor kurzem haben zahlreiche Regierungen keine literarischen Angriffe auf die „Grundprinzipien der Familie und der Ge-

---

* „*Le mythe vertuiste et la littérature immorale*" wurde 1911 in Paris (Editions Rivière) veröffentlicht. Pareto schrieb es 1910 während einer Unterbrechung der Niederschrift des „Traktats". Unmittelbar darauf erschien in der Übersetzung von Nicola Trevisonno eine italienische Ausgabe. Zu der zweiten italienischen Ausgabe (Rom, Lux. 1914) schrieb Pareto „einen Anhang und ein Vorwort und machte auf den Fahnen so weitgreifende Änderungen, Zusätze und Korrekturen, daß der italienische Text des Mythos als wirkliche zweite Ausgabe angesehen werden muß" (vgl. Giovanni Busino „V. Pareto, *Scritti sociologici*", Turin, UTET, 1966, S. 483, Anm. 1).
Dieser Text ist der deutschen Ausgabe (Neuwied, Luchterhand, 1968) entnommen, die Gottfried Eisermann unter Vorlage der ersten französischen Ausgabe übersetzt und herausgegeben hat. Er umfaßt das erste Kapitel nahezu ganz (S. 43-51 und S. 54-63) und das ganze vierte Kapitel (S. 122-152). (Mit Genehmigung des Luchterhand Verlages, Neuwied und Darmstadt).

sellschaft“ durchgehen lassen. Genauso verhält es sich bei den Sitten. Es gibt hier eine orthodoxe Doktrin, die anzugreifen verboten, offizielle Tabus, die zu verletzen untersagt ist.

Wir haben gerade das Phänomen dargestellt, wie es aus den Tatsachen resultiert, aber in dieser Form wird es gewöhnlich den Menschen nicht bewußt.

Im allgemeinen stellen die Anhänger einer Doktrin ihre eigene bei weitem über alle anderen. Sie erlauben nicht, daß es der freien Wahl überlassen bleibt, welche Doktrin von einer Regierung als orthodox anerkannt wird. Diese Wahl ist ein unvermeidlicher Zwang für jede Regierung, die ehrenhaft sein will. Oft wird das Argument jedoch in anderer Form dargeboten: die in Frage stehende Doktrin gilt dann als die der ehrenhaften Leute; folglich ist der, der sie nicht akzeptiert, unehrenhaft, folglich verdient er keine Rücksichtnahme, und die Regierung straft ihn zu recht.

Diese Argumentation war im Hinblick auf die katholische Religion in den katholischen Staaten des Mittelalters die gängige. Als die Reformation in mehreren Staaten Fuß faßte, mußte man dort auch die Doktrin ändern. Überall, wo die Protestanten die ausschließlichen Herren wurden, betraf der Wechsel einzig und allein die Aufzwingung der orthodoxen Doktrin. Die Katholiken hatten die katholische Religion aufgezwungen, die Protestanten begannen nun, die protestantische Religion aufzuzwingen. Hätten die Katholiken Calvin in die Hände bekommen können, so hätten sie ihn verbrannt; als es Calvin gelungen war, Servet in die Hände zu bekommen, schickte er ihn auf den Scheiterhaufen.

Dort, wo sich die Bevölkerung aus Katholiken und Protestanten zusammensetzte, mußte notwendigerweise eine Methode der Koexistenz gefunden werden. Zunächst ging die Entwicklung dahin, abermals die orthodoxe Doktrin zu ändern, die nun zur Gemeinsamkeit für die katholische und die protestantische Religion abgewandelt wurde.

Als sich in der Folgezeit die Zahl der protestantischen Sekten vermehrte und die Freidenker Bürgerrechte erwarben, wußte der Staat nicht mehr, wo er für seine Zwecke eine orthodoxe Doktrin hernehmen sollte, und mangels eines Besseren stellte er sich schließlich auf die Lösung ein, die wir mit b) bezeichnet haben.

Eine fast gleiche Entwicklung fand im Bereich des politischen Schrifttums statt. In manchen Staaten herrscht noch immer eine orthodoxe Doktrin, in anderen besteht keine mehr. England und Italien haben monarchische Regierungen, und man darf dort trotzdem die Republik predigen; Frankreich hat eine republikanische Regierung, und man darf dort trotzdem die Monarchie predigen.

Die orthodoxen Doktrinen, die sich auf Familie und Eigentum beziehen, hatten ein härteres Schicksal. Sie hätten sich vielleicht überall ihre Gültigkeit bewahrt, wenn nicht die Sozialisten eine Bresche in sie geschlagen hätten. Doch es kam ein Tag, an dem man sich zur Erkenntnis gezwungen sah, daß man nicht durch ein Gerichtsurteil die Frage des Individual- oder Kollektiveigentums lösen konnte; und an diesem Tag gerieten die Gesetze, die in dieser Beziehung eine orthodoxe Doktrin auferlegten, außer Gebrauch und wurden schließlich aufgehoben. Die orthodoxe Doktrin der Familie behauptete sich ein wenig – wenn auch nicht viel – besser. Die Doktrinen und Tabus in bezug auf die Sitten wurden ebenfalls stark in Mitleidenschaft gezogen. Aber gegenwärtig gewinnen sie erneut an Kraft, und man sieht, wie sich eine Bewegung abzeichnet, die genau in die entgegengesetzte Richtung der früheren geht.

Oft verbirgt sich der Glaube an eine orthodoxe Doktrin unter dem Deckmantel der Nützlichkeit. Das ist vor allem dann der Fall, wenn dieser Glaube nicht mehr allgemein verbreitet ist und die Bemühungen dahin zielen, die Gegner zur Anerkennung seiner Konsequenzen zu bringen.

Auf diese Weise hat man z. B. den Widerruf des Ediktes von Nantes gerechtfertigt – nicht etwa mit der Erwägung, daß die katholische Religion die wahre sei und deshalb wiederhergestellt werden müsse, sondern mit der, daß es für ein Land *von Nutzen* ist, eine einzige, gleiche Religion zu haben.

Die einschränkenden Maßnahmen gegenüber literarischen Angriffen auf das Privateigentum werden sich aus der Überlegung heraus rechtfertigen lassen, daß es nützlich ist, dieses Eigentum zu schützen. Einschränkende Maßnahmen gegenüber obszönen Schriften werden ihre Rechtfertigung in der Nützlichkeit der Sittsamkeit finden.

Schließlich stellt man eine Rangordnung zwischen den verschiedenen Doktrinen auf und verzichtet auf solche, von denen man am wenigsten hält, um die zu retten, auf die man das größte Gewicht legt. Früher vertraten die katholischen Regierungen eine unerbittliche Strenge zum Schutz des Dogmas, eine viel geringere gegenüber der Obszönität. Ja, es gelang sogar – und das ist bemerkenswert –, unter dem Deckmantel der Obszönität, die Religion anzugreifen. In dieser Hinsicht schuldet das freie Denken der Obszönität oder zumindest der Possenreißerei viel Dankbarkeit.

Wenn Rabelais seine Schilderung der Insel der Papimanen in einer ernsthaften Schrift gebracht hätte, hätte man ihn verbrannt oder wenigstens ins Gefängnis gesteckt. Aber war das möglich angesichts seiner Methode, den sympathischen Erzähler der obszönen Geschichte von der Alten von Papefiguière ernst zu nehmen und mit ihm böse zu werden?

Die katholische Kirche hätte dort, wo sie die Unterstützung des weltlichen Armes fand, Boccaccios Dekameron streng verfolgen und vernichten lassen können. Sie hat es nicht getan. Aber sie ließ nicht zu, daß in ernsthaften Schriften ähnliche Attacken gegen Religion, Mönche und Priester geführt wurden, wie sie im Dekameron zu finden sind.

Auch bei Bayle und Voltaire hat die Obszönität als Deckmantel gedient, um die Gefahr ihrer Angriffe auf die herrschende Religion abzuschwächen.

Mittlerweile haben sich die Rollen verkehrt. Man kann die religiösen Tabus ins Lächerliche ziehen, soviel man Lust hat, man muß nur die sittlichen Tabus respektieren. Was die Organisation der Gesellschaft anbetrifft, so besitzt der Staat keine orthodoxe Doktrin mehr, er hat bloß noch eine, im Hinblick auf die Einstellung zur Sexualität. Man kann an einem Kiosk ungestört eine anarchistische Zeitung aushängen, in der steht, daß „die Proletarier die Bourgeoisie totschlagen sollen"; verboten ist es hingegen, dort das Bild einer nackten Frau auszustellen.

b) Als anderes Extrem haben wir den Staat, der sich nicht mehr um die Art der Schriften kümmert, dessen einziges Ziel es vielmehr ist, Ruhe und Ordnung unter seinen Staatsangehörigen zu bewahren und alle Tätlichkeiten, ja womöglich selbst die geringste Zwietracht, zu verhindern.

Unter diesem Blickwinkel besitzt der Staat nicht bloß keine orthodoxe Doktrin mehr, sondern er kann sogar, ohne widersprüchlich zu erscheinen, an einer Stelle verbieten, was er anderswo erlaubt.

So ist es z. B. zu erklären, daß ein christlicher Staat, der die Herrschaft über muselmanisches Land ausübte, in dieser Kolonie Schriften, die die mohammedanische Religion ins Lächerliche zogen, verbot und sie dennoch bei sich zu Hause gestattete.

In diesem Fall verfolgte die Regierung nicht die Schrift selbst, sondern die Unruhe, die sie im Hinblick auf den sozialen Frieden verursacht. Solange sich diese Unruhe nicht bemerkbar macht, gibt es auch kein Vergehen.

Übrigens folgt man oft im Falle von Beleidigungen einer ähnlichen Richtschnur. Eine Zeitung schreibt: „Alle Freidenker sind Schufte." Herr X bezeichnet sich selbst als Freidenker. Die unvermeidliche logische Schlußfolgerung nach dieser Zeitung lautet, daß Herr X ein Schuft ist. Dennoch geht man gegen die Zeitung nicht vor.

Eine andere freilich druckt den Syllogismus in aller Ausführlichkeit: „Alle Freidenker sind Schufte; Herr X ist Freidenker; folglich ist er ein Schuft." Man verfolgt die Zeitung und verurteilt sie wegen Beleidigung.

Ein anderes Beispiel. Ein berühmtes Sgraffito, das in Rom auf dem Palatin gefunden wurde, stellt einen Mann dar, der einen anderen mit Eselskopf anbetet, und trägt die Inschrift: „Alexamenus betet seinen Gott an[1]." Ein Autor gibt Sgraffito und Inschrift in einem Buch wieder und fügt hinzu: „Derjenige, der dieses Sgraffito geschaffen hat, hatte ganz recht, der Gott der Christen ist nur ein

[1] Inzwischen wird bestritten, daß der Mann mit dem Eselskopf den Gott der Christen darstellt. Andererseits sagt Tertullian sehr deutlich (Apol. XVI), daß die Christen angeklagt waren, einen Esel anzubeten.

Esel.“ Heutzutage wird man in verschiedenen zivilisierten Ländern finden, daß dieser Autor ein unverschämter Kerl sei, aber man wird das Buch nicht beschlagnahmen, man wird den Autor nicht vor Gericht bringen.

Dieselbe Seite des Buches, ohne die geringste Änderung, wird irgendwo in der Öffentlichkeit angeschlagen; jetzt schreitet die Polizei ein, der Anschlag wird heruntergerissen und der Autor verfolgt.

Das Vergehen, das darin besteht, die soziale Ruhe und Ordnung zu stören, hat zwei Hauptelemente. Erstens muß die Schrift so geartet sein, daß sie bei einem bemerkenswerten Teil der Bevölkerung starke Entrüstung hervorruft; zweitens muß – entweder direkt oder indirekt – die Möglichkeit geboten werden, davon Kenntnis zu erlangen, indem sie in der Öffentlichkeit zur Schau gestellt wird.

Wenn wir nur das erste Element annehmen, so verfallen wir wieder auf die obengenannte Lösung a). Die Leute, die fest an eine Doktrin glauben, werden immer sehr entrüstet sein, wenn man diese Doktrin angreift oder ins Lächerliche zieht. Um dies zu vermeiden, gibt es bloß ein Mittel: daß sich nämlich der Staat diese orthodoxe Doktrin zu eigen macht und sie gegen jeden Angriff verteidigt.

Aber wenn man auch das zweite Element als notwendig erachtet, braucht der Staat keine orthodoxe Doktrin mehr; er läßt alle Doktrinen zu und verlangt lediglich von ihnen, daß sie sich in einer Weise weiterentwickeln, die keine allzu heftigen Konflikte zwischen ihnen entstehen läßt.

Wenn die Katholiken kommen und sich beschweren, daß die Protestanten Übersetzungen der Bibel in die Volkssprache verkaufen, so wird er ihnen antworten: „Kauft eben keine.“ Wenn die Protestanten sich beklagen, daß der katholische Gottesdienst ein Götzendienst sei, und hierüber eine rege Entrüstung an den Tag legen, dann wird er ihnen antworten: „Geht eben nicht in katholische Kirchen.“ Wenn die Katholiken auf der Straße Plakate anschlagen mit der Beschriftung: „Luther ist ein Hanswurst“ und die Protestanten daraufhin neue Plakate ankleben mit der Beschriftung: „Der Papst ist ein Hanswurst“, dann wird die Regierung die Plakate – katholische wie protestantische – entfernen lassen und im übrigen die hitzigen Gegner bitten, ihre Kampflust ein wenig zu zügeln oder zumindest zu etwas höflicheren Waffen Zuflucht zu nehmen.

In der Mehrzahl der zivilisierten Länder verbietet man einer Frau, in Männerkleidung auf der Straße spazierenzugehen, weil das – zu Recht oder nicht – ärgerliches Aufsehen hervorriefe. Der Brauch will es, daß es keinen Anstoß mehr erregt, wenn eine Frau, als Mann gekleidet, auf den Brettern eines Theaters erscheint; das ist ihr also erlaubt. Ebenso ist ihr erlaubt, sich zu Hause in dieser Weise zu kleiden und dort ihre Bekannten zu empfangen. Die Leute, die sie in dieser Aufmachung nicht sehen wollen, brauchen ja nur auf den Besuch bei ihr zu verzichten.

Eine Frau kann stark dekolletiert auf einem Ball erscheinen, ohne den geringsten Anstoß zu erregen; wenn sie in derselben Kleidung auf die Straße ginge, so riefe sie dagegen einen Skandal hervor, und die Polizei schritte ein.

Gewiß ist diese Lösung nicht unumstößlich, doch das hängt von der Natur der Dinge selbst ab. Der Tatbestand des Skandals, die Art und Weise, wie die Schrift zur Kenntnis gebracht wird, beides ist immer ein wenig unbestimmt. Das läßt sich unmöglich vermeiden, außer wenn man auf die erste Lösung zurückkommt und eine staatliche Inquisition einrichtet, mit deren Hilfe die orthodoxe Doktrin alle, selbst die geringfügigsten Kleinigkeiten festlegt. In der Tat sah sich die katholische Kirche zur Anwendung dieser Lösung gezwungen. Man hat es ihr oft zum Vorwurf gemacht, aber es ließ sich bei der katholischen Doktrin nicht vermeiden.

Zweifelsfälle gibt es und wird es in ähnlichen Situationen immer geben. Z. B. kann man sich darüber streiten, ob das Theater ein Ort in der Öffentlichkeit ist oder nicht. Dafür spricht die Beobachtung, daß ein jeder hingehen kann. Dagegen spricht, daß niemand hinzugehen gezwungen ist und daß der Verzicht auf ein Stück, das man widerwärtig findet, wahrhaftig kein Opfer bedeutet.

Der Brauch hat sich heute dafür ausgesprochen. Das ist im ganzen kein großes Übel, selbst für die nicht, von denen die zweite Lösung vertreten wird.

Die Menschen haben eine unwiderstehliche Tendenz, auf die eingangs angeführte Theorie a) der orthodoxen Doktrin zurückzukommen, selbst wenn sie den Eindruck machen, als bejahten sie die Theorie b) vom Schutz des sozialen Friedens. Dazu bedienen die sich zahlreicher Sophismen.

Ein entscheidendes Sophisma besteht darin, das zweite Element b) gänzlich zu vernachlässigen und das erste beträchtlich zu übertreiben.

So verlangte z. B. der Kardinal von Bonnechose im März 1864 vom französischen Senat Verfolgungsmaßnahmen gegen Renans Werk „Das Leben Jesu". Er sagte[2]: „Das Gesetz ist formal; es bestraft jede Beleidigung der öffentlichen und religiösen Moral. Was ist das Hassenswerteste, das ein Mensch einem anderen Menschen sagen kann? Ist es nicht: Das habt Ihr Euch 'erlogen'? Ja, nur mit Blut kann man eine derartige Beleidigung abwaschen. Nun gut! Und was sagte Renan vom Begründer unserer Religion? Ihr habt gelogen, denn Ihr habt gesagt: Ich vollbringe Wunder, und Ihr habt keine vollbracht. Ihr habt gelogen, denn Ihr habt gesagt: Ich bin der Sohn Gottes, und Ihr seid der Sohn eines Menschen. Ihr habt gelogen, denn Ihr habt gesagt: Ich werde wiederauferstehen, und Ihr seid nicht wiederauferstanden. Was macht es nun aus, daß dieses Werk in scheinheiliger Art und Weise kaltgestellt wird? Es hat hundertmal mehr verdient. Wir verlangen seine gerichtliche Verfolgung."

---

[2] Emile Ollivier: L'Empire libéral, 17 vols., Paris 1894-1915, vol. VI, S. 497.

In seiner Antwort verharmloste Delangle die Frage. Er argumentierte nach Art eines Advokaten, der einen Klienten verteidigt, nicht nach Art eines Staatsmannes. Er bestritt, daß es der Gesetzesterminologie zufolge Beleidigungen und heftige Angriffe in dem Buch von Renan gäbe. Aber er ging nicht auf die Beobachtung des Kardinals von Bonnechose ein, daß das Buch gerade ohne Beleidigungen und heftige Angriffe um so gefährlicher sei. Die richtige Antwort für den Kardinal wäre gewesen, daß man – wenn man sich seine Prinzipien zu eigen machte – auf die Lösung zurückkäme, der zufolge der Staat eine orthodoxe Doktrin hat, die nicht angegriffen werden darf. Gleichgültig, um welche Doktrin es sich handelt – wer einen Punkt an ihr leugnet, stellt damit sogar in Abrede, daß derjenige, der diesen Punkt behauptet, in allen anderen die Wahrheit sagt; und wenn das allein schon genügt, um die Anhänger dieser Doktrin gegen sich aufzubringen und die Regierung zum strengen Einschreiten zu zwingen, so ist es besser, ohne so viele scheinheilige Ausflüchte ein unbedingtes Verbot von Angriffen gegen diese Doktrin zu erlassen.

Ein anderes Sophisma besteht darin, das Interesse der Kinder ins Spiel zu bringen und es dazu zu benutzen, das zweite Element der Lösung b) beiseite zu schaffen. Die Jugend muß vor schlechter Literatur bewahrt werden; dazu genügt es nicht zu verhindern, daß man diese in der Öffentlichkeit ausstellt, es muß ferner verhindert werden, daß man sie produziert und in den Handel bringt; denn andernfalls verschaffen sich die Kinder schließlich doch die Schriften, welche Vorsorge man auch immer trifft. Auf diese Weise wird vorgegangen, und die Leute, die zu diesem Standpunkt bekehren wollen, führen uns unbemerkt zur Lösung der orthodoxen Doktrin zurück, die nicht angegriffen werden darf.

Diese Doktrin wäre einzigartig streng, wenn man das Verbot, keine Schrift, die die kindliche Unschuld beeinträchtigen könnte, zum Verkauf zuzulassen, buchstabengetreu nähme; dadurch würde man auf eine Literatur beschränkt, die sich ausschließlich aus „moralischen" Geschichten zusammensetzte. Wenn das Verbot andererseits nicht buchstäblich genommen zu werden braucht, müßte man zumindest wissen, wie man es interpretieren soll. […]

Das Sophisma vom „Interesse der Jugend" ist nicht neu. Man hat es zu allen Zeiten verwendet. Im Jahre 1878 machte sich Stecchetti in geistvoller Weise darüber lustig: „Es gibt junge Mädchen auf dieser Welt" – sagte er –, „ich muß mir dieser schmerzlichen Wahrheit wieder bewußt werden. Aber da es sie nun mal gibt, soll man deshalb nur für sie schreiben, und zwar derart, daß ihnen nicht bei der Lektüre das Wasser im Mund zusammenläuft? Das ist zu viel verlangt.

Ferdinando Martini hat ganz richtig gesagt: 'Verheiratet sie endlich mal, diese jungen Mädchen, damit wir endlich die Dinge beim Namen nennen können[3].'„

In diesem Fall handelte es sich nur um einen Streit zwischen Literaten, und Stecchetti konnte sagen: „Es ist die reine Wahrheit, daß wir den Kampf zwischen Romantikern und Klassikern wiederaufgenommen haben ... mit dem einzigen Gewinn, daß der polemische Streit kein Verbrechen mehr ist, das den Strang verdient, und daß sich die Streitenden – wenigstens im Augenblick – nicht bemühen, zu ihren Gunsten die Polizei einzuschalten[4]."

Die Einschränkung „wenigstens im Augenblick" war weise und vorausschauend, denn im Gegensatz zu oben nimmt gerade zur Zeit eine der Parteien ihre Zuflucht – und zwar ausschließlich – zur Polizei. Der polemische Streit hat sich in dem Maße abgeschwächt, in dem sich die Appelle an die öffentliche Gewalt vermehrten. Eine der Parteien – auf dem Gebiet der Kunst und der Literatur besiegt – schied aus dem redlichen intellektuellen Kampf aus; sie hofft nunmehr, mit versteckten Angriffen zum Ziel zu gelangen. Mit dem Räsonnieren hat sie nichts erreicht; jetzt hofft sie auf mehr Glück, wenn sie ihre Sache Polizeibeamten anvertraut.

Es gibt weitere und bessere Beispiele. Diskussionen zum Thema Malthusianismus – gestern noch erlaubt – tendieren heute dahin, durch Gerichtsbeschluß entschieden zu werden.

Das Strafgericht des Departements Seine verurteilte in seiner Sitzung vom 28. Dezember 1909 eine Zeitschrift mit dem Titel „Die wissende Generation". Ich habe keineswegs im Sinn, hier zu prüfen, ob diese Verurteilung gerechtfertigt war oder nicht, ich will bloß Beweggründe nennen, die belegen, daß sich offenbar eine orthodoxe Doktrin zum Thema Malthusianismus etabliert.

Das Urteil wird folgendermaßen begründet: „In Anbetracht dessen, daß sich aus Untersuchung und Verhandlung der Beweis ergibt, daß H. ... in seiner Zeitung, in Kursen und Vorträgen die freie Liebe gepredigt hat, die Gleichheit der Geschlechter im Hinblick auf die Liebe, die Tatsache, daß die Frau dank der modernen Erkenntnisse der Wissenschaft – d. h. dank der Anwendung von Verhütungsmitteln – nicht länger das Risiko der Schwangerschaft eingehen muß und nur Mutter wird, wenn und zu welchem Zeitpunkt sie will; in Anbetracht dessen,

3 Stecchetti (Olindo Guerrini): „Nova polemica." – Prolog. – S. 26. „Maritatele una volta queste benedette ragazze."
Ich habe „benedette" nicht übersetzt. Man kann nicht „diese *gesegneten* jungen Mädchen" sagen, wie die wörtliche Übersetzung lauten würde. „Verfluchte junge Mädchen" wäre zu stark. Vielleicht käme man dem Sinn nahe, wenn man übersetzte: „Diese *teuren* jungen Mädchen."
Da ich kein Tugendwächter bin, fürchte ich nichts so sehr, als daß ich den Text, den ich übersetze, nicht richtig wiedergebe. Diese Entschuldigung soll für die vorliegenden und ähnliche Bemerkungen dienen.

4 Stecchetti, ebd. S. 28/29.

daß eine solche Anschauung an sich schon unmoralisch ist, daß sie darüber hinaus einen ständigen Anreiz zur Ausschweifung und Zügellosigkeit bildet und daß sie die größte soziale Gefahr darstellt."

Es kann tatsächlich für ein Land von Nutzen sein, die Ausbreitung von Doktrinen zu vermeiden, die gegen eine Bevölkerungsvermehrung sind, und unter diesem Aspekt wäre es vielleicht in England nützlich gewesen, das Werk von Malthus zu beschlagnahmen und zu vernichten. Gleichwohl ist zu beachten, daß es – wenn man sich auf den Standpunkt der Nützlichkeit stellt – nicht sehr einleuchtend erscheint, warum andere Doktrinen – solche wie z. B. die anarchistische Doktrin – erlaubt sind und nur die Malthusianische Doktrin verboten ist. Aber diese Frage will ich gar nicht behandeln. Ich untersuche einzig und allein, ob wir auf dem Weg zu einer orthodoxen Doktrin sind, die jegliche Ketzerei bestraft – ja oder nein; und es scheint mir, die Antwort muß ja lauten, wenn sich die Motive des angeführten Gerichtsurteils verallgemeinern.

Das ergibt ich übrigens auch aus einem anderen angeführten Rechtsgrund des genannten Urteilsspruches.

„In Anbetracht dessen, daß das Gesetz aus dem Jahre 1882, modifiziert in den Jahren 1898 und 1908, die Obszönität bzw. den Tatbestand des Verstoßes gegen die guten Sitten nicht näher bezeichnet hat, aber daß sich aus einer täglich wachsenden Rechtsprechung, die künftig in Betracht zu ziehen ist, ergibt, daß folgende Tatbestände namentlich gegen die guten Sitten verstoßen und unter die Verfolgung durch das Gesetz fallen: 1. Veröffentlichung und Verbreitung von Artikeln oder Druckwerken, die Hinweise oder Anzeigen in bezug auf Empfängnisverhütungsmittel enthalten ..."

Es folgen Überlegungen zum Thema Abtreibung, Überlegungen, die ganz und gar außerhalb unseres Themas liegen. Was die Abtreibung anbelangt, so ist sie nach der Gesetzesterminologie ein Delikt, und jede Aufforderung, dieses Delikt zu begehen, fällt unter die Verfolgung durch das Gesetz, ohne daß darauf geachtet werden müßte, ob die Aufforderung obszön ist oder nicht.

Zwei Betrachtungen bleiben noch über das Sophisma vom „Interesse der Jugend" anzuschließen.

Zunächst ist sehr bemerkenswert, daß man es in unserer Zeit allein auf obszöne Schriften anwendet und daß man trotz seiner allgemeingültigen Aussage keinen Gebrauch von ihm im Hinblick auf Schriften, die Angriffe auf die Religion, die Regierungsform, den Patriotismus, die Beschaffenheit der Familie usw. enthalten, machen will.

Die oben angeführte Überlegung will – auf einen allgemeinen Nenner gebracht – beweisen, daß es nötig ist, jeglichen Handel mit „schlechten Schriften" zu unterdrücken, um den verderblichen Einfluß dieser „schlechten Schriften" auf die Jugend auszuschalten[5].

Wenn man unter „schlechten Schriften" obszöne Schriften versteht, so ist diese Schlußfolgerung ohne den geringsten Einwand zu akzeptieren, wenn man hingegen unter „schlechten Schriften" auch Schriften gegen die religiöse Gesinnung, den Patriotismus usw. versteht, dann ist diese Schlußfolgerung zurückzuweisen, da sie zu einem entsetzlichen Despotismus führen müßte. Warum das?

Ein Familienvater verlangt, daß man die Veröffentlichung oder sogar den „nicht-öffentlichen Handel" einer obszönen Schrift verbietet. Man gibt ihm recht. Ein katholischer Vater verlangt, daß man das gleiche Verbot auch auf Schriften erstreckt, die seine Religion beleidigen und ins Lächerliche ziehen. Ein patriotischer Vater möchte in derselben Weise Schriften behandeln lassen, die lehren, daß das Wort „Vaterland" inhaltslos und leer ist. Ein bürgerlich gesinnter Vater möchte nicht veröffentlicht sehen, daß alle Bürger Spitzbuben sind, die man totschlagen muß. Den zuletzt genannten gibt man unrecht. Warum wird dieser Unterschied gemacht?

Die zweite Beobachtung wird uns eine Antwort auf diese Frage erlauben. Das Sophisma, das wir jetzt untersuchen wollen, ist implizit mit einem anderen verknüpft, von dem wir bereits gesprochen haben und das ganz allgemein unterstellt, daß die Doktrin, die man verteidigen will, derart über allen Widerspruch erhaben ist, daß sie nur ein unredlicher Mensch in Zweifel ziehen könnte.

Wir stellen die Diskussion über religiöse Fragen frei – heißt es –, weil es verschiedene Religionen, verschiedene religiöse Sekten gibt, und wir kein Urteil über sie fällen wollen. Wir bedauern, daß man den Antimilitarismus, den Antipatriotismus und andere ähnliche Doktrinen verherrlicht, wir tadeln sie, aber die Achtung vor der Meinung anderer Leute hindert uns, vom Gesetzgeber zu verlangen, streng gegen sie vorzugehen.

Nach seinem Hinweis, daß die Bücher, die im Kaiserreich verfolgt wurden, Flauberts „Madame Bovary", Baudelaires „Fleurs du Mal" sowie Proudhons „Justice dans l'Eglise et la Révolution" waren, sagt Emile Ollivier[6]: „Die liberale Doktrin macht keinen Unterschied zwischen Büchern und Zeitungen[7]; sie legt den gleichen Maßstab bei beiden an. Bringen diese nur ihre Meinung zum Ausdruck, so laden sie keinerlei Verantwortung gegenüber dem Gesetz auf sich. Ob eine Meinung richtig oder falsch ist, in welcher Form sie sich auch gibt, ob gemäßigt oder radikal, sie ist unantastbar: Wenn sie Ihnen mißfällt, so widerlegen Sie sie, ein anderes Recht haben Sie nicht. Ohne zur Diskussion stellen zu wol-

[5] Man darf dabei nicht vergessen, daß die neuen Gesetze das Verbot „selbst auf den nicht-öffentlichen" Handel erstrecken wollen.

[6] Emile Ollivier, a.a.O. vol. IV.

[7] Vgl. weiter unten das System, das die verschiedenen Arten von Schriften unterscheidet.

len, ob die Verfolgung von Flaubert und Baudelaire tatsächlich gerechtfertigt war, so stellte sie doch keinen Verstoß gegen die Freiheit dar. Denn die Beleidigung der öffentlichen Moral kann nicht als eine Auswirkung reinen Denkens angesehen werden ... Das Vorgehen gegen Proudhon dagegen war ein offensichtlicher Verstoß gegen die Freiheit der Forschung..."

Zunächst soll hier ein Sophisma getadelt werden, das mit der Doppelsinnigkeit des Begriffes „Beleidigung" zusammenhängt. Man kann die Moral in Taten und Worten beleidigen, und das sind zwei sehr verschiedene Dinge. Man versteht vollkommen, daß eine Regierung die erste Art der Beleidigung verbietet, während sie die zweite duldet. So ist z. B. in der Mehrzahl der zivilisierten Länder die Polygamie verboten, aber man darf sie, wenn man will, loben und sogar in den Himmel heben. Die Regierung der Republik Frankreich gestattet den Monarchisten keine tatsächlichen Revolten, sie erlaubt ihnen aber, die Monarchie zu predigen, selbst unter Zuhilfenahme der Gewalt. Die kaiserliche Regierung konnte Dinge, von Baudelaire in Versen besungen, verbieten, ohne im geringsten in den Bereich der freien Meinung einzudringen. Aber es ist nicht zu bestreiten, daß man allemal in diesen Bereich eindringt, wenn man eine Meinung – wie auch immer sie beschaffen sei – verfolgt. Wenn man das nicht einsieht, so heißt das, daß das Gefühl einem den Verstand umnebelt und man willkürlich gewissen zum Ausdruck gebrachten Gedanken, die man besonders verabscheut, den Titel *„freie Meinung"* verweigert.

Man sieht mit Erstaunen, in welchem Maße Vorurteile und Gefühle selbst die gebildetsten Menschen blind machen können. Emile Ollivier z. B., ein Mann von hohem Bildungsgrad, urteilt, als sei „die öffentliche Moral" eine objektive Sache, während ihm doch seine literarischen und historischen Kenntnisse in Hülle und Fülle Argumente liefern könnten zum Beweis dafür, daß sie das subjektive Ergebnis von Meinungen ist, die nach Zeit und Ort verschieden sind. Emile Ollivier kennt seine Klassiker, also weiß er genau, daß die „öffentliche Moral" der griechisch-römischen Antike keineswegs der „öffentlichen Moral" christlicher Färbung, wie sie heutzutage in Europa anerkannt wird, entspricht. Er kennt gleichfalls die klassischen Autoren verschiedener anderer Länder und weiß genau, daß die meisten von ihnen in sehr viel höherem Grad „die öffentliche Moral beleidigt" haben, als es Flaubert und Baudelaire taten. Ehrlich gesprochen – kann irgend jemand behaupten, Machiavellis „Mandragola" sei weniger obszön als „Madame Bovary"? Warum also kann man in Zukunft nicht gleicher Meinung gegenüber den Asketen mit den paganen Autoren – mit Boccaccio, Machiavelli, Rabelais, Bayle, Voltaire usw. – sein? Handelt es sich dabei nicht nur um einen Meinungsstreit?

Ein Athener, der sich mit Vergnügen die Komödien des Aristophanes ansah, hatte gewiß nicht dieselbe Vorstellung von der „öffentlichen Moral" wie ein

Christ unserer Tage. Man stelle sich jemand vor, der wie dieser Athener denkt – er darf so viel er mag mit dem Christen über die Vorzüge von Athen und von Jesus disputieren; aber daß er es sich nicht etwa einfallen ließe, seine Ansichten über nackte weibliche Gestalten zum Ausdruck zu bringen! Die öffentliche Gewalt würde unverzüglich einschreiten und ihn zum Schweigen bringen.

Hier handelt es sich um ein sonderbares Tabu. Man kann seiner Meinung über alle Dinge Ausdruck verleihen – mit einer einzigen Ausnahme[8]. Man kann mit jeder Religion, jeder Moral, jedem Brauch seinen Spott treiben, man kann den Bürgerkrieg predigen, die Brandstiftung und die Plünderung. Alles ist erlaubt, wenn man nur nicht an das rührt, was gewisse Leute obszön zu nennen belieben.

Aber – wird man hartnäckig behaupten – es sind doch nicht nur „gewisse Leute", die diese Meinung vertreten, das tun doch alle, nur ein unanständiger Mensch kann anderer Meinung sein.

Wirklich? Demnach war – um nur ein Beispiel unter tausenden herauszugreifen – Sokrates ein unanständiger Mensch. Denn es ist vollkommen sicher, daß sich seine Vorstellung von der zu verbietenden Obszönität wie Tag und Nacht von derjenigen der Leute unterschied, die heutzutage von Beleidigung und öffentlicher Moral sprechen.

Es genügt der Hinweis darauf, daß Sokrates seine Schüler zur Kurtisane Theodote führte, und auf die Reden, die er dort hielt[9].

Der Senator Bérenger (1830-1915), seit 1875 Senator auf Lebenszeit, einer der entschiedensten Verfechter bei den Bemühungen im Kampf gegen sittliche Verfehlungen, jedenfalls wäre – hätte das antike Griechenland die Ehre und das Glück gehabt, ihn zu seinen Söhnen zu zählen – darüber krank vor Entrüstung geworden und er hätte nicht versäumt, sich mit Melitos zusammenzutun, um Sokrates vor die Richter Athens zu bringen. Gerade das würde ihm wirklich noch zu seinem Ruhm fehlen.

---

[8] So hat das italienische Gesetz vom 28. Juni 1906 die präventive Beschlagnahme aller Schriften – man verstehe recht: aller Schriften – mit einer einzigen Ausnahme abgeschafft: mit Ausnahme der Schriften nämlich, die „die guten Sitten und das Schamgefühl verletzen".
Demzufolge kann keine präventive Beschlagnahme mehr stattfinden im Hinblick auf Schriften, die Gewalttaten, Mord, Plünderung, Fahnenflucht oder Vaterlandsverrat predigen; das sind kleine Sünden im Vergleich zu dem empörenden, abscheulichen, schrecklichen und entsetzlichen Verbrechen,
„Schätze, von der Liebe schattiert",
vor Augen zu führen oder zu benennen.
Um dieses Verbrechens willen, allein um dieses Verbrechens willen, wird man in Zukunft eine Ausnahme machen und die präventive Beschlagnahme zugestehen.
Zum Vergleich weiter unten (S. 168/9, Anm. 33), was ein guter Wahabit über das Rauchen sagte. Die beiden Fälle sind ähnlich gelagert.

[9] Xenophon: Memorabilia.

Es sei daran erinnert, daß Xenophon diese Reden festhielt, um seinem Lehrer damit Ehre zu erweisen; er billigte sie also. Reihen wir ihn folglich zusammen mit Sokrates unter die unanständigen Menschen ein! Fügen wir auch Solon hinzu, der – wie es heißt – in Athen die Bordelle einführte[10]. Vergessen wir Cato nicht[11], der den jungen Leuten riet, lieber dorthin zu gehen, als verheiratete Frauen zu verführen. Horaz, der gleicher Meinung war und übrigens eine stattliche Anzahl anderer, ähnlicher Missetaten auf dem Gewissen hat, wird sich zu ihm gesellen. Wenn wir nur ein wenig weitersuchen, so werden wir eine Menge anderer Leute finden, die sich ganz genauso schuldig gemacht haben. Du meine Güte! Was für unanständige Leute! Gibt es denn niemand mehr, der so anständig ist wie Tartuffe?

Die Herren Verteidiger der „öffentlichen Moral" haben das Recht, ihre Ansicht gut zu nennen und jede gegensätzliche Meinung böse. Diesen Umstand will ich hier nicht zur Diskussion stellen. Aber wenn sie in Zukunft nicht von uns ausgelacht werden wollen, so sollen sie nicht kommen und uns erzählen, daß nur ein unanständiger Mensch eine andere Meinung als sie vertreten könne.

Es ist unerläßlich, darauf aufmerksam zu machen, daß wir hier keineswegs untersuchen, welche Moral „besser" ist. Wir untersuchen nur – und das ist etwas ganz anderes –, ob es eine einzige Moral für alle Zeiten und alle Orte gibt oder ob es mehrere Arten von Moral gibt.

Wenn es mehrere Moralauffassungen gibt – und die Erfahrungswissenschaft läßt kaum eine andere Hypothese zu –, dann steht es außer Zweifel, daß die Moral ebenso zum Gegenstand der Erörterung wird, wie es jetzt Religion und Politik sind. Nichts rechtfertigt eine unterschiedliche Behandlung, solange man sich nicht zu dem Zugeständnis entschließt, daß der Staat zwar im Bereich der Religion und Politik keine orthodoxe Doktrin mehr aufzwingt, daß er es aber im Bereich der Moral noch tut.

Die Kirchenväter glaubten, die absolute Wahrheit zu kennen, und natürlich hatten sie auch eine absolute Moral. Sie haben sie ausführlich dargelegt, und sie hatten recht, wenn sie sagten, daß die christliche Moral im Hinblick auf die Sittlichkeit grundverschieden von der heidnischen Moral sei[12]. Gegenwärtig versucht man uns zu der Theorie von einer einzigen Moral zu bekehren, um daraus

---

[10] Athanaeus: Deipnosophistae, XIII, S. 569.

[11] Horaz: Satirae, I, 2:
Quidam notus homo cum exiret fornice. „Macte Virtute esto, inquit sententia dia Catonis; Nam simul ac venas inflavit tetra libido, Huc iuvenes aequum est descendere, non alienas Permolere uxores."

[12] Der hl. Thomas sagte sehr richtig (2., 2., „quaest. 154. art. 2"): Quia apud gentiles fornicatio simplex non reputabatur illicita propter corruptionem naturalis rationis; Iudaei, autem ex lege divina instructi, eam illicitam reputabant.
Das Volk richtet sich nach dem „göttlichen Gesetz"; aber unsere Tugendwächter, wonach richten die sich?

die orthodoxe Doktrin zu gestalten, die der Staat aufzwingen soll. Wenn unsere heutigen Anwälte der Tugend gleichzeitig eifrige Christen wären, könnten sie logisch denken, und man hätte es in Anbetracht dessen nicht nötig, ihnen etwas zu sagen. Doch dazu wäre gleichzeitig die Erkenntnis notwendig, daß sie im Namen des Gesetzes einen Teil der christlichen Religion aufzwingen wollen; dann würden sich die Freidenker energisch weigern, ihnen zu folgen, und alle ihre Bemühungen, die bestehenden Gesetze zu ändern, schlügen fehl. Sie können nur mit Hilfe der Freidenker zum Ziel gelangen; sie sind demnach verpflichtet, soweit wie möglich den christlichen Charakter der orthodoxen Doktrin, die sie aufzwingen wollen, zu verheimlichen.

Die klassische Antike macht ihnen ungeheuer zu schaffen, und sie nehmen alle möglichen Ausflüchte zu Hilfe bei dem Versuch, sie zum Verschwinden zu bringen. Sie möchten beweisen können, daß die Tabus, die sie einzuführen planen, nicht ihre eigenen sind, sondern daß sie schon seit eh und je, von der Antike bis zum heutigen Tage, von allen „anständigen Leuten" akzeptiert worden seien.

Wenn es diesen Herren auch mißfällt, ist das doch gänzlich falsch.

Eine einzige Beobachtung genügte, um klar zu beweisen, daß die heidnische Moral, was die Sittlichkeit anbelangt, ganz und gar von der heutigen Moral abwich. Man fühlte sich verpflichtet, in einem verschwiegenen Museum in Neapel in der Antike geläufige Gebrauchsgegenstände einzuschließen, die bei den Ausgrabungen in Pompeji gefunden worden waren. Denn das moderne Schamgefühl fühlt sich durch diese Art Gegenstände verletzt, deren sich die Bewohner Pompejis in ihren Familien täglich bedienten.

Sucht man weitere Beweise, dann findet man leicht so viele man haben will. Ist heute etwa daran zu denken, die Komödien des Aristophanes ungekürzt aufzuführen? Könnten wir heute noch den Phallus-Kult ertragen, bei dem junge Mädchen, die *Kanephoren*, in feierlicher Prozession dem Sinnbild der männlichen Fruchtbarkeit folgten[13]? Was würden wir zu dem Wiederauftauchen der einst von diesen jungen Mädchen benützten Priapen in unseren Gärten sagen?

Andererseits nehmen Griechenland und Rom in der Geschichte der Menschheit einen bedeutenden und ehrenvollen Rang ein. Es ist also nicht zu bestreiten, daß ihre Moral – wie auch immer sie beschaffen gewesen sein mag –

---

[13] Aristophanes: Acharner, 242-243.
„Du trittst ein wenig vor, Korbträgerin,
Du Xanthias, den Phallos richte hier empor."
Herr Luzzatti sagte in der Kammer, daß es bei der Jagd nach unzüchtigen Bildern oder Schriften darum gehe, die junge Generation zu retten. Unglückliche junge Athener, die keine solchen Retter hatten! Was ist mit zunehmendem Alter aus ihnen geworden? Nichts von Wert; und kaum erinnern sich in unseren Tagen einige wenige Gelehrte an den Namen ihres Vaterlandes!

in jeder Hinsicht mit den hervorragendsten Eigenschaften aller menschlichen Aktivitäten vereinbar gewesen ist.

Das beweist nicht, daß die antike Moral besser gewesen ist, nicht einmal, daß sie ebenso gut wie die moderne Moral ist. Wenn man will, kann man unterstellen, daß die moderne Moral jeder anderen Moralauffassung aus Vergangenheit und Zukunft ungeheuer überlegen sei. Aber es beweist, daß wir es hier mit einer Frage zu tun haben, die diskutiert werden kann, und daß der Staat, der in dieser Hinsicht seinen Standpunkt aufzwingen will, genauso handelt wie der Staat, der seinen Standpunkt in der religiösen Frage aufzwingt.

Mehr als ein halbes Jahrhundert lang haben sich die Regierungen der zivilisierten Völker – wenn nicht juristisch, so doch zumindest in der Praxis – in dem Sinne entwickelt, daß sie die Position einer orthodoxen Doktrin in der Frage der Moral aufgaben; sie tendierten dahin, immer weniger in Konflikte zwischen den verschiedenen Moralauffassungen einzugreifen. Nun setzt eine entgegengesetzte Entwicklung ein.

Der internationale Kongreß, der im Mai 1910 in Paris abgehalten wurde, zielte auf die Art der publizierten Schriften, und nicht auf die Methode, mit der sie zur Kenntnis der Öffentlichkeit gebracht werden, da er ja „selbst den nicht öffentlichen Handel“[14] mit gewissen Schriften, Bildern usw. bestrafen will.

Wenn die Beschlüsse dieses Kongresses akzeptiert werden, dann wird das in allen Ländern eine orthodoxe Doktrin über die Art solcher Schriften, Bilder usw. zur Folge haben, und diese Doktrin wird mit Hilfe von Geld- und Gefängnisstrafen aufgezwungen werden.

Mehr wollte ich im Augenblick nicht beweisen.

II. Wir werden uns nun mit den Beziehungen der Tugendwächter-Bewegung zu anderen sozialen Tatbeständen befassen.

Die sozialen Bewegungen sind im allgemeinen rhythmisch und fortlaufenden Oszillationen unterworfen. Wenn eine große Zahl von ihnen in einem bestimmten Sinne verläuft, dann resultiert daraus eine allgemeine Bewegung in dieser Richtung mit einer Amplitude, die beträchtlich sein kann.

Hier ist nicht der Ort, ausführlich diese Auffassung darzulegen, deren Anwendung auf ökonomische Krisen und andere Phänomene ich andernorts darge-

[14] Das ist übrigens bereits der Stand der französischen Gesetzgebung. Vgl. das Gesetz vom 7. April 1908, Artikel I, § 2: „Durch den Verkauf, die Ausstellung zum Verkauf oder das Angebot, auch wenn sie nicht öffentlich geschehen, die Zurschaustellung, den Anschlag oder die Austeilung auf öffentlichen Straßen oder Plätzen von Schriften und sonstigen Druckwerken, durch Plakate, Zeichnungen, Stiche, Gemälde, Embleme, Gegenstände oder Abbildungen, die obszön sind oder gegen die guten Sitten verstoßen.“

tan habe[15]. Hier darf ich mich mit dem Hinweis auf sie beschränken, denn sie ist unerläßlich für das rechte Verständnis des Phänomens, das uns beschäftigt.

Etwa während der ersten beiden Drittel des XIX. Jahrhunderts hat eine allgemeine Bewegung die Völker hin zur Freiheit mit sich gerissen; später hat sie sich nach und nach gewandelt, und mittlerweile treibt sie die Völker in die Richtung von immer erheblicheren Freiheitsbeschränkungen. Nichts weist darauf hin, daß wir uns bereits am Ende dieser Bewegung befinden, im Gegenteil.

Das ist vor allem im ökonomischen Bereich deutlich geworden. Nach und nach hat sich überall der Zollschutz vermehrt und tendiert nun dahin, ein Prohibitiv-System zur Herrschaft zu bringen. Der Freihandel, wie er in England endgültig eingeführt zu sein schien, wird jetzt dort in Frage gestellt, und vielleicht sind seine Tage in diesem Land, seiner letzten Zuflucht, sogar gezählt. Im Binnenland werden Produktion und Handel mehr und mehr den Monopolstellungen von Trusts, Kartellen und Syndikaten, von Arbeitgebern oder Arbeitnehmern, von Produzenten oder Händlern ausgeliefert. Die Monopolpreise tendieren dazu, die Preise der freien Konkurrenz zu ersetzen, die, aus dem internationalen Handel gejagt, folglich dazu neigt, auch aus dem Binnenhandel zu verschwinden.

Die Reglementierung der Arbeit wird immer strenger. Eine Menge von Dingen, die früher in das freie Belieben der Vertragspartner gestellt waren, sind nun gesetzlich fixiert. Selbst die Sonntagsruhe, die früher in erster Linie als eine kirchliche Maßregel betrachtet wurde und demgemäß als unwürdig eines freien Volkes, ist heute vom Gesetz vorgeschrieben. Die Erinnerung an die Vergangenheit hat allein bewirkt, daß man ihren Namen geändert hat: sie wird jetzt der wöchentliche Ruhetag genannt.

Die stets wachsenden Bedürfnisse des Fiskus hatten neue Freiheitsbeschränkungen zur Folge. Alles soll besteuert, alles reglementiert werden. Die hohen Steuern verleiten zum Betrug, daraus resultiert die Notwendigkeit restriktiver Maßnahmen mit dem Ziel, die Steuerpflichtigen an der Verheimlichung des steuerpflichtigen Tatbestandes zu hindern.

Die Hygiene hat zum Vorwand für eine große Zahl von Freiheitsbeschränkungen gedient. Ein Teil von ihnen hat einfach ein ökonomisches Ziel, das kaum vom Vorwand der Hygiene verhüllt wird. So verfolgt z. B. Italien das Sacharin, um den Zuckerfabrikanten die Ansammlung von riesigen Vermögen zu erlauben. Deutschland verlangt, daß der Zoll bei jedem Flaschenweinversand zwei Flaschen davon im voraus erhält, die von den Herren Sachverständigen auf das Wohl der Konsumenten geleert werden. Die Schweiz hat entdeckt, daß der Safran, den die Italiener in ihren Teig tun, gesundheitsschädlich ist. In allen Ländern

[15] Ich bin gezwungen, hierzu auf meinen „Cours d'économie politique" (2 Bde., Lausanne, 1896/97) bzw. auf meine beiden Bücher „Les systèmes socialistes" (Paris 1902) und „Manuel d'économie politique" (Paris 1909) zu verweisen.

hält man Vieh, das aus dem Ausland kommt, im Hinblick auf die Hygiene für sehr gefährlich. In den Ländern mit Weinbau ist der Rosinenwein fraglos schlecht für die Gesundheit. Man verfolgt dort den Alkohol, aber an den Wein zu rühren, wagt man nicht. Finnland hat ein Gesetz erlassen, das alle alkoholischen Getränke verbietet, sogar den Meßwein der katholischen Kirche; das bescheidene Bier, das man im eigenen Lande braut, wird jedoch erlaubt. Da die „despotische" Regierung des Zaren dieses Gesetz nicht sanktionierte, verfügen die Finnen weiterhin über die „Freiheit", Wein zu trinken. Sie hätten sie nicht, wenn ihr Land „frei" wäre. Das ist also der neue Sinn des Wortes „Freiheit". Der Mensch ist also um so freier, je mehr Dinge ihm verboten werden. Wenn man es so nimmt, ist das Maximum an Freiheit bei dem Gefangenen erreicht, der in eine Zelle gesteckt wird.

Aber es geht auch, zumindest teilweise, um von ökonomischen Motiven unabhängige restriktive Maßnahmen im Hinblick auf die Hygiene. Die ökonomischen Motive dienen hier höchstens als Ergänzung, damit diese Maßnahmen Billigung finden. Denn die „Fanatiker des Antialkoholismus" können wohl ökonomische Interessen zu Hilfe rufen, aber ihre Überzeugung ist unabhängig von diesen Interessen.

Die restriktive Bewegung breitet sich gegenwärtig aus und gewinnt auch außerhalb der materiellen Sphäre an Boden. Der von Cavour vertretene Gedanke der Religionsfreiheit, dessen praktische Anwendung Italien die Lösung des außerordentlich schwierigen Problems der Koexistenz von Papst und König in Rom erlaubte, verliert täglich mehr an Boden. Er wird auf der Rechten von den Klerikern bekämpft, die wünschen, daß gesetzlich ihr Glaube aufgezwungen wird. Auf der Linken wird er von den Antiklerikalen bekämpft, die ebenfalls an das Gesetz appellieren, damit es ihre Sicht der Dinge aufzwingt. In Frankreich ist zur Zeit den Katholiken jede Art religiöser Vereinigung verboten. Wenn sich drei oder vier Personen zusammentun, um in der Gemeinschaft zu leben und zu beten, so begehen sie eine strafbare Handlung, doch wenn sie sich zueinander gesellen, um sich Mittel auszudenken, die Gesellschaft zu vernichten, dann wäre ihre Vereinigung vollkommen legal und zulässig.

Wenn eine Bewegung stark ist, so reißt sie einen jeden mit. Zu der Zeit, als die Bewegung in Richtung auf die Freiheit verlief, haben sich die Katholiken – dank der findigen und scharfsinnigen Unterscheidung zwischen These und Hypothese – dem Gedanken der Freiheit anzupassen verstanden in der Absicht, daraus Vorteil zu ziehen. Jetzt sind dieselben Katholiken in den Krieg gezogen, um freidenkerisch eingestellten Regierungen mit ihrem Verlangen nach restriktiven Gesetzen Waffen an die Hand zu geben, die sich früher oder später sicherlich gegen sie selbst wenden werden. Heutzutage sind sie glücklich bei dem Gedanken, daß man Bücher, die ihnen mißfallen, in Zukunft beschlagnahmen wird. Sie werden es morgen etwas weniger sein, wenn das Prinzip Schule macht und ausgerechnet ihre Schriften beschlagnahmt werden, wenn ausgerechnet die päpstlichen Enzykliken den Gläubigen nicht zur Kenntnis gebracht werden dürfen, so wie das bis vor kurzem in Deutschland mit der Enzyklika über den hl. Karl Borromäus der Fall war.

Wir haben es erlebt, wie der Antimilitarismus und der Antipatriotismus wieder zu strafbaren Meinungen wurden. Dieses Gespenst zeigt sich erst sehr schüchtern, aber wahrscheinlich wird es im Laufe der Zeit kühner werden.

In Berlin sollen die Sozialisten vom Universitäts-Lehrkörper ausgeschlossen werden; in Frankreich verweigert man dem Pater Scheil, dem klugen Übersetzer des Gesetzes von Hammurabi, einen Lehrstuhl, obwohl er ihn mehr als jeder andere verdient hätte.

Andererseits gewinnen Mystizismus und Asketismus in der Öffentlichkeit an Boden und wollen gesetzlich aufgezwungen werden. Anfangs wurde nur die Pornographie verfolgt, nun denkt man daran, auch die bloße Sinnlichkeit zu verfolgen. Die Regierung des Zweiten Kaiserreiches erlaubte in Paris auf öffentlichen Straßen den Verkauf von Fotografien, Drucken und Bildern, die jetzt unter der Regierung der Dritten Republik verboten sind.

Die wachsenden restriktiven Maßnahmen gehen Hand in Hand mit wachsenden anarchischen Gefühlen und Handlungen. Das läßt sich übrigens generell in ähnlichen Fällen beobachten. Die Anarchie präsentiert sich dann als Reaktion des sozialen Körpers auf die Unterdrückung. So bilden in China die Geheimbünde die Zuflucht der Untertanen gegen die Unterdrückung durch die Mandarine.

Mittlerweile ist der Streik die Waffe geworden, die jedermann zu jeder Gelegenheit benutzt. Man beklagt sich nicht zu Unrecht darüber, daß auch die Staatsbeamten streiken und daß die Polizei damit droht, es ihnen gleichzutun. Aber es ist dabei zu beachten, daß dies zur Zeit das einzige Mittel ist, das ihnen zur Verfügung steht, um ihre Beschwerden zum Ausdruck zu bringen. Wenn man nur auf die hört, die schreien und drohen, dann lädt man dadurch die Leute zum Schreien und Drohen ein.

Die Länge der gerichtlichen Untersuchung bei den Strafprozessen ist die wunde Stelle Italiens. Die Angeklagten, die unschuldig sein können, bleiben Monat um Monat, manchmal jahrelang, im Gefängnis und haben nicht das Recht auf irgendeine Entschädigung für den Fall, daß sich ihre Unschuld herausstellt. Die Beschwerden der einfachen Bürger darüber finden in keiner Weise bei der Staatsautorität Gehör. Doch die Bediensteten der Straßenbahnen in Mailand haben mit Streik gedroht, wenn man nicht sofort diejenigen unter ihnen aburteilt, die vielleicht angeklagt werden. Vor dieser Drohung haben die zuständigen Autoritäten kapituliert. Zur Zeit genießen die Straßenbahner in Mailand das beneidenswerte Vorrecht, vor jedem anderen Angeklagten abgeurteilt zu werden.

Natürlich geht dieses Privileg zu Lasten der anderen Angeklagten, deren Prozesse sich um so mehr verzögern.

Die private Rache ist verschwunden, seit der Staat die Unterdrückung von strafbaren Handlungen übernommen hat. Wenn einmal wieder eine Zeit kommt, in der er sie ungestraft läßt, dann wird man die private Vergeltung oder etwas Gleichwertiges wiederauftauchen sehen.

In mehreren Ländern beschützt der Staat heute die Bürger, die arbeiten wollen, nicht mehr oder nur noch sehr schwach. Daraus folgt, daß diese sich damit beschäftigen müssen, wie sie sich selbst schützen, und wir wohnen inzwischen dem Beginn eines Bürgerkrieges zwischen „Gelben" und „Roten" bei. In der Romagna wollen die Tagelöhner die Pächter daran hindern, Dreschmaschinen zu benutzen; sie nehmen für sich selbst das Vorrecht in Anspruch, die Maschinen zu benutzen. Die Regierung kann oder will die Pächter nicht wirksam schützen. Daraus ergeben sich Konflikte, in denen bereits Blut geflossen ist.

Die Bedeutung von alledem liegt nicht in den Fakten selbst, sondern darin, daß es ein Indiz für eine Bewegung ist, die dazu bestimmt scheint, sich weiter zu verstärken.

Die rhythmische Veränderung der sittlichen Maßstäbe wurde durch einen wichtigen Störungsfaktor verlangsamt.

Frankreich nimmt eine absolut entscheidende Stellung in der lateinischen Welt ein. Man kann sagen, daß die Bewegungen, die sich in andere Länder lateinischer Rassen oder Sprachen fortsetzen, im allgemeinen aus Frankreich stammen. Nun war das Zweite Kaiserreich in Frankreich tugendhaft. Sein Niedergang wurde zum Signal für eine heftige Reaktion, die sich nicht nur in den Gesetzen, sondern auch im Bereich von Literatur, Kunst und Wissenschaft niederschlug. Um zu dieser Überzeugung zu gelangen, braucht man nur die Zeitungen, Broschüren und Bücher, die in Frankreich in den Jahren 1874 bis 1890 veröffentlicht wurden, durchzusehen. Italien schloß sich der Bewegung an. Zu dieser Zeit stießen Carducci und Stecchetti den Kriegsschrei gegen die Tugendwächter-Bewegung aus, die bis dahin in der Literatur vorgeherrscht hatte.

Nichts beweist, daß die Sitten in Frankreich in den Jahren 1874 bis 1890 schlechter gewesen wären als in der Zeit des Kaiserreiches. Der einzige Unterschied bestand darin, daß man unter der Republik ganz laut sagte, was man im Kaiserreich ganz leise aussprach, und daß das Land genug von der Scheinheiligkeit Tartuffes hatte, daß es endlich die Freiheit genoß, frischweg zu sagen, was es dachte. Ebenso lächerlich wäre es zu behaupten, daß in Mailand z. B. die Sitten schlechter gewesen seien zur Zeit, als Carducci die Hymne an den Satan schrieb oder die Ode „Alle fonti del Clitumno" und als Stecchetti die tugendhaften Anhänger von Manzoni an den Pranger stellte, als sie es gegenwärtig sind, wo die Tugendwächter Zeitungsverkäufer, Buchhändler, Verleger und Autoren verfolgen. Der Unterschied liegt keineswegs im Kern der Sache, sondern nur in den Äußerlichkeiten[16].

Nachdem die Tugendwächter-Bewegung so durch die Anti-Tugend-Reaktion, die dem Niedergang des Zweiten Kaiserreiches in Frankreich folgte, aufgehalten wurde, zeigt sie sich jetzt in all ihrer Stärke und bemüht sich, die verlorene Zeit wiederzugewinnen.

Die rhythmische Bewegung der sozialen Phänomene bringt für die Gesellschaft Zeitabschnitte mit sich, die man – wenn man nicht zu sehr auf wissenschaftliche Strenge achtet – „Jugend" und „Alter" nennen könnte.

Auf die letztgenannte Periode bewegten sich im Augenblick unsere Gesellschaften zu. Die heroischen Zeiten des Sozialismus sind vergangen: die Rebellen von gestern sind die Saturierten von heute. Es geht nicht mehr darum, den Kapitalismus zu vernichten, die Gesellschaft umzuwälzen und zu einer neuen sozialen Ordnung zu kommen, die von der alten gänzlich verschieden ist. In einigen Ländern sind die Führer der Sozialisten an die Macht gelangt, es geht ihnen dort sehr gut, sie begeben Anleihen genau wie die bürgerlichen Regierungen, zahlen die rückständigen Zinsen auf die Rentenpapiere und verschieben die Abschaffung des Zinses, für die früher ihre Beredsamkeit Wellen schlug, auf möglichst weit entfernte Zeit. Wie stets gilt, daß der Teufel, wenn er alt wird, sich in einen Eremiten verwandelt. So sind die Sozialisten zu guten Verteidigern der bürgerlichen Moral und des bürgerlichen Schamgefühls geworden und vergessen vollkommen, ganz und gar, welchen Beifall sie Büchern zollten, die wie Zolas „Pot-Bouille" dieses Schamgefühl ins Lächerliche zogen.

Ihren Truppen bewilligen sie ein „donativum", wie es früher die römischen Kaiser mit den Prätorianern taten. Von der „Sozialisierung der Produktionsmittel" ist nicht mehr die Rede. Wo ist der Schnee vom vergangenen Jahr? Einige

---

[16] Der Doktor Véron, der in Frankreich unter mehreren Regimen gelebt hat, bringt sehr gut eine Auffassung zum Ausdruck, die der entspricht, die wir soeben zur Sprache gebracht haben. Vgl. L. Véron: „Mémoires d'un bourgeois de Paris", Paris 1856, Band I, S. 130: „In allen Jahrhunderten ähnelt sich die Menschheit und beharrt. In den Zeiten allzu großer Freiheit unter Heinrich III. waren alle Schändlichkeiten und Laster des menschlichen Herzens obenan und triumphierten voll Prahlerei. In moralischeren oder heuchlerischeren Epochen führten die Schändlichkeiten und Laster des menschlichen Herzens weniger das große Wort, sie trippelten nur in der Nacht, streiften die Befestigungsmauern und beugten sich unter der öffentlichen Meinung zu einem falschen Anstand, zu einem falschen Schamgefühl; das Prahlen mit dem Laster wich Aufsehen erregender Tugend. Zwischen dem Ende der Herrschaft Ludwig XIV. und der Regentschaft gab es nur einen Deckel weniger: das macht den Unterschied zu einem verdorbenen Leben aus – geschlossene Fenster oder weit offene Fenster."
Was er von den vergangenen Regimen sagt, das denkt er von den Regimen, unter denen er gelebt hat und die er aus der Nähe kennengelernt hat.

Gehaltserhöhungen, ein paar Arbeitszeitverkürzungen, das ist das Mäuslein, das der Berg geboren hat[17].

Die Tugendwächter-Bewegung besitzt noch eine andere Triebfeder, die nicht mehr mit rhythmischen Phänomenen in Zusammenhang steht oder, besser besagt, einen Rhythmus von beträchtlich längeren Perioden aufweist als die Phänomene, von denen wir bisher gesprochen haben.

Zwei Tendenzen charakterisieren unsere Zeit: die wachsende Auflösung der Familie und die Verminderung der Gefühle für Autorität, Krieg und Militärwesen, Vaterland und ähnliches, die alle ein und dieselbe Klasse bilden. Obwohl die Bewegung in diesem Sinne gerade erst beginnt und sehr langsam fortschreitet, hat sie bereits nennenswerte Resultate erbracht. Die einen werden dabei als gut und nützlich, die anderen als schlimm und verderblich beurteilt. Nun will man – wie es in solchen Fällen immer geschieht – die für schlecht befundenen Resultate nicht etwa dadurch vermeiden, daß man auf die Ursache einwirkt und sie entsprechend ändert, sondern dadurch, daß man die äußeren Symptome in Angriff nimmt, und zwar mit Methoden, die gerade deshalb, weil sie den Dingen nicht auf den Grund gehen, dazu bestimmt sind, wirkungslos zu bleiben.

Die Tendenz zur Auflösung der Familie, die von den Fortschrittsgläubigen als eine reaktionäre oder zumindest verdächtige Institution angesehen wird, erlaubt es, sich Rechenschaft zu geben über gewisse Fakten, die früher nicht zu erklären gewesen wären.

So lassen sich zwei Bewegungen in ganz entgegengesetztem Sinne beobachten. Auf der einen Seite bringen wir eine wachsende Nachsicht gegenüber dem Ehebruch auf, eine Nachsicht, die so weit geht, ihn – wenn nicht juristisch, so doch in der Praxis – aus der Liste der strafbaren Handlungen zu streichen. Auf der anderen Seite bemächtigt sich, wenn man vom Ehebruch absieht, unser eine wachsende Strenge gegenüber allen Randerscheinungen der schlechten Sitten. Fotografiert z. B. jemand eine nackte Frau, so werden die neuen Gesetze in Zukunft ein solches Delikt in jedem Winkel der zivilisierten Welt zu verfolgen erlauben. Doch wenn er die Frau selbst nimmt, sie ihrer Familie, ihren Kindern entreißt, dann handelt es sich dabei nur um eine kleine Sünde, um die sich der Gesetzgeber aus Zeitmangel wirklich nicht kümmern kann. Es ist augenscheinlich, daß im Falle des Ehebruchs zwei verschiedene Kräfte am Werk sind: die eine Kraft, die die Tendenz hat, die schlechten Sitten zu unterdrücken, und die andere Kraft, die die Tendenz hat, die Familie aufzulösen und die demzufolge im Ehebruch kein Übel sieht. Zur Zeit gewinnt die zweite Kraft bei weitem die Oberhand über die erste.

---

[17] Das erklärt den Haß, mit dem gewisse Leute Georges Sorel beehren, der das unverzeihliche Unrecht begeht, hartnäckig zu glauben, daß sich die Gesetze des sozialen Wandels durch die kleinen Intrigen der Politiker nicht gänzlich bestimmen lassen.

Während die Vereinigten Staaten von Nordamerika sogar die Einführung unmoralischer Schriften aus Europa in ihr Land verbieten, sieht man in Europa eine große Zahl amerikanischer Frauen, die weit weg von ihren Ehemännern leben und die sich mit Freunden und Freundinnen angenehm die Langeweile ihrer zeitweiligen Witwenschaft vertreiben. Auch hier sind zwei Kräfte am Werk: die eine, die die Auflösung der Familie oder zumindest die Lockerung ihrer Bindungen begünstigt, trägt den Sieg über die andere davon.

Früher wachten die Eltern über die moralische Gesundheit ihrer Kinder und sorgten dafür nicht nur mit Hilfe von bloßen Verboten, die manchmal ebenso vergeblich wie lächerlich sind, sondern durch direktes Handeln, das geeignet war, die geistige Einstellung, die sie wünschten, zu schaffen und zu erhalten. Die Erziehung der Menschen – wie übrigens auch die Erziehung der Tiere – geschieht durch das Zusammenspiel von vielen Tausenden von Kleinigkeiten und nicht durch einige mit viel Lärm angekündigte Verbote[18].

Jetzt hat man die Kinder der Autorität ihrer Eltern entzogen, die sie übrigens kaum mehr zu sehen bekommen, denn sie verbringen den größten Teil des Tages außerhalb des Hauses. In den Familien im modern style lacht der Sohn dem Vater ins Gesicht, wenn der noch vom Vaterland spricht; er fühlt sich diesem alten Herrn, den patriotische, militärische und moralische Vorurteile verdummt haben, sehr überlegen. Der Sohn selbst ist natürlich Pazifist! Er weiß, daß der Krieg stets einen verbrecherischen Verstoß gegen die Menschlichkeit darstellt. Er läßt sich allein von der „Wissenschaft" leiten; nun lehrt ihn die „Wissenschaft" aber, daß Moral die Kunst, glücklich zu sein, ist und daß die guten Taten die wirklich nützlichen sind. Diejenigen, die ihm das versichern, denken dabei vielleicht an einen gemeinen Nutzen, doch er, er denkt an seinen besonderen Nutzen. Man verlange also nicht von ihm, daß er Opfer bringen soll, er würde diese Ausdrucksweise nicht einmal verstehen. Er ist ein emsiger Zeitungsleser und weiß genau, daß es die Aufgabe des Staates ist, jede Versuchung von dem

[18] Das haben die Behörden des Kantons Genf sehr wohl begriffen und haben ein glänzendes Beispiel geliefert, das nachzuahmen für viele Länder von Nutzen sein könnte.
Herr Professor Martin führt in seinem Bericht über das Genfer Schulwesen aus: „Betroffen von dem unheilvollen Einfluß, den die Lektüre dieser aufreizenden Veröffentlichungen, die voll sind von übertriebenen Abenteuern, kriminellen Heldentaten, von Szenen, entnommen aus den Sitten der untersten Schichten der Gesellschaft, auf die Mentalität der Schüler wie auf die schulische Arbeit ausübt, hat das Unterrichtsministerium zu Beginn des Schuljahres gemeint, aus seiner üblichen Reserve heraustreten zu müssen, um in den Kampf gegen die ungesunde Literatur das Gewicht seiner Autorität hineinzuwerfen. In einem Rundschreiben hat es die Eltern auf die Gefahren aufmerksam gemacht, die ihren Kindern aus diesen Werken erwachsen, denen man bisher keine genügende Aufmerksamkeit geschenkt hat. Das Unterfangen des Ministeriums war nicht vergeblich; wenn es heute auch noch schwierig ist, positive Resultate festzustellen, so ist es zumindest sicher, daß diese Veröffentlichungen, mit denen in der Hand wir jeden Augenblick unsere Schüler ertappten, sozusagen verschwunden sind."

einzelnen fernzuhalten, daß der einzelne aber den Versuchungen nicht im geringsten Widerstand zu leisten braucht. Er weiß, daß bei den Prozessen alle Kunst des Verteidigers darin besteht, Versuchungen aufzudecken, die seinen Klienten befallen haben könnten; wenn er welche findet, so ist der Klient gerettet, denn man kann von einem Menschen vernünftigerweise nicht verlangen, daß er Versuchungen widersteht. Früher zeigte die Literatur als Ideal das starke Wesen, das sich zu beherrschen verstand; heute ist das Ideal eine Marionette, die dem geringsten Druck weicht. Aber ist es in unserer Zeit überhaupt noch erlaubt, von einem Ideal zu sprechen? Handelt es sich dabei nicht um eine dieser alten, abgedroschenen Redensarten, die man in ein Museum verbannen sollte?

In Palermo tötet ein gewisser Lidonni, unzufrieden mit der Note, die ihm sein Lehrer, Herr Ghelli, gegeben hat, vorwärts gestoßen und angefeuert von anarchistisch eingestellten Kameraden, seinen Lehrer und begeht darauf Selbstmord. Diese Tat löst eine Untersuchung aus mit der Frage, woher die Existenz eines Geheimbundes unter den Schülern dieses Gymnasiums rührt. Man bewundere die rührende Fürsorge von Vater Staat. Er wendet alle Sorgfalt auf, um zu verhindern, daß diese jungen Leute obszöne Schriften oder Fotografien kaufen können; aber danach ist seine Mission erfüllt, und man kann vernünftigerweise nicht von ihm verlangen, daß er sich außerdem darum kümmert, zu verhindern, daß die Gymnasiasten Geheimbünde bilden, die sie zum Verbrechen führen.

Wir haben noch Besseres zu bieten. Ein Lehrer hatte den Fortschritt des Bösen in dieser Schule beobachtet und die zuständigen Autoritäten davon in Kenntnis gesetzt: „Meine Vorgesetzten", sagte er, „haben immer ihr Ohr vor meinen Klagen verschlossen. Sie glauben, daß man keinen anderen Weg beschreiten könne, als daß sich die Schule den Schülern anpassen muß ... In dem Viktor-Emanuel-Gymnasium hat man den Schülern, was die Disziplin anbetrifft, niemals nachgegeben. Doch im Januar dieses Jahres geriet das Autoritätsprinzip stark ins Wanken. Damals geschah es, daß die Strafe für den Streik, der in der Klasse IV C (der des armen Lehrers Ghelli, V. P.) stattgefunden hatte, hauptsächlich zu einer genauen Überprüfung des Schulbetriebs Anlaß gab."

„Was diesen Fall angeht, herrschten damals zwei Strömungen vor: eine – die des jungen Lehrpersonals –, derzufolge man sich auf die ständige Straflosigkeit der Schüler einstellen könne; die andere – nämlich die der alten Lehrer –, die präventive Zwangsmaßnahmen angewendet wissen wollte[19]." Natürlich gewann die erste Strömung die Oberhand, und die Konsequenzen waren bald zu spüren.

Am 16. Juni 1910 sah sich der Ex-Minister Orlando zu der Erkenntnis gezwungen, daß der Staat zu einem Teil für das Delikt von Palermo verantwortlich

[19] Vgl. „Corriere della Sera", 27. Mai 1910.

ist, ein Delikt, dessen Hauptursache ohne Zweifel in der Schwächung des Autoritätsprinzips liegt.

Das eben geschilderte Delikt ist jedoch weit davon entfernt, eine Ausnahme zu bilden.

In Bari trifft am 24. Juni 1910 ein zwanzigjähriger Student seinen Professor auf der Straße; er fragte ihn nach den Noten, die er in den Trimester-Prüfungen erhalten habe. Als der Lehrer nicht antworten kann oder will, zieht der Student einen Revolver und sagt: „Passen Sie auf, das werden Sie zu büßen haben."

Am 5. Juli 1910 wurde in Palermo ein Schüler von achtzehn Jahren verurteilt, der vor Zeugen schwere Drohungen gegen seinen Lehrer ausgestoßen hatte, um den Lehrer zu veranlassen, ihm die nötige Zahl Punkte zu geben, damit er das Examen bestünde.

In Verona streiken die Schüler der Mittelschulen wegen der „Woche der Luftfahrt" und versammeln sich zu Protestkundgebungen. Eine italienische Zeitung fragt danach, was die Eltern dagegen tun[20]. Sie tun nichts, weil sie nichts tun können. Ein Vater, der es wagen würde, seinen Sohn, einen „bewußten" Schüler und Streikteilnehmer seines Gymnasiums, zu tadeln, hätte nur den Erfolg, daß man ihn derb anschnauzte[21].

Übrigens nehmen die Schulstreiks überall zu. Es vergeht kaum ein Monat, ohne daß einer von ihnen stattfindet. So streikten allein in den ersten Juni-Tagen 1910 die Schüler der Musik-Hochschule in Venedig, und die mehrerer Schulen in Marseille taten es gleichfalls[22].

Man möge den weiteren Lebenslauf dieser jungen Leute verfolgen, die in dieser Weise erzogen werden und um sich herum eine Atmosphäre der Anarchie einatmen, ohne daß sie ein anderes Ideal haben als ihr augenblickliches Wohlergehen. In Frankreich im Lager von Massillan nahe bei Nîmes meutern die Reser-

[20] Vgl. „Corriere della Sera", 25. Mai 1910: „Quanto ai genitori ... Oh, i genitori sono moralmente latitanti. A vedere anzi con che commovente libertà i ragazzi si comportano, si comincia ad avere il sospetto che le scuole d'Italia siano frequentate quasi eclusivamente da trovatelli..."

[21] Herr Professor Martin sagt in dem bereits erwähnten Bericht: „Es läßt sich nicht leugnen, daß die Autorität des Vaters die Tendenz hat, täglich schwächer zu werden. Wenn man die Sprache vieler Kinder hört, die Klagen mancher Eltern, dann ist man geneigt, sich zu fragen, ob es in der Mehrzahl der Familien der Vater ist, der regiert, oder ob die Kinder ihren Willen diktieren. Zweifellos sollte man nicht wünschen, die strengen familiären Richtlinien der Vergangenheit Wiederaufleben zu sehen; doch scheint es uns, als sei auf diesen ein wenig gewalttätigen Autoritarismus nun eine Milde gefolgt, die an Schwäche, manchmal sogar an Sorglosigkeit grenzt ..."

[22] Die Zeitungen vom 9. Juni 1910 enthielten folgendes als letzte Nachricht:
„Die Schüler der praktischen Gewerbe-Schulen und die der Höheren Schulen haben ihre Klassen verlassen, um gegen die jüngste Entscheidung des Gemeinderates zu protestieren, die die Unentgeltlichkeit des Schulbedarfs abschafft. Die meuternden Schüler, die im Alter zwischen 13 und 15 Jahren sind, erreichten die Zahl 300; sie begaben sich in das Zentrum der Stadt, wobei sie sangen: „Wir brauchen Bücher ..."

visten, verwunden ihren Obersten und verlassen das Lager. Man kann nachfolgend die lakonische Kürze dieser Nachricht bewundern: „Nîmes, den 28. Mai. – Es herrscht nunmehr völlige Ruhe im Lager von Massillan. Zahlreiche Vergünstigungen werden den Reservisten am Sonntag eingeräumt werden." Die Moral von der Geschichte für die Reservisten: Um viele Vergünstigungen zu erhalten, muß man einfach meutern.

Diese Fakten hat der Zufall ausgewählt, doch in Italien und Frankreich kann man so viele, wie man will, finden, und alle künden einen Stand der Dinge, der keinen guten Bürger mehr aufregt.

Die Anarchie in der Erziehung der jungen Leute ist auch eine der Ursachen der steigenden Jugendkriminalität.

Manche Leute trösten sich, da sie dieses Übel nicht leugnen können, darüber hinweg mit der Beobachtung, daß sich die Kriminalität der Erwachsenen nicht im gleichen Ausmaß vermehrt hat. Willig schließen sie die Augen, um nicht zu sehen, daß die heutigen Erwachsenen nicht denselben Einflüssen ausgesetzt waren wie die, die noch Kinder und Jugendliche sind. Warten wir ab, bis diese erst an der Reihe sind, erwachsen zu sein, dann werden wir ihre Kriminalität zu sehen bekommen.

Wenn man sich hartnäckig dagegen wehrt, die wahren Gründe zu erkennen, so erfindet man eben falsche. Es ist unnütz, Leute zur vernünftigen Überlegung zu ermahnen, wenn sie blind vor Fanatismus sind.

Früher sagte man, es sei die mangelnde Bildung, die Missetäter schüfe. Man führte als unwiderlegbaren Beweis die Tatsache an, daß die Mehrzahl der Delinquenten ungebildet war. Dennoch ist es leicht zu begreifen, daß – wenn man aus einer Bevölkerung, die sich zu einem sehr großen Teil aus Ungebildeten zusammensetzt, eine bestimmte Anzahl aufs Geratewohl auswählt – die Mehrzahl dieser Personen ungebildet ist. Eröffnen Sie eine Schule, sagte man, und Sie werden ein Gefängnis schließen können! Inzwischen hat man sehr viele Schulen eröffnet, doch hat man kein einziges Gefängnis schließen können, und wenn man welche geschlossen hat, dann deswegen, weil die moderne Nachsichtigkeit den Delinquenten Straflosigkeit zusichert.

Nun wird dasselbe Sophisma wiederholt. In manchen Ländern gibt sich eine sehr große Mehrheit des Volkes dem Alkohol hin. Wählt man nun aufs Geratewohl in einem dieser Länder eine bestimmte Anzahl von Personen aus, so wird man eine Gruppe erhalten, die sich zu einem großen Teil aus Alkoholikern zusammensetzt. Wenn dann in dieser Gesamtheit ein beliebiger Charakter A vorkommt, so schließt man daraus, daß dieser Charakter durch den Alkohol hervorgerufen wird.

Zwei junge Landstreicher ermorden in Jully eine ganze Bauern-Familie. Man stellt fest, daß sie Abenteurer-Romane über Polizisten und Verbrecher gelesen haben. Es wäre verwunderlich, wenn es sich anders verhielte, da ja alle jungen Leute welche lesen. Man berücksichtigt diesen Umstand keineswegs und kommt zu dem Schluß, daß allein diese „kriminelle“ Literatur die Ursache des Verbrechens bildet. Sodann variiert man die Schlußfolgerung leicht und spricht nicht mehr von diesem Verbrechen im besonderen, sondern von Verbrechen generell. Befindet man sich erst einmal auf einem solch schönen Weg, warum sollte man dann haltmachen? In dem genannten Fall des Verbrechens von Jully trug die Pornographie keinerlei Schuld. Aber das macht nichts: fügen wir sie als Ursache ruhig hinzu. Tun wir noch ein weiteres; sprechen wir ganz allgemein von der „unmoralischen“ Literatur. So werden wir schließlich zu folgender Meinung gelangen: ein Teil der Verbrechen wird durch die unmoralische und kriminelle Literatur verursacht.

Das braucht man nur noch dadurch zu ergänzen, daß beinahe der ganze Rest der Verbrechen auf den Alkoholismus zurückzuführen ist, und man erkennt leicht, wie einfach es wird, die Kriminalität zu unterdrücken. Um zu diesem wunderbaren Resultat zu gelangen, genügt es, den Verkauf von unmoralischer und krimineller Literatur sowie von alkoholischen Getränken zu verbieten.

Das ist noch nicht alles. Diese schöne Argumentation bietet noch sehr viele weitere Vorteile. Sie erlaubt es, alle Formen sozialer Organisation zu schützen, die wir uns gern zu eigen machen möchten. Nichts Böses kann ihnen zur Last gelegt werden, da ja alles Übel vom Alkoholismus und der Pornographie herrührt.

Die Israeliten hatten einen Bock, auf den sie alle Sünden des Volkes luden und den sie dann in die Wüste jagten; wir haben zwei davon: die Pornographie und den Alkoholismus. Schaffen wir sie uns vom Hals, und wir werden sehen, wie das goldene Zeitalter zurückkehrt.

Der Mensch ist seiner Natur nach gut; die Philosophen des XVIII. Jahrhunderts haben es uns oft genug erzählt. Ohne die alkoholischen Getränke und die unmoralische Literatur wäre der Mensch vollkommen.

Es hat Zeiten gegeben, in denen die Buchdruckerkunst noch nicht existierte und dem Volk keinerlei Literatur zur Verfügung stand. Glaubt tatsächlich jemand, daß in diesen Zeiten Verbrechen weniger häufig waren als in unseren Tagen? Hat der Betreffende wirklich niemals eine mittelalterliche Chronik gelesen?

Manche Völker bestehen aus strenggläubigen Mohammedanern und trinken deshalb keinerlei vergorene Getränke. Glaubt deshalb jemand, daß es bei ihnen keine Verbrecher gibt? Bildet sich tatsächlich jemand ein, daß man bei ihnen sicherer lebt als in Frankreich? Hat derjenige, der das glaubt, demnach niemals eine Reisebeschreibung gelesen?

Doch wo der Irrtum fast wie Wahnwitz anmutet, das ist dann der Fall, wenn man alles mögliche getan hat, um patriotische Gefühle zu zerstören, und wenn man anschließend meint, diese Gefühle wiedererwecken zu müssen, indem man hier und dort einige Monate Gefängnis solchen Autoren auferlegt, die kein anderes Unrecht begangen haben, als klar zum Ausdruck zu bringen, was man den jungen Leuten durch die Erziehung zu verstehen geben will und was das tägliche Leben die Erwachsenen lehren möchte.

Wenn es wahr ist, daß jeder Krieg ein Verbrechen gegen die Menschlichkeit ist, wenn es wahr ist, daß jeder Krieg, wie er auch immer beschaffen sei – man beachte diesen Punkt gut –, nur zum Ziel hat, für die Raben den Fraß zu bereiten, wenn das Lied, das nun an die Stelle der „Marseillaise" in Frankreich und an die Stelle der „Garibaldi-Hymne" in Italien getreten ist, zum Ausdruck bringt, daß die Soldaten nur Spielbälle sind für ihre Generäle, daß die Feinde der „Proletarier" innerhalb und nicht außerhalb der Grenzen stehen, wenn es gut ist zu predigen, daß die Arbeiter im Kriegsfall streiken und die Soldaten ihr Gewehr umkehren sollen, dann ist der Patriotismus offenbar ein alter, außer Mode gekommener Fetzen. Das heißt der Absurdität die Krone aufsetzen, wenn man ein Idol verherrlichen lassen will, daß man erst ins Lächerliche gezogen und mit Schmutz bedeckt hat. Es muß unbedingt einmal gesagt werden, daß in diesem unsinnigen Kampf die Logik auf Seiten der Antimilitaristen steht.

Aber kehren wir zu unserem Thema zurück. Das junge Mädchen hört nicht mehr auf seine Mutter, genausowenig wie der junge Mann auf seinen Vater hört. Früher verlor die Mutter ihre Tochter nicht aus den Augen, sie bemühte sich vor allem, schlechten Umgang von ihr fernzuhalten. Heute ist das junge Mädchen unabhängig, bevor es altersmäßig den Verstand dazu hat, es befindet sich den ganzen Tag über außer Haus, pflegt Umgang mit wem es will und hat Freunde beiderlei Geschlechts – die männlichen sind dabei nicht die schlimmsten –, die seine Mutter nicht einmal kennt.

Diese Moden sind aus Amerika zu uns gekommen. Dieses Land exportiert weitgehend, was es an Import ins eigene Land verbietet. Gewiß gibt es bis jetzt erst wenige „moderne" Familien; ihre Zahl ist sogar noch sehr gering. Einen zuverlässigen Beweis dafür finden wir in einer wichtigen, statistisch belegten Tatsache: in der ungeheuren Anhäufung von Ersparnissen in Frankreich nämlich.

Diese Sparsamkeit ist hauptsächlich das Werk der Frauen, die die alten Traditionen bewahrt haben. Der Mann verdient das Geld; aber nur die Frau versteht, es wirtschaftlich auszugeben und zu Ersparnissen zu kommen. Jetzt will eine neue Weisheit die Männer davon überzeugen, daß sie ihren ganzen Verdienst ausgeben sollen und nicht zu sparen brauchen. Aber die französische Frau, die die Familientradition bewahrt hat, hört auf diesem Ohr nicht. Sie allein bestimmt die Ausgaben und sorgt dafür, daß die rechte Ordnung im Haus herrscht. Ihr

Stolz ist es, eine gute Hausfrau zu sein und ihre Kinder anständig zu erziehen. Sie hat viel zuviel im Haushalt zu tun, um sich darum zu kümmern, was man an den Kiosken verkauft! Nur für die jungen Mädchen und Frauen im „modern style“ erläßt der Gesetzgeber seine Gesetze und Verordnungen gegen die unmoralische Literatur. Was die Familie des vorerwähnten Typs betrifft, so hat sie das in keiner Weise nötig.

Die „moderne“ Familie ist anders organisiert. Die Eltern verkehren mit Gott und aller Welt und kümmern sich wenig oder überhaupt nicht darum, was ihre Kinder tun. Wenn z. B. das Fräulein Tochter ausgeht, dann weiß ihre Mutter nicht, wohin sie geht. Sie trippelt auch an den Kiosken vorbei, ihre züchtigen Blicke werden künftig dort nicht mehr verletzt werden; Vater Staat hat Sorge dafür getragen, daß jede nudistische Publikation verboten wurde. Wenn sie jedoch nackte Gestalten sehen will, so braucht sie nur in die Museen zu gehen; aber im Augenblick hat sie Besseres zu tun, und unter dem Schutz der Gesetze und Verordnungen läuft ihr Schamgefühl keinerlei Gefahr.

Sie trippelt weiter. Dann macht sie vor einem Haus halt, sie tritt ein und fragt nach Fräulein X. Nun, eine Mutter „alten Stils“ würde ihrer Tochter einen solchen Umgang nicht gestatten! Doch eine Mutter im „modern style“ könnte ihm, selbst wenn sie wollte, kein Hindernis in den Weg stellen, da sie ja nicht alle Freundinnen ihrer Tochter kennt. Was Vater Staat anbelangt, so hat er genug getan, nicht wahr, wenn er verhindert hat, daß man dem jungen Mädchen die Gedichte der Sappho verkaufte? Er kann schließlich außerdem nicht noch verhindern, daß sie in eigener Person Sappho aufsucht.

Das ist ein Ausnahmefall. Jedenfalls, was die Leute angeht, die nicht mit Gott und aller Welt Umgang pflegen. Eine große Ausnahme sogar. Einverstanden, indessen immer nur unter diesem Vorbehalt. Doch wenden wir uns nun im folgenden sehr häufig vorkommenden Fällen zu.

Ein jeder, ob Mann oder Frau, der ein Internat besucht hat, muß sich daran erinnern, daß die Externen die Internen mit Romanen zu versorgen pflegen. Und selbst, wenn er eine Schule besucht hat, wo es nur Externe gab, sollte er sich daran erinnern, daß es unter den *großen* Buben oder Mädchen immer irgendeinen oder irgendeine gab, die schlechte Bücher mitbrachten und daraus Proben vorlasen. Aber man konnte davon nur Brocken hören. Die Mama wußte sehr genau, wieviel Zeit man für den Rückweg von der Schule nach Hause brauchte, und wenn man zu spät kam, dann stellte sie die sonderbare Forderung, zu erfahren, wo man gewesen war. Fiel die Antwort nicht zufriedenstellend aus, so erzählte sie es dem Vater, der es nicht versäumte, schön zu schimpfen[23]. Und gab es

[23] Das hat sich sehr geändert. Man höre, was Professor Martin in dem bereits zitierten Bericht sagt: „Es ist Sache der Eltern, das Benehmen ihrer Kinder zu bestimmen. Unglücklicherweise stehen viele dieser Aufgaben gleichgültig gegenüber. Ja, es kommt sogar vor, daß allzu zärtliche Mütter vor dem

schließlich nicht sogar Eltern, die rückständig genug waren, einer Tochter unter achtzehn Jahren keinen Ausgang ohne Begleitung zu gestatten?

Alles das ist ganz außer Mode gekommen. Heute fehlt es nicht an Zeit, um gemeinsam schlechte Bücher zu lesen. Im übrigen kann man sie sich auch leihen, da ja die Eltern die Lektüre ihrer Kinder nicht mehr überwachen. Somit genügt ein einziges räudiges Schaf, um eine ganze Herde anzustecken.

Die Eltern im „modern style" überwachen ebensowenig die Korrespondenz ihrer Kinder wie deren Lektüre. Wenn sie sie überwachten, so könnten sie jede obszöne Schrift, die an ihre Kinder adressiert ist, abfangen. Aber da sie sich diese Mühe nicht machen wollen, verlangen sie, daß der Staat die Herstellung dieser Schriften verbiete.

Sie erreichen damit nur, daß sie sich in einer falschen Sicherheit wiegen. Wir kehren damit zu den Fragen zurück, die wir im ersten Kapitel gestellt haben. Darf man ernstlich hoffen, daß der Staat alle Werke von Zola, Pierre Louys, Mirbeau und Willy vernichten werde? Offenbar nicht! Was hilft es dann, wenn er hier und da einige Schriften von Autoren der letzten Garnitur vernichtet? Schauen Sie an, was Ihre Tochter liest: es ist „Claudine", die ihr eine „kleine Freundin" geborgt hat!

Echte Sicherheit werden Sie erst dann erlangen, wenn Sie es zunächst verstehen, Ihrer Tochter Abscheu vor der Obszönität einzuflößen und wenn Sie sich dann die Mühe machen, sie zu überwachen.

Georges Sorel hat die entscheidende Bedeutung des Mythos im Leben der Völker sehr gut vor Augen geführt[24]. Nur das Ideal, das sich in die Gestalt des Mythos hüllt, feuert sie an, reißt sie mit, gibt ihnen Kraft und befähigt sie zu großen, historischen Taten. Ein Volk, das weder Ideal noch Mythos mehr hat, vegetiert dahin und wird bald verschwinden.

Hier stellt sich eine Frage. Wir haben die absurden Praktiken der Tugendwächter-Bewegung in ihrer ganzen Lächerlichkeit aufgezeigt. Aber warum wollen wir sie eigentlich nicht als Ideal, als Mythos anerkennen und in ihr eine jener Kräfte sehen, die fähig sind, die Gesellschaft umzugestalten?

Das Problem verdient es, näher betrachtet zu werden.

Zunächst wollen wir darauf aufmerksam machen, daß man aus der Tatsache, daß die Gesellschaften durch Mythen verwandelt werden, nicht generell

---

Familienoberhaupt schwere Verfehlungen, die energisch unterdrückt werden müßten, verheimlichen in dem Bestreben, ihrem Sohn eine gerechterweise verdiente Strafe zu ersparen. Ach, wenn sie sich nur darüber im klaren wären, welches Unrecht sie ihren Kindern damit antun!"
Man beachte, daß Professor Martin von einem Land spricht, in dem das Übel noch geringer ist als in anderen.

[24] Vgl. Georges Sorel: Réflexions sur la violence, Paris 1908, S. 92 et passim.

schließen darf, jeder Mythos könne diese Rolle spielen. Es gibt unter ihnen wirksame und nicht wirksame.

Nun bleibt nur zu klären, in welche Klasse der Tugendmythos einzuordnen ist.

Wenn man sich an die Deklamationen hält, die man bei Autoren aller Zeiten lesen kann, so möchte es so scheinen, als ob dieser Mythos in die erste Klasse hineingehörte. Man sagt uns und wiederholt es immer wieder in allen Tonlagen, daß allein die guten Sitten die Völker stark, glücklich und erfolgreich machen.

Sicher ist es nützlich, daß die Leute das glauben, aber stimmt es mit den Fakten überein?

Befragen wir die Geschichte. Doch stecken wir zunächst die Grenzen des Problems ab. Es geht hier nicht darum, ob es mehr wert sei, der Besiegte und moralisch zu sein, als der Sieger und unmoralisch. Noch geht es darum, ob der Mensch, der auf alle Schätze des Lebens verzichtet, glücklicher sei als der, der sie zu erwerben sucht oder um irgend etwas Ähnliches: wir wollen nämlich hier kein ethisches Problem lösen. Nehmen wir an, jemand sagt: „Mir ist ein besiegtes Karthago lieber als ein siegreiches Rom; ich ziehe China, das sich von den europäischen Nationen hat ausrauben lassen und ihnen sogar noch eine Entschädigung dafür gezahlt hat, Japan, dem Sieger über Rußland, oder ich ziehe die afrikanischen Volksstämme, die von den Europäern unterjocht, mißhandelt und zugrunde gerichtet wurden, Abessinien, das die Invasion aus dem Ausland zurückzuschlagen und seine Unabhängigkeit mit Waffengewalt zu behaupten verstand, vor." Wir antworten darauf, daß wir keineswegs diese Präferenzen diskutieren wollen, sondern uns mit der Feststellung begnügen, daß sich über Geschmack und Farben nicht streiten läßt. Und somit gehen wir weiter.

Es handelt sich auch nicht darum, was die Zukunft bringen wird, ob das Reich des Friedens durch das Recht kommen oder eine „bessere Humanität" an die Stelle der alten treten werde. Alles das liegt außerhalb unseres Themenbereiches. Wir behandeln hier ausschließlich ein historisches Problem. Wir untersuchen einzig und allein, ob alle Völker oder zumindest die größte Zahl der starken, glücklichen und erfolgreichen Völker eine bestimmte Eigenschaft besitzen oder nicht und ob sich diese Eigenschaft bei ihren Führern wiederfindet.

Bei dieser Untersuchung überrascht uns zunächst eins, nämlich daß die Autoren immerzu von den guten Sitten einer früheren, oft einer viel früheren Zeit im Vergleich zu der, in der sie schreiben, sprechen, niemals jedoch von den guten Sitten ihrer Zeitgenossen. Ihre Deklamationen über die guten Sitten ähneln in seltsamer Weise denen über das goldene Zeitalter.

Die Historiker rühmen die Vergangenheit. Aber wenn es darum geht, Zeugnis abzulegen über die Zeit, in der sie leben, dann wechselt die Szene, und sie neigen oft eher dazu, düstere Farben zu gebrauchen. Wenn man sich auf das

Zeugnis der Zeitgenossen verläßt, so ist jedenfalls die Annahme möglich, daß es die guten Sitten der Völker und noch weniger die ihrer Feldherren waren, die ihnen den Sieg sicherten.

Hier sei als Beispiel der Rückzug der Zehntausend erwähnt. Was sie rettet, ist ihre strenge Disziplin, ihr Gehorsam gegenüber den Strategen; was jedoch ihre Sitten anbelangt, so ließen die sehr zu wünschen übrig. Man höre, was geschah, als die Strategen alle unnützen Mäuler zu entfernen beschlossen: die Soldaten sind zu gehorchen gezwungen „mit Ausnahme einiger, die entweder einen jungen Knaben oder eine schöne Frau verborgen halten, denen sie sich verbunden fühlen[25]„. Die Sitten von Xenophon selbst mögen vielleicht sehr keusch und züchtig gewesen sein, seine Sprache im „Gastmahl" jedoch ist es kaum; und wenn er auf diese Art von Kompositionen verzichtet hätte, dann hätte die Welt nichts verloren.

Von den Sitten Philipps von Mazedonien und seines Hofstaates wollen wir lieber gar nicht erst sprechen. Als die Schlacht von Chaironeia die Macht Athens zerschlug und Griechenland in die Knechtschaft brachte, kann man wahrlich nicht behaupten, daß dabei die Sittsamkeit den Sieg davontrug. Philipp, der zahllose Konkubinen hatte, nahm Frauen überall, wo er sich befand. Ja, sogar die Ursache seines Todes läßt sich nicht mit Anstand erzählen.

Übergehen wir schnell die Sitten tapferer Heerführer, solcher wie z. B. Demetrios, Städtebezwinger, von denen man sonst als schwächstes sittliches Charakteristikum sagen müßte, sie seien infam gewesen.

Auch Alkibiades war weit, sehr weit davon entfernt, gute Sitten zu haben. Wenn er jedoch an Stelle dieses ebenso anständigen wie einfältigen Nikias das Kommando in Sizilien geführt hätte, dann hätte Athen vielleicht jenes irreparable Desaster vermieden. Die scheinheiligen Athener, die gegen Alkibiades Strafanzeige erhoben unter dem Vorwand der Verstümmelung der Hermen, waren wahrscheinlich an dem Ruin ihres Vaterlandes schuld.

Wären später bei Aigospotamoi die griechischen Generäle dem Rat von Alkibiades gefolgt, so hätten sie die athenische Flotte und ihre Stadt gerettet. Die Generäle hatten vielleicht bessere Sitten als Alkibiades – das war wirklich nicht schwer –, aber was die Kriegskunst anbetrifft, waren sie ihm gewaltig unterlegen und ließen sich auf beschämende Weise schlagen.

Wenn wir uns nun den Römern zuwenden, so fällt es uns schwer, Tugendwächter in den Bürgern zu erblicken, die bei den Spielen zu Ehren der Flora völlig nackte Kurtisanen auftreten ließen. Als eines Tages Cato Uticensis – der tugendhafte Cato – dem Flora-Fest beiwohnte, wagte das Volk in seiner Gegenwart nicht, die Forderung zu stellen, daß die Mimen sich ihrer Kleidung entledi-

[25] Xenophon: Cyr. exped. IV, I, 14

gen sollten. Nachdem ihn ein Freund darauf aufmerksam gemacht hatte, verließ Cato das Theater, um dem Volk den Genuß des üblichen Schauspiels nicht zu rauben[26]. Wenn Cato ein Tugendwächter gewesen wäre, dann wäre er im Theater geblieben, um dieses öffentliche Ärgernis zu verhindern; doch Cato war nur ein sittenstrenger Mann – adstrici continentia mores.

Die Komplizen des Catilina hatten ausgesprochen schlechte Sitten, man wäre glücklich, wenn man sie Feiglinge nennen könnte. Unglücklicherweise aber ist das Gegenteil davon wahr. Sallust berichtet uns, wie sie in der Schlacht von Faesulae fielen. „Als die Schlacht jedoch beendet war, konnte man wahrhaftig sehen, welche Kühnheit und welche Charakterstärke es im Heer des Catilina gab. Denn ein jeder hielt noch nach seinem Tod den Platz, den er während des Kampfes eingenommen hatte. Nur eine kleine Anzahl, die von der prätorianischen Kohorte auseinandergesprengt worden war, war etwas weiter weg gefallen, alle aber waren von vorn getroffen worden[27].“ Es ist keineswegs sicher, ob alle Tugendwächter es ebenso gemacht hätten.

Sehr viele Autoren haben sich irreführen lassen, weil sie drei ganz verschiedene Dinge nicht genügend unterschieden: Tugendhaftigkeit, Mäßigkeit und Würde. Die Römer kannten die erste nicht, hielten jedoch die zweite und noch mehr die dritte in großem Ansehen.

Wenn man diese Unterscheidung nicht trifft, so erscheint das ganze Leben des Sittenrichters Cato, wie es von Plutarch berichtet wird, als eine Fülle von Inkonsequenzen und Widersinnigkeiten.

So geschah es z. B., daß Cato als Sittenrichter einerseits Manilius aus dem Senat jagte, weil dieser seine Frau in Gegenwart seiner Tochter geherzt hatte. Dazu sagte Cato im Scherz, er habe seine Frau immer nur dann geherzt, wenn Jupiter donnerte[28]. Niemals badete Cato in Gegenwart seines Sohnes[29].

Andererseits machte sich dieser so empfindliche Mann zum „leno“ seiner Sklaven und verkaufte ihnen die Freuden der Liebe[30]. Nach dem Tod seiner Frau nahm er sich eine junge Dienerin zur Geliebten. Um seinem verheirateten Sohn nicht zu mißfallen, ließ er später von dieser Geliebten ab und heiratete die Tochter eines seiner Klienten. Letzteres Verhalten könnte auf den Gedanken bringen, er habe sich seiner illegitimen Liebesbeziehung geschämt. Doch lesen wir noch einmal sorgfältig bei Plutarch nach, wir finden dort einen wichtigen Begleitumstand. Er berichtet nämlich über diese junge Dienerin: „und als dieses junge Weib einmal mit unverschämtem und hochmütigem Gesichtsausdruck an dem

26 Valerius Maximus: De dictis factisque memorabilibus, II, 10, 8.
27 Sallust: Bellum Catilinae, 61.
28 Plutarch: Cato Maior, 17,10.
29 Ebd., 20, 8.
30 Ebd., 21, 4.

Zimmer (von Catos Sohn und Schwiegertochter) vorüberging, sagte der junge Mann nichts, sondern betrachtete sie nur geringschätzig, und wandte sich ab[31]." Cato wollte so einfach verhindern, daß die Würde des paterfamilias durch die Unverschämtheit einer Dienerin aufs Spiel gesetzt würde. Und diese Würde war seiner Meinung nach – gleichgültig, ob dies richtig oder falsch war – durch Manilius kompromittiert worden. Diese Würde war es, die ihn als Vater daran hinderte, nicht nur nicht gemeinsam mit seinem Sohn, sondern auch nicht, wie Plutarch aufzeichnet, mit seinem Schwiegersohn zu baden. Aber von dieser Würde war nicht mehr die Rede, wenn man zwischen Sklaven sexuelle Beziehungen regeln mußte oder mit einer Frau ein nicht ins Gerede bringendes Verhältnis hatte.

Eine Anekdote, die uns Aulus Gellius berichtet, zeigt deutlich den Standpunkt, den die Römer in dieser Hinsicht einnahmen.

Der kurulische Ädil Hostilius Mancinus bezichtigte die Kurtisane Mamilia vor allem Volk, nachts von der Höhe ihrer Galerie einen Stein nach ihm geworfen und ihn verletzt zu haben. Die Kurtisane brachte die Angelegenheit vor die Tribunen; sie erklärte, Mancinus habe sich nach Tisch vor ihrer Tür eingefunden, und sie habe ihn zurückstoßen müssen, da sie ihn nicht habe empfangen dürfen. „Die Tribunen kamen zu dem Urteil, daß ein Ädil zu Recht von einem solchen Ort verjagt wurde, an den er schicklicherweise nicht mit den Abzeichen seiner Ädilswürdc hätte kommen dürfen, und verbot ihm, seine Angelegenheit vor das Volk zu bringen[32]." Einzig und allein Anstand und Würde hatten die Tribunen dabei vor Augen.

Ich habe eine Anekdote, die von Horaz berichtet wird, erwähnt[33]. Dazu merkt der alte Scholiast an: „Gerade als Cato vorüberging, trat ein junger Mann aus dem Bordell heraus, und als er davoneilen wollte, rief ihn Cato zurück und lobte ihn. Als er ihn später häufig dasselbe Bordell verlassen sah, sagte er zu ihm, wie man berichtet: 'Junger Mann, ich habe Dich gelobt, daß Du zu einem kurzen Aufenthalt hierher kommst, aber nicht, wenn Du hier ständig wohnst[34]'." Ob die Anekdote wahr oder erfunden ist, spielt eine geringe Rolle; sie charakterisiert jedenfalls gut die Denkweise der alten Römer.

[31] Ebd., 24, 3.
Man beachte, daß sich der Sohn des Catos über die Heirat seines Vaters mit der Tochter eines Klienten gleichfalls beklagte: er wollte keine Stiefmutter haben.

[32] Aulus Gellius, IV, 14: Tribuni decreverunt aedilem ex eo loco iure deiectum, quo eum venire cum coronario non decuisset: proptera, ne cum populo aedilis ageret, intercesserunt.
Es ist bekannt, daß sich Römer und Griechen zum Abendessen Kränze aufsetzten.

[33] Vgl. S. 210, Note 11.

[34] „Pseudacronis scholia in Horatium vetustiora." – Lipsiae 1904. – Serm., 1, 2, 31-32.

Cicero läßt in seiner Abhandlung über das „Alter" Cato zu Wort kommen, doch werden dort allein die Gedanken Ciceros ausgesprochen, und diese gehen mehr in die Richtung der Mäßigung als in die der Tugendwächterei. Er macht die Beobachtung, daß das Alter – wenn es auch weniger als die Jugend die Freuden der Tafel und der Liebe genießt –, doch nicht gänzlich um das Vergnügen daran gebracht wird[35].

Die Soldaten Cäsars schlugen sich tapfer, aber sie waren weit davon entfernt, Musterbilder der Tugend zu sein. Was ihren Führer anbelangt ... Aber das sind zu bekannte Geschichten, als daß man sie noch einmal zu erzählen brauchte. Augustus war, das stimmt, seinen Worten nach ein Tugendwächter, aber seinen Taten nach war er das ganz und gar nicht. Dagegen war Marc Aurel ein tugendhafter Philosoph, der jedoch den Untergang des Kaiserreichs einleitete.

Als Tacitus die „Germania" schrieb, beabsichtigte er vor allem, seinen Mitbürgern eine Strafpredigt zu halten. Wenn die Germanen zu seiner Zeit noch keine allzu schlechten Sitten hatten, so finden wir sie in der Epoche der Völkerwanderung sehr verändert wieder. Die Chroniken des Mittelalters sodann weisen viele Stellen auf, die nicht gerade erbaulich sind[36].

Mohammed und seine Anhänger gaben sich sehr den Freuden der Liebe hin. Das ist so bekannt, daß es völlig überflüssig ist, dafür Beweise zu erbringen. Dennoch gründeten die mohammedanischen Araber mächtige Reiche und brillierten in den schönen Künsten, der Literatur und der Wissenschaften. Als die Christen schließlich ihr weiteres Vordringen zum Stehen brachten, waren sie nicht viel gesitteter als ihre Feinde.

Es ist nicht leicht, perfektere Tugendwächter zu finden als die Katharer. Sie lebten in Armut, opferten alles der Gemeinschaft, aßen kein Fleisch und enthielten sich streng aller Sinnlichkeit, ja sie ließen nicht einmal die legitime Ehe gel-

---

[35] Cicero: De senectute, XIV, 36 – XIV, 48; Quod si istis ipsis voluptatibus bona aetas fruitur libentius, primum parvulis fruitur rebus, ut diximus: deinde iis, quibus senectus, si non abunde potitur, non omnino caret.

[36] Man könnte Bände füllen mit Zitaten, um das zu belegen. Man vergleiche z. B. A. Bruce-Whyte: Histoire des langues romanes et de leur littérature depuis leurs origines jusqu'au XIVme siècle, Paris – Strasbourg 1841, Band 1, S. 373: „Wenn die Situation des schönen Geschlechts unter der Herrschaft der lombardischen Gesetze anscheinend nicht mit den Vorstellungen von Kultur und Höflichkeit übereinstimmt, von denen wir voll sind, so darf man nicht vergessen, daß die Ausschweifung der Frauen im Mittelalter ihren Höhepunkt erreichte und daß man die strengsten Vorkehrungen treffen mußte, um zu verhindern, daß ihr Beispiel ansteckend wurde."
Später lernen wir aus dem „fabliaux" eine Gesellschaft kennen, in der die Derbheit der Sprache dem Mangel an Keuschheit und sogar dem Mangel an jeglichem Schamgefühl gleichkommt. Dennoch schlugen sich die Leute wacker!

ten[37]. Diese Regel bestand allerdings nur für die „Vollkommenen", die einfachen „Gläubigen" durften hingegen heiraten.

Bekanntlich ist das Hauptziel der Inquisition zu Beginn die Bekämpfung der albigensischen Katharer gewesen. Gewiß, ihre Grausamkeiten wecken noch heute ein gerechtes Entsetzen, aber man muß auch zugeben, daß das Land so bedeutend weniger durchmachen mußte, als wenn es unter das Tugendjoch der Katharer geraten wäre.

Die Katharer wurden von den Kreuzfahrern, die aus dem Norden Frankreichs kamen, besiegt und vernichtet. Die Sitten dieser Kreuzfahrer waren sehr wenig empfehlenswert und jedenfalls viel schlechter als die der Katharer. Aber wieder einmal wurde der Sieg der Tugend untreu.

Andere Kreuzfahrer, die späterhin Jerusalem einnahmen, hatten ebenfalls Sitten, die weit davon entfernt waren, ohne Makel zu sein.

Robert le Moine erzählt allen Ernstes, daß zur Zeit, als die Christen in Antiochia eingeschlossen waren, einem Priester im Traum der Herr erschien, der unter anderem zu ihm gesagt habe: „Ich habe alle Widerwärtigkeiten und Hindernisse, die sie (die Kreuzfahrer, V. P.) auf sich nehmen mußten, gutgeheißen, weil mit christlichen und heidnischen Frauen viele sträfliche Dinge geschehen sind, deren Anblick mir sehr weh tut[38]."

Karl der Große hat die Frauen sehr geliebt[39], das hat ihn aber nicht daran gehindert, ein bedeutender Kaiser zu sein. Sein Sohn, Ludwig der Fromme, war

---

[37] Sacconi: Summa, S. 48: Credunt quod comedere carnes, et ova, vel caseum, etiam in urgenti necessitate sit peccatum mortale. Ebd.: Item communis opinio omnium catharorum est quod matrimonium carnale semper fuit mortale paccatum, et quod non punietur quis gravius in futuro propter adulterium vel incestum quam propter legitimum coniugium. Francois Guizot: Collection des mémoires relatifs à l'histoire de France, Histoire de l'hérésie des Albigeois par Pierre de Vaulx-Cernay, S. 8: „... weiter sagten die Albigenser, daß das Sakrament der Ehe eine Prostitution sei und niemand davor bewahrt werden könne, auch wenn er dabei Söhne und Töchter her vorbrächte."

Ebd., S. 11: „Darüber hinaus sagten sie, daß man keine größere Sünde begehe, wenn man mit seiner Mutter oder mit seiner Schwester schliefe als mit jeder beliebigen anderen Frau."

[38] Francois Guizot: a.a.O., Histoire de la première croisade par Robert le Moine, S. 407,
Guizot, ebd., Jacques de Vitry, S. 271, spricht in folgenden Worten vom Sittenverfall zur Zeit der Kreuzzüge: „Die Enthaltsamkeit, im Himmel in Ehren gehalten und Gott gefällig, wurde wie etwas Niedriges verachtet. Die Menschen gaben sich unterschiedslos und ohne Scham der Wollust preis wie das Schwein im Schlamm und fanden höchste Freuden in dem Gestank, wie die Tiere, die keinen Verstand haben. Sie verdarben an ihrer eigenen Verderbtheit, keinen Fall einer ehrenwerten Hochzeit, eines ungeschändeten Bettes gab es ..."

[39] A. Teulet: Œuvres complètes d'Eginhardt, Bd. 1, S. 69, setzt in Anmerkung hinzu: „Eine allzu große Freiheit herrschte am Hof Karls des Großen, und die zeitgenössischen Schriftsteller waren zu der Feststellung gezwungen, daß er selbst in dieser Hinsicht ein sehr schlechtes Beispiel gab (vgl. u. a. „Visio Wetini" in „Bouq." 399, und Paschasius Radbertus, „Vita Sancti Adalhardi", Kap. 33, Bouq. VI, 277); aber nichts beweist, daß er, wie man ihm vorgeworfen hat, so weit gegangen ist, mit seinen eigenen Töchtern inzestuösen Verkehr zu unterhalten."

ein gekrönter Klostermönch, der sich tief im Gebet demütigte[40]. Um seiner legitimen Ehefrau Judith zu gefallen, behauptete er gegenüber seinem Sohn Karl, daß er von ihr ein Königreich erhalten habe oder es zumindest glaube[41]. Er treibt seine anderen Söhne schließlich zur Revolte und wird abgesetzt. Dieser einfältige Tugendwächter setzt die Auflösung des Reiches in Gang.

Hingegen Heinrich IV.,

...Dieser tapfere König,
Dieser Teufelskerl,
Hat das dreifache Talent,
Zu trinken, zu kämpfen
Und dazu ein Schürzenjäger zu sein.

Er erobert sich mit dem Degen ein Königreich, unterdrückte den Aufstand der Pariser und begründete eine Dynastie.

Einer seiner Abkömmlinge, sittsamer Ehegemahl und Musterbild aller familiären Tugenden, doch von begrenzter Intelligenz, großer Feigheit und unbeschreiblicher Schwäche, verlor sein Reich, verschuldete den Tod von Frau und Sohn, wurde von den Parisern enthauptet und setzte so seiner Dynastie ein Ende.

In unserer Zeit wurde das Königreich Italien von Viktor Emanuel II. begründet, der wohl ein wenig einem „Schürzenjäger" ähnelte. Bei diesem Beispiel wissen wir nicht, was die Zukunft uns noch vorenthält.

Napoleon I. war ebenfalls kaum sittsam zu nennen. Seine Marschälle, seine Generäle und seine Soldaten noch weniger. Sie trugen dennoch sehr viele Siege davon, und was die Niederlage anbetrifft, die sie in Rußland erlitten, so wäre es schwierig, in ihr einen Triumph der guten Sitten über die schlechten zu sehen.

Moritz von Sachsen, der Frankreich vor der Invasion der Fremden rettete, war ein großer Feldherr, doch er hatte sehr schlechte Sitten. Hätte es Frankreich mehr genützt, wenn er tugendhaft gewesen wäre und sich in Fontenoy hätte schlagen lassen?

Nelson, der Sieger von Trafalgar, war weit davon entfernt, sonderlich sittsam zu sein. Seine Liebesaffäre mit Lady Hamilton[42] ist wohl bekannt. Wäre es

---

[40] Thegan, 19: Quotiens mane in cottidianis diebus ad ecclesiam perrexerat causa orationis, flexis genibus fronte tetigit pavimentum, humiliter diu orans, aliquando cum lacrimis ...

[41] Thegan, 36: Dixerunt Iudith reginam violatam esse a quodam duce Bernhardo, qui errat de stirpe regali et domni imperatoris ex sacro fonte baptismatis filius.

[42] Das Leben dieser Frau ähnelt ein wenig dem der Theodora. Sie war eine sozial aufgestiegene Kurtisane. Da kein Tugendwächter die Geschichte von Colletta gesäubert hat, wie es mit der Geschichte von Prokop geschehen ist, kann man in dem Buch Collettas lesen, was er von Lady Hamilton sagte: „... sie führte bis zum Alter von 16 Jahren ein freizügiges, niederes Leben. Nachdem sie dann in den Besitz eines gewissen Graham gekommen war, stellte sie sich in dem Bett des Apollon nackt oder nur mit einem äußerst winzigen Schleier bedeckt in Gestalt der Göttin Hygiea zur Schau. Hundert Künstler gaben ihre göttlichen Formen um der Übung und um der Laszivität willen wieder.

für England besser gewesen, es hätte an Stelle von Nelson einen tugendhaften Admiral gehabt, der allerdings die Seeschlachten von Aboukir und Trafalgar verloren hätte?

Aber es ist Zeit haltzumachen, denn wenn wir so weitermachen wollten, dann würde die gesamte Geschichte hier an uns vorüberziehen.

Wir haben gerade gesehen, daß die Geschichte in sehr klarer Weise widerlegt, daß der Tugend-Mythos unerläßlich ist, um Macht und Gedeihen der Völker zu sichern. Doch das Thema ist noch lange nicht erschöpft[43]. Wir haben den Tugend-Mythos als Hauptmythos untersucht; wir müssen ihn nun noch in der Form eines nebensächlichen Mythos betrachten.

Es wäre ebenfalls nötig, ihn im Hinblick auf die verschiedenen sozialen Klassen zu erforschen, denn es ist keineswegs a priori evident, daß es nützlich wäre, wenn alle dieselben Mythen hätten. Sehr viele Fakten verleiten im Gegenteil zu dem Glauben, daß gewisse Unterschiede zwischen der Elite und dem Rest der Bevölkerung nützlich sein können. Wir wollen uns nicht über diesen Punkt verbreiten, da er uns hier zu weit führen würde.

Ich bin gezwungen, hier Theorien in Kürze abzuhandeln, die eine ausführliche Entwicklung und vor allem die Unterstützung durch zahlreiche Fakten benötigen, und verhehle mir demzufolge nicht die Schwierigkeit dieser Aufgabe. Diese Theorien sind Spezialfälle allgemeiner Theorien, für die ich in meiner Darstellung der logischen und nichtlogischen Handlungen einige Beispiele gegeben habe[44]. Sie werden in meinem demnächst veröffentlichten „Trattato di Sociologia generale" ausführlich behandelt werden[45]. Nur mit einer so ausführlichen Vorbereitung könnte man das Thema in streng wissenschaftlicher Weise behandeln. Ich mache den Leser deshalb hier darauf aufmerksam, daß ich mich ge-

Rhommey, der berühmte Bildhauer, nahm sie als Modell für die Statuen der Venus, der Kleopatra und der Phryne ..." vgl. COLLETTA, „Storia del reame di Napoli", Band II, S. 84.

[43] Um die Wirkungen eines wie auch immer gearteten sozialen Phänomens beurteilen zu können, muß man sich u. a. über die Begleitumstände, inmitten deren es sich abspielt, Rechenschaft geben.
So sind z. B. Disziplin und das Gefühl des Respektes gegenüber der Hierarchie nützlich in einer Gesellschaft, in der die Elite die Macht innehat. Doch in einer Gesellschaft, in der eine dekadente Elite die Macht den Händen unwürdiger, zu ihrer Ausübung unfähiger Personen beläßt, kann die von unten kommende Gewaltsamkeit sehr nützlich sein, wenn sie es fertigbringt, diese Leute von der Macht zu verjagen.
Angenommen, ein Schiff wird von einem unfähigen Kapitän kommandiert. Es kommt ein Unwetter auf. Ein Mann aus der Besatzung überwältigt den Kapitän und wirft ihn ins Meer, was erlaubt, daß ein guter Seemann den Platz des Kapitäns einnimmt und Schiff und Besatzung rettet. Offensichtlich war die Tat des Matrosen, die sonst eine impulsive, in jeder Hinsicht dem ins Meer geworfenen Kapitän inadäquate Gewalttat sein mag, in diesem Fall für Schiff und Besatzung von Nutzen.

[44] Ich bin gezwungen, hierzu auf meine Bücher „Les systèmes socialistes", Paris 1902, und „Manuel d'économie politique", Paris 1909, zu verweisen.

[45] Ein Kapitel daraus ist in der „Rivista italiana di Sociologia", Rom 1910, veröffentlicht worden.

zwungen sehe, einen Teil der wissenschaftlichen Strenge der Klarheit dcr Darstellung zu opfern.

Betrachten wir zu Beginn ein Beispiel, das etwas außerhalb des Themas liegt, mit dem wir uns hier beschäftigen. Im Falle großer Gefahren, bei Epidemien etwa und Kriegen, pflegten die Römer ein „lectisternium" zu zelebrieren, d. h. sie boten den Göttern ein Mahl dar. Nach der Niederlage am Trasimenischen See lud man die zwölf großen Götter zu diesem Schmaus ein. „Sechs Polstersitze wurden öffentlich aufgestellt: der erste für Jupiter und Juno, der zweite für Neptun und Minerva, der dritte für Mars und Venus, der vierte für Apoll und Diana, der fünfte für Vulkan und Vesta und der sechste für Merkur und Ceres[46]." Diesen Göttern trug man alles für ein Gastmahl Erforderliche auf. Auf diese Weise glaubten sich die Römer ihres Beistands zu versichern.

Betrachtet man diesen Mythos isoliert, so war er einigermaßen lächerlich, und die Götterbilder, die vor Speisen, die sie nicht verzehren konnten, zu Tisch saßen, waren einfach grotesk.

Es gäbe nichts an dieser Bewertung zu ändern, wenn dieser Mythos unabhängig bestanden und wenn sich die Römer, als sie von Hannibal bedrängt wurden, damit begnügt hätten, ihren Göttern ein Mahl darzubieten oder sich anderem ähnlichen Hokuspokus hinzugeben.

Doch in Wirklichkeit verhielt es sich ganz anders. Der Mythos des lectisternium war nur das Zubehör zu einem anderen Mythos, zu dem, der die Römer glauben ließ, daß ihre Stadt göttlichen Schutz genoß. Selbst dieser Mythos ist jedoch bloß die Offenbarung eines vertrauten Gefühls, nämlich des tiefen, uneingeschränkten Zutrauens, das die Römer in die Geschicke Roms setzten. Die Geschichte macht ja deutlich, daß die durch dieses Gefühl inspirierten Taten tatsächlich die Größe Roms verwirklicht haben.

In einer Epoche, in der jeglicher Glaube an die Götter des römischen Pantheons völlig verschwunden war, blieb das Bewußtsein der Größe Roms eine der Kräfte, die Italien eine gewisse Einheit bewahrten. Es kam ein Augenblick, in dem dieses Gefühl beinahe nur noch müßige Literaten zu Sonetten beflügelte, dann wurde es schließlich lächerlich. Doch alles Lächerliche daran verschwand, als es die Italiener zum Handeln trieb und einen Mazzini, einen Garibaldi und einen Cavour inspirierte. Im Jahre 1848 legte dieses Gefühl ganz genauso lächerliche Züge an den Tag wie das lectisternium, wenn man beide isoliert betrachtet. Das wandelt sich jedoch völlig, sobald man die Gefühle als Ausgangspunkt der daraus folgenden Taten ansieht.

---

[46] Livius: Annales, XXII, 10.

Setzt man den kleinen Hut Napoleons einem Einfaltspinsel auf den Kopf, so wirkt er grotesk; auf dem Kopf des Siegers von Austerlitz hat er nicht Lächerliches mehr an sich.

Man stelle sich ein Volk vor, das sich einbildet, es habe die Denkweise der Römer angenommen, wenn es ein lectisternium veranstaltet, oder einen unfähigen General, der sich einbildet, das Genie Napoleons zu besitzen, wenn er sich dessen kleinen Hut aufsetzt, und man wird erkennen, wie schnell diese Vorstellungen ihren Sinn verlieren.

Cromwell, der seine Ansprachen an seine Armee, die vom religiösen Fanatismus beherrscht war, mit Bibelzitaten schmückte, war ein großer Menschenführer. Herr Luzzatti dagegen bringt einen einfach zum Lachen, wenn er das Evangelium vor einer Mehrheit von Leuten zitiert, deren Hauptfehler keineswegs darin besteht, Idealismus und Tugend zu übertreiben.

Die Behauptung wäre zweifellos falsch, daß die Römer zu ihren Siegen gelangten, indem sie ein lectisternium abhielten. In Wahrheit siegten sie dank der Gefühle, die sich unter anderem in dem lectisternium kundtaten.

Auch wäre es falsch zu behaupten, daß das lectisternium völlig unnütz war, da die Götter der Römer ja keine objektive Existenz besaßen. In Wahrheit war es nützlich, weil es dazu diente, die Gefühle zu bestärken, aus denen es seinen Ursprung herleitete.

Betrachten wir nun ein anderes Beispiel, das uns ganz zu unserem Thema zurückführt.

Calvin und seine Schüler waren Tugendwächter reinsten Wassers und gleichzeitig Verfolger, die in keiner Weise den schlimmsten katholischen Inquisitoren nachstanden. Wenn sie nur dies gewesen wären, dann wären sie lächerlich und verächtlich, aber sie sind groß und bewunderungswürdig, weil sie von wirksamen und tiefen Gefühlen beseelt und dadurch für ihre Stadt nützlich wurden. Dank dieser Gefühle nimmt das kleine Territorium Genf einen bedeutenden Platz in der Geschichte ein, und die Erinnerung an dieses kleine Volk hat lange Jahrhunderte überdauert und wird es weiterhin tun.

Zu behaupten, Genf sei groß gewesen wegen der Tugendwächterei Calvins, wäre falsch. Hingegen entspricht es der Wahrheit, daß es groß ist wegen der Gefühle, die neben anderen Manifestationen die Tugendwächter-Bewegung hervorriefen.

Zu behaupten, die Tugendwächter-Bewegung Calvins sei unnütz gewesen, weil sie eigentlich lächerlich ist, wäre falsch. Hingegen entspricht es der Wahrheit, daß die Tugendwächter-Bewegung insofern nützlich war, als sie die Gefühle bestärkte, zu deren Manifestationen auch die Tugendwächter-Bewegung gehörte.

Es ist absurd zu glauben, daß ein Volk, das dem Calvinismus lediglich die Tugendwächterei entlehnen würde, ohne auch dessen herbe Gefühlstiefe anzunehmen, allein dadurch groß und berühmt würde. Es wäre bloß lächerlich.

Noch ein Beispiel. Jeder kennt die herrliche „Petition für die Landleute, die man am Tanzen hindert" von Paul-Louis Courrier, und nur wenige Leute finden dieses Plädoyer für das Tanzen im Zeitalter der Restauration nicht vergnüglich. Es wäre noch sehr viel amüsanter erschienen, wenn man es heutzutage in einer großen Metropole wie Paris, Rom oder London erneuern würde. Dennoch ist anzumerken, daß am 1. Mai 1910 die Landgemeinde von Uri den Vorschlag zurückwies, einmal im Jahr in jedem Dorf Tanzerlaubnis zu erteilen und es den Fremden zu gestatten, in den Hotels zu tanzen. Darin sehen sehr viele Leute nichts Lächerliches.

Woher kommt diese unterschiedliche Bewertung? Die Antwort darauf ist sehr einfach. Das Tanzverbot in Uri ist nur eine Manifestation des schlichten, ernsten, patriarchalischen Charakters dieses kleinen Volkes, eines Charakters, der allen Respekt verdient und der gerade dadurch dieser Manifestation alles Lächerliche nimmt. Umgekehrt stünde dieses Verbot in schroffem Gegensatz zu den hervorstechenden Eigenschaften und Sitten, die man in den Hauptstädten der großen Staaten beobachten kann, und infolgedessen müßte ein entsprechendes Vorgehen dort unvermeidlich der Lächerlichkeit verfallen.

Die ausschweifenden Gesetzgeber, die für tugendhafte Maßnahmen stimmen, die Justizbeamten, die, aus den Armen von feilen Dirnen kommend, unglückliche Verkäufer gewisser Postkarten verurteilen, sie alle sind einigermaßen lächerlich und sogar ein klein wenig verächtlich. Man könnte eine kuriose Statistik aufstellen über die durch die Hände der Tugendwächter gehende Summe Geldes, das den Luxus von Halbweltdamen und Prostituierten in den großen Weltstädten ermöglicht[47].

Generell kann man sagen, daß Kulthandlungen, die einen tiefen Glauben offenbaren, selten lächerlich sind, während sie es fast immer werden, sobald der zugrunde liegende Glaube verschwindet und sie allein übrigbleiben.

Jetzt können wir unser Problem endgültig lösen. Die Beziehung zwischen Tugendwächter-Bewegung und dem sozialen Nutzen resultiert nicht aus deren inneren Eigenschaften, sondern aus Gefühlsstrukturen, die sich neben anderen Manifestationen auch in der Tugendwächter-Bewegung äußern.

---

[47] Eine Illustrierte hat einen kleinen Knirps abgebildet, der, als er eine Halbweltdame in großer Toilette vorbeigehen sieht, ausruft: „Wie oft hat sie sich ausziehen müssen, um sich so anziehen zu können!" In ihrer rührenden Weltfremdheit verwenden manche Regierungen alle ihre Sorgfalt darauf zu verhindern, daß dieser kleine Knirps eine etwas zu freizügig illustrierte Postkarte kaufen kann! Die Heuchelei hat unergründliche Tiefen.

Sind diese Gefühle oberflächlicher Natur, schlichte Prüderie, alberne Ziererei, passives Entsagen oder einfach Askese? Dann üben sie keinerlei nützliche Wirkung auf die Gesellschaft aus.

Oder handelt es sich hingegen um tiefe Gefühle, von denen die Menschen getrieben werden, sich für ihr Vaterland zu opfern, für die Zukunft ihrer Artgenossen, für das Wohlergehen ihrer Nachkommenschaft oder für ein Ideal, das ihnen mehr bedeutet als die Freuden des Augenblicks? Dann können sie nützlich, ausgesprochen nützlich sein für die Gesellschaft und ein starkes, glückliches und erfolgreiches Volk charakterisieren.

Doch wir dürfen uns nicht selbst vom Gefühl oder von Erwägungen a priori leiten lassen; einzig und allein von den Tatsachen dürfen wir Aufschluß zu erlangen suchen. Nun führen alle bekannten Tatsachen zu folgenden Schlußfolgerungen:

1. Niemals hat das bloße Gefühl der Entsagung ein starkes und mächtiges Volk geschaffen. Noch nie hat Askese als solche ein derartiges Volk hervorgebracht. Alle Völker, in denen Mönche, Einsiedler und Asketen überwogen, fielen vielmehr dem erstbesten Eroberer als Beute in die Hände.

2. Es gibt in der Geschichte kein großes, starkes und erfolggewohntes Volk, bei dem man nicht in der Tiefe wirksame Gefühle fände, die sich in einem Ideal, einer Religion, einem Mythos[48] oder einem Glauben offenbaren. Jedes Volk, in dem diese Gefühle schwächer werden, befindet sich auf dem Weg der Dekadenz. Sehr viele kleine Völker sind groß geworden, weil sie den Glauben an sich selbst besaßen. Ein Volk, das diesen Glauben verliert, ist dem Untergang nahe.

In gewissem Sinne könnte man also folgendes Paradox formulieren: Nichts ist im Leben der Völker so real und praktisch wie das Ideal[49].

---

[48] Vgl. Georges Sorel, a.a.O., S. XXVI: „Im Verlauf dieser Untersuchungen hatte ich etwas festgestellt, das mir so einfach schien, daß ich nicht geglaubt hätte, viel Gewicht darauf legen zu müssen: die Menschen, die an großen sozialen Bewegungen teilnehmen, stellen sich ihr nächstes Tun in Form von Kampfbildern vor, die den Triumph ihrer Sache bestätigen. Ich habe vorgeschlagen, diese Konstruktionen, deren Kenntnis von entscheidender Bedeutung für die Historiker ist, Mythen zu nennen." Und er setzt in Anmerkung hinzu: „In meiner ‚Einführung in die moderne Ökonomie' habe ich dem Wort Mythos einen allgemeineren Sinn beigelegt, der mit der hier gebrauchten strikten Sinnbedeutung eng zusammenhängt."

Er fährt fort: „Der Generalstreik der Syndikalisten und die Marxsche Katastrophen-Revolution sind Mythen. Ich habe bemerkenswerte Beispiele für Mythen gegeben, die z. B. vom Urchristentum, von der Reformation, der Französischen Revolution und den Anhängern Mazzinis gebildet wurden."

Hier lege ich dem Terminus „Mythos" seinen etymologischen Sinn bei: [allegorische, nicht historische Erzählung, im Gegensatz zu echt, wirklich.

[49] Das bringt Carducci in einem Sonett an Mazzini zum Ausdruck:

Tu sol – pensando -- o ideal, sei vero.

„Du allein – denkt er – o Ideal, bist wahr!"

Es handelt sich hierbei nicht bloß um eine poetische Ausdrucksweise, das ist vielmehr die Beschreibung einer Realität.

Die Realität des Ideals steckt nicht in ihm selbst, sondern in den Gefühlen, die es offenbart. Die Existenz der Göttin Athene hat keinerlei objektive Realität, Realität besitzen allein die von den Athenern gehegten Gefühle, die sich in dem Glauben offenbarten, Athene wohne auf der Akropolis von Athen und beschütze die Stadt. Die Kreuzfahrer vollbrachten wahre Wunder, als man ihnen den Splitter des echten Kreuzes vorantrug. Die Realität steckt nicht in dem Mythos von diesem Kreuz, sie existiert vielmehr in den von diesen Kreuzfahrern gehegten Gefühlen, deren Manifestation jener Mythos bildete. In den beiden angeführten Fällen ist die Gestalt der Mythen grundverschieden, die Gefühle, die sie manifestieren, sind jedoch sehr ähnlich. Man lese einerseits Schilderungen der Kreuzzüge von christlichen Geschichtsschreibern, andererseits jene der arabischen Historiker. Ihre Religionen sind sehr unterschiedlich; die Gefühle, von denen sie inspiriert werden, identisch. Diese Gefühle bilden den konstanten und ausschlaggebenden Teil des Phänomens; die christliche oder islamische Theologie stellt nur den veränderlichen und, insgesamt gesehen, sekundären Teil dar. Folglich gilt es, die Gefühle zu erforschen, um die Gesetze des sozialen Wandels zu entdecken, während die jeweiligen Formen der Mythen, denen man bislang viel zuviel Aufmerksamkeit geschenkt hat, nur sekundäre Bedeutung besitzen.

Der logische Gehalt des Ideals ist nicht wichtig. Was vielmehr zählt, ist der psychische Zustand, den es enthüllt und für den es ein Symptom bildet. Denn von Gefühlen wird es erzeugt.

Man verliere keine Zeit damit, die Widersprüche, Inkonsequenzen und Absurditäten der römischen Mythologie und Wahrsagerei zu betonen. Man schiebe all diesen Plunder beiseite, und man wird als Residuum darunter bestimmte Gefühle finden. Danach betrachte man die römische Geschichte von neuem, Schritt für Schritt, und man wird erkennen, daß diese Gefühle die Ursache der Größe Roms bildeten. Man wiederhole dieses Verfahren entsprechend bei Athen, Sparta, den arabischen Anhängern Mohammeds und so fort bis zur modernen Zeit. Man erforsche auf diese Weise das Epos von der englischen Revolution, der Revolution von 1789, das von Napoleon I. und das des deutschen Volks, als es die Armeen Napoleons I. verjagte. Damit nicht genug, schaue man nach, wie die Einheit Italiens und Deutschlands zustande kam, man beobachte, wie sich Bismarck eines Mythos, der die Gefühle seines Volkes offenbarte, zu bedienen verstand. Man verlasse das Feld der Geschichte, wenn man die direkte Beobachtung bevorzugt, und sehe, welche bedeutende Rolle noch heute der Mythos von Groß-Deutschland bei den germanischen Völkern oder der Mythos von Ahnen,

---

Wir können hinzufügen, daß die Partei Mazzinis dank dieses Ideals ohne den geringsten Schmutzspritzer durch den politischen Schlamm, der sehr viele andere Parteien reichlich besudelt hat, hindurchgehen konnte. Noch heute sind selbst die entschiedensten Gegner dieser Partei gezwungen, deren hochstehende Moral und große Anständigkeit anzuerkennen.

Dynastie und Vaterland bei den erfolgreichen Japanern spielt. Überall wird man ähnliche Phänomene wiederfinden, überall wird man unterhalb von Derivationen, die ohne logischen Wert und manchmal sogar absurd sind, die genannten Gefühlsstrukturen, die großen Kräfte, aus denen Gestalt und Wandel der Gesellschaften resultieren, wiederentdecken können.

Rentiers und Spekulanten*

Mit diesen Begriffen werden die Dinge, auf die sich beziehen, keineswegs gut bezeichnet; ich verwende sie nur, weil es keine besseren gibt, bitte aber den Leser, sich nicht auf sie zu fixieren und seine Aufmerksamkeit ausschließlich auf die Dinge zu richten.

Unter einem abstrakten und wissenschaftlichen Aspekt kann man zwischen dem „Sparer", der allein von den Zinsen seiner Ersparnisse lebt, und dem „Unternehmer" unterscheiden, der auf dem Markt sowohl Spargelder und andere Kapitalien ausleiht als auch die Arbeit der Arbeiter anmietet. Das wären die beiden Kategorien, auf die wir unser Augenmerk richten.

Wir wollen zwei Typen unter einem konkreten Gesichtspunkt betrachten:

1. Individuen, deren einzige oder hauptsächliche Einnahmequelle Zinsen aus Staatspapieren, aus Obligationen von Handels- und Industriegesellschaften, feste Löhne, Renten usw. sind.

2. Individuen, deren einzige oder wichtigste Einnahmen aus Aktien von Handels- oder Industriegesellschaften, direkter Unternehmertätigkeit in Handel und Industrie, Börsengeschäften, Mieten von in aufstrebenden Städten gelegenen Häusern, Spekulationen mit landwirtschaftlichem oder städtischem Grund und Boden stammen, letztlich aus allem, was seinem Wesen nach Veränderungen unterliegt und von der Geschicklichkeit der Person abhängig ist, die sich damit beschäftigt. Das sind nochmals unsere zwei Kategorien.

Man hat sie von jeher gekannt, aber ihrer gesellschaftlichen Bedeutung nicht genügend Beachtung geschenkt.

Die erste Kategorie ist großenteils konservativ, steht Neuem, das sie stets ein wenig fürchtet, feindlich gegenüber, ist patriotisch und nationalistisch. Die zweite Kategorie hingegen ist Neuerungen gegenüber aufgeschlossen, entfaltet überall rege Betriebsamkeit, um gute Geschäfte zu machen, ist internationalistisch, weil sie überall Gelegenheit findet, ihre Industrie zu betreiben, und weil das Geld im Grunde genommen kein Vaterland hat. In der ersten Kategorie befinden sich die „Verwurzelten", in der zweiten die „Entwurzelten".

Die Literatur hat uns die extremen Vertreter der beiden Kategorien zur Genüge beschrieben. Auf der einen Seite den Kleinbürger, Krämer, Kleineigentümer, der mit seinem Dorf verwachsen ist wie die Auster mit dem Felsen, der

---

* „Rentiers et spéculateurs", in „L'Indépendence", 1. Mai 1911. Jetzt wiederveröffentlicht in *Œuvres complètes de V. Pareto*, erschienen unter der Leitung von Giovanni Busino, Band VI: *Mythes et idéologies*, Genf, Droz, 1966, pp. 272-79.

engstirnig ist und hartnäckige Vorurteile hat. Auf der anderen Seite den Kosmopoliten, der sich überall zu Hause fühlt, der aufgeschlossen ist und die Vorurteile ironisch belächelt: sowohl die religiösen Überzeugungen als auch die Idee des Vaterlands, und der die Menschen meistens nur nach der Höhe ihres Vermögens oder dem Grad ihres Einflusses beurteilt.

Die extremen Typen sind selten, die in der Mitte liegenden alltäglich, und unter den Fehlern, über die sich die Literaten mit schwungvoller Feder auslassen, befinden sich Qualitäten, die für die Gesellschaft von großer Bedeutung sind.

Die erste Kategorie ist das, was den Nationen Stabilität verleiht; das ist der Ballast der Schiffe. Die zweite Kategorie ist das, was ihnen die Bewegung, den Fortschritt gibt; das ist das Segelwerk, das das Schiff in Bewegung setzt.

Der reibungslose Gang des Lebens ist für die erste Kategorie eine unbedingte Notwendigkeit, während er für die zweite Kategorie nahezu bedeutungslos ist. Derjenige, der eine kleine feste Rente hat, ist unglücklich, wenn die Preise der Waren steigen, denn er muß seinen Verbrauch einschränken. Der Produzent der Waren und der Händler, der sie verteilt, erhöhen ihre Preise und erzielen dadurch einen Ausgleich – oft mehr als einen Ausgleich – für die teure Lebenshaltung.

Die Steuererhöhungen lasten schwer auf der ersten Kategorie, die sie auf niemand anders abwälzen kann. Sie sind vorteilhaft für eine große Anzahl von Personen der zweiten Kategorie, die sie nicht nur auf die Verbraucher abwälzt, sondern die es obendrein versteht, die Aufträge an sich zu ziehen, die die Regierung mit dem Steueraufkommen vergibt.

Diese Beobachtungen erklären die folgenden Fakten. Die hohen Lebenshaltungskosten waren früher ein gefürchtetes Übel, weil die erste Kategorie von Personen zahlreich war, und zwar selbst in den regierenden Klassen. Heute ruft die Höhe der Lebenshaltungskosten nur selten Beschwerden hervor, da die zweite Kategorie von Personen den Staat nahezu beherrscht. Bis zum Ende des 18. Jahrhunderts haben die meisten Erhebungen ihren Ursprung in hohen Lebensmittelpreisen oder Steuererhöhungen. Heutzutage hört man kaum noch jemanden darüber reden.

Dies läßt sich noch besser verifizieren, wenn man zeitgenössische Verhältnisse miteinander vergleicht. In Italien gibt es im Norden Industrie und Handel; die zweite Kategorie von Individuen ist hier vorherrschend. Weder die hohen Lebensmittelpreise noch die – immerhin außerordentlich großen – Steuererhöhungen rufen hier Unruhen hervor. Diese treten vielmehr im Süden häufig auf, wo die erste Kategorie noch sehr zahlreich ist. Es vergeht kein Jahr, ohne daß es zu einigen Unruhen in den kleinen Gemeinden um Neapel oder auf Sizilien kommt. Man setzt die Büros der Steuerbehörden in Brand, stürmt das Rathaus, um gegen die Erhöhung alter oder die Einführung neuer Steuern zu protestieren.

In England zogen früher die Liberalen gegen eine Erhöhung der Ausgaben zu Felde. Kaum waren sie an der Macht, war ihre erste Sorge, sie noch mehr zu erhöhen. Sie waren dazu gezwungen, um die Wünsche ihrer Truppen zu befriedigen.

In Frankreich sind die „Progressisten", die den italienischen „Liberalen" entsprechen, gegen die progressive Einkommensteuer. Als diese „Liberalen" in Mailand die Macht hatten, haben sie gegen den Widerstand der Radikaldemokraten eine progressive Einkommensteuer eingeführt. Welche Erklärung gibt es hierfür?

In Frankreich sind die „Progressisten" gegen die progressive Einkommenssteuer, weil sie wissen, daß der Ertrag dieser Steuer nicht ihnen zugute kommt. In Mailand haben die „Liberalen" diese Steuer eingeführt, weil sie, da sie an der Macht sind, den Ertrag dieser Steuer ausgeben, und weil er ihnen und ihren Truppen zufließen wird.

Die Mailänder „Liberalen" haben einen Stab, der hauptsächlich aus Personen der zweiten Kategorie besteht. Die Radikaldemokraten stützen sich teilweise auf Wähler der ersten Kategorie. Es ist also natürlich, daß unter diesen Bedingungen die „Liberalen" für und die „Radikaldemokraten" gegen eine Progressivsteuer sind. Unter anderen Umständen, beispielsweise in der Frage einer staatlichen Steuer, könnte es sich anders verhalten.

In Frankreich macht sich ein aus Multimillionären bestehendes Kabinett anheischig, die Progressivsteuer durchzusetzen. Bei näherer Betrachtung wird man leicht feststellen, daß diese Steuer sie kaum belasten wird – weder sie selbst noch ihre Freunde. Auf jeden Fall wird es nicht die Progessivsteuer sein, die die Banque Ottomane oder die Crédit Foncier Argentin daran hindern wird, gute Geschäfte zu machen und ihren Präsidenten reichlich zu belohnen.

In Italien ist im „Giornale d'Italia" vom 26. März 1911 zu lesen: „Der Rücktritt des Kabinetts Luzzatti konnte nicht ohne Wirkung auf unsere Börsen bleiben. Welche Industrie hatte nicht unter dem väterlichen Schutz des Ministerpräsidenten gestanden? Welchen Unternehmen waren nicht wichtige und regelmäßige Regierungsaufträge zugesagt worden? Welcher Gruppe war *ad hoc* eine Bank verweigert worden, wenn sie sich nur die Mühe gemacht hatte, darum nachzusuchen?"

Die Zeitung fügt hinzu, daß die Depression nur vorübergehend war. Tatsächlich erkannte man an der Börse, daß der Nachfolger von Luzzatti kaum einen anderen Kurs einschlagen konnte.

Es ist wichtig, sich zu überlegen, in welcher Weise die beiden Kategorien, von denen wir gesprochen haben, die Gesamtheit einer Bevölkerung konstituieren.

Die ökonomisch und politisch am höchsten entwickelten Länder sind diejenigen, in denen die beiden Kategorien in einem gewissen Verhältnis zueinander stehen. Das war einer der Hauptgründe für den Sieg Roms über Karthago, wo die zweite Kategorie ein außergewöhnliches Übergewicht gewonnen hatte; das war einer der Gründe für die Stärke Englands zur Zeit von Napoleon I., als einerseits die der Fuchsjagd frönenden Landadligen ihm die Stabilität sicherten, die die erste Kategorie gibt, und andererseits seine Industriellen und Kaufleute ihm den Reichtum und den wirtschaftlichen Fortschritt verschafften, den die zweite Kategorie gibt; das ist der Grund für die Größe Preußendeutschlands, wo die Junker die Rolle des englischen Landadels spielen, und die Industriellen und Kaufleute den vergleichbaren Kategorien der anderen Länder in nichts nachstehen.

Wenn eine der Kategorien zu starkes Gewicht erlangt, gereicht es dem Land zum Nachteil; auf politischem Gebiet, wenn die zweite Kategorie überwiegt, auf wirtschaftlichem, wenn es die erste Kategorie ist. Im 19. Jahrhundert hat sich die zweite Kategorie in Europa und Amerika gewaltig entwickelt, was zu dem glänzenden wirtschaftlichen Fortschritt dieses Jahrhunderts geführt hat.

Die ganze Erdoberfläche wird mit Eisenbahnnetzen überzogen, immer mehr Schiffe befahren die Meere, die Fabriken schießen aus dem Boden, Afrika, dessen Inneres zu Beginn des 19. Jahrhunderts fast unbekannt war, öffnet sich der Zivilisation, Asien erwacht aus jahrhundertelangem Schlaf. Der Reichtum wächst in riesigen Ausmaßen.

Man kann ohne Zögern anerkennen, daß all dies der zweiten Kategorie zu verdanken ist. Die wirtschaftliche Dynamik, die sie der Welt aufgeprägt hat, zwingt jeden, seine Energie und seine Kapitalien so nutzbringend wie möglich einzusetzen. Das Ansteigen der Lebenskosten, der Steuern, des Luxus, trifft die Zurückbleibenden mit unerbittlicher Härte. Derjenige, der vor einigen Jahren wohlhabend war und sich einem friedlichen, sanften Schlaf überlassen hatte, wacht heute verarmt auf. Alles hat sich vorwärtsbewegt, während er stagnierte.

Dies wäre vollkommen, wenn nicht ein Schatten das Bild verdunkeln würde. Die zweite Kategorie ist, wenn man zahlreiche individuelle Ausnahmen außer acht läßt, feige, wie es im Mittelalter die Juden und Wucherer waren. Ihre Waffe ist das Gold und nicht das Eisen. Sie versteht sich auf die List, aber nicht auf den Kampf. An einer Stelle vertrieben, kommt sie an der anderen wieder hervor, ohne jemals der Gefahr ins Auge zu sehen. Ihr Reichtum nimmt zu, während ihre Energie schwindet. Durch den wirtschaftlichen Materialismus ausgezehrt, kommt ihr der Idealismus der Gefühle immer mehr abhanden.

In Frankreich wurde das Zweite Kaiserreich von den großen Massen der zweiten Kategorie getragen. Man möge sich nur an das Fieber des Eisenbahnbaus erinnern, man denke an die Großindustriellen, denen die offizielle Bewerbung zugesprochen wurde, man vergesse nicht die Umgestaltung von Paris und den Goldregen, der dadurch den Grundstücksspekulanten, Bauunternehmern, und ihrem ganzen Gefolge von Sub-Unternehmern, Vorarbeitern, Arbeitern, Kleinhändlern usw. zufloß, dann wird man leicht den mächtigen Einfluß dieser zweiten Kategorie erkennen.

Gänzlich durch ihre Spekulationen in Anspruch genommen, ließ sie den gekrönten Träumer gewähren. Dieser führte den Krimkrieg, den Italienkrieg, den Krieg in Mexiko und scheiterte an dem deutsch-französischen Krieg. Er wurde von Repräsentanten der ersten Kategorie besiegt. Es war die Unterstützung durch die preußischen Junker, die es Wilhelm I. ermöglicht hatte, mit Hilfe des Junkers Bismarck geradewegs auf sein Ziel zuzugehen, von dem dänischen Krieg über Sadowa bis Sedan. Heute ist Deutschland reicher als damals. Wir wissen nicht, ob es zu derart großen Anstrengungen noch fähig wäre.

Die italienische Revolution war ausschließlich das Werk der zweiten Kategorie. Das Leben unter den alten Regierungen war schön und sorgenfrei. Wer vor 1859 in der Toscana lebte, hat wirklich die Freuden des Daseins genossen. Die Revolution kam und brachte das Fieber der wirtschaftlichen Aktivität. Die Spekulanten jeder Art und jeder Größe fanden glänzende Gelegenheiten, sich zu bereichern. Zunächst bemächtigte sich der Staat des Kirchenbesitzes und verkaufte ihn. Welch ein Glück für die Gerissenen und die Geschickten! Sie bekamen große Ländereien fast geschenkt. Dann wurden überall die staatlichen und kommunalen Steuern übermäßig erhöht. Während man unter den alten Regierungen fast nichts bezahlte, zahlte man unter der neuen gewaltige Beträge.

Dieses Steueraufkommen bildete einen Goldstrom, der sich in die Taschen der Spekulanten, Unternehmer, Politiker und anderer ergoß. Große Gesellschaften wurden gegründet, wie zum Beispiel die oberitalienische Eisenbahngesellschaft für die französischen Spekulanten, die Gesellschaft der Südeisenbahnen, das Tabakmonopol, verschiedene Banken, sehr viele Industrieunternehmen für die italienischen Spekulanten und Unternehmer. Mit dem Ertrag dieser Steuern veränderte man die Städte, wie das Zweite Kaiserreich Paris verändert hatte – und das mit einem ähnlichen Ergebnis für die Spekulation. Als diese Quellen des Wohlstands für die zweite Kategorie zu versiegen begannen, verlegte man sich auf den Schutzzoll. Industrielle und Politiker teilten sich das Manna, das die Schutzzölle und wohldurchdachte, geschickt manipulierte Handelsverträge regnen ließen. In dieser Zeit entstanden gewaltige Vermögen. Was machten ihren glücklichen Besitzern die teure Lebenshaltung und die Steuererhöhungen schon aus? Wahrlich weniger als nichts!

Die kleinen Fische stürzten sich auf die Notenbanken. Die parlamentarische Untersuchung über diese Banken hat ihnen hart zugesetzt. Und wie immer, ließen sie sich in den Netzen fangen, aus denen die großen Fische entkamen.

Es ist sehr aufschlußreich, welche Haltung die Spekulanten in Italien und Frankreich dem Sozialismus gegenüber einnahmen. Anfangs haben sie ihn bekämpft, zum Schluß haben sie sich seiner bedient. Das wilde Tier wurde gezähmt und erweist seinen Dompteuren sehr gute Dienste.

Eine Veränderung auf wirtschaftlichem Gebiet, die die Preise der Produkte stärker steigen läßt als ihre Produktionskosten, ist für die Produzenten von Vorteil. Sie wäre noch vorteilhafter, wenn die Produktionskosten überhaupt nicht steigen würden. Daraus erklärt sich, warum die Unternehmer sich den Forderungen der Arbeiter immer widersetzt haben. Dann kam der Tag, an dem sie erkannten, daß das Nachgeben mehr Vorteile brachte als das Kämpfen, daß die Linie des schwächsten Widerstandes auf der Seite der Verbraucher lag, und daß die Preise in der Weise erhöht werden konnten, daß sowohl die Unternehmer als auch die Arbeiter dabei ihren Vorteil fanden. So sind Großindustrielle, Kaufleute, Wechselmakler, Bankiers usw. Radikaldemokraten, Radikalsozialisten und selbst Sozialisten geworden.

Darüber hinaus profitieren die großen Spekulanten von gestiegenen Produktionskosten sowie von der Progressivsteuer, weil diese Belastungen hauptsächlich die Kleinen und Mittleren treffen, weil sie eine gewisse Anzahl von ihnen vernichten und auf diese Weise eine für die großen Spekulanten schädliche Konkurrenz ausschalten.

Es ist ein unbestreitbares Faktum: Seit 50 Jahren ist in Frankreich und Italien der Einfluß der Sozialisten in der Regierung, der anfangs gleich Null war, stetig gewachsen, und die Gewinne der Unternehmer und der Spekulanten ebenfalls.

Die Macht der zweiten Kategorie erstreckt sich jetzt über die ganze zivilisierte Welt. Sie hat ein solides Fundament, und nichts hat sie erschüttern können. Nach und nach werden ihre Gegner von ihr vereinnahmt oder vernichtet. Die meisten großen Zeitungen stehen in ihrem Dienst, sie prägt und lenkt die öffentliche Meinung, die Politiker gehorchen ihr. Im Vordergrund der Bühne sieht man Marionetten, die sich bewegen, die über theoretische Fragen diskutieren, die die Religion und die Moral angreifen oder verteidigen, die über die Politik reden. Hinter den Kulissen, den Blicken des Publikums entzogen, pflegen Spekulanten und Unternehmer ihre Interessen. Wenn von Zeit zu Zeit ein Konflikt zwischen ihnen entsteht, kommt die Öffentlichkeit einem winzigen Teil ihrer Geheimnisse auf die Spur. Auf diese Weise drangen durch eine Polemik der Zeitung „Temps" gegen einen von ihr immer unterstützten Minister gewisse Rivalitäten zwischen Finanzgruppen an die Öffentlichkeit. Man hat auch erlebt, daß einige hochtrabende patriotische Reden im Zusammenhang mit der türkischen Anleihe Hintergründe hatten, die alles andere als patriotisch waren. Giolitti ahmt Waldeck-Rousseau nach und wirbt um die Unterstützung der Sozialisten, um die Aufmerksamkeit der Öffentlichkeit ganz auf die Vorgänge auf der Bühne zu lenken. Was Luzzatti betrifft, so glaubte dieser, sie durch bloße Phrasen fesseln zu können. Aber im entscheidenden Augenblick hatte diese Methode kaum Erfolg.

Giolitti hat in der Kammer gesagt, daß er sich auf die Sozialisten stützen würde, weil diese „Marx auf den Speicher verbannt hätten". Die Sozialisten haben wohl ein wenig verdrossen reagiert – verbal; sie stimmen indes weiterhin eifrig für den Minister. Das ist der vollkommenste Sieg des Opportunismus.

Man gibt sich mit Worten zufrieden, wenn man in den gegenwärtigen Ereignissen in Italien einen Kampf zwischen „Demokratie" und „Reaktion" sieht. Es handelt sich lediglich um einen Kampf zwischen zwei Fraktionen der zweiten Kategorie, die divergierende Ansichten über die beste Art und Weise haben, ihre Geschäfte zu tätigen.

Im Grunde genommen gibt es unter den Leuten, auf die man das Wahlrecht ausdehnen will, niemand, der es fordert. Das ist ein Geschenk, an dem ihnen sehr wenig liegt und das ihnen eine Fraktion der Spekulanten mit aller Gewalt machen möchte. Warum sind diese von dem schönen Eifer beseelt? Aus dem einfachen Grund, weil sie hoffen, aus der Bewegung Nutzen zu ziehen, die ihre Reformen im Land hervorrufen werden, eine Bewegung, die in jedem Fall dazu dienen wird, die Aufmerksamkeit der Oppositionsparteien abzulenken und sie daran zu hindern, allzu indiskret auf die Operationen zu blicken, die die Geschäftstüchtigen der zweiten Kategorie vorbereiten. In der Zwischenzeit haben sie schon das bemerkenswerte Resultat erzielt, daß die Sozialisten ihren Widerstand gegen die Rüstungsausgaben aufgegeben haben.

Eines der erstaunlichsten Phänomene unserer Zeit ist eine ständig wachsende Aufrüstung, die die zivilisierten Völker betreiben, ohne sich jemals zu bekriegen. Sie bereiten den Krieg immer vor, aber nie kommt es soweit.

Die Spekulanten und Unternehmer haben ein Interesse daran, daß für die Rüstung so viel wie möglich ausgegeben wird, weil diese Ausgaben durch ihre Vermittlung getätigt werden. Den Krieg fürchten sie allerdings, weil er das Zentrum der politischen Macht verlagern kann. Ein siegreicher General könnte, gestützt auf seine Armee, durchaus versucht sein, ihre Macht zu beschneiden. Napoleon I. überwachte die Armeelieferanten sorgfältig, die zu seiner Zeit einen beträchtlichen Teil der zweiten Kategorie ausmachten, und man sagt, daß das einer der Gründe für die Opposition war, auf die er gegen Ende seiner Herrschaft stieß.

Es ist ebenfalls bemerkenswert, daß dieselben Leute, die immer größere Summen für die Rüstung beschließen, auf der anderen Seite den militärischen Geist zerstören wollen. Man könnte sagen, daß es ihr Ziel ist, möglichst viele Kanonen und Panzerkreuzer und möglichst wenige Matrosen und Soldaten zu haben.

Es ist wahrscheinlich, daß die Macht der Leute der zweiten Kategorie nicht zu erschüttern sein wird, solange es nur darum gehen wird, mit den Mitteln der Geschicklichkeit und List zu kämpfen. Aber es gibt eine Klippe, an der ihre Macht zerschellen könnte: die der brutalen Gewalt.

Genau dies geschah in Rom. In den Komitien waren und blieben die Politiker dominierend; besiegt wurden sie zunächst von den Legionen des Cäsar, dann von denen des Augustus.

Viele Zeichen deuten darauf hin, daß heute Menschen, die ihren Herren an Energie und Charakter überlegen, an List jedoch unterlegen sind, beginnen, sich ihrer Stärke bewußt zu werden. Man diskutiert über die Frage, ob „ein Putsch möglich ist". Gewerkschaftler lehnen es ab, sich weiterhin durch die Wahlen hinters Licht führen zu lassen und propagieren „die direkte Aktion". Es zeigen sich teilweise Versuche von Gewaltanwendung: So zum Beispiel der Aufstand der Weinbauern im Süden Frankreichs oder augenblicklich der im Departement Aube. Die Bediensteten des Staates bereiten sich auf den Widerstand vor und verschaffen sich durch die Anwendung von Gewalt Gehör. Junge Leute insultieren die Politiker.

All dies ist vorerst nichts weiter als eine Reihe von konturlosen Bewegungen, die an und für sich wenig Bedeutung haben, und die nur als die ersten Anfänge eines Wandels Beachtung verdienen. Es wird noch viele Jahre dauern, bis dieser Wandel eine klare Gestalt annimmt. Die gesellschaftlichen Veränderungen vollziehen sich langsam, und es dauert lange, bis sie sich deutlich abzeichnen.

Aber es gibt nicht nur innere Konflikte, es gibt ebenfalls die internationalen Kriege. Die Zunahme der zweiten Kategorie hat nicht in allen Ländern in gleichem Maße stattgefunden; infolgedessen steht sie in den verschiedenen Ländern zur ersten Kategorie in einem unterschiedlichen Verhältnis. Ein Land, in dem dieses Verhältnis sich dem annähert, das im Falle eines Krieges ein Höchstmaß an Macht verleiht, kann, wenn die anderen Umstände ebenfalls günstig sind, den Sieg davontragen und andere Länder, in denen die Spekulanten, Unternehmer und Kosmopoliten allzu zahlreich sind, in den Zustand völliger Machtlosigkeit versetzen und sie sich sogar einverleiben. Darin liegt unter Umständen die unmittelbarste Gefahr für gewisse Länder.

Briefauswahl (1900-1914)

I. Lausanne, den 18. Juli 1900

Lieber Freund[1],

Deinen Brief von gestern habe ich erhalten, und ich falle aus allen Wolken, wie ich erfahre, was Racca[2] getan hat. Herzlichen Dank, ich bin Dir äußerst verbunden für Deine Weitsicht.

Die Angelegenheit Turati berührt mich überaus schmerzlich, da es sich um eine heikle Sache handelt; Du hast das sofort verstanden und auch Racca hätte dies gegenwärtig sein müssen[3]. Ich weiß nicht, woher er die Idee von dem Abgeordnetenamt hat, denn wir beide hatten mehrmals darüber gesprochen und ich hatte ihm alle Gründe erklärt, aus denen ich weder jetzt noch sonst irgendwann kandidieren will, und ausgehend von diesen Gesprächen habe ich ihm eine *allgemeine Theorie* der Politik entwickelt, in der ich zum Ausdruck brachte, inwiefern meines Erachtens die Art und Weise, auf Menschen einzuwirken, derjenigen, das Wahre zu entdecken, direkt entgegengesetzt ist, daß man die Menschen zu nichts bringt ohne einen Glauben, während die Wissenschaft die Skepsis verlangt. Und ich hatte hinzugefügt, daß ich, wenn ich in der Vergangenheit den Fehler begangen hatte, eher politische als wissenschaftliche Argumente zu bringen, dies in Zukunft unterlassen wollte, etc. etc. Er konnte daher nicht den geringsten Zweifel über meine Absichten haben. Wahrscheinlich wollte er mich nur von Lausanne weghaben!

---

[1] Brief an Maffeo Pantaleoni, in V. PARETO, Lettere a Maffeo Pantaleoni, herausgegeben von Gabriele De Rosa, Rom, Edizioni di Storia e Letteratura, 1962 (das Werk wird im folgenden mit der Abkürzung L.P.P. bezeichnet), Band II, S. 319-321. Bei dem Briefwechsel mit Pantaleoni gibt es zwei Briefe mit dem Datum des 18. Juli 1900. Dies ist wahrscheinlich der erste.

[2] Vittorio Racca, Schüler und Mitarbeiter Paretos, war auch Übersetzer und Herausgeber von Sorels Werk in Italien (vgl. G. SOREL, *Saggi di critica al marxismo*, herausg. von V. Racca, Mailand, Sandron, 1903). Anfangs erwies Pareto Racca großes Vertrauen. Denn er schreibt in einem vorhergehenden Brief an Pantaleoni: „Wenn es mir gelingt, Racca beizubringen, wie man Dokumente sammelt, hoffe ich eine so reiche Ernte zu haben, daß ich einen soziologischen Traktat schreiben kann, der wissenschaftlich und nicht phantastisch ist wie viele Werke, die ich zu diesem Thema gelesen habe.“ (Vgl. L.P.P. II, S. 193, Brief vom 13. IV. 1898.) Bezüglich eines Urteils von Racca über Pareto vgl. V. RACCA, *Working with Pareto*, in „The Virginia Quarterly Review“, Juli 1935.

[3] Man scheint diesem Brief entnehmen zu können, daß Racca die Initiative ergriff und Turati, einem der Hauptexponenten des italienischen Sozialisten, eingab, Pareto würde bei den politischen Wahlen kandidieren.

Ich lege Dir hier einen Brief bei, den Du ihm schicken kannst, wobei Du ihm gründlich den Kopf waschen kannst. Ich werde ihm noch einen weiteren schreiben, sobald ich weiß, daß Du ihm geschrieben hast.

Ich habe keine Gedanken, die ich bei dem Pariser Kongreß[4] zum Ausdruck bringen könnte, und daher habe ich weder direkt noch indirekt etwas dazu beizutragen. Natürlich hast Du, als Du Raccas Brief erhalten hast, gedacht, daß diese Gedanken vorhanden wären, und für diesen Fall war Dein Rat ausgezeichnet; aber in Wirklichkeit gibt es sie nicht. Meine Gedanken reifen langsam, und ich treffe unter ihnen eine Auswahl, ich lasse die beiseite, die nicht mit den Fakten in Einklang stehen, ich behalte die anderen bei, um zu sehen, ob der Einklang anhält, und allmählich lege ich das dar, was mir nicht allzu schlecht erscheint. So kam jetzt der Artikel in der *Rivista Italiana di Sociologia* heraus, den ich Dir nach der Veröffentlichung schicken werde[5].

Ich hoffe, daß eine *zweimalige* Kopfwäsche genügen wird, sonst werden Du oder ich an jemand, zum Beispiel an de Lestrade[6] schreiben, er solle Racca überwachen und dementieren, wenn dieser vorgibt, in meinem Namen zu sprechen.

Aber hier siehst Du ein wenig, wie böse doch die Gattung Mensch ist und daß sie nicht mehr taugt als die der Katzen! Ich habe Racca nur Gutes getan, und er macht mir solche Scherereien, wo er doch weiß, wie lästig mir derartige Dinge sind.

Nun schreibe ich gerade dieses Buch, das als unser beider Werk erscheinen wird! Um ihm zu helfen, lasse ich ihn ein Kapitel schreiben, das wir in der Anmerkung als seines kennzeichnen werden und das einen anderen Stil haben muß, damit die Leute den meinen in den anderen Kapiteln erkennen[7].

Leb' wohl Dein treuer Freund Vilfredo Pareto

PS: Denke daran, daß er ein dickes Fell hat. Fasse ihn also nicht mit Samthandschuhen an!

---

[4] Es konnte nicht geklärt werden, auf welchen Kongreß Pareto sich bezieht.

[5] Es handelt sich um den Aufsatz *Un'applicazione di teorie sociologiche*, der in dieser Anthologie wiedergegeben ist. (Dt. Eine Anwendungsform soziologischer Theorien, Anm. d. Übers.)

[6] Gaëtan-Guillaume Combes de Lestrade (1859-1918), bekannter französischer Wirtschaftswissenschaftler.

[7] Es handelt sich um die *Systèmes socialistes*. In einer Anmerkung zum IV. Kapitel steht (S. 200): „Das Ende dieses Kapitels und das folgende Kapitel sind das ausschließliche Werk von V. Racca. Alle anderen Teile des Werkes stammen von V. Pareto. Die Anteile der beiden Autoren sind so unterschieden.“

II. Céligny, den 22. Februar 1905

Lieber Freund[1],

über Deinen Brief habe ich mich gefreut, weil er meine Theorien bestätigt.

Wenn Du mir geschrieben hättest, meine Betrachtungsweise der sozialen Entwicklung sei falsch, würde ich sagen, daß Du vielleicht recht hast, denn die Materie ist so schwierig, daß ich alles, was ich darlege, nur für *ein wenig* wahrscheinlich halte. Aber Du schreibst mir, als hättest Du nicht die geringste Vorstellung von den von mir in Büchern dargelegten Auffassungen, Bücher, die ich Dir jedoch geschickt habe. Ich nehme an, daß Du sie gelesen hast, daher finde ich die Theorie bestätigt, daß die Argumente nicht nur niemanden überzeugen, sondern für gewöhnlich nicht einmal verstanden werden.

Bis in die Moderne glaubte man, man könne nur mit der *Stärke* regieren, die man übrigens so gut wie möglich verbarg; sie sollte eine eiserne Hand in einem Samthandschuh sein. Im XIX. Jahrhundert machte man hingegen das Experiment, in großem Maße, dann hauptsächlich, heute, wie man will, ausschließlich, mit der Vernunft zu regieren.

Ich kann mich irren, aber ich glaube, daß das Experiment gescheitert ist und daß die Liberalen, anstatt zu der Regierung der Vernunft zu gelangen, nur erreichen werden, daß die Stärke einer *Elite* an die Stelle einer anderen tritt. Wie und warum habe ich in einem Artikel in der Rivista d'Italia geschrieben[2]. (Und die *Systèmes?)*

Ich meine, daß nur die *Stärke*, das Gewehr, die Kanone entscheiden werden, wer der Sieger und wer der Besiegte sein muß.

Ich glaube, und ich führte es schon im *Peril socialiste*[3] aus, daß jeder Versuch, die Proletarier zu „organisieren", *letztlich ausschließlich* zugunsten der neuen *Elite* ausschlägt. Ich merke in Klammern an, daß meine Voraussagen bezüglich der Volksuniversitäten sich gänzlich bewahrheitet haben[4]. Viele andere haben schon bemerkt, daß *alle* von den Bürgern initiierten Organisationen schließlich mehr oder weniger sozialistisch werden.

---

[1] Brief an Maffeo Pantaleoni. Vgl. L.P.P., II, S. 435-439.

[2] Vgl. V. PARETO, *Il crepuscolo della libertà*, in „Rivista d'Italia", Febr. 1905.

[3] Vgl. V. PARETO, *Le péril socialiste*, in „Journal des Economistes", Mai 1900.

[4] Pareto schreibt in dem unter Anmerkung 2 zitierten Artikel: „Die guten Bourgeois, die in Frankreich die „Volksuniversitäten" einrichteten, glaubten, das Volk hätte geistige Bedürfnisse; aber dann zeigten die Tatsachen, daß es keine hatte; und unter diesem Gesichtspunkt gehört ein großer Teil der Aristokratie zum Volk oder ist sogar noch unter seinem Niveau. In Paris ist es Mode geworden, beim Klang von Musik zu speisen, damit man sich nicht die Mühe machen muß zu sprechen. Es wird immer nur ein kleiner Teil der Menschen geistige Bedürfnisse haben und die Freiheit des Denkens und Handelns genießen."

Auch Serge in Moskau wollte die Arbeiter „organisieren", um sie dem Sozialismus entgegenzustellen[5]. Und er nützte hingegen dem Sozialismus.

De Mun in Frankreich hatte sogar die katholischen Arbeiter organisiert. Er wurde schließlich von seinen eigenen Vereinigungen verjagt![6]

Ich höre auf, denn Du kannst nicht verlangen, daß ich in einem Brief die unzähligen Fakten darlege, die meines Erachtens meine Aussage beweisen.

Wer diese meine Auffassungen beachten will, wird leicht zu dem Schluß kommen, daß der Autor, der so denkt, auf einen *neuen* Versuch, die Proletarier zu organisieren (in diesem Fall sind es die Bauern), antworten wird: „Entweder tut ihr nichts und der Berg wird eine Maus gebären, oder wenn Ihr etwas tut, so wird dies zugunsten Eurer Gegner und Feinde sein."

Man wird sagen, daß jener Autor unrecht hat, daß er schlecht argumentiert, aber man darf sich nicht wundern, wenn er aus *seinen* Prinzipien die logischen Konsequenzen zieht.

Schicke mir wieder Deinen Brief, den ich mit Anmerkungen in roter Tinte versehen habe. Ich möchte ihn gern aufbewahren.

Leb' wohl Dein treuer Freund Vilfredo Pareto

PS: Hast Du meinen Artikel in der „Idea liberale"[7] gelesen? Ich schicke ihn dir nicht, weil ich annehme, daß Du die Zeitung zu sehen bekommst. Ich habe Dir meinen Artikel aus dem „Regno"[8] geschickt.

---

[5] Vielleicht spielt er auf Alexandrowitsch Serge (1857-1905) an, einen russischen Großherzog, Oberkommandant des Militärbezirks Moskau, ein sehr einflußreicher Mann am Hof von Zar Nikolaus II., dessen sämtliche liberale Versuche er bekämpfte. Er war äußerst unbeliebt beim Volk und wurde am 17. Februar 1905 ermordet. Vielleicht bezieht sich Pareto darauf, daß Anfang 1904, auf Bitte einiger Fabrikarbeiter, die russische Regierung das Statut des Vereins der Fabrikarbeiter von Petersburg billigte. Zweck des Vereins war der Schutz der moralischen und religiösen Interessen der Arbeiter und die Aufgabe, sie vor der sozialistischen Propaganda zu bewahren. Die Arbeiter wählten den Popen Georgi Gapon zum Vorsitzenden. In Kürze begann die Vereinigung jedoch die Beziehungen zwischen Arbeitern und Unternehmern zu diskutieren und stellte gewerkschaftliche Forderungen. Der Verein hatte überwiegenden Anteil an den Streiks im Januar 1905 und an dem blutigen Samstag vom 22. Januar 1905, der der revolutionären Bewegung des Oktober den Weg bahnte.

[6] Er spielt an auf Albert de Mun (1841-1911), der zunächst französischer katholischer Legitimist wie La Tour du Pin war, dann die Politik des *Ralliements* von Leo XIII. akzeptierte, sich mit La Tour du Pin für die Arbeiterfrage interessierte und die „katholischen Arbeiterzirkel" gründete, eine Organisation mit paternalistischem Charakter, die für die gemischten Berufsverbände war. Als sich die christlich-demokratische Ideologie durchsetzte, wurde de Mun, der geglaubt hatte, im gemischten Syndikalismus die Lösung für den christlichen Syndikalismus gefunden zu haben, praktisch von den Tendenzen des autonomen christlichen Syndikalismus überrollt.

[7] Der letzte von Pareto veröffentlichte Artikel in „L'Idea liberale", auf den er sich wahrscheinlich bezieht, war *Utopia e realità*, in der Augustnummer 1904 der Zeitschrift.

[8] V. PARETO, *A proposito die fatti di Russia*, in: "Il Regno", 12. Februar 1905.

III. Lausanne, den 15. März 1907

Lieber Freund[1],

ich antworte Dir aus Lausanne, wo ich eine Woche wegen der letzten Veranstaltungen des Semesters und der Prüfungen verbringen muß.

Was Bresciani[2] betrifft, so habe ich vielleicht nicht richtig gelesen, da ich wegen meiner vielen Arbeit den Artikel nur überfliegen konnte. Ich werde ihn noch einmal ansehen, wenn ich wieder nach Céligny zurückkehre.

Sprechen wir über Deine Thesen. Sie sind beide wahr, aber auf verschiedene Weise, was den Widerspruch aufhebt.

Bei einem Menschen sei G der Bereich der Gefühle und L der logische Bereich, wobei die nicht-logischen Handlungen hauptsächlich von G determiniert werden. Es besteht keine *direkte* Korrelation zwischen L und G, aber es besteht eine indirekte Korrelation, das heißt, L wirkt auf die Psyche ein und *langfristig*, oft nach mehreren Generationen, kann es sich in Gefühle verwandeln. Also:

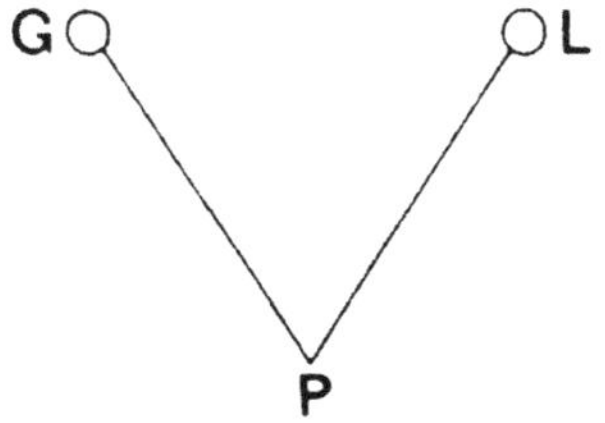

Erste These: Unser Wissen muß langfristig unser Fühlen ändern, das heißt, unser Wissen ändert schließlich oft nach mehreren Generationen das Fühlen.

Zweite These: Auf die nicht-logische Welt hat das Wissen sehr wenig *direkten* Einfluß. Es ist sinnlos zu hoffen, daß die Darlegung der Theorien der Ökonomie zum Beispiel *direkt* das ökonomische Handeln ändern wird. Langfristig, wenn jene Theorien von allen als Dogmen akzeptiert wären, würden sie die Gefühle ändern und damit die Handlungsweise. Beispiel: Alle akzeptieren, daß die Mechanik der Himmelskörper, indem die Menschen durch sie Kenntnis von einem Fall von *Determinismus* erhielten, da sie ihnen zeigte, wie die Himmelskörper sich nach *physikalischen* Gesetzen bewegen, mächtig dazu beitrug, die

[1] Brief an Maffeo Pantaleoni. Vgl. L.P.P., S. 22-25.

[2] Costantino Bresciani Turroni, bekannter Wirtschaftswissenschaftler, Universitätsprofessor, war in der zweiten Nachkriegszeit Außenhandelsminister.

Astrologie, die Magie etc. zu beseitigen. Aber wie geschah das? Nicht etwa direkt, als logische Konsequenz der astronomischen Theorien. Denn diese waren bekannt, und man machte weiterhin Horoskope und Hexenprozesse. Aber langfristig verwandelte sich jenes deterministische Prinzip in ein Gefühl, und dieses Gefühl haben Menschen, die absolut unfähig sind, die Theorien der Astronomie und ihre logischen Konsequenzen zu erkennen.

Merke, daß es nicht nur eine Zeitfrage ist, sondern daß es noch andere Unterschiede zwischen dem direkten Weg HL, der die logische Welt mit der Handlung H verbinden könnte und dem indirekten Weg LPGH, der die logische Welt mit der Handlung H auf dem Weg über die Gefühle G verbindet, gibt.

Bei dem direkten Weg ist LH nicht nur spontan (wenn ein Theorem gefunden ist, folgt unmittelbar seine Konsequenz), sondern HL *ist logisch*, während auf dem Weg LPGH oft gegen die Logik verstoßen wird. So kam es, daß für gewisse Leute die Wissenschaft zu einer Religion geworden ist. So haben die Materialisten eine Theologie geschaffen, in der die Göttin Materie Wunder tut.

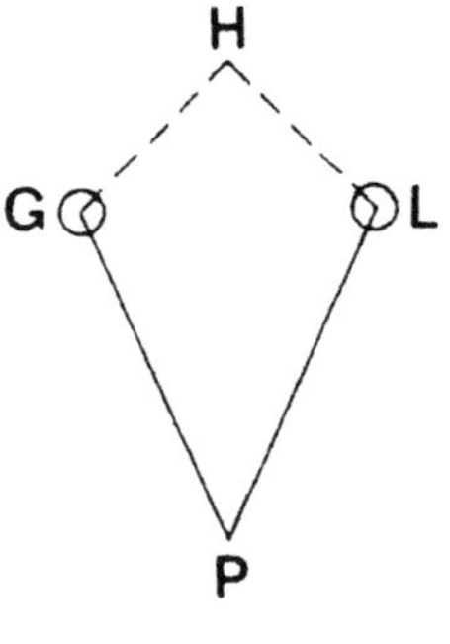

Außerdem gibt es auf dem Weg LH keine Hindernisse, es sei denn unsere Unkenntnis der Logik, aber auf dem Weg LPG stößt man auf gewisse Gefühle, die die neuen Gefühle behindern, die aus der Welt der Logik entstehen würden; wenn es zum Kampf kommt, siegen mal die einen, mal die anderen, nun (und das ist der häufigste Fall) kommt es zu einem Ausgleich: Deswegen, obwohl der Einfluß von L zu H auf dem Weg LPGH ankommt, erscheint er merkwürdig verwandelt. Beispiele dafür gibt es viele bei der Einwirkung der *Fakten* auf die Religionen und auf die Moral.

Um zum Schluß zu kommen: L wird mit G durch einen indirekten Weg LPG (Transformation von Erkenntnissen in Gefühle) verbunden. Die logischen Handlungen erfolgen auf dem direkten Weg HL: Es kann auch zu dem Phänomen der Interferenz GPLH kommen (Gefühle, die zu Erkenntnissen führen). Die nicht-logischen Handlungen erfolgen auf dem direkten Weg GH. Es gibt ein Phänomen der Interferenz LPGH. Der Weg HL ist einfach logisch (für die rein logischen Handlungen; für die gemischten Handlungen resultiert H aus G und aus L). Der Weg GH ist nicht rein logisch, weniger denn je der Weg LPGH.

Eine der Hauptaufgaben der Soziologie liegt gerade im Studium des Weges LPG und dann des Weges GH. Was den Weg HL angeht, so studiert ihn die Logik und nicht die Soziologie.

Wir gehen bereits über die allgemeine Formel von der Interdependenz hinaus. Die materialistische Geschichtstheorie ist *falsch* als absolute Theorie, wahr als relative Theorie *eines* Falles von Interdependenz. Montesquieu bringt im *Esprit des Lois* (Aristoteles auch) viele (wahre oder falsche) Fälle von Interdependenz; nach ihm wurden viele andere bemerkt. Die Geschichte der Religionen liefert einige. Kurz, von jeder Seite arbeitet eine überaus große Anzahl von Studien an diesem Gegenstand. Aber diese Wissenschaft ist erst im Entstehen. Du kannst nicht verlangen, daß ein Kind in ein oder zwei Jahren zum Manne wird! Die Soziologie wird eine vollkommene Wissenschaft geworden sein, wenn sie diese Interdependenzen *gut* kennen wird, sie wird unvollkommen bleiben, solange sie davon nur oberflächliche Kenntnis hat. Aber nur von der Unvollkommenheit gelangt man zur Vollkommenheit.

In einem anderen Brief werde ich weiter auf Deine Fragen antworten, die mir sehr nützlich sind, weil sie mich zu einem besseren Studium des Themas bringen. Jetzt muß ich Prüfungen abnehmen! Endlich ist dies mein letztes Semester, dann ist Schluß! Ich bin froh darüber, denn ich schreibe lieber als ich lehre. Ich lehnte es daher ab, in Bologna die soziologische Vorlesung zu halten. Ich hätte mit großem Vergnügen eine aus wenigen Sitzungen bestehende Vorlesung über *reine* Ökonomie gehalten, aber das ging nicht, da ich dem trefflichen Freund Martello keine Konkurrenz machen möchte.

Dein treuer Freund Vilfredo Pareto

IV. Céligny, den 26. Oktober 1907

Lieber Freund[1],

gestern bin ich in Céligny angekommen und habe dort Deinen Brief vom 17. d. M. vorgefunden. Es tut mir sehr leid, daß ich Dich in Turin nicht sehen konnte, weil wir viel zu diskutieren haben, und das geht besser mündlich als schriftlich. Und in Céligny habe ich alle Hoffnung verloren, Dich zu sehen, Du reist kreuz und quer durch die Welt, aber Du kommst nie hier vorbei! Schreiben wir also, anstatt zu sprechen.

Ich wundere mich, daß *Du* (bei anderen würde ich mich nicht wundern) meine Meinung über die Beziehungen der soziologischen Phänomene und der ökonomischen Phänomene mit der der historischen Ökonomen oder des Toniolo & Co.[2] in Zusammenhang bringst. Ich habe schon hundertmal erklärt, wie sich diese Meinungen unterscheiden, und wenn ich es noch ein weiteres Mal erkläre, wird man sagen, daß ich mich wiederhole ... aber man wird fortfahren, mich nicht zu verstehen.

Siehe in den *Systèmes socialistes* das ganze Kap. IX.: Die *metaphysisch-ethischen Systeme*, vor allem den Abschnitt: *Die ethisch-sozialistische Utopie als Reaktion auf die ethisch-liberale Utopie betrachtet.*

Dann habe ich im Manuale die dargelegten Prinzipien in die Praxis umgesetzt. Siehe vor allem das Kap. IX. *Das konkrete ökonomische Phänomen.*

In wenigen Worten: Die Historiker & Co. *negieren* die ökonomischen Gesetze, für mich *sind sie gültig*, und ich untersuche ihre Verflechtungen mit anderen sozialen Gesetzen. Sie nehmen etwas weg, ich füge hinzu. Diese beiden Betrachtungsweisen sind so verschieden wie Tag und Nacht.

Soll ich mich besser mit Soziologie oder Ökonomie befassen? Ich glaube, mit Soziologie, und zwar deshalb: Für den Fortschritt der Ökonomie genügen Begabung und Wissen, und viele (das sage ich ohne falsche Bescheidenheit) sind mir darin überlegen. Für das Studium der Soziologie bedarf es zum *gegenwärtigen* historischen Zeitpunkt (ich sage nicht immer), daß man absolut außerhalb des aktiven Lebens steht und wie ein Eremit lebt, so wie ich in Céligny.

Dies hat mir meine eigene Erfahrung bewiesen. Solange ich die Absicht gehabt hatte, etwas zu *tun*, das soziale Leben praktisch zu verändern, solange ich unter den Parteien gelebt habe, habe ich von der Soziologie nichts verstanden; erst als ich jedweden Gedanken an Praxis aufgegeben habe, habe ich etwas von Soziologie verstanden: Und dieses Etwas, so wenig es sein mag, genügt, um

[1] Brief hat Maffeo Pantaleoni. Vgl. L.P.P., III, S. 69-73.

[2] Giuseppe Toniolo, katholischer Wirtschaftswissenschaftler und Soziologe, hat unter anderem ein *Trattato di economia sociale* (Florenz, 1907) geschrieben.

mich alle Gedanken, die ich früher hatte, für dumm und bar jedes gesunden Menschenverstandes halten zu lassen. Meine Erkenntnisse sind wenig gewachsen. In meinem Alter nimmt die Intelligenz ab, nicht zu, also kann dieses Phänomen mit nichts anderem in Beziehung stehen als mit meiner Lebensweise. Wissenschaftlich gesehen war es für mich ein Glück, daß mein Land mich abgelehnt hat, daß seine Magnaten mich verachtet haben. Ich habe jetzt einen Monat in Italien verbracht, und ich habe begriffen, daß ich, wenn ich dort lebte, nur schwer der Versuchung widerstehen könnte, mich praktisch mit dem sozialen Leben zu befassen, was mich mit Gewißheit wieder in die alten Irrtümer verfallen ließe.

Es war ein Glück für mich, daß die illustren Angehörigen der Akademie der Lincei befunden haben, daß ich ein Esel bin, wenn sie mich zu meinem Unglück gut behandelt hätten und ich das *wissenschaftliche Verbrechen* begangen hätte, ihre Schmeicheleien zu akzeptieren, hätte ich einen Teil der Unabhängigkeit verloren, die *unerläßlich* ist für meine geplante wissenschaftliche Arbeit.

Der Mensch braucht für seine Unabhängigkeit zuerst einmal Geld. In Italien gibt es einige hunderttausend Personen, die in dieser Hinsicht unabhängig sein könnten. Man muß dann noch frei sein von Ehrgeiz und Eitelkeit und dem Wunsch nach öffentlichen Ämtern und Ehren. Man darf sich nicht eine gewisse Stellung in der Gesellschaft wünschen, nicht wünschen, gelobt zu werden, nicht wünschen, „einflußreich" zu sein, nicht wünschen, bei den Magnaten gut aufgenommen zu werden, man darf sie *nie* brauchen, die Gunst von *niemandem* suchen. Und diese ganzen Bedingungen reduzieren die Hunderttausende auf wenige Hunderte – vielleicht Dutzende – von Einheiten. Und von diesen wenigen befaßt sich einer mit Kunst, einer mit Landwirtschaft, mit Jagd, Sport, Tänzerinnen, etc. Der Zufall wollte es, daß es zu Beginn des XX. Jahrhunderts ein Original gab, das sich nicht mit all diesen schönen Dingen befaßte, sondern mit Soziologie. Wer weiß, wie viele Jahre es noch dauern wird, bis es noch einen weiteren von dieser Sorte gibt. Inzwischen ist es wissenschaftlich notwendig, daß aus dem Existierenden so viel wie möglich herausgeholt wird.

Unglücklicherweise kann er nunmehr wenig geben, weil er 59 Jahre alt ist; wenn er sich mit 30 Jahren in diesen Verhältnissen befunden hätte, hätte er viel mehr gegeben. Aber schließlich, besser wenig als gar nichts.

Es gäbe da einen gewissen Pantaleoni, der jünger ist, eine bessere Gesundheit hat und über eine größere Schaffenskraft verfügt und der es besser machen könnte. Aber er schreibt: „Du hast recht, wenn Du sagst, ich kümmerte mich zu sehr um das Verhalten der Menschheit", und er glaubt, dies durch sein Werk verändern zu können. Und er gesteht, daß er sich darüber Gedanken macht, welcher Empfang seinen Theorien zuteil würde. Er hat keine Lehre daraus gezogen, daß er zusammen mit dem famosen Exemplar, von dem oben die Rede war, an einer liberalen Kampagne teilgenommen hat, die genau das Gegenteil von dem bewirkte, was sie zum Ziel hatte[3]. Auf dem Meer treibt der Wind ein Schiff *direkt* in eine bestimmte Richtung, und das Schiff fährt mit Hilfe der Segel und des Steuerruders in eine andere Richtung. So ist es auch bei der Gesellschaft.

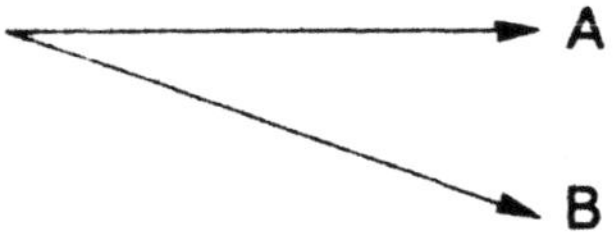

Du und Deine Freunde wollen nach A, also geht Euer Wirken in diese Richtung, aber durch andere Kräfte, die sich mit Eurem Impuls verbinden, geht die Gesellschaft nach B, wohin weder Du noch Deine Freunde jemals gehen wollten.

Dies ist eine schlecht formulierte Zusammenfassung von einem Kapitel meiner Soziologie. Schließen wir damit die Betrachtungen ab, die wir Betrachtungen über Personen nennen könnten.

Wenn das Telegramm Volterras an den König[4] nur einfach Schmeichelei gewesen wäre, hätte ich darüber kein Wort verloren. Aber es war darin die Rede vom Wirken der Wissenschaft zum Nutzen der Menschheit. Es tauchte darin die humanitäre Religion auf.

Der Theorie, die ich Dir dargelegt habe, entnimmst Du, daß meines Erachtens die Associazione Scientifica Italiana, wenn sie sich zu den bereits zu zahlreichen Bindungen noch neue aufbürdet, dem Fortschritt der Soziologie und auch der Ökonomie nur zum Schaden gereichen kann.

Die Bourgeois glauben nun, sie hätten die Partie in Italien gewonnen, aber sie täuschen sich. Um zu siegen, müßten sie ihre innere Einstellung ändern, dürften nicht mehr humanitär, nicht antiklerikal, nicht demokratisch sein. Dies ist vielleicht unmöglich, und auf jeden Fall kommt es nicht vor. Früher oder später werden sie zerstört sein, und andere werden ihnen ihr Hab und Gut und vielleicht das Leben nehmen. Ich werde jenen Tag nicht erleben, aber Du, der Du jünger bist als ich, wirst ihn vielleicht zumindest herannahen sehen. Merke Dir das, was ich Dir jetzt sage.

---

[3] Er spielt an auf die von Pareto geführten Kämpfe für die freie Wirtschaft zur Zeit der *Cronache*. Vgl. V. PARETO, *Cronache italiane*, herausg. von C. Mongardini, Brescia, Morcelliana, 1965.

[4] Er bezieht sich auf ein Telegramm, das Vito Volterra, der Vorsitzende des Wissenschaftskongresses von Parma, an den König geschickt hat. Dieses Telegramm wird in einem Brief von Pantaleoni an Pareto vom 17. 10. 1907 *erwähnt* (vgl. L.P.P., III, S. 363 und folgende).

Du wolltest die Karabinieri von Mailand belohnen[5]. Ausgezeichnet. Aber sage, ob eine *einzige* konservative, reaktionäre, oder wie auch immer, Zeitung eine solche Idee zum Ausdruck gebracht hat?

Indessen *bestraft* die Bourgeoisie die, die sie verteidigen, die Industriellen lassen die unglückseligen Streikbrecher im Stich, die staatlichen Behörden haben nur im Sinn, die Sozialisten zu fördern. Auf der anderen Seite spenden die Eisenbahner ihren ganzen Lohn für die im Kampf verletzten Kameraden; wenn man einen „Genossen" aus der Fabrik entläßt, streiken die Arbeiter; kurz, sie belohnen ihre Freunde und bestrafen ihre Feinde.

Bei einem so verschiedenen Vorgehen wird der Sieg wohl am Ende auf welcher Seite sein?

Gibt es etwas Feigeres als die Unione dei Gaz, die die Streikbrecher vor die Tür setzt? Etwas Feigeres als die Herren, die weiterhin bei der *Itala* Autos bestellen, die sich weigerte, sich der Aussperrung der Turiner Industriellen anzuschließen?

Glaubst Du, daß die Feigen die Mutigen besiegen sollen, oder die Mutigen die Feigen?

Gibt es etwas Unvorsichtigeres als die Bourgeoisie, die duldet, daß man Jagd auf die Priester macht?

Wer, glaubst Du, soll siegen, die Vorsichtigen oder die Unvorsichtigen? Leb' wohl

Dein treuer Freund Vilfredo Pareto

---

[5] Hier wird angespielt auf den Konflikt zwischen Karabinieri und Arbeitern in Mailand Porta Vicentina, bei der es einige Tote gab. Vergl. *Il conflitto di Porta Vicentina*, in „Il Corriere della Sera", 13. Oktober 1907.

V. Céligny, den 10. Mai 1908

Lieber Freund[1],

Du sprichst, als hätte ich Ansichten, die ich nicht habe.

Bei jeder Kontroverse gibt es zwei ganz verschiedene Probleme nämlich: 1. Man muß wissen, was der eine der Gegner behauptet; 2. Man muß wissen, ob das, was er behauptet, mit den Fakten in Einklang steht oder nicht.

Wir werden in diesem Brief nur von dem ersten Problem sprechen. Lassen wir also beiseite, ob ich recht oder unrecht habe. Sieh nur zu, daß Du die Natur meiner Aussage richtig verstehst, so wahr oder falsch sie auch sein mag.

Meine Haupttheorie in der Soziologie ist die, daß man das objektive Phänomen vom subjektiven Phänomen und innerhalb des objektiven Phänomens den Inhalt von der Form unterscheiden muß.

In einem Land gibt es eine bestimmte Bewegung P; sie erscheint nacheinander in verschiedenen Formen und mit verschiedenen Theorien: A, B, C ... Hin und wieder taucht eine auf und geht wieder unter, und dann tauchte eine andere auf.

Angenommen, *derselbe* Mann, der Dich heute weißgekleidet um Geld bittet um Gottes willen, bittet Dich morgen schwarzgekleidet als *sozialistischer Genosse* darum; tags darauf will er es, in einen großen Mantel gehüllt, von Dir für die Rochette-Spekulationen[2], und noch einen Tag später will er es in Hemdsärmeln für die Lemoine-Diamanten[3] und so fort. Es wandelt sich das Kleid, es wandeln sich die Theorien, aber im Grunde ist es immer derselbe Mann, der Geld aus Dir herausholen will.

Der Sozialismus geht unter? Dann wird der Syndikalismus kommen. Der Syndikalismus geht unter? Dann wird der X-ismus kommen. Der X-ismus geht unter? Dann wird der Y-ismus kommen. Und so fort.

---

[1] Brief an Maffeo Pantaleoni. Vgl. L.P.P., III, S. 95-98.

[2] Er bezieht sich auf das wechselhafte Schicksal von Enrico Rochette, einem ehemaligen Kellner, der in wenigen Jahren Millionär geworden war, Gründer zahlreicher Gesellschaften wie die „Banca Franco-Spagnola" und des „Credito Minerario" und Eigentümer der Zeitung „Le Financier". In den letzten Monaten war er in eine Reihe von Konkursen verwickelt. Vergl. *Il crac colossale del finanziere Rochette*, in „Il Corriere d'Italia", 25. März 1908 und *L'affare Rochette alla Camera francese*, in „Corriere della Sera" vom 8. März 1908.

[3] Er bezieht sich auf den Fall des Ingenieurs Lemoine, der sich ausgegeben hatte als Erfinder eines chemischen Verfahrens zur Herstellung von Rohdiamanten und dem von einem gewissen Herrn Werner, Direktor der De Beer, mit einer Subvention von 10 000,- Pfund Sterling geholfen worden war. Natürlich entdeckte man, daß die angeblich künstlichen Diamanten bei einem Pariser Juwelier gekauft worden waren. Vgl. „Corriere della Sera" vom 21. bis 30. Januar 1908.

Dies mag wahr oder falsch sein; aber jemandem, der dies behauptet, kann man nicht einen jener Untergänge entgegenhalten, um zu beweisen, daß der Inhalt sich radikal wandelt.

Man muß also sein Augenmerk auf den Inhalt richten. Und auch über ihn habe ich eine Theorie, so gut oder schlecht sie sein mag. Ich sage, daß die großen sozialen Bewegungen sich immer in das Gewand eines Glaubens hüllen. Gerade die Soziologie muß den Inhalt, der hinter diesem Glauben steht, wiederfinden.

Daher ist nach dieser Theorie die Hauptsache heute die Zunahme des humanitären Glaubens; die Reden von Turati und dergleichen sind sekundär, höchst sekundär.

Die Dummheiten des Gesetzes über das freie Wochenende, das *Begnadigungsgesetz*, die Erbärmlichkeit der Regierenden, die mit der Familie Elkins über die Ehrenbezeigungen für eine nichtssagende Person[4] diskutieren, wenn nicht noch schlimmer, die Schwärmerei der Bourgeoisie für De Amicis, für Tolstoi, etc., die ungeheuren Dummheiten des Frauenkongresses[5] und so fort, man könnte darüber ein ganzes Buch schreiben, sind alles Dinge, die im Grunde nicht die geringste Bedeutung haben, aber die als *Diagnose* für einen bestimmten Glauben Bedeutung erlangen. Und dieser Glaube ist nur von Bedeutung als Diagnose einer geistig-seelischen Verfassung. Und diese geistig-seelische Verfassung ist das *konkrete Faktum*, das unter vielfältigen Formen erscheint und *verschieden zusammengesetzte* Theorien hervorbringt.

Nehmen wir zum Beispiel die beiden folgenden Diagnosen an:

A) Der Artikel in der *Perseveranza*[6], in dem steht, daß das Volk gütlich und auf dem Wege der Schlichtung alles bekommen kann, was es will. *Arcà*, der sagt: „Wir wollen etwas ganz anderes, wir wollen euch mit Gewalt enteignen[7]."

B) Die Gegner der Bourgeoisie sagen: „Wir wollen nur das, was man auf gütlichem Wege legal erreichen kann." Ein bürgerlicher *Arcà* antwortet: „Dies sind veraltete Flausen, wir wollen Gewalt anwenden und die fast allgemeine Wahl, die Volksbildung abschaffen etc."

---

[4] Die damaligen Zeitungen sind voll von Neuigkeiten und Indiskretionen über die „Romanze von Miss Elkins und dem Duca degli Abruzzi".

[5] Er bezieht sich auf den ersten Kongreß der Frauen Italiens, der in Rom vom 24. April bis 1. Mai 1908 abgehalten wurde.

[6] Die Zeitung „La Perseveranza" hatte in verschiedenen Leitartikeln in der ersten Maihälfte behauptet, daß man den Streik in der Provinz Parma mit einem Schiedsgerichtsverfahren hätte auflösen können, der einer der längsten und härtesten in der Geschichte der italienischen Gewerkschaftsbewegung war.

[7] Er bezieht sich auf ein Interview mit dem Gewerkschafter Francesco *Arcà*, das im „Corriere d'Italia" veröffentlicht wurde und im „Corriere della Sera" vom 3. Mai 1908 erneut abgedruckt war. Siehe auch den Brief Paretos an Pantaleoni vom 4. Mai 1908 in L.P.P., S. 90 und folgende.

Mir scheint, daß ein Land sich in einer anderen Verfassung befindet, je nachdem, ob es die Symptome A oder die Symptome B aufweist.

Wer 1880 gesagt hätte, daß ein Halbitaliener wie Nathan[8] anstelle eines *alteingesessenen Römers* Bürgermeister von Rom sein könnte, wäre ausgelacht worden. Heute hat die Bourgeoisie für Nathan gestimmt. Ein kleines, winziges Symptom, aber immerhin ein Symptom dafür, daß die Flut steigt.

Du wirst sagen: „Und die Symptome der jungen Bourgeois, die sich in Parma mit Revolvern bewaffnen?" 1. Bis jetzt haben diese Waffen soviel genutzt, als wären sie aus Pappe; 2. es fehlt selten an *materiellem* Mut, sondern an *moralischem* Mut. Alle diese jungen Leute sind oder bezeichnen sich als *demokratisch, liberal, antiklerikal.* Wenn man die Ursache bestehen läßt, bleiben auch die Wirkungen bestehen, trotz der Revolver (die nicht benutzt werden) und der Versammlungen der Vereinigung der Großgrundbesitzer.

Wie ich Dir schon geschrieben habe, kann ein Sieg in Parma der Bourgeoisie *schaden* anstatt ihr zu nutzen.

Dies alles kann falsch sein, aber es ist die Folgerung aus meinen Theorien. Soviel ich geschrieben und wiederholt habe, Du ziehst nicht einmal in Betracht, daß ich diese Theorien habe. Und dann sagt man: „Pareto wiederholt sich!" Er wiederholt sich nicht genügend, oder er wiederholt sich schlecht, da es ihm nicht gelingt, sich verständlich zu machen.

Leb' wohl

Dein treuer Freund Vilfredo Pareto

---

[8] Von 1907 bis 1913 war Ernesto Nathan (1845-1921) Bürgermeister von Rom; er war in London geboren, aber seit 1888 italienischer Staatsbürger.

VI. Céligny, den 15. Juli 1908

Lieber Freund[1],

heute habe ich den Zeitungsausschnitt erhalten, den Du mir geschickt hast.

Ich habe Dir von Anfang an gesagt, daß ein Sieg der Großgrundbesitzer in Parma[2] *letztlich* der Bourgeoisie mehr zum Schaden als zum Nutzen gereichen würde.

Wenn Du mich richtig beurteilen willst, müssen Dir die folgenden Punkte gegenwärtig sein, die auch falsch sein können, mir aber zumindest heute mit den mir bekannten Fakten in Einklang zu stehen scheinen.

1. Das optimistische Konzept des XIX. Jahrhunderts von Humanitarismus, allgemeinem Wahlrecht, Volksbildung etc. kann nur zu einer Revolution führen.

2. Wenn diese stattfindet, solange die Bourgeoisie noch stark ist, kann die Bourgeoisie siegen, andernfalls wird sie vernichtet werden.

3. Der radikale und sozialistisch-reformerische Bazillus bereitet jene Revolution vor, indem er die Bourgeoisie und ihren Staat zersetzt. Wenn er seine Funktion erfüllt haben wird, wird dieser Bazillus verschwinden wie die Fäulnisbazillen.

4. Nähern wir uns in Frankreich dieser Situation, in der der erwähnte Bazillus, nachdem er die Umgebung verändert hat, in ihr nicht mehr das vorfindet, was er zum Leben braucht? Ich weiß es nicht; es handelt sich hierbei um eine schwer festzustellende Tatsache.

5. Gewiß sind wir in Italien noch nicht an diesem Punkt angelangt. Deshalb ist in Italien der Sieg der Reformer gegen die Interessen der Bourgeoisie. Die Gewerkschaftler sind in Italien nicht aus eigener Kraft entstanden – wie sie entstehen werden, wenn die Reformer das Werk, die Bourgeoisie verfaulen zu lassen, vollbracht haben werden – sondern sie sind aus der Nachahmung Frankreichs hervorgegangen.

6. In Italien ist die Bourgeoisie wahrscheinlich noch stark genug, um zu siegen, wenn es *heute* zum Kampf kommt, *morgen* wird sie es nicht sein, wenn man sie vollends zum Verfaulen gebracht hat. Doch sie hat in sich nicht die Kraft, *heute* den Kampf aufzunehmen, dieser muß ihr von ihren Gegnern *aufgezwungen* werden.

---

[1] Brief an Maffeo Pantaleoni. Vgl. L.P.P., S. 107-109.

[2] Der Streik in den Landbezirken von Parma, von dem in dem vorhergehenden Brief die Rede ist, ging Anfang Juli 1908 zu Ende. Den Großgrundbesitzern gelang es, das die Ernte gefährdende Problem zu lösen.

Wenn die Gewerkschaftler zum Beispiel gesiegt, die Stadt Parma verbrannt hätten, wenn es zu Revolutionen in anderen Städten, zum Beispiel Bologna, Mailand etc. gekommen wäre, konntest Du *sicher* sein, daß die Bourgeoisie ihre Herrschaft mindestens für ein halbes Jahrhundert gesichert hätte.

Der Sieg der Großgrundbesitzer in Parma wird in der Bourgeoisie die Illusion aufkommen lassen, daß sie weiterhin mit den gegenwärtigen Mitteln regieren kann, und daher wird sie ihrem Verderben entgegengehen.

Vor kurzer Zeit sagte man im Senat, man werde in Süditalien 25 000 Schulen errichten: Das sind 25 000 Fabriken zur Herstellung von Feinden der Bourgeoisie. Was ist der Sieg von Parma gegenüber einer so bedeutenden Tatsache? Wenn Parma in Flammen aufgegangen wäre, würde man diese Schulen vielleicht nicht errichten.

Du mußt verstehen, daß der grundlegende Punkt das ist, was ich unter 1. angegeben habe. Wenn dieser sich nicht aufrechterhalten läßt, bricht alles zusammen.

Dies wird Dich verstehen lassen, warum meine Gedanken vor einem Jahrzehnt ganz anders waren als meine heutigen, weil ich bis dahin ein Mensch meines Jahrhunderts war und seine optimistische Vorstellung teilte; dann, nach dem Studium der Geschichte und der Betrachtung der Gegenwart, erschien mir diese Vorstellung als falsch, und mit der Änderung meiner Prämissen änderte ich auch notwendigerweise meine Schlußfolgerungen.

Die Meinungsverschiedenheit zwischen Dir und mir geht immer darauf zurück, ob dieser Punkt 1 falsch ist oder nicht. Du bist so geblieben, wie ich einmal war: Du bist immer noch ein guter Sohn des XIX. Jahrhunderts.

Bei diesen Dingen ist nichts gewiß, und daher kann es sein, daß Du recht hast und ich unrecht. Aber das Problem zwischen uns wird der *allgemeine* Verlauf des Phänomens entscheiden, nicht dieses oder jenes einzelne Faktum. Die erwähnten Fakten haben nur den Wert von *Symptomen.* In diesem Sinne wäre der Sieg von Parma (der übrigens nicht endgültig ist) ein Symptom für den Punkt 5; wie es die Reaktion auf die Unruhen von 1898 war.

Gehen wir zu etwas anderem über. Meine Herzkrankheit ist in eine Krise geraten, und dies hat mich von der Arbeit abgehalten. Aber es scheint, daß ich diesmal noch davonkommen werde, und ich beginne, mich wieder besser zu fühlen. Ansonsten kann ich nur noch wenig tun. Ich kann kaum die Druckfahnen meines französischen *Manuale* korrigieren.

Die Universitätsprofessoren haben sich davon überzeugt, daß man nur den Starken gibt. Die Eisenbahner werden mehr bekommen als die Professoren, weil sie stärker sind. Alles andere zählt nicht und ist leeres Geschwätz.

Leb' wohl — Dein treuer Freund Vilfredo Pareto

VII. Céligny, den 24. September 1909

Lieber Freund[1],

ich habe Deinen Brief in Händen und warte auf die Druckfahnen[2], von denen Du sagst, daß Du sie „mir beilegst", die ich aber in Deinem Brief nicht gefunden und auch nicht mit getrennter Post erhalten habe. Ich werde sie sehr gern lesen. Deine Arbeit wird mir für die *Sociologia* dienlich sein. Es wäre von größtem Nutzen, wenn ähnliche Arbeiten über andere Themen angefertigt würden, und sie wären ein ausgezeichnetes Material für die Aufstellung soziologischer Theorien.
Ich weiß nicht, wie Trevisonno[3] darauf kommt, daß ich in Vichy war. Ich habe mich nicht von Céligny entfernt. Aber er, Trevisonno, hat auf einen Brief und eine Karte von mir nicht geantwortet. Er hat auch eine Karte mit bezahlter Rückantwort unbeantwortet gelassen, die ihm Furlan gegen meinen Rat geschickt hat. Wenn Du ihn beauftragt hast, mir Deine Druckfahnen zu schicken, haben wir sofort die Erklärung, warum ich sie nicht erhalten habe.

So stark sind unsere geistigen Gewohnheiten, daß Du, während Du Dich von ihnen befreist für das Studium des *gerechten Preises*, ihnen unterworfen bleibst beim Studium des Sozialismus!

Die Gedanken Sullivans[4] über den Marxismus sind von derselben objektiven Realität wie die Diskussionen der Theologen über die wirkende Gnade! Oder, wenn Dir das lieber ist, sie haben dieselbe Auswirkung auf die soziale Entwicklung wie die Uniform der Soldaten auf den Ausgang einer Schlacht.

Man muß folgende Prinzipien festhalten:

1. Die Theorien, die Anschauungen der Menschen sind die äußere Hülle der Gefühle, die allein die wirksamen Triebkräfte des menschlichen Handelns sind.

2. Bei der sozialen Entwicklung kann man zu ebendemselben Ziel durch verschiedene, einander entgegengesetzte, zueinander in offenkundigem Widerspruch stehende Theorien und Weltanschauungen gelangen.

3. Die Theorien sind die Sprache des Gefühls. Zwar reagiert die Sprache auf die Begriffe; aber die Begriffe sind die Hauptsache, die Sprache, in der sie ausgedrückt werden, die Nebensache.

---

[1] Brief an Maffeo Pantaleoni. Vgl. L.P.P., III, S. 140-143.

[2] Er bezieht sich auf die Druckfahnen von Pantaleonis Artikel *Di aleuni fenomeni di dinamica economica*, der im „Giornale degli Economisti" vom September 1909 erschien.

[3] Nicola Trevisonno, Redaktionssekretär des „Giornale degli Economisti".

[4] J. W. Sullivan, amerikanischer Gewerkschafter, damals der Präsident der amerikanischen Druckergewerkschaft.

4. Wie eine Sprache einer anderen weicht (das Lateinische dem Italienischen), so weicht eine Theorie einer anderen (der Marxismus einer Theorie X).

5. Manchmal besteht die Spaltung auch in der Form (Heidentum und Christentum), manchmal besteht sie im Inhalt (die rationalistischen Protestanten halten sich für Christen, Sorel hält sich für einen Marxisten).

Über den besonderen Fall, den Du im Auge hast, sagen wir:

1. Es bestand nie die geringste Gefahr, daß die sozialistischen Theorien zur Praxis werden. Sie waren nur die äußere Hülle einer neuen Bourgeoisie, die der alten ihren Besitz nehmen will.

2. Die Diskussionen über das Eingreifen des Staates sind zwecklos. Es handelt sich hier um eine Quantität, die sich sehr langsam ändert, viele Jahre, unter verschiedenen Formen, fast konstant bleibt. Die moderne Protektion ist eine neue Form der antiken, das freie Wochenende ist eine neue Form der Sonntagsruhe, das Verbot der alkoholischen Getränke ist eine neue Form der christlichen Askese etc. etc.

Die werten Herren Gompers[5] und Sullivan mußt Du fragen, was sie zu dieser schönen „Ausweitung der Funktionen des amerikanischen Staates" sagen, durch die der Genuß von Wein und anderen alkoholischen Getränken verhindert wird, durch die eine neue heilige Congregation des Index geschaffen wird, die entscheidet, welches allein die *moralischen* literarischen Erzeugnisse sind, die die Post befördern darf oder die die heilige Schwelle der amerikanischen Staaten überschreiten dürfen. Sie werden Dir antworten, daß dies gerechte, gute, anständige Verbote sind und nicht etwa dumme Vorschriften wie die der „Reaktionäre".

„Sei mir gegrüßt alter Freund", sage ich zu diesem Argument. „Du hast einen langen und weißen Bart, Du lebst und gedeihst seit Jahrhunderten. Grüß' mir vielmals die *Freiheit des Guten* der Jesuiten: Sie muß eine nahe Verwandte von Dir sein."

Bezüglich des Artikels des Zolltarifs, nach dem die Einfuhr unmoralischer oder auch nur anstößiger Schriften nach Amerika verboten wird, so hätte ich gern den authentischen Text, um ihn in meiner *Sociologia* zu bringen. Wenn es Dir nicht zu viele Umstände macht, sieh, ob Du ihn mir besorgen kannst, wenn Du nach Amerika kommst. Dieser Tarif muß im Buchhandel zu kaufen sein.

[5] Samuel Gompers, Begründer und Theoretiker der amerikanischen Gewerkschaftsbewegung, Präsident der American Federation of Labour und Leiter des *American Federalist*.

Frage auch die werten Herren Gompers und Sullivan, was sie zu den Gesetzen zur Beschränkung der Auswanderung in die Vereinigten Staaten sagen. Sie werden dieses staatliche Eingreifen sicher ausgezeichnet finden. Sei auch Du mir gegrüßt, geliebte Kasuistik, ich kenne Dich schon lange. Es fehlt nur ein Pascal, um das Lob der demokratischen Kasuistik zu singen, wie schon Pascal das der jesuitischen Kasuistik sang.

Meine *Interpolation* hat mich von der *Sociologia* abgebracht, aber jetzt werde ich zu ihr zurückkehren. Ich habe eine gute Methode gefunden und möchte sie entwickeln können. Ich hoffe, daß Amoroso und Furlan mir helfen werden.

Leb' wohl. Vergiß die Druckfahnen nicht.

Dein treuer Freund Vilfredo Pareto

VIII. Céligny, den 19. August 1914

Lieber Freund[1],

da Du die Ruhe nicht suchst, mag Dir die Aufregung gelegen kommen, und ich wünsche, daß sie Dir und den Deinen Glück bringen möge.

Ich weiß nicht, ob es so sicher ist, daß der gegenwärtige Krieg dem Sozialismus zum Schaden gereichen wird; er kann ihm im Gegenteil von nicht geringem Nutzen sein. Wenn der Krieg beendet sein wird, wird das heutige Dunkel, in dem er verschwand, vorüberziehen, und man wird bei den besiegten Völkern Phänomene erleben können wie bei der Pariser Kommune von 1871 oder den revolutionären Unruhen in Rußland nach dem Krieg gegen Japan; und bei den Siegern wird man erleben können, wie sich der Sozialismus rasch ausbreitet, wie es in Deutschland nach dem Krieg von 1870 geschah.

Wenn Italien neutral bleibt und wenn es die unüberlegt angeordneten Ausfuhrverbote abschafft, wird es zu Reichtum kommen, so wie 1870. Wenn es Krieg führt und dieser kurz ist, wird es davon wenig Schaden haben, wenn es siegt; wenn der Krieg lang ist, wird es eine schwere Wirtschaftskrise durchmachen, auch wenn es schließlich siegen sollte.

Es ist ein seltsamer Zufall, daß genau in einem Abstand von einem Jahrhundert nach 1814-1815 es wieder zu einer völligen Neuordnung Europas kommt. Wer in dreißig Jahren noch am Leben sein wird, wird in diesem Ereignis vieles erkennen können, das wir, weil wir ihm zu nahe sind, nicht sehen.

Alles Gute von Frau Régis.

Dein treuer Freund Vilfredo Pareto

[1] 1 Brief an Maffeo Pantaleoni. Vgl. L.P.P., III, S. 173-174.

II. Teil: Das soziologische Denken Paretos (1915-1923)

Vortrag [1]

Tief bewegt nehme ich das Wohlwollen, das Sie mir freundlicherweise bezeigen, entgegen. Aber man möge mir erlauben, daß ich zumindest teilweise meinen Vorgänger Walras miteinbeziehe, und gestatten Sie mir die Annahme, daß Sie mit dieser Feierstunde weniger die Menschen, die kommen und gehen, als die Universität, die bestehen bleibt und den Fortschritt der Menschheit ehren wollten.

Mein Dank gilt vor allem den hier Anwesenden, allen Delegierten, allen, die der Einladung unserer Universität gefolgt sind. Doch will ich nicht versäumen, auch den Abwesenden zu danken. Ich erinnere mich noch an den Tag, an dem Herr Ruffy, der Leiter der Abteilung für das öffentliche Bildungswesen, der in hervorragendem Maße an der Gründung der Universität Lausanne beteiligt war, und Herr Louis Grenier, der Leiter der juristischen Fakultät, die ihm viel verdankt, nach Fiesole kamen und mich dann in diese Universität einführten, wo ich von den Kollegen freundschaftlich empfangen wurde und wo ich bald ein ausgezeichnetes Verhältnis zu den Studenten schuf, von denen heute viele Kollegen von mir sind. Ich war immer, im Herzen und im Geiste, mit dieser Universität verbunden: Nur durch eine unerbittliche Krankheit wurde ich gezwungen, die Vorlesungen abzubrechen. Mir bleibt jedoch der Trost, der Universität mit meinen Arbeiten weiterhin zu dienen.

Ich habe durch meine Lehrtätigkeit viel gelernt. Dies mag paradox erscheinen, doch es ist die reine Wahrheit. Ich möchte keine Einzelfälle verallgemeinern, doch hier ist einer, der mir eine gewisse Analogie zu dem eben Gesagten aufzuweisen scheint. Salomon Reinach hat eine französische Fassung des Handbuches der klassischen Antike von Gow geschrieben. Im Vorwort erklärt er, daß es die Berufsgelehrten sehr nötig haben, von Zeit zu Zeit das Abc ihres eigenen Berufs zu wiederholen. Und er fügt hinzu, daß es eine ausgezeichnete Weise, etwas zu wiederholen, sei, wenn man es anderen beibringt. Tatsächlich hat er bei der Arbeit an Gow viel gelernt.

---

[1] Dies ist der vollständige Text der Rede, die V. Pareto in der großen Aula der Universität Lausanne anläßlich des 25. Jahrestages seiner Lehrtätigkeit hielt. Wir übersetzen den italienischen Text, der von Giovanni Busino in der Anthologie von Paretos Werken, besorgt für den Verlag UTET, veröffentlichte (V. PARETO, *Scritti sociologici* Turin, 1966, pp. 729-736), der der erste vollständige Text der Rede war.

Gerade wenn man sich bemüht, eine Disziplin klar darzustellen, bemerkt man, wie unklar und vage sie in einigen ihrer Bereiche ist; gerade wenn man versucht, sie gekürzt darzustellen, gelingt einem die Synthese. In dieser Hinsicht zog ich großen Nutzen aus der Vorbereitung zu einer Vorlesung, die ich an der Universität Bologna halten mußte und in der die Grundlagen der Soziologie in einer begrenzten Anzahl von Stunden dargestellt werden sollten[2].

Das Hauptziel meiner wissenschaftlichen Bemühungen war immer die Anwendung der experimentellen Methode, die in den Naturwissenschaften so glänzende Ergebnisse gezeitigt hat, auf die Sozialwissenschaften – von denen die Wirtschaftswissenschaften nur ein Teil sind.

Aber dies muß näher erläutert werden.

Das menschliche Handeln verläuft in zwei großen Bahnen: Der des Gefühls und der des Suchens nach Erfahrungswerten. Die Bedeutung der ersteren ist klar: Es ist das Gefühl, das zur Tat treibt, das den Regeln der Moral, der Frömmigkeit und den Religionen in allen ihren verschiedenen und komplizierten Formen Leben verleiht. Und durch das Streben der Menschen nach dem Ideal bestehen die menschlichen Gesellschaften fort und entwickeln sich weiter. Aber die zweite, nämlich das Suchen nach Erfahrungswerten, ist ebenfalls wesentlich für diese Gesellschaft; sie liefert die Materie, die das Gefühl in Bewegung setzt; wir verdanken ihr die Erkenntnisse, die der Tat ihre Wirksamkeit verleihen und nützliche Veränderungen des Gefühls selbst, durch die es sich – wenn auch langsam – an die Bedingungen der Umwelt anpaßt.

An Anfang jeder Wissenschaft – sowohl der Natur- wie der Sozialwissenschaften – waren Gefühle und Erfahrungen miteinander verquickt. Es dauerte Jahrhunderte bis zur Trennung dieser Elemente, die in unserer Zeit in den Naturwissenschaften fast vollständig ist und in den Sozialwissenschaften begonnen wurde und fortgeführt wird. Erlauben Sie mir, daß ich kurz skizziere, welchen Anteil unsere Universität an dieser zuletzt erwähnten Entwicklung seit der Zeit, als Walras hier lehrte, hatte.

Die Erfahrungswissenschaft ist ein unaufhörliches Werden. Sie gleicht einem ständig fließenden Fluß, der sich in einen Sumpf verwandeln würde, wenn seine Wasser stehenblieben. Nicht in der dogmatischen Starre, sondern in der Bewegung der Erfahrung liegt das Leben der Wissenschaft. Jede experimentelle Wissenschaft ist zu einem großen Teil Frucht der Vergangenheit und Keim für die Werke der Zukunft, und ihr Verdienst ist abhängig von der Zeit ihrer Entstehung. Newton geschieht keinerlei Unrecht, wenn man an seine Vorgänger erinnert, wenn man Kopernikus, Galilei, Kepler nennt, noch wenn man seine Nachfolger bis Laplace, Gauss, Poincaré erwähnt. Dies können die Leute nicht verste-

---

[2] Siehe den vierten Abschnitt im ersten Band dieser Anthologie.

hen, die die Wissenschaft von dem Gefühl, dem Glauben oder auch einfach der Literatur nicht trennen.

Da der Fortschritt der Naturwissenschaften sich in dem Sinne zeigt, als er sie immer mehr der Erfahrungswirklichkeit annähert und sie vom Gefühl und den apriorischen Vorstellungen befreit, ist eine erste Etappe dieses Fortschritts erreicht, wenn quantitative Überlegungen in die Wissenschaft eingeführt werden: Denn die bloße Tatsache, daß versucht wird, natürliche Phänomene dem Kalkül zu unterwerfen, zwingt uns, eine gewisse Disziplin in die Vorstellungen zu bringen, die wir uns von diesen Phänomenen machen.

So vertrieb gegen Ende des 18. Jahrhunderts und zu Anfang des 19. Jahrhunderts das quantitative Denken die Phlogiston-Theorie aus der Chemie und führte die sogenannte pneumatische Theorie ein, die sich sehr bald in die der Äquivalenz verwandelte. Aber das war noch nicht das Ende. Es kamen die Theorien vom Atom, und in immer neuer Gestalt reichen sie bis in unsere Tage. Gleichzeitig trat eine sehr ausgeprägte Tendenz auf, Chemie und Physik miteinander zu verschmelzen. Die Wissenschaft gewann dadurch an Exaktheit und an Breite.

Während der Epoche, in der quantitative Überlegungen in die politische Ökonomie einflossen, stoßen wir auf Cournot, Gossen, Jevons, Marshall, Pantaleoni, Irving Fisher und schließlich Walras, der diese Veränderung in starkem Maße geprägt hat und dessen Lehrzeit für unsere Universität ein denkwürdiger Zeitraum ist. Walras hat dazu beigetragen, daß die Wissenschaft exakter und erfahrungsnäher wurde, wenn er auch nicht unbedingt darauf abzielte; während ich dagegen, meinerseits, ganz direkt und gerade mir vorgenommen habe, dieses Ziel zu erreichen, als ich versuchte, aus den Sozialwissenschaften sowohl die emotionale und metaphysische Betrachtungsweise als auch den reinen Empirismus zu verbannen, so daß ich für die quantitative Theorie der ökonomischen Phänomene es mir zur Aufgabe gemacht habe, den von Walras eingeschlagenen Weg zu gehen, um so an unserer Universität eine Tradition fortzusetzen, die, wie ich hoffe, viele Jahre von anderen bewahrt wird.

Die Darstellung der Vergangenheit nennt man in den Sozialwissenschaften Geschichte, und eben in der Geschichte finden wir ein wesentliches Element dieser Wissenschaften, aber wir verlangen von ihr nicht nur Deskriptionen, sondern wir suchen in ihr nach Kenntnissen über die Gleichförmigkeit der sozialen Phänomene, und sie wird uns die Fakten und ihre Beziehungen untereinander lehren.

Unter diesem Aspekt ist für uns die Geschichte der griechisch-römischen Gesellschaften, von denen unsere heutigen Gesellschaften abstammen, besonders wichtig, und ich war immer der Meinung, daß man in starkem Maße auf sie zurückgreifen sollte. Hierin stimmten meine Gedanken mit denen von Kollegen überein, die sich nicht speziell mit ökonomischen Studien befaßten, und ich freue mich, Ihnen hier Enrico Erman, Honorarprofessor unserer Universität, in Erinnerung zu rufen. Als ich einen gewissen Punkt meiner Forschung in der politischen Ökonomie erreicht hatte, befand ich mich in einer Sackgasse. Ich sah die experimentelle Wahrheit vor mir und konnte nicht zu ihr gelangen. Verschiedene Hindernisse hielten mich zurück; unter anderem die wechselseitige Abhängigkeit der sozialen Phänomene voneinander, die es unmöglich macht, die Untersuchungen der verschiedenen Arten von Phänomenen völlig isoliert zu betrachten und die dem unbegrenzten Fortschritt einer einzelnen unter ihnen entgegensteht, wenn sie nicht mehr die Unterstützung der anderen hat. So sind heute, zum Beispiel, die Fortschritte der Theorie in der Chemie gebunden an die der Theorie der Elektrizität und umgekehrt.

Es steht also außer Zweifel, daß die Ergebnisse der ökonomischen Theorien sehr oft nicht durch die Erfahrung verifiziert werden, und wir haben Schwierigkeiten, sie mit ihr in Übereinstimmung zu bringen. Wie kann man diese Schwierigkeit überwinden?

Drei Möglichkeiten bieten sich an:

1. Man kann völlig auf die Wirtschaftswissenschaften verzichten, ihre Existenz gänzlich leugnen – und dies tut eine Schule, die zahlreiche Anhänger hat. Wenn unter analogen Umständen die Gelehrten, die die Astronomie, die Physik, die Chemie und andere Wissenschaften dieser Art ins Leben gerufen haben, einen solchen Entschluß gefaßt hätten, wären diese Wissenschaften noch am Nullpunkt.

2. Man kann sich mit dieser mangelnden Übereinstimmung abfinden und sagen, wir suchen nicht das, was ist, sondern das, was sein sollte. Damit verlassen wir den Bereich der Wissenschaft und begeben uns in die Regionen der Utopie.

3. Schließlich können wir, belehrt durch die Beispiele, die uns die Naturwissenschaften liefern, untersuchen, ob die mangelnde Übereinstimmung nicht daher rührt, daß bestimmte Wirkungen, die wir getrennt untersucht haben, durch andere Wirkungen modifiziert werden, die wir zu betrachten versäumt haben.

Was man in den experimentellen Wissenschaften als Gesetze bezeichnet, sind keinesfalls notwendige Konsequenzen; die experimentelle Wissenschaft kennt das Absolute nicht. Es handelt sich indessen um einfache Begriffe von Gleichförmigkeit, die, nachdem sie in der Vergangenheit festgestellt wurden, uns ermöglichen, mit mehr oder weniger großer Wahrscheinlichkeit die Zukunft vorauszusehen.

Der Fortschritt der Wissenschaft vollzieht sich durch das Hinzukommen neuer Kenntnisse von Gleichförmigkeit zu den Kenntnissen, die schon erworben waren und die in dieser Richtung immer weiter fortschreiten. Ein solcher Fortschritt wird begleitet von der Eliminierung der Begriffe, die sich außerhalb der Realität befinden und an deren Stelle nach und nach Begriffe treten, denen eine genauere Erfahrung zugrunde liegt.

Von diesen Grundsätzen durchdrungen, unterzog ich meine Arbeiten einer gründlichen Revision. Dabei sah ich, daß ich mich zuweilen nicht nur hatte hinreißen lassen, Ausdrücke zu verwenden, denen es an Genauigkeit mangelte und die sich nicht auf Erfahrung stützen konnten – die in der Wissenschaft im Schwange waren und undiskutiert akzeptiert wurden – und daß ich nicht nur bei gewissen Anlässen unfreiwillig das tat, was allgemein üblich war, nämlich dem Gefühl einen Platz einräumte, der ihm in den Erfahrungswissenschaften nicht zukommt, sondern daß ich darüber hinaus zu Unrecht das Studium mancher Gegenstände zu eng in den Grenzen der politischen Ökonomie gehalten habe. Ich habe diese Kritik im Vorwort der italienischen Ausgabe meines *Manuale di economia politica* näher ausgeführt.

Aber es genügt nicht, die Fehler eines Werkes zu erkennen; man muß sie korrigieren. Dies ist das Schwierigste, und man kann lediglich hoffen, daß es einem wenigstens zum Teil gelingt.

Vor allem muß man die nebulosen Ausdrücke, die sich jenseits der Erfahrung befinden, eliminieren und sie durch streng experimentelle ersetzen, so wie zum Beispiel in der Physik die vagen und subjektiven Begriffe warm und kalt von dem präzisen und objektiven Begriff der Thermometergrade ersetzt wurden.

In der politischen Ökonomie ist man seit der Zeit von Adam Smith dabei, eine ähnliche Aufgabe zu lösen. Einige unklare Begriffe, wie zum Beispiel der des Werts, wurden in immer präzisere Begriffe umgewandelt. Jevons hat sogar vorgeschlagen, den Ausdruck „Wert" aus der Wissenschaft zu verbannen, da er unverständlich geworden sei; aber wahrscheinlich blieb er gerade deswegen den Metaphysikern teuer. Zahlreiche Denker setzen zum gegenwärtigen Zeitpunkt das Werk ihrer Vorläufer fort und bereiten neue Umwandlungen vor; so befreien sie die künftigen Generationen von der Schuldenlast, die sie sich zusammen mit den vergangenen Generationen aufgeladen haben.

Mehrere Theorien, die nicht ausschließlich den Vorrang der experimentellen Methode zum Ziel haben, die ihr anscheinend gegnerisch gegenüberstehen, haben dennoch letzten Endes dazu beigetragen, die Sozialwissenschaften der Realität anzunähern.

Die sogenannte historische Schule unterdrückt, um die Wahrheit zu sagen, die in den Sozialwissenschaften auftauchenden Probleme mehr als sie sie löst, indem sie sich weigert, die Gesetze oder Gleichförmigkeiten der Phänomene zu erforschen; aber trotz dieses gravierenden Fehlers war sie bei der Arbeit, die Erfahrung an die Stelle der *apriorischen* Prinzipien treten zu lassen, nicht ohne

Nutzen. Auch der soziologische Teil der Werke von Marx hat in dieser Richtung gewirkt. Der ökonomische Materialismus und der historische Materialismus sind kühne Versuche gewesen, die sozialen Phänomene aus der Erfahrung zu erklären. Diese Lehren ließen uns die Wahrheit nur ahnen, weil sie das Verhältnis der wechselseitigen Abhängigkeit, das wirklich bestand, durch das Verhältnis von Ursache und Wirkung ersetzten und, schlimmer noch, diese angeblichen Ursachen auf eine einzige reduziert haben. Aber deswegen hatten sie nicht weniger Einfluß darauf, uns bei der Erkenntnis der Wahrheit zu helfen und uns aus den eingefahrenen Geleisen des metaphysischen Denkens zu befreien.

In diesem gleichen Sinne wirkten – mehr oder weniger – zahlreiche Werke, und nur die Befürchtung, Ihre Zeit über Gebühr in Anspruch zu nehmen, hält mich davon ab, sie zu zitieren. Erlauben Sie mir wenigstens, aufs Geratewohl einfach als Beispiele in Erinnerung zu rufen: In den Wirtschaftswissenschaften die italienische Schule von Francesco Ferrara, die von Tullio Martello fortgeführt wurde; die Untersuchungen von Guido Sensini über die „Rendite“ – Untersuchungen, die ein Modell für die Anwendung der experimentellen Methode darstellen –, die Werke über die „Finanzwissenschaft“ von Giuseppe Prato und von Luigi Einaudi, die Forschungen von Emanuele Sella über die „Konkurrenz“, und die von Roscher, von Böhm-Bawerk, von Gide, von Juglar, von Jannet, von Molinari, von Yves Guyot; in der Soziologie und Ökonomie die so hochwissenschaftlichen Werke von Georges Sorel; in der Soziologie viele Monographien, zum Beispiel über die politischen Parteien von Ostrogorski und Robert Michels, die Studien der Schule von Lombroso und Enrico Ferri und eine große Anzahl von gleichermaßen bedeutenden wie verschiedenartigen Forschungen; in historischer Soziologie so grundlegende Werke wie die von Fustel de Coulanges, von Summer Maine und die Forschungen der deutschen historischen Schule. Schließlich waren die Arbeiten des großen italienischen Philosophen Benedetto Croce, die das Terrain von positiven und humanitären Ideologien säuberten, ein wesentliches Element des wissenschaftlichen Fortschritts in Italien.

Dies ist der Weg, den eine Unzahl von Denkern beschritten hat, den auch ich meinerseits eingeschlagen habe. Getrieben von dem Wunsch, dem Studium der politischen Ökonomie einen unersetzlichen Beitrag zu leisten und vor allem durch meine Orientierung am Beispiel der Naturwissenschaften wurde ich veranlaßt, meinen *Trattato di sociologia* zu verfassen, dessen einziger Zweck – ich sage einziger und insistiere auf diesem Punkt – es ist, die Erfahrungswirklichkeit mittels der Anwendung der Methoden auf die Sozialwissenschaft zu erforschen, die sich in der Physik, der Chemie, der Astronomie, der Biologie und ähnlichen Wissenschaften bewährt haben.

Keiner weiß besser als ich, wie unvollständig diese Abhandlung ist, aber selbst wenn sie sehr bald in Vergessenheit geraten sein sollte, so hoffe ich doch, daß sie einigen Nutzen gebracht hat, wie das Steinchen, das Bestandteil eines großen Gebäudes ist: Das der experimentellen Wissenschaft. Es ist mein lebhafter Wunsch, daß unsere Universität einen immer größeren Beitrag zum Bau dieses Gebäudes leisten möge und daß in einer mehr oder weniger fernen Zukunft ein Berufenerer als ich bei einer solchen Feier wie der heutigen, ausgehend von der Zeit von Walras, all das darlegen könne, was die Sozialwissenschaften dann der Universität Lausanne und der großzügigen und aufgeschlossenen Unterstützung des Volkes und der Regierung des Waadt verdanken.

Es ist mir eine Freude, in meiner Heimatsprache den Vertretern der italienischen Regierung, den verschiedenen Persönlichkeiten und den Freunden zu danken, die sich hier eingefunden haben und meiner Bewunderung für Paolo Boselli Ausdruck zu verleihen, für den ehrwürdigen Staatsmann, der die Geschicke unseres Landes lenkt und in dessen Ministerium der Baron Sonnino ist, dessen Name von der Geschichte neben dem des Grafen von Cavour verzeichnet werden wird, und Herrn Minister Ruffini meinen Dank auszusprechen.

Der Ruf Italiens wird in den Wirtschafts- und Sozialwissenschaften glänzen, und bald wird man neben dem Namen des großen Stagiriten den des nicht weniger großen Florentiners, seines Nachfolgers, schreiben können, dessen, der „dem Szepter der Herrschenden Milde verleiht und damit ihren Lorbeer entlaubt ...“

Auch ich, wenn es gestattet sei, die Mittelmäßigen mit den Großen zu vergleichen, auch ich, sage ich, habe manchen Lorbeer entlaubt, was mir wohl von den meisten als Schuld angelastet werden wird und worin vielleicht nur wenige ein Verdienst sehen.

Aber wie dem auch sei, ich halte mein vollbrachtes Werk hoch, und meine Kräfte sind noch nicht so schwach, als daß ich es nicht mehr verteidigen könnte.

Unter den Auspizien von Santa Croce, wie Foscolo meinte, sind wir angetreten, und wir haben uns so weit vorgewagt, daß wir am Horizont die Morgenröte eines dritten Rom schimmern sehen, in dessen heiligem Namen in den Jahrhunderten der Menschheit ich meine Rede beende.

Das soziale System[1]

§ 2025. *Soziale Heterogenität und Zirkulation zwischen den verschiedenen Teilen der Gesellschaft.* – Mehrmals sind wir bereits auf die Betrachtung der sozialen Heterogenität gestoßen, und wir werden uns jetzt damit noch mehr befassen müssen, da wir uns den Bedingungen des gesellschaftlichen Gleichgewichts zuwenden. Um einen klaren Weg vor uns zu haben, müssen wir uns hier eingehender damit befassen. Die Heterogenität der Gesellschaft und die Zirkulation zwischen ihren verschiedenen Teilen könnte man getrennt voneinander untersuchen, aber da die entsprechenden Phänomene in der Realität miteinander verknüpft sind, wird es nützlich sein, sie gemeinsam zu betrachten, um Wiederholungen zu vermeiden. Ob es gewissen Theoretikern gefällt oder nicht, so ist es dennoch eine Tatsache, daß die Menschen physisch, moralisch und intellektuell verschieden sind, daß die menschliche Gesellschaft nicht homogen ist. Wir wollen hier reale Phänomene untersuchen, also müssen wir dieser Tatsache Rechnung tragen. Und wir müssen auch der anderen Tatsache Rechnung tragen, daß die sozialen Klassen nicht vollständig voneinander separiert sind, nicht einmal in den Ländern, wo es Kasten gibt, und daß in den modernen zivilisierten Nationen eine intensive Zirkulation zwischen den verschiedenen Klassen vor sich geht. Es ist unmöglich, in seiner ganzen Breite den Gesichtspunkt der Verschiedenartigkeit der zahlreichen sozialen Gruppen und der verschiedenen Weisen, auf die sie sich vermischen, zu untersuchen. Deshalb muß man wie gewöhnlich sich mit dem Geringeren, das erreichbar ist, begnügen und das Problem vereinfachen, um es derart leichter behandeln zu können. Es ist der erste Schritt auf einem Wege, den andere weiter verfolgen werden können. Wir werden das Problem ausschließlich in Beziehung zu dem gesellschaftlichen Gleichgewicht betrachten und dafür Sorge tragen, die Anzahl der Gruppen und die Zirkulationsweisen so

---

[1] Die hier in der deutschen Übersetzung von Gottfried Eisermann wiedergegebenen Auszüge aus dem *Trattato di Sociologia generale* von V. Pareto *(Pareto's Allgemeine Soziologie)*, Stuttgart, Enke, 1962, vervollständigen das Bild der Soziologie Paretos, das sich in den vorhergehenden Aufsätzen abgezeichnet hat. Die aus dem *Trattato* gewählten und hier mit ihrer Ordnungsnummer angegebenen Paragraphen befassen sich mit den drei entscheidenden Themen der Soziologie Paretos: a) die Heterogenität der Gesellschaft und die Zirkulation zwischen ihren Elementen; b) das soziale System und seine Komponenten; c) das soziale Gleichgewicht in der Geschichte und seine Veränderung. Von den Anmerkungen wurden, mit alphabetischer Bezeichnung, nur die gebracht, die für das Verständnis des Textes wichtig oder wesentlich sind. Die Anmerkungen des Herausgebers werden wie üblich durchnumeriert.

weit als möglich zu reduzieren, indem wir Phänomene zusammen behandeln, die sich in irgendeiner Art als analog erweisen.

§ 2026. *Die Eliten der Bevölkerung und ihre Zirkulation.* – Beginnen wir damit, eine so präzise theoretische Definition des Phänomens als möglich zu liefern, und dann werden wir sehen, welche praktischen Betrachtungen wir daran in erster Annäherung knüpfen können. Lassen wir für den Augenblick einmal vollständig die Erwägung der guten oder schlechten, nützlichen oder schädlichen, lobens- oder tadelnswerten Natur der verschiedenen Charaktere der Menschen beiseite und achten wir einzig und allein darauf, welchen geringen, mittleren oder hohen Grad sie darin besitzen oder präziser ausgedrückt, welchen Index man jedem Menschen unter Berücksichtigung des Intensitätsgrades seines Charakters verleihen kann.

§ 2027. Unterstellen wir also einmal, daß man in jedem Zweig menschlicher Aktivität jedem Individuum einen Index zuspräche, der seine Kapazität ungefähr in der Art und Weise ausdrückt, wie man die Zensuren bei den Examen der verschiedenen Fächer in der Schule verteilt. Dem überragenden Anwalt wird man beispielsweise eine 10 zubilligen, demjenigen, dem es nicht gelingt, auch nur einen einzigen Klienten zu bekommen, eine 1, um eine Null demjenigen vorzubehalten, der ein richtiger Idiot ist. Dem Mann, der recht oder schlecht Millionen zu verdienen wußte, werden wir eine 10 geben, demjenigen, der Zehntausende verdient, eine 6, dem, der sich gerade noch über Wasser hält, eine 1 und dem Bewohner des Armenhauses eine Null. Der politisierenden Frau, die sich wie die *Aspasia* des Perikles, die *Maintenon* Ludwigs XIV. oder die *Pompadour* Ludwigs XV. der Liebe eines mächtigen Mannes zu vergewissern wußte und an seiner Leitung der Staatsgeschäfte Teil hat, werden wir eine hohe Bewertungsziffer wie etwa 8 oder 9 zubilligen; der Dirne, die lediglich die Sinne solcher Männer befriedigt und nicht den geringsten Einfluß auf die Staatsgeschäfte ausübt, werden wir eine Null geben. Dem tüchtigen Schmarotzer, der die Leute hereinzulegen und doch durch die Paragraphen des Strafgesetzbuches zu schlüpfen weiß, werden wir, entsprechend der Anzahl von Einfaltspinseln, die ihm ins Netz gingen, und den Geldsummen, die er ihnen aus der Nase zu ziehen wußte, eine 8, 9 oder 10 zubilligen; dem armen Gelegenheitsdieb, der im Restaurant ein Silberbesteck stiehlt und bei seiner Flucht direkt der Polizei in die Arme läuft, werden wir eine 1 geben. Einem Dichter wie *Carducci* werden wir, je nach unserem Geschmack, eine 8 oder 9 zubilligen; einem Verseschmied, der durch das Rezitieren seiner Sonette die Leute in die Flucht jagt, eine Null. Für Schachspieler können wir einen präziseren Index gewinnen, wenn wir darauf achten, wie viele und welche Partien sie gewonnen haben. Und so weiter für alle Zweige menschlicher Aktivität.

§ 2028. Wohlgemerkt, wir sprechen von einem tatsächlichen, nicht einem potentiellen Zustand. Wenn in der Englischprüfung jemand kommt und sagt: „Wenn ich wollte, könnte ich ausgezeichnet Englisch, ich kann es jedoch nicht, weil ich es nicht lernen wollte“, wird der Prüfer ihm antworten: „Der Grund, warum Sie es nicht können, interessiert mich nicht. Sie können es nicht, und ich gebe Ihnen darum eine Null.“ Oder wenn gesagt wird: „Dieser Mann stiehlt nicht, er verstünde sich zwar darauf, aber er tut es nicht, weil er ein Ehrenmann ist“, werden wir zur Antwort geben: „Ausgezeichnet, wir loben ihn dafür, aber als Dieb geben wir ihm eine Null.“

§ 2031. So wollen wir also diejenigen zu einer Klasse zusammenfassen, die den höchsten Index in dem betreffenden Zweig ihrer Aktivität aufweisen, und wollen ihr den Namen (§ 119) „ausgewählte Klasse“ *(classe eletta, élite)* geben.

§ 2032. Für die Analyse des gesellschaftlichen Gleichgewichts, mit der wir uns gegenwärtig befassen, ist es nützlich, diese Klasse noch weiter zu unterteilen, d. h. in diejenigen, die direkt oder indirekt bemerkenswerten Anteil an der Regierung haben, und die *unmittelbar herrschende Elite* bilden, während der Rest *die nicht herrschende Elite* darstellt.

§ 2033. Ein berühmter Schachmeister beispielsweise gehört sicherlich zur Elite; aber mit nicht geringerer Sicherheit eröffnen ihm seine Verdienste als Schachspieler keinerlei Einfluß auf die Regierung. Deshalb gehört er, wenn ihm dies nicht durch andere Fähigkeiten gelingt, *nicht* zur herrschenden Elite. Die Geliebten der absoluten Souveräne gehören, sei es um ihrer Schönheit, sei es um ihrer intellektuellen Gaben willen, oft zur Elite. Aber nur diejenigen von ihnen, die darüber hinaus die erforderliche spezielle Begabung für die Politik besaßen, hatten an der Regierung Teil.

§ 2034. Wir erhalten also zwei Bevölkerungsschichten, d. h. 1. die Unterschicht, die „nicht ausgewählte“ Klasse, deren mögliche Einwirkung auf die Regierung wir jetzt nicht untersuchen; 2. die Oberschicht, die „ausgewählte Klasse“ oder Elite, die in zwei Teile zerfällt, nämlich a) die herrschende Elite; b) die nicht herrschende Elite.

§ 2035. In der konkreten Wirklichkeit gibt es keine Examen, um jedem einzelnen seinen Platz in diesen verschiedenen Klassen anzuweisen, und man muß sie deshalb durch andere Mittel ersetzen, nämlich durch gewisse Etiketten, die bestmöglich diesen Zweck erreichen. Ähnliche Etiketten existieren ja auch dort, wo es Examen gibt. Das Etikett „Rechtsanwalt“ z. B. bezeichnet einen Mann, der etwas vom Recht verstehen sollte und das häufig auch tut, aber zuweilen auch gar nichts davon versteht. Analog verhält es sich in der herrschenden Elite mit denen, die über das Etikett nicht allzu niedriger politischer Ämter verfügen, wie z. B. Ministern, Senatoren, Abgeordneten, Abteilungsleitern in den Ministerien, Präsidenten der Berufungsgerichte, Generalen, Obersten usw., mit den schuldigen Ausnahmen derer, die sich hierunter zu mischen verstanden, ohne über die dem erlangten Etikett entsprechenden Fähigkeiten zu verfügen.

§ 2036. Diese Ausnahmen sind viel zahlreicher als bei den Rechtsanwälten, Ärzten, Ingenieuren und denjenigen, die sich aus eigener Kraft ein Vermögen erworben haben oder in der Musik, Literatur usw. mit eigenen Leistungen aufwarten können, weil von anderen Gründen abgesehen in all diesen Zweigen menschlicher Aktivität die entsprechenden Etiketten von jedermann direkt erworben werden, während in der Elite die Etiketten teilweise, wie z. B. dasjenige des Reichtums, erblich sind. Reichtum, Familienzugehörigkeit und „Beziehungen" sind auch in vielen anderen Fällen nützlich und verhelfen denen zum Etikett der Elite im allgemeinen oder der herrschenden Elite im besonderen, die sonst keinen Anspruch darauf hätten.

§ 2037. Wo die Familie die gesellschaftliche Einheit bildet, ist das Etikett des Familienoberhaupts auch allen Familienmitgliedern nützlich. Wer in Rom Kaiser wurde, zog im allgemeinen auch seine Freigelassenen mit sich in die Oberklasse, oftmals sogar in die herrschende Elite. In unseren Gesellschaften bildet das Individuum die gesellschaftliche Einheit, aber der Platz, den es in der Gesellschaft einnimmt, nutzt auch seiner Frau, seinen Kindern, Verwandten und Freunden.

§ 2040. Die Abweichungen zwischen Etikett und Verdienst sind nicht so geringfügig, als daß wir sie einfach übergehen könnten. Ihre Zahl ist variabel, und aus dieser Veränderlichkeit resultieren Phänomene von großer Bedeutung für das gesellschaftliche Gleichgewicht. Deshalb müssen wir sie näher betrachten.

§ 2041. Darüber hinaus müssen wir in Betracht ziehen, wie sich die verschiedenen Gruppen der Bevölkerung mischen. Wer aus einer Gruppe in eine andere übergeht, bringt im allgemeinen gewisse Neigungen, Gefühle, Haltungen, die er dort erworben hat, mit sich. Diesem Umstand müssen wir Rechnung tragen.

§ 2042. Diesem Gruppenwechsel hat man in dem speziellen Fall, bei dem man nur zwei Gruppen, nämlich die Elite und die nicht ausgewählte Klasse betrachtet, den Namen *Zirkulation der Eliten* gegeben.

§ 2043. Demzufolge müssen wir hauptsächlich auf die nachfolgenden beiden Momente achten: 1. Innerhalb ein und derselben Gruppe auf die Proportion zwischen der Gesamtheit der Gruppe und der Anzahl derer, die nur nominell zu ihr gehören, ohne die erforderlichen Eigenschaften für eine wirkliche Zugehörigkeit zu besitzen. 2. Bei den verschiedenen Gruppen auf die Art und Weise, mit denen die Gruppenübergänge Platz greifen, und auf die Intensität dieser Bewegung, d. h. die Zirkulationsgeschwindigkeit.

§ 2044. Es ist zu beachten, daß diese Zirkulationsgeschwindigkeit nicht nur absolut, sondern auch in bezug auf Angebot und Nachfrage gewisser Elemente betrachtet werden muß. Ein immer im Frieden lebendes Volk z. B. braucht wenig Krieger in der herrschenden Klasse, und deren Produktion kann dann überschüssig im Hinblick auf die Nachfrage sein. Es folgt ein Zustand ständiger Kriege; man braucht dann viele Krieger, und da die Produktion die gleiche geblieben ist, kann sie unzureichend für die Nachfrage werden. Notieren wir im Vorübergehen, daß dies eine der Ursachen für die Zerstörung vieler Eliten gewesen ist.

§ 2045. Ein anderes Beispiel. In einem Land, wo es wenig Industrie und Handel gibt, ist die Produktion von Menschen, die in hohem Grad die dafür erforderlichen Eigenschaften besitzen, überschüssig. Industrie und Handel entwickeln sich; da die Produktion solcher Menschen dieselbe bleibt, reicht sie nicht mehr für die Nachfrage aus.

§ 2046. Man darf nicht den juristischen Zustand mit dem tatsächlichen verwechseln. Nur der letztere besitzt nahezu ausschließlich Bedeutung für das gesellschaftliche Gleichgewicht. Es gibt äußerst zahlreiche Beispiele von Gesetzes wegen geschlossener Kasten, bei denen tatsächlich häufig zahlreiche Infiltrationen stattfinden. Was nützt es andererseits, wenn eine Kaste juristisch offen ist, aber die tatsächlichen Voraussetzungen für ihren Zutritt fehlen? Wenn jedermann, der reich wird, Zutritt zur herrschenden Klasse erlangt, jedoch keiner diese Voraussetzungen erfüllen kann, ist es genauso, als wenn diese Klasse geschlossen wäre, und wenn nur wenige Reichtum erwerben, ist es genauso, als wenn das Gesetz dem Zutritt zu dieser Klasse schwere Hindernisse in den Weg legte. Ein Phänomen dieser Art erkennt man gegen Ende des Römischen Imperiums. Wer reich geworden war, trat in den Stand der Kurialen ein; aber nur äußerst wenige wurden reich.

Theoretisch können wir äußerst viele Gruppen betrachten, in der Praxis müssen wir uns notwendigerweise auf die wichtigsten beschränken. Wir werden vermittels sukzessiver Annäherungen vorgehen, indem wir vom Einfachen zum Komplizierten fortschreiten.

§ 2047. *Die Ober- und die Unterschicht im allgemeinen.* – Das Mindeste, was wir tun können, ist die Einteilung der Gesellschaft in zwei Schichten, d. h. eine Oberschicht, in der sich üblicherweise die Herrschenden, und eine Unterschicht, in der sich die Beherrschten befinden. Diese Tatsache ist so offensichtlich, daß sie sich zu allen Zeiten sogar dem wenig erfahrenen Beobachter aufgedrängt hat[2], und ebenso offensichtlich ist die Zirkulation zwischen diesen beiden Schichten.

---

[2] Pareto betont besonders diese Beobachtung, die er schon einmal angeführt hatte in der Antwort auf die Kritik von Gaetano Mosca (1858 bis 1941), der ihn beschuldigt hatte, er habe, ohne zu zitieren, seine Theorie der „politischen Klasse“ aufgegriffen. Über den Streit Mosca-Pareto vgl. C. MONGARDINI, *Mosca, Pareto e Taine*, in „Cahiers V. Pareto“, 1965, Nr. 5, Neudruck in *L'epoca della società* (Rom, Bulzoni, 1970, und neueren Datums C. MONGARDINI, *Vilfredo Pareto dall'*

§ 2048. Die Veränderungen der Residuen von Klasse I und II[3], die in den sozialen Schichten erfolgen, sind sehr wichtig für die Determination des gesellschaftlichen Gleichgewichts. Die landläufige Beobachtung nimmt sie nur in einer speziellen Form wahr, d. h. in der Form von Veränderungen der sogenannten „religiösen" Gefühle in der Oberschicht. Man beobachtete, daß es Zeiten gab, in denen sie abnahmen, andere, in denen sie zunahmen, und daß diese Wellenbewegungen bemerkenswerten sozialen Veränderungen entsprachen. Man kann dieses Phänomen präziser beschreiben, indem man sagt, die Residuen der Klasse II nehmen in der Oberschicht allmählich ab, bis sie von aus der Unterschicht aufsteigenden Gezeiten wieder verstärkt werden.

§ 2050. Die protestantische Reformation im 16. Jahrhundert, die englische Revolution zur Zeit *Cromwells* und die Französische Revolution von 1789 sind Beispiele großer religiöser Aufwallungen, die aus den Unterklassen aufsteigen und den Skeptizismus der Oberklassen überschwemmen. In unserer Zeit haben wir das Beispiel der Vereinigten Staaten von Amerika, wo die Bewegung, durch die Menschen der Unterklassen nach oben gelangen, äußerst intensiv ist, und wo in der Bevölkerung demzufolge die Residuen der Klasse II große Kraft besitzen. Dort entstehen zahlreiche und im Gegensatz zu jedem wissenschaftlichen Gefühl stehende Religionen wie z. B. die *Christian science*, und es gibt hypokritische Gesetze, die eine dem europäischen Mittelalter ähnliche Moral aufzwingen sollen.

§ 2053. Die Eliten sind nicht von Dauer. Welches auch immer die Gründe dafür sein mögen, sie verschwinden unbestreitbar nach einer gewissen Zeit. Die Geschichte ist ein Friedhof von Eliten.

§ 2054. Sie verfallen nicht allein der Zahl, sondern auch der Qualität nach in dem Sinne, daß in ihnen die Energie abnimmt, und sich die Proportionen der Residuen wandeln, die ihnen zur Gewinnung und Behauptung der Macht dienten. Die herrschende Klasse wird nicht nur der Zahl nach, sondern, was wichtiger ist, der Qualität nach von den Familien erneuert, die aus den unteren Klassen kommen. Sie bringen die Energie und die notwendigen Proportionen von Residuen mit sich, um sich an der Macht zu halten. Auch wird die herrschende Klasse durch den Verlust ihrer dekadenteren Mitglieder erneuert.

§ 2055. Wo eine dieser Begegnungen oder schlimmer noch wo sie beide aufhören, geht die herrschende Klasse ihrem Ruin entgegen, der häufig auch denjenigen der ganzen Nation mit sich bringt. Die Anhäufung überlegener Elemente in den Unterklassen und umgekehrt inferiorer Elemente in den Oberklas-

economia alla sociologia (Rom, Bulzoni, 1973), mit einem unveröffentlichten Brief von G. Mosca, der den Streit beschließt.

[3] Vgl. S. 269.

sen bildet eine machtvolle Ursache zur Störung des gesellschaftlichen Gleichgewichts.

§ 2056. Durch die Zirkulation der Eliten befindet sich die herrschende Klasse in einem Zustand fortwährender und langsamer Transformation, die wie ein Strom dahingleitet, der heute anders ist, als er gestern war. Ab und an beobachtet man plötzliche und heftige Störungen wie das über die Ufer Treten eines Stromes, und danach beginnt die neue herrschende Klasse sich ihrerseits zu wandeln: der Strom, in sein Bett zurückgekehrt, fließt von neuem gleichmäßig dahin.

§ 2057. Die Revolutionen erfolgen, weil sich in den oberen Schichten, sei es wegen einer verlangsamten Elitenzirkulation, sei es aus anderen Gründen, dekadente Elemente ansammeln, die nicht mehr über die zur Behauptung der Macht tauglichen Residuen verfügen und vor dem Gebrauch der Gewalt zurückschrecken, während in den unteren Gesellschaftsschichten qualitativ überlegene Elemente heranwachsen, denen die für die Ausübung der Regierung tauglichen Residuen zur Verfügung stehen und die zur Gewaltanwendung geneigt sind.

§ 2058. In den Revolutionen werden im allgemeinen die Mitglieder der unteren Gesellschaftsschichten von einzelnen Angehörigen der oberen angeführt, weil diese über die nützlichen intellektuellen Qualitäten zur taktischen Kampfesführung verfügen, während sie gerade der von den Mitgliedern der unteren Schichten beigesteuerten kämpferischen Residuen ermangeln.

§ 2059. Heftige Veränderungen greifen eruptiv Platz, und deshalb folgt der Effekt nicht unmittelbar auf die Verursachung. Wenn eine herrschende Klasse oder eine Nation sich lange Zeit mit Gewalt an der Macht behauptet und sich bereichert haben, können sie noch eine Zeitlang ohne Gewalt fortbestehen, indem sie den Frieden gleichsam ihren Gegnern abkaufen und nicht nur mit Gold zahlen, sondern auch die Würde und den Respekt opfern, deren sie sich bis dahin erfreut hatten und die ein gewisses Kapital darstellen. In den ersten Stadien des Verfalls erhält man die Macht durch Konzessionen aufrecht, und es entsteht dann der Irrtum, man könne dies unbegrenzt weiter tun. So erkaufte das Römische Imperium zu Beginn der Verfallszeit den Frieden von den Barbaren mit Geld und Ehrungen; so konnte *Ludwig XVI.* von Frankreich, indem er in kürzester Zeit das überkommene Erbe an nahezu religiöser Liebe, Respekt und Verehrung für die Monarchie ständig zurückweichend verbrauchte, zum König der Revolution werden; so konnte die englische Aristokratie ihre Macht in der letzten Hälfte des 19. Jahrhunderts bis zur Morgenröte ihrer Dekadenz verlängern, die durch die *Parliament Bill* zu Beginn des 20. Jahrhunderts besiegelt wurde.

§ 2060. *Die Elemente*[4]. – Die Form der Gesellschaft wird durch alle Elemente determiniert, die auf sie einwirken, und wirkt ihrerseits wiederum auf diese Elemente ein. Deshalb kann man sagen, daß dabei eine wechselseitige Determination vor sich geht. Unter diesen Elementen können wir die folgenden Kategorien unterscheiden: 1. Boden, Klima, Flora, Fauna, geologische und mineralogische Bedingungen usw. 2. Andere für eine Gesellschaft zu einem gegebenen Zeitpunkt externe Elemente, d. h. die hinsichtlich des Raumes externen Einwirkungen anderer Gesellschaften auf sie, hinsichtlich der Zeit die externen Konsequenzen des vorausgegangen Zustandes dieser Gesellschaft. 3. Interne Elemente, zu denen hauptsächlich die Rasse, die Residuen (oder besser: die durch sie manifestierten Gefühle), die Neigungen, die Interessen, die Haltungen gegenüber rationalem Denken und Beobachtung, der Wissensstand usw. gehören. Hierher gehören auch die Derivationen.

§ 2061. Diese Elemente sind nicht unabhängig; ein Großteil von ihnen ist interdependent. Darüber hinaus muß man zu den fraglichen Elementen die Kräfte zählen, die sich der Auflösung und dem Ruin fortbestehender Gesellschaften entgegenstellen.

§ 2062. Um völlig die gesellschaftliche Form bestimmen zu können, wäre es notwendig, zuerst einmal alle diese äußerst zahlreichen Elemente zu kennen, dann zu wissen, wie sie wirken, und das in quantitativer Weise, d. h. es wäre notwendig, den Elementen und ihren Effekten Indizes zu geben, um schließlich alle Bedingungen aufzählen zu können, von denen die Form der Gesellschaft abhängt und die sich in quantitativer Weise in Gleichungen ausdrücken ließen. Diese müßten in gleicher Anzahl wie die gesuchten Unbekannten zur Verfügung stehen[5].

---

[4] Mit diesem Paragraphen beginnt das XII. Kapitel des *Trattato* mit dem Titel *Forma generale della società*.

[5] Es bliebe gleichwohl die praktische Schwierigkeit, diese Gleichungen zu lösen, die so groß ist, daß man sie wohl unüberwindlich nennen darf, wenn man das Problem in seiner ganzen Breite betrachtet. In meinem *Manuale*, III, § 217-218, habe ich diese Tatsache bereits für das ökonomische Phänomen hervorgehoben, das nur einen kleinen Teil des sozialen Phänomens darstellt. Vom Gesichtspunkt der vollständigen und generellen Lösung der Gleichgewichtslage also oder eines anderen analogen Problems, wäre die Kenntnis solcher Gleichungen zu nichts nutze. Hingegen wäre sie sehr nützlich für andere Spezialprobleme, wie dies bereits in der reinen Wirtschaftstheorie der Fall war, d. h. eine auch nur unvollkommene Kenntnis dieser Gleichungen würde uns dazu bringen, zumindest irgendeine Vorstellung von der Lösung folgender Probleme zu haben: 1. Die Erkenntnis gewisser Eigenschaften des sozialen Systems, wie wir schon gewisse Eigenschaften des ökonomischen System zu erkennen vermochten. 2. Die Erkenntnis der Variationen gewisser Elemente in der Nähe eines realen Punktes, für den wir ungefähr die Gleichungen kennen. Im Grunde sind das die Probleme, deren Lösung wir uns in diesem Kapitel vorgenommen haben. An die Stelle der präzisen Kenntnis der Gleichungen, deren wir ermangeln, setzen wir die Kenntnis, die wir über ihre Natur haben können und über die Beziehungen, die zwischen den Elementen des sozialen Systems bestehen.

§ 2063. Eine umfassende Erforschung der gesellschaftlichen Formen müßte zumindest den hauptsächlichen bestimmenden Elementen Rechnung tragen und einzig diejenigen hintanstellen, deren Wirken als akzessorisch betrachtet werden kann. Das ist aber gegenwärtig für die Formen der menschlichen Formationen der Tiere und Pflanzen und es ist deshalb erforderlich, sich lediglich auf die Erforschung eines Teils des vorliegenden Komplexes zu beschränken. Glücklicherweise für unser Studium wirken eine Reihe dieser Elemente auf die Neigungen und Gefühle der Menschen ein. Deshalb werden wir, wenn wir die Residuen betrachten, indirekt auch diesen Elementen Rechnung tragen.

§ 2064. Das Wirken der ersten Kategorie von Elementen, die wir im § 2060 aufführten, d. h. Boden, Klima usw., ist sicherlich sehr wichtig. Wir werden hier die direkte Erforschung des Wirkens dieser Elemente unterlassen, werden ihnen aber indirekt Rechnung tragen, indem wir die Residuen, Neigungen und Interessen den Menschen, die der Einwirkung dieser Elemente unterworfen sind, als Daten übernehmen.

§ 2065. Um noch weiter in der Ausräumung der bezeichneten Schwierigkeiten zu gehen, werden wir unsere Aussagen auf die Völker Europas und des Mittelmeerbeckens beschränken. So können wir auch die schweren und ungelösten Rassenprobleme beiseite lassen. Den Einwirkungen, die andere Völker auf eines der fraglichen ausüben, werden wir notwendigerweise Rechnung tragen müssen, da die verschiedenen Völker der in Betracht gezogenen Region niemals isoliert blieben. Aber die militärische, politische, intellektuelle, ökonomische usw. Macht, mit denen sich diese Einwirkungen manifestierten, hängen von Gefühls-, Wissens- und Interessen-Elementen ab, vermittels deren deshalb die erstgenannten Faktoren zumindest teilweise erkannt werden können.

§ 2066. Jedenfalls werden wir, ob die Anzahl der in Betracht gezogenen Elemente nun groß oder gering ist, unterstellen, daß sie ein System bilden, das wir *soziales System* nennen werden. Dessen Natur und Eigenschaften wollen wir jetzt untersuchen. Ein solches System verändert mit der Zeit Form und Charakter, und indem wir es soziales System nennen, beabsichtigen wir es sowohl in einem bestimmten Zeitpunkt als auch in den sukzessiven Transformationen zu betrachten, die es im Verlauf der Zeit erleidet.

§ 2067. *Der Gleichgewichtszustand.* – Zuerst müssen wir, wenn wir ein paar striktere Überlegungen anstellen wollen, den Zustand fixieren, in dem wir das soziale System betrachten wollen, dessen Form stets veränderlich ist. Der reale – statische oder dynamische – Zustand des Systems wird durch seine Bedingungen determiniert. Unterstellen wir, daß in seiner Form irgendeine Veränderung künstlich vorgenommen wird (virtuelle Bewegungen), so wird alsbald, wenn der realen Veränderung Rechnung getragen wird, eine Reaktion in dem Sinne erfolgen, daß die veränderte Lage auf ihren Ausgangszustand zurückgeführt wird. Wenn dies nicht der Fall sein würde, so wären diese Form und ihre realen Veränderungen nicht determiniert, sondern blieben der Macht des Zufalls unterworfen.

§ 2068. Wir können uns dieser Eigenschaften bedienen, um den Zustand zu definieren, den wir betrachten und den wir einmal mit dem Buchstaben X bezeichnen wollen. Wir werden dann sagen, daß es ein solcher Zustand ist, daß bei ihm, wenn man künstlich irgendeine Modifikation einführte, verschieden von den tatsächlichen, eine Reaktion stattfinden würde, die auf die Wiederherstellung des realen Zustandes tendierte. Damit wird der Zustand X strikt definiert.

§ 2079. *Die Ordnung des sozialen Systems.* – Das ökonomische System ist zusammengesetzt aus gewissen Molekülen, die von den Geschmacksrichtungen getrieben werden und den Fesseln unterworfen sind, die durch die Hindernisse für die Erlangung der ökonomischen Güter aufgerichtet werden. Das soziale System ist viel komplexer, und auch wenn wir es, ohne in allzu schwere Irrtümer zu verfallen, soweit als irgend möglich vereinfachen wollten, werden wir es zumindest betrachten müssen als ein Kompositum aus gewissen Molekülen, zu denen Residuen, Derivationen, Interessen und Neigungen gehören, und die, zahlreichen Fesseln unterworfen, logische und nichtlogische Handlungen vollführen.

§ 2080. Betrachten wir die Moleküle des sozialen Systems, d. h. die Individuen, in denen gewisse, durch Residuen manifestierte Gefühle vorhanden sind, die wir der Kürze halber einzig mit dem Namen Residuen bezeichnen werden.

§ 2081. Die Residuen manifestieren sich mit den Derivationen, die ein Anzeichen der Kräfte sind, die auf die sozialen Moleküle einwirken.

§ 2203. *Die interdependenten Zyklen.* – Lenken wir wieder unsere Aufmerksamkeit auf das Insgesamt der Elemente, von denen das gesellschaftliche Gleichgewicht abhängt. Da wir sie leider nicht alle auf einmal betrachten und strikt ihrer Interdependenz Rechnung tragen können, werden wir den früher aufgewiesenen Weg einschlagen und immer nur eine begrenzte Anzahl von Kategorien betrachten, wobei wir natürlich die bedeutsamsten auswählen, und dann allmählich unsere Untersuchung immer mehr ausweiten, um so viele Elemente wie möglich einzubeziehen.

§ 2204. Ein Element einer gegebenen Kategorie, sei es isoliert oder in Verbindung mit anderen derselben Gruppe, wirkt auf diejenigen anderer Kategorien ein. Wir werden seine Wirkung „direkt“ nennen, wenn wir sie getrennt von derjenigen anderer Elemente derselben Kategorie betrachten, hingegen „indirekt“, wenn sie kraft der Verbindung mit anderen Elementen derselben Kategorie hervorgerufen wird.

§ 2205. Wenden wir uns nunmehr der Betrachtung der Interdependenz der Kategorien zu. Der Kürze halber bezeichnen wir mit Buchstaben die folgenden Elemente: a = Residuen, b = Interessen, c = Derivationen, d = soziale Heterogenität und Zirkulation. Wenn wir die mathematische Logik anwenden könnten, würde sich die Interdependenz zwischen diesen Elementen durch Gleichungen ausdrücken lassen, aber da dies gegenwärtig nicht möglich ist, wollen wir unter Benützung der gewöhnlichen Sprache diese Interdependenz in anderer Form betrachten, d. h. in der von Aktionen und Reaktionen der einzelnen Elemente.

§ 2206. Wir werden demnach sagen: (I) a wirkt auf b, c, d; (II) b wirkt auf a, c, d; (III) c wirkt auf a, b, d; (IV) d wirkt auf a, b, c. Nach dem, was wir in dem vorausgegangenen Kapitel auseinandergesetzt haben, erkennt man, daß die Kombination I an der Gestaltung des sozialen Phänomens hervorragenden Anteil hat. Davon hatten vielleicht diejenigen eine entfernte und unvollkommene Vorstellung, die das Fundament der Gesellschaft in die Ethik verlegten. Darin ist auch das Körnchen Realität enthalten, das sich in den metaphysischen Doktrinen finden läßt, welche die Tatsachen durch die „Ideen" beherrschen lassen, da sich in diesen, wenn auch schlecht, die Residuen und die entsprechenden Gefühle widerspiegeln. Schließlich stellt diese Kombination auch die Kontinuität der Geschichte der menschlichen Gesellschaften sicher, da sich gerade die Kategorie a wenig oder nur langsam wandelt. Davon werden wir aber späterhin ausführlicher handeln. Die Kombination II liefert auch einen sehr bemerkenswerten Beitrag zur Gestaltung des sozialen Phänomens, auf den man die zuletzt für die Kombination I angestellte Betrachtung anwenden kann. Die Wichtigkeit der Kombination II wurde von den Anhängern des „historischen Materialismus" bemerkt, die übrigens in den Fehler des *pars pro toto* verfielen und die anderen Kombinationen vernachlässigten. Die Kombination III ist die am wenigsten wichtige. Das nicht gesehen zu haben, stempelt die Gedankengebäude der Humanitätsvorkämpfer, „Intellektuellen" und Anbeter der Göttin „Vernunft" als irrig, inkonkludent und eitel. Jedoch ist sie aus der Literatur bekannter als die anderen, weshalb man ihr eine angebliche Bedeutung beizumessen pflegt, die bei weitem ihre wirkliche überschreitet. Die Kombination IV ist von nicht geringer Wichtigkeit. Das haben bereits *Platon* und *Aristoteles*, von anderen antiken Autoren ganz zu schweigen, teilweise bemerkt. In der Gegenwart haben die Betrachtungen von *Lapouge* und *Hamon* sowie anderen, wenn sie auch unvollkommen und teilweise irrig sind, das große Verdienst gehabt, dieses äußerst wichtige Phänomen hervorzuheben, während seine Vernachlässigung die sogenannten demokratischen Theorien an der Wurzel verdirbt.

§ 2207. Man muß sich vergegenwärtigen, daß die Aktionen und Reaktionen in unbestimmter Weise aufeinander folgen wie in einem Kreis, d. h. man kann z. B. bei der Kombination I beginnen und zu IV gelangen, von dieser wiederum zu I. In der Kombination I wirkte das Element a auf d ein; bei IV das Element d auf a. Dann kehrt man wieder zur Kombination I zurück, bei der wiederum a auf d einwirkt usf. Deshalb läßt eine Veränderung von a kraft der Kombination I die anderen Elemente b, c, d sich wandeln. Nur um uns zu verständigen, werden wir diesen Variationen von a, b, c und d, die kraft der Kombination I erfolgt sind, den Namen „unmittelbare Wirkungen“ beilegen. Aber kraft der anderen Kombinationen lassen die Veränderungen von b, c und d auch a sich wandeln. Durch die Kreisbewegung, auf die wir hingewiesen haben, findet diese Variation in der Kombination I einen Widerhall und ruft neue Variationen von a, b, c und d hervor. Diesen werden wir, immer nur der besseren Verständigung wegen, den Namen „mittelbare Wirkungen“ beilegen. Zuweilen ist es erforderlich, zwei oder mehr Kombinationen zusammen zu betrachten. Weiter unten (§ 2343 f.) werden wir ein wichtiges Beispiel kennenlernen, bei dem wir wegen der Verschränkung der Wirkungen gezwungen sind, die Kombinationen II und IV gemeinsam zu untersuchen. Der konkrete Gleichgewichtszustand, den man in einer Gesellschaft beobachtet, ist die Folge aller dieser Wirkungen, aller dieser Aktionen und Reaktionen. Deshalb unterscheidet er sich von einem theoretischen Gleichgewichtszustand, den man bei der Inbetrachtziehung nur eines oder mehrerer der Elemente a, b, c und d erhält, während man sie tatsächlich alle zusammen in Betracht ziehen muß.

§ 2211. Die Derivationen üben keine oder nur eine geringe Wirkung auf die Residuen aus, nur eine geringe auf die Interessen und nur eine ein wenig größere auf die soziale Heterogenität d, weil in jeder Gesellschaft die Leute, die brav die Mächtigen zu loben wissen, in die herrschende Klasse eindringen können. *Schmoller* wäre vielleicht nicht zum Mitglied des Preußischen Herrenhauses ernannt worden, wenn er Liberaler gewesen wäre. Umgekehrt erlangen die englischen Liberalen die Gefälligkeiten der sogenannten „liberalen“ Regierung. Wir erhalten derart indirekte Wirkungen außerhalb der einzelnen Kategorien. Die Interessen b haben auf die Derivationen c eingewirkt, und diese üben nun ihre Wirkung auf die soziale Heterogenität d aus.

§ 2212. Bei der Kombination IV haben wir wiederum Effekte von großer Bedeutung. Wir finden sie nicht so sehr in der Wirkung der sozialen Heterogenität auf die Residuen, aus dem gewohnten Grund von deren geringer Variabilität, als vielmehr in ihrer Einwirkung auf die Interessen.

§ 2213. Überdies ist, wenn wir die Kombination IV im allgemeinen betrachten, die indirekte oder vermittelte Wirkung der Interessen auf die Residuen nicht zu übersehen und kann sogar, wenn sie über einen längeren Zeitraum hinweg erfolgt, bemerkenswert werden. In einer Nation, die sich ausschließlich durch die Sorge um ihre ökonomischen Interessen treiben läßt, werden diejenigen Gefühle emporgelobt, die den Kombinationen, und die unterdrückt, die der Persistenz der Aggregate entsprechen, so daß sich in diesen Klassen von Residuen die Arten und insbesondere die Formen wandeln, in denen sich die Residuen und demzufolge die Derivationen ausdrücken. Die Vollkommenheit wird in die Zukunft verlegt, anstatt in die Vergangenheit, die Gottheit Fortschritt läßt sich im Olymp nieder. Der Humanitätsgedanke triumphiert, weil sich die Interessen nunmehr besser mit Betrug als mit Gewalt wahren lassen. Es wird zum üblen Verfahren, Hindernisse zu umgehen, nicht mit Gewalt zu überwinden. Durch solche Praktiken wird auf die Dauer der Charakter der Menschen geschwächt und die Schläue in allen ihren Formen herrschend.

§ 2221. Die Geschichte zeigt uns, daß bei einer Veränderung der Proportionen der Residuen von Klasse I und II in der Elite die Bewegungen in einer Richtung nicht unbegrenzt fortfahren, sondern daß sie früher oder später von Bewegungen in umgekehrter Richtung abgelöst werden. Häufig resultieren solche Gegenbewegungen aus Kriegen wie im Fall der Eroberung von Griechenland durch Rom, da in Griechenland Überfluß an Residuen der Klasse I herrschte, während in Rom die der Klasse II in Fülle vorhanden waren. Häufig erfolgten auch die Gegenbewegungen gegen eine lange Zeit beobachtete Entwicklung durch innere Revolutionen. Hierfür liefert ein bemerkenswertes Beispiel die Ablösung der römischen Republik durch das Kaiserreich, die anfangs eine soziale Revolution war, die in großem Ausmaß die Proportion der Residuen in der herrschenden Klasse veränderte. Betrachtet man diese beiden Effekte zusammen, kann man generell und aufs Ganze gesehen sagen, daß dort, wo der eine nicht eintritt, der andere erfolgt. Es ist wie bei den reifen Früchten, die entweder von der Hand des Menschen gepflügt werden oder von Natur zu Boden fallen, in beiden Fällen aber sich vom Stamm lösen.

§ 2227. Unter den Effekten, die durch die Veränderung der Proportion der Residuen von Klasse I und II in der herrschenden Klasse erfolgen (§ 2221), muß man auf diejenigen achten, die deren Widerstand gegenüber der beherrschten Klasse schwächen können[6]. Um einen ersten Begriff von diesen wichtigen Phänomenen zu gewinnen, läßt sich feststellen, daß sehr aufs Ganze gesehen die herrschende Klasse und die beherrschte sich etwa gegenüberstehen wie zwei fremde Nationen. Das Vorherrschen von hauptsächlich industriellen und kommerziellen Interessen reichert die herrschende Klasse mit schlauen, gewitzten

[6] Häufig kommt es vor, daß sich die herrschende Klasse selber ihren Ruin bereitet. Sie nimmt gern Menschen auf, in denen die Residuen der Klasse I vorherrschen und die sich ökonomischen und finanziellen Tätigkeiten hingeben, weil solche Menschen den Wohlstand der herrschenden Klasse steigern. Zu Zeiten der absoluten Monarchie sorgten sie für den Luxus der Souveräne, heutzutage sorgen sie für den Luxus der Demokratie und häufig können sie dem ganzen Lande dienlich sein. Die ersten Effekte ihres Machtantritts sind deshalb nützlich für viele und verstärken die herrschende Klasse, aber dann allmählich wirken sie wie Nagewürmer, indem sie die herrschende Klasse an Elementen, die gut mit Residuen der Klasse II ausgestattet und zur Gewaltanwendung geeignet sind, verarmen lassen. So besorgten die „Spekulanten“ (§ 2235) in Frankreich zuerst den Triumph der absoluten Monarchie und dann ihren Ruin und heutzutage haben sie in zahlreichen Ländern zum Triumph des sogenannten „demokratischen“ Regimes, das man besser plutokratische Demagogie nennen könnte, beigetragen und stehen jetzt im Begriff, seinen Ruin herbeizuführen.

Menschen an, ausgerüstet mit vielen Kombinationsinstinkten, und läßt sie an charakterlich starken, stolzen Menschen verarmen, die ausgerüstet sind mit vielen Instinkten der Persistenz der Aggregate (§ 2178). Das kann auch aus anderen Gründen erfolgen, und wenn wir darüber generellere Überlegungen anstellen, d. h. die Kombination IV des § 2206 betrachten, werden wir sehen, daß die Macht der herrschenden Klasse, in der die Residuen der Klasse I bei weitem vorherrschen, wenn sie allein mit Schläue, List und Kombinationen regierte, sehr lange dauern würde und nur ein Ende fände, wenn sie sich aus Gründen seniler Rückenmarksschwäche von allein auflöste. Aber zum Regieren ist auch Gewalt vonnöten (§ 2176 ff.), und allmählich, wie in der herrschenden Klasse die Residuen der Klasse I anwachsen und die der Klasse II verschwinden, wird sie immer weniger zur Gewaltanwendung geeignet. Deshalb erhalten wir ein instabiles Gleichgewicht, und es erfolgen Revolutionen wie die des Protestantismus gegen die Vertreter der Renaissance oder des französischen Volkes im Jahre 1789 gegen seine herrschende Klasse. Diese Revolutionen haben durchschlagenden Erfolg aus Gründen, die teilweise denen analog sind, aus denen das rohe und unkultivierte Rom das zivilisierte und kultivierte Griechenland eroberte. Die Ausnahme, welche die Regel bestätigt, bildet Venedig, das eine lange Dauer seines politischen Regiments gewährleisten konnte, weil seine Aristokratie diese Gefühle der Persistenz der Aggregate zu bewahren wußte, die für den Gebrauch der Gewalt notwendig sind. Das Volk, in dem die Residuen der Klasse II vorwiegen, trägt sich in die herrschende Klasse hinein, sei es durch Infiltration (Zirkulation der Eliten), sei es stoßweise durch Revolutionen (§ 2343 ff.).

§ 2228. Bei den modernen ökonomisch fortgeschrittenen Völkern brauchen Industrie, Handel und auch Landwirtschaft beträchtliche Kapitalien. Überdies sind die Regierungen dieser Völker sehr kostspielig, weil sie mit List und den daraus folgenden Ausgaben die Kraft, die ihnen fehlt, ersetzen müssen. Sie siegen mit Gold, nicht mit Eisen. Deswegen brauchen diese Völker, wo sich mit immer steigender Intensität der Konjunkturzyklus abwickelt, sehr große Ersparnisse (§ 2317). Aber die Tugend des Sparens verträgt sich besser mit den Residuen der Klasse II als mit denen der Klasse I: unternehmungslustige Naturen, stets auf der Suche nach neuen Kombinationen, sparen wenig. Deshalb benötigt die größtenteils industrielle und kommerzielle herrschende Klasse eine Grundlage von andersgearteten, sparfreudigen Menschen. Wenn sie diese nicht im eigenen Lande findet, muß sie im Ausland danach suchen wie im Fall der Vereinigten Staaten von Amerika, die so großen Bedarf an europäischen Spargeldern haben. Die französische herrschende Klasse findet die benötigten Ersparnisse im eigenen Land, die dort reichlich angehäuft werden, hauptsächlich von Frauen, in denen noch die Residuen der Klasse II vorherrschen. Aber wenn die französischen Frauen den amerikanischen eines Tages ähnlich werden und sich dafür keine andere Kompensation ergibt, wird auch die Menge an Spargeldern, die Frankreich seiner herrschenden Klasse und anderen Ländern zur Verfügung stellt (§ 2312 ff.), sehr abnehmen.

§ 2229. Die europäischen „Intellektuellen" sind wie die chinesischen Mandarine die schlechtesten Herrscher. Der größere Anteil, den die Letzteren an der Leitung der öffentlichen Angelegenheiten im Gegensatz zu den erstgenannten gehabt haben, gehört zu den vielen Ursachen, aus denen sich das Schicksal der europäischen Völker ganz anders als das des chinesischen entwickelte, wie es auch eine der Ursachen ist, aus denen das japanische Volk, gelenkt von seinen feudalen Führern, an Macht bei weitem das chinesische übertroffen hat. Gewiß können die „Intellektuellen" von der Regierung auch dort ferngehalten werden, wo in der herrschenden Klasse die Residuen der Klasse I überwiegen, und das war das einzigartige Glück Venedigs. Aber im allgemeinen macht das Vorwiegen der Residuen der Klasse I die herrschende Klasse geneigt, sich im weitesten Maß der „Intellektuellen" zu bedienen, die hingegen von denjenigen zurückgestoßen werden, bei denen die Residuen der Klasse II, die „Vorurteile" vorherrschen, um es im Jargon unserer Humanitätsfreunde auszudrücken.

§ 2231. Man hat unter dem Namen Kapitalisten die Bezieher von Zins aus ihrem Vermögen und ihren Ersparnissen und die Unternehmer durcheinandergebracht und fährt damit fort, sie zu verwechseln. Das schadet der Erkenntnis der ökonomischen Phänomene sehr und noch mehr der der sozialen Phänomene. In der Tat besitzen diese beiden Kategorien von „Kapitalisten" häufig verschiedenartige Interessen, zuweilen sogar entgegengesetzte, die auch ,größtenteils im Widerspruch zu den Interessen der sogenannten „kapitalistischen" und „proletarischen" Klasse stehen. Vom ökonomischen Standpunkt aus ist es für den Unternehmer vorteilhaft, daß der Zins für Ersparnisse und anderes Kapital, die er in Dienst stellt, so gering als möglich sei. Es ist hingegen im Interesse der Sparer gelegen, daß er so hoch als möglich sei. Für den Unternehmer ist es vorteilhaft, wenn der Preis der Waren, die er produziert, in die Höhe geht, während ihn eine Preissteigerung anderer Güter wenig kümmert, wenn er eine Kompensation in den von seinen eigenen Gütern erzielten Profiten findet. Alle diese Preissteigerungen jedoch sind für den bloßen Sparer nachteilig. Seinen Gütern auferlegten Steuern schaden dem Unternehmer wenig, und zuweilen sind sie sogar für ihn von Vorteil, indem sie die Konkurrenz fernhalten. Sie schaden jedoch immer dem Verbraucher, der sein Einkommen aus der Verzinsung seiner Ersparnisse bezieht. Im allgemeinen kann der Unternehmer immer aus hohen Steuern resultierende Kostensteigerungen an den Verbraucher weitergeben, der einfache Sparer hingegen fast niemals. Ähnlich schadet die Steigerung der Löhne oftmals dem Unternehmer nur wenig, d. h. nur für die laufenden Kontrakte, während er sich mit einer Erhöhung seiner Güterpreise für die zukünftigen Arbeitskontrakte eine Kompensation schaffen kann, hingegen erleidet der einfache Sparer diese Preissteigerungen, ohne sich dafür gewöhnlich entschädigen zu können. Deshalb besitzen die Unternehmer und ihre Arbeiter in diesem Fall ein gemeinsames Interesse, das im Widerspruch zu dem der bloßen Besitzer von Ersparnissen steht. Man könnte dasselbe hinsichtlich der Unternehmer und Arbeiter der Industrien sagen, die sich eines Zollschutzes erfreuen. Der landwirtschaftliche Schutzzoll hat häufig konträre Effekte und deshalb wird er von den Industriearbeitern verworfen, die größtenteils impulsiv sind, während er von den Unternehmern, die viel umsichtiger sind, akzeptiert wird, da sie ihn als ein Mittel für die Aufrechterhaltung des industriellen Schutzzolls betrachten.

§ 2232. Keineswegs geringer sind die Kontraste unter sozialem Aspekt. Unter die Unternehmer reihen sich diejenigen ein, die den Instinkt der Kombinationen gut entwickelt haben, die unerläßliche Voraussetzung, um erfolgreich in diesem Beruf zu sein. Als einfache Besitzer von Ersparnissen verbleiben nur die, in denen die Residuen der Klasse II vorherrschen. Deshalb sind die Unternehmer im allgemeinen unternehmungslustige, neuerungssüchtige Leute sowohl auf ökonomischem wie sozialem Gebiet, so daß ihnen Veränderungen nicht mißfallen, aus denen sie Vorteil zu ziehen hoffen. Die einfachen Sparer hingegen sind oftmals ruhige, furchtsame Leute, die immer mit aufgestellten Ohren dasitzen wie ein Hase, die wenig hoffen und viel fürchten aus Veränderungen, denn sie wissen aus bitterer Erfahrung, daß sie fast immer die Kosten dafür zu tragen haben (§ 2316). Die Neigung zu einem abenteuerlichen und verschwenderischen Leben ebenso wie die zu einem ruhigen und sparsamen beruht großenteils auf Instinkten und nur sehr wenig auf vernünftigen Überlegungen. Es verhält sich mit ihnen ganz ähnlich wie mit den anderen Anlagen der Menschen wie z. B. dem Mut, der Feigheit, der Spielleidenschaft, der Lüsternheit, der Disposition für gewisse körperliche Übungen oder für gewisse intellektuelle Tätigkeiten usw. Alle diese Anlagen können durch äußere akzessorische Umstände etwas modifiziert werden, aber es gibt keinen Zweifel, daß es sich hauptsächlich um individuelle Charakterzüge handelt, auf die Vernunfterwägungen wenig oder gar keinen Einfluß besitzen. Durch sie einen Feigling in einen Mutigen, einen Unvorsorglichen in einen Vorsorgenden verwandeln, einen Spieler vom Spiel, einen Liederjahn von den Frauenzimmern abbringen oder ähnliche Effekte erzielen zu wollen, das wäre fast durchweg – man könnte auch sagen: immer – ein eitles Beginnen. Das kann man nicht bestreiten, indem man Statistiken ausgräbt, wie man es zum Zwecke des Beweises wollte, das Sparen sei eine wesentlich logische Handlung und seine Quantität werde hauptsächlich durch den Zins determiniert. In solchen Fällen können Statistiken von sehr komplexen Phänomenen, die man an die Stelle von direkten Beobachtungen einfacher Phänomene setzt, die man erkennen will, nur in die Irre führen. Alle Handlungen des Menschen, die ihren

Ursprung im Instinkt haben, können mehr oder weniger durch Vernunfterwägungen modifiziert werden, und die Versicherung wäre irrig, dies sei nicht auch für die Handlungen der Fall, die dem Spartrieb entspringen. Aber das hebt die Tatsache nicht auf, daß dieser Trieb den Hauptteil des Phänomens liefert, der nichtlogisch bleibt.

§ 2233. Die soeben hervorgehobenen Tatsachen ermöglichen es uns, eine allgemeinere Klassifikation aufzustellen, in der die vorausgegangene enthalten ist und deren wir uns öfters bedienen werden müssen, um die sozialen Phänomene zu erklären[7] (§ 2313 ff.). In eine Kategorie, die wir S nennen, wollen wir dabei die Personen stecken, deren Einkommen wesentlich variabel ist und von ihrer umsichtigen Gewandtheit im Auffinden von Verdienstquellen abhängt. In dieser Kategorie werden sich, wenn wir generell vorgehen und die Ausnahmen übergehen, gerade die Unternehmer befinden, von denen wir soeben gesprochen haben, zusammen mit den Aktionären von Industrie- und Handelsgesellschaften, aber nicht die Besitzer von Obligationen, die besser in der folgenden Kategorie untergebracht werden. Hier werden aber auch die Hauseigentümer in den Städten ihren Platz finden, wo Bodenspekulation getrieben wird, ebenso die Grundstückseigentümer unter der gleichen Voraussetzung, die Börsenspekulanten und die Bankiers, die an Staats-, Industrie- und Handelsanleihen verdienen. Nehmen wir noch alle Personen hinzu, die von diesen abhängen, d. h. Notare, Rechtsanwälte, Ingenieure, Politiker und die Arbeiter und Angestellten, die aus den eben bezeichneten Operationen Vorteil ziehen. Kurz, fassen wir alle Personen zusammen, die direkt oder indirekt aus Spekulationen Nutzen ziehen und mit verschiedenartigen Mitteln für die Steigerung ihres Einkommens sorgen, indem sie sich erfinderisch der Umstände bedienen.

§ 2234. In eine zweite Kategorie, die wir R nennen, wollen wir die Personen stecken, deren Einkommen fix oder nahezu fix ist, das deshalb wenig von erfindungsreichen Kombinationen, die man sich einfallen lassen könnte, abhängt. In dieser Kategorie werden sich, im großen und ganzen, die bloßen Besitzer von Sparkapitalien befinden, die sie auf Sparkassen oder Banken deponiert oder in Leibrenten angelegt haben, die Pensionäre, diejenigen, die ihr Einkommen hauptsächlich aus öffentlichen Schuldverschreibungen beziehen, aus Industrieobligationen oder anderen ähnlichen Wertpapieren mit fester Verzinsung. Ferner Hauseigentümer und Grundstücksbesitzer dort, wo es keine Bodenspekulation gibt, Bauern, Arbeiter und Angestellte, die von diesen Personen oder jedenfalls in beliebiger Weise nicht von Spekulanten abhängen. Kurz, wir fassen derart alle Personen zusammen, die weder direkt noch indirekt aus Spekulationen Vorteil

[7] Pareto verweist hier auf die in dem Essay *Rentiers und Spekulanten* enthaltenen ersten Andeutungen dieser Klassifizierung, den wir in dieser Anthologie wieder veröffentlicht haben.

ziehen und die entweder ein nahezu fixes oder zumindest wenig veränderliches Einkommen beziehen.

§ 2235. Zum einzigen Zweck, uns des Gebrauchs einfacher Buchstaben zu entledigen, legen wir den Personen der Kategorie S den Namen „Spekulanten" und den Personen der Kategorie R den Namen „Rentner" bei. Hinsichtlich dieser beiden Kategorien von Personen können wir ungefähr das wiederholen, was wir im vorausgehenden (§ 2231) von den einfachen Sparern und den Unternehmern gesagt haben, und werden zwischen ihnen analoge ökonomische und soziale Kontraste finden. In der ersten Kategorie herrschen die Residuen der Klasse I, in der zweiten die der Klasse II vor. Das läßt sich leicht einsehen. Wer eine bemerkenswerte Fähigkeit für ökonomische Kombinationen besitzt, begnügt sich nicht mit einem fixen, häufig sehr geringen Einkommen, er will mehr verdienen und rückt, wenn er günstige Umstände findet, in die erste Kategorie auf. Die beiden Kategorien erfüllen Aufgaben von verschiedener Nützlichkeit in der Gesellschaft. Die Kategorie S ist die hauptsächliche Ursache ökonomischen und sozialen Wandels und Fortschritts; die Kategorie R ist hingegen ein mächtiges Element der Stabilität, das in vielen Fällen die Gefahren der abenteuerlichen Bewegungen der Kategorie S aufhebt. Eine Gesellschaft, in der nahezu ausschließlich die Individuen der Kategorie R vorherrschen, verharrt immobil, wie kristallisiert. Eine Gesellschaft, in der die Individuen der Kategorie S vorherrschen, läßt es an Stabilität fehlen und befindet sich in einem instabilen Gleichgewichtszustand, der durch eine leichte, innere oder äußere Störung erschüttert werden kann.

Man darf die R nicht mit den „Konservativen", noch die S mit den „Fortschrittlern", den Neuerern oder Revolutionären verwechseln (§ 244). Es kann hier Berührungspunkte geben, aber es herrscht keine Identität. Es gibt Entwicklungen, Neuerungen und Revolutionen, die von den R unterstützt werden. Vor allem in großer Zahl die, die in die Oberklassen einige Residuen der Persistenz der Aggregate zurückbringen, die von den S zerstört worden waren. Auch kann eine Revolution gegen die S gemacht werden: beispielsweise die, durch die das Römische Reich gegründet wurde, auch die protestantische Reformation gehört teilweise hierher. Dann können die R, gerade weil in ihnen die Residuen der Persistenz der Aggregate vorherrschen, von diesen Gefühlen derart geblendet werden, daß sie gegen ihre eigenen Interessen handeln: sie lassen sich von dem, der an ihre Gefühle appelliert, mit Leichtigkeit handhaben und sind sehr häufig die Urheber ihres eigenen Untergangs gewesen. Wenn die Feudalherren, die sehr ausgesprochen über den Charakter der R verfügten, sich nicht hätten von einem Insgesamt von Gefühlen hinreißen lassen, von dem die religiöse Leidenschaft nur einen Teil bildete, hätten sie leicht begriffen, daß die Kreuzzüge sie ruinieren mußten. Wenn im 18. Jahrhundert der französische Adel, der von seinen Renten lebte, und der Teil der französischen Bourgeoisie, der sich in denselben Verhältnissen befand, nicht unter der Herrschaft humanitärer Gefühle gestanden hätten, so wären sie nicht Wegbereiter der Revolution geworden, die ihnen zum Verhängnis wurde. Von den Opfern der Guillotine hatte mehr als eines lange, geduldig und gescheit das Beil geschliffen, das ihm den Kopf abschlagen sollte. In unseren Tagen wandeln diejenigen R, die „Intellektuelle" genannt werden, auf den Spuren der französischen Aristokraten des 18. Jahrhunderts und arbeiten soviel wie möglich an dem Untergang ihrer eigenen Klasse (§ 2254).

Auch darf man die Kategorien R und S nicht mit denen verwechseln, die man hinsichtlich der ökonomischen Beschäftigungsraten (§ 1727) bilden kann. Hier finden wir abermals Berührungspunkte, aber keine volle Koinzidenz. Ein Einzelhändler gehört häufig in die Kategorie R. Ein Grossist kann auch hierher gehören, aber meistenteils befindet er sich in der Kategorie S. Zuweilen kann ein und dasselbe Unternehmen seinen Charakter im Laufe der Zeit verändern. Ein Individuum der Kategorie S gründet ein Unternehmen, das das Resultat glücklicher Spekulationen darstellt: wenn es schöne Profite abwirft oder abzuwerfen scheint, verwandelt er es in eine Aktiengesellschaft, zieht sich vom Geschäft zurück und geht in die Kategorie R über. Eine große Anzahl von Aktionären dieser Gesellschaft gehört auch zur Kategorie R: diejenigen, die beim Erwerb der Aktien sichere Werte gekauft zu haben glaubten. Erfüllt sich ihre Erwartung, verändert der Charakter des fraglichen Unternehmens sich auch und geht von der Kategorie S zu R über. Aber in vielen Fällen stellt sich als die beste Spekulation des Begründers des betreffenden Unternehmens dessen Umwandlung in eine Aktiengesellschaft heraus, die dann in Schwierigkeiten gerät, und dann zahlen die R die Zeche. Es gibt kein vorteilhafteres Geschäft, als die Unerfahrenheit, die Naivität und die Leidenschaften der R auszubeuten. In unseren Gesellschaften fließt der Reichtum vieler aus dieser Quelle[8].

---

[8] Viele Leute sind der Meinung, daß solche Tatsachen hinreichen, um unsere Gesellschaftsordnung zu verwerfen und sie für den größten Teil unserer Leiden haftbar zu machen. Andere glauben sie nur verteidigen zu können, wenn sie diese Tatsachen leugnen oder ihnen jede Bedeutung absprechen. Die einen wie die anderen haben Recht vom ethischen, Unrecht vom erfahrungsmäßigen Standpunkt des gesellschaftlichen Nutzens. Offensichtlich, wenn man es als Axiom hinstellt, daß die Menschen, was immer auch geschähe, gewisse Regeln befolgen *müssen*, folgt daraus mit Notwendigkeit, daß diejenigen, die sie nicht befolgen, *verworfen* werden müssen. Diese Überlegung, wenn man ihr logische Form verleihen will, hat zur Prämisse eine Behauptung derart, wie wir sie früher schon hervorhoben. Wenn man hinzufügt, daß die verurteilte Gesellschaftsordnung kurz und gut für die Gesellschaft schädlich sei, so muß man logisch auf derartige Prämissen zurückgreifen, die Moral und Nutzen miteinander vermengen (§ 1903 bis 1998). Räumt man demgegenüber derartige Prämissen ein und will nichtsdestoweniger unsere Gesellschaftsordnung verteidigen und billigen, so bleibt nur übrig, die Tatsachen zu leugnen oder sie wenigstens als unwichtig hinzustellen.
Die erfahrungsmäßige Betrachtung ist davon ganz und gar verschieden. Wer sie akzeptiert, räumt keine von der Erfahrung unabhängige Axiome ein und sieht sich deshalb folgerichtig mit der Notwendigkeit konfrontiert, die dem Schlußfolgern vorausgehenden Prämissen zu prüfen. Derart wird er

§ 2236. Die unterschiedlichen Proportionen der Kategorien S und R, aus denen sich jeweils die herrschende Klasse zusammensetzt, entsprechen verschiedenen Kulturtypen, und diese Proportionen gehören zu den Hauptmerkmalen, die bei der sozialen Heterogenität in Betracht gezogen werden müssen. Wenn wir z. B. unsere Aufmerksamkeit nochmals auf den kurz zuvor beschriebenen Zyklus (§ 2204 ff.) lenken, so können wir sagen, daß in den modernen demokratischen Ländern der Industrieprotektionismus die Proportionen der S in der herrschenden Klasse steigert. Aus dieser Steigerung folgt ein neues Anwachsen des Protektionismus, und das würde sich unbegrenzt fortsetzen, wenn nicht Kräfte erwüchsen, die sich dieser Bewegung entgegenstellten. Um diese Untersuchungen weiter zu verfolgen, brauchen wir aber außerdem noch das Studium anderer Phänomene.

§ 2237. *Das politische Regime.* – Unter den verschiedenen komplexen Phänomenen, die man in einer Gesellschaft beobachten kann, ist das politische Regime besonders wichtig, das eng mit der Natur der herrschenden Klasse verknüpft ist, wobei beide in interdependenter Beziehung zu anderen sozialen Phänomenen stehen.

§ 2238. Wie gewöhnlich hat man häufig seiner Form eine überragende Bedeutung beigemessen und darüber seine Substanz ziemlich vernachlässigt und hauptsächlich die Form betrachtet, in der sich die politischen Regime manifestieren. Auf der anderen Seite äußerte sich, besonders in Frankreich unter der Regierung *Napoleons III.*, und hauptsächlich bei den Nationalökonomen die Neigung, nicht nur geringen oder keinen Wert der Form des politischen Regimes, sondern seiner Substanz beizumessen. Auf diese Weise ging man von einem Extrem zum anderen über und stellte ausschließlich *politischen* Gesellschaftstheorien ausschließlich *ökonomische* gegenüber, zu denen auch der historische Materialismus

---

zur Anerkennung geführt, daß er sich zwei Phänomenen gegenüber sieht, die trotz ihrer Gemeinsamkeit nicht etwa gänzlich konvergieren, und daß man in jedem einzelnen Fall die Erfahrung fragen muß, ob es sich um eine Übereinstimmung oder eine Verschiedenheit handelt. Die geringste Reflexion genügt für die Einsicht, daß der, der gewisse Schlußfolgerungen akzeptiert, damit zugleich auch die Prämissen akzeptiert, mit denen sie unlöslich verknüpft sind. Aber die Macht des Gefühls und der Einfluß der üblichen Denkweise sind so stark, daß man gänzlich die Macht der Logik vernachlässigt und Schlußfolgerungen zieht, ohne sich um die Prämissen zu kehren, oder daß, noch schlimmer, diese als jeder Diskussion entzogene Axiome betrachtet werden. Diese Macht und dieser Einfluß haben auch zur Konsequenz, daß sich trotz unserer wiederholten Warnung immer wieder jemand finden wird, der in unsere Beobachtungen hinsichtlich der Kategorien R und S, über ihren streng begrenzten Sinn hinausgehend, alles das hineinlesen wird und alles für eine der Kategorien negativ Charakteristische als ihnen zur Last liegend interpretieren wird, indem er das Urteil impliziert, daß die Handlungen dieser Kategorien in ihrer Gesamtheit für die Gesellschaft schädlich und diese Klasse selber „verdammenswert“ seien. Alles das, was hingegen zu ihren Gunsten gesagt wurde, wird von solchen Leuten als Beweis aufgefaßt, daß diese Kategorie im allgemeinen für die Gesellschaft nützlich ist und sie selbst lobenswert. Wir haben weder die Möglichkeit, noch das geringste Verlangen, das Entstehen derartiger Interpretationen zu verhindern: uns genügt es, sie als eine Art von Derivationen zu notieren.

gehört, wobei man in den gewohnten Irrtum verfiel, die Interdependenz der sozialen Phänomene zu vernachlässigen (§ 2061 ff.).

§ 2239. Das Studium der Formen der politischen Regime gehört zu den speziellen Unterdisziplinen der Soziologie. Hier beschäftigen wir uns nur damit, ihre Substanz zu erforschen, die von Derivationen verdeckt ist, die Beziehungen der verschiedenartigen Zusammensetzung der herrschenden Klasse zu den anderen sozialen Phänomenen zu studieren.

§ 2240. In diesem wie in anderen ähnlichen Fällen seit den ersten Schritten unserer Untersuchungen stoßen wir auf das Hindernis der Terminologie. Das ist natürlich, weil die objektiven Untersuchungen, die wir anstellen wollen, einer objektiven Terminologie bedürfen, während für die üblicherweise angestellten subjektiven Überlegungen eine subjektive Terminologie, d. h. die der Umgangssprache, erforderlich ist. Zum Beispiel anerkennt heutzutage jedermann, daß die „Demokratie" das politische Regime aller zivilisierten Völker zu werden neigt. Aber was ist die präzise Bedeutung dieses Terminus „Demokratie"? Er ist noch unbestimmter als der höchst unbestimmte Terminus „Religion". Es ist deshalb erforderlich, daß wir ihn beiseite lassen und uns an das Studium der Tatsachen machen, die er verhüllt.

§ 2241. Schauen wir uns also die Tatsachen an. Zuerst haben wir eine ausgesprochene Tendenz bei den modernen zivilisierten Völkern, eine Regierungsform anzuwenden, bei der die Macht, Gesetze zu machen, größtenteils einer zumindest von einem Teil der Bürger gewählten Versammlung zukommt. Man kann noch hinzufügen, daß es eine Neigung gibt, diese Macht zu steigern und die Zahl der Bürger zu vermehren, die diese Versammlung wählen.

§ 2243. Diesen Formen, die fast bei allen zivilisierten Völkern gleich sind, unterliegt eine große substantielle Verschiedenheit und man gibt unähnlichen Dingen ähnliche Namen. Wir sehen z. B., daß die Macht der legislativen Versammlung sich von einem Maximum bis zu einem Minimum erstrecken kann.

§ 2244. Halten wir uns nicht mit der Fiktion der „Volksvertretung" auf, taubes Korn liefert kein Mehl. Gehen wir vielmehr weiter und sehen wir zu, welche Substanz sich hinter den verschiedenen Formen der Macht der herrschenden Klasse befindet. Von Ausnahmen abgesehen, die zahlenmäßig nur geringfügig und wenig dauerhaft sind, gibt es überall eine herrschende Klasse von geringem Umfang, die sich teilweise mit Gewalt und teilweise durch den Konsensus der beherrschten Klasse, die zahlenmäßig viel größer ist, an der Macht hält. Die hauptsächlichen Unterschiede beruhen in folgenden: hinsichtlich der Substanz in den Proportionen zwischen Gewalt und Konsensus, hinsichtlich der Form in der Art, wie man Gewalt anwendet und wie man den Konsensus erreicht.

§ 2247. Schon viele Male sind wir zufällig auf die Beobachtung gestoßen, daß die Handlungen der Regierungen um so wirksamer sind, je besser sie sich der vorhandenen Residuen zu bedienen wissen (§ 1843), hingegen um so weniger wirksam, je unwissender sie darüber sind, generell unwirksam und eitel, wenn sie danach streben, die vorhandenen Residuen heftig zu verändern. Tatsächlich laufen alle Überlegungen darüber, warum gewisse Handlungen der Regierungen von Erfolg gekrönt werden oder umgekehrt zum Mißerfolg führen, auf die Bestätigung dieses Prinzips hinaus.

§ 2249. Sich der in einer Gesellschaft existierenden Gefühle zu bedienen, um einen bestimmten Zweck zu erreichen, ist in sich selbst weder nützlich noch schädlich für die Gesellschaft. Der Nutzen und der Schaden hängen von dem Zweck ab. Wenn dieser der Gesellschaft dienlich ist, ist es nützlich, wenn er ihr schadet, ist es schädlich. Noch kann man sagen, daß das Vorgehen der herrschenden Klasse, wenn sie einen Zweck verfolgt, der für sie vorteilhaft ist, ohne sich darum zu kümmern, was er für die unterworfene Klasse bedeutet, für die letztere zwangsläufig einen Schaden bedeutet. Weil nämlich die Fälle äußerst zahlreich sind, in denen die herrschende Klasse, ausschließlich ihr eigenes Wohl verfolgend, obendrein das Wohl der beherrschten Klasse bewirkt. Kurz, die Benutzung der in einer Gesellschaft vorhandenen Residuen ist lediglich ein Mittel, und ihr Wert besteht in dem Wert des Ergebnisses, zu dem sie führt.

§ 2250. Neben den Residuen muß man als Regierungsinstrument die Interessen nennen, und zuweilen vermögen sie den einzigen Weg zur Modifikation der ersteren zu öffnen. Darüber hinaus müssen wir hervorheben, daß die Interessen allein, nicht verhüllt von Gefühlen, zwar ein machtvolles Mittel darstellen, um auf diejenigen einzuwirken, in denen die Residuen der Klasse I vorherrschen und mithin auf viele Mitglieder der herrschenden Klasse, aber daß sie für sich allein, ohne die Gefühle, wenig wirksam sind, auf diejenigen einzuwirken, in denen die Residuen der Klasse II vorherrschen, und mithin auf die Mehrzahl der Mitglieder der beherrschten Klasse. Sehr verallgemeinert läßt sich sagen, daß die herrschende Klasse ihre eigenen Interessen erkennt, weil sie über weniger dichte Gefühlsschleier verfügt, daß die beherrschte Klasse hingegen sie weniger gut erkennt, weil für sie die Gefühlsverhüllungen viel dichter sind. Daraus folgt, daß die herrschende Klasse die beherrschte hinters Licht führen und sie dazu bringen kann, die Interessen der herrschenden Klasse zu besorgen, die überdies nicht notwendigerweise denen der beherrschten Klasse entgegengesetzt sind, sondern die häufig zueinander passen, so daß die Täuschung zum Vorteil der beherrschten Klasse selbst ausschlägt.

§ 2251. Durch die Geschichte hindurch treten Konsensus und Gewalt als Regierungsinstrumente in Erscheinung. Wir begegnen ihnen bereits in den Legenden der Ilias und der Odyssee, um die Macht der griechischen Könige sicher zu stellen, und können sie auch in den Legenden der römischen Könige erkennen. In der darauffolgenden historischen Epoche Roms sind sie in der Republik ebenso am Werk wie unter dem Prinzipat. Auch ist es noch gar nicht erwiesen, daß die Regierung des *Augustus* einen geringeren Konsensus der beherrschten Klasse erreichte, als die verschiedenen Regierungen gegen Ende der Republik. Im weiteren historischen Verlauf bei den Barbarenkönigen und den Staaten des Mittelalters bis zu den Königen von Gottes Gnaden vor zwei oder drei Jahrhunderten und schließlich den modernen Demokratien, immer haben wir es mit diesem Gemisch von Gewalt und Konsensus zu tun.

§ 2252. Auf dieselbe Weise, wie die Derivationen viel variabler sind als die Residuen, die sie ausdrücken, sind die Formen, unter denen Gewaltanwendung und Konsensus in Erscheinung treten, viel variabler, als die Gefühle und Interessen, aus denen sie entspringen. Die verschiedenen Proportionen der Gewaltanwendung und des Konsensus entspringen dabei großenteils aus den verschiedenen Proportionen von Gefühlen und Interessen.

§ 2253. Eine herrschende Klasse findet man überall, auch dort, wo es einen Despoten gibt, aber die Formen, unter denen sie in Erscheinung tritt, sind sehr mannigfaltig. Bei den absolutistischen Regierungen steht allein ein Souverän auf der Bühne, bei den sogenannten demokratischen Regierungen ein Parlament. Aber hinter den Kulissen stehen jene, die einen großen Anteil an der effektiven Regierung besitzen. Gewiß müssen sie ab und an ihren Kopf vor den Launen des Souveräns oder des Parlaments beugen, ignorant und gewalttätig wie diese nun einmal sind, aber alsbald kehren sie zu ihrer schweigsamen, geduldigen, niemals endenden Arbeit zurück, deren Wirksamkeit sehr viel weitreichender ist. Unsere modernen Plutokraten achten, ebenso wie es schon die Plutokraten am Ende der römischen Republik taten, vor allem darauf, Geld zu scheffeln, sei es für den eigenen Vorteil, sei es, um die begierigen Hände ihrer Gefolgsleute und Komplizen zu füllen, und machen sich darüber hinaus um wenig oder nichts Gedanken. Unter den Derivationen, die sie gebrauchen, um die Nützlichkeit ihrer Macht für die Nation zu erweisen, ist die bemerkenswert, die versichert, das Volk könne viel besser die allgemeinen Fragen als die speziellen beurteilen. In Wirklichkeit ist es genau umgekehrt. Es genügt, ein bißchen mit wenig gebildeten Personen zu diskutieren, um zu erkennen, daß sie viel besser die speziellen Fragen verstehen, die gewöhnlich konkret sind, als die allgemeinen, die üblicherweise abstrakt sind. Aber die abstrakten Fragen genießen bei den Herrschenden den Vorzug, die es verstehen, aus jeder Lösung, die das Volk immer vorschlagen mag, die Konsequenzen zu ziehen, die sie wünschen.

§ 2254. Die herrschende Klasse ist nicht homogen. Sie besitzt selbst eine Regierung, d. h. eine engere Gruppe, einen Führer oder einen Ausschuß, die effektiv und praktisch herrschen. Zuweilen ist diese Tatsache schwerwiegend wie bei den Ephoren in Sparta, dem Rat der Zehn in Venedig, den ministeriellen Favoriten eines absoluten Souveräns oder den parlamentarischen „Bossen“. In anderen Fällen ist sie teilweise verborgen wie beim *Caucuts* in England, den „Konventionen“ in den USA, den maßgeblichen Cliquen von „Spekulanten“ in Frankreich und Italien usw. Die Neigung, Abstraktionen zu personifizieren oder ihnen auch nur eine objektive Existenz zuzuschreiben, bewirkt, daß viele Menschen sich die herrschende Klasse *quasi* wie eine Person oder zumindest wie eine konkrete Einheit vorstellen und voraussetzen, sie habe einen einzigen Willen und vermöchte dank logischer Maßnahmen die gefaßten Pläne zum Erfolg zu führen. So stellen sich viele Antisemiten die Juden vor, viele Sozialisten die Bourgeoisie, während andere, die sich mehr der Realität annähern, in der Bourgeoisie eine gesellschaftliche Ordnung erblicken, die teilweise wirkt, ohne daß sich dessen die Bürger bewußt wären. Die herrschenden Klassen vollführen ebenso wie andere Kollektive logische und nichtlogische Handlungen, und die Hauptsache ist dabei die gesellschaftliche Ordnung, nicht der bewußte Wille von Individuen, die vielmehr in gewissen Fällen von der Gesellschaftsordnung dorthin gebracht werden können, wohin sie ihr bewußter Wille niemals geführt hätte. Wenn wir von den „Spekulanten“ sprachen, darf man sie sich nicht wie Figuren aus einem Melodrama vorstellen, die mit finsteren Künsten, indem sie ihre ruchlosen Pläne ins Werk setzen, die Welt regieren und beherrschen. Diese Vorstellung besäße keine größere Realität als eine mythologische Fabel. Die „Spekulanten“ sind Menschen, die sich einfach um ihre Angelegenheiten kümmern und sie, angefüllt von mächtigen Residuen der Klasse I, zum Gelderwerb zu nutzen suchen, wobei sie den Weg des geringsten Widerstandes einschlagen, wie es schließlich alle Menschen tun. Sie verfügen über keine Versammlungen, um über die gemeinsamen Pläne zu beraten, noch führen sie auf andere Weise Beratungen darüber durch. Vielmehr erfolgt die Übereinstimmung spontan, weil, wenn es unter bestimmten Umständen einen Weg des größeren Nutzens und des geringeren Widerstandes gibt, die Mehrheit derer, die ihn suchen, ihn auch finden wird, so daß es, wenn jeder ihn für eigene Rechnung einschlägt, scheinen kann, obschon dies in Wirklichkeit nicht der Fall ist, sie verfolgten ihn aus gemeinsamer Übereinkunft. Aber in anderen Fällen kann es auch geschehen, daß ihr Wollen, während sie von den Kräften der Gesellschaftsordnung, an der sie Teil haben, getrieben werden, widerspenstig sein wird, und sie widerwillig den Weg, den ihre Gesellschaftsordnung ihnen weist, verfolgen werden. Vor fünfzig Jahren waren die „Spekulanten“ vollständig in Unkenntnis über den gegenwärtigen Zustand, zu dem sie ihr Wirken gebracht hat. Der verfolgte Weg ist die Resultante einer unendlichen Anzahl kleiner Handlungen, jede determiniert durch den gegenwärtigen Vorteil, und wie es bei allen sozialen Phänomenen der Fall ist, bildet sie die Resultante gewisser Kräfte, die inmitten bestimmter Bindeglieder und Hindernisse am Werke sind. Wenn wir z. B. sagen, daß die „Spekulanten“ gegenwärtig mit steigenden öffentlichen Ausgaben den Krieg vorbereiten, wollen wir damit nicht im geringsten versichern, sie täten das absichtlich. Ganz im Gegenteil. Sie bereiten den Krieg mit immer steigenden öffentlichen Ausgaben vor und fachen ökonomische Konflikte an, weil sie darin einen unmittelbaren Vorteil suchen. Aber dieser Grund, obschon er gewichtig ist, ist dennoch nicht der hauptsächliche, es gibt noch einen anderen von größerer Bedeutung, nämlich die Ausnützung der in der Bevölkerung vorhandenen patriotischen Gefühle als Regierungsinstrument. Überdies stehen die „Spekulanten" der verschiedenen Länder in einem Konkurrenzverhältnis zueinander und bedienen sich der Rüstungen, um Konzessionen von ihren Rivalen zu erhalten. Es existieren noch andere, ähnliche Ursachen, und alle treiben sie zur Rüstungssteigerung, ohne daß dies aus einem vorgefaßten Plan erfolgte. Auf der anderen Seite erkennen die, in denen ein Überfluß an Residuen der Klasse I vorhanden ist, intuitiv, ohne daß sie dafür rationale Überlegungen oder Theorien brauchten, daß unter den möglichen Fällen, wenn ein großer und furchtbarer Krieg ausbräche, auch der eintreten könnte, daß sie ihren Posten für die Männer, in denen ein Überfluß an Residuen der Klasse II herrscht, frei machen müßten. Deswegen sind sie aus demselben Instinkt, der den Hirsch vor dem Löwen fliehen läßt, Gegner eines solchen Krieges, während sie gern kleine Kolonialkriege akzeptieren, die sie ohne irgendwelche Gefahr für sich selbst führen können. Aus ihren derart beschaffenen Interessen und Gefühlen und nicht aus absichtsvollem und vorgefaßtem Willen folgt ihr Wirken, das sie deshalb letztlich dorthin führen kann, wohin sie streben, aber es konnte sie auch dorthin bringen, wohin sie niemals gewollt hätten. Es könnte eines Tages der vorbereitete und nicht gewollte Krieg ausbrechen, der die Konsequenz des Wirkens der „Spekulanten" in der Vergangenheit sein wird, aber nicht Folge ihres Wollens. Ähnlich bereiteten die „Spekulanten" des antiken Roms den Fall der Republik und die Machtergreifung von *Cäsar* und *Augustus* vor, aber ohne zu wissen, daß sie sich auf diesen Weg begaben, und ohne im geringsten zu diesem Ziel gelangen zu wollen.

§ 2257. Die herrschende Klasse benutzt, um ihre Macht aufrechtzuerhalten, Menschen aus der beherrschten Klasse, die man in zwei Kategorien einteilen kann, entsprechend den beiden Hauptinstrumenten für die Aufrechterhaltung der Macht (§ 2251), d. h. eine Kategorie, die Gewalt anwendet, wie z. B. Soldaten, Polizisten, die *bravi* der vergangenen Jahrhunderte, während die andere kunstvoll den Konsensus herbeizuführen sucht und von der Klientel der römischen Politiker bis zu unseren zeitgenössischen Politikern reicht. Diese beiden Kategorien fehlen nie, aber sie stehen nicht immer in den gleichen realen und noch weniger den gleichen scheinbaren Proportionen zueinander. Das Rom der Prätorianer bezeichnet den einen Grenzfall, wo das hauptsächliche reale kaiserliche Herrschaftsinstrument und noch mehr das scheinbare die bewaffneten Streitkräfte bildete; die Vereinigten Staaten von Amerika bezeichnen den anderen Grenzfall, wo die politischen Klüngel in Wirklichkeit das hauptsächliche und in geringerem Maße das scheinbare Herrschaftsinstrument darstellen. Diese wirken mit verschiedenen Mitteln[9]. Das hauptsächliche ist dabei das am wenigsten offenkundige, nämlich daß die Regierung sich um die Interessen der „Spekulanten" kümmert, häufig ohne daß irgendein ausdrückliches Einverständnis zwischen ihnen besteht. Beispielsweise genießt eine protektionistische Regierung das Vertrauen und die Unterstützung der begünstigten Industriellen, ohne daß sie dafür ausdrückliche Übereinkünfte mit allen von ihnen brauchte, obschon irgendeine Art Übereinkunft mit den hauptsächlichen bestehen kann. Ähnlich ist der Fall bei den öffentlichen Arbeiten. Übrigens wird die Übereinkunft mit den großen Unternehmern zur Regel. Ferner gibt es bekanntere Mittel, weniger bedeutend unter sozialem Aspekt, die hingegen vom ethischen Standpunkt aus für viel bedeutender gehalten werden und zu denen heutzutage die politische Korruption der Wähler[10], der Gewählten, der Journalisten und andere Arten von Korruption[11] gehören. Hier sind zu nennen unter den absolutistischen Regierungen die Korruption der Höflinge, Favoriten, Favoritinnen, Regierungsmitglieder, Generale usw., Erscheinungen die auch heutzutage nicht völlig verschwunden sind. Solche Mittel wurden zu allen Zeiten angewandt, seit dem antiken Athen und der römischen Republik bis auf den heutigen Tag, aber sie sind gerade die Folge der Regierung einer Klasse, die sich mit Schläue bei der Lenkung eines Landes durchsetzt. Deshalb sind die unzähligen Versuche, den Gebrauch dieses Mittels zu unterdrücken, auch stets fehlgeschlagen: man kann die Quecke jäten so viel man will, sie wird immer wieder üppig wuchern, wenn die Wurzel unversehrt bleibt. Unsere Demokratien in Frankreich, Italien, England und den Vereinigten Staaten neigen immer mehr dazu, demagogische Plutokratien zu werden, und werden sich auf diese Weise vielleicht einer radikalen Transformation nähern, ähnlich solchen, die man schon in der Vergangenheit beobachten konnte.

§ 2258. Mit wenigen Ausnahmen, wozu hauptsächlich die Ehren zählen, die eine Regierung zu gewähren vermag (§ 2257), sind Kosten erforderlich, um

---

[9] Eine Untersuchung dieser Mittel vom technischen Standpunkt aus in bezug auf ihre Wirksamkeit und ihre Kosten, ohne ethische Abschweifungen. Suche nach „Heilmitteln" oder Predigten, die ebenso nutzlos sind wie die, durch die man die Reblaus bewegen wollte, nicht die Weinberge zu verwüsten, ist noch nicht vorhanden. Wir können uns hier nicht damit befassen. Der Leser wird wertvolle Bemerkungen hinsichtlich der angelsächsischen Gemeinschaften finden in dem klassischen Werk von *Ostrogorski: La démocratie et les partis politiques*, Paris 1912, und hinsichtlich Italiens in dem ausgezeichneten Buch von *Edoardo Giretti: I trivellatori della nazione*.

[10] Nicht alle werden mit Geld ins Werk gesetzt. Die ökonomischsten bestehen in der Einräumung von Ehrenämtern und Auszeichnungen, die zuweilen sogar Geld abwerfen, das man dann wieder für Korruption in anderer Weise benutzen kann.

[11] Die Korruption der Polizei in New York ist teilweise die Folge dessen, daß man törichterweise die Tugend durch das Gesetz erzwingen will.

sowohl die Unterstützung von bewaffneten Kräften, als auch von politischen „Maschinen“ sicherzustellen. Es genügt deshalb nicht, diese Mittel anwenden zu wollen, sondern man muß es auch können. Dieses Vermögen steht in Verbindung zur ökonomischen Produktion, und diese Produktion selbst ist nicht unabhängig von der Art und Weise, in der die bewaffneten Kräfte und die politische Gefolgschaft eingesetzt werden (§ 2268). Analytisch kann man sagen, daß in vielen Fällen die bewaffneten Kräfte weniger kosten als die politischen „Maschinen“. Aber es kann sein, daß in gewissen Fällen die letzteren für die ökonomische Produktion günstiger sind, und dem muß man in der Synthese Rechnung tragen (§ 2268).

§ 2259. Die Entwicklung zur „Demokratie“ scheint in enger Korrelation mit dem vermehrten Einsatz desjenigen Regierungsinstruments zu stehen, das auf Kunstgriffe und die politische „Maschine“ zurückgreift, im Gegensatz zur Anwendung von Gewalt. Das kann man schon am Ende der römischen Republik erkennen, wo es gerade einen Widerstreit zwischen diesen beiden Mitteln gab, und schließlich gewann im Kaiserreich endgültig die Gewalt die Oberhand. Das erkennt man auch noch besser in der Gegenwart, in der man das Regime vieler „demokratischer“ Länder größtenteils als einen ökonomischen Feudalismus (§ 1714) definieren könnte, wo man als Regierungsinstrument hauptsächlich den kunstvollen Einsatz der politischen „Maschinen“ betreibt, während man beim mittelalterlichen Feudalismus hauptsächlich die Gewalt der Vasallen benutzte. Ein Regime, bei dem das „Volk“ seinen „Willen“ ausdrückt – vorausgesetzt, aber nicht eingeräumt, es habe einen –, ohne politische „Maschine“, Intrigen und Cliquen, existiert allein als frommer Wunsch von Theoretikern. In der Realität aber kann man es weder in der Vergangenheit noch in der Gegenwart, weder in unseren europäischen Ländern noch sonstwo beobachten.

§ 2260. Diese bereits vielfach bemerkten Erscheinungen pflegt man als ein Ausarten, eine „Degeneration“ der „Demokratie“ zu beschreiben. Aber wann und wo man jemals den vollkommenen oder zumindest guten Zustand erblickt hat, von dem sie ausgeartet oder „degeneriert“ seien, hat noch niemand zu sagen gewußt. Man kann nur beobachten, daß die Demokratie, als sie noch eine Oppositionspartei bildete, nicht so viele Makel wie heutzutage besaß, aber das ist eine gemeinsame Eigenschaft fast aller Oppositionsparteien, denen es zum Schlechtmachen wenn nicht am Willen, so doch zumindest am Können gebricht.

§ 2263. Die Menschen, die vermittels politischen und finanziellen Betrugs große Gewinne machen, kann man in zwei Kategorien einteilen. Die erste besteht aus denen, die nur etwas weniger ausgeben, als sie gewinnen. Sie bedienen sich häufig dieses Umstandes, um zu verkünden, daß die politischen und finanziellen Betrügereien ihnen nichts eingebracht hätten, weil sie nicht reich geworden seien. Die zweite Kategorie besteht aus denen, die aus ihren Gewinnen nicht allein soviel, wie für den Ersatz ihrer ungeheuren Unkosten erforderlich war, herausholen konnten, sondern sich auch noch ein Vermögen zu schaffen vermochten. Diese beiden Kategorien bilden die neuen Männer, von denen die modernen Nationen regiert werden, während diejenigen aus der herrschenden Klasse verschwinden, die über ein ererbtes Vermögen verfügen. Selten werden die Betrügereien gewisser „Spekulanten" entdeckt und schlagen zum Nachteil ihrer Initiatoren aus. Aber die Gefaßten bilden eine verschwindend kleine Anzahl derer, die solche Betrügereien vollführen, während die Mehrheit jeder Strafe oder jedem Tadel entgeht, und sie, sei ihre Zahl gering oder auch groß, erwerben große Reichtümer, hohe Ehren und regieren den Staat. Deshalb erscheint diese Ordnung den umsichtigen Politikern wie eine große Lotterie, bei der es beträchtliche, geringere oder auch Gewinne von sehr kleinem Umfang gibt, und bei der leider auch das Berufsrisiko besteht, daß man erwischt wird. Aber letztlich ist dieses Risiko nicht größer als das, Schaden und Unglück wie in den meisten anderen Berufen auch zu treffen.

§ 2264. Zuweilen ist der Kaufmann, der Konkurs macht, ehrenvoller als der, der es zu Reichtum bringt. Ähnlich ist es häufig bei den Politikern so, daß die erwischten zu den weniger Schuldigen gehören. Es kann sie bloß Mißgeschick getroffen oder sie können es nur an Talent, Energie, Beherztheit zu der Schlechtigkeit, die sie hätte retten können, haben fehlen lassen. Die Menschen, sagt *Machiavelli*, „verstehen es nur sehr selten, ganz schlecht oder ganz gut zu sein", und in diesen Schlachten der Politiker retten sich häufig die Schlechtesten. Es ist komisch, wenn man sie hinterher die weniger Schlechten im Namen der Tugend und der Moral richten und verurteilen sieht. Das läßt einem den Ausspruch des *Diogenes* einfallen, der, „als er eines Tages gewisse Beamte einen Schatzmeister (ins Gefängnis) führen sah, der eine Phiale gestohlen hatte, sagte: Die großen Diebe führen den kleinen (in den Kerker)".

Gewiß wenn die Gerechtigkeit im Grundsatz „Jedem das Seine" besteht, sind viele dieser Verurteilungen nicht „gerecht", weil die Schuldigen mehr bekommen haben, als ihnen zukam.

§ 2265. Kleine Länder wie die Schweiz, mit einer sehr ehrenhaften Bevölkerung, können außerhalb dieser Strömung bleiben, die alle die großen zivilisierten Länder überschwemmt und die schlammig aus der Vergangenheit in die Gegenwart dahinfließt.

§ 2267. Wenn wir alle diese Tatsachen ein wenig mit Abstand betrachten und sie soviel als möglich aus den Fesseln sektiererischer Leidenschaften und nationaler, parteimäßiger, perfektionistischer, idealistischer und anderer Vorurteile befreien, erkennen wir, daß die Herrschenden, wie auch immer die Regierungsform beschaffen sei, im Durchschnitt eine gewisse Neigung bezeigen, ihre Macht dazu zu benützen, um sich im Sattel zu halten, und sie zu mißbrauchen, um besondere Vorteile und Gewinne zu erlangen, ja daß sie zuweilen nicht einmal gut unterscheiden zwischen ihren eigenen Gewinnen und den Vorteilen ihrer Partei und daß sie sie zudem fast stets mit den Vorteilen und den Gewinnen der ganzen Nation verwechseln. Daraus folgt: 1. Von diesem Standpunkt aus gibt es keinen großen Unterschied zwischen den verschiedenen Regierungsformen. Die Unterschiede bestehen vielmehr in der Substanz, d. h. in den Gefühlen der Bevölkerung: wo sie überwiegend (oder in geringerem Maße) ehrenhaft ist, findet man auch eine überwiegend (oder in geringerem Maße) ehrenhafte Regierung. 2. Gebrauch und Mißbrauch der Macht werden um so ausgedehnter sein, je größer die Einmischung des Staates in die privaten Angelegenheiten ist. Wenn die Ausbeutungsmöglichkeiten wachsen, wächst auch das, was sich dabei herausholen läßt. In den Vereinigten Staaten von Amerika, in denen man die Moral durch Gesetz aufzwingen will[12], kann man große Mißbräuche erblicken, die dort fehlen, wo es diesen Versuch nicht gibt oder wo er sich in viel geringeren Proportionen bewegt. 3. Die herrschende Klasse eignet sich die Habe anderer an, nicht nur für den eigenen Gebrauch, sondern auch um daran Menschen der beherrschten Klasse teilhaben zu lassen, die sie verteidigen und ihre Macht mit Waffengewalt oder Schläue sichern helfen, ganz so wie in der Antike die Klientel dem Patron Hilfe leistete. 4. In den meisten Fällen sind weder die Patrone noch ihre Gefolgsleute sich voll ihrer Überschreitungen der Regeln der in ihrer Gesellschaft existierenden Moral bewußt, und wenn sie ihrer gewahr werden, entschuldigen sie das leicht, indem sie entweder behaupten, letztlich würden andere dasselbe machen, oder durch den fadenscheinigen Vorwand, daß der Zweck die Mittel heilige. Kann doch für sie der Zweck, die eigene Macht zu behaupten, nicht anders als großartig sein, und so verwechseln ihn zahlreiche von ihnen guten Glaubens mit der Rettung des Vaterlandes. Es gibt aber auch Menschen unter ihnen, die glauben, sie verteidigten die Ehrlichkeit, die Moral, das öffentliche Wohl, während ihr Wirken vielmehr die üblen Künste derer verbirgt, die danach streben, ganz einfach Geld zu machen. 5. Die Regierungsmaschine verbraucht auf jede Weise eine bestimmte Menge Reichtum, die nicht nur in Beziehung steht zur Gesamtmenge an ökonomischen Gütern, die den Privatpersonen gehören, in deren Angelegenheiten sich die Regierung einmischt, sondern auch zu den von der herrschenden Klasse benützten Mitteln, um sich an der Macht zu halten, und deshalb zu den Proportionen der Residuen von Klasse I und II in dem herrschenden und dem beherrschten Teil der Bevölkerung.

§ 2268. Wir wollen jetzt die verschiedenen Parteien innerhalb der herrschenden Klasse betrachten. In jeder von ihnen können wir drei Kategorien un-

[12] Die Korruption der Polizei in New York ist teilweise die Folge dessen, daß man törichterweise die Tugend durch das Gesetz erzwingen will.

terscheiden, nämlich: A. Menschen, die entschlossen ideale Ziele anstreben, die streng gewisse Regeln für ihr Verhalten befolgen; B. Menschen, die als Lebenszweck ihr eigenes Wohl und das ihrer Gefolgsleute betreiben. Sie zerfallen wiederum in zwei Unterklassen, d. h. B *a)* Menschen, die sich mit dem Genuß der Macht und den erlangten Ehren zufrieden geben und die ihren Gefolgsleuten die materiellen Glücksgüter überlassen, und: B *b)* Menschen, die für sich und ihre Gefolgsleute materielle Güter zu erwerben trachten, vor allem natürlich Geld. Diejenigen, die einer Partei wohlwollend gegenüberstehen, nennen die A dieser Partei „Ehrenmänner" und bewundern sie. Diejenigen hingegen, die dieser Partei feindlich gegenüberstehen, nennen sie Fanatiker oder Sektierer und hassen sie. Die B *a* werden im allgemeinen von den Wohlwollenden als Ehrenmänner betrachtet, hinsichtlich ihrer Ehrenhaftigkeit mit Gleichgültigkeit dagegen von ihren Feinden. Die B *b* werden, wenn man ihr wahres Sein entdeckt, von allen als „unehrlich" bezeichnet; aber ihre Freunde sorgen dafür, daß dies nicht herauskommt, und um das zu erreichen, sind sie sogar fähig, das Licht der Sonne zu leugnen. Gewöhnlich kosten die B a ihr Land viel mehr als die B *b*, da sie mit ihrem Firnis von Ehrenhaftigkeit jede direkte Operation, andere Menschen ihres Hab und Gutes zu berauben, möglich machen, um dadurch ihre politischen Anhänger zu erfreuen. Wir müssen noch hinzufügen, daß sich unter den B a auch zahlreiche verbergen, die zwar nichts für sich selbst nehmen, aber die dafür sorgen, daß ihre Familie reich wird. Die Proportion der angeführten Kategorien hängt dabei großenteils von der Proportion der Residuen von Klasse I und II ab. In den A herrschen bei weitem die Residuen der Klasse II vor, und deshalb können sie, gemäß dem Standpunkt, von dem aus man sie betrachtet, „Ehrenmänner", „Fanatiker" oder „Sektierer" genannt werden. In den B herrschen die Residuen der Klasse I vor, und deshalb sind sie besser zum Regieren geeignet. Wenn sie an die Macht gelangen, sind die A für sie ein Ballast, der abgesehen davon dazu dient, der Partei eine gewisse Tünche von Ehrenhaftigkeit zu verleihen, aber für diesen Zweck taugen sehr viel mehr die B *a*, die eine nicht im Überfluß vorhandene und von den Parteien äußerst gesuchte Ware darstellen (§ 2300). Die Proportionen der Residuen von Klasse I und II in der Gefolgschaft, den Mitgliedern der Partei, die nicht an der Regierung teilhaben, und deren Wählern, entsprechen, ohne etwa identisch zu sein, denjenigen im herrschenden Teil, im Generalstab. Nur eine Partei, wo die Residuen der Klasse II im Überfluß vorhanden sind, kann viele Menschen aus der Kategorie A hinzuwählen, aber sie wählt vielmehr, ohne sich dessen bewußt zu sein, weitere aus der Kategorie B, da diese gerissen, umsichtig, Meister in der Kunst der Kombination sind und leicht die naiven Wähler, in denen ein großer Überfluß an Residuen der Klasse II besteht, in die Irre führen. In unseren politischen Systemen muß man die Parteien in zwei große Klassen einteilen, d. h. I. Parteien, die sich beim Regieren abwechseln;

wenn eine an der Regierung ist, ist die andere in der Opposition; II. intransigente Parteien, die nicht an die Regierung gelangen. Daraus folgt, nach allem was wir festgestellt haben, daß es in den Parteien I ein Minimum von A und ein Maximum von B gibt und umgekehrt bei den Parteien II. Das drückt man mit anderen Worten aus, wenn man sagt, daß die Parteien, die nicht an die Regierung kommen, häufig ehrenhafter, aber andererseits fanatischer und sektiererischer als die an die Regierung gelangenden sind. Das ist der Sinn der französischen Redewendung, daß die Republik schön war unter dem Zweiten Kaiserreich. Diese Tatsache hängt wesentlich ab von der jeweiligen politischen und gesellschaftlichen Ordnung. Bei den Parteien, die an die Regierung gelangen, wird eine erste Auswahl bei den Wahlen getroffen. Von wenigen Ausnahmen abgesehen, die nicht sehr zahlreich sind, wird man nicht Abgeordneter, wenn man nicht bezahlt, indem man Regierungsvergünstigungen konzediert und noch mehr davon verspricht. Das konstituiert ein Netz, das nur sehr wenige A hindurchläßt. Diejenigen, die sehr dem Typ der A nahekommen, sind die sehr reichen Kandidaten, die sich ein Abgeordnetenmandat, das für sie einen Luxus darstellt, kaufen können. Es hört sich seltsam an, ist aber dennoch wahr, daß diese nach den A die ehrenhaftesten Politiker sind. Heutzutage gibt es davon nur noch wenige, weil die für den Kauf der Wähler aufzubringenden Unkosten enorm sind. Wer das aber mit eigenem Geld tut, will hinterher durch Gewinne kompensiert werden, wer das jedoch nicht kann oder nicht tun will, lädt die Kosten dafür in Gestalt von Konzessionen und Begünstigungen vielerlei Art der Regierung auf. Darin ist der Wettbewerb groß, und es kommen dabei nur die Männer nach oben, in denen ein Überfluß an Kombinationsinstinkten (Residuen der Klasse I) vorhanden ist. Eine zweite und noch strengere Auswahl wird unter den Abgeordneten getroffen, die Minister werden. Die für ein Abgeordnetenmandat Kandidierenden müssen den Wählern Versprechungen machen, die für ein Ministeramt Kandidierenden müssen den Abgeordneten Versprechungen machen und Vertrauen einflößen, daß sie deren Wohl und das ihrer politischen Gefolgsleute besorgen werden. Die Naiven glauben, daß es dafür genügt, nicht ehrenhaft zu sein; sie täuschen sich. Es bedarf dazu seltener Gaben der Umsicht und der Wendigkeit in jeder Art von Kombination.

§ 2269. Wir können nicht ohne eine Vorstellung von den ökonomischen Resultaten der verschiedenen Regierungssysteme auskommen (§ 2258).

§ 2273. Häufig können wir in der sogenannten Finanzwissenschaft zwei Arten von Derivationen erkennen: 1. Derivationen, die darauf abzielen, Folgerungen aus bestimmten ethischen oder gefühlsmäßigen Prinzipien zu ziehen, und die sich oftmals sehr weit von der Realität entfernen. 2. Derivationen, die darauf abzielen, Resultate, zu denen man auf einem ganz anderen Wege gelangt ist, mit einer theoretischen Tünche zu umgeben. Mit diesen gelangt man zu Schlußfolgerungen, die mit der Realität übereinstimmen, aber nur deshalb, weil sie schon vorher festgelegt wurden. Wenn man nur auf die Tatsachen blickt, erkennt man bald, daß die Regierungen sich bemühen, alles aus den Steuerzahlern herauszuholen, was sie können, und sich davon niemals dadurch abhalten zu lassen, daß sie etwa keine zu befriedigenden „Bedürfnisse" dafür besäßen. Den einzigen Einhalt gebietet der Widerstand der Steuerzahler. Die praktische Wissenschaft eines Finanzministers besteht deshalb nicht darin, Beweise aus theoretischen Voraussetzungen und Konsequenzen aus Prinzipien zu suchen, sondern in dem Auffinden von Möglichkeiten, jenen Widerstand zu besiegen, die Gans zu rupfen, ohne daß sie allzu sehr schnattert. Diese Wissenschaft oder Kunst, wenn man sie so nennen will, ist in unserer Zeit sehr vervollkommnet worden, und in den Ministerien verschiedener Länder haben sich jetzt aus Tradition gewisse Normen stabilisiert, die es möglich machen, Geld zu zapfen, indem man sich entlang der Linie des geringsten Widerstandes bewegt.

An den dafür erforderlichen Derivationen haben die Regierungen niemals Mangel, und sie finden immer Theoretiker, die sich in ihren Dienst stellen, um sie damit zu versorgen. Man sollte jedoch nicht vergessen, daß die Derivationen die Folge der Regierungspolitik sind und niemals die Politik der Regierungen etwa Folge der Derivationen.

§ 2299. Wir beschäftigen uns jetzt mit den ökonomischen und sozialen Verhältnissen der zivilisierten westlichen Völker vom Beginn des 19. Jahrhunderts bis zur Gegenwart. Die wichtigsten Kombinationen (§ 2206) sind dabei II (die Interessen wirken auf die Residuen usw. ein) und IV (die soziale Heterogenität und Zirkulation wirkt auf die Residuen usw. ein). Tatsächlich, wenn wir zuerst den wichtigsten Teil des Phänomens ins Auge fassen, kann man in erster Annäherung einen beschränkten Zyklus betrachten, in dem die Interessen (b) auf die Zirkulation der Eliten (d) einwirken und dann umgekehrt die Zirkulation der Eliten auf die Interessen. Es wäre schwierig, vielleicht unmöglich, diese beiden Teile des Zyklus voneinander zu separieren, so daß es besser ist, ihn in seiner Gesamtheit zu betrachten.

§ 2300. Wer in wenigen Worten den Unterschied zwischen dem sozialen Zustand vor der französischen Revolution (M) und dem gegenwärtigen (N) aufzeigen wollte, müßte sagen, er beruhe hauptsächlich in einem Überwiegen der ökonomischen Interessen und in einer viel stärkeren Intensität der Zirkulation der Eliten. Heutzutage ist die Außenpolitik der verschiedenen Länder fast ausschließlich ökonomisch bestimmt (§ 2328), und ihre Innenpolitik erschöpft sich nahezu in ökonomischen Konflikten. Andererseits sind, ausgenommen wenige Beschränkungen in Deutschland und Österreich, nicht allein alle Hindernisse für die Zirkulation der Eliten verschwunden, sondern diese hat sich sogar dank der ökonomischen Prosperität intensiviert. Heutzutage gelingt es fast allen, die in hohem Maße über Residuen der Klasse I (Instinkt der Kombinationen) verfügen und die ihr Talent in der Kunst, der Industrie, der Landwirtschaft, dem Handel, bei der Gründung – ehrenhafter oder unehrenhafter – Finanzunternehmen anzuwenden wissen, im Betrügen der braven Sparer, bei der Erlangung von Lizenzen für die Ausbeutung der weniger gewandten Mitbürger, dank der offiziellen Politik, den Schutzzollmaßnahmen und anderen staatlichen Begünstigungen jeder Art, wenn das Schicksal ihnen nicht gerade besonders zuwider ist, sich nicht allein zu bereichern, sondern auch Ehrungen und Macht zu erlangen, kurz zur herrschenden Klasse zu gehören. Deren Führer, mit wenigen Ausnahmen wie teilweise in Deutschland, sind Männer, die am besten den ökonomischen Interessen der herrschenden Klasse zu dienen wissen. Zuweilen lassen sie sich direkt mit Geld bezahlen, zuweilen indirekt durch Geld, das ihre Familienmitglieder oder ihre Freunde kassieren, zuweilen begnügen sie sich auch allein mit der Macht und den Ehren, die ihre Stellung mit sich bringt, und überlassen das Geld ihren Gefolgsleuten. Diese letzte Kategorie von Menschen ist die bei weitem gesuchteste für die Regierung des Landes. In der Tat werden gegen diese Personen die Pfeile der Opposition gerichtet, die sich, um von dem braven Volk verstanden zu werden, der Sprache der Derivationen bedienen muß und die auf der Lauer liegt, irgendeine giftige Anklage von „Immoralität" zu entlocken, um sie gegen ihre Gegner zu schleudern. Dank dieser Kunst wird ein Politiker, der sich allzu naiv ein paar tausend Mark angeeignet hat, leicht aus dem Sattel geschleudert, falls die Hilfe derer, die von ihm Wohltaten empfangen, ihn nicht davor zu bewahren vermag. Während der Politiker, der nichts für sich nimmt, aber auf Kosten der Öffentlichkeit Geschenke in Höhe von mehreren Millionen oder noch mehr an seine Gefolgschaft leistet, die Macht bewahrt und an gutem Ruf und Ehren zunimmt.

§ 2301. Die gegenwärtige Zirkulation der Eliten bringt also in die herrschende Klasse viele Personen, die Reichtum zerstören, aber noch mehr solche, die welchen erzeugen. Den allerbesten Beweis dafür, daß das Wirken der letzteren das der ersteren überwiegt, besitzen wir in der ökonomischen Prosperität der zivilisierten westlichen Nationen, die enorm angewachsen ist.

§ 2302. In Perioden rasch steigender ökonomischer Prosperität ist das Regieren viel leichter als in Depressionsperioden.

§ 2303. Es wäre leicht, viele Tatsachen dieser Art für die Gegenwart anzuführen, noch wäre es schwierig, analoge Fälle für die Vergangenheit zu finden. Es ist eine landläufige Feststellung, daß in der Vergangenheit schlechte Ernten und Hungersnöte Übellaunigkeit in den beherrschten Klassen hervorriefen und sie leicht bis zur Revolte trieben. Aber auch in uns näher gelegenen Zeiten waren z. B. schlechte Ernten und Hungersnot bei der Entstehung der französischen Revolution keine fremde Erscheinung. Man kann unmöglich zugestehen, daß ein so häufiges Zusammentreffen bloßer Zufall sei. Offensichtlich muß irgendeine Beziehung bestehen zwischen den Phänomenen, die man dieser Art zusammentreffen sieht. Diese Schlußfolgerung wird durch die Analyse bestätigt, die uns die Natur dieser Beziehung erkennen lassen wird.

§ 2305. Dafür ist es notwendig, wie wir bereits feststellten (§ 2299), daß wir besonders den begrenzten Zyklus betrachten, bei dem b auf d (die Interessen auf die Zirkulation der Eliten) einwirkt und umgekehrt. In wenigen Worten läßt sich sagen, daß die modernen Regierungen, wenn sie, um sich im Sattel zu halten, immer weniger Gewalt und immer mehr kostspielige Kunstgriffe anwenden, ein sehr großes Bedürfnis haben, daß ökonomische Prosperität die Folge ihres Wirkens sei, und daß sie darüber hinaus viel mehr die Schwankungen der ökonomischen Prosperität zu spüren bekommen. Gewiß gerieten auch die Regierungen, die hauptsächlich Gewalt anwendeten, in Gefahr, wenn das Elend sich grausam bemerkbar machte, weil dann der eigenen Gewalt sich eine größere, Produkt der Verzweiflung, entgegenstellte. Aber sie befanden sich in Sicherheit, solange die veränderten ökonomischen Verhältnisse nicht bis an diese Grenze gestoßen waren. Hingegen findet jede, auch nicht schwerwiegende, Veränderung ihren Widerhall in der komplexen und veränderlichen politischen Ordnung von solchen Regierungen, die sich hauptsächlich der kostspieligen Kunst ökonomischer Maßnahmen anvertrauen. Um die beherrschten Klassen bis zum Aufruhr zu treiben, bedurfte es unter den Regierungen, die sich hauptsächlich auf die Gewalt verließen, viel größerer ökonomischer Leiden als die, die nur in ungünstigen Wahlen für eine sich hauptsächlich auf wirtschaftliche Maßnahmen verlassende Regierung ausschlagen können. Deshalb begreift man leicht, wie die ökonomischen Wechsellagen, die wir unterschieden und die nicht bis an die Grenze des Elends stoßen, wenn sie unter Regierungen erfolgen, die sich hauptsächlich auf die Gewalt verlassen, größtenteils mit sozialen und ökonomischen Zuständen zusammenfallen, die sich wenig von denen unterschieden hätten, die man tatsächlich bei Regierungen beobachten kann, die hauptsächlich zur Kunst ökonomischer Kombinationen ihre Zuflucht nehmen.

§ 2306. Die heutigen Regierungen pflegen, um die für sie unerläßlichen Kombinationen betreiben zu können, größere Ausgaben in der Gegenwart zu machen, als die laufenden Einnahmen betragen, und schöpfen die Differenz aus manifestem oder geheimem Schuldenmachen, das es ihnen erlaubt, heute den Vorteil der Ausgaben zu genießen, deren Belastung sie der Zukunft aufbürden. Diese Zukunft entfernt sich immer weiter, je rascher die ökonomische Prosperität wächst, da dank ihrer das Steueraufkommen ohne neue Belastungen ansteigt, und die künftigen Überschüsse des Staatshaushaltes können zumindest teilweise für den Ausgleich der Defizite der Vergangenheit sorgen. Unsere neuzeitlichen Regierungen haben sich allmählich an diesen Zustand gewöhnt, der für sie so bequem und nützlich ist, und diskontieren jetzt regelmäßig die zukünftigen Haushaltsüberschüsse für die laufenden gegenwärtigen Ausgaben. Das geschieht in vielen Ländern auf unterschiedliche Weise, wobei der spezielle oder „außerordentliche“ Haushalt bemerkenswert ist, der parallel zum „ordentlichen“ Haushalt eingerichtet wird, das Figurieren neuer Schulden unter den Einnahmen des Staates, ferner das Fingieren gewisser staatlicher Körperschaften als gesonderte Schuldner für von ihnen getätigte Ausgaben und schließlich das Figurierenlassen solcher Summen als Kredite des Staates, der zu gleicher Zeit Gläubiger und Schuldner wird, indem auf diese Weise Ausgaben auf die Aktivseite des Staatshaushalts rücken, die auf der Passivseite aufgeführt werden müßten. Wenn man dann durch derartige oder andere Kunstgriffe ein reales Defizit in einen fiktiven Haushaltsüberschuß verwandelt hat, werden wohlbezahlte Journalisten beauftragt, den Leuten die frohe Neuigkeit von dem guten Zustand der öffentlichen Finanzen kundzutun, und wenn irgend jemand Zweifel über derartige Rechenkunststücke verlauten läßt, klagt man ihn an, „das Land in Mißkredit zu bringen“.

§ 2307. Dieses Verfahren erzeugt in den Perioden raschen Wachstums der ökonomischen Prosperität keine großen Schwierigkeiten. Die natürliche Steigerung des Steueraufkommens deckt die Gaunereien der Vergangenheit, und man überläßt es der Zukunft, die der Gegenwart zu sanieren. Aber die Schwierigkeiten treten in den Stagnationsperioden auf, und sie würden sehr viel größer werden, wenn eine etwas längere Periode des Konjunkturabschwungs einträte. Unsere Gesellschaftsordnung ist gegenwärtig derart beschaffen, daß vielleicht keine Regierung in einer solchen Periode unversehrt bleiben könnte, und daß dann gewaltige Katastrophen von sehr viel größerer Intensität als die uns aus der Geschichte bekannten eintreten würden.

§ 2310. Wir sind jetzt in der Lage, unsere in den §§ 2231 ff. begonnenen Studien zu vervollständigen. Die Perioden rascher Steigerung der ökonomischen Prosperität sind für die „Spekulanten“ günstig, die sich bereichern und in die herrschende Klasse aufsteigen, wenn sie nicht bereits zu ihr gehören. Solche Perioden sind hingegen ungünstig für die „Rentner“, die zurückfallen, sei es infolge der natürlichen Preissteigerung, sei es, weil sie nicht mit den „Spekulanten“ darin konkurrieren können, sich die Gunst der Öffentlichkeit und der Politiker zu sichern. Umgekehrte Effekte treten in den Stagnationsperioden ein. Alles das versteht sich selbstverständlich nur in sehr allgemeiner Weise, weil beträchtliche Einzelheiten des Phänomens unterschiedlich sein können.

§ 2311. Daraus folgt, daß beim Überwiegen von Perioden rascher Steigerung der ökonomischen Prosperität über Stagnationsperioden die herrschende Klasse sich immer mehr mit „Spekulanten“ anreichert, die in sie mächtige Residuen der Klasse I hineintragen (§ 2178 ff.), und immer ärmer an „Rentnern“

wird, die im allgemeinen über kräftigere Residuen der Klasse II verfügen. Solcher Wandel in der Zusammensetzung der herrschenden Klasse ruft den Effekt hervor, die Völker immer mehr auf ökonomische Unternehmen hinzulenken und die ökonomische Prosperität solange wachsen zu lassen, bis neue Kräfte auftreten, um dieser Bewegung Einhalt zu gebieten (§ 2221 ff.). Das Gegenteil tritt bei Stagnationsperioden ein oder schlimmer noch beim ökonomischen Verfall. Beispiele für die erstgenannten Erscheinungen findet man bei den modernen zivilisierten Völkern, Beispiele für die zweitgenannten Phänomene bei den Völkern des Mittelmeerraumes zur Zeit des Niedergangs des Römischen Reiches bis zu den Einfällen der Barbaren und bis ins Mittelalter hinein. Solche Effekte auf die Zusammensetzung der herrschenden Klasse sind nicht die einzigen, die man in den bezeichneten ökonomischen Perioden beobachten kann. Andere werden wir weiter unten behandeln (§ 2343 ff.).

§ 2312. In den zivilisierten menschlichen Gesellschaften erfüllen die Sparer (§ 2228) eine Aufgabe von größter Wichtigkeit. Sie ähneln den Bienen, die den Honig in den Bienenstöcken sammeln, und dieser Vergleich erstreckt sich sogar so weit, daß man von ihnen häufig sagen kann: *Sic vos non vobis mellificatis, apes.* Man übertreibt nicht, wenn man behauptet, daß die Kultur eines Volkes in direkter Beziehung zu der Menge an Ersparnissen steht, über die es verfügt oder die es in der Produktion nutzt. Wenn die ökonomische Prosperität ansteigt, wächst auch die Menge an Ersparnissen, die in der Produktion eingesetzt wird. Wenn die ökonomische Prosperität stagniert, nimmt auch die Menge an Ersparnissen ab, die bei der Produktion verwandt wird.

§ 2313. Um in unserer Analyse weiterzukommen, müssen wir uns jetzt auf die Klassifikation beziehen, die wir in den §§ 2233 und 2234 aufstellten, wo wir zwei Kategorien S und R unterschieden, denen wir lediglich um der Bequemlichkeit des Ausdrucks willen (§ 2235) den Namen „Spekulanten“ und „Rentner“ beigelegt haben. Die Sparer, wenn sie genug Ersparnisse für ihre Lebenshaltung besitzen, gehören größtenteils in die Kategorie R, d. h. zu den Beziehern eines nahezu fixen Einkommens. Ihre Eigenschaften sind die entgegengesetzten derer, die in die Klasse S oder der „Spekulanten (§ 2232) gehören. Sie sind im allgemeinen verschlossene, zurückhaltende und furchtsame Leute, die vor allen Abenteuern, allen Unternehmen, nicht nur gefährlichen, zurückschrecken, die auch nur den Anschein haben, nicht ganz sicher zu sein. Sie lassen sich sehr leicht regieren und auch ausplündern von jemandem, der die Gelegenheit wahrzunehmen und sich der den Residuen der Klasse II entsprechenden Gefühlen zu bedienen weiß, die in den „Rentnern“ mächtig sind. Die „Spekulanten“ hingegen sind gewöhnlich expansiv, bereit, Neuheiten aufzugreifen, und ökonomisch unternehmungslustig. Sie haben ihre Freude an gefährlichen ökonomischen Unternehmen und suchen sogar danach. Dem Anschein nach unterwerfen sie sich immer dem, der die Macht besitzt, aber sie arbeiten unterirdisch weiter und wissen die Substanz der Macht zu gewinnen und zu behalten, von der andere lediglich den Anschein besitzen. Kein Verweis entmutigt sie; nach einer Seite davongejagt, kehren sie wie die Fliegen von der anderen wieder zurück. Wenn der Himmel sich verdüstert, neigen sie das Haupt unter dem heraufziehenden Sturm, aber sie erheben es sogleich wieder, wenn er vorüber ist. Mit zäher Beharrlichkeit und mit der feinen Kunst der Kombinationen (Residuen der Klasse I) überwinden sie jedes Hindernis. Ihre Meinungen sind jeweils die, die ihnen im Augenblick am meisten nützen; gestern konservativ, sind sie heute liberal, morgen werden sie Anarchisten sein, falls es den Anarchisten gelingt, der Erringung der Macht näherzukommen. Aber sie verstehen es, nicht etwa alle nur auf der einen Seite zu sein, da es nützlich ist, Freunde in allen Parteien zu besitzen, die irgendwelche Bedeutung haben. Auf der Bühne sieht man katholische und jüdische, monarchistische und republikanische, liberale und sozialistische „Spekulanten" sich bekämpfen, aber hinter den Kulissen drücken sie sich die Hand und machen sich in gemeinsamer Übereinstimmung an die Unternehmen, die ihnen Geld einbringen können. Wenn einer von ihnen stürzt, behandeln seine Feinde ihn mitleidsvoll in der Erwartung, daß auch ihnen, wo es nötig ist, entsprechende Rücksichten entgegengebracht werden. Die beiden Kategorien von Menschen, von denen wir hier gesprochen haben, verstehen sich beide wenig auf den Gebrauch von Gewalt und fürchten sie sogar. Die Menschen, die Gewalt gebrauchen und nicht fürchten, bilden eine dritte Kategorie, die mit aller Leichtigkeit die R ausplündert, schwerer schon die S, die heute besiegt und zu Boden geworfen, sich morgen wieder erheben und herrschen.

§ 2316. In den menschlichen Gesellschaften, wie sie uns aus der Geschichte bekannt sind, werden die Sparer fortwährend ihrer Ersparnisse beraubt. Hinsichtlich der angewandten Mittel wird diese Operation mit Gewalt, Krieg, Dieberei, privater Gewaltsamkeit oder mit Betrug, Täuschung, Steuergesetzen, die insbesondere die Sparer treffen, Ausgabe verfälschten Geldes, der Aufnahme früher oder später, ganz oder teilweise repudierter öffentlicher Anleihen und mit Monopolen oder protektionistischen Maßnahmen durchgeführt. Es werden dabei Maßnahmen jeder Art angewandt, welche die Produktionsbedingungen oder die Preise verändern, die sonst durch den freien Wettbewerb gegeben wären. Die einfachste Form besteht in der direkten und heftigen Ausplünderung einer bestimmten Anzahl häufig aufs Geratewohl lediglich um ihres Reichtums willen herausgegriffener Sparer. Diese Methode entspricht in gewisser Weise der Jagd auf Wild. Immer kompliziertere, immer einfallsreichere und allgemeinere Methoden treten im Verlauf der Geschichte auf. Sie entsprechen in gewissem Sinne der Aufzucht von Haustieren. Die Analogie erstreckt sich sogar auf die Resultate. Die erste Methode zerstört unvergleichlich viel mehr Reichtum, ruft viel mehr

Störungen hervor als die zweite. Hinsichtlich ihrer Anwendungsweisen kann die Operation, durch die Sparer um ihre Ersparnisse gebracht werden, mehr oder weniger direkt sein; erzwungener oder zumindest teilweise freiwilliger Art. Der erste Typ findet sich in der Besteuerung, den Zwangsanleihen, den Angriffen auf das Erbrecht und den in der Antike häufigen Maßnahmen zur Niederschlagung oder Herabsetzung der öffentlichen Schulden. Den zweitgenannten Typ kann man sich in zwei Akten abspielen sehen. Beim ersten vertrauen die Sparer ihre Ersparnisse irgendwelchen Korporationen, vor allem religiösen, dem Staat selbst oder vom Staat garantierten Institutionen an. Beim zweiten Akt werden diese Korporationen und Institutionen ausgeplündert, sei es von Feinden, sei es von mächtigen Privatpersonen, häufig vom eigenen Staat, der sich die Summen aneignet, die er als Schulden anerkannt oder deren Rückgabe er garantiert hat. Die ersten Operationen sind ganz oder überwiegend freiwillig. Unter der Herrschaft religiöser Mythen, einstmals heidnischer, dann christlicher, heutzutage nationalistischer, lassen sich Menschen dazu bewegen, ihre Ersparnisse zu verschenken, in der Hoffnung, sich die Gnade ihrer Götter dadurch zu sichern, oder bewogen durch das Versprechen auf Rückzahlung und durch die häufig trügerische Hoffnung, daß sie nicht Zinsen und Kapital dazu verlieren werden. Die zweitgenannten Operationen erfolgen ganz natürlich. Sie spielen sich auf der Linie des geringsten Widerstandes ab: man nimmt die Ersparnisse, wo man sie findet und wo sie mangels energischen Widerstandes minder gut verteidigt werden.

Hinsichtlich des Zeitraums äußert sich die Ausplünderung teils in durch beträchtliche Intervalle getrennten Katastrophen, zuweilen über mehrere Jahrhunderte verteilt, teils in sich zeitlich viel kürzer wiederholenden Ereignissen wie z. B. bei den durch die sogenannten „Wirtschaftskrisen" den Sparern auferlegten Verlusten, teils mit gesetzgeberischen oder anderen Maßnahmen, die in kontinuierlicher Weise wirksam sind wie die Liturgien und die Hierarchie im antiken Athen oder wie die heutigen progressiven Steuern. Kurz, wir haben hier in alledem ein neues Beispiel der Wellenbewegungen von großer, mittlerer und kleiner Schwankungsbreite vor uns, die bei den ökonomischen und sozialen Phänomenen zu beobachten sind. Bei allen solchen Oszillationen kann dabei die Form wechseln, die Substanz bleibt konstant. In unserer Zeit erblicken wir nicht mehr die heftigen Ausplünderungen, deren sich *Octavian*, *Antonius* und *Lepidus* bedienten, um sich damit die Unterstützung ihrer Soldaten zu sichern. Auch kann die Übertragung ökonomischer Güter, die aus Eigentumsübergriffen resultiert, zuweilen den Effekt haben, die Produktion zu steigern. Das ist der Fall, wenn die Güter aus den Händen derjenigen, die daraus nicht den größten Nutzen zu ziehen wissen oder ziehen können, in die Hände derer übergeht, die das besser verstehen. Aber sehr häufig werden die durch Ausplünderung beschafften Güter einfach verstreut, wie es beim Glücksspiel der Fall ist, und das Endergebnis besteht dann in einer Zerstörung von Reichtum. Die Veteranen *Sullas*, die durch ihn bereichert worden waren, fielen nach einem gewissen Zeitraum wieder ins Elend zurück. Unsere Zeitgenossen können den Luxus von Leuten betrachten, die durch die offizielle Politik bereichert werden, und die Verschwendung, der sie sich hingeben.

Die bemerkenswerte Regelmäßigkeit über Zeit und Raum, die wir den vorliegenden Phänomenen erkennen können, führt uns zu dem Zugeständnis, daß im geschichtlich überschaubaren Zeitraum und in unseren Gesellschaften das Recht des Privateigentums immer nur gezügelt durch Handlungen und Maßnahmen, die ihm entgegenstehen, weiter existiert. Mit anderen Worten, wir besitzen kein Beispiel von Gesellschaften, in denen dieses Recht immer unbegrenzt, ganz strikt fortbesteht. Wir begreifen darüber hinaus, daß man sich nicht ausschließlich jene beschränkte ethische Betrachtungsweise zu eigen machen darf, die in diesen Angriffen auf das Privateigentum nur unangenehme, verdammenswerte Zwischenfälle erblickt, die das Recht, die Gerechtigkeit und die Billigkeit verletzen. Sondern man muß sich eine viel umfassendere Betrachtungsweise zu eigen machen und in diesen Phänomenen den Ausdruck eines Bindegliedes erblicken, das eine notwendige Ergänzung, notwendig im Sinne der logisch-erfahrungsmäßigen Wissenschaft, der vom Recht des Privateigentums konstituierten Bindeglieder des sozialen Systems darstellt. Die Beweise für dieses Theorem lassen sich in der Geschichte finden. Aber es wird darüber hinaus durch zahlreiche Deduktionen bestätigt, unter denen man diejenigen hervorheben muß, die durch die Theorie der Zinseszinsrechnung geliefert werden. Man kann hinzufügen, daß einige Familien, wenn sie bei der Geburt Christi einen Pfennig zum Zinseszins angelegt und das derart angesammelte Kapital hätten bewahren können, seit langem den gesamten Reichtum auf dem Erdball absorbiert hätten. Wenn die praktischen Ergebnisse nicht diese theoretische Deduktion bestätigen, so liegt das nicht an einem Fehler der Theorie in der Zinseszinsrechnung, sondern in der Voraussetzung einer Prämisse, die in der Realität nicht standhält. Die Geschichte ist angefüllt mit Beschreibungen von zahlreichen Ursachen der Reichtumszerstörung. Die einen berühren das Ganze: Kriege, Revolutionen, Epidemien, Plünderungen und Zerstörungen jeder Art. Die anderen berühren hauptsächlich die Verteilung des Reichtums und verhindern seine unbegrenzte Anhäufung in ein und derselben Familie, in den gleichen Gemeinschaften, wenn sie auch rückwirkend Effekte auf die Gesamtheit des Reichtums ausüben: das sind die Angriffe auf das Privateigentum der Individuen, Familien und Kollektive und die durch Gewalt oder durch Verschwendung hervorgerufenen Eigentumsübertragungen. So nimmt die Kurve der Reichtumsanhäufung für ein und dieselbe Familie, Gemeinschaft, Nation oder schließlich die ganze Menschheit statt einer regelmäßig ansteigenden Gestalt, die ein konstanter Zinssatz ergäbe, eine wellenförmige

Gestalt an, die Oszillationen um einen mittleren Trend aufweist. Dieser ist für die gesamte Menschheit sicherlich mehr oder weniger ansteigend seit dem Beginn des geschichtlichen Zeitraumes bis zu unseren Tagen, ohne daß damit ausgeschlossen werden kann, daß es auch absteigende Perioden gegeben hat.

Andere Effekte haben eine ebenso bemerkenswerte Wichtigkeit wie die ökonomischen. Was die Zirkulation der Eliten anbelangt, so können die Maßnahmen mit Katastrophen- oder Gewaltcharakter oder auch einfach solche von sehr allgemeiner Verbreitung unter den für die Gesellschaft nützlichen Konsequenzen auch in einem viel höheren Grade schädliche mit sich bringen als die Effekte, die aus Maßnahmen von Überredungs- und Betrugscharakter hervorgehen und die sich eben deshalb nur auf bestimmte Personenkategorien anwenden lassen. In der Tat betreffen die erstgenannten Maßnahmen mehr oder weniger ununterschieden die einzelnen Menschen, welchen Platz sie dabei auch immer in der Zirkulation der Eliten einnehmen. Die zweiten hingegen betreffen hauptsächlich Menschen, die durch ihre Schlichtheit, Naivität, Leichtgläubigkeit und ihren Mangel an Mut oder Initiative sich auf der niedersten Stufe der Elite befinden. Die erstgenannten Maßnahmen können also sehr viel mehr als die zweiten für die Gesellschaft nützliche Elemente vernichten. Wenn man nun aus unseren Betrachtungen die Schlußfolgerung ziehen wollte, daß man das Privateigentum oder analoge Institutionen gänzlich abschaffen könne, würde man in einen in der Soziologie und der Volkswirtschaftslehre weitverbreiteten Irrtum verfallen. Dieser Irrtum, auf den wir mehrfach hingewiesen haben, besteht im Substituieren von quantitativen Bedingungen durch qualitative, im Außerachtlassen der Interdependenz der sozialen Phänomene, in der Vorstellung, man könne bei der Erklärung der sozialen Phänomene sich auf die Betrachtung eines ihrer Bindeglieder beschränken und ihn modifizieren, ohne daß dadurch die anderen in Mitleidenschaft gezogen würden.

§ 2317. Die geringe Beherztheit der Sparer bewirkt es, daß ihr Wille wenig Einfluß auf die ökonomischen Phänomene besitzt, die viel mehr durch die Gesamtmenge von Ersparnissen determiniert werden als durch den Widerstand, den die Sparer denen entgegensetzen könnten, die sie ausplündern wollen. Entsprechend hängt, wenn wir die kurz zuvor gebrauchte Analogie wieder aufgreifen, die Menge an Honig, die der Bienenzüchter erhält, von der Gesamtmenge ab, die von den Bienen gesammelt wurde, und nicht von dem Widerstand, den sie demjenigen entgegensetzen könnten, der ihnen den Honig wegnimmt.

§ 2318. In den Depressionsperioden wächst die disponible Sparsumme an, und so bereitet sich die darauffolgende Periode rascher Steigerung der ökonomischen Prosperität vor, in der die Menge an disponiblen Ersparnissen abnimmt und sich eine neue Depressionsperiode vorbereitet. Und so geht es unbegrenzt weiter.

§ 2319. Diese beiden Arten von Oszillationen werden durch eine dritte überlagert, deren Dauer viel länger ist und sich gewöhnlich nach Jahrhunderten mißt. Es treten, so will das besagen, immer wieder Elemente auf, die Gewalt zu gebrauchen verstehen und wollen und in denen machtvolle Residuen der Persistenz der Aggregate vorhanden sind. Sie schütteln das ihnen von den „Spekulanten“ oder von anderen Menschenkategorien, die ausschließlich in der Kunst der Kombinationen gewitzt sind, auferlegte Joch ab, und so beginnt eine neue Epoche, während der allmählich die besiegten Menschenkategorien an die Macht zurückkehren, die darauf wiederum davongejagt werden, und so weiter (§ 2331).

§ 2321. Wir wollen jetzt die begrenzte Untersuchung des in den §§ 2221 ff. betrachteten Zyklus erweitern, bei dem nur die Interessen (b) und die Zirkulation der Eliten (d) in Betracht gezogen wurden. Wir wollen nunmehr sowohl den Einfluß dieser Elemente auf die Residuen (a) als auch auf die Derivationen (c) betrachten. Diese letztere Aufgabe ist leicht zu erfüllen, da dieser Einfluß uns aus der Literatur und zahllosen Tatsachen wohlbekannt ist. Nicht so steht es hingegen mit der ersten, wo wir unter die Hülle dieser Manifestationen dringen müssen. Der generelle Irrtum besteht dabei in der Vermutung, dieser Einfluß sei viel größer, als er es in Wirklichkeit ist. Zum Beispiel hätte man bis vor wenigen Jahren glauben können, daß der Zyklus b d – d b sehr die Residuen (a) in dem Sinne modifizieren würde, daß nur noch rationalistische und humanitäre Gefühle übrigblieben. Aber auf einmal steigt machtvoll der Nationalismus empor und in geringerem, aber doch bemerkenswerten Maße der Imperialismus und der Syndikalismus, während alte Religionen wie der Okkultismus, der Spiritismus, die Metaphysik neu erblühen und die Sexualreligion das Extrem eines lächerlichen Fanatismus erreicht. Auch der Glaube an alte und neue Dogmen manifestiert sich in vielerlei Formen. Auf diese Weise hat es den Anschein, als ob der vorliegende Zyklus tatsächlich mehr auf die Derivationen als auf die Residuen eingewirkt habe.

§ 2323. Daraus darf man nicht im mindesten schlußfolgern, daß der Einfluß des Zyklus b d – d b auf die Residuen (a) gleich Null sei, sondern man darf lediglich die Schlußfolgerung ziehen, daß der Einfluß dieses Zyklus, während man sonst in ihm machtvolle rhythmische Variationen, akzentuierte Perioden von verschiedenerlei Charakter, beobachten kann, auf die Residuen (a) nur viel schwächer ist.

§ 2324. Der Zyklus b c d – d c b ist auch wichtig. Man begreift leicht, wie die Derivationen (c) sich an die veränderten Bedingungen der Zirkulation der Eliten (d) anpassen. Sie unterliegen, wenn auch in geringem Grade, der Einwirkung der veränderten ökonomischen Bedingungen. Von diesem Standpunkt aus kann man sie als Effekte dieser Ursachen betrachten. In dem Maße, wie die herrschende Klasse allmählich Elemente in sich aufnimmt, in denen die Instinkte der

Kombinationen vorwiegen, und wie sie vor dem legalen und offenen Gebrauch der Gewalt zurückschreckt, passen sich die Derivationen an diese Vorstellungen an. Dann entstehen und gedeihen Humanitätserwägungen und Pazifismus, man redet als ob die Welt sich durch Vernunft und Logik lenken ließe, während alle Traditionen als veraltete Vorurteile betrachtet werden. Man schaue sich die Literatur an: in Rom zur Zeit der Antonine, in unseren Regionen, besonders in Frankreich, gegen Ende des 18. Jahrhunderts und dann von neuem seit der zweiten Hälfte des 19. Jahrhunderts, und man wird leicht diese charakteristischen Züge wiedererkennen.

§ 2326. Wenn wir die Tatsachen nicht vor unseren Augen hätten, würde es seltsam erscheinen, daß in allen Ländern die Verteidiger der Proletarier nicht auch selbst Proletarier sind, sondern wohlhabende, ja zuweilen reiche oder sogar schwerreiche Männer wie gewisse Abgeordnete und gewisse sozialistische Literaten. Ja, es scheint so, um die Wahrheit zu sagen, als hätten die Sozialisten in keiner Partei Feinde. In Büchern, Zeitungen, Theateraufführungen, bei parlamentarischen Diskussionen, erklären alle Wohlhabenden, daß sie das Wohl der Proletarier fördern wollen. Unter ihnen gibt es nur einen Streit darüber, wie man dieses Wohl erreichen könne, und gemäß dem unterschiedlichen Vorgehen dazu konstituieren sich die verschiedenen Parteien. Aber ist denn tatsächlich die ganze wohlhabende oder reiche Bourgeoisie unserer Zeit so besorgt um das Wohl ihres Nächsten und nicht um ihr eigenes geworden? Wer hätte jemals geglaubt, daß wir inmitten so vieler Heiliger und Asketen leben? Sollte sich gar kein *Tartuffe*, bewußt oder unbewußt, unter ihnen befinden? Der Schein ist vielleicht von der Realität verschieden. Die Reichen scheinen so unsinnig zu sein, Leute zu bezahlen, die predigen, man solle ihnen ihr Gut wegnehmen, aber sie sind im Gegenteil äußerst klug, da sie, während andere schwätzen, ihren Reichtum vermehren. Ähnlich unsinnig erscheinen die „Spekulanten", die sich als Fürsprecher der progressiven Besteuerung erweisen oder sie sogar dekretieren, im Gegensatz zum Anschein aber äußerst klug sind, wenn sie durch diesen Zug Operationen durchführen können, aus denen sie viel mehr herausholen, als sie die Steuer kostet.

§ 2327. Der Begabte kann immer Mittel und Wege finden, um scheinbaren Nachteil in Vorteil zu verkehren.

§ 2328. Auch in der internationalen Politik tritt das Geschick und die Begabung der „Spekulanten" in Erscheinung. Die Vorbereitung des Krieges nützt ihnen wegen der für die Rüstungsproduktion erforderlichen ökonomischen Aktivität. Deshalb bedienen sie sich in ihren Streitigkeiten untereinander der Gefühle des Nationalismus. Aber der tatsächliche Ausbruch eines Krieges könnte ihrer Herrschaft schweren Schaden tun, weil auf dem Schlachtfeld der Krieger mehr zählt als der „Spekulant", und sie erbleichen bei dem Gedanken, daß ein siegreicher General ihnen die Macht entreißen könnte. Deshalb bemühen sie sich mit Hilfe ihrer guten Freunde unter den Intellektuellen auf jede Weise, die zivilisierten Völker zu überreden, daß nunmehr das Reich der Gewalt beendet sei, daß die großen Kriege dank der Übermacht der Zerstörungsmittel unmöglich geworden seien und daß es genüge, viel für Rüstungen auszugeben, ohne daß man sie dann für den Krieg einzusetzen brauche. Aber im Hinblick auf die öffentlichen Ausgaben treffen sie auf die Konkurrenz anderer Fresser aus derselben Krippe, die wollen, daß man die Haushaltsmittel für „soziale Reformen" oder andere ähnliche Zwecke verwende, und sie müssen sich dann mit ihnen vergleichen. In ihren Zeitungen lassen die mächtigen Finanzsyndikate Eintracht und Frieden predigen und die Wunder des Völkerrechts und die Wohltaten eines „auf Recht gegründeten Friedens" in den Himmel heben. Oder sie fachen die Zwietracht an, rufen zum Schutz der „vitalen Interessen" der Nation, zur Verteidigung der „Kultur" ihres Volkes, zum Schutze spezieller „Rechte" auf, je nachdem, was ihren verständnisvollen Kombinationen am meisten nützt. Die Völker unterstützen mehr oder weniger diese Züge, und das ist ein bemerkenswertes Beispiel der Derivationen und der Art, wie dieselben Gefühle auf verschiedene Zwecke gerichtet werden können. Aber nicht immer kann der, der den Sturm entfacht, ihn nachher auch wieder besänftigen, und für die „Spekulanten" droht die Gefahr, daß der Punkt kommt, an dem das Anfachen der Zwietracht über die Grenzen, die sie sich gesetzt haben, hinausschießt und auf den verabscheuten Krieg hinausläuft. Heute dominiert die Gerissenheit, aber daraus ist nicht im geringsten zu folgern, daß morgen nicht die Gewalt herrscht, wenn auch vielleicht nur für kurze Zeit.

§ 2413. Immer wieder sind wir zu der Anerkenntnis geführt worden[13], daß einer der Hauptfaktoren bei der Bestimmung des gesellschaftlichen Gleichgewichts in der Proportion zwischen Residuen der Klasse I und II in den einzelnen Individuen besteht. Diese Proportion kann man in erster Annäherung von drei Gesichtspunkten aus betrachten, indem man den folgenden Vergleich anstellt: 1. Zwischen Bevölkerungen verschiedener Länder generell oder zwischen Bevölkerungen generell desselben Landes, aber zu verschiedenen Zeiten; 2. zwischen sozialen Klassen und hauptsächlich zwischen der herrschenden und der beherrschten Klasse; 3. in Beziehung auf die Zirkulation der Eliten in einer Bevölkerung.

§ 2414. Bevor wir weitergehen, müssen wir auf die Vermeidung von zwei Fehlern achten. Der erste bestünde darin, daß wir in der bezeichneten Proportion der Residuen die *Ursache* und in den sozialen Phänomenen die *Wirkung* erblicken.

---

[13] Dies ist der zweite Paragraph des XIII. Kapitels des *Trattato* mit dem Titel *L'equilibrio sociale nella storia*.

§ 2415. Der zweite bestünde darin, in diesen interdependenten Beziehungen einzig nur die jeweilige Proportion der Residuen als ausschlaggebenden Faktor in Betracht zu ziehen, oder was noch schlimmer ist, eine solche Bedingung, obschon sie sogar notwendig sein mag, als eine notwendige und hinreichende anzusehen. Darüber hinaus werden wir der Kürze zuliebe einzig und allein von den Residuen der Klassen I und II sprechen, um eine erste angenäherte Vorstellung von den Phänomenen zu gewinnen, aber man muß offensichtlich auch den anderen Residuen Rechnung tragen. Dennoch haben zahlreiche Residuen der Soziabilität, der persönlichen Integrität usw. ihre Entsprechungen unter den Residuen der Persistenz der Aggregate. Deshalb trägt man ihnen in indirekter Weise Rechnung, wenn man die Residuen der Klasse II abschätzt. Um dies besser zu verstehen, lenken wir unsere Aufmerksamkeit auf analoge Phänomene. Das Vorgehen, das die Proportion der Residuen der verschiedenen Klassen mit anderen sozialen Phänomenen in Beziehung setzt, ist analog demjenigen, das bei einem modernen Heer die Proportion der Artillerie und der anderen Waffen mit der Wahrscheinlichkeit, den Sieg zu erringen, in Beziehung setzt. Zuerst einmal ist diese Bedingung nicht die einzige. Es gibt noch viele andere wie z. B. die Ausrüstung des Heeres mit Lebensmitteln und Munition. Dann ist diese Bedingung, wenn sie in gewissen Fällen auch notwendig sein kann, niemals ausreichend, und es genügt eben nicht, eine passende Proportion von Artillerie und anderen Waffen zu besitzen, man muß sie auch anzuwenden wissen. Schließlich muß man auf dieselbe Weise, wie den anderen Residuen außer denen der Klasse I und II Rechnung zu tragen ist, auch darauf achten, ob die Artillerie über die notwendigen Pferde verfügt, gute Soldaten, Unteroffiziere und Offiziere, Munition in hinreichender Menge besitzt usw. Es genügt ebenso nicht, daß in den herrschenden Klassen in der passenden Proportion die Residuen der Klassen I und II vorhanden sind. Es ist auch erforderlich, daß sie auf die richtige Weise zur Wirksamkeit gelangen, und es ist z. B. evident, daß der Instinkt der Kombinationen, wenn er sich in magischen Operationen ausläßt, anstatt sich in ökonomischen oder kriegerischen Unternehmen zu erproben, zu gar nichts dienen wird. Und wenn er sich in Salonintrigen verliert, anstatt bei politischen Maßnahmen angewandt zu werden, wird er auch nur wenig dienlich sein. Schließlich, wenn die Residuen der Persistenz der Aggregate in asketischen, humanitären oder ähnlichen Gefühlen ausarten, wird man ihre Effekte mit denen einer Artillerie mit Holzkanonen vergleichen können. Aber wenn die verschiedenen Waffen in einem Heer mit mittlerer Gewandtheit, mit opportunen Mitteln angewandt werden, erscheint die Wirksamkeit dieser Waffen langfristig in einer gebührenden Proportion. Und wenn die Residuen in einer am besten für das soziale Wohlergehen angepaßten Weise wirken, tritt langfristig ihre Macht in einer gebührenden Proportion in Erscheinung. Das ist genau das, was wir jetzt verifizieren wollen.

§ 2419. Das antike Griechenland war ein Laboratorium von sozialen und politischen Experimenten, reich an ausgedehnten Beobachtungen.

§ 2420. Der hauptsächliche Nutzen der Gefühle der Persistenz der Aggregate besteht in ihrem kraftvollen Widerstand gegen schädliche Neigungen des Individualinteresses und gegen den Impetus der Leidenschaften. Ihr hauptsächlicher Schaden besteht darin, daß sie zu Handlungen treiben, die ihre logische Folgerung sind, aber der Gesellschaft schaden. Um die erste Aufgabe zu erfüllen, genügt es, daß diese Gefühle eine bemerkenswerte Kraft besitzen. Wenn diese sehr abnimmt, vermögen sie nicht mehr mächtigen Interessen und lebhaften Leidenschaften zu widerstehen und rufen nur zweitrangige Effekte hervor, die der Gesellschaft schaden.

§ 2421. Das läßt sich in verschiedenen Fällen in Athen erkennen. Ein charakteristisches Beispiel liefert *Alkibiades*. Er verstand es, die Athener gegen die Meinung des konservativen *Nikias* dazu zu überreden, die Expedition nach Sizilien zu unternehmen. Wenn in den Athenern die Gefühle der Persistenz der Aggregate stark gewesen wären, hätten sie auf *Nikias* gehört oder wären zumindest mit einer kleinen Expedition zufrieden gewesen, die wenig oder gar nicht ihre Kräfte vermindert hätte, genau so wie es Sparta tat, als es kurz darauf, seinerseits von *Alkibiades* überredet, nur den *Philipp* mit den wenigen Schiffen, die er aus Korinth erhalten konnte, Syrakus zu Hilfe sandte. Hingegen sandten die Athener nach Sizilien eine mächtige Ausrüstung, die einen sehr beträchtlichen Teil ihrer Kräfte von Griechenland abzog. Sie hätten wenigstens so viel Beständigkeit in ihren Vorsätzen haben sollen, wie sie benötigten, um die Verwicklung des schweren und gefährlichen Unternehmens in irgendeinen Zwischenfall zu vermeiden. Aber in ihnen waren die Residuen der Klasse II zu schwach, um diese Beständigkeit hervorzubringen, so daß ihnen nur so viel davon übrigblieb, dem *Nikias*, weil er ein rechtschaffener und religiöser Mann war, gemeinsam mit *Alkibiades* die Leitung des Unternehmens aufzutragen und ihn dann genau in dem Augenblick zurückzurufen, in dem sein Wirken in Sizilien am notwendigsten war. Auch die Spartaner wollten späterhin den *Alkibiades* loswerden, aber sie taten es, als sie glaubten, sei es auch zu Unrecht, sie brauchten seine Dienste nicht länger und seien von ihm verraten worden. Wie jedermann weiß, wurden, als die Flotte in Athen die Anker zu lichten im Begriff stand, eines Morgens die Hermen, die auf den Straßen von Athen standen, verunstaltet gefunden. Die Stadt erbleichte über dieses ungeheuerliche Sakrileg und bezeigte derart Gefühle der Persistenz der Aggregate, wie man sie auch in anderen griechischen Städten hätte beobachten können. Aber wie mächtig sie auch waren, so waren sie dennoch nicht stark genug, um den Instinkt der Kombinationen zu besiegen, und das Volk von Athen hielt seinen Entschluß, dem *Alkibiades* das Kommando zu übertragen, aufrecht, auf dem die Anschuldigung, dieses Sakrileg vollbracht zu haben, lastete, und das alles, obschon er um seiner eigenen besonderen Ziele willen ein unmittelbares Urteil begehrte und bemerkte, „daß es viel weiser sein würde, ihn nicht an die Spitze einer so großen Flotte zu stellen, solange er von einer solchen Anklage betroffen sei und sich nicht von ihr gereinigt haben würde“[14]. Der Instinkt der Kombinationen überwog also, da man seine Aufmerksamkeit ausschließlich auf den großen Wert lenkte, den man von der Kombination vermutete, durch die *Alkibiades* die Führung der Expedition innehatte, und wenn die Athener in diesem Vorsatz fest geblieben wären, konnte die Expedition vielleicht noch zu ihrem Vorteil ausschlagen. Aber bald änderten sie ihre Meinung, und sie sandten, und zwar genau in dem Augenblick, in dem das Verbleiben von *Alkibiades* in Sizilien überaus nützlich gewesen wäre, die Trireme Salaminia aus, um ihn in das Vaterland zurückzurufen, wo er sich gegen die Anklage verantworten mußte, die Eleusynischen Mysterien profaniert zu haben. Das war die Ursache dafür, daß sich *Alkibiades* nach Sparta flüchtete und mit seinen Ratschlägen für den Ruin Athens sorgte.

§ 2424. Wenn wir fortfahren von den Athenern zu sprechen, sehen wir, daß ihnen die Lektion der ersten Zurückführung des *Alkibiades* nichts nutzte und daß sie denselben Fehler wiederholten. *Alkibiades* hatte, nachdem er Sparta verlassen hatte, in unverhoffter Weise die Macht Athens wiederhergestellt. Offensichtlich war nichts anderes zu tun, als ihn weiter gewähren zu lassen. Aber sein Stellvertreter *Antiochus*, indem er die strikten Befehle des *Alkibiades* übertrat, hatte die von *Lisander* angebotene Seeschlacht angenommen und war besiegt worden. Das war der Vorwand, der verbunden mit den üblichen Anklagen der Religionsverletzung den Feinden des *Alkibiades* genügte, um seine Absetzung vom Oberbefehl zu erreichen, wodurch neuerlich der Ruin Athens heranreifte. Es scheint ganz offensichtlich zu sein, daß in dieser Stadt eine derartige Proportion zwischen den Residuen des Instinkts der Kombinationen und der Persistenz der Aggregate fehlte, daß der ersteren Verlockung zu Abenteuern in Verbindung mit der durch die zweitgenannten bewirkten Ausdauer und Festigkeit der Vorsätze ein glückliches Ende der geplanten Unternehmen hätte herbeiführen können.

§ 2443. Wo die Gefühle der Persistenz der Aggregate keine große Kraft besitzen, weichen die Menschen leicht dem augenblicklichen Impuls, ohne sich mehr um die Zukunft zu sorgen. Leicht vergessen sie dann, getrieben von unsauberen Begierden, die großen Interessen der Gemeinschaft.

§ 2445. Häufig studiert man solche Phänomene in ausschließlicher Beziehung zur jeweiligen demokratischen, oligarchischen oder monarchischen Regierungsform. Ja, man hat sogar der athenischen Demokratie die Schuld an allen Übeln geben wollen, während andere sie wiederum von solchen Sünden reinwa-

---

[14] *Thukydides, De bello Peloponnesiaco*, VI, 29.

schen wollten. Gewiß kann man nicht leugnen, daß die Regierungsformen auf das soziale Phänomen Einfluß besitzen, aber man muß zuerst einmal beachten, daß sie wenigstens teilweise eine Folge der Natur der Bewohner sind, die deshalb eine viel wichtigere Ursache der sozialen Phänomene bildet, und sodann, daß denselben Regierungsformen gänzlich verschiedene Phänomene zugrunde liegen können, was klar das Vorhandensein vor mächtigeren Ursachen, als es die Regierungsformen sind, beweist.

§ 2454. Vergleiche zwischen verschiedenen Völkern oder zwischen verschiedenen Zeiträumen und Umständen bei ein und demselben Volk dienen dazu, die Wirkungen der permanenten Kräfte deutlicher hervortreten zu lassen, indem man sie von den Wirkungen ephemerer Kräfte befreit, von denen die hauptsächlichen von der Natur der Menschen abhängen, denen glückliche Umstände die Macht im Staate verschafften.

Wo die Residuen der Klasse II stark sind und von einer umsichtigen Regierung, die sich ihrer zu bedienen weiß, geschickt gepflegt werden, akzeptiert die Bevölkerung willig die Lasten der Kriegsrüstungen. Wo sie hingegen schwach sind oder von einer Regierung geschwächt werden, die sich lediglich um gewisse materielle Interessen kümmert, ohne den Blick auf die Zukunft zu richten, lehnt die Bevölkerung gewöhnlich die Lasten der nationalen Verteidigung ab. Wenn man aufmerksam die Geschichte studiert, erkennt man, daß es den Völkern, die sich auf den Weg der Niederlage und des Ruins begaben, sehr selten an Warnungen vor dem Einschlagen des schlechten Weges fehlte, und daß wenige, ja sehr wenige Regierungen so wenig umsichtig waren, ihn nicht zu erkennen. Also war die Kraft vorhanden, um die Völker zu Vorkehrungen für ihre Verteidigung anzuspornen, aber ihr Einfluß war groß oder gering gemäß ihrer Intensität, die hauptsächlich von der Intensität der Residuen der Klasse II in der herrschenden Klasse abhing und größeren oder geringeren Widerstand fand gemäß der geringeren oder größeren Intensität dieser Residuen in den beherrschten.

Das Abbröckeln der zentralen Souveränität[1]

In jeder menschlichen Gemeinschaft stehen zwei Kräfte zueinander im Gegensatz. Eine, die man als zentripetal bezeichnen könnte, treibt zur Konzentration der Zentralgewalt, die andere, die man als zentrifugal bezeichnen könnte, treibt zu ihrer Aufteilung.

In ewigem Wechselspiel verlagert sich der Schwerpunkt dieser beiden Kräfte, mal auf die eine, mal auf die andere Seite, nicht immer gleich und regelmäßig, sondern je nach Zeit verschieden, und diese Oszillationen manifestieren sich durch viele und verschiedenartige Phänomene.

Einem solchen Schwerpunkt im europäischen Mittelalter gab man den Namen Feudalzeit.

In Frankreich ist diese Epoche eigentlich eine zweite und weitere Oszillation, der eine erste, weniger bemerkenswerte vorausgegangen war. Die Monarchie der Merowinger hatte eine starke Zentralgewalt, die zu der Zeit zerfiel, als die Karolinger die Regierung antraten. Diese bauten wieder eine äußerst starke Zentralgewalt auf, die ebenfalls unter den letzten Herrschern ihres Geschlechts zerfiel, und die nach langer Zeit von neuem von den französischen Königen in anderer Form zum Leben erweckt wurde.

Wenn man allgemein die Geschichte der verschiedenen Zeiten und der verschiedenen Länder studiert, findet man andere, analoge Epochen, die man, indem man die Wörter vertauschte und einen Teil für das Ganze nahm, ebenfalls feudal nannte.

Man beobachtete, daß sie aufstiegen und dann untergingen, oder daß sie dynamische Phänomene waren, oder genauer noch, Oszillationen.

Soviel ist real an der Theorie Vicos über die „Wiederkehr" des feudalen Lehenswesens, aber er macht den Fehler, den verschiedenen Oszillationen identische Form zuzusprechen, und er irrt sich in Einzelheiten, unter denen sich Imaginationen befinden, die uns vom Feld der Erfahrung entfernen.

Die Verlagerungen des Schwerpunktes der Zentripetalkraft und der Zentrifugalkraft haben folgende Merkmale.

---

[1] Es handelt sich um das stark gekürzte II. Kapitel von *Trasformazione della democrazia* von V. PARETO (Mailand, Corbaccio, 1921). Für die deutsche Übersetzung haben wir den von G. Busino herausgegebenen Neudruck aus V. PARETO, *Scritti sociologici*, cit. verwendet. Von den Anmerkungen Paretos, die alphabetisch angegeben sind, haben wir nur die übernommen, die zum Verständnis des Texts wesentlich sind.

Während der Zeit, zu der sich der Schwerpunkt auf die Seite der Zentrifugalkraft verlagert, wird die Zentralgewalt, ob sie eine Monarchie, Oligarchie, ob sie des Volkes oder des Pöbels ist – dies alles ist von geringer Bedeutung – immer schwächer; das was man die „Souveränität" ihrer Macht nennt, sinkt auf ein Wort ohne Sinn herab, zerbröckelt und bedeckt das Land mit seinen Überresten. Die Macht einiger Individuen, einiger Gruppen, die theoretisch noch untergeordnet sind und praktisch im Begriff sind, ihre Selbständigkeit zu erlangen, nimmt zu. Folglich suchen die, die zu diesen Kategorien nicht gehören, die Schwachen, da sie nun nicht mehr von dem Souverän beschützt werden, Schutz und Gerechtigkeit bei jemand anderem, sie vertrauen auf einen starken Mann, sie verbünden sich öffentlich oder heimlich mit anderen Schwachen, gehören einer Körperschaft, einer Vereinigung, einer Gewerkschaft an.

In dieser Bewegung selbst haben Umstände ihren Ursprung, die sich ihr entgegenstellen. Bei weiterer Entwicklung wandelt sich der Schutz allmählich zur Unterwerfung; es wächst daher die Anzahl der Gegner der bestehenden Ordnung, und wenn die sozialen und vor allem die ökonomischen Bedingungen günstig sind, wächst auch ihre Kraft. Dagegen läßt die vieler nach, die an der Souveränität teilhaben, weil je mehr bei ihnen die Furcht vor der Zentralgewalt schwindet, desto größer werden die Rivalitäten, die leicht in offenen Kampf übergehen, in die Anarchie umschlagen und auch dann noch fortbestehen bleiben, wenn die Zentralgewalt erneut an Stärke gewinnt.

Das Bedürfnis der Schwachen nach Schutz ist allgemein[2], und es zeigt sich darin, daß der Schutz bei dem gesucht wird, der die Macht hat, das heißt bei den verschiedenen Herren, wenn die Zentrifugalkraft überwiegt, und bei der Zentralregierung, wenn die Zentripetalkraft überwiegt. Immer wenn die Umstände dazu übergehen, für diese zweite Periode günstig zu werden, kämpft eine vorher existierende oder sowohl in Form und Substanz neue Zentralgewalt, in kurzer oder langer Zeit, mit plötzlicher Gewalt oder in langer Wühlarbeit, die herrschende Oligarchie nieder und konzentriert die Souveränität wieder auf sich.

Es ist bemerkenswert, daß diese Transformation oft von einem der Phänomene begünstigt wird, die man „religiöse" nennt. Dies sehen wir in Europa am Ausgang des Mittelalters, in Rußland zur Zeit Iwans, den man den Schrecklichen nannte, in Japan im 19. Jahrhundert und in vielen anderen Fällen; man könnte dies für eine zufällige Koinzidenz halten, aber es ist die natürliche Konsequenz aus den Verhältnissen, die uns die Erfahrung erkennen läßt, denn das Erstarken der religiösen Gefühle ist Ausdruck einer gesteigerten Aktivität der Emotionen, denen wir den Namen Persistenz der Aggregate gegeben hatten; diese sind der Stoff, der die menschlichen Gesellschaften zusammenhält.

---

[2] Pareto verweist hier auf § 2180 seines *Trattato*.

Die internationalen Konflikte beeinflussen ebenfalls die Bewegungen, entweder in zentripetaler oder in zentrifugaler Richtung. Die Niederlage der Zentralgewalt in einem Krieg kann zu ihrem Sturz beitragen und begünstigt also die Zentripetalbewegung; der Sieg kann entgegengesetzte Auswirkungen haben. Aber dies trifft nicht immer zu. Wenn der Sieg mit großer Hilfe, mit großen Opfern des Volkes errungen wurde, kann die Zentralgewalt geschwächt werden. Zur Zeit der stehenden Berufsheere war diese Gefahr leicht zu vermeiden. So konnten die Nachfolger Alexanders lange gegeneinander Krieg führen, ähnlich konnte das römische Kaisertum in einem nahezu ununterbrochenen Kriegszustand bestehen, und die großen modernen Monarchien konnten sich lange Zeit den Luxus unaufhörlicher Kriege leisten, die ihre Völker ausbluteten. Der gegenwärtige Weltkrieg hingegen, der ganze Bevölkerungen in die Schlacht treibt, erschüttert die Zentralgewalt stark, in den besiegten Ländern ebenso wie in den siegreichen.

Er hatte auch nicht geringe Auswirkungen auf die Beschleunigung einer Entwicklung, die zwar sonst auch eingetreten wäre, aber viel langsamer. Da sie nicht miteinander einig bleiben konnten – auf der einen Seite Rußland, auf der anderen Deutschland und Österreich-Ungarn – stürzten diese sogenannten konservativen Kaiserreiche, die geeint unbesiegbar gewesen wären, und wurden von sogenannten demokratischen oder anderen, ähnlichen Regierungen ersetzt. Wegen von übertriebener Habgier verursachter Zwietracht und dem langen Krieg, den sie zur Folge hatte, wankt heute das Regime der demagogischen Plutokratie und wird die ganze bürgerliche Ordnung erschüttert. Ihre Regierenden gebrauchten nicht nur die Religion des Imperialismus, sie mißbrauchten sie. Wenn sie 1917 Frieden geschlossen hätten, hätten sie hoffen können, noch lange zu bestehen; sie wollten einerseits einen überwältigenden Sieg erringen und auf der anderen Seite sich nicht als geschlagen bekennen, und so sollten sie Erbauer einer wahrscheinlichen Ruine werden. Ihre Gegner handeln weise, wenn sie sie sich vergeblich in unauflösbaren Schwierigkeiten winden lassen.

Ähnliche Beispiele zur Bewegung des Schwerpunkts der Zentripetal- und Zentrifugalkraft sind zahlreich.

Wenn wir unser Augenmerk auf den westeuropäischen Staat vom Jahre 774 bis zum Jahre 800 richten, so finden wir eine wahrhaft überlegene Zentralgewalt vor. Karl der Große zwingt seine Autorität nicht nur den Laien, sondern auch der Kirche auf; keiner in dem riesigen Reich ist so vermessen, sich gegen ihn zu erheben. Dann änderte sich das Bild bald, und der Tod des letzten Karolingerkaisers 899 läßt Westeuropa in einem Zustand der Anarchie zurück. Die Zeit, in der sich ein beachtlicher Anteil der Oszillation des Schwerpunkts der Zentripetalkraft und der Zentrifugalkraft vollzog, beträgt wenig mehr als ein Jahrhundert.

Man sollte in der Invasion der Normannen die „Ursache“ für die Auflösung des Karolingerreiches sehen; aber wie war es in diesem Fall möglich, daß die weitaus furchtbarere Invasion der Sarazenen dazu beitrug, daß dieses Reich gegründet wurde? In Wirklichkeit traten die Auswirkungen der äußeren Konflikte zu den Auswirkungen der inneren Verhältnisse hinzu; sie traten nicht an ihre Stelle.

Zu Beginn des 19. Jahrhunderts haben wir in England einen Schwerpunkt auf der Seite der Zentripetalkraft. Damals war das Parlament wirklich souverän. Es wäre lächerlich gewesen, seiner Macht die von Vereinigungen ähnlich wie unsere Gewerkschaften entgegenzusetzen, wie es lächerlich gewesen wäre, der Macht des ruhmreichen Karl des Großen die Macht eines Junkers, der in seinem Herrensitz eingeschlossen ist, ähnlich denen, die später die Feudalherren waren, entgegenzusetzen. Heute ist kaum mehr als ein Jahrhundert seit der Zeit des allmächtigen Parlaments vergangen, das, wie man in England sagte, alles konnte, außer einen Mann in eine Frau verwandeln, und seine Macht ist zum Teil erloschen, abgebröckelt, die Gewerkschaften haben sie geerbt, die das Parlament und die Regierung wie ihresgleichen behandeln, wobei die Regierung ihr Exekutivkomitee ist.

Am 10. Februar 1920 sagte Lloyd George vor dem Unterhaus: „Die Schwierigkeiten, die wir haben bei der Errichtung billiger Wohnungen, haben ihren Ursprung im Mangel an Arbeitern und im Vorgehen der Trade-Unions, die die Beschäftigung der 350 000 demobilisierten Arbeiter, die diese Arbeit tun könnten, nicht zulassen.“ Also müssen diese, um zu arbeiten, die Genehmigung der Gewerkschaften haben. Wird das Parlament ihr Recht auf Arbeit schützen? Nein, Lloyd George fährt fort: „Es kommt der Arbeiterpartei zu, darauf zu achten, daß der Nutzen der Vereinigung nicht dem Nutzen der Nation vorgezogen werden darf.“ Vor wenigen Jahren sagte man das Gegenteil, und man meinte, daß es dem Parlament und nicht privaten Vereinigungen zukomme, dafür zu sorgen, daß Privatinteressen nicht die Oberhand über das allgemeine Interesse gewinnen.

Es ergeben sich merkwürdige Konsequenzen. In Italien verordnet man zur Vermeidung der Ausrottung des Viehbestands, daß es verboten ist, freitags und samstags Fleisch zu essen; wer an diesen Tagen ein Beefsteak verzehrt, wird bestraft; aber wenn er Angehöriger einer Gewerkschaft ist, ist es ihm gestattet, ungestraft den ganzen Ochsen zu verzehren. Gerade als die Regierung diese heuchlerischen Restriktionen verordnete, waren in Italien Landarbeiterstreiks; und die Streikenden verhinderten unter den wohlwollenden, väterlichen Blicken der Vertreter der Staatsgewalt, daß man das Vieh fütterte und tränkte, prügelten sogar den Besitzer, als er es versuchte; sie verboten außerdem den Verkauf des Viehs für den Verbrauch.

Die Untertanen Karls des Großen hängen von ihm als König der Franken und Kaiser direkt ab, und als solchem schwören sie ihm Treue. Er schuldet ihnen direkt Gerechtigkeit und Schutz. Indem er eine schon früher bestehende Institution verstärkt und erweitert, schickt er seine *missi* durch das ganze Reich[3], „damit sie eifrig überall nachforschen, wo irgendein Mann sich über eine ihm von anderen zugefügte Ungerechtigkeit beklagt", und will, daß sie sich nicht beugen „aus Schmeichelei, für eine Belohnung, wegen irgendeiner Blutsverwandtschaft oder aus Furcht vor den Mächtigen". In einem anderen Kapitular steht[4]: „Falls irgendein Bischof oder Graf sein eigenes Amt vernachlässigt, so sei er durch einen Verweis jener [der *missi*] zurechtgewiesen; und das ganze Volk soll wissen, daß ihnen aufgetragen ist, daß wer immer aus Nachlässigkeit oder Saumseligkeit oder mangelndem Einfluß des Grafen nicht zu seinem Recht kommt, zuerst bei ihnen klagen kann und mit ihrer Hilfe sein Recht erhält, und wenn jemand sich aus Not an uns wendet, so können wir ihnen den Auftrag geben, den Prozeß zu führen."

Unter den Nachfolgern Karls des Großen gibt es noch *missi dominici*, aber ihre Macht und ihre Bedeutung lassen immer mehr nach und lösen sich schließlich in nichts auf. Karl der Kahle droht noch damit, jemand zu schicken, der dafür sorgt, daß sein Verbot, neue Schlösser zu bauen, eingehalten wird; aber dies ist eine nutzlose Drohung und die Schlösser nehmen zu an Zahl und Ausmaß. Die kleinen lokalen Souveränitäten erheben sich auf den Trümmern der zentralen Souveränität.

Der Fortschritt des Feudalwesens hat einige Ähnlichkeit mit dem Fortschritt unserer Gewerkschaften; wenn man diesen studiert, der sich vor unseren Augen vollzieht, so hilft dies zum besseren Verständnis von jenem, der weiter zurückliegt und über den weniger bekannt ist; umgekehrt ist das Wenige, das wir über das vergangene Phänomen wissen, nicht ohne Nutzen dafür, daß wir einen klaren Begriff von dem modernen gewinnen.

Ein sicheres Anzeichen für das Abbröckeln der zentralen Gewalt ist die Fähigkeit, sich ihrer Justiz zu entziehen, und für ihr Wiedererstarken, der Zwang, sich ihrer Justiz zu unterwerfen. Auch hier geht das Faktische dem Idealen und Legalen voraus, in die es sich nur allmählich verwandelt.

Heute erleben wir gerade eine dieser Transformationen. Die „Immunität" der Gewerkschaften hat noch keine präzise Form angenommen, wie sie unter den Karolingern die Immunität der Kirche und der Laien hatte, aber sie konstituiert sich Schritt für Schritt. In vielen Fällen, die an Zahl und Bedeutung täglich zu-

[3] *Capitulare primum anni DCCII sive capitula data Missis Dominicis, anno secundo imperii*, Kap. I.

[4] *Capitularium Karoli Magni*, Buch II, Kap. XXVI.

nehmen, lassen die Gewerkschaften, mit der Zustimmung eines Teils der öffentlichen Meinung, die Durchführung von Gesetzen und Verordnungen zu.

Wenn der Staat gezwungen würde, diese für ungültig zu erklären, so würde man sein Ziel auf einem Wege erreichen, der zumindest formal die Macht der zentralen Gewalt respektieren würde, aber wenn man den Weg verfolgt, sich nicht um seine Entscheidungen zu kümmern, so wird auch formal das Fundament seiner Souveränität zerstört. Die sogenannten „Solidaritäts“streiks zeigen, wie sich gegen sie ein Bündnis kleiner einzelner Souveränitäten erhebt, die nach Unabhängigkeit streben.

Jedes Ereignis, oft von geringer oder keiner Bedeutung, kann Anlaß zum Widerstand und Angriff der Gewerkschaften und ihrer Verbände geben.

In Frankreich genügte es, daß im Februar 1920 ein Angestellter der Linie Paris-Lyon-Mittelmeer aufgrund eines Artikels der Eisenbahnordnung für zwei Tage vom Dienst suspendiert wurde, nachdem er unerlaubt den Arbeitsplatz verlassen hatte, damit die Gewerkschaften den Eisenbahnergeneralstreik beschlossen und durchführten. In ähnlichen Fällen nennt man es „Verletzung der gewerkschaftlichen Freiheiten“, wenn man dafür sorgen will, daß Gesetze und Verordnungen eingehalten werden, und es ist wirklich ähnlich wie eine Verletzung der mittelalterlichen Immunität.

Man bemerkt eine Tendenz dahin, das Privileg der Gewerkschaften nicht nur auf den Arbeitskampf zu beschränken und es auf den Kampf zwischen Mitgliedern und Nichtmitgliedern der Gewerkschaften auszudehnen. Jene ziehen diese in den privilegierten Raum, und wenn die zentrale Gewalt Widerstand leistet, droht man mit Streik und führt ihn durch.

Unter dem Feudalsystem war der Vasall nicht völlig der Gerichtsbarkeit des Königs entzogen; er mußte nur der feudalen Hierarchie folgen, um zu ihr zu gelangen, und sein unmittelbarer Herr konnte sich nicht weigern, Recht zu sprechen oder den Vasallen der Rechtsprechung des nächsthöchsten Herrn zu übergeben. Analoges wird vielleicht eines Tages im Recht der Gewerkschaften verbürgt sein; heute fehlt es.

Das Aufkommen und Fortschreiten des gegenwärtigen anarchischen Systems hat eine Konsequenz, der man heute keine große Aufmerksamkeit widmet, obwohl sie vielfältig zum Vorschein kommt, und zwar, daß wenn die begonnene Bewegung weitergeht, die Kämpfe unter den verschiedenen Gewerkschaften an Zahl und Bedeutung immer mehr zunehmen und so nicht nur einerseits die Arbeitergewerkschaften und andererseits der Rest der Bevölkerung zueinander in Gegensatz geraten, sondern auch die Gewerkschaften jeder Kategorie. Ein analoges Phänomen gab es im Mittelalter in den Kämpfen derer, die die Beute der zentralen Gewalt untereinander aufgeteilt hatten. Solange diese stark bleibt, hält der gemeinsame Vorteil ihre Gegner einig oder hält sie doch von einer zu großen

Spaltung ab. Unter den Karolingern war den Großen vor allem daran gelegen, sich der kaiserlichen oder königlichen Macht zu entziehen, unseren heutigen Gewerkschaften ist im Moment daran gelegen, gegenüber der Autorität der Parlamente und den Interessen der restlichen Bevölkerung die Oberhand zu gewinnen. Am 27. Januar 1920 sagte Jouhaux in einer Sitzung des *Internationalen Arbeitsamtes* auf die Äußerung Guerins, daß die Kompetenz der Parlamente vollständig bliebe, die internationale Arbeiterorganisation sei ein wirtschaftliches Parlament höherer Ordnung, dessen Beschlüsse von den verschiedenen Staaten nur ratifiziert werden müßten. Je schwächer allmählich die zentrale Gewalt wird, desto mehr häufen sich die Anzeichen der Rivalität ihrer Gegner; so kommt es zu den Privatkriegen der Feudalherren der Kapetingerzeit, so wird es zu den Kämpfen der zukünftigen Gewerkschaften kommen, und schon bemerkt man geringe Anzeichen dafür in den bewaffneten Auseinandersetzungen zwischen gewerkschaftlich organisierten Arbeitern und Streikbrechern, zwischen *Roten* und *Gelben*, zwischen *Roten* und *Weißen* – beinahe hätte ich geschrieben, zwischen Guelfen und Ghibellinen – die unter dem gutmütigen Blick der Zentralmacht ausgetragen werden, wie seinerzeit die Privatkriege der Barone vor den Augen des Königs.

Am 18. April 1920 gerieten Rote und Weiße auf der Piazza dei Signori aneinander, und es gab eine regelrechte Schlacht zwischen ungefähr fünftausend Roten und ebenso vielen Weißen; es gab 15 Verwundete. Die Zentralgewalt rührte keinen Finger, um die Ordnung aufrechtzuerhalten; sie sah zahm dem Privatkrieg zu, wie schon einmal die Könige der Feudalzeit ihren Baronen beim Privatkrieg zusahen.

Heute steht den Gewerkschaften der Eisenbahner, Seeleute, *dokers*, Grubenarbeiter nur der Komplex der amorphen Masse der restlichen Bevölkerung gegenüber; die mächtigsten und entschlossensten Gewerkschaften, wie zum Beispiel in England die *triple alliance*, die von den Grubenarbeitern, den Eisenbahnern und den *dokers* gebildet wurde; in Frankreich die *Confédération générale du Travail*, überwältigten die schwächeren und zurückhaltenderen. Wie immer in derartigen Fällen hat eine *Elite* die Oberhand, und die vielen bilden das Fußvolk; aber schon breitet sich unter ihnen ein schwacher Widerstandsgeist aus, der vielleicht in nächster Zukunft wieder verschwinden mag, aber sicher wieder zum Vorschein kommen und stark werden in einer ferneren Zukunft.

Zwischen den Bauern einerseits, den Arbeitern und Regierungsangestellten andererseits, tritt ein Konflikt auf, der in Frankreich beachtlich, in Italien immerhin bemerkenswert ist und der beträchtliche Auswirkungen haben kann, die über die der Kämpfe zwischen den Gewerkschaften hinausgehen werden. Die Zukunft wird uns dieses Phänomen besser erkennen lassen, dessen Konturen sich heute erst undeutlich abzeichnen.

Für die, welche die Führung haben, ist es von Nutzen, wenn sie verheimlichen, daß ihre Privilegien die ganze restliche Bevölkerung belasten, und sie finden bereitwillige Schmeichler, die beteuern, daß das Gewicht nur auf den „Reichen" lastet; aber dies ist ein Irrtum, den die Tatsachen schließlich aufdecken werden; und auf jeden Fall werden – abgesehen von allen Theorien – diejenigen, die die Kosten der Privilegien tragen, zum Aufruhr neigen; und auch die süßen Worte, die honigtriefenden Predigten dieser Schmutzfinken, die bewußt oder unbewußt sich den Theorien Tolstois annähern, die Leute dazu ermahnen, sich nicht gegen die „neuen Zeiten" zu stellen, sich mit dem „Unvermeidlichen" abzufinden, an das Evangelium des „göttlichen Proletariats" der „sakrosankten Arbeiter" zu glauben, sich zu „verändern, um nicht zerstört zu werden", was soviel heißt wie Selbstmord begehen, um den Tod nicht von anderen zu empfangen, werden sie nicht sehr beeindrucken.

Dies alles mag auf ein verzagtes, dummes Bürgertum, das degeneriert ist wie alle im Niedergang begriffenen *Eliten*, eine gewisse Wirkung ausüben, aber es wird wenig ausrichten gegen die energischen Männer der neuen *Elite*, zum Beispiel gegen die Anhänger eines Lenin.

Wenn die Konflikte unter den Gewerkschaften, unter den verschiedenen Gruppen der Gesellschaft zahlreicher und intensiver sein werden, wird es nötig werden, sie zu lösen, wenn die Gesellschaft nicht in der Anarchie untergehen soll. Dies heute zu versuchen, nützt wenig, weil die Erfahrung zeigt, daß im allgemeinen nur die Praxis und nicht eine vorbeugende Theorie die Lösung für derartige Probleme findet. Die Theorie der parlamentarischen Regierung in England ging der Praxis nicht voraus, sondern folgte auf sie, und sie wurde jeweils mit den Transformationen dieser Regierung modifiziert. Ähnlich waren es nicht abstrakte und gewollte Theorien, sondern praktische, unter theoretischen Aspekten häufig unbewußte Handlungen, die die parlamentarische Regierung nach albertinischem Statut in die heutige italienische Regierung verwandelten.

Es gibt keinerlei Veranlassung zu glauben, daß hinsichtlich ähnlicher Entwicklungen die Zukunft anders sein muß als die Vergangenheit.

Außerdem kann man gerade deswegen sagen, daß zur Lösung des Problems der Ordnung der Gewerkschaften es nicht genügen wird, wie manche glauben, die modernen Parlamente durch Gewerkschaftsdelegiertenversammlungen zu ersetzen; dies wäre nur der Form nach eine Lösung, nicht aber in der Substanz.

Die Theorie, daß in unseren Parlamenten die Nation in ihrer Gesamtheit repräsentiert wird, ist eine reine Fiktion. In Wirklichkeit repräsentieren sie nur den Teil, der über die anderen hinausragt, entweder durch Schläue, wenn der erste Aspekt der demagogischen Plutokratie vorherrscht, oder durch die Anzahl, wenn der zweite an Einfluß gewinnt. Die Maxime früherer Zeiten, die am Ursprung unserer parlamentarischen Regierung steht, derzufolge es denen, die die

Steuern bezahlten, zustand, sie zu genehmigen, wird heute implizit oder explizit von der anderen ersetzt, daß es denen, die keine Steuern zahlen, zusteht, sie zu genehmigen und sie bei anderen zu erheben. Früher waren die Knechte „auf Gnade und Barmherzigkeit steuerpflichtig", heute sind dies die Wohlhabenden; früher mußten jene mit außergewöhnlichen Hilfsmaßnahmen die Schäden beseitigen, die die kriegerischen Streiche der Herren angerichtet hatten, heute haben diese das zu besorgen; früher war den Knechten die Auswanderung streng untersagt, heute ist es die des „Kapitals". Ganz kleine Oszillationen dieser Art gibt es auch heutzutage. Vor dem Weltkrieg wollte die italienische Regierung die Auswanderung der Arbeiter verhindern, die sich zum Schaden der „Kapitalisten" auswirkte; heute verwendet sie ihre Sorge darauf, den Export des „Kapitals" zu verbieten, der – so sagt man – den Arbeitern Schaden zufügt. Depretis schickte die Soldaten in die Getreideernte, um die gegen die Streikenden kämpfenden Grundbesitzer zu schützen, heute schützt die Regierung die Streikenden, auch wenn sie mit Gewalt verhindern, daß andere die Ernte einbringen, die sie verfaulen lassen wollen, um sich gegenüber den Grundbesitzern durchzusetzen. Aber die Theorie und die Gesetzgebung haben sich noch nicht geändert; in der Universität lehrt man weiterhin die Theorie, die man zur Zeit von Depretis lehrte, und man würde vergeblich in den gesammelten Gesetzestexten nach einem legislativen Akt suchen, der die Änderung der Praxis sanktioniert.

Es ist schwierig für ein zivilisiertes Volk, ohne Gesetze zu bestehen; sie können geschrieben, durch Brauch festgelegt oder in anderer Weise fixiert sein, aber es muß sie geben, für jede faktische Situation gibt es schließlich eine Theorie. Der gegenwärtige Zustand, in dem das bestehende Gesetz im Absterben ist, während das neue noch nicht geschaffen ist, kann also nur vorübergehend sein, und das neue Gesetz wird schließlich da sein. Wenn die Gewerkschaften siegen, wird es ein syndikales Gesetz, und wir werden dann ein ähnliches Dokument wie die *Assisen von Jerusalem* haben. Genau das hoffen die Syndikalisten, das wollen ihre zaghaften Gegner nicht wahrhaben.

Die Entwicklung wird bei diesem Punkt nicht stehenbleiben. Es geschieht immer wieder, daß die zunehmende Erbitterung der einen Kraft die Verschärfung der Gegensätze begünstigt. Im Mittelalter entstanden zahlreiche Asylstätten für die verfolgten Knechte, vielleicht entstehen in Zukunft analoge Asylstätten für die geplagten „Kapitalisten".

Dagegen entdeckten die mittelalterlichen Herren schließlich, daß es nicht zu ihrem größten Nutzen war, wenn sie die eigenen Knechte ins Elend brachten; und diese Entdeckung, die von den Königen kräftig gefördert wurde, war die Ursache für die Zunahme ihrer Autorität. Vielleicht werden in einiger – möglicherweise nicht allzu nahen – Zeit, (weil heute noch viel Kapital bleibt, um es in unserer Gesellschaft zu verschwenden) einige der Mächtigen entdecken, daß es nicht zu ihrem größten Nutzen ist, wenn sie die Sparer ruinieren oder auch nur entmutigen, und sie werden ihren eigenen Vorteil suchen, ohne auf die Deklamationen über die „Kapital"abgaben, die Luxussteuern, die Progressivsteuern, die humanitären Opfer der Besitzenden, die von den „neuen Zeiten" auferlegten Entsagungen und ähnlichen Flausen zu hören. Wer Bienenstöcke besitzt, weiß, daß es sein Schaden ist, wenn er den Bienen allen Honig nimmt und sie verhungern läßt, und nicht aus „menschlichen" Gefühlen, sondern für seinen eigenen Vorteil sorgt er für den Erhalt dieser Tierchen. Es scheint, daß sich jetzt in Rußland unter der Herrschaft der Bolschewisten etwas Analoges abspielt.

Sehr häufig war es die Notwendigkeit, sich Geld zu verschaffen, die die Regierungen schwächte und auch zu Fall brachte. Das englische Unterhaus und die französischen Generalstände wurden von Herrschern einberufen, die Geld brauchten, hauptsächlich wegen des Krieges, der Pensionen und, in modernen Zeiten, der Staatsschulden. Sie hätten also der Notsituation und der daraus folgenden Abhängigkeit entgehen können, wenn sie nur den Willen und die Kraft gehabt hätten, solche Ausgaben zu beschneiden. So konnten die starken Regierungen operieren, die zumindest teilweise bis zum Bankrott gelangten, wie die französische Monarchie unter Ludwig XIV. und Ludwig XV., und als Ludwig XVI. dies nicht wagte, zahlte er die Kleinmütigkeit mit der Krone und mit dem Leben; aber wenn es ihm an Willen fehlte, fehlte es ihm vielleicht auch an Macht. Auch unseren Regierungen fehlt dies beides, und deshalb befinden sie sich in äußersten Schwierigkeiten, aus denen sie keinen Ausweg sehen und die sie zu ruinieren drohen. Heute nützt das der aufkommenden neuen sozialen Ordnung, morgen können analoge Gegebenheiten zu deren Schaden ausschlagen. Die Zerstörung des Reichtums durch die chaotische Produktion und die Unterdrückung der Sparer ist schon in Rußland eingetreten und wird gewiß über kurz oder lang auch in heute viel reicheren Ländern eintreten.

Es ist bemerkenswert, daß die hartnäckige Haltung der Regierung von Ludwig XVI. weder den Rentnern noch den Gläubigern des Staates etwas nützte; sie wurden dann von der Revolution ausgeplündert. Wird den Rentnern und Gläubigern unserer Regierungen deren hartnäckiger Schutz etwas nützen? Bei den Rentnern ist dies zweifelhaft, bei den Gläubigern noch mehr.

Beachtliche Kräfte, die für die Zentralgewalt arbeiten, sind praktisch die Interessen der Plutokraten, in idealer Weise die Religion vom Staat, mit ihren Mythen und ihrer Theologie. Man beobachtet sie bei zwei Parteien, die übrigens sehr verschieden sind, nämlich bei den Nationalisten oder Imperialisten und bei den Sozialisten marxistischer Prägung, die man *klassisch* nennen könnte und die gegen die Anarchie, gegen den freien Wettbewerb und gegen den Syndikalismus sind. Bei diesen beiden Parteien hat die Macht heute nachgelassen. Erstens verlor sie an Stärke durch die Enttäuschungen des Weltkriegs, aus dem sie, wenn er rechtzeitig aufgehört hätte, große Kraft hätte schöpfen können, während sie dadurch zugrundegerichtet wurde, daß man ihn auf die Spitze trieb. Zweitens verlor sie auf ideellem Gebiet, weil sich die Sozialisten für einen kurzlebigen praktischen Vorteil den „Demokraten" angenähert haben und unter verschiedenen patriotischen Vorwänden nicht nur im Krieg, sondern auch in der Regierung mit ihnen zusammengearbeitet hatten.

Wenn auch heute die Kräfte dieser Parteien wenig zum Nutzen der Zentralgewalt beitragen, kann der Tag kommen, wo die Bewegung von neuem zentripetal wird und diese Kräfte, oder vielmehr die der Nachfolger der gegenwärtigen Parteien, wirksame und beachtliche Arbeit leisten werden.

Ein ähnliches Aufeinanderfolgen der Ereignisse beobachtete man beim Aufstieg und Niedergang des Feudalwesens. Zum Beispiel weist das gegenwärtige Nachlassen der Glaubwürdigkeit der Marxisten eine gewisse Analogie zu dem auf, was sich mit der Lehre des Imperialismus der *proceres* von Karl dem Großen nach dem Tode des großen Kaisers ereignete, wie auch das Übergewicht der dritten Internationale über die erste oder die zweite nicht ohne Ähnlichkeit mit dem Übergewicht des Feudalwesens über den Imperialismus ist. Aber ebenso wie dieser wiederauftauchte, in Form der Lehre von der königlichen Oberhoheit, so könnte sehr wohl der klassische Sozialismus wiederauftauchen, wenn auch in anderer Form, wenn der Syndikalismus oder eine andere derartige Ordnung untergegangen ist.

Der katholische Glaube war für die Lehre von der Oberhoheit des Königs nützlich, wie der humanitäre Glaube dem Sozialismus nützlich war und der Partei nützlich werden wird, in die er sich verwandeln wird. Das Urteil über die politischen und sozialen Werke der Kirche im Mittelalter darf nicht aufgrund ihrer Theologie gesprochen werden, nicht aufgrund von Derivationen der Orthodoxie oder der Häresie, auch nicht aufgrund der Sitten der Prälaten; so auch nicht das Urteil über den klassischen Sozialismus aufgrund seiner Theorien und auch nicht über die soziale Demokratie aufgrund ihrer Habgier. Der Glaube ist etwas anderes als die Priester. Was noch die Derivationen betrifft, so besteht kein großer Unterschied zwischen dem Mysterium der Heiligen Dreieinigkeit und der *Mehrwert*theorie von Karl Marx, zwischen dem Haß auf den Erzfeind der Menschheit und dem Haß auf den Kapitalismus. Hinsichtlich der Substanz zielte die mittelalterliche Theokratie darauf ab, sich der Zentralgewalt zu bemächtigen und nicht etwa darauf, sie zu zerschlagen, sie war ihr sogar, ohne es bewußt zu wollen, nützlich; der klassische Sozialismus zielt ebenfalls darauf ab, sich der Zentralgewalt zu bemächtigen, will, daß von ihr aus das ganze Wirtschaftsleben geregelt wird, ist gegen die „Anarchie der kapitalistischen Produktion" und scheint auch der syndikalistischen Produktion nicht günstiger gesonnen zu sein.

Die wahrhaft kindische Auffassung, für die Produktion sei nur die manuelle Arbeit von Nutzen, würde, wo sie in die Praxis umgesetzt würde – eine absurde Hypothese – einen Effekt haben, der dem, was die Feinde der Intelligenz und die Anbeter des heiligen Proletariats wünschen, gerade entgegengesetzt ist; denn um so seltener die Intellektuellen sein werden, um so begehrter, nützlicher, unersetzlicher, mächtiger werden sie sein. Dies war der Hauptgrund für die Macht der Prälaten im Mittelalter, als die Edelleute als würdige Vorläufer der modernen Verächter der geistigen Kräfte damit prahlten, daß sie noch nicht einmal den eigenen Namen schreiben konnten. Die Macht der Kirche schwand, als die gebildeten Laien zahlreicher wurden, und besonders als diese Bildung von der der damaligen Theologie, die der modernen proletarischen Theologie gar nicht so unähnlich ist, verschieden war.

Aber hier sind wir an den Grenzen des Wahrscheinlichen angelangt, und es beginnt das Reich des nur Möglichen. Wir wollen uns hüten, die Grenzen zu überschreiten, wir wollen die Gefahr vermeiden, auch noch über den Bereich des Möglichen hinauszugehen und in den unermeßlichen Gefilden der Imagination zu schweifen.

Der plutokratische Zyklus[1]

Ein anderer Aspekt der vorliegenden Phänomene zeigt uns ein anderes Element, aus dem sie sich zusammensetzen.

Betrachten wir die wirtschaftliche und soziale Entwicklung unserer Gesellschaften seit mehr als einem Jahrhundert; wenn wir uns bemühen, den durchschnittlichen Verlauf der Entwicklung von den verschiedenen störenden Faktoren zu trennen, so können wir folgende Merkmale entdecken: 1. Eine sehr große Zunahme des Reichtums, der Ersparnisse, des „Kapitals", bezogen auf die Produktion. 2. Eine solche Verteilung des Reichtums, daß die Ungleichheit bestehen bleibt. Die einen wollen behaupten, sie hätte zugenommen, die anderen, sie hätte abgenommen, wahrscheinlich ist die Norm für die Verteilung ungefähr gleich geblieben. 3. Die immer zunehmende Bedeutung von zwei sozialen Klassen, nämlich der der reichen Spekulanten und der der Arbeiter, oder wenn man so will, allgemein der arbeitenden Menschen. Man sieht die „Plutokratie" wachsen und gedeihen, wenn man sein Augenmerk auf das erstere dieser beiden Phänomene richtet, die „Demokratie", wenn man dem zweiten mehr Beachtung schenkt, wobei die Begriffe Plutokratie und Demokratie in dem etwas verschwommenen Sinn der Umgangssprache verstanden werden. 4. Eine partielle Verbindung zwischen diesen beiden Elementen, die sich besonders ab dem Ende des 19. Jahrhunderts bemerkbar macht. Obwohl im allgemeinen Spekulanten und Arbeiter keine völlig gemeinsamen Interessen haben, so kommt es doch vor, daß ein Teil der ersteren und ein Teil der letzteren es für vorteilhaft erachtet, zusammenzuarbeiten, um sich gegenüber dem Staat durchzusetzen und um die anderen sozialen Klassen auszubeuten. Dazu kommt noch, daß die Plutokraten zu einem ähnlichen Zusammenschluß gelangen, indem sie sich schlau der Gefühle (Residuen), die im einfachen Volk vorhanden sind, bedienen und es betrügen. So entsteht das Phänomen, das vom Volk und von den Empirikern unter dem Namen demagogische Plutokratie angeprangert wird. 5. Während die Macht der beiden obengenannten Klassen zunimmt, nimmt die von zwei anderen ab, nämlich die der reichen oder auch nur wohlhabenden Besitzenden, die nicht zusätzlich Spekulanten sind, und die der Militärs; und nunmehr ist die Macht der zweiten auf herzlich wenig reduziert. Vor dem Krieg mußte man noch eine Ausnahme ma-

[1] Es handelt sich um das dritte Kapitel von *Trasformazione della democrazia* von V. Pareto (Mailand, Corbaccio, 1921). Für die Übersetzung ins Deutsche haben wir den von G. Busino herausgegebenen Neudruck aus V. PARETO, *Scritti sociologici*, cit. verwendet. Die Anmerkungen Paretos sind alphabetisch bezeichnet.

chen für Deutschland, wo dieses Wenig noch sehr viel war, aber heute ist das nicht mehr nötig. Ein Zeichen für die Intensität dieses Phänomens ist die ständig wachsende Ausdehnung des Wahlrechts von den Besitzenden auf die Besitzlosen. Man muß bemerken, daß sich unter den Besitzenden viele befinden, die keine Spekulanten sind, und unter den Besitzlosen manche, die mit den Spekulanten gemeinsame Interessen haben, und andere, die Gefühle (Residuen) haben, derer sich diese bedienen können, wo es ihnen nützen kann, und tatsächlich war es oft nützlich, den Einfluß der ersteren zu verringern und den der zweiten zu verstärken. 6. Allmählich geht die Ausübung der Macht von der oberen zu den unteren Klassen über. Dieses Merkmal und auch das folgende gehören zu den Aspekten des Abbröckelns der zentralen Gewalt. 7. Als wirksames Instrument der demagogischen Plutokratie erscheinen die modernen Parlamente. Sie bieten, zunächst bei den Wahlen, dann bei den Parlamentsdebatten, ein weites Feld für die Aktivität der Männer, die eine große Menge von Instinkt für Kombinationen haben. Daher hat der moderne Parlamentarismus teilweise ein Schicksal, das parallel zu dem der Plutokratie verläuft, er gedeiht und verfällt mit ihr, und seine Transformationen, auch die Transformationen der Demokratie genannt, werden begleitet von dem Auf und Ab der Plutokratie.

Das nun Folgende stellt keine Einzelfälle dar, und um es richtig zu verstehen, muß man es in die historischen Abläufe einordnen, in die es gehört. Wir dürfen nicht der Neigung folgen, dem, was sich vor unseren Augen abspielt, übertriebene Bedeutung beizumessen und dabei das, woran uns die Vergangenheit erinnert, für unwichtig zu halten; wir müssen auch den entgegengesetzten Fehler vermeiden, der in der Annahme bestünde, daß die Gegenwart als getreue und genaue Nachahmung der Vergangenheit zu sehen sei. Die den gegenwärtigen Bewegungen zum Teil analogen, von denen uns die Geschichte erzählt, verlaufen nicht gleichförmig in dieselbe Richtung, sie sind alle wellenförmig, was nicht heißt, daß man nicht in dem einen oder anderen Sinne auch einen allgemeinen Verlauf erkennen könne, um den sich die Schwingungen bewegen. Diese entstehen aus der Natur der Menschen selbst, die im Hinblick auf die Regierung, von Agentien beherrscht werden, die man in zwei Gruppen teilen kann, einmal der Konsensus und zum anderen die Gewalt[2]. Zwischen diesen beiden Polen oszilliert die soziale Ordnung.

Den Konsensus erhält man durch Untergruppen von Agentien, von denen eines die Gemeinsamkeit von Interessen ist, das andere von religiösen Gefühlen, Sitten und Bräuchen, Vorurteilen etc. stammt und den Residuen entspricht, denen wir in der *Sociologia* den Namen *Persistenz der Aggregate* gaben. Sie gelangen oft durch die Überzeugung zur Wirkung, die manchmal mit guten Grün-

---

[2] Pareto verweist hier auf § 2151 des *Trattato*.

den, meistens jedoch mit Hilfe von Sophismen (Derivationen) erworben wird. Dem entsprechen die Residuen, die wir die des *Instinkts für die Kombinationen* genannt haben.

Man muß darauf achten, auf wie verschiedene Weise die beiden großen Kategorien von Staatsbürgern an der Regierung teilnehmen. Die eine wird gebildet von den Bauern und Grundbesitzern, die andere von den Händlern, den Industriellen, den Unternehmern öffentlicher Arbeiten, den Zöllnern, den „Spekulanten" etc. Die erste neigt fast immer dazu, die Macht der *Persistenz der Aggregate* zu stärken, die zweite die des *Instinkts für die Kombinationen*; daher bringt die Vorherrschaft der einen oder der anderen Kategorie sehr verschiedene Gesellschaftstypen hervor. Wenn die erste die Vorherrschaft hat, kann sie sich aus eigener Kraft halten; wenn die zweite die Vorherrschaft hat, gibt es sehr oft plutokratische Gesellschaften, und weil die Plutokratie nur über eine spärliche eigene Kraft verfügt, muß sie in eine demagogische oder militärische Plutokratie umschlagen. Die erstere ist finanziell weniger kostspielig als die zweite, wenn diese sich nicht übermäßig in Kriege stürzt.

Häufig besteht nicht nur eine Trennung, sondern auch ein Gegensatz zwischen der Haltung, Gewalt anzuwenden und der, zum Konsensus zu gelangen. Außergewöhnliche Persönlichkeiten können beides in sich vereinigen, bei den meisten der Regierenden herrscht die eine oder die andere vor, und da es eine Zirkulation zwischen den verschiedenen sozialen Klassen gibt, ist diese eng mit den Oszillationen der sozialen Ordnung verknüpft.

Jeder der Gesellschaftstypen trägt in sich den Keim für das Gedeihen am Anfang und den Zerfall am Ende, wie es ähnlich bei den Lebewesen ist[3]; und die großen Oszillationen entsprechen solchen Perioden.

Aus solchen Erkenntnissen, die nur ein Kompendium von Erfahrungstatsachen darstellen, folgte eine Theorie von der wellenförmigen Bewegung der Gesellschaften, die wir in der *Sociologia* ausführlich behandeln und an die wir daher hier nur insofern erinnern wollen, als sie unser Thema betrifft.

Das antike Rom war eine Agrarrepublik, die nach der Zerstörung Karthagos und der Eroberung Griechenlands in eine Plutokratie umschlug. Die Agrargesetze der Gracchen sollten diesen Umschlag verhindern, und dabei waren sie ihm dienlich, was nichts Ungewöhnliches ist, ja es kommt sogar sehr häufig vor, daß die Politiker glauben, sich in eine Richtung zu bewegen und unfreiwillig und ohne es zu wissen, den entgegengesetzten Weg eingeschlagen haben. Die demagogische Plutokratie Roms herrschte siegreich bis zu den Zeiten von Sulla, und von da bis Augustus kämpfte sie gegen die militärische Plutokratie, die, als sie im Kaiserreich siegte, schnell zu einer Militärbürokratie entartete, ähnlich wie die

---

[3] *Siehe Sociologia* § 2541.

des modernen Zarismus in Rußland[4]. Beide endeten mit einer großen sozialen Umwälzung. Marius und Cäsar hatten sich mit der Demagogie verbündet und bereiteten unbewußt die Herrschaft des Augustus vor; die Geschichte wird uns sagen, ob es der Herrschaft Lenins ähnlich gehen wird und ob Iwan der Schreckliche einen Nachfolger finden wird.

Das Mittelalter war die Zeit des Übergewichts des ländlichen Bereichs, das dann allmählich von der Industrie und dem Handel der Gemeinden mit der Unterstützung der Monarchie und der Bürokratie zerschlagen wurde. Bei den Transformationen, die uns bis in die Moderne führen, tauchten verschiedene Formen der Plutokratie auf.

Bemerkenswert ist die außergewöhnliche Blüte der englischen Plutokratie, die der römischen vor dem Ende der Republik ähnlich ist. In beiden Fällen ist der Hauptfaktor für diese Blüte die Tatsache, daß man die Kategorie der Bauern und der Besitzenden, die der demagogischen Plutokratie die Elemente der Stabilität und der Kraft verleihen, die sie von sich aus nicht hat, an der Regierung teilnehmen ließ.

In Frankreich stützte sich die Herrschaft Napoleons III. auf den ländlichen Bereich, hielt jedoch in gemäßigten Grenzen die Plutokratie aufrecht und bediente sich des Militarismus – wie die Herrschaft des Augustus in Rom. Beide stießen auf fremde Kriegsmächte; aber das französische Kaiserreich wurde in Sedan zerstört und das römische wurde von der Niederlage, die die Germanen den Legionen von Varus zufügten, kaum erschüttert. Dies ist der Anteil der Zufälle, die die aus inneren Kräften entstehenden Oszillationen überlagern.

Die dritte französische Republik begann mit einem überwiegen – den Einfluß des ländlichen Bereichs und schlug bald in die demagogische Plutokratie um, die den Gipfel ihrer Macht zur Zeit der „Affäre Dreyfus" erreichte. Aber der Krieg ist ungünstig für die Plutokratien, und die letzten Wahlen in Frankreich weisen Anzeichen einer Oszillation in entgegengesetzter Richtung auf. Die Klasse der Bauern hat sich am Krieg bereichert und hat eine neue Bedeutung gewonnen. In ihr haben die Bauern mit Grundbesitz das Übergewicht, und daher zeigen sich bei ihr Merkmale, die, wenn auch nur schwach, sich denen annähern, die man für gewöhnlich als konservativ bezeichnet. Unter dem niederen Landvolk, wie den Tagelöhnern in Italien, gibt es kaum jemand, der die Enteignung von Grund und Boden oder gar die Bezahlung für nutzlose oder vorgetäuschte Arbeiten fordert.

---

[4] Davon wird in der *Sociologia* ausführlich berichtet, und deshalb wird hier nur kurz darauf angespielt. Die *Sociologia* wurde vor dem Ersten Weltkrieg geschrieben, und die Merkmale der in ihr beschriebenen Plutokratie findet man in der gegenwärtigen genauer und stärker ausgeprägt vor. Ähnlich ist der in ihr dargestellte Zyklus auf die vorgesehene Weise verlaufen und verläuft weiterhin so.

Das französische Volk war schon immer kriegerisch, und der Sieg hat den Militarismus ziemlich gestärkt. Andererseits hat die Macht und die Bedeutung der Sozialisten abgenommen, die den eigenen Grundsätzen nicht hatten treubleiben können oder wollen, sich mit den bürgerlichen Regierungen verbündet hatten und in deren Reihen es nicht an Hurrapatrioten, ja nicht einmal an Kriegsgewinnlern fehlte.

Wir wissen nicht, ob die begonnene Bewegung weitergehen, noch wo sie zusammen mit dem Abbröckeln der Zentralgewalt hinführen wird.

In Deutschland gab es eine militärische Plutokratie, die von der Klasse der Bauern, besonders der preußischen, unterstützt wurde und die heute von den rivalisierenden westlichen Plutokratien zerstört ist.

Der Weltkrieg erscheint, wenn man die hurrapatriotischen, ethischen Deklamationen über „die Verteidigung des Rechts und der Gerechtigkeit", über die „Barbarei" der Feinde und ähnliche beiseite läßt, als ein Konflikt zwischen der militärischen Plutokratie und der demagogischen Plutokratie, bei dem die russische Bürokratie intervenierte, und insofern haben die Sozialisten richtig beobachtet, wenn sie ihn als bürgerlichen Krieg bezeichnen.

Alle diese Regierenden außer den amerikanischen und vielleicht den englischen haben sich verrechnet. Die russische Regierung hätte nach dem, was nach dem Japankrieg geschah, die Revolution voraussehen müssen und ließ die Warnung außer acht. Die deutsche Regierung hätte von Bismarck gelernt haben sollen, wie man einen Krieg auf diplomatischem Wege vorbereitet und setzte sich überheblich darüber hinweg. Die französische und noch mehr die italienische Plutokratie hatten sich auf den Krieg nicht vorbereitet, in den sie sich trotzdem einließen.

Die in Konflikt geratenen Plutokratien glaubten zuerst – und als ihnen die Wahrheit klar wurde, wollten sie weiterhin glauben lassen – daß der Krieg kurz und nicht sehr kostspielig[5] sein werde. Dieser hatte wunderbar ihren Plänen gedient, weil die Kunst des Regierens darin besteht, die vorhandenen Gefühle[6] sich zunutze zu machen, und die für den Patriotismus waren mächtig und stark; aber die Plutokratien konnten nicht rechtzeitig aufhören, ein sehr verbreiteter Fehler

---

[5] Als diejenigen am heftigsten am Werk waren, die zu verstehen geben wollten, daß der Krieg kurz und nicht sehr kostspielig werden würde, schrieben wir: „Es ist wahrscheinlich, daß der gegenwärtige Krieg lang sein wird. Nun sieht man, wie schwerwiegend der Irrtum derjenigen war, die behaupteten, durch die gesteigerte Kraft der Vernichtungsmittel seien Kriege unmöglich geworden, und man wird sehen, wie schwerwiegend auch der Irrtum derer ist, die behaupten, der gegenwärtige Krieg könne nicht von Dauer sein wegen der finanziellen Schwierigkeiten und der Mangelsituation, die bei den kriegführenden Nationen auftreten werde." („Giornale d'Italia", 25. September 1914.) Diese Zukunftsform: *man wird sehen* ist heute, im Jahre 1920, zur Gegenwart geworden: *man sieht* und auch zur Vergangenheit: *man hat gesehen*.

[6] Pareto verweist hier auf § 2247 *et passim* des *Trattato*.

bei ähnlichen Unternehmen. 1917 hätten sie Frieden schließen können, an dem Punkt, an dem ihnen der Krieg zum Nutzen und nicht zum Schaden gereichte[7]; indessen wollte die Entente einen überwältigenden Sieg, die Mittelmächte konnten sich nicht mit unbedingt notwendigen Opfern anfinden, damit, das Geringste zu verlieren, um das Meiste zu retten; und heute winden sich alle in einem ausweglosen Dilemma. So wurde eine Entwicklung beschleunigt, die vielleicht auf jeden Fall eingetreten wäre.

Die westlichen Plutokratien verstanden nicht – wie die nicht verstanden, die man, ohne es zu wissen, warum, die *Konservativen* nennt – den indirekten Nutzen, den ihnen der deutsche und russische Militarismus brachte, noch daß sie, wenn sie den einen zerstörten, nachdem der andere schon nicht mehr bestand, der gegnerischen Demagogie das Feld überließen. Nun wollen sie auf Abhilfe sinnen und bekämpfen den Bolschewismus; aber es ist spät, die russischen Revolutionäre haben in den Ländern der Entente um so stärkere und gefährliche Verbündete, je mehr die Zentralgewalt abbröckelt, die der Plutokratie noch geblieben ist, welche sie sich mit zahllosen Auswegen zu erhalten sucht. Sie ließ sich zum Teil von denselben Derivationen täuschen, deren sie sich bediente, um die anderen zu betrügen, um die Massen in die Schützengräben zu treiben und dort ausharren zu lassen, indem sie noch Versprechungen dazu gab, von denen sie wußte, daß sie sie nicht halten konnte[8]. Hier kann man wirklich sagen, daß sie sich ins eigene Fleisch geschnitten hat.

---

[7] Darüber schrieb ich ausführlicher in dem Artikel *Après quatre années de guerre*, der in der Zeitschrift „Coenobium" von Enrico Bignami eine so freundliche Aufnahme fand, wie er sie schwerlich an anderer Stelle angetroffen hätte; und hier soll die unparteiische Haltung Bignamis lobend anerkannt werden.
Damals wurde ich kritisiert, weil ich sagte, daß die Lehren der Geschichte voraussehen ließen, daß der zu gründende „Völkerbund" nur eine Hegemonie verschleiern werde. Wohin haben sich die Tatsachen entwickelt und entwickeln sich noch?
In jenem Artikel wurde auch die Voraussage wiederholt, daß manche Staaten ihre Schulden durch die Abwertung der Währungseinheit bezahlen würden. Man betrachte heute den Goldwert der österreichischen, deutschen, französischen, italienischen etc. Währung und sage dann, ob die Staaten die Zinsen ihrer Schulden in guter oder in falscher, abgewerteter Münze zahlen.

[8] Heute beginnt sie von neuem mit ihren Täuschungsmanövern, indem sie den Anschein erwecken will, daß sie, durch eine angenommene Einschränkung des Luxus der wohlhabenden Klassen, ohne das auf die Produktion gerichtete Kapital anzugreifen, also mit der konsequenten Einschränkung jener, die Kosten des Krieges bezahlen und die unendlich hohen Summen beschaffen könne, die zur Anhebung von Lohn und Freizeit der arbeitenden Klassen und der Staatsbeamten nötig sind, und ökonomisch nutzlose Arbeiten durchführen lassen zu können etc. So wird die Verschwendung des Krieges ausgeglichen, nicht mit mehr Arbeit und mehr Produktion, sondern indem man beide einschränkt. Es sei beiläufig bemerkt, daß bis zur Stunde der Luxus nicht sehr eingeschränkt wurde, es scheint vielmehr, daß er von den Alt- zu den Neureichen, von den Sparern auf die Spekulanten übergegangen ist.
Es gibt Leute, die auf solche Köder anbeißen; die Rasse der Einfaltspinsel stirbt nicht aus.

Die militärische Plutokratie Deutschlands ist besiegt und zerstört von einer fremden Macht, nämlich der demagogischen Plutokratie, die sich jetzt in Deutschland ausbreitet und in den Ländern der Entente schon völlig gesiegt hat.

Das moderne Italien wurde vom Bürgertum gebildet, wobei die Massen der ländlichen Bevölkerung sich gleichgültig oder zuweilen gegnerisch verhielten. Die neue Regierung schlug schnell in eine demagogische Plutokratie um, die zu der Zeit von Depretis und kurz danach auf dem Höhepunkt der Macht war. Im allgemeinen wird sie nun vom Krieg verurteilt, aber sie ist noch bei weitem nicht besiegt.

Die demagogische Plutokratie scheint nun allgemein völlig gesiegt zu haben. Vielleicht wird sie sich in England noch lange halten können, mit Hilfe der Gewinne, die ihr die Hegemonie verschafft, der sich nolens volens heute alle Staaten außer den Amerikanern beugen. Rom beutete nur das Mittelmeerbecken aus, England beutet den größten Teil des Erdballs aus. Es fragt sich noch, ob sich in England nicht starke Kräfte im Innern gegen die demagogische Plutokratie erheben werden, ob die militärische Plutokratie nicht wieder in anderen Ländern auferstehen wird und was die Unbekannte Rußland und Asien ergeben wird.

In anderen europäischen Ländern befindet sich die Plutokratie in größerer Gefahr, aber zu allen Zeiten und in allen Ländern ist sie immer reich an Mitteln gewesen, um die höchst verzweifelt aussehende Lage zu ihrem eigenen Vorteil zu wenden. Scheinbar gibt sie den gegnerischen Kräften nach, mit dem vorgefaßten Plan, das, was sie der Gewalt überlassen mußte, sich mit Geschick wiederzuholen; dem Hindernis, das sie nicht frontal überwinden kann, weicht sie aus und läßt für gewöhnlich die Kosten des Konflikts von den Sparern und Rentiers bezahlen, die gute Schafe sind und sich fügsam scheren lassen. Sie hat unendlich viele Auswege ersonnen, wie die enormen Staatsschulden, von denen sie sehr wohl weiß, daß sie sie letzten Endes nicht bezahlen kann, die Kapitalabgaben, die Steuern, die das Einkommen derer, die nicht spekulieren, verringern und erschöpfen, die Gesetze zur Ausgabenbeschränkung, die sich schon so viele Male in der Geschichte als nutzlos erwiesen haben, und andere ähnliche Maßnahmen, deren Hauptzweck es war, die Massen zu betrügen.

Man beachte in den Provinzen Süditaliens den Widerstand des Volkes gegen die Bourgeoisie, gegen die „Biedermänner", der 1860 und wenige Jahre danach heftig war und unter der Herrschaft der Plutokratie mehr oder weniger resignierte und sich heute in gemäßigter und in anderer Form, wie es sich bei den *Popolari* zeigt, von neuem erhebt. Hier ist offensichtlich eine Kraft, die von der Zentralgewalt unterdrückt wird und die sofort auf den Plan tritt, wenn jene schwächer wird. Das Phänomen ist höchst bedeutend und geht weit über die kleinlichen Querelen und Machenschaften im Parlament hinaus.

In Italien wird der Gesetzesentwurf von Falconi[9] über den „Großgrundbesitz und die Abgabe von Land an die Bauern" unserer Plutokratie nicht mehr schaden als nach einem kurzen Sturm die Agrargesetze der Gracchen der römischen Plutokratie schadeten. Mehr schaden könnte ihr der Plan der *Popolari* zur Vergrößerung der Anzahl der kleinen Grundbesitzer, wenn er erfolgreich sein sollte, denn in dieser Klasse in der Landwirtschaft sind heute die einzigen Gegner, die sie zu befürchten hat.

Solange die Bildung von Ersparnissen nicht zu sehr angegriffen wird, das Brot unter dem Preis, die Mieten herabgesetzt und die anderen Wohltaten, die die Plutokratie den Hilfstruppen und den Untertanen gewährt, erhalten bleiben, werden diese sie nicht daran hindern, fette Gewinne zu machen, wie die Lebensmittelgesetze der Republik, die das Kaiserreich übernahm und erweiterte, die römische Plutokratie nicht daran hinderten.

Diese Ähnlichkeit zwischen Situationen und Maßnahmen hängt von der Natur der Sache selbst ab, deshalb wird es sie weiterhin in der Zukunft geben, und der Verfall der römischen Plutokratie kann gut, zumindest teilweise, ein Bild dessen sein, der der unsrigen bevorsteht.

Sicher sind wir nun an einem Punkt angelangt, der eine starke Analogie zu dem bildet, an dem sich die römische Plutokratie am Ende der Republik befand. Es ist wahrscheinlich, äußerst wahrscheinlich, aufgrund von Analogien zu Zyklen, die zu anderen Zeiten beobachtet wurden, daß wir, da wir dem Gipfel nahe sind, auch dem Abstieg nahe sind.

Dies zu wissen ist wenig, und man wollte gern mehr erkennen, aber besser weniger als gar nichts, und ein Wenig in der Gegenwart schließt ein Mehr in der Zukunft nicht aus, ja, bereitet es sogar vor. Nur die Erfahrungswissenschaft ist eine verläßliche Führerin auf dem Wege dahin.

[9] Alfredo Falcioni (1868-1936), Abgeordneter, Unterstaatssekretär im Innenministerium von 1911-1914, dann Landwirtschaftsminister und Justizminister im Kabinett Nitti. 1929 wurde er zum Senator ernannt.

Epilog[1]

In der *Sociologia* habe ich ausführlich ein Prinzip dargelegt, das mir für diese Wissenschaft von grundlegender Bedeutung zu sein scheint, nämlich das Prinzip von der Nützlichkeit der Weltanschauungen* für die Praxis und von ihrer schädlichen Wirkung auf die Erkenntnis der Erfahrungswirklichkeit. Man darf also nicht, wie es üblich ist, den Glauben als der Skepsis der Wissenschaft entgegengesetzt betrachten, denn beide sind von Nutzen, je nach dem verfolgten Zweck.

Aus der getroffenen Unterscheidung ergibt sich, daß es zwei voneinander sehr verschiedene Kategorien von Artikeln gibt: Die, die bezogen auf die Praxis, an den Weltanschauungen partizipieren und sich ihrer bedienen, und andere, denen es nur um wissenschaftliche Forschung geht, die die Weltanschauung als etwas Äußeres betrachten, als solches untersuchen und sich um nichts anderes kümmern als darum, die Theorie mit den Fakten in Beziehung zu bringen.

Die Artikel in diesem Band[2] gehören ausschließlich zur zweiten Kategorie.

Die Schriften, die mit einer Weltanschauung in Einklang stehen, können von Zeitschriften akzeptiert werden, die dieser Weltanschauung in irgendeiner Weise günstig gesonnen sind und können abgelehnt werden von Zeitschriften, die ihr gegnerisch gegenüberstehen. Da der größte Teil der Zeitschriften mit einer Partei oder einem Glauben in Verbindung steht, ergibt sich, daß die Artikel, die sich ausschließlich auf die Erfahrungswirklichkeit richten, in keiner Zeitung, keiner Zeitschrift Aufnahme finden würden und in ein Buch eingehen müßten, in dem der Autor frei von jeglicher Abhängigkeit ist.

Vielleicht wäre das nicht schlecht, und verschiedene Arten von Literatur können sehr wohl verschiedene Weisen, sich zu manifestieren, haben, aber wenn man doch möchte, daß die auf Erfahrung gegründete Wahrheit in den normalen Zeitschriften einen Platz findet, muß man dafür irgendeine Ersatzlösung finden.

---

[1] Aus *Fatti e teorie*, Florenz, Vallecchi, 1920, S. 309 und folgende. Für die deutsche Übersetzung verwenden wir den unter der Leitung von G. Busino in V. PARETO, *Scritti sociologici*, Turin, UTET, 1966 neugedruckten Text. Von dem *Epilog* veröffentlichen wir hier nur den ersten und zweiten Abschnitt, die die letzte synthetische Darstellung (und vielleicht die beste) ist, die Pareto über seine Soziologie geschrieben hat. Die folgenden Abschnitte befassen sich mit Themen, die dann zum großen Teil in der *Trasformazione della democrazia* wiederaufgegriffen und weiter ausgearbeitet werden. Von den Anmerkungen des Autors, die hier alphabetisch bezeichnet sind, haben wir nur die übernommen, die am wichtigsten sind oder dem Verständnis des Textes dienen.

* it. credenza, Anm. d. Übersetzers.

[2] In dem Band *Fatti e teorie* hatte Pareto zahlreiche Artikel aus diesen Jahren zusammengetragen, zu denen er dann den *Epilog* schrieb, den wir teilweise wiedergeben.

Es gibt sie. Man kann die Darlegung der auf Erfahrung gegründeten Wahrheit in verschiedene Teile teilen, von denen jeder einzelne in Zeitschriften paßt, deren Weltanschauungen er nicht verletzt und die, alle zusammen, das Denken des Autors ausmachen. Wenn dieser sich bemüht, klar zum Ausdruck zu bringen, daß er in jedem Artikel nur einen Teil des Phänomens untersuchen will, besteht keine Gefahr, daß irgendein Leser irregeführt wird.

Die Parteien ändern, je nachdem, ihre Weltanschauung oder die, deren sie sich bedienen; deshalb sind Artikel, die zu einer bestimmten Zeit sehr willkommen waren, es zu einer anderen nicht mehr. Dies erlebte ich mehrmals, und ich habe diese Änderungen nicht ohne eine gewisse Genugtuung aufgenommen. Wenn eine Zeitschrift Artikel von mir haben möchte, so gebe ich sie ihr, wenn sie sie nicht möchte, behalte ich sie und warte, bis eine andere danach verlangt; normalerweise biete ich sie nicht an.

So kam es vor, daß meine Artikel, die streng bei der experimentellen Forschung blieben und bei denen sich nur der Gebrauch änderte, den man für Parteiinteressen davon machen konnte, zu einer bestimmten Zeit gewissen Zeitschriften willkommen waren und zu einer anderen nicht. Dem begegnete ich, indem ich sie immer wieder woanders unterbrachte. Auf diese Weise verfahre ich, seitdem im Oktober 1887 das „Journal des Economistes" einen meiner Artikel[3] veröffentlichte und im Oktober 1891 ein anderer in der „Revue des Deux Mondes"[4] erschien.

Der Artikel *La guerra ed i suoi principali fattori sociologici*[5] (dt. Der Krieg und seine wesentlichsten soziologischen Faktoren, Anm. d. Übers.) wurde veröffentlicht, als ein winziges Maß an experimenteller Wahrheit in Italien noch geduldet wurde. Kurz danach fiel diese Toleranz der Ächtung zum Opfer; dies konnte nützlich sein angesichts des damit verfolgten Zwecks; darüber streite ich nicht, ich stelle nur die Tatsache fest.

Dann war es nur erlaubt, Deklamationen über die „deutsche Barbarei", über die Verbrechen des *Kaisers*, Schmähschriften gegen die, die das Land vor dem Elend des Krieges bewahren wollten und andere, ähnliche Demonstrationen blinden Glaubens zu veröffentlichen, lauter schöne Dinge, aber leider gehörten sie nicht zu den Fähigkeiten, die Mutter Natur mir verliehen hat.

Nachdem eine New Yorker Zeitung, die „Nation", wenn ich nicht irre, den erwähnten Artikel lobend zitiert hatte, baten mich mehrere Verleger darum und

---

[3] Vgl. V. PARETO, *Le nouveau tarif douanier italien*, in „Journal des Economistes", 15. Oktober 1887, jetzt in *Libre-échangisme, protectionnisme et socialisme*, Genf, Droz, 1965.

[4] Vgl. V. PARETO, L'Italie économique, in „Revue des deux mondes", 15. Oktober 1891, jetzt in *Le marché financier italien* (1891-1899), Genf, Droz, 1965.

[5] Vgl. V. PARETO, *La guerra e i suoi principali fattori sociologici* in „Scientia", März 1915, jetzt in *Scritti sociologici*, herausgegeben von G. Busino, cit.

schlugen mir die Veröffentlichung einer Übersetzung vor. Als Antwort schickte ich ihnen den Artikel, riet ihnen aber von einer Veröffentlichung ab, da er gänzlich von der Literatur verschieden war, die damals im Schwange war, und der Beweis dafür, daß ich mich nicht getäuscht habe, liegt darin, daß keiner dieser Verleger jene Absicht verwirklichte. Damals schien der Artikel zu kühn, heute würde man ihn vielleicht für zu zaghaft halten. Darum kümmert sich die experimentelle Wissenschaft nicht; über die Übereinstimmung mit den Fakten, an die sie allein denkt, werden wir nachher mehr sagen.

Genau in dieser Zeit der Intoleranz entstand der Artikel *Après quatre années de guerre* (dt. Nach vier Jahren Krieg, Anm. d. Übers.)[6]. Mir war daran gelegen, ihn zu veröffentlichen, weil ich Stellung nehmen und theoretische Aussagen zum Ausdruck bringen wollte, um hinterher zu sehen, ob sie durch die Fakten bestätigt werden, denn, wenn das der Fall sein sollte, so würde dadurch die Wahrscheinlichkeit dafür, daß die Theorie wahr ist, stark zunehmen, für die zuvor nur die Erklärung des Vergangenen sprach.

Es war schwierig, jemanden zu finden, der den Artikel annahm. An die italienischen Zeitschriften war nicht zu denken, auch wegen der Zensur; es war auch nicht einfach, sich an die ausländischen zu wenden; der Zufall wollte es, daß es eine Ausnahme gab, nämlich das „Coenobium“ unter der Leitung von Enrico Bignami[7], der bei dieser Gelegenheit eine großzügige und unparteiische Haltung bewies, die um so wertvoller war, als sie damals selten war.

Heute herrscht eine andere Stimmung, viele sagen das, was in jener Zeit wenige dachten, und der Artikel scheint für den Leser von heute offene Türen einzurennen; aber damals waren sie verschlossen, und zwar fest verschlossen.

Später, als die erwähnte Bewegung ihrem Ende zuging, und sie war schon weiter gegangen, als ich angenommen hatte, war es einfacher, ausschließlich auf Erfahrung gegründete Arbeiten zu veröffentlichen. Missiroli[8], der geistig über den Leidenschaften der Parteilichkeit stand und objektive Forschungsarbeiten zu erhalten wünschte, bat mich inständig um Artikel für den „Resto del Carlino“ und überwand meinen Widerstand gegen die Veröffentlichung von Dingen, von denen ich meinte, sie müßten an der in der Öffentlichkeit noch vorherrschenden Orthodoxie abprallen. Doch darüber war sein Urteil richtiger als das meinige, denn meine ketzerischen Artikel fanden viele Leser.

---

[6] Vgl. V. PARETO, *Après quatre années de guerre*, jetzt in *Scritti sociologici*, cit.

[7] Der Artikel von Pareto sollte in der Juli-August-Nummer 1918 der Tessiner Zeitschrift „Coenobium“ veröffentlicht werden. Diese Nummer erschien jedoch nie, und es scheint, daß damals der Artikel Paretos in Form eines Auszugs gedruckt wurde, der nie in den Handel kam (vgl. die Anmerkungen von G. Busino in V. PARETO *Scritti sociologici*, ct. S. 737.

[8] Mario Missiroli, Journalist und Schriftsteller. In jener Zeit war er Leiter des „Resto del Carlino“ (1918-1921) und des „Secolo“ (1921 bis 1923).

Wenig später nahm die „Rivista di Milano“ Schriften von mir an, die nicht leicht an anderer Stelle untergekommen wären.

In diesem Band sind einige Artikel über abstrakte Theorien abgedruckt, von denen man annehmen sollte, daß ihnen Leidenschaften und Interessen völlig fremd sind; aber dem ist nicht so, weil Leidenschaften und Interessen die Tatsachen nicht so wiedergeben wollen, wie sie sind, sondern wie es nützlich ist, und es fehlt nie an Autoren, die bereitwillig zu ihrem und anderer Vorteil Fakten und Theorien zu verdrehen wissen.

Ein typisches Beispiel ist die Geldtheorie; diese Theorie wurde in der Vergangenheit, wird heute und in der Zukunft entstellt, um diejenigen zu rechtfertigen, die den Prägestock fälschen und aus dieser Fälschung Vorteil ziehen. Ich sage nichts über die Preistheorien, die, um falsche Hoffnungen zu wecken, so realitätsfern und plump sind, daß sie wahrhaftig zum Lachen reizen. Der Roman von den *Promessi Sposi* (Die Verlobten, von Manzoni, Anm. d. Übers.) erscheint im Vergleich zu dem unerhörten Unsinn, den die nicht immer ganz selbstlosen Verteidiger unserer Regierungen drucken lassen, als ein höchst wissenschaftliches Werk der Ökonomie.

Bevor wir fortfahren, wollen wir kurz einige Theorien zusammenfassen, die in den Artikeln des vorliegenden Bandes angewandt werden. In der *Sociologia*, in der sie dargelegt werden, verlieren sie sich vielleicht ein wenig in der breit angelegten Beweisführung, während sie hier, wo wir die Beweise weglassen, dogmatisch scheinen könnten, was sie nicht sind. Die Natur des Gegenstandes zwingt uns, unser Schiff zwischen diesen beiden Klippen zu steuern.

1. Alle in der *Sociologia* und in diesem Band enthaltenen Studien sind solche der Erfahrungswissenschaft; sie zielen darauf ab, Fakten wiederzugeben, Beziehungen zwischen ihnen zum Ausdruck zu bringen, aber niemals die Stimmung, die Meinungen oder Weltanschauungen des Autors (§ 75)[9]. Jede Absicht, die Gefühle anderer zu bewegen, wen auch immer zu überzeugen, einer Partei, einer Regierung, einer Nation, der Menschheit zu dienen, ist ausgeschlossen. Gibt es etwas, was über die Erfahrung hinausgeht? Der Anhänger der experimentellen Methode kann auf eine solche Frage nicht antworten. Er geriete in Widerspruch mit sich selbst, wenn er, nachdem er gesagt hat, er wolle nur von der Erfahrung sprechen, anfinge, über das zu sprechen, was sie transzendiert. Daher hat er weder für noch gegen eine nicht-experimentelle „Wissenschaft“ etwas zu sagen. Er kann sehr wohl und

[9] Die von Pareto angeführten Paragraphen stammen aus dem *Trattato di sociologia generale*, der in diesem Essay abgekürzt als *Sociologia* zitiert wird.

muß, mit Hilfe der Erfahrung, untersuchen, ob Schlußfolgerungen derartiger „Wissenschaften“ mit den Erfahrungstatsachen übereinstimmen oder nicht.

2. Die Gefühle und ihre theologischen, metaphysischen und literarischen Manifestationen haben ihren Ursprung entweder in der Liebe, im Haß oder in anderen Leidenschaften, und sie haben wesensgemäß keinen Anteil an unseren wissenschaftlichen Bemühungen, ja stehen dem logisch-experimentellen Denken feindlich gegenüber. Es gilt keine Ausnahme für irgendein Gefühl, noch für positive Religionen, noch für den Materialismus, noch für den Atheismus, noch für den *apriorischen* Skeptizismus, noch für den Patriotismus; noch für die Liebe zu dem Wohl der „Erniedrigten“, zu den Wenigen oder zu den Vielen oder auch zu der ganzen Menschheit; noch für den Haß gegenüber dem Häretiker der verschiedenen Religionen, gegenüber dem Verruchten, der vermessen der Sonne ihren göttlichen Charakter abspricht, oder irgendeinem anderen Gott in dem zahlreich bevölkerten Pantheon der menschlichen Rasse; noch für den leidenschaftlichen Zorn – sei er auch noch so edel – auf Albions Verrat, auf die deutsche Barbarei, auf den punischen Glauben*, auch nicht für den auf die Revolutionäre oder auf die „Tyrannen“. Kurz, um die vielen Dinge zusammenzufassen – es wird wirklich keine Ausnahme gemacht[10]. Wer darüber in Zorn gerät, unterläßt es zu le-

* Die Punier beteten den Gott Mammon an. Anm. d. Übersetzers.

[10] Hier wird die Intention des Autors angegeben, das Ziel, das er anstrebt und das er mehr oder weniger gut erreichen kann. Es ist sehr wahr, daß, wie PAPINI sagt, (*Testimonianze* S. 12) „bei der einfachsten Beobachtung des gutgläubigen Beobachters es möglich ist, daß seine emotionalen, praktischen etc. Entscheidungen mit einfließen“. Dies kann man von allen Wissenschaften sagen, sogar von der Mathematik, der Mechanik etc. Wer einen menschlichen Körper hat, hat Gefühle. Ein ausschließlich logisch-experimentieller Mensch existiert nicht. Er kann sich lediglich bemühen, in den experimentellen Wissenschaften den Anteil der Emotionen zu verringern, obwohl er weiß, daß er sich nicht auf Null reduzieren läßt.

Bei Plato herrscht souverän die Metaphysik, wenn er über die Himmelskörper spricht, und sie herrscht danach auch bei Hegel; daher unterscheiden sich die Werke dieser tüchtigen Männer wesentlich von denen Galileis und Newtons, die, wenn es ihnen auch nicht gelungen ist, die Metaphysik gänzlich zu vertreiben, zumindest die gute Absicht hatten, sich so weit wie möglich der Erfahrung zu nähern. Leider sind auch die Werke von Laplace nicht frei von Metaphysik, aber ihre Krallen sind schon beschnitten; in die Werke Poincaré kann sie überhaupt nicht mehr störend eingreifen und überläßt alle Macht der Erfahrung.

Wenn *parva licet componere magnis*, in meinem *Cours* befinden sich, wie ich zu meinem Bedauern sagen muß, einige Manifestationen von Emotionen; weniger, hoffe ich, als in der größeren Anzahl der Abhandlungen über politische Ökonomie, aber auch dies wenigere schadet, und deshalb habe ich nicht zugelassen, daß eine Neuauflage des *Cours* gemacht wird, trotzdem man mich wiederholt darum gebeten hat. Ich hoffe, daß ähnliche Manifestationen von Gefühlen fast völlig aus dem *Trattato di Sociologia generale* verschwunden sein mögen. Wenn ich nur auf das Wollen achtete, würde ich sagen, *sie sind es*, aber da ich auf das Können achte, weiß ich, daß es nicht erlaubt ist, diesen Indikativ zu gebrauchen, der die Form der Gewißheit ist. Andere werden kommen und werden es besser machen. Heute ist es dringender, die Theorien zu entwickeln und ständig die Schlußfolgerungen mit sen, wieviel man einem solchen Studium entnimmt und auf ihn möge der Donnergott jegliches Glück herabsenden.

3. Es folgt aus dem Vorhergesagten, daß die einzige richtende Instanz für die experimentellen Theorien die Erfahrung ist, zu der die Logik gehört; alles übrige zählt nicht[11]. Es ist also sinnlos, polemisch zu werden. Wenn einer behauptet, daß zwei und zwei fünf sei, so lassen wir ihm doch seinen Stumpfsinn. Warum sollte man ihn betrüben? Vielleicht etwa, weil seine Behauptung die Tatsache abschaffen würde, daß zwei und zwei vier ist? Wenn einer aus eigenem Interesse oder aus Leidenschaft behauptet, wir würden *sicher* nach dem gegenwärtigen Krieg in einem Schlaraffenland leben, die hochverschuldeten Staaten würden ihre Schulden zahlen, die Menschen würden in Liebe und Eintracht zusammenleben wie die Lämmchen und noch so viele schöne Dinge; warum sollte er angegriffen und bekämpft werden von denen, die aus den Fakten den Schluß ziehen, daß eine solche *Sicherheit* sehr unsicher und mitunter absurd ist? Man lasse ihn doch schwatzen; die Zukunft wird zeigen, wer Recht hatte. Besser noch als von der Kirche kann man von der experimentellen Wissenschaft sagen: *patiens quia aeterna.*
4. Auch die Gedanken sind Fakten, und als solche beurteilt sie die Erfahrung. Wie alle anderen Gegenstände muß man sie, um sie zu studieren, beschreiben und klassifizieren. Dies tut zu einem kleinen Teil die normale Logik; für den Gebrauch der Soziologie müssen andere Deskriptionen und Klassifizierungen hinzugefügt werden. Unter ihnen die wesentlichste die Unterscheidung der logisch-experimentellen Gedanken von denen, die nicht logisch-experimentell sind. Aus Liebe zur Kürze haben wir letztere mit dem Namen *Derivationen* bezeichnet.
5. Die Beobachtung läßt uns erkennen, daß gewisse Wege zu Ergebnissen führen, die mit dem Faktischen in Einklang stehen und gewisse andere zu Ergebnissen, die damit nicht in Einklang stehen. Wer also zu ersteren gelangen will, muß ersteren Wegen folgen, wer die zweiten nicht scheut, möge den zweiten Weg gehen. Wer dann danach strebt, andere zu überzeugen und zu beeinflussen, wird es oft leichter finden, sich der zweiten zu bedienen als der ersten. Für die Entdeckung geometrischer Relationen ist ein Euklid wertvoller als ein Apostel Paulus; für die Bekehrung und Aktivierung von Menschen ist ein Apostel Paulus wertvoller als ein Euklid. Wenn man die Bewegungen der Himmelskörper erkennen will, ist ein Laplace wertvol-

der Erfahrung zu vergleichen als die Überbleibsel von Emotionen zu verjagen. So machten es die Wissenschaftler nach der Veröffentlichung der *Principia* von Newton, so machte man es in allen Naturwissenschaften. Es ist eine Gleichförmigkeit (Gesetz) zahlloser Fakten.

[11] Hier verweist Pareto auf die Seiten 63 und 251 von *Fatti e teorie*.

ler als ein Danton, will man die Massen entflammen, ist ein Danton wertvoller als ein Laplace. Das logisch-experimentelle Denken ist nützlich für die Entdeckung von Beziehungen sozialer Gegebenheiten untereinander, die Derivationen sind nützlich dafür, sie zu schaffen.

Nicht aufgrund eines *apriorischen* Urteils, eines Glaubens, verwerfen wir die Theologien, Metaphysiken etc., sondern nur weil sie uns auf den zweiten Weg führen und der Erfahrung den Rücken kehren. Dafür wird in der *Sociologia* der Beweis erbracht; zu ausführlich für den, der die experimentelle Methode nicht versteht oder nicht anwendet, zu kurz für den, der sie versteht und anwendet und daher weiß, daß es nie zuviele Fakten geben kann, um eine Theorie zu beweisen.

6. Die Erfahrung hat gezeigt, daß das in den Naturwissenschaften (Physik, Chemie, Biologie etc.) gebräuchliche logisch-experimentelle Denken so beschaffen ist, daß es sich besser eignet für die Suche nach Resultaten, die mit den Fakten in Einklang stehen. Aus diesem und keinem anderen Grund sind wir bestrebt, ähnliches Denken, soweit es in unserer Macht steht, in die Soziologie einzubringen.

   Unter den Manifestationen menschlichen Handelns befinden sich die Sprachen. Da nun die Philologie zum größten Teil eine experimentelle Wissenschaft geworden ist, ist es sinnvoll, sie nach Analogien und Modellen zu fragen, die uns bei dem Studium der anderen Manifestationen des menschlichen Handelns, auf das die Soziologie abzielt, nützlich sind. Dies haben wir weitgehend getan.

7. Die Theologie und die Metaphysik kennen das Absolute und ganz Präzise, die Erfahrungswissenschaft kennt nur das Relative und Approximative. Von den konkreten Phänomenen kennen wir nur einen Teil, den die Fortschritte der Wissenschaft immer größer werden lassen (§§ 106, 33), die Maße kennen wir nur in approximativer Form, die heute präziser wird (§§ 105, 144). Das Wenige ist mehr wert als gar nichts, und es ist sinnvoll, von der Jugend und vom Erwachsenenalter zu sprechen, von der *ausgewählten* (§ 2026 und folgende) und der *nicht ausgewählten* Klasse, vom Reichtum und von der Armut etc., obwohl es nicht möglich ist, den genauen Punkt anzugeben, der die Jugend vom Erwachsenenalter trennt, die erwählte von der nicht erwählten Klasse, den Reichtum von der Armut etc., und es wäre sogar lächerlich zu fragen, wo sich genau dieser Punkt befindet. Die Präzision der Metaphysik ist Illusion, die Approximation der Erfahrungswissenschaft ist Realität. Von dem, was sich außerhalb der Erfahrung befindet, ist hier nicht die Rede; aber wenn man innerhalb ihres Bereichs bleibt, wenn man denkt, daß wir nicht einmal sicher sind, ob die Welt, in der wir leben, drei Dimensionen hat, ob sie euklidisch ist, ob in ihr die Gerade existiert, ob das Licht der Schwerkraft unterworfen ist oder nicht etc., und daß man der Ethik, dem

Recht und anderen schönen Dingen absoluten Wert beimessen will, indem man die Fakten von der Intuition oder noch besser von der Phantasie beherrschen läßt, so kann man sagen:

Ich weiß nicht, soll ich lachen oder weinen (La Ginestra)[12]

8. Die Erfahrung kann aus direkten Beobachtungen, Statistiken etc. oder auch aus historischen Berichten bestehen. Der Empirismus glaubt zuweilen, diesen die Kenntnis der Zukunft entnehmen zu können, indem er voraussetzt, daß die zukünftigen Geschehnisse die genaue Kopie der vergangenen seien; die Erfahrungswissenschaft weiß, daß dies nicht zutrifft und daß man durch die Analyse die konstanten Elemente der Phänomene finden und dann mit Hilfe der Synthese diese und andere Elemente wieder zusammenfügen muß, um die in Zeit und Raum verschiedenen Phänomene zu erkennen.
Auf diese Weise erkennt man nur Mittelwerte. Die Wahrscheinlichkeitsrechnung befähigt uns nicht dazu, zu wissen, wann ein Mensch sterben wird, aber die Berechnungen über die wahrscheinliche Sterblichkeit sind die Grundlage aller Lebensversicherungen.
Schließlich, woher könnte man die experimentelle Vorausschau der sozialen Phänomene nehmen, wenn nicht aus der Natur der Menschen, ihrem Denken, den Situationen, in denen sie sich befinden? Wenn diese Quelle nicht mehr existiert, bleiben nur noch die Theologien und Metaphysiken, oder, wenn man so will, die Orakel. Man muß sich entscheiden, ob man bei der Erfahrung bleiben oder sie transzendieren will. Wer die Fakten mit dem Willen Gottes, mit irgendeinem „kategorischen Imperativ", mit der „Erschaffung der Realität", mit der „Freiheit", mit dem „Elan" und mit anderen ähnlichen Wesenheiten erklären will, der mag sich ihrer bedienen, und wenn er sagen wird, daß wer zeigt, daß er so sublime Begriffe nicht versteht, Bildungslücken aufweist, so wollen wir ihn reden lassen und lachen. Ihm gefällt es und es schadet niemandem[13].
9. Es ist ein schwieriges, aber sehr wichtiges Unterfangen, die konstanten von den variablen Elementen eines Phänomens zu trennen. Es besteht keinerlei

---

[12] Der Ginster (ital. La ginestra, Anm. d. Übers.) oder die Blume der Wüste ist der XXXIV. der *Conti* von Giacomo Leopardi.

[13] Dies erinnert mich daran, daß, als ich *Les Systèmes Socialistes* veröffentlichte, ein Aristarchos mich anklagte, ich würde von den Werken des Paulus nur das kennen, was Renan davon anführt. Nicht einmal mit Absicht! In den schönen Jugendjahren fertigte ich zu meiner Bildung eine Studie an, in der ich die Sprache des Paulus mit dem attischen Dialekt verglich.
Aber mein Aristarchos hatte einen Beweis, und zwar, daß ich Renan zitierte und keinen einzigen Text von Paulus wiedergab. Wenn dieser Beweis gültig ist, muß ich daraus schließen, daß ich niemals die *Principia* von Newton gelesen habe, weil es mir in einigen Werken passiert ist, daß ich sie erwähnt habe, ohne auch nur einen Abschnitt wiederzugeben.
So zog er, den Schlag nicht bemerkend, in den Kampf und starb. ([F.] BERNI., XXIV, 60)

Hoffnung, daß man dies definitiv und vollkommen machen kann, denn die Erfahrungswissenschaft ist stets provisorisch und unvollkommen: Sie ist ein ewiges Werden.
Die Chemiker haben für lange Zeit den konstanten Bestandteil der Phänomene in den Elementen, in den sogenannten einfachen Stoffen und in ihren „Affinitäten" gefunden. Wir haben in der *Sociologia* einen analogen konstanten Bestandteil in gewissen Elementen gefunden, denen wir den Namen *Residuen* gegeben haben, in den Interessen[14], in den Derivationen, im logisch-experimentellen Denken etc. Hier ist nicht der richtige Ort, um deren Theorie darzustellen, und wir müssen dafür auf die *Sociologia* verweisen. Ein anderer wird mehr und besseres leisten und er wird zu allgemeineren Fakten gelangen, wie man in der Chemie über die sogenannten einfachen Stoffe und ihre Affinitäten hinausgegangen ist.

10. Gibt es andere Elemente der sozialen Phänomene außer den aufgeführten? Es ist wahrscheinlich, es ist sogar gewiß, weil sich Analoges in allen experimentellen Wissenschaften beobachten ließ, und wenn das nicht erfolgte, wären sie nicht provisorisch, unvollkommen, in ewigem Werden; was allen bis heute getroffenen Beobachtungen widersprechen würde.
11. Die Gefühle (Residuen) haben an vielen menschlichen Handlungen großen Anteil. Wir haben die Handlungen, bei denen sie überwiegen, als nichtlogische bezeichnet[15]. Gerade durch ihr Studium kamen wir durch Induktio-

---

[14] Es gibt, wenn auch unter dem Deckmantel des Empirismus, einen analogen Begriff, in dem, was MACHIAVELLI schreibt in *Discorsi sopra la prima decade di Tito Livio*, Kap. XXI: „Und wer die Gegenwart und die Antike betrachtet, erkennt leicht, wie es in allen Städten und allen Völkern die gleichen Wünsche und die gleichen Stimmungen gibt und wie es sie dort schon immer gab." Wenn man dem zustimmt, ist es da nicht einsehbar, daß man für die *experimentelle* Wissenschaft von diesen Städten, diesen Völkern erforschen, muß, was für Wünsche und Stimmungen das sind und wie sie miteinander in Verbindung stehen, wie der Chemiker die einfachen Stoffe und deren Eigenschaften erforscht, um die Zusammensetzung zu studieren?
Dies ist nichts anderes als einer der äußerst zahlreichen Fälle, von denen wir in der *Sociologia* ausführlich sprechen, aus denen man ersieht, daß wir lediglich Aussagen eine präzise und wissenschaftliche Form gegeben haben, die in nicht klar festgelegter und empirischer Form bekannt waren.

[15] Wenn es nötig wäre, zu den bereits in der *Sociologia* angeführten zahlreichen Beispielen noch neue hinzuzufügen, so würden wir sie in dem gegenwärtigen Krieg finden. Es ist gewiß, daß man, wenn man die Nationalität einer Person kennt, mit hoher Wahrscheinlichkeit ihr Urteil über die „Schuld" an diesem Krieg und über die Kriegsereignisse vorherzusehen vermag. Dagegen kann man, wenn man die Nationalität einer Person kennt, nicht ihr Urteil über ein Thema aus dem Bereich der Mathematik oder der Naturwissenschaften vorhersehen. Also haben die Gefühle, die ihren Ursprung in der Nationalität haben, überwiegenden Anteil bei den ersteren Urteilen, geringen bei den zweiten.
Man könnte dem entgegenhalten, daß die Unterschiedlichkeit der ersten Urteile nicht von den verschiedenen Nationalitäten herrühren, sondern von den verschiedenen Kenntnissen, die je nach den verschiedenen Nationalitäten verschieden waren, weil die Regierungen die Fakten vor ihren eigenen Staatsbürgern verheimlichen. Daran ist etwas Wahres, aber der Einwand wird zunichte, als man feststellt, daß man auch bei Personen verschiedene Urteile feststellen konnte, die über dieselben

nen auf die Theorie von den Residuen und von da auf andere Theorien unserer *Sociologia*.

Es geschieht etwas Sonderbares. Implizit erkennen alle an, daß es nicht-logische Handlungen gibt. Und wer leugnet, daß die Handlungen des Menschen von seiner Natur, seinem Charakter, seinen Gefühlen abhängen? Aber dann denkt und spricht man, als ob er nur aus seinen Erkenntnissen und den von ihm daraus gezogenen logischen Folgerungen handeln würde. Wenn er also etwas tut, von dem man meint, daß es Tadel verdient, so wird dafür nur seine Unwissenheit angeklagt, man geht von dem Axiom aus, daß wenn man ihn aufklärte, er nach bestimmten, für logisch und gut gehaltene Normen handeln würde. Zwar greift man, um das Absurde einer solchen Ansicht zu verschleiern, zu dem Ausweg, daß man nicht über das spricht, was geschieht, sondern über das, was geschehen *sollte*. Diese Ausflucht ist höchst nützlich und ruft unendlich viele Derivationen hervor; es ist schwierig, Werke der Ökonomie oder der Soziologie zu finden, in denen sie fehlt.

12. Die ökonomischen und sozialen Ereignisse verlaufen im allgemeinen wellenförmig. Aus dieser einfachen Tatsache ergeben sich zahlreiche und bedeutende Konsequenzen, von denen ein Teil in der *Sociologia* und in den Artikeln dieses Bandes angeführt wird, und einen Teil kann der Leser allein finden. Wir haben gezeigt, wie man die Oszillationen verschiedener Kategorien unterscheiden kann, das heißt, kleine, mittelgroße, große, sehr große etc. und wie die Kategorien Ausdruck verschiedener Kategorien von Kräften sind, die auf die sozialen Phänomene einwirken.

    Bei den Oszillationen der ökonomischen Phänomene geschieht etwas Ähnliches wie das, was wir soeben bei den nicht-logischen Handlungen bemerkt haben. Niemand leugnet diese Oszillationen explizit, aber dann denkt und spricht man, als ob es sie nicht gäbe, und daraus entstehen nicht wenige Fehler, die die Werke der Ökonomie und Soziologie schmücken. Der Leser wird davon in diesem Band nur äußerst schwache Andeutungen finden.

13. Eine weitere, höchst bedeutsame Tatsache ist, daß die gleichen Umstände, die gleichen Ereignisse ebenso in Verbindung stehen können mit der Welle der Prosperität wie mit der Welle des Niedergangs; was man auch so aus-

Kenntnisse verfügten. So hatten zum Beispiel die deutsche Schweiz und die französische Schweiz die gleichen Informationen über die Kriegsereignisse; nichts, was der einen bekannt war, konnte der anderen entgehen – wenn sie sich nur die Mühe machen wollte, es zu erfahren, und dieses *Wollen* hing von den Gefühlen ab. Nun die Urteile der deutschen Schweiz waren zum größten Teil von den Urteilen der französischen Schweiz verschieden, genau wie die Urteile der Deutschen und der Franzosen verschieden waren. In ein und demselben Land hatten – oder konnten haben – die *Defätisten* und die *Kriegshetzer* genau die gleichen Kenntnisse, aber sie hatten verschiedene Gefühle und Interessen. Erstere waren der nicht-logische Teil, die zweiten der logische Teil, wenn sich die Interessen nicht in Gefühle verwandelten.

drücken kann, daß die erste die zweite vorbereitet, dann diese eine weitere Welle ähnlich der ersten vorbereitet und so unendlich weiter (§ 2338). Man kann noch sagen, wenn man die – übrigens falsche – Sprache gebraucht, die die *Ursachen* mit ins Spiel bringt, daß das, was als *Ursache* einer Welle gegeben ist, oft auch Ursache der folgenden Welle ist, und daher sollte man besser nicht von der *Ursache* dieser und jener sprechen, sondern von der Wellenform im allgemeinen (§ 2541). Was Erklärungen und Beweise dieser Aussage betrifft, die wir hier erneut vorgebracht haben, weil ihre Kenntnis für das Verständnis der Natur der heutigen Ereignisse unerläßlich ist, so müssen wir auf die *Sociologia* verweisen.

14. Man muß bei der Untersuchung vieler Phänomene die Heterogenität der Bevölkerung und damit die verschiedenen Klassen, aus denen sie sich zusammensetzt, in Betracht ziehen. Die Sozialisten haben einen ersten Schritt in diese Richtung getan, als sie die Proletarier von den Bürgern und den Kapitalisten unterschieden. Man muß noch weiter gehen. Die Schicht der Kapitalisten ist nicht homogen, sowenig wie die der Proletarier. Man muß zumindest bei den Kapitalisten die „Spekulanten" von denen trennen, die ein festes Einkommen beziehen; die wir – ich bitte wegen des Neologismus um Entschuldigung – Rentiers nennen werden. Deren Charakter, Sitten und Interessen sind von denen der „Spekulanten" verschieden. Die Definition dieser Termini wird in der *Sociologia* angegeben. Zu weiteren Unterscheidungen und Differenzierungen wird uns der Fortschritt der Wissenschaft zwingen.
15. Für fast kein Phänomen kann man die Theorie aus der Ökonomie allein bilden. Das Geld erscheint wirklich als ein dem Wesen nach ökonomisches Phänomen, und doch kann man darüber keine Theorie bilden, ohne die Soziologie zu Hilfe zu nehmen. Erörterungen dieses Themas und des Themas der Staatsschulden wurden hier angestellt.
16. Im allgemeinen sind die wissenschaftlichen Theorien nicht ein willkürliches Produkt des menschlichen Geistes, sie werden von zweierlei Kräften determiniert, nämlich von der Übereinstimmung mit den Gefühlen des Autors und der Gemeinschaft, zu der er gehört, und von der Übereinstimmung mit der Erfahrung. In der Vergangenheit hat die erste Art von Kraft in allen Theorien die Oberhand; heute ist sie aus den Naturwissenschaften fast verschwunden; aber in den Sozialwissenschaften ist sie nach wie vor lebendig. Die *Sociologia* ist ein Versuch, sich aus ihrem Joch zu befreien.

    Es ist sinnvoll, die Geschichte der Entwicklung der Theorien zu untersu chen; man stellt fest, daß sie wellenförmig verläuft. Verschiedene Beispiele wurden in der *Sociologia* angeführt, hier haben wir noch eines hinzugefügt[16].

17. Wie man die grammatikalische Analyse eines Textes durchführt, so kann man die Analyse der Derivationen durchführen. Dafür muß man vom Inhalt abstrahieren und bei der Form stehenbleiben. Die Sophismen der reinen Logik lassen sich leicht aufzeigen, die Derivationen weniger leicht. Um sie aufzudecken, können folgende Regeln von Nutzen sein.
    Als erstes achtgeben auf die Wörter, die überhaupt nicht oder nicht exakt realen Dingen entsprechen, die vom Gefühl und nicht von der Erfahrung aufgenommen werden. Unter ihnen nisten sich fast immer Derivationen ein. Dann sein Augenmerk richten auf rein oder vorwiegend verbale Argumentationen, die eher Wörter als Dinge miteinander in Verbindung bringen: Zahllose Derivationen haben einen solchen Ursprung. Schließlich nach speziellen Gattungen suchen wie die in der *Sociologia* aufgeführten.
    Viele Derivationen reproduzieren sich unbestimmt von der Antike bis heute. Es gibt Derivationen lateinischer Autoren, die Derivationen moderner Autoren viel mehr ähneln als lateinische Vokabeln italienischen Vokabeln. Es gibt eine Morphologie der Derivationen, wie es eine Morphologie der Sprachen gibt.
    Die Diskussionen über die Derivationen sind fast immer ein Streit um Worte, wie wir in der *Sociologia* sagten. Sie haben wenig oder gar keinen Wert für die Lösung der experimentellen Probleme: Kaum ist eine Derivation vernichtet, taucht eine andere auf und nimmt ihren Platz ein (§§ 1413 bis 1416). Sie sind die Form der Fakten, nicht ihr Inhalt.

---

[16] Pareto verweist hier auf S. 185 von *Fatti e teorie*.

Die soziale Frage[1]

Es ist nicht leicht zu sagen, was man unter dem Ausdruck „soziale Frage" genau versteht. Er gehört zu der sehr umfangreichen Kategorie der Begriffe, die jeder versteht oder zu verstehen glaubt und um deren exakte Definition sich niemand kümmert. Bei näherer Betrachtung wird man gewahr, daß diese kaum möglich ist, da es sich um eine vage, veränderliche Sache handelt, die gefühlsmäßig erfaßt wird, ohne daß das wissenschaftliche Denken daran allzu großen Anteil hat.

Hier möchte ich allerdings genau dieses Denken als Richtschnur nehmen, und es ist meine Pflicht, den Leser darauf hinzuweisen, um ihm zu ersparen, seine Zeit damit zu vergeuden, in diesem Aufsatz nach Dingen zu suchen, die nicht in ihm enthalten sein können. Ich bringe den Gefühlen, die viele Menschen allein bei dem Ausdruck „soziale Frage" empfinden, großen Respekt entgegen, betrachte aber diese Gefühle hier nur von außen, als bloße, der Erfahrung unterworfene Fakten. Die von mir verfolgte Methode ist ausführlich in meiner *Soziologie* dargestellt; ich werde folglich nicht auf sie zurückkommen.

Selbst bei einer nur oberflächlichen Betrachtung der Geschichte sieht man, daß es zu jeder Zeit Gefühle und Interessen gab, die denen vergleichbar sind, die heute ihren Ausdruck in dem finden, was man soziale Frage nennt.

Sie treten selbst in der Sage auf, was uns über die Geisteshaltung der Völker Aufschluß gibt, bei denen sie entstanden ist.

Hier ein willkürlich ausgewähltes Beispiel; es ließen sich noch etliche andere anführen:

Im zweiten Gesang der Ilias schmäht Thersites Agamemnon mit Worten, die, von formalen Veränderungen abgesehen, zu allen Zeiten in den Vorwürfen der „Proletarier" zu finden sind. Er wirft ihm vor, einen gewaltigen Teil der durch die gemeinsame mühevolle Arbeit aller erworbenen Reichtümer zu besitzen, er beschuldigt ihn, Unheil über die Achäer gebracht zu haben, und wiegelt diese schließlich auf, ihm ihren Beistand zu versagen, zu streiken, wie wir es heute nennen würden. Er sagt: „Laßt uns doch wenigstens mit unseren Schiffen heimkehren und ihn hier in Troja seine Belohnungen genießen, damit er erkennt, ob wir ihm beistehen oder nicht."

Damals und später im alten Griechenland und Rom entsprachen Krieg und Raub als Mittel zum Erwerb von Reichtum der industriellen Produktion der mo-

---

[1] *La question sociale*, in „Scientia", 1. Januar 1922. Wir haben für die Übertragung ins Deutsche den von G. Busino besorgten Nachdruck in V. PARETO *Mythes et mythologies*, Genf, Droz, 1966, S. 314-321 verwendet.

dernen Völker, die Verteilung zwischen den Führern und ihren Untergebenen derjenigen, die heute zwischen der herrschenden Klasse und der Arbeiterbevölkerung besteht. Auf beiden Seiten bemühte sich damals wie schon eh und je und wie auch heute jeder darum, seinen Anteil auf Kosten der anderen zu vergrößern, empörte sich über den Widerstand, auf den dieses Vorhaben stieß, und erging sich in wohldurchdachten ethischen, metaphysischen und theologischen Spekulationen, um die Richtigkeit seines Tuns zu beweisen. *Nominor quoniam leo* sagte man auf der einen Seite, *Sic totam paedam sola improbitas abstulit* entgegnete man auf der anderen. Der Begriff „Mehrwert" ist ein moderner Begriff, die Vorstellung dagegen, die er beinhaltet, ist so alt wie die Welt.

Vielleicht gab es in der Zeit, in der die Verse der Ilias verfaßt wurden, Theorien, die den heutigen vergleichbar sind, um zu entscheiden, wem die Leitung des gemeinsamen Unternehmens zukommen sollte. Odysseus löste das Problem in einem aristokratischen Sinne; man könnte meinen, unsere Kapitalisten zu hören, die sich der „Kontrolle" widersetzen, mit der die Politiker in der Industrie einführen wollen, wenn er sagt: „Die Herrschaft vieler zur gleichen Zeit ist nicht gut", und damit eine in der Antike berühmt gebliebene Auffassung zum Ausdruck bringt.

Die alte Geschichte Roms und Griechenlands zeigt uns eine ununterbrochene Folge von sozialen Fragen; die einen wurden durch Gesetze, die anderen durch Revolutionen gelöst, was im allgemeinen darauf hinauslief, daß sich eine der gegnerischen Parteien, mitunter auch ein dritter Spitzbub, den Besitz anderer aneignete. Solon versuchte, eine dieser Fragen in Athen zu lösen, Agis IV. und Kleomenes unternahmen in Sparta unglückliche Versuche in einer ähnlichen Richtung. Den *agrariae leges* kommt in der römischen Geschichte große Bedeutung zu. Anfänglich und während eines langen Zeitraums sind sie dazu bestimmt, die Aufteilung der Beute – das heißt des *ager publicus* – zwischen den Teilhabern zu regeln, und dann kommt es schließlich so weit, daß sie die Usurpationen des *ager privatus* sanktionieren. Unter diesem Aspekt sah man sie in unserer Zeit von neuem in den Verordnungen der italienischen Regierung zum Vorschein kommen, die den willkürlichen Besetzungen des privaten Grundbesitzes eine legale Grundlage gaben.

Die *lex Antonia* sah die Zuweisung von Staatsländereien und darüber hinaus von im Privatbesitz befindlichen Ländereien an Cäsars Veteranen vor. Nach der Schlacht bei Actium wurden in Italien 18 Militärkolonien gegründet, und zwar auf dem Grund und Boden der ehemaligen Bewohner. So wurden die Versprechen erfüllt, die die Triumvirn den Soldaten gemacht hatten, um diese für den Kampf zu gewinnen. Zum Teil analoge Versprechen wurden jetzt gemacht, aber hier fügte man dann den Vorwand einer besseren Bestellung des Bodens hinzu, die leider fast immer bloße Annahme geblieben ist.

Nach dem Untergang des Römischen Reiches scheinen die „sozialen Fragen“ zu verschwinden, aber bald treten sie wieder in Erscheinung. Im Mittelalter und kurze Zeit später nehmen sie religiöse Gestalt an, was, nebenbei bemerkt, in der Zeit ein allen Manifestationen menschlicher Aktivität gemeinsames Merkmal ist. Danach treten sie in pseudowissenschaftlichen Formen auf, und in der Weise stellen sie sich uns heute dar.

Es ist bemerkenswert, daß es für die „sozialen Fragen“ in Griechenland und Rom im allgemeinen keine „Lösungen“ in dem Sinne gab, den man diesem Begriff normalerweise zuschreibt. Sie verschwanden infolge äußerer Ursachen. Das war in Griechenland die Eroberung durch die Römer, in Rom die Gründung des Kaiserreichs. Zur Zeit Ciceros nehmen die Agrarfragen noch den ersten Platz unter den Sorgen der Politiker ein und rufen Unruhen hervor. Einige Jahre später, unter Augustus und Tiberius, verschwinden sie von der Bühne, und in den kaiserlichen Edikten findet sich kaum noch eine Spur von ihnen.

Das ist eine Feststellung von allgemeiner Bedeutung. Die Geschichte zeigt, daß die „sozialen Fragen“ nicht an sich, durch Überlegungen „gelöst“ werden, die sich folgerichtig aus den Gegebenheiten des Problems ergeben, sondern daß sie sich unter dem Einfluß von äußeren Kräften und Umständen gewandelt haben, von der Bildfläche verschwunden sind.

Dies bedarf einer Ergänzung. Bei näherer Betrachtung erkennt man, daß die Bezeichnung „Lösung“ der sozialen Fragen verschiedene Dinge meint, die man in mindestens zwei Kategorien einteilen kann. Es gibt praktische Maßnahmen, die ein bestehendes Gleichgewicht verändern oder ein gestörtes Gleichgewicht wiederherstellen, die gesellschaftliche Entwicklung in eine plötzliche Bewegung versetzen, durch die Gewohnheit verursachte Veränderungen der allgemeinen Regeln sanktionieren, jedoch diese Regeln, die prinzipiellen Fragen, *a priori* nicht oder nur sehr wenig angreifen. Andere, in Wirklichkeit mehr theoretische als praktische Maßnahmen werden vorgeschlagen, um *a priori* eine radikale Erneuerung dieser Regeln, dieser Prinzipien zu bewirken.

In der Antike fallen die Abschaffung der Schulden, eine Neuverteilung des Bodens, zu allen Zeiten schwerwiegende Eingriffe in das Privateigentum, das als Prinzip jedoch fortbestand, in die erste Kategorie. Von den Projekten wie die des Hippodamus von Milet, Phaleas von Chalcedon, Plato und ihrer Schüler bis in unsere Zeit gehören Vorschläge zur Aufhebung des Privateigentums zur zweiten Kategorie. Auf diese bezieht sich unsere soeben getroffene Feststellung. Was die erste Kategorie betrifft, so sind diese Maßnahmen weitgehend realisiert worden und werden es weiterhin, und man kann sogar sagen, daß das Privateigentum nur aufgrund fortwährender Eingriffe weiterbesteht[2].

---

[2] Hier beruft sich Pareto auf den § 2316 des *Trattato di sociologia generale*.

Die Gefühle und Interessen finden stets ihren Niederschlag in Theorien. Diese sind meistens metaphysischer, pseudowissenschaftlicher, manchmal theologischer Natur, bisweilen greifen sie in die Sphäre der Phantasie aus, der Utopie, wie man sagt, wobei man einen für einen besonderen Fall geschaffenen Begriff auf den allgemeinen Fall ausdehnt. Die Gefühle und Interessen sind der konstante oder, besser gesagt, fast konstante Teil dieser Phänomene, die Theorien sind ihr variabler Teil. Sie werden produziert und reproduziert, solange diese Gefühle und Interessen bestehen; verschwindet eine von ihnen, tritt sofort eine andere an ihre Stelle.

In der Antike lassen sich ohne weiteres Theorien ausfindig machen, die denen des modernen Sozialismus entsprechen. Die Bezeichnung ist neu, die Sache ist alt.

Wir kennen aus Griechenland eine gewisse Anzahl dieser Theorien; es haben möglicherweise noch andere existiert, die nicht zu uns gelangt sind. Dem durch und durch praktischen Geist der Römer scheint diese Art von Literatur nicht gelegen zu haben. Die Neuzeit ist für sie ziemlich günstig.

Von Plato bis zu unseren Zeitgenossen haben sich hervorragende Denker darum bemüht, die „soziale Frage" zu lösen, und wenn ihnen das nicht gelungen ist, wenn sie nicht einmal den geringsten Fortschritt in dieser Richtung erzielt haben, so darf man von den vielen Hypothesen wohl diejenige akzeptieren, die besagt, daß sie etwas suchten, was es nicht gab. Wenn die menschliche Gesellschaft ein Aggregat von heterogenen Teilen ist, die eine natürliche Tendenz haben, sich gegeneinander zu stellen, um sich Besitztümer aller Art zu verschaffen, wäre es offenbar notwendig, die menschliche Natur völlig zu verändern, um diese Rivalitäten zu beseitigen, und die Suche nach Mitteln, die geeignet sind, dieses Ziel zu erreichen, gleicht der Suche nach dem Lebenselixier.

Andere Untersuchungen sind möglich. Zunächst diejenigen, die – um einen Begriff aus der Mechanik zu übernehmen – „virtuelle Bewegungen" genannt werden können und die darin bestehen, daß man herauszufinden versucht, welche Konsequenzen gewisse hypothetische Veränderungen in der sozialen Organisation hätten. Das ist bei dem heutigen Stand der Wissenschaft sehr schwierig, aber nichts ist *a priori* unmöglich.

Dann kommen die Forschungen, die eine Untersuchung der realen Bewegungen darstellen, da sie das Ziel haben, die vergangene Entwicklung und die wahrscheinliche Richtung der zukünftigen Entwicklung zu erkennen.

Alle diese Untersuchungen, vor allem aber die ersteren, können sich unter der Bezeichnung soziale Frage treffen. Sie nehmen freilich im allgemeinen eher die Form von – häufig dogmatischen – Behauptungen als von Problemen an, deren Lösung noch ungewiß ist.

Je nachdem, ob man hauptsächlich die Organisation der Produktion des Reichtums oder seine Verteilung ins Auge faßt, lassen sich zwei Ziele unterscheiden. Diese Unterscheidung wird selten von den Reformern getroffen, die in ihrem unerschütterlichen Glauben nicht zugeben können, daß ihre Projekte nur zum Teil realisierbar sind.

Eine der Untersuchungen, die die Organisation der Produktion zum Gegenstand haben, nimmt in den derzeitigen Diskussionen einen bedeutenden Raum ein. Sie will erforschen, welche Konsequenzen die verschiedenen Arten der Leitung der Produktion hätten, und sie hat einen erheblichen Anteil an dem wirren Konglomerat, das sich soziale Frage nennt. Man formuliert sie recht häufig mit den Worten: „Wem soll die Leitung der Produktion zukommen, dem Kapital oder der Arbeit!"

Diese Formulierung ist alles andere als glücklich. Lassen wir den Begriff *soll* beiseite, denn in einer seiner Bedeutungen führt er uns aus dem Bereich der Erfahrung heraus und versetzt uns in die Regionen der Ethik: der Rest ist indes nicht brauchbarer. Der Begriff *Kapital* ist zweideutig. Er bezeichnet zwei durchaus verschiedene Dinge: Güter, die lange in der Produktion verwendet werden, mit anderen Worten instrumentelle Güter, und dann, vor allem in der sozialistischen Phraseologie, diese Güter, wenn sie Privateigentum sind. Dann hat man den „Kapitalismus", der einem Zustand entgegengesetzt ist, in dem Kapitalien im Besitz der Gemeinschaft, des Staates, der Arbeiter, gewisser Gewerkschaften usw. sind.

Unsere Darstellung benennt nur zwei Dinge, während es noch ein drittes gibt: das Unternehmen, das alle beide zum Einsatz bringt, und das von großer Bedeutung ist. Die Versuche, die unternommen worden sind, um ohne es auszukommen, sind bis auf den heutigen Tag jämmerlich gescheitert. Die Tatsache, daß bei der heutigen Organisationsform der Unternehmer fast immer ein Kapitalist ist, hebt den ihm eigenen Charakter keinesfalls auf. Zunächst ist zu sagen, daß viele Personen häufig durch das Unternehmen dazu gelangt sind, Kapitalisten zu werden. Sie haben mit nichts angefangen und sind zu Reichtum gekommen. Bei näherer Betrachtung sieht man alsdann, daß die meisten Aktiengesellschaften nur scheinbar durch das (angeeignete) Kapital gelenkt werden, daß sie in Wirklichkeit durch gewisse Unternehmer geführt werden, auf die die Aktionäre sich vollständig verlassen, ja so vollständig, daß man nur unter großen Schwierigkeiten erreichen kann, daß diese Aktionäre zumindest in der jährlichen Hauptversammlung anwesend sind, die jede Gesellschaft abhalten muß. Unter diesen gibt es einige, die auf den Ausweg verfallen sind, den Aktionären, die auf den Versammlungen auftreten, ein Anwesenheitsgeld zu zahlen.

Das von uns gestellte Problem ließe sich also besser formulieren, wenn man fragt, welche Folgen für die Produktion die verschiedenen Verfahren haben, nach denen man den Unternehmer und Personen oder Behörden wählen kann, deren Vertrauensmann er ist.

In letzter Zeit ist eine Frage hinzugekommen, die die Art der Führung des Unternehmens betrifft: Soll sie durch die „Kontrolle" der Arbeiter gemildert werden? Kurz gesagt: Soll sie sich einer Diktatur oder einem parlamentarischen System annähern?

Bemerkenswerterweise wird diese zweite Lösung in einer Zeit befürwortet, in der, was die technische Organisation angeht, das Unvermögen des parlamentarischen Systems immer mehr anerkannt wird, und nach der Erfahrung der Kriegsjahre, in denen man, um wirksam zu handeln, den Regierungen eine Diktatur anvertrauen mußte, die sich auf die geringsten Einzelheiten des gesellschaftlichen Lebens erstreckte. Aber das ist nichts Außergewöhnliches. Es handelt sich um einen der sehr zahlreichen Fälle, wo das wirkliche Ziel durch mühsam konstruierte Ideengebilde verschleiert wird, die mit bestimmten Emotionen, bestimmten Gefühlen in Einklang stehen. Unter den Befürwortern der „Kontrolle" läßt sich eine kleine Anzahl von Arbeitern mit dieser neuen Organisation etwas vorgaukeln; die Mehrheit ist einsichtig genug, um darin lediglich eine Maßnahme zu sehen, die geeignet ist, dem Ziel näherzukommen, das darin besteht, sich in der Industrie der Fabriken und in der Landwirtschaft des Bodens zu bemächtigen. Die „Kapitalisten", die sich zur Kontrolle haben bekehren lassen, erblicken in ihr ein Mittel, das denen ähnelt, die die demagogische Plutokratie zu allen Zeiten in hohem Maße eingesetzt hat und das darin besteht, nach einem Schatten haschen zu lassen. Ganz in jüngster Zeit, während des 19. Jahrhunderts, hat dieses Vorgehen, das man vom antiken Rom übernommen und zu neuem Leben erweckt hat, zum Erfolg geführt. Man hofft mithin, daß es weiterhin erfolgreich sein wird. Die Politiker betrachten die Kontrolle als eine taktische Frage; sie verteidigen und schlagen Maßnahmen vor, die auf den geringsten Widerstand, den stärksten Zulauf abzielen. All das verbirgt sich hinter Scheinargumenten und wohltönenden Phrasen. Man spricht von den Erfordernissen der neuen Zeit, von der Pflicht der besitzenden Klassen, sich ihnen zu unterwerfen, von dem Aufstieg des Proletariats, von dem verhängnisvollen Gang der Demokratie. Es finden sich sogar Leute, die versichern, daß die Kontrolle die Produktion erhöhen und verbessern wird, daß sie dem Wohle der Verbraucher dient. Dabei haben sie wahrhaftig nicht das geringste Faktum, mit dem sie ihre These stützen können, die in Wirklichkeit nur ein Glaubensbekenntnis ist. Gleichwohl sind sie der festen Überzeugung, daß sie sich von der Erfahrungswissenschaft leiten lassen.

Aber diese und andere ähnliche Betrachtungen lassen das Problem der Leitung der Unternehmen im wesentlichen unberührt. Die Erfahrung zeigt, daß viele Lösungen möglich sind. Zur Zeit haben wir „kapitalistische" Organisationen, die von Unternehmern geführt werden, die mitunter von den Kapitalbesitzern – oder Aktionären – gewählt worden sind, die es manchmal aber auch verstanden haben, diese geschlossen hinter sich zu bringen. In unseren Gesellschaften hängt der größte Teil der Produktion von dieser Organisationsform ab. Jedoch spielen auch andere eine gewisse Rolle. Die Genossenschaften sind gemischte Organisationen, die nominell unter der Leitung der Verbraucher stehen sollten, wobei diese aber ebenfalls das Kapital liefern müssen. Der Unternehmer fehlt hier zwar nicht, hat aber nur untergeordnete Bedeutung, und das erklärt, daß sie kaum die Großproduktion erreichen. Trotz mancher Vorteile, die die Regierungen ihnen zugestehen, sind sie noch weit davon entfernt, den größten Teil des Handels und der Produktion zu umfassen. Dies wäre bestimmt eingetreten, wenn sie den Organismen, mit denen sie konkurrieren, ökonomisch überlegen wären. Staatliche Industrien sind keine Seltenheit. Das Unternehmen wird durch die Bürokratie ausgewählt, und zwar oft mehr nach politischen als ökonomischen Gesichtspunkten. Es ist eine unumstößliche Tatsache, daß die Industrie- oder Handelsorganisationen dieser Art der privaten Konkurrenz nicht gewachsen sind. Um sie am Leben zu erhalten, muß man sie dem Existenzkampf entziehen und ihnen Monopole geben. Im letzten Krieg hat sich gezeigt – und daran ist kein Zweifel möglich –, daß sie einerseits, vom ökonomischen Standpunkt aus, sehr unvollkommen und kostspielig sind und jeder Art von Mißbrauch Vorschub leisten, daß sie andererseits, unter einem politischen und sozialen Aspekt, sehr nützlich, oft sogar unentbehrlich sind. Dieser Gegensatz zwischen zwei verschiedenen Arten von Nützlichkeit läßt sich im übrigen bei vielen anderen Gelegenheiten feststellen. Die gewerkschaftlichen Organisationen haben unter dem ökonomischen Gesichtspunkt noch keine praktische Bewährungsprobe bestanden; von daher gehören sie mehr der Zukunft als der Vergangenheit oder Gegenwart an. Im Augenblick scheinen sie vor allem geeignet zu sein, gewisse Berufsinteressen zu verteidigen und, unter Umständen, mehr auf die Verteilung des Reichtums als auf die Produktion selbst Einfluß zu nehmen. Unternehmen, die im Besitz der Arbeiter sind und von ihnen verwaltet werden, gibt es nicht. Diejenigen, die man schaffen wollte, wie die Glashütte von Albi, sind zu Genossenschaften entartet oder haben andere, vergleichbare Formen angenommen.

Was die Verteilung des Reichtums betrifft, so haben von der Frühzeit bis heute unzählige Projekte das Ziel gehabt, die Gleichheit unter den Menschen herzustellen. Nicht ein einziges war von Erfolg gekrönt. Es ist kaum wahrscheinlich, daß es in Zukunft anders sein wird. Die in verschiedenen Formen auftretende Ungleichheit scheint ein Grundzug der menschlichen Natur zu sein. Selbst dort, wo der Kommunismus – zumindest nominell – errichtet worden ist, wie heute in Rußland, gibt es die Ungleichheit der Einkommen und Lebensbedingungen, die beträchtlich ist.

Was immer festzustellen war, was noch festzustellen ist, ist die Verschiedenartigkeit der Einflüsse, die die Faktoren ausüben, die diese Ungleichheit determinieren. Der rein ökonomische Einfluß hat nie sehr lange angedauert, immer ist er in kleineren oder größeren Intervallen, manchmal nach Jahrhunderten, durch das Intervenieren anderer Faktoren, hauptsächlich der bewaffneten Gewalt, korrigiert worden. Jetzt hat man versucht, an ihre Stelle den Wahlakt der Mehrheit zu setzen, die Komitien an die Stelle der Legionen. Wir sind möglicherweise an einem kritischen Punkt des Experiments angelangt, und in nicht allzu ferner Zukunft wird sich entscheiden, ob die Anwendung von Gewalt vollständig ausgeschaltet werden kann.

Früher konnte sich eine Nation durch den Krieg den Reichtum der anderen Nationen aneignen. Heute muß sie sich hauptsächlich auf ihre eigene wirtschaftliche Produktion verlassen. Nun gibt es eine Tatsache, die man sich bewußt machen muß, und das ist, im Gegensatz zu dem, was viele Projekte zu implizieren scheinen, daß diese Produktion ein begrenztes Maß an Reichtum liefert, und daß folglich die Quelle, aus der die Regierungen schöpfen können, um ihre Parteigänger zu belohnen, sich neue zu verschaffen, soziale, politische und andere Fragen zu lösen, ihrem Wesen nach nicht unerschöpflich ist. Wäre sie es, so wäre die Kunst des Regierens relativ leicht, und alle diese Fragen ließen sich ohne große Schwierigkeiten lösen.

Bei der Steuer gibt es zweierlei zu bedenken: die Form und das Verhältnis des Steueranteils zum Gesamtreichtum. Wenn dieses Verhältnis nicht sehr groß ist, steht die Betrachtung der Form im Vordergrund; sie wird sekundär, manchmal fast bedeutungslos, wenn der Reichtum stark angegriffen wird, und in dem Falle zählt fast ausschließlich der abgeschöpfte Gesamtbetrag. Nicht so sehr, weil die Steuern schlecht waren, sondern weil sie zu hoch waren, fiel das Römische Reich dem wirtschaftlichen Ruin anheim.

Während des ganzen 19. Jahrhunderts und in den Vorkriegsjahren stiegen die Steuern nicht so rasch wie der Reichtum; die auf diese Weise bestehende Spanne hat den Erfolg vieler Maßnahmen sichergestellt. Jetzt, da diese Spanne geringer geworden ist und weiterhin abnimmt, könnte entsprechenden Maßnahmen ein anderes Schicksal zuteil werden.

Es ist die Frage, ob wir uns der Grenze nähern, bei der durch eine zu große Verminderung dieser Summe eine unheilvolle Verarmung der Nation vorbereitet wird, oder ob wir von ihr noch weit entfernt sind.

Hinzu kommt, daß der in Form von Kapitalien verwendete Reichtum bei Strafe des wirtschaftlichen und sozialen Niedergangs nicht verringert werden darf. Man konnte sagen, daß die Zivilisation ein Kapitalisierungsprozeß war; man könnte ebensogut sagen, daß die Zivilisation mit abnehmender Kapitalisierung zurückgeht, wobei selbstverständlich davon abstrahiert wird, ob es sich um Privateigentum oder eine andere Eigentumsform handelt.

Man kann die Summe der privaten Kapitalien verringern, vorausgesetzt, daß man die der anderen, beispielsweise der sozialisierten Kapitalien, erhöht. Das tun die Regierungen heute nicht, die notgedrungen den Ertrag hoher Steuern verbrauchen und die privaten Kapitalien angreifen, ohne allzusehr dafür Sorge zu tragen, daß die sozialisierten Kapitalien erhöht werden. Das ist eine „soziale" Frage, die viel mehr Bedeutung erlangen kann als viele andere.

Hier noch eine allgemeine Bemerkung. Die theoretische Lösung eines wirtschaftlichen oder sozialen Problems besagt wenig, wenn man nicht das Mittel hat, sie in die Praxis umzusetzen. Die Menschen, die der Ansicht sind, daß die Vernunft die Welt regiert, finden dieses Mittel in der Kraft der Logik, in der Propagierung der „Wahrheit"; diejenigen, die wissen, welche große Rolle die Gefühle und Eigeninteressen bei der Determinierung der sozialen Phänomene behalten, sehen in der Suche nach diesem Mittel ein Problem, das nicht nur ebenso wichtig, sondern wichtiger ist als das Problem, dessen theoretische Lösung sie haben – oder zu haben glauben. Die Erfahrung bringt sie sogar dazu, an der Wirksamkeit des individuellen Handelns zu zweifeln, selbst wenn es sich um das eines Genies handelt. Auf diese Weise gelangt man dahin, daß man zu entdecken versucht, was wahrscheinlich eintreten wird und nicht, was man tun könnte.

Es fehlt uns der Raum, um diesen Gegenstand hier zu behandeln. Wir mußten ihn wenigstens andeuten, um den Eigenwert eines jeden Aspekts deutlich zu machen, unter dem der Stoff sich darstellt, mit dem wir uns hier befaßt haben.

Das Voraussehen sozialer Phänomene[1]

Viele meinen, die Wissenschaften seien perfekt, wenn sie nicht nur die vergangenen Phänomene beschreiben, sondern auch die künftigen voraussehen können. Die Naturwissenschaften sind auf diesem Weg vorangeschritten, nicht so die Sozialwissenschaften.

Viele verschiedene Hindernisse legen sich dem Fortschritt dieser Wissenschaften in den Weg. Ich spreche nicht von der Schwierigkeit der Materie – sie ist wohlbekannt; ich gehe hinweg über die Beeinflussung durch die Theologie, die Metaphysik, die Gefühle – darüber habe ich ausführlich an anderer Stelle gesprochen. Ich möchte lediglich erforschen, welchen Wahrscheinlichkeitsgrad die Erfahrungswissenschaft den verschiedenen Arten von Voraussagen zubilligen kann. Aber um der Klarheit willen muß ich einige Dinge kurz in Erinnerung rufen.

Die Erfahrungswissenschaft ist ihrem Wesen nach relativ, und dies ist für sie auch die Logik. Daher enthält ihrer Meinung nach die Schlußfolgerung im Syllogismus nur das, was schon in den Prämissen enthalten war, ohne daß das geringste hinzugefügt wird; eine einfache Umwandlung der Form, nicht des Inhalts. Unter einem bestimmten Aspekt führt sie in die Sozialwissenschaften den *Relativismus* ein, der schon länger in den mathematischen und physikalischen Wissenschaften zum Tragen kommt und der sie immer mehr durchdringt.

Die Aussagen, die in den Sozialwissenschaften *Gesetze* genannt werden, sind einfach der Ausdruck für eine bei den Gegebenheiten beobachtete Gleichförmigkeit, und die Beifügung des Adjektivs *allgemein* soll nur angeben, daß sie eine sehr große Anzahl von Gegebenheiten zusammenfassen.

Dagegen haben die in den Sozialwissenschaften angestellten Überlegungen (Derivationen)[2] immer einen – großen oder kleinen – Teil, der absolut ist. Wenn wir sie also allein deswegen von der Wissenschaft ausschließen wollten, so würde wenig von der jahrhundertealten Erfahrung übrigbleiben, die sich dennoch in ihnen befindet. Wir dürften nur über die uns bekannten nackten Tatsachen sprechen und dürften nicht einmal die zahlreichen Beschreibungen verwenden, bei denen sich in die Erfahrung Beobachtungen mischen, die über sie hinausgehen. Man muß also einen anderen Weg verfolgen und versuchen, die Erfahrung von

---

[1] *La previsione di fenomeni sociali*, in „Rivista d'Italia", 15. April 1922. Für die Übersetzung ins Deutsche haben wir den von G. Busino besorgten Neudruck in V. PARETO *Scritti sociologici*, cit. verwendet. Die Anmerkungen Paretos sind alphabetisch aufgeführt.

[2] Die Bedeutung dieses Begriffes wird in der *Sociologia* erklärt.

dem zu trennen, was zu ihr hinzugefügt wurde. Es wird dann offenkundig, daß für den, der das Absolute akzeptiert, diese Beifügungen die Gewißheit bilden können, während für den, der sich mit der Erfahrung begenügt, der Wahrscheinlichkeitsgrad davon abhängt, was bleibt, wenn die Beifügungen entfernt sind.

Oft nimmt das Absolute die Form eines Gebotes an. Übrigens kann, allerdings selten in den Sozialwissenschaften, dies genau das gleiche sein wie eine Voraussage. Zum Beispiel ist es genau das gleiche, wenn man sagt, daß in der euklidischen Geometrie der Winkel eines Dreiecks 180° minus der Summe der anderen beiden Winkel betragen *müsse* oder daß es so *sein werde*. In anderen Fällen kann der Schleier des Gebotes leicht gelüftet werden, so zum Beispiel bei den Orakeln. Bei dem von Delphi, für die Athener, bei dem gesagt wird, daß „Zeus Athene gewährt, daß die Mauer aus Holz allein unüberwindbar sein werde, damit sie und ihre Söhne sich retten konnten", bleibt nur eine experimentelle Voraussage übrig, wenn man Zeus und Athene wegläßt, aber damit fehlt dann auch die *Gewißheit* der Gläubigen und es bleibt nur ein mehr oder weniger hoher Grad an Wahrscheinlichkeit, je nach den Fakten, die den Priestern von Delphi bekannt waren und die Grundlage dieser Voraussage bildeten.

Wenn ein Autor sagt, was getan werden *muß*, so gelingt es einem übrigens sehr häufig nicht, zu erkennen – und vielleicht weiß er das sogar selbst nicht –, wieviel Absolutes und wieviel Erfahrungsmäßiges, Relatives in diesem *Muß* liegt. Zum Beispiel ist es bei den vierzehn Bänden, die Emile Ollivier dem liberalen Kaiserreich widmete, unmöglich zu erkennen, ob er sich von absoluten Prinzipien oder aber vom experimentellen *Relativismus* leiten läßt. Es ließen sich sowohl für das eine als auch für das andere viele Stellen zitieren. Dasselbe kann man von unendlich vielen Autoren, sowohl der Antike als auch der Moderne sagen. Wenn unsere Zeitgenossen vom göttlichen Proletariat sprechen, kann man unmöglich verstehen, ob sie ein absolutes Prinzip annehmen, das sich folglich jeder Regel der Wahrscheinlichkeit entzieht, oder ob sie experimentelle Theoreme darlegen, die mehr oder weniger wahrscheinlich sind.

Es stimmt, für die Gläubigen, die das Absolute über die Erfahrung stellen, verschwindet jeder Zweifel. Diese kann man weder einem der Götter, an denen das Pantheon der Menschheit reich ist, entgegenstellen, noch den Begriffen, an denen der Geist der Metaphysiker nicht weniger reich ist, den „kategorischen Imperativen", der „Erschaffung der Wirklichkeit" (vorausgesetzt, aber nicht konzediert – daß diese Begriffe einen Sinn haben), noch anderen, gleichermaßen sublimen Begriffen. Dies alles kann für die Gesellschaft von höchstem Nutzen sein und ist es auch oft, hat aber nichts zu tun mit der Erfahrung, von der wir uns in dieser Schrift allein lenken lassen wollen, in der wir nichts mit denen gemeinsam haben wollen, die außerhalb der Erfahrung stehen.

Wir müssen noch einer sehr allgemeinen Tatsache Rechnung tragen. Für gewöhnlich verlaufen die sozialen Phänomene und auch andere wellenförmig; dies wurde zu jeder Zeit so gut wie möglich intuitiv erfaßt, auf metaphysische und unvollkommene Weise bei Vico dargelegt, von Herbert Spencer immer noch metaphysisch, aber weniger unvollständig behandelt und von der experimentellen Wissenschaft zu einem noch ganz kleinen Teil erforscht.

Zum besseren Verständnis der Materie wäre es hier gut, einige Beispiele für diese Formen zu zeigen, und wenn uns dies die Knappheit des Raumes nicht verbieten würde, würde ich hier das von *Agio und Kurs* und das andere: *Formen ökonomischer Phänomene und Voraussagen*[3] wiedergeben; von letzterem sollte ich wohl doch einige Teile angeben.

„Man kann durch Interpolation drei Kategorien von Oszillationen unterscheiden, die oft gänzlich voneinander verschieden sind, und zwar: (A) Oszillationen mit langen Perioden, (B) Oszillationen mit mittleren Perioden, (C) Oszillationen mit kurzen Perioden.

Die Beziehung der Phänomene ist verschieden, je nachdem, ob man die langen, die mittleren oder die kurzen Perioden betrachtet. Zum Beispiel erzeugt die Spekulation beim Kurs und im allgemeinen bei den Preisen kurze oder mittlere Oszillationen, die zum großen Teil vom allgemeinen Verlauf des Phänomens unabhängig sind. Daraus entstehen irrige Auffassungen, wie die, daß der allgemeine Verlauf des Kurses vom „Vertrauen in die Zahlungsfähigkeit des Staates abhängt, während dieses *Vertrauen* nur auf die kurzen Oszillationen oder vielleicht manchmal auf die mittleren einwirkt".

Für die kurzen, oder besser sehr kurzen Oszillationen ist oft der Empirismus besser als die wissenschaftlichen Forschungen. Bei den mittleren kann man beide gleichermaßen anwenden, sofern der Empirismus Kenntnis von vielen und abgeschlossenen Oszillationen der Vergangenheit hat. Für die langen und noch mehr für die sehr langen überwiegt die Wissenschaft.

An der Börse kann der erfahrene Anleger ungefähr erraten, ob der Rentenpreis nach oben oder nach unten tendiert, aber er ist nicht fähig zu wissen, und es gelingt ihm auch nicht zu erraten, welches dieser Preis in einigen Jahren sein wird, während die Erfahrungswissenschaft, wenn auch mit vielen Zweifeln, sehen kann, ob das Land, das Schuldner dieser Rente ist, auf dem Wege zur Prosperität oder zum Ruin ist. Der kluge Politiker kann oft ein Votum des Parlaments, die unmittelbare Auswirkung eines Gesetzes voraussehen, weniger oft kann er die ferneren Auswirkungen jenes Votums, jenes Gesetzes voraussehen, die ganz fernen nie oder fast nie.

[3] Beide in *Fatti e teorie*, Vallecchi editore, Florenz.

Hier und in anderen, ähnlichen Fällen hat die Erfahrung großen Anteil an den Voraussagen des Empirikers, wenn dieser sich auch dessen selten bewußt ist, daß er eher intuitiv als rational vorgeht und sogar die eigene Intuition mit Gründen von geringem oder keinem Wert erklärt, die manchmal sogar kindisch sind. Dagegen nützt die Intuition bei der langfristigen Voraussage wenig oder gar nichts, und hauptsächlich kann man sich auf die Deduktionen von den allgemeinen Gleichförmigkeiten stützen.

Die kurzfristigen Voraussagen, denen die Fakten entsprechen, sind ungeheuer zahlreich. Wir wollen davon einige Beispiele betrachten.

Wenn sich in einer politischen oder ökonomischen Situation ein tiefgreifender Wandel anbahnt, so treten oft Vorzeichen auf, die es den Empirikern ermöglichen, Voraussagen mit einem beträchtlichen Grad an Wahrscheinlichkeit zu machen.

So sahen am Ende der Römischen Republik viele, daß der damals herrschende Zustand nicht von Dauer sein konnte. Dieses Gefühl brachte der Spruch der Haruspices zum Ausdruck, den Cicero zitiert. Sie sagten, die unsterblichen Götter „mahnten, darauf zu achten, daß die Zwietracht und die Zwistigkeiten der Optimalen die Väter und die Fürsten nicht töteten und gefährdeten, die, da sie ohne Hilfe waren, zugrundegerichtet würden: Dies würde bewirken, daß die Herrschaft über die Provinzen an einen einzigen ginge, die Heere besiegt würden, der Untergang käme[4]."

Am Ende der französischen Monarchie konnte man analoge Gefühle beobachten. Eine seltsame Anekdote wird von Bachaumont berichtet. Am 20. Juli 1763 sagte ein Priester in seiner Predigt in der Kirche St.-Eustache in Paris: „... Früher oder später wird die Revolution in einem Königreich ausbrechen, in dem das Szepter und der Weihrauchkessel ständig aufeinanderprallen... Die Krise ist heftig, und die Revolution kann nur zu nah sein[5]."

Unter dem Direktorium sahen viele voraus, daß schwerwiegende Veränderungen nahe bevorstanden. Von vielen Beispielen mag das von Mallet du Pan[6] genügen, der 1796 schrieb: „Diejenigen, die glauben, daß die *unvergängliche* Republik mit der Zeit vergehen wird, haben sicher völlig recht, aber wenn sie meinen, daß dieser mehr oder weniger nahe Sturz heute ein Schutz für den Rest Europas sein könne, wenn sie meinen, aus weiß würde alles schwarz, dann irren

---

[4] De harusp. responsis, 3, XIX, 40.

[5] *Mémoires secrets*, 1. August 1973. Der Autor fügt hinzu: „Gegen den Priester, der diese Predigt gehalten hatte, würde vom Châtelet Haftbefehl erlassen."

[6] Jacques Mallet du Pan (1749-1800), Leiter des *Mercure de France*. Nach Hippolyte Taine war er einer der wenigen, die das Ausmaß und die Tragweite der Französischen Revolution vom ersten Augenblick an begriffen hatten.

sie sich, weil auf die Republik von heute eine monarchische oder diktatorische Republik folgen kann[7]." Dies waren das Konsulat und das Kaiserreich in der Tat.

Ebenfalls in Frankreich, als sich die Ereignisse gegen das zweite Kaiserreich wandten, tauchten Voraussagen baldiger Katastrophen auf. Emile Ollivier sagt, daß 1867 „die Unglücksprophezeiungen nicht mehr auf Ungläubigkeit stoßen[8]„. Und er zitiert einen Bericht des Polizeipräfekten Piétri[9]: „An welche Quellen man sich wendet, welchen Berichterstatter man zu Rate zieht, welche Informationen man einholt, die gegenwärtige Situation erscheint immer als wenig zufriedenstellend; wo man auch hinsieht, stößt man auf echte Beunruhigung, auf Mißtrauen, das glühende Feindseligkeiten hervorruft."

Heute befinden wir uns in ganz Europa in einer ähnlichen Situation; viele, sehr viele sind von der Gegenwart mit Mißtrauen erfüllt[10] und betrachten die Zukunft mit dem Vorgefühl einer Katastrophc. Täuschen sie sich oder nicht? Der Empirismus kann auf diese Frage keine passende Antwort geben.

Polybios macht über den Empirismus eine so gute Beobachtung, wie uns die moderne Wissenschaft keine bessere liefern kann. Er schreibt (VI. 3, I): „Hinsichtlich der hellenischen Republiken, die oft anwuchsen, oft dagegen auch radikale Umwälzungen erlebten, gelingt es einem leicht, das Geschehene darzulegen und das Zukünftige anzugeben. Denn es ist einfach, das Bekannte zu erzählen; und es ist leicht, das Zukünftige vorauszusagen, wenn man es dem Vergangenen entnimmt."

Genau das ist die empirische Methode, die aus den Oszillationen der Vergangenheit die Voraussagen der zukünftigen entnimmt; und dies ist heute noch die Hauptgrundlage für unsere Voraussagen der ökonomischen Krisen.

Aber Polybios geht noch weiter und gibt bald einen Fall an, in dem diese Methode sich nicht anwenden läßt: „Hinsichtlich der Römischen Republik ist es nicht so einfach; weder die Erklärung der gegenwärtigen Lage, wegen der verschiedenen Zusammensetzung der Republik, noch die Voraussage der Zukunft, aufgrund des Unwissens [unseres] der Vorgeschichte des Gemeinwesens und der Privatpersonen."

Er geht dann so vor, daß er die Erfahrung über den einfachen Empirismus hinaus ausdehnt, das heißt, auf allgemeine Gleichförmigkeiten zurückgreift, und mit ihrer Hilfe sieht er das von der Demagogie verursachte Ende der Römischen Republik voraus (LVII). Die Methode ist gut, die Anwendung weniger. Viele der

---

[7] *Correspondance inédite de Maltet du Pan*, Bd. II, S. 86-87, 20. Mai 1796.

[8] *L'Empire libéral*, Bd. IX, S. 600.

[9] a.a.O., S. 601-102.

[10] Man vergleiche das, was einige unserer Zeitgenossen denken, mit dem, was Cicero an Atticus schreibt (I, 18): Sed interea ... quisquam inveniri potest." Aber dabei kein Politiker, der ein Mann ist; davon kannst du kein Anzeichen finden.

von ihm angeführten Gleichförmigkeiten sind wenig präzise und zum Teil erfunden; doch bei der noch sehr unvollkommenen Verfassung der Sozialwissenschaften seiner Zeit konnte dies nicht anders sein; wir jedoch sind noch weit von einem völligen Wandel dieser Verfassung entfernt. Aber es ist wahrscheinlich, daß er außer den explizit angegebenen Gleichförmigkeiten andere, verschwiegene in sein Denken aufgenommen hatte, wo sie latent vorhanden waren; sie sind der Gehalt der langen, ihm bekannten Erfahrung der griechischen und römischen Republiken und die Hauptgrundlage für seine Schlußfolgerungen, die auf diese Weise einen höheren Wahrscheinlichkeitsgrad erwerben.

Dieser Fall ist allgemein. Die Politiker werden oft unbewußt von Motiven bewegt, zu deren genauer Darlegung sie nicht imstande sind.

Aristoteles wandte ebenfalls den Empirismus und die allgemeinen Gesetze an, aber die von ihm gebrauchten wiesen schwere experimentelle Fehler auf, sind oft erfunden und tragen daher wenig zu der Wahrscheinlichkeit seiner empirischen Deduktionen bei.

Im allgemeinen hat der Empirismus in den Fakten eine solide Grundlage, aber in der Art, wie er deduziert, ist er mangelhaft, da er bei den Deduktionen implizit davon ausgeht, daß die Zukunft der Vergangenheit gleichen muß, was nur zum Teil stimmt, manchmal falsch ist und sich oft nur darauf reduziert, daß einfach die Möglichkeit angegeben wird. Umgekehrt haben die allgemeinen Gesetze (Gleichförmigkeiten) oft mangelhafte Grundlagen in den Fakten, weil diese zahlenmäßig nicht ausreichen, oder aber weil sie von metaphysischen, theologischen, kurz imaginären Abschweifungen verfälscht werden; ihre Art zu deduzieren ist gefestigter, sie ist oft – nicht immer – streng logisch.

Daraus folgt, daß der Empirismus, um einen höheren Wahrscheinlichkeitsgrad zu erreichen, der Methode der allgemeinen Gesetze den Platz räumt, je mehr diese die Grundlagen sichern und ausweiten. So geschah und geschieht es in allen Naturwissenschaften, nicht so in den Sozialwissenschaften, weil dort die Autoren weniger danach streben, nach experimentell wahrscheinlichen Deduktionen zu forschen als danach, andere von den eigenen Meinungen zu überzeugen, Gefühlen zu schmeicheln, Interessen zu befriedigen.

Wir wollen einige Beispiele für Voraussagen betrachten.

Die Betrachtung des wirtschaftlichen Gleichgewichts gibt uns, wenn sie rein experimentell wissenschaftlich und synthetisch ist, einige recht solide Anhaltspunkte.

Vor dem Krieg gab es ein Gleichgewicht mit einer bestimmten Anzahl von Arbeitsstunden und bestimmten Löhnen (in Waren geschätzt). Nach dem Krieg wollte man ein neues Gleichgewicht schaffen, mit weniger Arbeitsstunden und höheren Effektivlöhnen, also mit einem wirtschaftlichen Vorteil für die Arbeiter. Ist das möglich?

Man beachte, daß hier von einem realen und nicht von einem formalen Gleichgewicht die Rede ist. Diejenigen, die zum Beispiel wollen, daß die Löhne von den Verbraucherpreisen reguliert werden, dergestalt, daß diese konstant bleiben, wollen gerade das gegenwärtige Ungleichgewicht aufrechterhalten, das genau in diesem Verbrauch seinen Ursprung hat. Die Preissteigerung entsteht nicht nur aus den gestiegenen Produktionskosten, sondern gleichermaßen aus der gestiegenen Nachfrage, die die Folge der hohen Löhne und Gehälter ist. Bei einem Zustand des Gleichgewichts wird der Preis an dem Punkt festgelegt, wo Angebot und Nachfrage gleich sind. Man kann nicht nur das eine berücksichtigen und dabei das zweite vergessen.

Wer sagt, daß die Arbeiter nie einwilligen werden, auf den ökonomischen Status zurückzugehen, auf dem sie vor dem Krieg waren, drückt damit aus, daß man niemals mehr zu dem Gleichgewicht zurückkehren wird, das diesem Status entspricht. Also muß man einen neuen Status haben. Fragt sich nur, ob dieser bestehen kann oder nicht; und dies ist die Frage, die vor allen anderen, ethischer oder metaphysischer Natur, den Vorrang hat.

Der Krieg hat viel Reichtum zerstört, und nach dem Krieg wird weiterhin viel davon durch unnütze Produktionskosten zerstört; es ist also sicher, daß bei dem neuen Gleichgewicht ein Ausgleich für diese Zerstörung da sein muß, und dies kann nur ein direkter oder indirekter Nachteil für Arbeit und Verbrauch sein, durch die Beschränkung der Kapitalisierung.

Wenn die Gesellschaft homogen wäre, träfe dieser Nachteil alle; in einer heterogenen Gesellschaft trifft er nur einige, während andere einen Vorteil haben, aber unter der Bedingung, daß man jenen so viel abnehmen kann, wie man braucht, um nicht nur einen Ausgleich für die Zerstörung des Reichtums zu schaffen, sondern um auch den Wohlstand der anderen zu heben. Dies ist möglich, und es ist in der Tat oft vorgekommen, daß man aus dem Vielen das Wenige schöpft; es ist hingegen unmöglich, aus dem Wenigen das Viele schöpfen zu wollen. So konnten die Triumvirn in Rom ihre Soldaten entlohnen, so machten es zahllose Herrscher, Regierungsoberhäupter, so hält sich der russische Bolschewismus sein glänzendes Heer. Aber es ist unmöglich, wenn man die enorme Masse, die nötig ist, um den Verbrauch des Großteils der Bevölkerung zu steigern, aus der im Vergleich sehr geringen Masse des Reichtums der wohlhabenden und reichen Klassen beschaffen will. Also kann man mit großer Wahrscheinlichkeit behaupten, daß das Werk derjenigen, die unsere von politischen und sozialen Erfordernissen bedrängten Regierungen in diesem Sinne führen wollen, vergeblich sein wird.

Wirklich haben die Tatsachen bis jetzt völlig dieser Voraussage entsprochen[11].

Man konnte auch eine andere, sehr wahrscheinliche machen. Die ganze Geschichte der Menschheit beweist, daß dort, wo die Stärke nichts erreicht, List und Betrug zu Hilfe genommen werden. Die Regierungen müssen ihr Schiff zwischen zwei Klippen steuern. Auf der einen Seite steht die Unmöglichkeit, der Bevölkerung das zu geben, was sie verlangt und was ihr leider versprochen worden war, um sie in den Krieg zu treiben; auf der anderen Seite der Mangel an Stärke, der es nicht erlaubt, der Bevölkerung den Verzicht auf diese Vorteile aufzuzwingen und sie davon abzuhalten, daß sie sich dagegen empört, daß man viel verspricht und wenig hält. Es bleibt nur der Ausweg, daß man so tut, als gewähre man das, was man in Wirklichkeit nicht geben kann. So wendet man Linderungsmittel an, die nur die Symptome der Krankheit beseitigen und sie selbst nicht heilen, oder man hält leere Reden, die die Wahrheit weiterhin verborgen halten sollen, die man nicht gestehen will oder kann.

Die Formen, mit denen man diesen Zweck erreicht, sind nicht neu, und sie lassen sich leicht vorhersehen, wenn man sie der Geschichte entnimmt. Hauptsächlich sind das: Die Änderung der Währung, früher Material, heute Papiergeld, die amtlichen Höchstpreise für Lebensmittel, die seit Diokletian und noch früher bis in unsere Tage immer wiederkommen, immer wirkungslos oder doch fast wirkungslos, immer wieder vom Volk gefordert, von den Regierungen gebilligt, durch Aufstände erzwungen, die Gesetze zur Ausgabenbeschränkung, die nur ein Schlag ins Wasser sind, die Jagd auf die Wucherer im Mittelalter, auf die „Spekulanten“ in unseren Tagen, die Verfolgungen der „Kapitalisten“ in jeder Form.

Wir bemerkten schon (am 15. Januar 1920), daß die Voraussage über die Geldentwertung sich bewahrheitet hat. Mit dieser Entwertung gaben die Staaten vor, ihre Schulden zu bezahlen, und sie zahlten viel weniger. Die Ereignisse von damals bis heute habe diese Bewahrheitung voll erhärtet.

Man kann sich eine zumindest ungefähre Vorstellung von der Entwertung des Geldes machen, wenn man seinen Wert auf den Goldwert bezieht. Übrigens darf man nicht vergessen, daß das Gold heute im Vergleich zur Vorkriegszeit abgewertet ist.

In London gibt es einen freien und echten Goldmarkt, der in vielen anderen Staaten fehlt. Wir nehmen also die Daten der Londoner Börse. Ganz streng genommen müßte man den Vergleich mit den durch Interpolation gewonnenen Mittelwerten anstellen; so haben wir es in ähnlichen Fällen an anderer Stelle gemacht, aber um nicht zu weitschweifig zu werden, können wir auch Vergleiche zwischen fest bestimmten Zeiten anstellen, wir müssen uns lediglich vor

[11] Ich wiederhole daher nicht, was ich schon in *Fatti e teorie* geschrieben habe.

Augen halten, daß sie nur approximativ sind, da die Börsennotierungen sich täglich ändern.

Um den Nennwert des Pfund Sterling zu erhalten, muß man erwähnen, daß die Unze Gold von englischem Feingehalt von elf Zwölfteln 77,875 Gold*shillings* wert ist, also die Unze Feingold 84,9544 wert. Am 6. Oktober 1921 wurde diese Unze mit 109,7 *Shillings* bezahlt, also ist der Papiersterling ein Bruch gleich 0,774 des Goldsterlings.

In den Vereinigten Staaten ist das Gold in Umlauf. In London war am 6. Oktober 1921 der Papiersterling 3,776 Dollars wert, also beträgt die Entwertung des Papiersterlings 0,776; diese Zahl, die wir unseren Berechnungen zugrunde legten, deckt sich hinreichend mit der vorigen.

Nachdem wir so die Entwertung des Papiersterlings ermittelt haben, ermöglichen uns die Daten der Londoner Börse die Berechnung der Abwertung der anderen Währungen, und so ergibt sich folgendes Bild:

New York	I	
Yokohama	0,963	
Schweiz	0,915	
Stockholm	0,843	
Amsterdam	0,805	
Buenos Aires	0,789	
England	0,776	
Kopenhagen	0,701	
Madrid	0,683	
Montevideo	0,669	
Christiania	0,452	(V. 1624-1924 Name Oslos, Anm. d. Übers.)
Rio de Janeiro	0,406	
Frankreich	0,375	
Valparaiso	0,312	
Italien	0,208	
Belgrad	0,090	
Helsinki	0,077	
Prag	0,052	
Bukarest	0,044	
Sofia	0,035	
Berlin	0,034	
Budapest	0,007	
Wien	0,003	
Warschau	0,001	

Einen besseren Beweis als diesen kann man sich nicht wünschen. Dagegen stehen die von vielen gemachten Voraussagen über eine Besserung der Entwertung des Geldes und der Kurse, die die Folge der Maßnahmen der Regierung gegen die „Spekulanten", die Börsenmakler, die „Feinde des Vaterlandes", die Leute, die angeklagt werden, nicht genügend Vertrauen „in die Zukunft des Landes" zu empfinden, gegen den freien Umlauf des Geldes seinen Export und außerdem der verschiedenen Tricks wie die des *Istituto nazionale dei cambi*, das Verbot, aus dem Ausland Zahlungen in nationaler Währung zu erhalten und so fort, sein sollte; sie erwiesen sich alle als vergeblich und zeigten, daß die Voraussagen irrig waren. Diese hatten weder eine empirische noch eine rationale Grundlage, das heißt, die allgemeinen Gesetze. Nicht empirisch, weil wir in der Geschichte zahlreiche Maßnahmen dieser Art kennenlernen, die alle Auswirkungen hatten, die den gewünschten entgegengesetzt waren; rein rational, weil die bekannten allgemeinen Gesetze direkt zu ihnen im Gegensatz stehen.

Aber man konnte wohl voraussehen, daß durch die List einiger weniger, ja, nicht ohne den Betrug mancher Leute, aufgrund der Unwissenheit der vielen, der heftigen, gegen die Vernunft gerichteten Gefühle der Masse, diese Maßnahmen von neuem auftreten würden, so wie sie schon viele Male unter analogen Formen in der Geschichte auftraten.

Der Krieg hatte unter anderem seinen Ursprung in der Rivalität der Plutokratien, die von einer Bourgeoisie unterstützt wurden, die die Vernunft der Leidenschaft unterwarf, Plutokratien, die das aktive oder passive Wohlwollen der Arbeiter erwarben, denen sie hohe Einkommen verschafften. Um die Bevölkerung in dieser ausgezeichneten Verfassung zu halten, um die Vögel auf den Leim zu locken, während der Krieg sich hinauszog und der Friede sich nicht einstellen wollte, wollte man glauben machen, daß auf den Krieg Zeiten unglaublichen Wohlstandes folgen würden.

Diese Aussage steht nicht nur im Widerstreit mit dem Empirismus und den rationalen Deduktionen, sie wird nicht nur von der Geschichte Lügen gestraft, sondern in gleichem Maße von den ökonomischen und sozialen Gleichförmigkeiten, die uns bekannt sind. Daher konnten wir im Juli-August 1918 schreiben[12]: „(S. 157) Im allgemeinen folgt auf den Friedensschluß nach großen Kriegen eine ziemlich kurze Periode ökonomischer Prosperität bei hohen Preisen und eine mittlere Periode (S. 158) langer ökonomischer Depression bei niedrigen Preisen. Natürlich werden diese Tatsachen, obwohl sie wohlbekannt sind, von den Leuten, die der Öffentlichkeit vormachen wollen, daß eine Ära unendlicher Prosperität konsequent auf den gegenwärtigen Krieg folgen wird, völlig außer acht gelassen oder verheimlicht."

Heute hat sich dies bewahrheitet, wie die Fakten ausführlich bestätigen.

[12] *Après quatre années de guerre*. Ein Artikel, der in *Fatti e teorie* wieder abgedruckt ist.

Die Ökonomie gewährt uns einen weiteren festen Anhaltspunkt mit der Aussage, daß Produkte gegen Produkte getauscht werden; dies muß man im Sinne eines Durchschnitts für ausreichend lange Perioden verstehen, nicht für sehr kurze oder kurze Oszillationen. Auch hier tragen die empirische und die rationale Methode dazu bei, den Voraussagen einen hohen Wahrscheinlichkeitsgrad zu verleihen.

Auf diese Weise konnte und kann man vorhersehen, daß die Hoffnung, daß Deutschland uns enorme Summen in Gold zahlen werde, wenn wir seine Produkte nicht abnehmen, was, wenn es möglich wäre, einer *creatio ex nihilo* entspräche, vergebens sein würde. Schon beginnt man zu sehen, daß diese Annahme falsch ist, und Frankreich hat nunmehr eine Abmachung mit Deutschland getroffen, wonach es seine Produkte als Zahlung unter bestimmten Voraussetzungen akzeptiert.

Im allgemeinen hat der Krieg die Abneigung gegen Ausländer verschärft, und die verschiedenen Nationen haben sich materiell und auch intellektuell zurückgezogen. Sie haben fremden Produkten den eigenen Markt verschlossen, und jetzt bemerken sie, daß sie auf diese Weise auch den Export ihrer eigenen Produkte verhindert haben.

Einige Produzenten leiden darunter, und sie treffen Vorkehrungen, die kurze Erleichterung bringen können, aber sie werden sich schließlich zum Schaden wenden. Die Regierungen bewilligen Prämien für den Export, was eine indirekte Form ist, das Geld der Rentiers und der Sparer auf gewisse Plutokraten und ihre Arbeiter zu übertragen. Dies ist nur ein neuer Aderlaß an den Spargeldern und der Kapitalisierung. Um das, was geschehen wird, voraussehen zu können, wird man irgendeine Vorstellung davon haben müssen, wieviel Spargeld zur Wiederbeschaffung und Steigerung der Kapitalien verfügbar bleiben wird.

Ein weiteres synthetisches Merkmal der menschlichen Gesellschaften findet man in der Kurve der Einkommensverteilung, die seit 1896, wie wir zeigten, sich bei Gesellschaften mit höchst verschiedenen wirtschaftlichen Verhältnissen wenig unterscheidet. Vieles deutet auf die Annahme, daß ähnliche Gesetze für die anderen Manifestationen der anderen physischen, geistigen, moralischen Aktivitäten der Menschen gelten[13]. Bei diesen Gesetzen müssen zwei Dinge voneinander unterschieden werden, nämlich: 1. Die *genaue* Form der Kurven; 2. Deren allgemeiner Charakter, wodurch die Anzahl der Personen rasch abnimmt, die an Intensität zunehmende Eigenschaften haben. Die *genaue* Form kann man nie erhalten, weil sie durch unendlich viele Akzidentien modifiziert wird, und es ist wirklich ein höchst bemerkenswerter Fall, daß diese die Einkommenskurve so

[13] Für die Mathematiker sagen wir, daß diese wie Invariablen der verschiedenen Funktionen sind, die solche Manifestationen ausdrücken.

schwach beeinflussen. Der allgemeine Charakter ist sehr sicher, und man erhält ihn ohne Statistiken, wenn man beachtet, daß es bei jeder Kunst, jeder Wissenschaft, jedem guten oder bösen Werk etc. eine sehr große Anzahl von Menschen mit geringen Fähigkeiten, eine kleine Anzahl von Tüchtigen und eine winzige Anzahl von überragend Qualifizierten gibt. Wenn man die Menschen nach dem Grad ihrer Fähigkeiten anordnet, so erhält man nicht eine Pyramide mit geradlinigen Kanten, sondern eine scharf zulaufende Spitzsäule.

In allen Ländern, einschließlich Rußland, das nun vom göttlichen Proletariat beglückt wird, regiert eine kleine Minderheit, mal gut, mal besser, und andere Male schlecht, sehr schlecht. Der Senator Giustino Fortunato[14] sagt sehr richtig[15]: „Und gerade in armen und schwachen Ländern wie unserem Staat, in dem die große Mehrheit der Bevölkerung gezwungen ist, neben der Arbeit für sich selbst ihr Bestes für den Unterhalt einer kleinen parasitären Minderheit zu geben, die vorgibt, ihr zu dienen, aber in Wirklichkeit kein anderes Ziel hat, als selbst die herrschende und privilegierte Klasse zu bilden." Dies trifft übrigens in unterschiedlichem Maße für jedes Land und jede Zeit zu.

Es müssen noch zwei Merkmale hinzugefügt werden. Das erste ist die Tatsache, daß die Spitzsäule eine Form mit stabilem Gleichgewicht ist, die dazu tendiert, sich nach einer Erschütterung sofort wieder zu konstituieren. Diese Überlegung reicht hin, um voraussehen zu können, daß der Bolschewismus in Rußland eine Verteilung der Einkommen, die der unter dem Zarismus gleicht, abschaffen wird; alle werden verringert, aber in nicht sehr verschiedenen Proportionen.

Das zweite Merkmal ist die Tatsache, daß innerhalb dieser Spitzsäule eine ständige Bewegung vonstatten geht, die die verschiedenen Schichten mischt. Ein spezieller Fall dieser Bewegung ist der Kreislauf der ausgewählten Elemente *(Eliten)*.

Auf die Dauer verlieren die oberen Klassen leicht die energischen Elemente, mit Gefühlen, die den religiösen analog sind, und sie werden in das Aufsteigen der unteren Klassen reintegriert. Mallet du Pan schreibt, wie es in Paris zur Zeit des Direktoriums zuging (S. 127): „Die Royalisten. die Leute des Vendémiaire, die Grundbesitzer, die Gemäßigten, haben sich das bequemste Verhalten zugelegt, es fehlt ihnen nämlich jegliches Bewußtsein über die Gegenwart, die Zukunft und sogar die Vergangenheit. Keine Ungerechtigkeit empört sie, wenn sie nur die Hoffnung haben, an den damit verbundenen Gewinnen teilhaben zu können, keine Tyrannei erschreckt sie, wenn sie sie nur leben, schwatzen und in

---

[14] Giustino Fortunato (1848-1932), Schriftsteller und süditalienischer Politiker. Seine Arbeit als Wissenschaftler und Politiker war ganz auf die sogenannte „Süditalienfrage" gerichtet.

[15] G. FORTUNATO. *Dopo la guerra sovvertitrice*, Bari, 1921.

die Oper gehen läßt[16] Wie in ganz Europa findet man auch in Paris nur noch etwas Energie unter dem Volk."

Von alledem, das in der *Sociologia* gründlich behandelt wurde, soll hier nur an das erinnert werden, was für die vorliegenden Ausführungen unbedingt notwendig ist.

Mit den erwähnten allgemeinen Gesetzen können wir sehr viele historische Ereignisse erklären und also auch wiederum viele mit ziemlicher Wahrscheinlichkeit voraussehen.

Man muß bemerken, daß normalerweise andere Wege eingeschlagen werden. Die allgemeinen Gesetze, die man anwendet, sind zuweilen metaphysisch oder theologisch und tragen also wenig oder gar nichts zur Wahrscheinlichkeit der Voraussagen bei; das Wenige hat seinen Ursprung darin, daß sie in einigen Bereichen, wenn auch unzulänglich, die Erfahrungswirklichkeit widerspiegeln können; manchmal haben sie wenigstens den Anschein der Erfahrung (Gleichförmigkeit), und sie sind nützlich in dem Maße, in dem der Anschein der Realität entspricht; manchmal sind sie ausschließlich auf Erfahrung gegründet: Aber dies genügt noch nicht, um ihnen einen hohen Wahrscheinlichkeitsgrad zu verleihen; sie müssen außerdem ausreichend synthetisch sein, um der Synthese des realen Phänomens zu entsprechen.

Oft sind die allgemeinen Gesetze implizit vorhanden, und dies sind die verfänglichsten und gefährlichsten, weil man sie leicht akzeptiert, ohne aufmerksam zu untersuchen, wie und wann sie in der Realität auftreten. Wir haben eine Voraussage von Mallet du Pan gebracht, die sich bewahrheitet hat; es gibt noch ähnliche, aber auch andere, die sich keinesfalls bewahrheiteten. Im allgemeinen haben erstere experimentelle, die zweiten ethische oder gefühlsmäßige Grundlagen. Zum Beispiel schreibt er am 11. August 1796[17]: „(S. 128) Bonaparte, dieser kleine Bauer mit den struppigen Haaren, dieser Räuberbastard, den die Redner der *Conseils* (S. 129) *junger Held und Besieger Italiens* nennen, wird bald büßen für seinen billigen Ruhm, seine schlechten Manieren, seine Räubereien, seine Schießereien, seine unverschämten Schmierereien."

Es ist schwierig, eine noch falschere Voraussage zu finden. Sie hat ihren Ursprung sicher in einer impliziten Annahme, nämlich der, daß ein großer Feld-

---

[16] Auf dieses Thema kommt er oft zurück. Am 23. August 1795 schreibt er: „Aus den Lumpen des Elends, der Verzweiflung der Hungernden, den Orgien der Zügellosigkeit, dem unverschämten Luxus der Emporkömmlinge, ihrer Frauen, ihrer Mätressen, der Masse im Theater, der Masse vor den Bäckereien, der Masse überall dort, wo von zahllosen Händlern Assignate, Möbel, Lebensmittel, Waren verschachert werden, setzt sich immer das seltsame Bild der Hauptstadt zusammen."
Solche Dinge sind in der Geschichte üblich, man konnte sie heute in Wien und anderen Hauptstädten beobachten, und man kann mit großer Wahrscheinlichkeit voraussagen, daß sie immer wiederkehren werden, wenn es zu ähnlichen Umständen kommt wie die, in denen sie ihren Ursprung haben.

[17] *Correspondance inédite de Mallet du Pan*, Bd. II.

herr und ein großer politischer Führer notwendigerweise ein anständiger und gesitteter Mann ist. Dies wäre sehr wünschenswert, unglücklicherweise widerlegt die Geschichte diese Annahme gänzlich. Sie kommt auch mehr oder weniger stark in den Urteilen Taines über die Revolution zum Tragen, und um die Wahrheit zu sagen, man findet sie bei zahlreichen Historikern, Philosophen, Soziologen; und sie ist die Hauptgrundlage für die dummen Beschuldigungen gegen Machiavelli.

Eine Annahme, die eine äußerst große Anzahl von Überlegungen verfälscht, ist die, daß die Menschen ausschließlich von der Vernunft gelenkt werden: Daher sagt man das voraus, was sie nach Meinung des Autors *tun müßten*, nicht das, was sie wirklich tun werden. Eine andere Annahme kommt sehr häufig hinzu, und zwar, daß die Menschen von der Rücksicht auf das Gemeinwohl stärker beeinflußt werden als von der Rücksicht auf ihr eigenes, spezielles Wohl. So kommt man zu zahlreichen Theorien vom Typ von Platos *Republik*, den verschiedenen *Utopien*, dem *contrat social* (dt. Gesellschaftsvertrag, Anm. d. Übers.) von Rousseau, der utilitaristischen Moral von Bentham, der *Moral der Interessen* von Novikow und anderen derartigen Hirngespinsten.

Es ist unnötig zu sagen, daß die Voraussagen, die hauptsächlich derartige Grundlagen haben, fast wertlos sind; aber wenn diese Grundlagen sekundär sind und durch experimentelle ergänzt werden, können sie einen mehr oder weniger großen Wahrscheinlichkeitsgrad erreichen.

Adam Smith hat in seiner berühmten Abhandlung die Absicht, das Volk zu lehren, wie es sich Wirtschaftsgüter im Überfluß beschaffen kann, und den Herrscher zu lehren, wie er zu einem Einkommen gelangt, das für die Bedürfnisse des Staates ausreicht. Seine Lehren wurden von den Politikern in England sehr positiv aufgenommen, weil sie in Wirklichkeit mit den vorhandenen Gefühlen und Interessen in Einklang waren; sie wurden gern von den Wissenschaftlern der anderen Länder akzeptiert; durch die eindringlichen experimentellen und anderen, aus dem Bereich der Gefühle gegriffenen Beweise sah man voraus, daß sie allmählich, sowie sie richtig verstanden und vervollkommnet sein würden, die ganze Welt regieren würden.

Dagegen ging man zunächst in England selbst seit dem Beginn des XX. Jahrhunderts über sie hinweg, und heute, 1921, 145 Jahre nach der Veröffentlichung von Smiths Werk im Jahre 1776, kümmert man sich absolut nicht mehr um sie; so geschah es auch in der übrigen Welt, wo die Gegenbewegung seit der Mitte des XX. Jahrhunderts ihren Ursprung hatte. Warum erwiesen sich die angestellten Voraussagen als so falsch?

Nicht etwa, weil die Aussagen von Smith experimentell widerlegt worden wären, ja, wenn man die Modifizierungen und Vervollkommnungen, die die Zeit an jeder experimentellen Arbeit vornimmt, berücksichtigt, so wurden sie in vielen sekundären Bereichen weitgehend bestätigt; aber die Gefühle und die Interessen, aufgrund derer sie akzeptiert worden waren, hatten sich gewandelt; die Voraussagen wurden wertlos, weil sie dies nicht beachtet hatten.

Unter ausschließlich logischem Aspekt stoßen wir auf einen Sonderfall von Irrtum, der schon im allgemeinen bemerkt wurde, nämlich die implizite Annahme, daß die Menschen, von der Vernunft gelenkt, nur das Gemeinwohl zum Ziel haben.

Diesen Irrtum erkennt man besser in dem, was J. B. Say schreibt. Nachdem er die Widrigkeiten beschrieben hatte, die bis zu seiner Zeit die Gesellschaft quälten, sieht er eine ganz andere, frohe Zukunft voraus[18]. „Aber von dem Augenblick an, wo man zu der Überzeugung kommt, daß der Staat wachsen und gedeihen kann, ohne daß es auf Kosten eines anderen geht, und daß die Mittel für seine Existenz und sein Gedeihen auf einmal geschaffen werden können; von dem Augenblick an, wo man die Mittel aufzeigen kann, durch die sich dieses Schaffen vollzieht, und beweisen kann, daß der Fortschritt eines Volkes, weit davon entfernt, dem Fortschritt eines anderen Volkes zu schaden, ihm im Gegenteil nützlich ist; von dem Augenblick an können die Nationen mit sichersten, fruchtbarsten, ungefährlichsten Mitteln ihre Existenz bestreiten, und jedes Individuum wird, anstatt unter der Bürde des allgemeinen Unglücks zu ächzen, für sich den Fortschritt des politischen Ganzen genießen ... Anstatt die allgemeine Prosperität auf die Anwendung brutaler Gewalt zu stützen, gibt ihr die politische Ökonomie das wohlverstandene Interesse der Menschen als Grundlage.“

Heute nach dem Weltkrieg scheint dies alles eine einzige Ironie.

Die berüchtigte Theorie von der Handelsbilanz wurde von Adam Smith ausgezeichnet widerlegt, und zahllose Untersuchungen haben später diesen Beweis erhärtet und vervollkommnet; und dennoch wird heute diese Theorie weiterhin von Ökonomen (?) akzeptiert, die von der Gleichförmigkeit des wirtschaftlichen Gleichgewichts nichts wissen – und das ist der geringere Teil –, dazu noch – und das ist der größere Teil – von denen, für deren Interessen sie günstig ist, und von Politikern, die auf diese Weise Anhänger gewinnen. Täglich liest man in Zeitungen, Zeitschriften und Büchern den Unsinn, daß die Handelsbilanz den Kurs bestimmt. Die Regierenden glauben daran nicht immer, aber sie geben es vor, weil es ihnen nützt. Sie gewinnen Anhänger, sie belohnen sie, sie erlangen die Gunst der Öffentlichkeit mit Schutzzöllen, die angeblich die „nationale Produktion“ schützen. Höchstlöbliche Ziele, die sie anstreben, scheinen auch die Ein- und Ausfuhrbewilligungen zu sein, die in Wirklichkeit nicht immer uneigennützig sind, und dem noch die Vorteile der Staatskasse hinzugefügt, die

[18] *Cours complet d'Economie politique pratique*, Brüssel, 1844, S. 10. Die erste Ausgabe wurde 1803 veröffentlicht.

Monopolc, wic das Kaffcemonopol in Italien, wie es sie in einigen anderen Ländern auch gibt.

Den solcherart von den Regierungen selbstgeschaffenen Plutokraten sagen jene dann, sie wollten ihnen das auf schlechte Weise gewonnene Geld wieder abnehmen; und dies ist nur eine neue Art und Weise, einigen Vorteile zu verschaffen, anderen Schaden zuzufügen. Die Geschichte liefert dafür viele Beispiele, unter anderem die dekretierten Rückerstattungen in Frankreich nach dem Bankrott des Law-Systems und heute die geplanten Beschlagnahmungen der Kriegsgewinne.

Smith befand sich direkt auf dem Boden der Erfahrungswirklichkeit, als er über den Merkantilismus (Buch IV, Kap. III) sagte, daß gewisse von ihm widerlegte Prinzipien dem Privatinteresse und den Neigungen zu den Monopolen entspringen, und daß andere aus dem nationalen Haß entstehen und die weniger vernünftigen sind. Zu seiner Zeit herrschte bei den internationalen Handelssperren der Haß zwischen England und Frankreich, heute herrscht ganz gleichermaßen der Haß zwischen England und Deutschland und beeinflußt zum Beispiel den *Safeguarding of Industries Act*, der soeben in Kraft getreten ist, was nach den Prinzipien Smiths absurd wäre, aber ausgezeichnet ist für die Interessen derjenigen, die davon profitieren, für die nationalistischen Gefühle, für den Nutzen der Regierung, die sich dieser jener bedient. Wer diese Maßnahmen bekämpft, kann nur auf guten Erfolg hoffen, wenn er sich auf die Gewalt und nicht auf die Vernunft verläßt und wenn er daran denkt, daß *auro suadente nihil potest oratio*.

Smith hatte gut angefangen, er mußte nur fortfahren und die Konsequenzen aus seiner Beobachtung über die Ursachen des Merkantilismus ziehen; und wenn er im Auge behalten hätte, daß die Gefühle sich langsam wandeln und daß die Einzelinteressen zwar zu verschiedenen Zeiten verschieden, aber immer wirksam sind, so hätte er voraussehen können, daß die von ihm verurteilte Wirtschaftsordnung seine Beweise und ähnliche überleben würde. Doch er irrt vom richtigen Weg ab, und dies geschieht wohl, weil er sich von Überlegungen von der Art, wie wir sie mit dem Zitat von J. B. Say angeführt haben, überzeugen und gewinnen läßt.

Bis zum Ende des XIX. Jahrhunderts wurde die Prosperität Englands, das den Freihandel hatte, als Beispiel für die positiven Auswirkungen dieses Systems angeführt, und einige sagten voraus, daß schließlich die anderen Völker dem Beispiel dieses Landes folgen würden, um der englischen Konkurrenz standzuhalten. Diese Voraussage scheint solide erfahrungsmäßige Grundlagen zu haben; denn in empirischer Sicht war die englische Prosperität real, sie wurde nur ein wenig von der deutschen und amerikanischen Prosperität bedrängt, und in rationaler Sicht bewies die Ökonomie den Nutzen des Freihandels. Dennoch erwies sie sich als irrig. Wie kam das?

Dafür gibt es viele Ursachen, aber die hauptsächliche ist die mangelnde Synthese der Theorien: Zu den ökonomischen hätte man die soziologischen hinzufügen müssen.

Der Nutzen, den der Freihandel brachte, war real, aber anstatt nur der Expansion des Exports zu dienen, ging er zu einem großen Teil damit verloren, die Trade-Unions zufriedenzustellen, mit hohen Löhnen, wenig Arbeit, Verzicht auf wichtige technische Verbesserungen. Auch wenn man für einen Augenblick in dem Bereich der ausschließlich ökonomischen Theorien bleiben will, ist der Beweis für den Nutzen des internationalen Freihandels nicht stichhaltig, wenn man den internen freien Wettbewerb ausschließt, vor allem den, wodurch die Löhnc, dic Arbeitsstunden festgesetzt und die Produktionsstätten den Launen der Arbeiter entzogen werden könnten.

Wenn man dann zu dem konkreten Problem übergeht, so führt das leidenschaftslose Studium der Fakten zu dem Schluß, daß die Lösung der Frage nach dem Vorteil des Freihandels oder der Protektion so gut wie gar nicht von den ökonomischen Theorien abhängt, sondern dagegen hauptsächlich von den soziologischen und politischen. Wenn heute alle Nationen zur Protektion übergehen, so nicht aufgrund von theoretischen Beweisen, sondern einzig weil dies die Konsequenz des politischen Zustandes der Nationen ist, der Gefühle und Interessen, die bei ihnen vorherrschen.

Dasselbe kann man für die „freie Wirtschaft" im allgemeinen sagen. England hatte sie im letzten Jahrhundert zumindest teilweise, und heute lehnt es sie ab. Im Oktober 1921 bemerkte Lloyd George, daß die Regierung zwei Wege einschlagen könne, um die gegenwärtige Krise zu beseitigen, und zwar: Den Gesetzen der Wirtschaft freies Spiel lassen oder eingreifen und das gesamte ökonomisch-soziale Phänomen regeln. Er wählte den zweiten Weg. Vielleicht wußte er, daß er nur Linderungsmittel brachte, und was noch schlimmer ist, Linderungsmittel, die letzten Endes das Übel noch verschlimmerten; vielleicht wußte er es auch nicht. Aber ihn kümmerte das wenig, und es war sein Ziel, sich eine Mehrheit unter den aktivsten Staatsbürgern zu sichern: Unter der demagogischen Plutokratie.

Außerdem ist die Aufstellung solcher Theorien zur Befriedigung bestehender Gefühle und Interessen nur ein Teil eines allgemeineren Phänomens. Das Recht auf Eigentum, das soziale System, das der Arbeit, der Produktion, der Währung, des Handels und viele andere entsprechen dem festgestellten Zustand, und die Theorien entstehen aus ihm und werden von ihm determiniert und nicht umgekehrt. Die Tatsache des Quiriteneigentums determinierte das römische Recht, die Tatsache der neuen Formen des Eigentums ist im Begriff, die modernen Theorien zu determinieren, und wir sind Zeugen ihres mühsamen Entstehungsprozesses. Das Voraussehen sozialer Phänomene muß also hauptsächlich auf den erwähnten Zustand und auf seine wahrscheinlichen Transformationen achten und dabei die Theorien nur als ein Mittel zu seiner Erkenntnis betrachten, wie man hoffen mag, daß Kinder über ihre Eltern Aufschluß geben.

Übrigens ergeben die Theorien auch, für sich betrachtet, einige Begriffe, die man beachten muß, denn sie sind wie Deiche, in die der soziale Fluß eingedämmt werden muß.

Man kann sich die Gesellschaft nicht als eine Ansammlung von getrennten, voneinander losgelösten Molekülen vorstellen, von denen jedes nach seiner eigenen Vernunft und den allgemeinen Regeln der Logik operiert, sondern man muß sie als etwas betrachten, das um bestimmte Zentren graviert, sich zu bestimmten Gruppierungen vereinigt, hauptsächlich aufgrund von Gefühlen und Interessen operiert und sich der Logik zur Befriedigung beider bedient. In einer Studie dieses Komplexes ist es unmöglich, alle diese Gruppen zu sehen, weil sie so zahlreich sind; ihre Existenz ganz zu übergehen, entfernt zu sehr von der Realität: Die Voraussetzung, daß die Gesellschaft homogen ist, kann zu schwerwiegenden Fehlern führen; ihre Zweiteilung in „Bourgeois" und „Proletarier" oder aber in „Kapitalisten" und „Arbeiter" ist schon besser, dabei aber in sehr vielen Fällen nicht ausreichend. Man muß zumindest die „Bourgeois" oder die „Kapitalisten" aufteilen in Personen mit fixem Einkommen und in solche mit variablem Einkommen, wenn man dabei auch die noch verschweigt, die ein gemischtes Einkommen haben. Aber dabei können wir nicht stehenbleiben, und wir müssen noch weiter differenzieren, wenn wir uns der Realität annähern wollen.

Das soziale Gleichgewicht entsteht durch das Wirken all dieser Gruppen, und die Voraussage seiner Transformationen ist gleichbedeutend mit der der Wandlungen dieser Gruppen.

Es liegt viel Wahrheit in der Bemerkung, daß die Zivilisation von privaten und kollektiven Kapitalien gebildet wird, woraus folgt, daß es gewisse Fixpunkte, gewisse Dämme gibt, die die soziale Evolution nicht überwinden kann. Wenn man, bei welchem System auch immer, langfristig – nicht etwa kurzfristig – die Zunahme des Kapitals verhindert, so verhindert man damit auch den Fortschritt der Gesellschaft und wendet sich nach rückwärts. So kam es zu großen jahrhundertedauernden Oszillationen im Leben der Völker, so verfielen die griechischen Republiken, das Römische Reich, das spanische Königreich und viele andere frühere Staaten; so könnte auch heute die Strömung der demagogischen Plutokratie an einem derartigen Hindernis zerbrechen.

Dieses Ereignis ist wahrscheinlich noch fern, und dennoch möchte man voraussehen, wie der große soziale Strom verlaufen wird. Die Schwierigkeiten beruhen auf der Vielschichtigkeit des Phänomens. Der mangelnde Kapitalzuwachs, der in extremen Fällen eine Grenze angibt, ist in mittleren Fällen nur eine der zahlreichen Kräfte, die auf die Gesellschaft einwirken. Eine andere, von der wir, wenn auch in der Tat nur wenig, wissen, ist das Abbröckeln der zentralen Gewalt. Die von uns im Mai und Juni 1920[19] gemachten Voraussagen wurden vor dem langen Kampf zwischen Faschisten und Kommunisten niedergeschrieben, durch den sie weitaus bestätigt werden; und sie bewahrheiten sich von neuem heute in Irland, wo unter den väterlichen Augen der englischen Regierung die Gerichte der *Sinn Féiners* Recht sprechen, die republikanische Miliz unter Waffen steht, während sich Ulster auf die Verteidigung oder vielleicht auf den Angriff vorbereitet.

Bleibt noch die Frage, wie weit dieses Abbröckeln gehen wird und ob die Zukunft nicht einen Cäsar, einen Augustus, einen Bonaparte oder ähnliche Männer in Reserve hat.

Was wäre geschehen, wenn das Abenteuer von Fiume weniger poetisch, mehr militärisch gewesen wäre und wenn man damals den Rubikon überschritten hätte? Wir sind nicht in der Lage, diese Frage mit einiger Wahrscheinlichkeit zu lösen.

Die gegenwärtige Gefühls- und Interessenlage der italienischen Bourgeoisie mag zu der Annahme Anlaß geben, daß der Versuch gescheitert wäre. Anderseits darf man nicht vergessen, daß man Ähnliches bei anderen Ländern feststellt und daß es nicht die Bildung einer starken Regierung verhindert hat. In Rom verhinderten die Banden des Clodius nicht die Gründung des Kaiserreichs, ja, sie begünstigten sie sogar. In Frankreich, vor dem Sturz des Direktoriums[20] (S. 65): „Die gemäßigte Bourgeoisie, die in Paris am 13. Vendémiaire bei ihrem versuchten Angriff gegen die Männer der Convention besiegt wurde und nach Fructidor ihre neuen Hoffnungen verlor, fand sich damit ab, daß sie nichts mehr galt in einem Land, dessen Verfassungstext ihr den legalen Vorrang zusprach." Man vergleiche, wie in Italien die Bourgeoisie die Verfassung gemacht hatte, wie sie bis Ende des XIX. Jahrhunderts geblieben ist und wie sie heute ist. In Frankreich änderte sich diese Sachlage in wenigen Tagen; nach dem 18. Brumaire kehrten wieder Ordnung und Wohlstand ein.

Wir vergessen nicht die Gefahren der empirischen Methode: Was einmal geschehen ist, *kann*, aber *muß* nicht notwendigerweise ein weiteres Mal unter anderen Umständen geschehen; übrigens ist es nicht sinnlos, wenigstens die Möglichkeit dessen zu erkennen.

---

19 *Trasformazione della democrazia*, in der „Rivista di Milano"; als Einzelband bei „Studio editoriale 'Corbaccio',,.

20 ALBERT VANDALE, *L'avènement de Bonaparte*, Bd. I

Um noch weiter zu gehen, muß man eine gründliche und weitmöglichst vollständige Analyse der Gefühls- und Interessenlage mit Hilfe unserer gegenwärtigen Erkenntnisse durchführen.

Hier ist nicht der Ort für diese lange und mühsame Arbeit; wir wollen nur einige Überlegungen angeben, um zu zeigen, wie vorsichtig man beim Ziehen von Schlußfolgerungen vorgehen muß.

Angenommen in einem Volk stehen sich zwei gegnerische Klassen gegenüber. Wenn es zu einem für die Gefühle und Interessen bedeutenden Komplex von Ereignissen kommt, wird die eine, wenn er für sie günstig ist, ihn einstimmig begrüßen, sich ihm gegenüber ablehnend zeigen, wenn er gegen sie ist, während die andere Klasse sich umgekehrt verhält: Sie zeigt sich gleichgültig oder aber teilt sich in verschiedene Gruppen, von denen jede für Partikularinteressen und -gefühle eintritt. So werden wir sagen können, daß in der ersteren die Kraft der Klasseninteressen oder -gefühle stärker ist als bei der zweiten, und daß dies, zusammen mit anderen, ein Element ist, das die Voraussage des Sieges der ersten Klasse ermöglicht.

In anderen Schriften haben wir schon viele Anwendungsformen dieses Prinzips aufgezeigt, und man könnte täglich neue finden. Eine weitere wollen wir hier kurz anführen.

Zu den zahlreichen Anzeichen für den Niedergang der Bourgeoisie gehören die Unterstützungen, die man heute Sowjetrußland zukommen lassen will. In diesem Land ließ die Regierung der Bolschewisten zuerst eine große Anzahl von Angehörigen der Bourgeoisie verhungern und verursacht heute durch ihre Unerfahrenheit und Bösartigkeit den Tod vieler Proletarier. In anderen Ländern schenkte die Bourgeoisie dem Sterben der russischen Bourgeoisie keinen Gedanken, tat nichts, um es zu verhindern, noch um diese Armen zu unterstützen, nicht im Traum dachte sie daran, ihnen einen roten Heller zukommen zu lassen. Die „Proletarier" hingegen hielten diese Geißel für gut und gerecht und unter eigenen Opfern zwangen sie ihre habgierigen, schwachen und feigen Regierungen, den Bolschewisten freies Spiel zu lassen, die offen sagten, daß ihr Ziel der Umsturz der Verfassung aller Staaten war.

Heute, wo das Sterben die russischen „Proletarier" trifft, müßten in anderen Ländern die Seiten zwischen „Bourgeois" und „Proletariern" vertauscht sein, wenn auf beiden Seiten die Gefühle energischer Verteidigung gleich wären: Erstere müßten sich freuen oder zumindest gleichgültig sein, sie müßten verhindern, daß die Regierungen ihren Untertanen Geld abnehmen, um die Bolschewisten zu erfreuen, sich nicht um die Not der russischen „Genossen" kümmern, nichts tun, um die Regierungen zu deren Unterstützung zu bewegen.

Nichts dergleichen. Zum Teil, und zwar zu einem bestimmt großen Teil[21], zeigt sich die Bourgeoisie scheinbar oder in Wirklichkeit unsagbar betrübt, weint, verzweifelt beim Anhören der Ergüsse eines Nansen, der bei geographischen Forschungen die Kunst des Regierens erlernt hatte und öffentliche und private Gelder sammelt, um den Feinden der Bourgeoisie zu Hilfe zu kommen und so, sei es auch nur indirekt, der bolschewistischen Regierung zu ermöglichen, Geld für die Verbreitung ihrer Doktrin und für die Vorbereitung neuer Kriege auszugeben.

Es ist wohl wahr, daß einige denken wie Briand, der (am 18. Oktober 1921) sagte, man dürfe nicht vergessen, daß das russische Volk in der Stunde der Gefahr zu Frankreich gestanden hatte. Aber dies widerspricht sich selbst, denn im russischen Volk gab es zwei Parteien: Diejenige, die dem republikanischen, nicht für die Sowjetunion eingestellten Frankreich helfen wollte, und diejenige, die es zerstören wollte und nach der Revolution mit Deutschland Frieden schloß, das damals gegen Frankreich Krieg führte, und die der ersten Partei feindlich gegenüberstand, die den Krieg fortsetzen wollte. Folglich ist eine heutige Hilfe genau eine Unterstützung der Feinde und nicht der Freunde.

Hier dürfen wir nicht stehenbleiben. Unsere Überlegung ist zu einfach; man muß noch weiteres hinzufügen.

Man muß bemerken, daß die Gruppe, die mit dem Begriff „Bourgeoisie" angegeben wird, bei weitem nicht die ganze Klasse umfaßt, die für gewöhnlich diesen Namen hat, sondern daß sie darüber hinaus nicht homogen ist. Sie muß in mehrere Teile getrennt werden. Da sind die Harmlosen, die wahrscheinlich den größten Teil ausmachen, und für sie gilt das bisher Gesagte, dann die humanitären Fanatiker, die an das „göttliche Proletariat" glauben, außerdem die, die listig und schlau ihr eigenes Wohl suchen; dies sind wenige, aber sie bewirken mehr als alle. Unter ihnen sind die Plutokraten, die mit Rußland Handel treiben wollen und für sich Konzessionen und Privilegien wollen, die sie sich zum Teil von den Steuerzahlern des eigenen Landes bezahlen lassen; dann die Regierenden, die sich mit Hilfe von Konzessionen gegenüber den Gegnern bemühen, diese zu beschwichtigen und Parlamentsmehrheiten zu bilden, um andere politische Ziele zu erreichen, wie es England macht, das – vielleicht umsonst – hofft, seinen Besitz in Asien der bolschewistischen Propaganda zu entziehen.

Man muß diese und andere Gruppen erkennen, deren Macht und Aktivität einschätzen, um in der Lage zu sein, mit einiger Wahrscheinlichkeit vorauszusagen, welches Ergebnis alle diese Kräfte bringen werden. Denn eine solche Untersuchung kann nie vollständig durchgeführt werden, es bleibt nur die Möglich-

---

21 Im Völkerbund hatte nur der serbische Delegierte den Mut, sich gegen die Unterstützung für die Russen zu stellen.

keit, sie wenigstens approximativ durchzuführen, gemäß dem, was uns bekannt ist; und die Wahrscheinlichkeit der Schlußfolgerungen wird zu einem großen Teil von der Breite dieser Untersuchung abhängen.

Dies ist eine allgemeine Feststellung, die für alle derartigen Phänomene gilt, von denen wir heute nur einen Einzelfall gesehen haben.

Die Zukunft Europas. Der Standpunkt eines Italieners[1]

Die Voraussagen von Ereignissen sind im allgemeinen eine Synthese von vielen und verschiedenartigen Elementen. Die einen, wenn sie sich auf einzelne Ereignisse beziehen, sind nicht die unzuverlässigsten, entspringen mehr dem Instinkt der Praktiker als den logischen Schlüssen der Theoretiker. Andere, deren Wert sich vor allem dann zeigt, wenn es darum geht, die allgemeine Tendenz der Entwicklung zu bestimmen, haben ihren Ursprung hauptsächlich in theoretischen Überlegungen. Bei allen, von sehr wenigen Ausnahmen abgesehen, findet man Gefühle, die einen leicht dazu bringen, das vorauszusehen, was man sich wünscht oder was sich mit den eigenen Anschauungen, Prinzipien, Vorurteilen in Übereinstimmung befindet. Das Element der Erfahrung – oder Pseudoerfahrung – fehlt selten, es sei denn, es handelt sich um die reinen Prophetien, die heutzutage sehr selten sind. Hier möchte ich mich bemühen, meinen Ausführungen ausschließlich die Erfahrung zugrunde zu legen.

Man kann die Deduktionen, die die experimentelle Methode für die Voraussagen liefert, in zwei große Klassen einteilen. Die erste hat ihre Quelle in den Analogien zu den Ereignissen der Vergangenheit. Sie sagt uns eher etwas über die Möglichkeit als über die Wahrscheinlichkeit der zukünftigen Ereignisse. Die zweite Klasse basiert auf Untersuchungen über die innere Natur der sozialen Phänomene; durch sie erfahren wir etwas über die mehr oder weniger große Wahrscheinlichkeit zukünftiger Geschehnisse, analog zu denen, die die erste Klasse als möglich aufgezeigt hat, oder anderer, gänzlich neuer Ereignisse.

Kommen wir zur Anwendung dieser Prinzipien.

Unter gewissen Aspekten weisen unsere Gesellschaften frappierende Ähnlichkeiten mit der römischen Gesellschaft am Ende der Republik auf. Einer dieser Aspekte kann, wenn nicht genau, so doch annähernd, als der der Herrschaft einer demagogischen Plutokratie charakterisiert werden.

Die römischen Plutokraten kauften in den Komitien das Recht, die Provinzen auszupressen, und genau diese herausgepreßten Mittel ermöglichten ihnen die Ausgaben, durch die sie sich die Macht verschafften. Unsere Plutokraten schrecken ebenfalls nicht davor zurück, Geld in Hülle und Fülle auszugeben, um eine für ihre Interessen günstige Gesetzgebung zu erreichen. Die Summen, die in

[1] *L'Avenir de l'Europe. Le point de vue d'un italien*, in: „Revue de Genève", Juli-Dezember 1922. Für die Übersetzung ins Deutsche haben wir den Nachdruck, besorgt von G. Busino, in V. PARETO, *Mythes et idéologies*, Genf, Droz, 1966, pp. 321-329 verwendet. Die Anmerkungen Paretos sind in alphabetischer Reihenfolge angegeben.

den Vereinigten Staaten für die Wahlen ausgegeben werden, stehen in nichts denen nach, die in Rom ausgegeben wurden. Gewisse durch den Protektionismus und Etatismus erzielte Bereicherungen sind ordnungsgemäßer, weniger willkürlich, weniger rechtswidrig, aber nicht minder beträchtlich als die der römischen Prokonsuln.

Als Rom die Kriege zu führen begann, die mit der Eroberung des Mittelmeerbeckens den Sieg der demagogischen Plutokratie bedeuten sollten, zögerte das Volk, diesen Weg zu beschreiten. Titus-Livius sagt uns (XXXI, 6), daß im Jahre 200 vor Christi Geburt „der Vorschlag, gegen Mazedonien Krieg zu führen, in den ersten Komitien von fast allen Zenturien verworfen wurde. Das wurde spontan von den Männern getan, die, eines langen und harten Krieges müde, der Mühen und Gefahren überdrüssig waren." Der Tribun Q. Baebius beschuldigte die Senatoren, Krieg auf Krieg zu entfachen, um das Volk daran zu hindern, die Annehmlichkeiten des Friedens zu genießen. In den zweiten Komitien zog der Senat das Volk auf seine Seite. Heutzutage sind die Rivalitäten zwischen den Plutokraten nicht ohne Einfluß auf die Entfachung und Verlängerung des großen Krieges gewesen. Jetzt ist zu befürchten, daß durch sie neue Konflikte vorbereitet werden.

Sogar in gewissen Einzelheiten findet man Analogien. So manche moderne Spekulanten reproduzieren beispielsweise ziemlich gut den Typus des Römers M. Aemilius Scaurus.

Allerdings kann sich der Zyklus der demagogischen Plutokratie aus in der Natur der Sache liegenden Gründen, deren Darstellung hier zu langwierig wäre[2], nicht lange fortsetzen. Früher oder später setzt die Zirkulation der Eliten ihm ein Ende, und man darf annehmen, daß wir uns seinem Ende nähern. Aber wenn wir dies mit großer Wahrscheinlichkeit wissen, so wissen wir viel weniger über die Form, die die zukünftige Veränderung wird annehmen können. In Rom erbte die Militärelite die Macht der Komitien, aber die sozialen und politischen Bedingungen dieser Zeit unterschieden sich von den unsrigen zu sehr, als daß wir dieser Tatsache etwas wirklich Positives entnehmen könnten. Das Feld bleibt für die Hypothesen offen. Einige Autoren sagen, wahrscheinlich unter dem Einfluß der bolschewistischen Revolution, ein neues Mittelalter voraus. Diese Hypothese kann nicht zurückgewiesen werden, ihre Realisierung kann indes nur in sehr ferner Zukunft liegen.

Es unterliegt keinem Zweifel, daß die Demokratie einstweilen in vollem Wandel begriffen ist. Das Phänomen zeigt sich je nach den einzelnen Ländern mehr oder weniger deutlich: weniger in Frankreich, mehr in England und vor allem in Italien, von dem Ausnahmefall Rußland einmal abgesehen.

---

[2] Ich habe sie in meinem *Traité de sociologie* aufgeführt.

Gegen Ende des 19. Jahrhunderts konnte man trotz der Ansichten einiger Denker glauben, daß die Regierung unserer Gesellschaften ganz und gar die der Mehrheit sein würde und daß sie durch das allgemeine Stimmrecht und den Parlamentarismus verwirklicht würde. Jetzt beginnt man zu erkennen, daß diese Macht der Mehrheit mehr nominell als real ist und daß sie im Begriff ist zu zerfallen, wie die der konstitutionellen Könige zerfiel. Selbst wenn man zugibt, was von mehreren Autoren bestritten wird, daß die Mehrheit fähig ist, einen Willen zu haben, zeigt die Erfahrung, daß dieser Wille, dem Anschein nach allmächtig, es in Wirklichkeit kaum ist und daß er durch die Listen und Ränke der Regierenden zunichte gemacht wird: es ist möglich, daß er herrscht, es ist sicher, daß er nicht regiert. Der Krieg gab den Regierungen die Diktatur. Darin liegt weder etwas Außergewöhnliches noch kann es der Hinweis auf eine zukünftige Veränderung sein. Anders verhält es sich mit der Tatsache, daß nach Beendigung des Krieges die Diktatur der Regierungen keineswegs ein Ende nahm. Die *salus populi*, die sie rechtfertigte, als die höchsten Interessen der Nation auf dem Spiel standen, ist viel weniger offenkundig, wenn es sich nur um zweitrangige Fragen, wie die der Arbeitslosigkeit, oder der Interessen gewisser Produzenten und ihrer Helfer oder selbst der allgemeinen Interessen des Fiskus handelt. Von jeher haben die Gesetze unter den Ausnahmen gelitten, haben sich den Umständen anpassen müssen. Aber die Frage stellt sich nach dem Mehr oder Weniger: Das Maximum ist die Willkür der Diktatur, der Herrschaft dessen, was die Griechen *tyrannis* oder das Chaos der Anarchie nannten; das Minimum ist die Herrschaft dessen, was die Griechen unter der Bezeichnung *nomos*, die Römer unter der des *lex* verehrten, und was wir *Gesetz* nennen. Man darf nun allerdings nicht verkennen, daß diese Herrschaft zur Zeit immer mehr erschüttert wird, und daß wir uns einem Zustand nähern, wo die Achtung vor dem Gesetz zur Ausnahme wird. In Italien zum Beispiel besteht die Tendenz, daß die sehr große Anzahl von *Verordnungen mit Gesetzeskraft* die Präventivgewalt des Parlaments in eine Repressivgewalt verwandeln, die Funktion, die Gesetze zu erlassen, zu einer einfachen Zensur der von der Exekutivgewalt erlassenen Gesetze machen. Nicht nur die Minister, sondern sogar die Präfekten stellen sich auf diese Weise über die grundlegende Charta des Königsreichs *(statuto)*, die Gesetzbücher und die Gesetze, und mitunter haben diese Verfügungen rückwirkende Kraft. Der Kassationshof hat es nicht versäumt, mit aller wünschenswerten Vorsicht auf den gegen die Rechtsprechung gerichteten Charakter einiger von ihnen hinzuweisen. Ähnliches läßt sich in anderen Ländern feststellen. Um diese Maßnahmen zu rechtfertigen, beruft man sich einerseits auf die dringenden Notwendigkeiten des Augenblicks – und alles was nützlich erscheint, wird als dringlich hingestellt –, andererseits auf die technische Unzulänglichkeit der Parlamente. Ob diese Rechtfertigungen begründet sind oder nicht, sie ändern nichts an der Tatsache, daß die gesetzgebende Funktion den Parlamenten allmählich entgleitet und damit der Mehrheit, deren Emanation sie sind oder zu sein scheinen.

Wenn die legale Gewalt ihre Funktion schlecht erfüllt, die darin besteht, dem Gesetz Geltung zu verschaffen, die Bürger und ihre Rechte zu schützen, treten außerhalb des Gesetzes stehende Gewalten an ihre Stelle. Das war im alten Deutschland einer der Gründe für die Entstehung von *Geheimgerichten*; das ist heute in Italien der Hauptgrund für den *Faschismus*. Dieses Phänomen ist das Anzeichen für eine Geistesverfassung, die in Italien viel ausgeprägter ist, sich aber auch woanders finden läßt, und die dazu beitragen kann, wichtige Veränderungen herbeizuführen.

Wenn wir unsere Blicke auf eine weniger ferne Zukunft richten, fällt uns ein Faktum auf: daß sich die auf die Gesellschaft einwirkenden Kräfte so wenig verändert haben. Nach dem großen Krieg hatte man gehofft, es würde anders sein: Die Ursachen für Haß und Krieg zwischen den Völkern sollten verschwinden und eine Ära des Friedens und des Wohlstands anbrechen.

Unglücklicherweise sind die meisten dieser Hoffnungen enttäuscht worden. Nitti konnte ein Buch mit dem Titel *L'Europe sans paix* schreiben, Lloyd George hält angesichts der am Boden liegenden Völker den Schild der Athene hoch. Der Zustand des labilen Gleichgewichts in Deutschland, das russische Rätsel, das bedrohliche Erwachen des Islam, von anderen weniger wichtigen Erscheinungen wie z. B. dem Zusammenbruch Österreichs einmal abgesehen, lasten schwer auf der Welt. Die wirtschaftliche Prosperität scheint sich nur langsam einzustellen. Man hält zwar sehr schöne Reden über den „Wiederaufbau" Europas, aber das geringste Hirsekorn, das heißt die geringste konkrete Erleichterung, würde der Sache der Völker besser dienen.

Man muß zugeben, daß unter den voreiligen Hoffnungen einige waren, denen jegliche solide Grundlage fehlte. Wie konnte man zum Beispiel vernünftigerweise glauben, daß die durch die Kriegskosten verursachte gewaltige Zerstörung von Reichtum zur Folge hätte, daß die Mehrheit weniger arbeiten und mehr verbrauchen könnte? Einfache Klauseln des Versailler Vertrags sollten dieses Resultat hervorbringen, das ebenso ein Wunder gewesen wäre wie die Speisung der Fünftausend.

Unmögliches kann man von niemand verlangen. Aber da man die Realität nicht haben konnte, wollte man wenigstens den Schein haben, und so kam es zu Löhnen, Gehältern und Honoraren, die, in einer fiktiven Währung ausgedrückt, viel höher waren als diejenigen, die in Waren ausgedrückt worden wären. Darin liegt in mehreren Ländern einer der Gründe für die Geldentwertung. Andere liegen in dem Vorteil, der den Regierungen dadurch erwächst, daß sie ihre Schulden mit entwerteter Währung tilgen, die Übertragungen von Reichtum zwischen den verschiedenen sozialen Klassen verschleiern und so dem Land eine fiktive Prosperität verschaffen können; diese kann zwar nicht von Dauer sein, aber solange sie anhält, trägt sie zur Aufrechterhaltung der sozialen und politischen Stabilität bei.

Es gibt jetzt Anzeichen für eine Änderung dieses Zustands. Der Achtstundentag wird sehr diskutiert, und wenn man die Stellung nicht frontal angreifen kann, versucht man, sie zu umgehen; die Löhne sinken überall ein wenig, die Arbeiter erkennen selbst, daß man sie nicht auf der übertriebenen Höhe halten kann, die sie erreicht hatten. Die Übertragungen von Reichtum scheinen ihrem Ende zuzugehen, und sei es nur, weil er erschöpft ist. In Rußland und Österreich zum Beispiel hat die Geldentwertung alles gebracht, was man durch sie gewinnen konnte, und auch in Deutschland hat sie beträchtliche Auswirkungen gehabt.

Diese und andere ähnliche Erscheinungen berechtigen zu der Annahme, daß in dieser Hinsicht das wirtschaftliche Gleichgewicht in nicht allzu ferner Zukunft wiederhergestellt sein wird.

Dasselbe kann nicht über den Warenaustausch und die Verkehrsmittel gesagt werden. Wenn es eine unumstößliche Tatsache gibt, dann ist es die, daß die Prosperität des 19. Jahrhunderts weitgehend auf die enorme Steigerung des Binnen- und Außenhandels zurückzuführen ist, die ihrerseits durch wenig kostspielige Verkehrsmittel gefördert wurde. Es genügt nicht, billig zu produzieren, man muß zudem in der Lage sein, sich leicht mit Rohstoffen zu versorgen und die Produkte abzusetzen. Aber wenn man das zugibt, muß man auch den Schluß ziehen, daß die Maßnahmen, die zur Zeit die Transportkosten erhöhen und dem Warenaustausch ungezählte Hindernisse aller Art entgegenstellen, zwangsläufig eine Verminderung dieser Prosperität nach sich ziehen müssen.

Es gibt einige Fakten, die auf den ersten Blick unerklärlich zu sein scheinen. So ist es gewiß, daß es für ein Land unmöglich ist, auf die Dauer Zahlungen an das Ausland zu leisten, wenn es daran gehindert wird, seine Waren zu exportieren. Genau dies scheint man zu vergessen, wenn man will, daß Deutschland gewaltige Summen zahlt, um seine Verpflichtungen zu erfüllen, und man andererseits seinen Exporten Hindernisse in den Weg stellt, um, wie man sagt, es daran zu hindern, die ausländischen Märkte zu „überschwemmen". Zwar denkt jedes Land nur daran, seinen eigenen Markt vor dieser „Überschwemmung" zu schützen, aber da sich alle in dieser Absicht treffen, ist es so, als sollte das Ausfuhrverbot allgemein gelten.

Etwas anderes: Es gibt europäische Völker, die der Ansicht sind, daß die Öffnung des russischen Marktes für ihre Volkswirtschaft eine lebenswichtige Frage ist, und die sich freiwillig viel wichtigere Märkte verschließen. Sie verzichten darauf, das Maximale zu tun, was in ihrer Macht steht, und streben danach, das Minimale zu tun, was außerhalb ihrer Reichweite liegt. Es muß zudem darauf hingewiesen werden, daß man, wenn es sich um gewisse Länder handelt, den allgemeinen Grundsatz aufstellt, daß man die Produkte der Länder mit „lädiertem Wechselkurs" zurückweisen muß, während man diese Regel in einzelnen Fällen vergißt, wie bei Rußland, wo man glaubt, daß eine Wiederaufnahme des Warenaustausches von allerhöchster Bedeutung ist, obgleich Rußland mit Fug und Recht als der Typ von Ländern mit extrem „lädiertem" Wechselkurs gelten kann. Es liegt im übrigen auf der Hand, daß dieser Austausch nicht zustande kommen könnte, wenn man Rußlands Exporte nicht akzeptieren würde. Die Unterscheidung, die man in diesem Zusammenhang zwischen den Fertigwaren und Rohstoffen treffen möchte, ist künstlich, da die Ausfuhren von russischen Agrarprodukten zum größten Teil unter die Kategorie von Waren fallen, vor denen man die Märkte schützen will. Viele Volkswirtschaftler sind in einem großen Irrtum befangen, wenn sie glauben, daß ihre Wissenschaft zur Lösung der meisten praktischen Fragen ausreicht, die man *wirtschaftliche* nennt. Einem ähnlichen Irrtum unterliegen diejenigen, die meinen, diese Fragen durch ausschließlich ethische, juristische, politische und andere vergleichbare Überlegungen lösen zu können.

Dem ist nicht so. Die wechselseitige Abhängigkeit der gesellschaftlichen Phänomene bewirkt, daß fast alle – um nicht zu sagen alle – sie betreffenden Fragen nur gelöst werden können, wenn man mehrere sozialwissenschaftliche Disziplinen zu Hilfe nimmt.

Ebenso müssen die praktischen Maßnahmen der Regierungen sowohl den wirtschaftlichen als auch den geistigen, gefühlsmäßigen und ideellen Zustand in Rechnung stellen. Folglich hofft man vergebens, Europa von seinen heutigen Übeln zu heilen, indem man entweder einfache wirtschaftliche oder andere, ausschließlich moralische, juristische, politische u. a. Maßnahmen trifft. Um effizient zu sein, müssen diese beiden Arten von Maßnahmen miteinander kombiniert werden. Der reine historische Materialismus und der reine Idealismus beinhalten beide zum Teil Wahres und zum Teil Falsches.

Die Ökonomie zeigt uns sehr häufig gewisse Grenzen, die nicht überschritten werden können; andere Wissenschaften vermitteln uns Kenntnisse über die Bewegungen, die sich in diesen Grenzen vollziehen.

Auf diese Weise gibt uns die Ökonomie, wie wir soeben gesehen haben, gewisse Fixpunkte, die durch die Auswirkungen der Zerstörung von Reichtum und die dem Warenaustausch entgegengestellten Hindernisse bestimmt sind. Aber dann muß man die Soziologie nach dem Wie, dem Warum, den Folgen der Phänomene fragen, die in diesen Grenzen auftreten. Nur durch das Zusammenfügen dieser verschiedenen Gesichtspunkte können wir die Vergangenheit erklären und uns bemühen, eine Vorstellung von der Zukunft zu haben.

Versuchen wir also, uns die Ursachen vor Augen zu führen, die zu den von uns soeben aufgezeigten Widersprüchen führen. Wenn wir uns nicht an der Oberfläche der Dinge aufhalten und tiefer in sie eindringen, sehen wir zunächst, daß der Widerspruch an Schärfe verliert, wenn man zwischen dem allgemeinen Interesse und gewissen Partikularinteressen unterscheidet. Plutokraten und ihre Helfer sowie alle diejenigen, die Politiker eingeschlossen, die in ihrem Gefolge sind, können ihren Vorteil in diesen verschiedenen Maßnahmen finden, die dann, anstatt im Widerstreit zu liegen, zusammenwirken, um denselben Zweck zu erreichen. Im Zusammenhang mit dem russischen Markt hat Lloyd George von den „Konzessionsjägern" gesprochen. Er hätte, seine Aufmerksamkeit auf näher gelegene Länder richtend, auch von den sehr zahlreichen Leuten sprechen können, die von den Veränderungen des Zolltarifs, seiner „Koeffizienten", den Importbeschränkungen und den verschiedenen Zuschüssen profitieren, die die erfinderische Habsucht der Beteiligten jeden Tag aufzuspüren wußte und weiß. Das ist eine nahezu konstante Kraft, deren Auswirkungen sich bestimmt so lange bemerkbar machen werden, wie sie günstige Umstände finden wird.

Wir dürfen nicht bei diesem Resultat unserer Untersuchungen stehenbleiben; wir müssen sie weitertreiben und uns fragen, welcher Art diese Umstände sind. Eine umfassende Antwort auf diese Frage würde uns zu weit führen, denn sie ist an die vollständige Erläuterung des Zyklus der demagogischen Plutokratie gebunden. Für den Gegenstand, der uns hier beschäftigt, wird es genügen, einen dieser Umstände aufzuzeigen.

Nach großen Kriegen beobachtet man ein Wiederaufleben des „protektionistischen Geistes". Darauf hat Herbert Spencer anläßlich des Deutsch-Französischen Krieges von 1870-71 hingewiesen, und genau dies zeigt sich heute in viel größeren Dimensionen: Jedes Volk neigt dazu, sich nicht nur wirtschaftlich, sondern selbst geistig zu isolieren, es entwickelt eine Xenophobie. Unter diesen Bedingungen treten notwendigerweise Individuen und Organismen auf, die bemüht sind, aus dem hier herrschenden Geist Nutzen zu ziehen. Da sich nun ein solcher Geist nur sehr langsam verändert, können wir voraussagen, daß große Veränderungen des augenblicklichen Zustands bis zu dem Tag, an dem der Zyklus der demagogischen Plutokratie unterbrochen werden wird, sehr unwahrscheinlich sind.

Das muß man, um so mehr, als es sich um noch allgemeinere Dinge handelt, in bezug auf die politischen Bedingungen wiederholen. Eine edle Illusion konnte den Glauben hervorrufen, daß nach dem großen Krieg, der durch den Versailler Vertrag beendet wurde,

Magnus ab integro saeculorum nascitur ordo.

Unglücklicherweise muß man davon Abstriche machen, und man sieht, wie zwischen den Nationen dieselben Interessengegensätze, dieselben Rivalitäten wiederaufleben, die in der Vergangenheit bestanden.

Die Konferenz von Genua war unter mehreren Aspekten eine Kopie des Wiener Kongresses von 1815 oder des Kongresses von Verona im Jahre 1822. Es gibt bemerkenswerte Koinzidenzen. So erscheinen die gegenwärtigen Meinungsverschiedenheiten zwischen England und Frankreich wegen der Anerkennung der Sowjetregierung als ein genaues Abbild der Meinungsverschiedenheiten wegen der Anerkennung der Regierungen der spanischen Kolonien in Amerika, als diese ihre Unabhängigkeit erklärten. Selbst Details wie die Diskussion über die de-jure- und de-facto-Anerkennung wiederholen sich.

Die Koinzidenz ist nicht zufälliger Natur. Sie rührt daher, daß damals Kräfte am Werk waren, die noch heute weiterbestehen und die, da sie in England mächtiger sind als in Frankreich, die Uneinigkeit zwischen diesen beiden Ländern hervorrufen. England ist viel mehr auf Handel, Industrie und Spekulationen ausgerichtet und dem Einfluß der Plutokraten stärker ausgesetzt als Frankreich. Man hegte hier Hoffnungen auf große Vorteile, die aus der Öffnung der amerikanischen Märkte erwachsen sollten. Frankreich hatte kaum die Absicht, sich in diesem Punkt zu sehr zu engagieren. Genau dasselbe spielt sich heute hinsichtlich der Öffnung des russischen Marktes ab.

Es ist bekannt, daß die von der Öffnung der amerikanischen Märkte erhofften Vorteile keineswegs eintraten. Im Gegenteil, gegen 1825 kam es zu einer sehr ernsten Wirtschaftskrise. Aber nicht alle Spekulanten wurden enttäuscht; diejenigen, die sich rechtzeitig aus der Affäre ziehen konnten, erzielten an der Börse beträchtliche Gewinne. Etwas Ähnliches könnte sich durchaus infolge der Öffnung des russischen Marktes ereignen.

Heutzutage nimmt das Vertrauen, das die Sowjets einflößen können, bei den Sozialisten ab, während es sich bei gewissen Plutokraten zu verstärken scheint. Der Grund für diese unterschiedliche Haltung ist leicht zu finden, er liegt ganz und gar in dem Motto der Plutokratie: business is business.

Man diskutiert viel darüber, ob Deutschland die Summen, die es aufgrund des Versailler Vertrages schuldet, zahlen will und nicht kann oder zahlen kann und nicht will. Das ist unter ethischen, juristischen und politischen Aspekten wichtig, läßt aber die Wahrscheinlichkeit bestehen, daß diese Zahlungen aus diesem oder jenem Grund nicht in ihrer Gesamtheit erfolgen werden, und daß die Kosten, die notwendig sind, um sie durchzusetzen, den Nettoertrag erheblich reduzieren könnten. Die Konsequenzen dieses Umstandes sind sehr schwer vorauszusehen. Man kann nur sagen, daß sie aller Wahrscheinlichkeit nach sehr gravierend sein werden.

Nicht allein die Hoffnungen auf wirtschaftlichen Wohlstand sind enttäuscht worden, auch andere teilen unglücklicherweise dieses Schicksal. Die Fata Morgana einer Ära weltweiter Eintracht rückt in immer größere Ferne. Gegen Osten verdüstert sich der Horizont. Man hat auf die Annahme eines reumütigen, sich schuldig bekennenden Deutschlands verzichten müssen; keine menschliche Kraft kann es dazu bewegen, die Hoffnung auf Revanche aufzugeben. Die Versuche, Rußland in die Einflußsphäre der bürgerlichen Staaten des Westens zu ziehen, haben bisher wenig Erfolg gehabt. Die Gemeinsamkeit der politischen Interessen wird früher oder später die Allianz zwischen Deutschland und Rußland herbeiführen. Eine Invasion der Streitkräfte dieser Länder ist im Augenblick nicht zu befürchten, was man aber nicht auch für eine entferntere Zukunft sagen kann.

Die Geschichte weist wirklich bemerkenswerte Gleichförmigkeiten auf. Der Rhein zum Beispiel würde sehr wohl die Bezeichnung eines Blutstroms verdienen. Von der frühesten Vergangenheit bis heute sind verschiedene Rassen und Zivilisationen an seinen Ufern zusammengestoßen und haben sie mit Blut getränkt. Es ist keineswegs wahrscheinlich, daß ausgerechnet heute die Geschichte einen anderen Lauf nimmt.

Tacitus sagte über die jenseits des Rheins lebenden Völker: „Mögen doch die inneren Zwistigkeiten bei diesen Nationen, da sie uns nicht wohl gesonnen sind, weiterbestehen und andauern; denn bedrängt durch die Geschicke des Reiches kann uns das Schicksal nichts Besseres bieten als die Zwietracht unserer Feinde." Das scheinen die Männer der ersten Französischen Revolution, die Regierung von Napoleon I. und die von Napoleon III. vergessen zu haben, als sie, freiwillig oder unfreiwillig, dazu beigetragen haben, die germanische Einheit zu begründen. Auch scheinen dies die Regierungen der westlichen Völker vergessen zu haben, als sie durch den Versailler Vertrag diese Einheit, die sie schwächen konnten, gefestigt haben, und wenn sie jetzt, ohne es zu wollen, Deutschland und Rußland zur Allianz treiben, während sie diese Allianz zumindest hinauszögern könnten.

Vergleichbares läßt sich häufig im Zyklus der demagogischen Plutokratie und ebenfalls außerhalb von diesem Zyklus beobachten. Man setzt die Zukunft aufs Spiel, um sich einen unmittelbaren Vorteil zu sichern oder einfach um große Anstrengungen in der Zeit zu vermeiden, wo sie Aussichten haben, wirklich erfolgreich zu sein. So ließ Athen die Macht Mazedoniens wachsen und dominierend werden, so ließen die Mittelmeervölker die römische Macht zunehmen und sich festigen, die sie später unterjochen sollte.

Derartige Ereignisse beeinflussen das jeweilige Schicksal der Nationen und den allgemeinen Gang der Zivilisation in unterschiedlicher Weise: Für diese kann das, was den Untergang Athens oder die Zerstörung Karthagos verursacht hat, von Vorteil gewesen sein.

Wenn man diesen letztgenannten Standpunkt einnimmt, ist es sehr schwierig – sagen wir sogar unmöglich –, die in einer fernen Zukunft liegenden Auswirkungen, die sich heute anbahnen, vorauszusehen; und wenn man versuchen würde, sie zu erraten, würde man den Bereich der Erfahrungswissenschaft gänzlich verlassen.

Briefauswahl (1916-1923)

I. Céligny, den 10. Dezember 1916

Lieber Freund[1],

nach Beendigung der *Sociologia* hoffte ich, meine Ruhe zu haben, aber statt dessen muß ich jetzt daran denken, die zweite Auflage des *Manuale* vorzubereiten, wegen der mich der Verleger schon seit einem Jahr drängt[2].

Dies wird eine Arbeit, die mich sehr belasten wird, da ich viele meiner Gedanken ändern muß. Du wirst schon aus der *Sociologia* ersehen haben, wie ich nun die politische Ökonomie betrachte, und Du wirst noch bessere Auskunft darüber haben, wenn Du meinen Artikel über den *Kurs* in der Sammlung Martello lesen wirst[3].

Ich mache mich lustlos ans Werk, da die Voraussetzungen bei mir dafür nicht besonders günstig sind. Ich stelle eher das fest, was ihm abträglich ist, hauptsächlich das Alter und die Müdigkeit; aber durch den Vertrag mit meinem Verleger stehe ich vor der Alternative, das Buch entweder so, wie es ist, neudrucken zu lassen, mit Gedanken, von denen ich abgekommen bin, oder aber die Überarbeitung auf mich zu nehmen. Dagegen habe ich die Arbeit an der *Sociologia* gern gemacht, weil die Voraussetzungen bei mir dafür günstig waren.

---

[1] Brief an Maffeo Pantaleoni. Vgl. L.P.P., III, S. 197-200.

[2] Das *Manuale di Economia politica*, das 1906 veröffentlicht wurde, wurde 1909 und 1919 neu gedruckt.

[3] V. PARETO, *L'aggio e il cambio*, in *Scritti varii in onore di Tullio Martello*, Bari, Laterza, 1917, S. 73-86. Pareto schreibt in diesem Artikel: „Die Theorien der politischen Ökonomie enthalten noch einen beträchtlichen Teil Metaphysik, auch hat es nicht den Anschein, als würden sie sich dessen in Kürze entledigen und rein experimentell werden, so wie es, zumindest fast, die Naturwissenschaften sind; denn dem stellt sich der Einfluß des Gefühls ebenso wie die vielfältigen Interessen, die von ihr profitieren, entgegen ... Unter dem Aspekt des praktischen Nutzens der Theorien besteht der Vorteil, daß die Theorien, in die das Gefühl mit hineinspielt, fast die einzigen sind, die ihrerseits auf die Gefühle und damit auf das menschliche Handeln einwirken können, ein Zweck, der gerade fast ausschließlich von den meisten Menschen verfolgt wird. Der praktische Nutzen verlangt nichts anderes von der Theorie, als daß er davon praktischen Gebrauch machen kann, und kümmert sich wenig oder gar nicht um ihr Verhältnis zur Erfahrungswirklichkeit; die 'nützlichen' Theorien sind für sie auch 'richtig' und 'wahr'. Unter wissenschaftlichem Aspekt liegt der Fehler dieser Theorien gerade darin, daß sie sich nicht um eine genaue Erfahrungswirklichkeit kümmern; und unter praktischem Aspekt liegt er darin, daß man leicht, bei gegebenem Zweck, die Theorie finden kann, die zu ihm führt, so daß sie schließlich nur von spärlichem Nutzen ist und mehr zur Beseitigung von Gefühlen und Interessen als zu ihrer Veränderung taugt."

Du wirst gesehen haben, daß einer der wesentlichen Punkte meiner Theorien die Unterscheidung zwischen der Erfahrungswirklichkeit einer Lehre und ihrem sozialen Nutzen ist. Daraus folgt, daß derjenige, der sich der Erforschung der ersteren widmet, sich schlecht mit dem zweiten befassen kann und umgekehrt. Dies wird durch die Tatsache erhärtet, daß die hervorragenden Männer der Geschichte keine Theoretiker waren.

Für das Studium der sozialen Lehren unter ausschließlich experimentellem Aspekt bedurfte es eines Mannes, der sich gänzlich von der Welt trennte, so daß er nicht einmal indirekt irgendeine praktische Auswirkung im Auge hatte, und der sich dem möglichen Einfluß von Bekannten und Freunden entzog. Der Zufall wollte es, daß gerade ein solcher Mann sich in die Einsiedelei von Céligny zurückzog, und es wäre noch besser gewesen, wenn er sich an einen noch abgeschiedeneren Ort zurückgezogen hätte. Die Welt ist schön, weil sie bunt ist. Weh uns, wenn es zu viele Eremiten gäbe, aber ein paar wenige schaden niemandem, und wenn es Christen, Buddhisten und Brahmanen gab und gibt, die sich in die Wüste zurückziehen, so mag man wohl zulassen, daß es ein Anhänger der Erfahrungswissenschaft ihnen gleichtut. Es versteht sich hingegen, daß ein Mönch sich nicht um die profane Welt kümmern darf, noch ein Anhänger der Erfahrungswissenschaft um die Praxis und daß er nimmermehr daran teilhaben darf.

Ich weiß nicht, ob meine *Sociologia* ein wertvolles oder wertloses Buch ist, und mir steht diese Entscheidung nicht zu; aber wie dem auch sei, gewiß ist sie die Frucht meiner besonderen Umstände, und dies war und ist das einzigartige Glück, in Céligny, fern von dem lärmenden Treiben der Welt, leben zu können.

Für das *Manuale di Economia Politica* nützen diese Überlegungen wenig; und deshalb würde ich mich nicht damit befassen, wenn ich könnte. Fast gar möchte ich, daß mich eine Krankheit niederwirft, die ein Fall höherer Gewalt wäre und mich von dieser Last befreien würde.

Ich sage Dir dies, weil Du vielleicht über diese neue Auflage des Manuale reden hörst, und es ist gut, wenn Du weißt, daß ich diese Arbeit schlimmstenfalls nur gezwungenermaßen mache, und daß Du dies denen mitteilst, die mit Dir darüber sprechen. Sprechen wir von etwas anderem, Frau Régis[4] und ich haben uns sehr gefreut, Freund Panella[5] hier zu sehen, von dem wir so lange nichts

---

[4] Frau Jeanne Régis, der die beiden Bände der *Sociologica* gewidmet sind, war die Gefährtin Paretos nach seiner Trennung von Alexandra Bakunin, die er am 23. Dezember 1889 geheiratet hatte. Nachdem er von der Bakunin 1922 geschieden wurde, heiratete er Frau Régis zwei Monate vor seinem Tode. Vgl. TOMMASO GIACALONE-MONACO, *Pareto e Sorel. Riflessioni e ricerche*, Padua, Cedam, 1960, S. 98-141.

[5] Virgilio Panella, Gymnasiallehrer, militanter Anarchist, dann Gewerkschafter, gründete mit Enrico Leone die Zeitschrift „Il Divenire Sociale". Er war mit Pareto befreundet, der ihm geholfen hatte, wie er auch Ciccotti und Labriola geholfen hatte, als er nach den Ereignissen von 1898 gezwungen war, aus Italien zu fliehen. Näheres in L.P.P., II, S. 215, Anmerkung 1.

mehr gehört hatten. Er wird Dir gesagt haben, daß wir die letzten Jahre vergeblich auf Dich gewartet hatten, als noch kein Krieg war und es im allgemeinen noch leicht war zu reisen, für Dich überaus leicht. Nun wollen wir auf die Zukunft hoffen.

Viele Grüße von Frau Régis. Dein treuer Freund Vilfredo Pareto

II. Céligny, den 2. Mai 1918

Lieber Freund[1],

da die Grenze für kurze Zeit wieder geöffnet wurde, habe ich heute morgen Deinen Brief vom 22. April bekommen.

Ich freu mich, von Dir und Deinen Söhnen gute Nachricht zu erhalten. Hoffen wir, daß das Schicksal sich zugunsten von Alexis wenden wird. Ich finde es nicht richtig, daß sich Massimo nicht an die Genfer Konvention halten will. Die Abkommen müssen von den zivilisierten Völkern immer eingehalten werden, und sie wurden es auch in der Antike[2].

Über das Problem der Zensur bin ich mir noch nicht im klaren. Man darf es nicht *a priori* mit metaphysischen Prinzipien lösen wollen, wie das der Gedankenfreiheit; man muß herausfinden, in welchem Ausmaß die Zensur den Zwecken derer nützt, die sie einführen: Also auf relative, nicht auf absolute Weise. Ich glaube, daß man die kurzfristigen und die langfristigen Fälle unterscheiden muß. Was für kurze Zeit nützt, kann langfristig schaden[3].

Was Du über das Experiment der Bolschewiken in Rußland sagst, ist richtig, insofern und in dem Maße, als die Menschen ihre Überlegungen auf Erfahrung gründen; es ist nicht mehr richtig, wenn Interessen und Gefühle die Oberhand gewinnen.

Die fortgesetzten Experimente, die man im späten Römischen Reich machte, um die *Curiales* zu vernichten, konnten nicht verhindern, daß alles ging wie bisher. Wenn ich mich nicht irre, bereitet sich soeben eine analoge Sachlage vor. Frankreich verbietet den Kapitalexport, und in anderen Ländern gibt es analoge Maßnahmen. Die Welt wird trotzdem weiterbestehen, wenn unsere *Curiales* vernichtet und zerstreut sind, wie es die der Antike waren.

Um richtig zu verstehen, wohin die Politik der Bolschewiken führen wird, fehlen mir Tatsacheninformationen. Ich möchte nicht, daß wir sie so beurteilen, wie Tacitus die Christen beurteilte[4]. Außerdem wissen wir nicht, ob ihre Lehren von *morgen* dieselben sein werden wie die von *heute*. Manche sagen, daß sich ein Wandel vollzieht. Wenn die Bauern des *mir* Grundbesitzer geworden sind, verändern sich die Gefühle gegenüber dem Eigentum vollständig.

---

[1] Brief an Maffeo Pantaleoni. Vgl. L.P.P., III, 229-231.

[2] Massimo Pantaleoni, der in österreichischer Gefangenschaft war, wollte nicht gegen einen österreichischen Gefangenen ausgetauscht werden, weil er als Arzt bei den italienischen Gefangenen bleiben wollte.

[3] Siehe Pareto zum Thema der Zensur in *Le mythe vertuïste et la littérature immorale*.

[4] Vgl. TACITUS, Annalen, IV. 44: „exitiabilis superstitio."

Ein sehr schwerwiegendes Problem muß gelöst werden. Die demagogische Plutokratie, die jetzt mit einer einzigen Ausnahme die Welt regiert, hat sicher die Produktion sehr gesteigert und damit den Wohlstand vermehrt. Hat diese Wachstumskurve ihren Kulminationspunkt erreicht oder nicht? Wenn nicht, kann die Herrschaft der demagogischen Plutokratie ohne allzu große Erschütterungen weiter bestehen. Wenn sie ihn erreicht hat, sind die Erschütterungen unvermeidlich, und da die einzige intensive Kraft, die sich der Plutokratie entgegenstellen kann, die Demagogie ist – immer abgesehen von den Ausnahmen – sind schwere soziale Umwälzungen wahrscheinlich.

Was ich Dir heute schreibe – und die vielen Dinge, die ich noch hinzufügen könnte –, zeigt Dir, daß die Leute, die sich mit der Nachkriegs-Ökonomie befassen, nur zu recht haben, wenn sie fragen, wer ich bin. Zwischen ihnen und mir klafft ein Abgrund.

Als das *Istituto dei Combi*[5] seine Arbeit aufnahm, die den italienischen Kurs verbessern *sollte*, drückte ich meine Zweifel in einem Schreiben an Bodio aus. Als diese Operationen begonnen wurden, waren 100 italienische Lire in Genf 51 Franken wert, heute sind sie noch 46 Franken wert. Aber der Minister wird noch eine schöne Rede halten, und die *Fakten* werden vergessen sein.

Weder tausend, noch zehntausend, noch hunderttausend Exemplare eines Buches können „die Köpfe reformieren". Wenn sie dies könnten, wäre die Grundthese meiner *Sociologia* falsch. Ich glaube, und jeden Tag bestärkt mich die Erfahrung mehr darin, daß die Menschen von Gefühlen und Interessen bewegt handeln und sehr wenig aufgrund von Überlegungen. Es ist mir unmöglich, die Geschichte ohne dieses Prinzip zu verstehen, mit seiner Hilfe hingegen scheint mir vieles leicht verständlich. Wir glauben, der Vernunft nachzugeben, weil wir sehr gut sind im Erfinden von Argumenten, um *a posteriori* die Handlungen zu rechtfertigen, zu denen uns Gefühle und Interessen trieben. Denke ein wenig darüber nach, und Du wirst sehen, daß ich mich von der Wahrheit nicht allzuweit entferne.

Alles Gute von Frau Régis. Dein treuer Freund Vilfredo Pareto

[5] Das *Istituto Nazionale per i Cambi con l'Estero* wurde zwischen Dezember 1917 und Februar 1918 ins Leben gerufen.

III. Céligny, den 20. Dezember 1018

Lieber Freund[1],

heute erreicht mich Dein Brief vom 12. Dezember.

Ich bin froh, daß kein Konflikt zwischen uns besteht.

Ich fürchtete, Du wärest mir böse, weil ich auf die *vielen* Briefe und Karten keine Antwort erhielt, Du hast mir nicht einmal eine Karte geschrieben, um mir nur zu sagen: „Ich bin sehr beschäftigt, ich habe keine Zeit, Dir zu antworten."

Aber verlieren wir nicht unsere Zeit mit Präliminarien und sprechen wir sofort vom Inhalt Deines Briefes.

1. Wir sind völlig einer Meinung über das, was Du über das Handeln und das Beobachten sagst. In der Beurteilung des relativen Nutzens der beiden Verfahrensweisen gehe ich sogar noch weiter als Du, und ich halte ersteres für höchst nützlich, zweiteres weit weniger. Darüber habe ich ausführlich in der ganzen *Sociologia* geschrieben.

2. Auch hier bin ich mit Dir einig, allerdings mit einigen Einschränkungen über die Voraussagen. Siehe *Sociologia* § 1776 und folgende[2].

3. Hier sind wir uns ebenfalls einig, aber mit einer wesentlichen Einschränkung hinsichtlich der Art und Weise, in der man wirksam den Geist anderer beeinflussen kann. Die Einschränkung besteht darin, daß nur die Logik des Gefühls, nicht die wissenschaftliche wirksam ist: Wirksam sind die Derivationen, nicht die logisch-experimentellen Überlegungen. Außerdem kann man vieles tun, um sich der bestehenden Gefühle und Interessen zu bedienen, doch wenig, um sie zu ändern. Siehe dazu auch *Sociologia* § 1868 und folgende[3].

---

[1] Brief an Maffeo Pantaleoni. Vgl. L.P.P., III, S. 241-245.

[2] Pareto schreibt unter Paragraph 1787 des *Trattato di sociologia generale:* „Wir haben gesehen, daß es bei den politisch-sozialen Voraussagen viele Fälle gibt, in denen man leichter zu Resultaten kommt, die mit Fakten in Einklang sind, wenn man sich eher von den Residuen als von den Derivationen leiten läßt; daher werden in den angeführten Fällen die Voraussagen um so besser, je weniger sich die Derivationen mit den Residuen vermischen. Wenn man dagegen zu wissenschaftlichen Aussagen gelangen will, die Beziehungen zwischen Dingen und Fakten erkennen will, ein gegebenes Phänomen vom Konkreten abstrahieren will, um es untersuchen zu können, wird man den Zweck um so besser erreichen, je weniger man sich in seinen Überlegungen von den Residuen leiten läßt, um so mehr werden diese logisch-experimentell sein; dabei werden die Residuen nur als äußere Fakten betrachtet und wird nie zugelassen, daß sie unser Denken beherrschen."

[3] Pareto schreibt unter Paragraph 1868: „Die Wirkung, die die Gefühle als Triebkraft für das menschliche Handeln haben, welche sich in Derivationen, die die Erfahrung und die Realität transzendieren, ausdrücken, läßt erkennen, wie es zu einem von G. Sorel gut beobachteten und klar hervorgehobenen Phänomen kommt, nämlich der Tatsache, daß die sozialen Lehren, deren Einfluß wirksam ist (oder besser gesagt, die Gefühle, die durch solche Lehren manifestiert werden), die Form von Mythen annehmen.

4. Die logisch-experimentellen Überlegungen und die Derivationen der Gefühle und Interessen zusammenbringen zu wollen ist, als wolle man Wasser und Feuer zusammenbringen. Du sagst, wenn Turati und Treves den Krieg *sabotieren*, wirst du rasend vor Wut. Nur zu! Du tust gut daran, vom Postulat Deiner Gefühle auszugehen. Wer andere Gefühle hat als Du, Gefühle, die ich hier wegen der Zensur nicht nennen kann, wird Dir gegenüber die gleiche rasende Wut empfinden. Mag er: Er tut gut daran, vom Postulat seiner Gefühle auszugehen. Ich, der ich weder das eine noch das andere Postulat vertrete, schaue euch beiden zu, wie man zwei Fechtern zuschaut. In eurem Kampf sehe ich Fakten und suche deren Beziehung zu anderen sozialen Fakten.

5. In der *Sociologia* habe ich ausführlich aufgezeigt, daß in der Logik des Gefühls zwei einander entgegengesetzte Aussagen nebeneinander bestehen können, was für die experimentelle Logik nicht zutrifft.

Ich verstehe nichts von Musik. Einer meiner Freunde, der etwas davon versteht, erklärte mir *vor dem Krieg*, wie und warum die deutsche Musik (Wagner) der italienischen Musik weit überlegen war. Dafür benutzte er einen Vergleich und sagte zu mir: „Die deutsche Musik verhält sich zur italienischen wie die *Ilias* zu einem volkstümlichen Reim." Ich verstand dies, wie der Blindgeborene versteht, daß das Rot bei den Farben wie der Klang der Trompete ist, verglichen mit dem Klang der Violine und dem Klang des Klaviers. Ich merkte mir die Lektion gut und war stolz auf das erworbene Wissen. Vor kurzem sah ich meinen Lehrmeister wieder. Er sagte mir, die deutsche Musik sei der italienischen unterlegen, weil in jener Barbarei und in dieser lateinische Harmonie sei. In der Logik des Gefühls können die beiden Aussagen nebeneinander bestehen, in der einfachen Logik ist es nicht möglich, daß wenn a ‘ b auch b ‘ a ist. Also heißt es Abschied nehmen von dem erworbenen Wissen; ich bin so dumm wie zuvor.

6. Da ich nicht mehr befürchte, mit meinem Artikel aus dem *Coenobium* Deinen Zorn zu erregen, schicke ich ihn Dir[4]. Weshalb ich ihn im *Coenobium* veröffentlicht habe? Aus zwei Gründen, von denen jeder für sich schon ausreicht, nämlich: a) weil ich glaube, daß keine andere Zeitschrift ihn angenommen hätte; b) weil ich nicht darauf abziele, Propaganda zu machen und mir daher wirklich nichts daran liegt, daß meine Artikel eine große Publizität haben; ich ziehe es sogar vor, wenn sie nur wenig beachtet werden. Du wirst mich fragen: Warum schreibst Du sie dann? Weil es mir Spaß macht, über manche Dinge zu sprechen, wie es anderen Spaß macht, ins Theater zu gehen, Musik zu machen,

[4] V. PARETO, *Après quatre années de guerre*, cit.
In dem Brief vom 30. November 1918 schreibt Pareto an Pantaleoni: „Ich habe Dir den Artikel im *Coenobium* nicht geschickt, um Dich nicht zu sehr zu ärgern; wenn andere Artikel von mir in Deine Hände gelangen, lies sie nicht" (vgl. L.P.P., III, S. 241).

zu reiten etc., und weil die Veröffentlichungen ein festes Datum haben, so daß ich sehen kann, ob die Fakten meine Deduktionen bestätigen oder widerlegen.

Gerade weil ich nicht darauf abziele, jemanden zu überzeugen, sind mir gewisse Kritiken meiner *Sociologia* gänzlich gleichgültig; ob sie nun mit Ignoranz und Nachlässigkeit über Dinge sprechen, die sie nicht verstanden oder vielleicht nicht einmal gelesen haben, oder ob sich Ignoranz und Nachlässigkeit bei ihnen mit Bosheit mischen, wie es mir bei der Rezension von Ricci, die in Deiner Zeitschrift[5] erschienen ist, der Fall zu sein scheint. Eher läßt mich die Zustimmung gewisser Leute glauben, daß ich irgendeine Dummheit gesagt habe.

7. Da Du darauf abzielst, Propaganda zu machen, tust Du hingegen gut daran, eine große Publizität anzustreben; daher würde einer meiner Artikel nicht gut in Deine Zeitschrift passen. Siehe *Sociologia* § 1869. Deine Zeitschrift propagiert das Idealziel *T*. Wie könnte sie einen Artikel bringen, in dem steht, daß *T* ein Mythos ist? Welchen Nutzen könnte eine katholische Zeitschrift von einem Artikel haben, in dem steht, daß die Dreieinigkeit ein Mythos ist? Wie könnte eine marxistische Zeitschrift drucken, daß die Werttheorie von Marx überhaupt keine Realität besitzt, obwohl sie als Mythos dem Sozialismus nutzte?

8. Du bittest mich um Erklärungen über den Vergleich zwischen der Gegenwart und dem Ende der römischen Republik nach Sulla: Siehe *Sociologia* §§ 2562, 2563, 2564 und überhaupt den ganzen letzten Teil, in dem von Rom die Rede ist. Wenn Dich etwas nicht überzeugt, schreibe mir.

Ich hätte Dir noch viele viele andere Dinge zu sagen, aber es ist an der Zeit, dieses Schreiben zu beenden, das schon kein Brief mehr ist und zum Buch wird.

Viele Grüße von Frau Régis. Dein treuer Freund Vilfredo Pareto

PS: Laß mich wissen, ob Du den Artikel aus dem *Coenobium* erhalten hast.

[5] Vgl. UMBERTO RICCI. *La sociologia di Pareto*, in „La Vita Italiana“, 15. Juni und 15. Juli 1918. Vgl. auch L.P.P., III, S. 239. „La Vita Italiana“ wurde von Pantaleoni und Giovanni Prezioso geleitet.

IV. Céligny, den 22. November 1920

Lieber Freund[1],

heute morgen erreicht mich Dein Brief vom 18., und ich habe mich sehr gefreut, von Dir wieder zu hören, worauf ich sehnlichst gewartet habe. Frau Régis und ich hatten gehofft, Dich am 13. November hier zu sehen, wie Du uns geschrieben hattest, aber wir warteten und warteten und niemand ließ sich blicken! Was machst Du in Fiume? Bist Du Finanzminister des neuen Staates[2]? Da hast Du Dir etwas Schönes aufgehalst!

Du bist heute wie ich mit fünfundzwanzig Jahren war: Tatendurstig, überzeugt davon, alles ins Lot bringen zu können. Auch später habe ich noch ein wenig solche Illusionen gehabt, als wir zusammen für die freie Wirtschaft kämpften. Aber ach! Was für schöne Resultate haben wir erzielt! Wie erfolgreich war unsere Arbeit! Man erstickt in der freien Wirtschaft!

Ich wünsche Dir, daß Du Besseres erreichst, aber ich glaube kaum daran. Bewahre diesen Brief auf, um das, was ich Dir sage, später mit den Fakten zu vergleichen, nämlich:

1. Die Arbeiter werden sich nicht so schnell überzeugen lassen, zu der vergangenen Ordnung der Industrien zurückzukehren. Um so schlechter es diesen geht, um so weiter wollen sie noch gehen. Erst nach einer großen Katastrophe können sich ihre Gefühle ändern. Vielleicht werden sie sich dann – wie Du sagst – an ihren jetzigen Anführern schadlos halten, aber nur, um Leute wie Kerensky durch solche wie Lenin zu ersetzen.

2. Ein Gewaltstreich hätte diejenigen gegen sich, für die er gemacht würde. Genauso. Auch die Bourgeoisie braucht eine schwere Katastrophe, um ihre Gefühle zu ändern.

3. Der russische Bolschewismus ist keinesfalls eine unbedeutende Angelegenheit. Die Unerfahrenheit, die Schwäche der Gegner kommt ihm sehr zunutze. Achtung, was er noch im restlichen Europa, ja in der restlichen Welt bewirken wird!

4. Es gibt eine Weltwirtschaftskrise plus eine italienische Krise. Glaube nicht, daß sie im Februar zu einer Lösung kommen. Sie werden viel länger andauern.

---

[1] Brief an Maffeo Pantaleoni. Vgl. L.P.P., III, S. 270-272.

[2] Maffeo Pantaleoni hatte das Unternehmen von Fiume von d'Annunzio unterstützt und wurde Finanzminister des neuen Staates. Nähere Einzelheiten vgl. L.P.P., III, S. 270. Anmerkung 1 zu Brief Nr. 696.

Eben werden zwei Bände von mir veröffentlicht, in denen Artikel von mir gesammelt sind, mit einem Anhang in jedem Band[3]. In diesem Anhang werde ich das bringen, was ich in den Artikeln nicht bringen konnte ... weil sie sonst keine Zeitung hätte drucken wollen.

Die *objektive* Wahrheit hat viele Seiten. Nehmen wir an, zu einem Thema gibt es drei. Die erste bringe ich in einer Zeitung, die weder die zweite noch die dritte wollte, die zweite in einer anderen Zeitung, die weder die erste noch die dritte wollte, etc. Die Zeitungen ändern sich dann mit den Zeiten, und die objektive Wahrheit bleibt bestehen: Daher will die gleiche Zeitung mal meine Artikel, mal will sie sie nicht. Früher baten mich viele italienische Zeitungen um die Wette um Artikel, heute habe ich Mühe, jemanden zu finden, der sie veröffentlichen will. Ich lache und amüsiere mich köstlich darüber. Ob mir die Leute günstig oder ungünstig gesonnen sind, das ist mir einerlei. Ich kümmere mich nur um die Fakten. In den Büchern kann ich dann bringen, was ich will – zumindest solange die verehrten Herren Drucker nicht die angedrohte Zensur eingeführt haben –, und deshalb bringe ich dort alle Seiten der objektiven Wahrheit. Damit werde ich mir die Feindschaft aller zuziehen. Umso besser!

Frau Régis trägt mir liebe Grüße an Dich auf.

Dein treuer Freund Vilfredo Pareto

---

[3] Er spielt auf *Fatti e teorie* und *Trasformazione della democrazia* an.

V. Céligny, den 18. Dezember 1920

Lieber Freund[1],

heute erreicht mich Dein Brief vom 13., wenn ich ihn einige Tage früher erhalten hätte, hätte ich in meinem in Mailand erscheinenden Buch noch ein Kapitel hinzugefügt[2].

Das von Dir behandelte Thema ist wichtig, und man könnte es so formulieren: *Was ist die Auswirkung der Spaltung der Gegner in den politischen Kämpfen?*

Man kann nicht sagen, daß sie immer von Nutzen ist. Es gibt zu viele Beispiele für das Gegenteil. Diejenigen, die die römische Republik vernichteten, waren so gespalten, daß es zum Bürgerkrieg kam. Diejenigen, die die französische Monarchie vernichteten, waren so gespalten, daß nur die Guillotine die Streitigkeiten beenden konnte. Die russischen Konstitutionalisten, die Anhänger Kerenskys, die Lenins scheinen sich nicht sehr einig zu sein und doch vernichteten sie die Macht des Zaren.

Ich sage nicht, daß die italienischen Sozialisten siegen *müssen*, ich sage, daß sie siegen *können*, trotz der Spaltungen.

Sind diese immer schädlich? In England war es Regierungsvorschrift, daß der Prince of Wales der Opposition angehören mußte. Wenn es unter den italienischen Extremisten nicht spontane Gemäßigte gäbe, müßte sie einige Genossen dazu zwingen, diesen Part zu übernehmen. Die Gemäßigten dämpfen den Widerstand der Gegner. Die französischen Konstitutionalisten waren die Vorbereitung für die Girondisten und diese für die Montagnards. Die russischen Konstitutionalisten waren die Vorbereitung für Kerensky, dieser für Lenin. Und warum sollte dasselbe denn nicht auch in Italien geschehen?

Wenn es in vielen italienischen Städten zu Ereignissen wie in Bologna käme[3], so könnte es *vielleicht* (ich sage nur vielleicht) zu einer Reaktion kommen, zu der es nicht käme, wenn zuerst die gemäßigten Sozialisten am Werk wären.

Wenn Du auf die Spaltungen der Sozialisten zählst, um zu siegen, so bereite Dich auf eine Enttäuschung vor, ebenfalls, wenn Du auf die Reue der Arbeiter hoffst. Nunmehr wird die Stärke, und nur die Stärke, den Konflikt lösen.

---

[1] Brief an Maffeo Pantaleoni. Vgl. L.P.P., III, S. 275-276.

[2] Er spielt an auf den Band *Trasformazione della democrazia*.

[3] In der ersten Amtssitzung des Stadtrates von Bologna, nach der Wahl des Kommunisten Gnudi zum Bürgermeister, waren schwere Unruhen mit Bombenwürfen und einer Schießerei ausgebrochen, die neun Tote und ca. hundert Verletzte zur Folge hatten. Vgl. L.P.P., III, S. 273, Brief Nr. 697 und die Anmerkungen 2 und 4.

Gib dann acht auf Deine Verbündeten. In Frankreich scheiterte die Fronde, weil die wichtigsten *frondeurs* Geld annahmen und sich ruhig verhielten. Die italienische Regierung hat wenig Geld, aber Mazarin hatte noch weniger. Mehrere in Rom sprechen von Argumenten in klingender Münze. Das mag nur Rauch sein, aber das kann auch Feuer sein.

Ich habe Dir nach Rom geschrieben, aber ich sehe heute, daß die Briefe und Karten Dich nicht erreicht haben.

Frau Régis und mir geht es ganz gut. Frau Régis wünscht Dir alles Gute und hätte Dich zu gern hier gesehen. Ich arbeite immer ein wenig. In Rom wirst Du mein Buch von Florenz vorfinden, das von Mailand kommt danach.

Dein treuer Freund Vilfredo Pareto

VI. Céligny, den 22. Mai 1921

Lieber Freund[1],

Dein Brief vom 17. erreicht mich heute. Bist Du zum Antisemiten geworden? Wenn ich mich nicht irre, warst du einmal Dreyfusianer.

Der eine macht für alle Übel die Juden verantwortlich, ein anderer die Freimaurer, ein anderer die Klerikalen (früher sagte man: Die Jesuiten), ein anderer die Militaristen, ein anderer die Sozialisten, ein anderer die Reaktionäre und so fort. An all dem ist wahr, daß die Menschen dazu neigen, sich zusammenzurotten, um auf Kosten anderer zu ihrem Vorteil zu kommen.

Michels[2] ist dann nicht schlimmer als viele andere. Ich stelle ihn zum Beispiel noch über Loria[3], der in Italien soviel Ehre und Ansehen genießt. Zeige mir in den Schriften von Michels solche Dummheiten wie die von der freien Erde, der von niemand gezahlten Steuer, den von der Zerstörung des Reichtums unabhängigen Kurs und andere unendliche, die die Werke dieses italienischen Universitätsprofessors, Mitglieds der Accademia dei Lincei, Senators etc., zieren.

S. verkaufte Ausfuhrbewilligungen? Ja, wer verkauft denn keine? Bist Du so gutgläubig, daß Du meinst, der italienische Export geschehe anders, als daß man raffgierige Hände mit Schmiergeldern füllt? Und weißt Du nicht, daß man „Protektion" braucht, um Zahlungsanweisungen zu erhalten, und weißt Du nicht, wie oft sie verdient ist?

Mein Wunsch zu wissen, ob die Freunde die Bücher und Artikel erhalten, die ich ihnen schicke, hat ausschließlich die Ursache, daß ich eine falsche Beförderung durch die Post befürchte, wie sie vor einigen Monaten in Italien üblich war, jetzt zwar weniger häufig, aber doch immer noch möglich ist. Das Zitieren meiner Bücher hat damit nichts zu tun.

---

1 Brief an Maffeo Pantaleoni. Vgl. L.P.P., III, S. 281-284.

2 Robert Michels, bekannter Ökonom und Soziologe. Sein berühmtestes Werk ist *Zur Soziologie des Parteiwesens in der modernen Demokratie. Untersuchungen über die oligarchischen Tendenzen des Gruppenlebens*. (Leipzig, W. Klinkhardt, 1911). Außer mit Pareto war er auch mit Gaetano Mosca und mit Max Weber befreundet. Zu einem intensiveren Studium, wenn auch eher partiell, vegl. W. ROEHRICH, *Robert Michels. Vom sozialistisch-syndikalistischen zum faschistischen Credo*, Berlin, Duncker & Humblot, 1972.

3 Achille Loria (1857-1943), bekannter Ökonom, der die Probleme des Grundbesitzes und der Rendite in Angriff nahm, vertrat die Möglichkeit der Abschaffung von Grundrente und Zins durch die Gewährung von freiem Zugang zu Grund und Boden für jeden Arbeiter.

Ich freue mich, daß Du Dir über den Ausgang der Wahlen nicht zu viele Illusionen machst[4]. Ich glaube, daß Du Dir ein wenig welche machst hinsichtlich der Faschisten. Diese bilden im Moment noch eine unorganische Partei.

Der Mut der Faschisten ist materieller Mut, wie er nie den Adligen zu der Zeit der Französischen Revolution fehlte. Es gibt eine andere Art von Mut, der bei demjenigen auftritt, der gegen den Strom schwimmt. Vielleicht gibt es unter den Faschisten solche, die im innersten Herzen gegen das göttliche Proletariat sind und sich nur zu praktischen Zwecken als dessen Freund ausgeben. Aber darüber bin ich nicht unterrichtet.

Ich weiß nicht, wie die Zukunft in der Schweiz aussehen wird, aber im Augenblick geht es einem hier viel besser als in Italien. In dem schönen Land, wo das Ja klingt[5], habe ich Verwandte und Freunde, die einmal wohlhabend waren und jetzt dem Verhungern nahe sind. Wenn ich nach Italien zurückginge, müßte ich Grillen fangen, um leben zu können, und ich bin zu alt, um hinter diesen Insekten herzulaufen. Außerdem fürchte ich, daß meine Katzen Verbandsführer oder Faschisten hassen und daß sie ermordet würden wie gemeine Menschen. Sag doch: Liest Du denn nicht in den Zeitungen, daß kein Tag vergeht, ohne daß es Tote und Verletzte gibt? In der Schweiz hört man nichts von solchen Dingen.

Die spezielle Relativitätstheorie scheint mir wahrscheinlicher als die allgemeine Relativitätstheorie, die übrigens auch wahr sein kann. Wenn Du S. 319 von *Fatti e Teorie* liest, findest Du eine Anspielung auf die Relativitätstheorie. Mein *Trattato di Sociologia* ist ein sehr unvollkommener Versuch, die *Relativität* in die Sozialwissenschaften einzuführen, die jetzt auf viel vollkommenere Weise in die Physik eingeführt wird. Vom metaphysischen Absoluten geht man stufenweise zur experimentellen Relativität. Einen enormen Schritt hatten Galilei, Kopernikus, Newton getan, einen weiteren macht nun Einstein. Wer weiß, ob nicht in einem Jahrhundert, wenn irgendein Exemplar der *Sociologia* übrig ist, das noch nicht die Mäuse gefressen haben, irgendein Forscher herausfinden wird, daß es zu Anfang des XX. Jahrhunderts einen Autor gab, der das Prinzip der Relativität in die Sozialwissenschaften einführen wollte und der sagen wird: „Warum wurde dies denn nicht verstanden, wo dieses Prinzip so leicht die Physik durchdrang?“ Ich glaube, er wird antworten: „Weil damals, wie immer, die Sozialwissenschaften im Vergleich zur Physik ungeheuer rückständig waren.“

---

[4] Die Wahlen vom 15. Mai 1921 wiesen einen leichten Rückgang der Sozialisten, die 34 Sitze verloren, auf. Außerdem kam es zu einer leichten Verbesserung für die *Popolari* und zum Einzug von 16 Kommunisten und 35 Faschisten in die Kammer, wobei letztere auf den Listen des nationalen Blocks, die Giolitti vorgeschlagen hatten, gewählt wurden. Im gesamten waren die Wahlen für Giolitti ein Mißerfolg.

[5] DANTE, *La Divina Commedia*. I. L'Inferno, XXXIII, 80 „Del bel paese là dove il sì suona“.

Frau Régis hat bedrohliche Anzeichen einer Venenentzündung gehabt. Sie beginnt, wieder aufzustehen, aber sie muß sich noch schonen ... was sie nicht immer tut. Sie läßt Dich grüßen.

Leb' wohl

Dein treuer Freund Vilfredo Pareto

VII. Céligny, den 17. August 1922

Lieber Freund[1],

gestern erhielt ich Deinen Brief vom 13. d. M., und heute erhalte ich den vom 14. Ich muß ausführlich darauf antworten, heute fange ich damit an, später mehr.

Erledigen wir zunächst die Lincei[2]. Der einzige Grund, aus dem ich angenommen hätte, wäre gewesen, daß ich Dich nicht enttäuschen wollte. Da Du mir freie Hand läßt, lehne ich ab. Beiliegend die Abschrift des Briefes, den ich an diese Akademie schreibe[3]. Ich habe mich bemüht, ihn so höflich wie möglich abzufassen. Ich werde über die Angelegenheit nicht sprechen; wenn die Lincei nichts verlauten lassen, wird die Öffentlichkeit nichts davon erfahren. Ich gehöre nicht zu denen, die von ihren Ablehnungen großes Aufhebens machen.

Es ist besser, wenn ich mich nicht in die Gesellschaft dieser Herren begebe. Jeder soll für sich bleiben, und wir werden alle zufrieden sein.

Vor Jahren nahm ich die Mitgliedschaft der Akademie der Wissenschaften von Turin an, weil sie mich nie abgewiesen hatte, wie mich die Akademie der Lincei abgewiesen hatte, als Du und Bodio mich vor vielen Jahren vorschlugen.

Vor ungefähr einem Monat sandte mir ein Freund ein Billet eines Ministers, wonach ich zur Ernennung zum Senator im nächsten Ministerrat vorgeschlagen werden soll. Ich antwortete dankend, bat aber, nichts zu unternehmen. Ein anderer Freund versuchte es vor kurzem noch mal, und ich gab ihm die gleiche Antwort.

Die Gründe dafür sind: 1. Ich glaube nicht, daß ich die erforderlichen Titel habe. Es braucht noch einige Jahre, bis meine Mitgliedschaft in der Akademie der Wissenschaften von Turin mich berechtigt, Senator zu werden. Meine Freunde sagten, da könne man Abhilfe schaffen. Ich fragte nicht, wie, denn da ist der zweite Grund: 2. In meinem Alter und bei meinem Gesundheitszustand kann ich arbeiten, wenn ich in Céligny bleibe; ich könnte nicht nach Rom kommen. Und wofür sollte ich dann Senator sein? Die Würmer, die auf mich warten, werden auch damit zufrieden sein, einen gewöhnlichen Sterblichen zu fressen.

Ich habe mir hinter die Ohren geschrieben, welchen Schimpf man mir mit dem Orden der Italienischen Krone antun wollte, nur weil man auf die Gefühle eines Staatsbürgers *im Ausland* spekulierte, um ihm eine schwere Beleidigung

---

1 Brief an Maffeo Pantaleoni. Vgl. L.P.P., III, S. 309-311.

2 Pareto hatte in jenen Tagen die Ernennung zum korrespondierenden Mitglied der Accademia dei Lincei erhalten.

3 Vgl. die Antwort Paretos in L.P.P., III, S. 429. Siehe auch den Brief an Pantaleoni vom 11. August 1922, in L.P.P., III, S. 308.

zuzufügen. Ich vereitelte das Komplott, und jene werten Herrschaften zogen mit langer Nase ab[4]. Danach ist es natürlich, daß ich die Ohren spitze wie ein Hase.

Deine Sache überrascht mich nicht. Doch ist nicht alles Übel von Schaden, und wenn sie Dich ernannt hätten, hättest Du nach wenigen Tagen aufgehört. Laß Dich von Cicerin empfehlen, Du wirst sehen, wie freundlich Du dann aufgenommen wirst! Der zukünftige Erbe mag ein guter Junge sein, ich weiß es nicht, aber er wächst unter Leuten auf, die fähig sind, einen Heiligen zu verderben.

Sprechen wir nun ein wenig vom Faschismus.

Seinerzeit wirst Du einen Artikel von mir über dieses Phänomen erhalten haben[5]. Es mag Dir stur und paradox vorkommen; aber ich habe an dem, was ich vor dem gegenwärtigen Sieg[6] schrieb, nichts zu ändern.

Wie lange wird dicser anhalten? So lange wie die Restauration der Republik durch Sulla? Der Sieg Ciceros über Catilina? Cavaignacs über die Kommunisten? Der realistischen Reaktion in Frankreich? etc. etc.?

Für mich besteht das Problem darin – und mir scheint, daß dies auch Mussolino[7] begreift –, ob der Faschismus eine *organische* Partei wird, mit seinen Mythen, seinen Zielen, seiner Absicht, zu *herrschen*, zu siegen, zu triumphieren.

Beachte, daß, wer eine Ordnung umwälzen will und *nach einem Sieg* auf halbem Weg stehenbleibt, die Früchte des Sieges verliert und der Niederlage entgegengeht. So erging es den Kommunisten nach der Besetzung der Ländereien und der Fabriken, so könnte es jetzt auch dem Faschismus ergehen. Aber es kann ihm auch nicht so ergehen; wir sind uns darüber einig, daß wir mit mehr oder weniger großer Wahrscheinlichkeit sprechen. Die *Sicherheit* ist ausgeschlossen.

Alles Gute von Frau Régis. Dein treuer Freund Vilfredo Pareto

---

4 Anläßlich Paretos Jubiläum an der Universität Lausanne wollte ihm die italienische Regierung den Orden der Italienischen Krone verleihen. Pareto lehnte energisch ab. Vgl. L.P.P., III, S. 225 ff.

5 Vgl. V. PARETO, *Il fascismo*, in „La Ronda“, Januar 1922.

6 Er spielt vielleicht auf den Erfolg der faschistischen Offensive gegen die sozialistischen Organisationen an.

7 Pareto schreibt oft Mussolino anstatt Mussolini.

VIII. Céligny, den 11. Juni 1923

Lieber Professor Sella[1],

ich habe keine Kopien meiner vielfältigen Veröffentlichungen aufbewahrt, ein wenig aus Nachlässigkeit, ein wenig, weil mir viele von ihnen in keiner Weise der Erinnerung Wert scheinen; daher weiß ich nicht, ob die Arbeit, die Sie erwähnen, meine *erste* ökonomische Schrift war. Mir scheint, daß einige Artikel in der Florentiner Zeitschrift *l'Economista* dieser vorausgingen[2], aber ich bin nicht sicher. Ich erinnere mich nur, daß mein erster in einer Zeitschrift veröffentlichter Artikel der war, der in der *Nuova Antologia* im Januar 1877[3] erschien; aber er befaßt sich nicht mit ökonomischen Fragen.

Die Geschichte meines Denkens verdient es meines Erachtens nicht, daß jemand seine Zeit an sie verschwendet, aber wenn Sie sich über diese Lappalien Gedanken machen wollen, so gebe ich hier in kurzen Zügen meine Versuche an, Kenntnis von den ökonomischen und sozialen Phänomenen zu erlangen.

Ich begann mit der Aufnahme der Theorien der sogenannten klassischen Ökonomie, weil sie mir wissenschaftlicher erschienen – und noch immer erscheinen – als die der rivalisierenden Schulen. Zwei grundlegende Irrtümer hinderten mich damals, in der Erkenntnis der Wissenschaft so weit zu kommen, wie ich hätte kommen müssen.

1. Damals verstand ich nicht, daß zwischen dem Handeln und der Erkenntnis eine tiefe Kluft besteht, eine Kluft, die so tief ist, daß oft das eine zum anderen im Gegensatz steht. Daher wollte ich für das Propaganda machen, was ich für unser Land oder für die Gesellschaft im Allgemeinen für nützlich erachtete. Darin haben meine Schriften zur Verteidigung der freien Wirtschaft ihren Ursprung; und dies war alles vergeudete Zeit; ich wäre besser spazierengegangen als damit Zeit und Kraft zu verlieren.

Ich verließ Italien, was sich günstig auf meinen Erkenntnisfortschritt auswirkte; da die Rücksicht auf ein Land, das einem Gastfreundschaft gewährt, mich zwang, mich nicht um die Angelegenheiten des Landes zu kümmern, in dem ich lebte, wandte ich mich nach und nach mit meiner Arbeit der Erkenntnis zu. Dies begann mit dem *Cours*, wurde zu meiner absoluten Regel im *Manuale* und nun in der *Sociologia*, bei deren Studium ich auch den theoretischen Grund für die Trennung zwischen Tun und Erkennen gekannt habe.

---

[1] Brief an Emanuele Sella. „La Riforma sociale", 1927, S. 489-491.

[2] Der erste Artikel dieser Zeitschrrift ist V. PARETO, *Lo stato italiano industriale considerato specialmente secondo i giudizi dell'inchiesta industriale*, in „L'Economista", 23. Januar, 14. Februar, 27. Februar, 30. Juli 1876.

[3] V. PARETO, *Il disegno di legge contro gli abusi del clero*, in „Nuova Antalogia", Januar 1877.

2. Ich glaubte wie viele andere, und wie viele auch heute noch glauben, daß man die Ökonomie unabhängig von der Soziologie studieren könne.

Mein guter Freund Molinari sagte mir wiederholt über meine Artikel im *Journal des Economistes*: „Vor allem, keine Politik!" Dies wurde mir von allen Seiten implizit über die ökonomischen Artikel, die ich veröffentlichte, gesagt.

Zu meinem Glück war die Kampagne des *Giornale degli Economisti*, an der ich teilnahm, mit Politik verquickt; und von da an begann ich zu ahnen, daß, wenn man das ökonomische Phänomen zum Zwecke des Studiums und der Analyse kurz von den anderen sozialen Phänomenen trennen konnte, es unerläßlich war, es wieder mit diesen in Verbindung zu bringen, um die Theorie der konkreten Phänomene zu erhalten. Im *Cours* begann ich, diesen Weg einzuschlagen, auf dem ich noch weiter fortschritt im *Manuale* und der zu dem der *Sociologia* wird.

Ich war auf einige *ökonomische* Probleme gestoßen, die ich keineswegs mit der *Ökonomie* allein lösen konnte. Außerdem bemerkte ich, daß ich bei dem Studium der Ökonomie mich vieler soziologischer Prinzipien bediente, die in der Luft hingen, solange sie nicht das Ergebnis einer experimentellen Untersuchung waren. Diese Untersuchung wollte ich durchführen, und von 1910 bis heute widme ich ihr meine ganze Zeit, und aus ihr ist die *Sociologia* entstanden, die soeben gedruckt wird. Bei meinen ökonomischen Studien war ich oft an gewissen Punkten angelangt, an denen jeder Weg nach vorn verschlossen war und ich nicht weiterkam; ich wollte diesen Weg öffnen und das Studium fortsetzen.

Ich hätte dies schon früher tun können, wenn ich nicht blindlings gewisse ethische und andere Prinzipien akzeptiert hätte, die in der Gesellschaft, in der ich lebte, im Schwange waren. Endlich kam der Tag, an dem ich in der Praxis verstand, was ich in der Theorie schon immer gewußt hatte, nämlich, daß man kein Prinzip akzeptieren darf, das uns nicht die Erfahrung liefert, wenn man ein Studium der Erfahrungswissenschaft durchführen will. Dies ist so offenkundig, daß es sogar eine Tautologie ist, und doch wird es in den Sozialwissenschaften nicht verstanden. Und ich habe den Fehler begangen, *in der Praxis* lange Zeit auf der Seite derer zu bleiben, die es nicht verstanden.

Wenn man aus der Ökonomie eine Erfahrungswissenschaft machen will, darf man nur das akzeptieren, was die Erfahrung liefert, wenn man will, daß sie eine Wissenschaft bleibt, die zum Teil auf Erfahrung und zum Teil auf Gefühlen gründet, kann man weiterhin erfahrungsmäßige und gefühlsmäßige Prinzipien aufnehmen.

Immer der Ihre
Vilfredo Pareto

Bio-bibliographische Hinweise

Wilfrid Fritz (Vilfredo) Pareto wird am 15. Juli 1848 als Sohne des Marquis Raffaele Pareto, der aus politischen Gründen in Frankreich im Exil war, und von Marie Méténier in Paris geboren. 1850 ist die Familie wieder in Italien, wo Pareto sein Studium absolviert, zunächst in Genua, dann am Polytechnikum in Turin. 1870 legt er sein Ingenieurdiplom mit einer Arbeit über die Elastizität der festen Körper ab. Er arbeitet zuerst als Ingenieur für die Römische Eisenbahngesellschaft, dann für die Italienische Eisenwerkgesellschaft. Er verkehrt in den aristokratischen Salons von Florenz, besonders in dem von Ubaldino und Emilia Peruzzi. Er beteiligt sich an dem Kampf für den Freihandel und versucht sich in der aktiven Politik, wo er 1880 und 1882 zwei Wahlniederlagen erleidet. Er setzt diesen Kampf für den Freihandel fort, wobei er ab 1887 mit dem „Journal des Economistes" zusammenarbeitet. 1889 heiratet er in Florenz die russischstämmige Alexandra Bakunin. 1891 lernt er Walras kennen und 1893 tritt er seine Nachfolge auf dem Lehrstuhl für Wirtschaftswissenschaften der Universität Lausanne an. Von 1896-1897 veröffentlicht er seinen *Cours d'économie politique*. 1898 erbt er von einem Onkel ein großes Vermögen, das ihm wirtschaftliche Unabhängigkeit gewährt. Ab dieser Zeit widmet er sich systematisch dem Studium der Soziologie und hält auch Vorlesungen an der Universität. 1902 veröffentlicht er *Les systèmes socialistes*, 1906 das *Manuale d'economia politica*, 1911 *Le mythe vertuiste et la littérature immorale*. 1901 läßt er sich in Céligny am Genfer See nieder. 1902 lernt er Jeanne Régis kennen, die die Gefährtin seines letzten Lebensabschnitts wird, nachdem ihn Alexandra Bakunin inzwischen verlassen hat. 1916 veröffentlicht er den *Trattato di sociologia generale*, 1920 *Fatti e teorie*, 1921 *Trasformazione della democrazia*. 1922 übernimmt er die Vertretung Italiens in der Völkerbundkommission für die Abrüstung. 1923 wird er zum Reichssenator ernannt, aber die Nominierung wurde nicht ratifiziert, weil die Dokumentation nicht vorgelegt wurde. Am 19. August 1923 stirbt er in Céligny, wo er auch begraben liegt.

Die vollständige Bibliographie der Werke Paretos wurde von Gabriele de Rosa, der zahlreiche Sammlungen von Paretos Schriften besorgt hatte, 1962 im Anhang zu V. Pareto: *Lettere a Maffeo Pantaleoni*, Rom, Edizioni di Storia e Letteratura, und von Giovanni Busino in V. Pareto *Scritti sociologici*, Turin, UTET, 1966 veröffentlicht. Außerdem ist die Herausgabe der *Oeuvres complètes de V. Pareto*, die Giovanni Busino besorgt (Genf, Droz, 1964 ...), nunmehr beim sechzehnten Band angelangt.

Die vollständigste Bibliographie der Werke Paretos befindet sich in Piet Tommissen: *De Economische Epistemologie van Vilfredo Pareto*, Brüssel, 1971. Derselbe Tommissen bringt diese Bibliographie für die *Oeuvres complètes* auf den neuesten Stand. Unter den interessantesten Schriften über Pareto in den letzten Jahren sei, außer an die von Tommissen, an folgende erinnert:

R. ARON, *Les ètapes de la pensée sociologique*, Paris, 1967
N. BOBBIO, *Saggi sulla scienza politica in Italia*, Bari, 1969
G. H. BOUSQUET, *Pareto. Le savant et l'homme*, Lausanne, 1960
G. BUSINO, *Introduction à une histoire de la sociologie de Pareto*, ii. ed. Genève, 1967
G. BUSINO, *Gli studi su Vilfredo Pareto oggi*, Rom, 1974
G. EISERMANN, *Vilfredo Pareto als Nationalökonom und Soziologe*, Tübingen, 1971
D. FIOROT, *Il realismo politico di Vilfredo Pareto*, Mailand, 1974
J. FREUND, *Pareto*, Paris, 1974
T. GIACALONE-MONACO, *V. Pareto, Riflessioni e ricerche*, Padua, 1966
R. HAMANN, *Paretos Elitentheorie und ihre Stellung in der neueren Soziologie*, Stuttgart, 1964
G. PERRIN, *Sociologie de Pareto*, Paris, 1966
G. ZAUELS, *Paretos Theorie der sozialen Heterogenität und Zirkulation der Eliten*, Stuttgart, 1968

9367174R00241

Printed in Germany
by Amazon Distribution
GmbH, Leipzig